존 페어맨 프레스톤
선교사 부부 편지 Ⅱ
1906~1910

내한선교사편지번역총서 **22**

존 페어맨 프레스톤 선교사 부부 편지 II
1906~1910

존 페어맨 프레스톤 부부 지음
송상훈 옮김

역자 서문

저는 1986년에 전남 순천에 있는 순천매산고등학교에 입학했습니다. 1학년 때는 학교에서 상당히 떨어진 곳에서 자취 생활을 하고, 2, 3학년 때는 학교 내에 있는 기숙사에서 살았습니다. 기숙사의 일정은 이른 시간 일어나서 단체 운동하는 것으로 시작했습니다. 보통은 학교 운동장을 몇 바퀴 돌고 씻고 아침 먹고 일과를 시작하는 것인데, 가끔은 바로 옆에 있는 매산여고와 매산중학교 쪽으로 달려가기도 하고 어쩌다가 죽도봉까지 갔다 오기도 했습니다.

제 기억이 맞다면 그때는 매산여고 기숙사와 음악실이 보통 건물과는 다른 석조건물이었습니다. 매산중학교 본관 건물도 일반 콘크리트 건물이 아니고 석조건물이었습니다. 당시는 특이하다는 정도만 생각했지 특별한 관심을 두지는 못했습니다. 그 기숙사가 프레스톤 가족이 살던 곳이었고, 음악실이 로저스 의사가 살던 곳이었고, 매산중학교 건물이 와츠(Watts) 기념학교였고, 도서관으로 알고 공부하던 곳이 저 유명한 '안력산병원'이었다는 설명을 들었어도, 저는 큰 의미로 받아들이지 않았을 것입니다. 10대 후반의 그 당시 저는 낯선 환경에서 적응하고 남들보다 더 공부를 열심히 해서 부모님 고생시키지 않게 해드려야 한다는 생각뿐이었습니다.

고등학교를 졸업하고 많은 시간이 흐른 지금 저는 남이 시킨 것도 아닌데 어디서 생겼는지 모를 책임감과 소명감을 갖고 미국남장로회 한국선교회 선교사들을 연구하고 관련된 자료를 번역하고 있습니다. 전주선교부는 기전학교 교장이었던 랭킨 선교사의 편지를, 군산선교부는 불 선교사 부부의 편지를 번역했습니다. 어느 날 전라남도에서 1903년부터 1940년까지 선교한 프레스톤 선교사 부부의 편지를 번역해야겠다는 생각이 강하게 들어서 번역을 시작했습니다. 2년 정도의 번역 기간에 여러 어려움이 있었지만, 그때마다 잘 해결되었고 마침내 책이 세상에 나오게 되었습니다. 이 모든 일은 프레스톤 선교사 탄생 150주년이 되는 올해에 그를 기념하는 뜻깊은 일을 계획하신 하나님의 섭리(攝理)였음을 고백(告白)합니다.

편지를 번역하며 세운 원칙 중 하나는 독자가 맥락을 최대한 이해할 수 있도록 편지에 등장하는 인물들의 생몰 정보와 사건에 대한 기본적인 정보를 각주 형식으로 제공하는 것입니다. 그러기 위해 ancestry.com, findagrave.com, newspapers.com 등의 자료에서 정보를 구했습니다. 이런 과정을 거쳐 편지의 인물과 사건이 손에 잡힐 듯하게 되었습니다. 또한, 가능하면 이미 알려진 정보가 아닌 새로운 정보를 주려고 노력했으며 영문을 같이 배치해서 번역과 비교할 수 있도록 했습니다.

이 책이 나오기까지 도움을 주시고 격려해 주신 모든 분께 감사드립니다. 그중에서도 특별히 내한선교사 편지 번역과 DB 작업을 주관하는 연세대학교 한국기독교문화연구소의 허경진 교수님께, 전남 동부 지역 기독교 문화유산과 지역사회를 연구하여 종교역사문화총서를 낸 종교역사문화센터가 속한 국립순천대학교 인문학술원 강성호 원장님께, 선교학을 가르치시다 은퇴하신 후 미국남장로회 한국선교회를 연구하시며 많은 가르침을 주시는 한일장신대학교 임희모 교수님께 감사드립니다. 또한 더욱 특별히, 투박하게 번역된 글을 하나하나 꼼꼼하게 살펴서 내용과 형식에 관한 질문과 의견을 주시고, 정성껏 편집하여 보기 좋은 책으로 만들어 주신 보고사 김태희 선생님께 깊이 감사드립니다.

2025년 6월
송상훈

차례

역자 서문 / 5
차례 / 7
주요 인물 소개 / 12

1906년

번역문					원문				
1906년	1월	10일	…	19	Jan.	10,	1906	…	405
1906년	1월	11일	…	21	Jan.	11,	1906	…	407
1906년	3월	18일	…	23	Mar.	18,	1906	…	409
1906년	4월	10일	…	24	Apr.	10,	1906	…	410
1906년	봄		…	27		Spring	1906	…	412
1906년	5월	13일	…	29	May	13,	1906	…	414
1906년	7월	2일	…	33	July	2,	1906	…	418
1906년	7월	11일	…	38	July	11,	1906	…	422
1906년	9월	3일	…	43	Sept.	3,	1906	…	426
1906년	9월	28일	…	47	Sept.	28,	1906	…	429
1906년	10월	9일	…	55	Oct.	9,	1906	…	436
1906년	10월	25일	…	57	Oct.	25,	1906	…	438
1906년	11월	20일	…	60	Nov.	20,	1906	…	441
1906년	11월	27일	…	62	Nov.	27,	1906	…	443

1907년

번역문					원문				
1907년	1월	5일	…	66	Jan.	5,	1907	…	446
1907년	1월		…	71	Jan.,		1907	…	450
1907년	1월	25일	…	75	Jan.	25,	1907	…	454

1907년	2월	5일	⋯	80	Feb.	5,	1907	⋯	458
1907년	2월	7일	⋯	83	Feb.	7,	1907	⋯	460
1907년	2월	20일	⋯	87	Feb.	20,	1907	⋯	464
1907년	3월	6일	⋯	90	Mar.	6,	1907	⋯	467
1907년 3월 말 또는 4월			⋯	94	Late March or April 1907			⋯	471
1907년	4월	17일	⋯	96	Apr.	17,	1907	⋯	472
1907년	5월	11일	⋯	102	May	11,	1907	⋯	477
1907년	5월	21일	⋯	105	May	21,	1907	⋯	480
1907년	6월	24일	⋯	109	June	24,	1907	⋯	483
1907년	7월	5일	⋯	111	July	5,	1907	⋯	485
1907년	8월	13일	⋯	113	Aug.	13,	1907	⋯	487
1907년	8월	29일	⋯	115	Aug.	29,	1907	⋯	489
1907년	9월	3일	⋯	117	Sept.	3,	1907	⋯	491
1907년	9월	15일	⋯	118	Sept.	15,	1907	⋯	492
1907년	9월	20일	⋯	121	Sept.	20,	1907	⋯	495
1907년	9월	28일	⋯	127	Sept.	28,	1907	⋯	500
1907년	9월	29일	⋯	130	Sept.	29,	1907	⋯	503
1907년	10월	26일	⋯	131	Oct.	26,	1907	⋯	504
1907년	12월	3일	⋯	135	Dec.	3,	1907	⋯	507
1907년	12월	23일	⋯	138	Dec.	23,	1907	⋯	510

1908년

번역문					원문				
1908년	1월	8일	⋯	141	Jan.	8,	1908	⋯	513
1908년	1월	13일	⋯	144	Jan.	13,	1908	⋯	516
1908년	1월	18일	⋯	147	Jan.	18,	1908	⋯	518
1908년	1월	19일	⋯	149	Jan.	19,	1908	⋯	520
1908년	1월	23일	⋯	151	Jan.	23,	1908	⋯	522
1908년	1월	24일	⋯	152	Jan.	24,	1908	⋯	523
1908년	1월	27일	⋯	155	Jan.	27,	1908	⋯	526
1908년	2월	1일	⋯	158	Feb.	1,	1908	⋯	528

1908년	2월	10일	⋯	160	Feb.	10,	1908	⋯	530
1908년	2월	11일	⋯	162	Feb.	11,	1908	⋯	532
1908년	2월	16일	⋯	166	Feb.	16,	1908	⋯	535
1908년	2월	22일	⋯	169	Feb.	22,	1908	⋯	538
1908년	2월	22일	⋯	174	Feb.	22,	1908	⋯	542
1908년	3월	15일	⋯	176	Mar.	15,	1908	⋯	544
1908년	3월	24일	⋯	179	Mar.	24,	1908	⋯	547
1908년	4월	15일	⋯	182	Apr.	15,	1908	⋯	549
1908년	4월	18일	⋯	186	Apr.	18,	1908	⋯	553
1908년	4월	24일	⋯	189	Apr.	24,	1908	⋯	556
1908년	5월	7일	⋯	192	May	7,	1908	⋯	559
1908년	6월	2일	⋯	194	June	2,	1908	⋯	561
1908년	6월	13일	⋯	197	June	13,	1908	⋯	563
목포선교부에 제출하는 J. F. 프레스톤 사역 보고서			⋯	200	PERSONAL REPORT OF J. F. PRESTON TO MOKPO STATION			⋯	566
1908년	7월	2일	⋯	205	July	2,	1908	⋯	571
1908년	7월	21일	⋯	208	July	21,	1908	⋯	574
1908년	8월	5일	⋯	211	Aug.	5,	1908	⋯	576
1908년	8월	11일	⋯	217	Aug.	11,	1908	⋯	580
1908년	8월	25일	⋯	221	Aug.	25,	1908	⋯	583
1908년	9월	20일	⋯	227	Sept.	20,	1908	⋯	588
1908년	10월	8일	⋯	231	Oct.	8,	1908	⋯	592
1908년	11월	6일	⋯	235	Nov.	6,	1908	⋯	595
1908년	11월	11일	⋯	238	Nov.	11,	1908	⋯	598
1908년	11월	11일	⋯	240	Nov.	11,	1908	⋯	600
1908년	11월	20일	⋯	243	Nov.	20,	1908	⋯	603
1908년	12월	8일	⋯	246	Dec.	8,	1908	⋯	606
1908년	12월	25일	⋯	248	Dec.	25,	1908	⋯	608
목포선교부 보고서			⋯	253	MOKPO STATION REPORT			⋯	612

1909년

번역문					원문				
1909년	1월	8일	…	257	Jan.	8,	1909	…	616
1909년	1월	17일	…	258	Jan.	17,	1909	…	617
1909년	1월	17일	…	264	Jan.	17,	1909	…	622
1909년	1월	19일	…	268	Jan.	19,	1909	…	625
1909년	1월	29일	…	271	Jan.	29,	1909	…	627
1909년	2월	1일	…	275	Feb.	1,	1909	…	630
1909년	2월	27일	…	278	Feb.	27,	1909	…	633
1909년	3월	20일	…	282	Mar.	20,	1909	…	636
1909년	4월	2일	…	285	Apr.	2,	1909	…	638
1909년	4월	9일	…	287	Apr.	9,	1909	…	640
1909년	4월	28일	…	289	Apr.	28,	1909	…	641
1909년	5월	14일	…	293	May	14,	1909	…	644
1909년	5월	23일	…	294	May	23,	1909	…	645
1909년	6월	17일	…	297	June	17,	1909	…	648
1909년	6월	23일	…	300	June	23,	1909	…	651
1909년	7월	15일	…	305	July	15,	1909	…	655
1909년	8월	9일	…	309	Aug.	9,	1909	…	659
1909년	8월	23일	…	315	Aug.	23,	1909	…	664
1909년	9월	6일	…	319	Sept.	6,	1909	…	667
1909년	9월	20일	…	322	Sept.	20,	1909	…	669
1909년	11월	8일	…	327	Nov.	8,	1909	…	673
1909년	11월	18일	…	330	Nov.	18,	1909	…	675
1909년	12월	2일	…	336	Dec.	2,	1909	…	680
1909년	12월	6일	…	340	Dec.	6,	1909	…	683
1909년	12월	20일	…	343	Dec.	20,	1909	…	685
1909년	12월	29일	…	344	Dec.	29,	1909	…	686

1910년

번역문					원문				
1910년	1월	13일	…	348	Jan.	13,	1910	…	690
1910년	1월	22일	…	351	Jan.	22,	1910	…	692
1910년	1월	24일	…	353	Jan.	24,	1910	…	694
1910년	5월	5일	…	357	May	5,	1910	…	698
1910년	5월	8일	…	360	May	8,	1910	…	701
1910년	6월	4일	…	364	June	4,	1910	…	705
1910년	6월	13일	…	367	June	13,	1910	…	708
1910년	6월	26일	…	371	June	26,	1910	…	711
프레스톤 목사 부부 사역 보고서			…	375	Personal Report of Rev. and Mrs. J. F. Preston			…	715
1910년	7월	19일	…	380	July	19,	1910	…	719
1910년	7월	29일	…	383	July	29,	1910	…	721
1910년	7월	30일	…	387	July	30,	1910	…	724
1910년	8월	29일	…	390	Aug.	29,	1910	…	727
1910년	9월	26일	…	392	Sept.	26,	1910	…	728
1910년	11월	12일	…	396	Nov.	12,	1910	…	731
1910년	11월	12일	…	399	Nov.	12,	1910	…	733

주요 인물 소개

- **프레스톤 목사의 부모와 형제자매**

  부모: 1874년 6월 30일 결혼
  Samuel Rhea Preston(1849.9.4~1929.12.6)
  Ida Sutphen Preston(1854.1~1930.6.20)

  1. 페어맨(프레스톤 목사 본인, 1903년 9월 2일 결혼)
     Rev. John Fairman Preston(1875.4.30~1975.6.6)
     [아내: Annie Shannon Wiley Preston(1879.1.15~1983.10.31)]
  2. 리아: 1909년 결혼
     Samuel Rhea Preston Jr.(1877.3.23~1938)
     [아내: Mecca Elizabeth Cooper Preston(1886.4.25~1959.5.25)]
  3. 플로이: 미혼
     Mary Florence "Floy" Preston(1879.5.15~1965.1.3)
  4. 짐(Jim, Jamie): 1914년 5월 26일 결혼
     James Brainerd Preston(1882.5.27~1925.12.23)
     [아내: Margaret Stewart Preston(1894.7.28~1980.4.15)]
  5. 로버트
     Robert James Preston(1884.4~1884.8.31)
  6. 바크먼(N.B): 1919년 9월 9일 결혼
     Nathan Bachman Preston(1887.8.10~1967.1.18)
     [아내: Ethel S "Spiffy" Preston(1896.9.28~1953.3.5)]
  7. 아이다(Ida Two): 1915년 10월 27일 결혼
     Ida Sutphen Preston Warden(1889.9.16~1971.1.9)
     [남편: Arthur Hills Warden(1888.7.21~1956.5.19)]
  8. 야네프: 미혼
     Janef Fairman Newman Preston(1897.10.22~1973.5.22)

· 프레스톤 부인의 부모와 형제자매

부모: 1861년 7월 4일 결혼
　　　Samuel Hamilton Wiley(1826.5.11~1894.7.2)
　　　Miriam Colburn Murdock Wiley(1838.12.22~1912.5.11)

1. 윌리(Willie): 1877년 결혼
   William Murdoch Wiley(1863.7.27~1915.11.25)
   [아내: Marion Easton Paterson Wiley(1864.2.20~1939.11.29)]
2. 샌디
   Sandie Wiley(1867.1.30~1872.3.6)
3. 존
   John M. Wiley(1869.1.13~1898.3.29)
4. 샘(Sam): 1898년 결혼
   Samuel Henderson Wiley(1872.3.1~1938.8.6)
   [아내: Beulah Bernhardt Wiley(1876.1.12~1945.3.19)]
5. 미리암: 1897년 결혼
   Miriam Wiley Murphy(1874.11.27~1919.11.28)
   [남편: Nettleton Payne Murphy Sr.(1865.4.17~1926.7.17)]
6. 애니(프레스톤 부인 본인, 1903년 9월 2일 결혼)
   Annie Shannon Wiley Preston(1879.1.15~1983.10.31)
   [남편: Rev. John Fairman Preston(1875.4.30~1975.6.6)]

· 프레스톤 목사 가정

Rev. John Fairman Preston(1875.4.30~1975.6.6)
Annie Shannon Wiley Preston(1879.1.15~1983.10.31)
[1903년 9월 2일(화) 결혼, 1903년 11월 8일(일) 전라남도 목포 도착]

1. 리아 3세
    Samuel Rhea Preston(1904.8.19~1904.9.24)
2. 미리암: 1938년 9월 2일 동생 플로렌스 부부와 합동결혼식
    Miriam Wiley Preston St. Clair(1905.9.26~2005.3.22)
    [남편: Dr. Kenneth Edson St. Clair(1908.7.3~1996.11.14)]
3. 애니 섀넌: 1934년 5월 19일 결혼
    Mrs. Annie Shannon Preston Cumming(1907.10.21~2003.12.8)
    [남편: Daniel James Cumming(1892.12.17~1971.1.8)]
4. 존 페어맨 주니어: 1939년 11월 18일 결혼
    John Fairman Preston Jr.(1909.8.22~2009.1.2)
    [아내: Imogen Bird Preston(1915.3.28.-2006.3.6)]
5. 플로렌스: 1938년 9월 2일 결혼
    Florence Preston Bockhorst(1911.9.16~2010.10.9)
    [남편: Roland Walter Bockhorst(1905.1.16~1995.5.31)]
6. 윌리 와일리: 자녀 없음
    William Wiley Preston(1915.4.26~2000.3.1)
    [아내: Sarah Tankersley Tolson Preston(?~?)]
7. 리아 섯픈: 1947년 6월 3일 결혼
    Colonel Rhea Sutphen Preston(1923.3.16~1995.1.5)
    [아내: Mary Kathryn Gaines Preston(1925.11.1~1997.5.14)]

일러두기

1. 이 책 번역문의 저본은 한남대학교 인돈학술원에 보관된 자료이다.
2. 판독하기 어려운 원문은 〔illegible〕로, 번역문에는 〔판독 불가〕로 표기했다.
3. 필요에 따라 원문 또는 한자를 '( )'에 병기하였다.
4. 이해를 돕기 위해 역자가 추가한 내용은 '[ ]'에 병기하였다.
5. 원문의 철자 오류는 가급적 수정하지 않고 그대로 두었다.
6. 원문에는 이름이 기재된 경우라도 우리나라 독자의 정서에 맞게 남편, 아내, 사부인, 도련님, 아가씨 등으로 호칭을 바꾸어 적었다.
7. 'Korea(Corea)'는 대한제국을 선포한 1897년 이전에는 '조선', 이후에는 '한국'으로 번역하되, 문맥상 '조선'으로 번역하는 것이 더 자연스러운 경우 '조선'으로 번역하였다.

번역문

1906년

1906년 1월 10일
한국, 광주

사랑하는 언니에게,

언니가 이 편지를 받을 즈음에 언니 닮은 아이[1]가 이 세상에 처음 모습을 드러낼 것을 생각해 봐! 내가 그랬듯 언니도 아주 쉽게 출산했으면 정말 좋겠어. 내가 이전에 겪었던 모든 불편한 점에서 언니가 벗어나고 있으면 좋겠어. 언니가 유행을 따르고 있어서 아주 기뻐. 남편의 사촌이 말하는 "루스벨트 시대(Roosevelt Year)"[2]에 아들이나 딸을 낳지 않는 사람이 없어.

누가 아기 유모가 될 거야? 언니의 계획에 대해서 모든 것을 말해줘. 새 옷을 많이 만들었어, 아니면 새로 태어날 아이를 위해서 섀넌과 네틀턴이 많이 남겨뒀어?

멋진 모자와 매우 흥미로운 책이 토요일에 왔어. 정말 정말 고마워. 언니가 보내준 작은 모자를 썼더니 미리암이 정말 귀여워. 아기를 하얀 외투로 잘 입히고 그 모자를 씌우고 주일 오후에 데리고 나갔어. 처음에는 벨 부인의 집으로 갔고 다음에는 조금 산책했어.

엄마가 그 책을 내게 읽어주셔. 너무도 재미있어. 내용도 흥미롭고 잘 썼더라. 그 작가에 대해서 아는 바가 있어? 남편은 그 책을 조금 맛만 봤을 뿐인데, 자기를 기억해 줬다고 언니에게 진심으로 고마워해. 남편은 언니에게 편지를 쓰려고는 하지만 너무 일이 많아서 죽으려고 해.

---

1 언니 Miriam의 셋째 Marion M. Murphy(1906.1.17~1976.8.13)의 출산을 의미함.
2 Theodore Roosevelt Jr.(1858.10.27~1919.1.6) 미국 26대 대통령으로 1901~1908년간 재임.

나는 하인들 가르치는 데 대부분 시간을 쓰고 있어!

나는 사촌 샐리(Sallie)에게 편지하여 사촌 로버트(Robert)를 시켜 내 오크 티 테이블, 마호가니 테이블, 가죽 좌석이 있는 마호가니 흔들의자, 청동 거울, 험프리(Humphrey)가 나에게 보내준 (내 옷장의 가장 윗 칸에 있는 작은 접이식) 거울을 포장하게 해서 뉴욕에 있는 존 와너메이커(John Wanamaker) 앞으로 즉시 보내라고 할 거야. 우리가 그곳으로 주문을 넣었는데 그 물건들이 당장 그곳으로 가지 않으면, 한국으로 못 오고 그곳에 남겨질 거야. 언니가 누워있어야만 하지 않으면, 그것들을 서둘러서 보내줄래? 모든 것을 새것으로 가지고 있기보다 집에서 쓰던 옛날 것이 조금 있었으면 해. 여러 이유가 있는데 하나는 사는 것보다 돈이 적게 든다는 것이고, 다른 이유는 고향집과 연관된 것들을 가지고 있으면 더 집과 같아져서야. 연례회의를 위해서 가능한 모든 것을 갖춰 놓고 싶어.

어둡고 음산한 날이야. 밖에 나갈 기회가 없어서 정말로 신경이 과민해. 오전 많은 시간을 점심때 먹을 자두 커스터드 파이를 만드는 데 썼어. 그런데 요리사가 그것을 땅에 다 쏟아버렸어. 정말 큰 재앙 아니야? 내가 "저녁 음식을 가르치기 위해서" 즉 저녁으로 무엇을 먹을지를 말해주려고 그 요리사를 불렀어.

크리스마스 물건들 정말 고마워. 순산하기를 바랄게. 언니에게 사랑 가득한 마음을 담아 인사를 전해.

사랑하는 애니가

엄마는 내가 놋쇠 장작 받침을 가져도 된다고 하는데, 나는 그게 필요 없을 것 같아서 그것들을 보내달라고 하지 않았어.

1906년 1월 11일
한국, 광주

사랑하는 어머님, 아버님, 그리고 아가씨들께,

하루 전에 정말 흥미로운 상자가 도착해서 저희가 두 번째 크리스마스를 맞이했습니다. 예쁜 선물들을 보내주셔서 정말로 감사드립니다. 선물 하나하나가 매우 마음에 듭니다. 미리암이 할아버지, 할머니 그리고 플로이 고모에게 사랑의 입맞춤을 보냅니다. 작은 모자를 쓰고 있는 그 아기의 모습을 보신다면 얼마나 좋을까요. 정말 예쁜 아기입니다. 눈이 정말 크고, 미소도 밝고 똑똑하기도 합니다.

파우더 퍼프는 아기의 취향에 꼭 맞는 것입니다. 아기의 목욕과 관계된 것은 무엇이건 아기 가슴 가까이에 있습니다. 아기가 등에 파우더를 바르려고 제 무릎 위에 일어선 채 있는 모습이 참 웃깁니다. 파우더 한 상자로 이 위대한 일을 하는데 저희 두 사람이 필요합니다. 그런데 퍼프가 있어서 훨씬 쉬워질 것입니다. 아기가 정말 몸을 많이 비틉니다. 딸아이의 팔과 다리가 너무도 빨리 움직이기에, 팔다리가 수백 개, 수천 개 같아서 지네에게 옷 입히기가 더 쉽겠다고 아기 아빠에게 말했습니다.

아버님, 어머님, 정말 정교한 작고 예쁜 핀을 주셔서 감사드립니다. 제가 가지고 있던 유일한 핀들이 부러지고 사라져 버려서 핀이 몇 개 있었으면 하고 바랐습니다. 다시 커프(cuff)를 입을 수 있을 것입니다.

플로이 아가씨가 제게 필요한 멋진 카라를 보내줬습니다. 저는 플로이 아가씨가 작년에 보내준 카라를 입었는데, 그것을 너무도 좋아해서 마모된 뒤에도 입었답니다. 이번 것은 훨씬 더 좋아요.

아이다 아가씨가 보내준 그림이 정말 좋아요. 제가 화장대 위에다 그 그림을 놓아두는데 제 눈길이 종종 그 그림에 머뭅니다. 그 그림에 제가 끌립니다. 색깔이 완벽합니다. 그 그림을 벨 부인에게 보여주며 아이다 아가씨의 사진을 보여줬더니, 그렇게 어린 예술가가 정말 예술적인 것을 해낼 수 있었다는 것을 믿을 수 없어 했습니다. 저희는 어린 예술가를 정말 자랑스러워합니다.

야네프 아가씨의 멋진 선물을 자주 보며 똑똑한 어린 아가씨를 생각합니다. 정말 보고 싶네요. 야네프 아가씨가 빨리 성장해 가는 것을 저희가 볼 기회도 없는데 그렇게 커버리는 것을 생각하고 싶지 않습니다. 야네프 아가씨의 눈은 어떤가요? 이번 겨울에 공부할 수 있나요?

친정어머니는 시부모님께서 생각해 주시는 것에 깊은 감사를 드리고 있습니다. 나중에 직접 말씀하실 것입니다. 저희 두 사람은 동시에 편지할 수가 없습니다. 친정어머니는 자신이 미리암과 함께 누리는 호사의 일부라도 두 분께서 누리실 수 있기를 바라십니다. 저는 정말로 두 분이 그러셨으면 합니다. 어제 딸아이가 아주 맘껏 웃었답니다.

남편도 직접 편지드릴 것입니다. 남편이 고향에서 오는 것을 얼마나 좋아하는지를 보신다면 두 분께 도움이 되셨을 것입니다. 남편은 가족에게서 아무 소식을 듣지 못해서 다소 우울했었는데, 크리스마스 선물 상자 때문에 기분이 너무도 좋아졌습니다.

두 분께 다시 한번 감사드립니다. 모두에게 사랑을 전합니다.

사랑하는 애니 올림

1906년 3월 18일
한국, 광주

사랑하는 어머니,

제가 올해 고향으로 갈 수 있다면 뭐라도 하겠습니다. 귀국의 가능성이 희박하더라도 말입니다. 집이 지어지고 있습니다. 그런데 저는 해야 할 언어 공부도 다 하지 못했으며, 제가 앞으로 사역할 곳도 올해 모두 결정된 것은 아닙니다. 올해는 광주에서 정착하지 못 한 데다가 비좁은 곳에서 사는 것 때문에 지금까지 중에서 가장 힘든 해가 될 것 같습니다. 편지하는 것을 태만이 했던 것처럼 보입니다만 이 정도 편지한 것도 제가 할 수 있는 최선이었습니다.

아기는 빠른 속도로 자랍니다. 3월 26일이면 6개월이 됩니다. 제가 본 아기 중 가장 활발할 아기인데 그냥 계속 움직입니다. 그 아기를 보면 바크먼이 아기였을 때가 많이 생각납니다. 저희는 아기가 아름답다고 생각하는데, 이것이 그냥 저희의 생각인지 객관적 사실인지 저희가 어떻게 알 수 있겠습니까? 아기를 찍은 사진들에 대해서 반복해서 실망하고 있습니다만 저희가 처음 갖게 되는 아기 사진을 보내드리겠습니다. 저희가 필름을 확보하고 있었더라도 지금 너무 바빠서 사진에 신경을 쓰지 못하고 있습니다.

2월 마지막 2주 동안 이곳 광주에서 큰 사경회가 있었습니다. 전라남도 전역에서 125명이 넘는 사람이 참석했습니다. 저는 가르치는 데에 적극적인 역할을 했습니다. 연례회의는 이곳에서 6월 5일에 열립니다. 지금부터 그때까지 일이 산처럼 쌓입니다. 저의 사역지 중 가장 가까운 곳에 가는데 이틀이 걸립니다.

〔편지의 나머지는 분실됨〕

1906년 4월 10일
한국, 광주

사랑하는 어머님,

괜찮아 보이는 어머님의 손녀 사진을 보내드립니다. 남편이 저희의 겨울 처소 앞에 있는 마당에서 이 사진들을 찍었답니다. 물론 저희는 사진이 아기보다 더 예쁘다고 생각하지 않습니다. 어느 사진이든 아기의 매력을 모두 표현할 수는 없을 것입니다. 아기는 생명력과 움직임으로 가득 차 있어서 아기의 외할머니께서 예언하시길 아기가 걷기 시작하면 계속 주변 사람을 바쁘게 만들 거라고 하십니다.

아기는 자기를 걷게 해주고 자기랑 같이 놀아주기를 좋아하는데, 혼자서 몇 시간을 재미있게 보내지 않기에 정확한 의미에서 바람직한 아기라고 할 수는 없을 것입니다. 그런데 그 아기는 저희를 아주 많이 즐겁게 해줍니다. 남편이 아기를 잘 다루고 있습니다. 남편의 훈육 아래 아주 훌륭하게 좋아지고 있다고 저는 생각합니다. 저희집 사환 아이가 아기를 너무도 좋아합니다. 제가 편지하고 있는 동안, 사환이 아기를 산책시켜주고, 거울에 아기를 비춰줍니다. 사환이 시골에 있는 동안 아기 꿈을 꿨다고 남편에게 말했습니다.

그 사진에서 아기의 귀가 어머니 눈에 띄지 않을 수 없을 것입니다. 아기는 귀가 아주 좋은 장난감이라고 생각합니다. 실제로 귀를 입에 넣으려고 했답니다! 누굴 닮은 것 같나요? 놀란 의사는 매일 아빠를 닮아간다고 하는데, 저는 그렇게 생각하지 않습니다. 아기는 제 입과 남편의 턱을 가지고 있습니다. 하얀 모자는 "미리암 이모"가 보내온 크리스마스 선물입니다. 작은 둥근 일본 모자는 놀란 의사가 준 선물입니다. 그 일본 모자는 6개 또는 7개의 색이 놀랍게 조화를 이루고 있는데, 요셉이 입었던 겉옷과 많이 닮아 보입니다.[3] 품질이 좋고 따스해서 추운 날씨에 아기에게 그 모자를 자주 씌웠습니다.

지금은 푸른색이 들어간 예쁜 작은 론 캡(lawn cap)을 쓰고 있는데 정말 예뻐 보입니다. 그 모자는 마가렛 녹스의 선물입니다. 아기에게 멋진 모자들이 있고 크기도 정말 다양하기에 1년을 써도 될 것입니다. 어머님께서 보내주신 모자를 쓸 만큼 아기의 머리가 아직 크지 않아서, 그 모자는 아기의 모자 보관소에서 나중에 꺼내와야 합니다. 어머님께서 아기를 보실 수 있으면 얼마나 좋을까요! 남편은 딸아이가 자신이 본 아기 중에 가장 똑똑한 아기라고 합니다. 그렇다는 것이 편견 없는 그의 의견이라고 말합니다. 어머님과 아버님이 아기의 마력에 넘어지실 것을 저는 알고 있습니다.

남편이 며칠 전 목포에서 올 때 어머님의 편지를 가지고 왔습니다. 어머님의 건강이 다소 좋아지셨다는 말을 듣고 저희는 정말 기뻤습니다. 여름을 보내기 위해 휴양지로 일찍 나서시고 휴양지에서 늦게까지 계십시오. 저희가 내년 귀국할 때 어머님께서 훨씬 더 건강한 모습이길 원합니다.

어머님께서 중앙장식물을 좋아하셨다니 정말 기쁩니다. 제가 보기에 그것이 예뻐 보였고, 저희가 고베에서 본 어떤 것보다 남편이 그것을 좋아하는 것처럼 보여서 어머님께서 만족하실 거로 생각했습니다. 저는 철망(gauze) 세트도 가지고 있습니다만 제 것은 형태가 다르고 딸기가 새겨져 있습니다. 제 것은 저희 일본인 친구 다카다 부부의 선물입니다.

아이다 아가씨가 그렇게 좋은 여행을 계획하고 있다니 정말 기쁩니다. 여행을 갈 수 있기를 정말 바랍니다. 예술가 시누이를 둔 것이 너무도 기쁩니다. 제가 버지니아에 있는 뉴먼 양(Miss Newman)의 집을 한 번 방문했는데 그런 저를 그녀가 기억하는지 아이다 아가씨에게 물어봐달라

---

3   창세기 37장 3절, "요셉은 노년에 얻은 아들이므로 이스라엘이 여러 아들보다 그를 깊이 사랑하여 위하여 채색옷을 지었더니."

고 해주세요.

야네프 아가씨에게 말씀하셔서 저희가 그 편지들을 원하니 그 편지들을 잃어버리지 말고 저희에게 보내라고 해주세요.

너무 어두워져서 편지를 쓸 수가 없습니다. 편지 쓰는 동안 방해를 많이 받았는데요, 그중에 15에서 20명의 구경꾼이 온 것도 있습니다. 제가 듣기로 아기가 유모에게 침을 뱉으며 아주 웃긴 소리를 낸다고 하네요. 혀를 쭉 내밀고 침을 뱉고는 장난기가 가장 심한 표정을 지으며 웃습니다.

친정어머니께서 모두에게 많은 사랑을 전합니다. 어머님께서 친정어머니의 편지를 받으셨는지 궁금해하십니다.

모두에게 많은 사랑을 전합니다.

사랑하는 며느리 애니 올림

1906년 봄

〔편지의 앞 부분은 분실됨〕

　고향집을 사는 것에 대해 언니는 어떻게 할 거야? 나는 고향집이 낯선 사람에게 팔리는 것은 상상하기도 싫어. 그렇지만 작은오빠(Sam)는 엄마가 자기의 빚을 갚아주기 위해 주식의 절반을 내지 않으면 그 집을 계속 가지고 있을 수가 없어. 그런데, 엄마가 수입도 없이 어떻게 그 집에서 살면서 집을 유지할 수 있겠어? 큰오빠(Willie)가 그러는데 언니가 그 집을 사고자 한다며, 그런데 나는 언니에게서 직접적으로 들은 바가 없어. 언니가 그 집을 산다면, 나는 추억이 깃든 옛 장소의 한 부분이라도 갖고 싶어서 앤드류 머피(Andrew Murphy) 씨 집 옆에 있는 공터를 사고 싶어. 고향집에 대한 내 배당금과 작은오빠가 내게 빚지고 있는 증권을 더하면, 그 공터의 가격 이상이 될 거라고 나는 생각해. 그런데 언니가 그 집을 혼자 사지 못한다면, 내가 언니와 함께 사서 적어도 그 집과 정이 많이 든 정원을 낯선 사람들의 손에서 지키고 싶어. 다른 공터는 그냥 팔리도록 할 수밖에 없을 것 같아. 언니가 조금씩 나에게 갚고 언니 이름으로 그 집을 소유하면 돼. 그것이 공동소유자로 하는 것보다 더 좋을 거야. 이것에 대해서 언니로부터 소식을 듣게 해줘. 언니가 그 집을 살 수밖에 없다면, 나는 혼자 할 수는 없어. 엄마는 가지고 계신 주식을 팔기보다는 그 집을 팔았으면 하셔. 뭔가 결정해야 해. 오린(Mr. Orin) 씨에게 이 편지를 보여줘. 이 부분을 말이야. 그는 작은오빠가 내게 얼마나 빚지고 있는지 알 거야. 그리고 내가 얼마나 더 낼 수도 있는지도. 나는 클러츠(Klutz) 씨가 오늘 보내온 서류에 서명을 해서 그 사람에게 보낼 거야.

　오린 씨에게 말해서 내 투자금 중에서 구두 두 켤레와 모자를 살 돈과 드레스 한 벌 만들기에 충분한 돈을 저축해달라고 해줘. 나 대신 언니가 구두를 좀 신어봤으면 해. 언니가 보내준 구두가 굉장히 만족스러웠어.

지금 소포 우편으로 굽이 낮은 구두 한 켤레를 보내줬으면 해. 우체국장에게 가서 외국에 보내는 소포 우편에 관한 올바른 규칙과 규정에 대해서 언니에게 말해달라고 해줘. 로라가 보내는 굽이 높은 구두도 좋아. 드레스에 쓰이는 재료는 잉글랜드에서 산 것인데, 스트래퍼 선교사 편으로 보내줄 거야. 내가 귀국하는 동안 입을 괜찮고, 단순하며, 멋있는 여행용 드레스를 루쉐(Rouche) 부인이 만들어 주면 좋겠어. 루쉐 부인이 만든 옷을 다시 입을 수 있다면 정말로 멋질 거야!! 그 드레스에 어울리는 모자도 있으면 좋겠어. 허리띠, 장갑, 셔츠 원피스 등 거기에 맞는 필요한 모든 것도 원해. 그래야 내가 "도망 나온 사람"처럼 보이지 않을 거야. 귀국하는 것은 힘든 여정이야. 그러니 물건들이 쉽게 망가지면 안 돼. 로라 편으로 보내줘. 우리는 호놀룰루를 경유해서 가려고 해. 그리고 날이 따뜻할 거야. 뜨거울 수도 있지. 그런데 귀국 여행 중 가장 더울 때 나는 세탁할 때 입는 옷을 입으면 돼.

언니가 우리를 샌프란시스코에서 만나주면 안 될까? 로라가 이곳으로 오는 일이 혹시라도 내년으로 미뤄지면, 쉴즈(Miss Shields)[4] 선교사가 내게 그 물건들을 가져다줄 거라고 나는 확신해. 주소는 펜실베이니아 루이스버그(Lewisburg)야. 그녀에게 내가 편지할게. 그녀는 나의 가장 친한 친구야.

엄마는 소포 우편으로 물건이 보내지기를 원하셔. 아니, 흰색 코르셋은 소포 우편으로 회색 코르셋은 로라 편으로 보내주기를 바라셔.

언니와 언니 가족에게 많은 사랑을 보내.

사랑하는 애니

---

[4] Esther L. Shields, R.N.(1868.12.6~1940.11.8).

1906년 5월 13일
한국, 해남군

무척 소중한 어머니,

오늘 해야 할 일을 끝냈습니다. 비록 피곤해도 어머니께 한 줄의 글을 쓰지 않고 또다시 하루를 보낼 수는 없다고 느낍니다. 5월 8일 월요일에 제 사역지를 돌아보기 위해 출발했고, 네 곳을 방문하며 100마일 넘게 말을 탔습니다. 제가 떠나기 바로 전날 벨 목사가 2주 간의 순회전도여행에서 돌아오고 제게 자기의 말과 안장을 사용하게 해주었습니다. 아주 편리했습니다. 시간이 많이 흐르기 전에 제 말과 안장이 있으면 좋겠습니다. 저는 최근에 사역이 시작된 마을에 있습니다. 이곳 사역은 아주 영향력 있는 양반의 지도하에 이루어지는데, 그 사람은 왕과 친인척 관계고 전라남도 관찰사와도 친인척 관계입니다. 그런데 그런 관계가 그에게는 전혀 도움이 되지 않습니다.

사역은 잘 진행되고 있으며 매우 고무적입니다. 제가 이 지역에서 일어나는 일에 대해서 『크리스천 옵저버』에 기고했는데, 5월 호에 나올 거로 보입니다. 이번 전도여행에서 저는 새로운 장소 세 곳을 개척했는데 고무적인 곳으로 발전하리라 봅니다. 내일부터 시작해서 저는 다섯 곳에서 문답하게 되는데 목포를 포함하면 여섯 곳이 됩니다. 목포에는 세례문답을 받을 사람이 50여 명이 됩니다.

집에서 떨어져 나오기가 정말로 힘듭니다. (항상 그렇지만 요즘 들어서 특히 그렇습니다.) 저희 집에 마무리가 이루어지고 있는데, 약 1주 뒤면 다 될 것입니다. 연례회의가 광주에서 6월 7일 모이는데 손님들은 6월 1일부터 올 것입니다. 제가 없는 동안에 아내가 새집으로 이사해야 합니다. 어머니, 선교사의 아내는 할 일이 별로 없는 것이 아닙니다. 아내는 집안일에 대해서 실제적인 훈련을 전혀 받지 못했다는 큰 장애 속에서 애써왔습니다. 어려운 상황을 어찌나 용감하게 다뤄왔는지 어머니께서 알아주시면 좋겠습니다. 아내의 입장에서 특별히 힘들었던 것은 저희가 광주로 이사오고 난 후 계속 아주 좁은 숙소에서 살았던 것입니다!! 아내는 천사입니다. 제가 너무하다고 남들이 생각할지도 모르겠습니다만 그렇게 저는 말합니다. 아내가 아기와 같이 있는 것보다 더 아름다운 그림을 천국의 반대쪽 이곳에서 보리라고는 기대하지도 않습니다. 제가 저희 집을 준비하느라고 얼마나 열심히 노력했는지 상상이 가시지요. 아내가 지금까지 너무도 불확실한 상태 속에서 이곳저곳으로 밀려다니며 살아온 후, 아내가 편안하게 정착하는 것을 제가 얼마나 학수고대했는지 상상해 보십시오. 머지않아서 저희 집의 사진과 평면도를 보내드리겠습니다.

아기에 대해서 말씀드리자면, 아기가 엄마의 지적인 면과 아빠의 에너지를 다 물려받은 것 같습니다. 사람들이 그러는데 아기가 저를 많이 닮았답니다. 그러니 예쁘다고는 할 수 없지요. 그런데 우리 둘 사이니 하는 이야기지만 저희는 아기가 예쁘다고 생각합니다. 아기는 아빠의 얼굴에서 매우 불행한 특성 중 하나는 확실히 그대로 닮았습니다. 귀가 형태가 다르다는 것입니다. 제가 그렇듯이요. 바크먼도 그런 것으로 알고 있습니다. 아기는 한 무리의 원숭이들처럼 아주 재미있습니다. 비록 7달밖에 되지 않았는데도 미소를 띨 뿐만 아니라 한껏 웃어줍니다. 아기가 다음 여름에는 고모들 모두를 매우 바쁘게 할 수 있을 거로 생각합니다. 장모님은 아기를 그저 떠받들고 계십니다. 장모님은 여생을 이곳에서 저희와 보내실 수 있다면 아주 만족하실 것 같습니다. 장모님은 아내와 아기에게 큰 도움이 되십니다. 하인들이 아기를 안아보겠다고 싸울뻔하지만 말입니다.

그런데요, 하인들이 아기를 서로 안겠다고 싸우다 보니 저희 집에 애틋한 사랑이 생겼습니다. 상윤이라는 괜찮은 젊은이가 저의 "사환"인데 저를 도와서 순회전도여행에 함께합니다. 상윤이가 아기를 무척이나 좋아하며, 아기도 상윤이를 세상에서 가장 중요한 사람이라고 생각합니다. 누구에게 있든 그가 오면 그에게 가려고 합니다. 유모에게서도 마찬가지입니다. 사환이 하는 일이 집에서 하는 일이다 보니 아기를 아주 많이 돌봐주고 있는데, 그러다 보니 아기의 유모에 대해서 잘 알게 되었습니다. 저희가 보기에 한국에서 사랑으로 맺어지는 유일한 쌍이 저희 눈앞에서 무르익었습니다. 상윤이와 유모는 곧 결혼할 것입니다. 둘이 결혼하게 만들어 준 것이 다름 아닌 아기라네요. 둘 다 기독교인입니다. 사환은 저와 같이 전도여행을 다니던 중 개종했습니다. 둘 다 서른이 되지 않았지만, 홀아비와 과부입니다. 이 사람들에게 가정생활이 얼마나 엄청난 영향을 끼치는지 모르실 것입니다. 결혼은 모두 중매로 되어 있는데, 일반적으로 어릴 때 짝이 맺어집니다. 결혼한 여자는 집안의 노예입니다. 빨래하고 집안일을 하는 거시기(cussiggi)일 뿐입니다. 가정생활이라는 것도 없고, 가족이 같이 먹는다는 것도 없고, 삶을 아름답게 만들어 주는 것은 어느 것도 없습니다. 이런 한국인들이 저희 가정을 천국이라고 생각하는 것도 놀랍지 않습니다. 아내가 복음에 관한 아무런 말을 하지 않더라도, 가정과 가정생활을 통해서 이교들에게는 가장 큰 설교를 하고 있습니다. 한국에서는 가정을 천국이라 생각하는 또 다른 계급이 있는데 그것이 바로 저입니다! 제가 의미하는 것을 어머니께서 제대로 아시려면 어머니께서 아내를 잘 알고 계셔야 하며, 아내 없이 한국인들과 몇 주를 살아보시면 됩니다.

 이 편지는 졸업이라는 열광적인 날들이 지나고 어머니께 도착할 것입니다. 이번 여름에는 푹 쉬셔야만 합니다. 저희가 어머니 곁에 가까이 있을 수 없다는 것이 이런 선교사의 일과 관련된 가장 큰 시련입니다. 어머니 곁에 가까이 있지 못한다는 문제는 제가 인생의 문제에 대해서 철저히 알아볼 때 저를 무력화시키더니 지금도 그렇습니다. 하나님께서 무엇이 최선인지를 아십니다. 〔판독 불가〕 제가 미국에서 조금만 살게 되더라도 어머니 곁에 있지 못하는 것을 견디지 못할 것입니다. 내년 여름은 우리 모두 함께 보내야만 합니다.

집을 나서기 바로 전에, 저는 샌프란시스코가 지진과 화재[5]로 파괴되었다는 소식을 알리는 전보를 봤습니다. 자세한 내용은 없습니다. 엘리너와 엘리너의 남편이 정말 걱정입니다. 엘리너가 참 안됐습니다. 엘리너는 깊은 바다를 지나왔습니다. 만약 그들이 안전하다고 할지라도, 아마 모든 것을 잃었을 것입니다. 저희는 엘리너부터 어쩌다가 소식을 듣는데, 제가 판단하기에 엘리너가 완전히 환자가 된 것 같습니다.

바크먼이 돌아와서 기쁘시지요. 저에게 편지하라고 말씀해 주시고, 저의 최고의 사랑을 전해주세요. 선교사 일을 하는 저를 대신해서 동생들에게 사랑의 입맞춤을 보내주세요. 어머니, 아버지께도 저의 많은 사랑을 전합니다.

사랑하는 페어맨 올림

5월 19일

지난밤에 목포에 무사히 도착했습니다. 아주 즐거운 전도여행을 하고 있습니다. 광주를 떠난 후 세례 문답과 학습 문답을 벌써 135명에게 했고 주로 말을 타고 500리 다른 말로 166마일을 다녔습니다.

---

5   1906년 4월 18일 발생한 강력한 지진(1906 San Francisco earthquake).

1906년 7월 2일
한국, 광주

사랑하는 아버지와 어머니,

저는 꼬박 한 달 동안 고향집에 편지를 한 통도 보낼 수 없는 처지였습니다. 그런데 그 한 달 동안에 개인적인 편지도 한 통도 못 썼습니다. 두 번의 순회전도여행, 연례회의, 새집을 완성하여 새집으로 이사한 것이 이유입니다. 이것으로 충분히 이해해 주실 것이라 믿습니다. 그런데, 집에서 편지를 받아본 지 너무도 오랜 시간이 지난 것 같습니다. (아이다의 재미있는 편지가 마지막으로 온 편지였습니다.) 부모님이 얼마나 바쁜 삶을 사시는 지를 알기에 저희 둘은 대양의 양쪽에 바쁜 사람들이 산다는 것을 깨달았습니다. 그런데 저는 편지 없이 살아가는 것이 저희보다는 두 분에게 훨씬 쉬운 일이라고 믿습니다.

이전에 있었던 것을 말씀드리겠습니다. 제가 이 나라로 온 이후로 했던 가장 큰 순회전도여행의 한가운데에서 지난번 편지를 썼습니다. 그 순회전도여행이 17일밖에 지속되지는 않았지만, 그때 저는 말을 타고 225마일을 다녔으며, 거의 매일 설교하고, 세례문답과 학습문답을 212명에게 했습니다. 5월 하순에 돌아오자마자, 저는 새집으로 들어갔고, 동시에 집 마무리를 했으며, 연례회의를 위한 준비를 마쳤는데, 연례회의는 6월 7일 모였습니다. 전킨 부인과 테이트 목사 부부를 제외하고 모든 선교사가 참석했습니다. 저희 집에 레이놀즈 목사 부부, 다니엘 의사 부부, 해리슨 목사를 모셔서 즐겁게 지냈습니다. 기억하시겠지만 해리슨 목사는 리니 데이비스(Linnie Davis)와 결혼했던 사람입니다. 이번 연례회의는 저희가 한국에 온 이후로 중간에 끊이지 않고 진행된 첫 번째 회의인데, 제가 의장으로 선출되었고 다소 힘들었다는 점에도 불구하고 정말로 좋은 시간이었습니다. 모든 이가 지금껏 열린 연례회의 중 가장 화기애애하고 즐거운 회의였다고 말해줘서 광주선교부 식구들의 어깨가 무척 으쓱해졌습니다. 저희 집에 대해서 모두들 좋다고 해주었는데, 저희 집이 한국선교회의 몇 집보다 그렇게 많은 비용이 든 것은 아니었지만 한국선교회 집 중에서 가장 좋다는 것에 의견 일치를 한 것처럼 보였습니다. 벨 목사가 건축 면에서 경험이 있고, 다른 쪽으로는 저에게 경험이 있다 보니 행복한 조합이 되어 이런 결과가 나왔습니다. 저희 집의 두드러진 특질은 넓은 앞마루, 영국 식민지 시기(colonial) 기둥, "옛날 버지니아식" 출입구, 응접실까지의 공간, 진짜 미국식 계단, 식사 공간에 큰 난로, 그리고 거실에 벽난로, 한국식으로 된 작은 옷방과 욕실입니다. (한국식이라는 말은 방 바깥에서 열로 따뜻하게 되는 온돌로, 물을 데우는 불 다른 말로 빨래 등에 쓰이는 물을 데우는 불이 방을 따뜻하게 해주는 것입니다.) 집에 이런 특색을 갖추기 위해서 아내는 한국선교회가 허용하는 비용보다 300달러를 더 냈습니다. 그런데 이 초과한 돈은 속성상 한국선교회에게 그냥 선물로 주는 것이 됩니다.

아내는 그 집에 아주 만족하며 한국에서 처음으로 집 같은 집에서 편안함을 느낀다고 합니다. 물질적인 면에서 말하자면 가정이 없이 이런 침침한 시골에서 여자가 할 수 있는 일이 무엇인지 저는 상상하기가 어렵습니다. 가정이 저희에게 전에 살았던 삶에서 남아있는 유일한 것입니다. 비록 어려움으로 가득해도, 순회전도여행을 빈번하게 다니면서 끊임없이 새로운 것을 보게 되는 저도 예전의 열정을 간직하기가 어려운데, 매일 반복되는 단조로운 삶을 살아가는 아내들이 얼마나 힘이 들지 두 분은 잘 아실 것입니다. 그렇지만 아내는 절대 불평하지 않으며, 놀랍도록 의연하게 자신에게 다가오는 모든 것을 견디어 냅니다. 어린 딸은 또 다른 걱정거리가 아니라 햇살입니다. 끝없이 즐거움과 오락거리를 저희 모두에게 주며, 외할머니의 우상입니다. 아홉 달밖에 되지 않았지만, 이가 세 개나 되고 어디나 기어다니며 어른들 의자 옆에 멈춰서서는 어휘를 확장합니다. 모두 그 아기가 저를 꼭 빼다 박았다고 합니다. 그 말은 아기에게는 불행한 것이지만 아빠인 제게는 너무도 고마운 칭찬입니다. 저는 아기가 이 세상에서 가장 훌륭한 아기라고 줄곧 생각해 왔습니다. 그런데 최근 외부의 말을 많이 들은 후에는 저의 의견이 그 어린애와의 관계 때문에 그런 것인가 정말로 질문하기 시작했습니다. 최근에는 아기가 손에 닿을 수 있는 쓰레기는 무엇이건 무척 좋아하게 되었습니다. 며칠 전 밤에는 103도까지 체온이 올랐습니다. 제가 딸에게 즉시 엄청나게 많은 피마자유(castor oil)를 먹였고, 그다음에는 더 먹였습니다. 삼 일이 지나서야 많은 종이와 실 한 줄과 모서리가 세 개 있는 껍데기 하나를 토해냈습니다. 그런데 그 아기의 목에 많은 머리카락이 걸려있을 것 같다는 생각이 듭니다! 그런 이후, 아기를 종이 위에서만 기어다니게 했습니다. 아기가 비록 어리지만, 장난꾸러기의 화신이라고 저희는 생각합니다.

　연례회의에서 먼 곳에 있는 저의 사역지에다 두 개의 군 지역과 하나의 군 지역의 절반을 추가했습니다. 그래서 제 사역지가 가깝게 연결되게 되었는데, 이렇게 되어 저는 확실히 만족스럽습니다. 가까운 곳을 짧은 간격을 두고 사역할 수 있을 것이기 때문입니다. 제가 담당할 지역에는 나주가 포함됩니다. 나주는 전라남도에서 성벽으로 둘러싸인 가장 큰 도시 중 하나로 전에는 전라남도의 수도였던 곳인데, 이곳에 사역이 시작되었습니다. 담당할 다른 두 곳에는 이미 자리 잡은 교회가 있는데 사역이 몇 년간 진행되었지만, 상황은 나쁘다고 합니다. 시간이 나자마자 제가 한국선교회에 제출한 9월부터 3월까지의 제 사역 보고서를 한 부 사본으로 만들어서 보내드리겠습니다. 저는 그 6개월 동안 351명을 문답했는데, 성인 74명이 세례를 받았고, 193명은 학습교인이 되었습니다. 작년에 비해 세 배나 많은 것입니다. 저는 제가 담당하는 지방에서 지금까지 120명에게 세례를 주었으며, (외국 돈은 포함하지 않고) 한국인들의 헌금은 495달러 50센트였습니다. 한국인 하루의 임금이 15센트에서

20센트라는 것을 제가 말씀드리면, 두 분께서 이것이 얼마나 많은 돈인지 아실 것입니다. 저는 14곳에 설교처가 있다고 보고했습니다.

저희는 대학[6]과 관련하여 어떤 일이 진행되는가에 대해서 아직 감감무소식입니다. 대학을 노회에서 관리하는 대학으로 넘기는 준비가 끝났고 아버지께서는 학장에서 퇴임하신다는 것을 신문에서 봤습니다. 사실인가요? 아버지의 계획은 무엇인가요? 아버지, 저희에게 모든 것을 말씀해 주십시오. 대학이 앞으로 어떻게 되는지요? 아버지께서는 졸업하는 시기 동안에 총회에 참석하느라 신경을 못 쓰셔서 혼란스러우셨을 것이 확실합니다. 그래도 모두가 그 어려운 시기를 잘 이겨내셨을 거로 생각합니다. 제가 본 부분적인 보고서로 판단해 보면 총회다운 총회였던 것 같습니다. 아버지께서 오랜 친구분들을 만나셨음에 틀림없습니다. 친척 중 내려오신 분이 있으셨나요? 다음 편에 편지하실 때 그분들 모두에게 저의 사랑을 전해주십시오. 사촌 엘리너가 샌프란시스코 지진에 대해서 자세하게 설명한 편지의 사본을 첫째 큰아버지께서 보내주셨습니다. 그것이 그들에게서 받은 소식 전부입니다. 그 글은 제가 읽은 것 중 가장 잘 쓴 글 중의 하나로 저희가 잘 읽었을 뿐 아니라 미국남장로회 한국선교회 전체가 잘 읽었습니다. 엘리너가 정말 힘든 시기를 겪었음이 확실합니다.

이 편지는 가족 전체에게 보내는 편지 역할을 해야 합니다. 다음 두 달간 우기 때에 저는 집에 있으면서 계속 공부하려고 합니다. 그리고

---

6   치코라 대학(Chicora College, a.k.a. Chicora College for Women)을 말함. 1893년 9월 20일 개교한 대학으로 그린빌의 제1장로교회에서 설립. 교훈은 "Non ministrari sed ministrare", "섬김을 받기보다는 섬김." 1899년 5월에 제2장로교회 목사였던 프레스톤의 아버지 Rev. S. R. Preston이 제2대 학장이 됨. 1906년에 미국남장로회의 Bethel, Enoree, South Carolina 이렇게 3개 노회에서 대학을 구입하여 1906년 5월 30일 노회에서 운영하는 기관으로 다시 시작함. Samuel Craig Byrd 목사가 1906년 6월 1일 제3대 학장으로 취임함. (https://en.wikipedia.org/wiki/Chicora_College) 편지의 내용은 대학이 노회 운영기관으로 바뀌는 상황에 대해서 말하고 있음.

가족 한명 한명에게 편지하려고 합니다. 가족 모두에게 편지를 빚지고 있습니다.

   저희 모두가 사랑을 보냅니다. 딸아이는 사랑의 입맞춤을 보냅니다.

사랑하는 아들 페어맨 올림

1906년 7월 11일
한국, 광주

사랑하는 언니에게,

나는 이사하고 나서 너무도 바빠서 다소 정신이 나가 있어. 언니에게 언제 편지를 했는지 모르겠어, 그런데 적어도 몇 주는 된 것 같아.

연례회의 전에 정리를 제대로 못 했는데, 모든 수납장과 여행용 가방이 말도 못 할 상태에 있음에도 불구하고 연례회의 동안에는 손님들과 즐겁게 지내기로 마음먹었어. 손님들이 떠난 후에, 너무도 피곤해서 어떤 것도 할 마음이 들지 않았다. 이제 막 약간 "정신을 차리고" 짐 정리라는 힘든 싸움을 할 준비가 되었어.

어제는 너무도 비가 심하게 와서 텃밭에서 일하는 사람들이 일을 할 수가 없어서 남편과 내가 그들을 데리고 다락방으로 가서는 대청소를 했어. 그러다 보니 고향에서 비 오는 날 우리가 다락방에 있었던 때가 생각나더라. 여기 다락방 창문에서 보면 소나무들이 아주 아름답게 펼쳐져 있는데, 고향과는 다소 다른 풍경이야. 창밖으로 바로 보이는, 정지작업한 동산의 한 면에 있는 묘목장을 제외하고는 모든 곳이 예뻐. 시간이 지나면 온갖 예쁜 넝쿨식물과 꽃으로 그곳이 아름답게 되기를 바라고 있어. 나는 고향집에서 물건을 차에 가득 싣고 오려고 해. 이곳을 작은 미국으로 보이게 만들고 싶어.

며칠 전에, 남편과 엄마 그리고 내가 우리 소유의 "너른 땅"에서 산딸기를 따 먹었어. 한국에서 야생 음식을 발견한 매우 즐거운 경험이었어. 사람들이 잡목과 넝쿨을 너무도 많이 잘라내 버리지 않으면 산딸기 같은 것들이 풍부할 거야. 여기 산딸기는 상당히 크기도 하고 짙은 붉은색(dark-red)인데, 맛은 블랙베리(blackberry)와 라즈베리(raspberry) 사이야. 다른 사람들은 이것을 좋은 젤리로 만들려고 하겠지만, 나는 신선한 과일이 아주 드문 때에 젤리로 만드는 "그런 바보 같은 짓은 하지 않을 거야." 이 경험을 하고 우리는 무엇을 어디에 심어야 하는지 생각하게 되었는데 온갖 베리를 풍성하게 기를 수 있으면 좋겠어.

언니에게 재미있는 소식을 말하지 않고 대신 농사 이야기를 해버렸네. 흥미로운 소식은 플로렌스 로드와 캐슬(Mr. Castle)[7] 목사가 이번 달 후반부에 결혼한다는 것이고 신혼여행으로 한국으로 오고 싶어 한다는 거야. 이곳에서 그들과 함께 있을 생각을 하니 아주 들뜨기도 하지만 영국인을 대접할 생각을 하니 약간 겁나기도 해. 내가 캐슬 목사에게 충분한 찬물 목욕, 차, 구운 소고기와 감자를 제공할 수 있을 거로 생각하냐고 남편에게 물어봤어! 그때 들어갈 비용에 도움이 되게 멜론을 많이 수확했으면 해.

나는 다카다 부부도 9월 또는 10월에 자기들에게 가장 적합한 때 오기를 바랐어. 그런데 오지 못할 수도 있어. 그래도 그들이 왔으면 해. 벨 부인은 8월에 일본에서 오는 로건(Logan) 목사 부부[8]를 맞을 생각을 하고 있어. 광주 날씨가 매우 좋아져서 이번에 오는 손님들이 광주가 여름 휴양지로 좋은 곳이라고 생각했으면 해. 그러면 우리는 여름을 보내러 광주로 오라고 항상 설득할 수 있을 거야. 모펫 목사 부부와 스튜어트 목사 부부가 올해 모간산에 있는 그들의 새집으로 갈 거야. 그런데 때로는 그들이 이곳에 오면 좋겠다고 우리는 희망해.

<u>그런데 다음 여름은 아니야</u>. 나는 계속해서 내년 이맘때를 생각하고 있어!! 우리가 너무도 바쁘게 살아가는 이곳에서의 시간이 얼마나 빨리

---

7   Harry Castle(1871.7.24~1962)과 Florence Smith Rodd(1877.1.24~1918.1.7)은 1906년 6월 25일 결혼함. Mr. Castle은 영국 Cheshire 출신으로 1897년 서아프리카 Sierra Leone 선교사로 활동함. 1902년 11월 12일 Edwardina Wilmot Botwood (1866~1903)과 결혼했으나, 부인과 사별함. 1904년 9월 29일부터 1911년까지 중국 선교사로 항저우에서 활동함. 이때 같은 지역에서 선교사로 활동하던 Florence Rodd와 결혼함.

8   Rev. Charles Alexander Logan(1874.11.14~1955.6.30)와 Martha B. "Pattie" Myers Logan(1871.12.13~1928.11.26) 부부.

지나가는가를 생각할 때면, 소리 지르고 싶어져. 우리가 어떤 증기선을 타고 갈 것인가에 대해서 지금 생각하고 있어!!! 고물 배라도 기꺼이 타고 갈 마음이지만 좀 좋은 배를 타고 갔으면 좋겠어.

내가 "도망 나온 사람"처럼 보이는 걸 원하지 않으면, 언니와 루쉐 부인과 바커(Barker) 부인이 나를 입힐 만한 돈을 제공해야만 할 거야. 잉글랜드에서 드레스와 모자는 주문할 거야. 그런데 그것들이 도착했을 때 내 맘에 들지 않을 수도 있어. 나는 지금 아무렇게나 돈을 쓰고 싶지 않아. 우리는 모을 수 있는 돈은 다 긁어모아야 해.

지난번 우편물에 들어있던 구두가 도착했는데 내 구두에 정말 마음이 끌려. 너무 예뻐서 광주에서 우기에는 신을 수가 없어. 그렇지만 내 여행용 가방에 예쁜 구두 한 켤레가 있는 것은 위안이 돼. 정말 좋은 우편물이었어. 그 우편물에 언니에게서 구두, 클라라(Clara)에게서 사진, 플로렌스가 올 것이라는 것을 말하는 편지, 누군가에게 빌려주었지만 그렇게 일찍 받을 것은 생각도 못 한 380달러에 대한 수표, 그리고 줄리아 알렌 위더스푼(Julia Allan Witherspoon)이 보낸 좋은 편지가 있었어. 남편은 큰오빠(Willie)에게서 편지를, 시아버지에게서 괜찮은 사진을 받았어. 엄마는 언니나 작은오빠나 큰오빠에게서 편지가 오지 않으면 우편물이 중요한 의미가 있다고 전혀 생각하지 않아!

<u>시간이 흐른 다음에 이어 씀.</u>

점심을 먹었어. 하인들은 자신들의 밥을 먹으러 갔어. 그래서 내가 아기를 보고 있어. 아기 보는 것도 큰일이야. 아기가 어디든 기어가고 쓰레기를 그렇게 좋아해. 아기가 하룻밤 매우 아팠다는 것을 엄마가 언니에게 말했을 거야. 놀란 의사가 와서는 아기의 조그마한 위에 고통이 있는 것이 분명하다고 말했어.

아기는 열도 있었고, 정말 불쌍할 지경이었어. 우리는 아기에게 관장

제도 먹이고, 차가운 물로 목욕도 시키고, 피마자유(castor oil)를 연이어 먹였어. 아기는 그런 것이 너무도 힘들고 아픈 것으로 생각했어. 피마자유에 반응해서 다음 날 아침 여러 개의 끈이 나오고, 머리카락이 나오고, 종이가 나오고 작은 도자기 파편이 나왔어. 그런 이후에, 우리가 아기의 취향을 알게 되어서, 아기가 뭘 먹는지 가까이 지켜보려고 했어. 위에 말한 것에 더해, 아기는 염소젖과 멜린스(Mellin's) 유아 음식을 먹고 있어. 화이트헤드 박사(Dr. Whitehead)에게 그 회사 음식을 어떻게 생각하는지 물어봐 줘. 이곳의 모든 엄마가 그 회사 제품이 좋다고 생각하며, 선교사들의 자녀 대부분이 그것을 먹고 크고 있어. 그래도 화이트헤드 박사의 의견을 알고 싶어. 나는 아직 젖을 먹이는데, 아기가 충분히 먹고 있는지 모르겠어. 그래서 염소젖을 한두 번 먹이기 시작했어.

바로 지금, 아기가 탁자 옆에 서있는데, 날카로운 모서리에 이마를 찧을 것 같은데, 아기에게는 거기보다 더 매력적인 곳은 없어. 아기는 정말 활기차. 아침에 요람에서 나오는 것을 보면 정말 귀여워. 모기장 아래에 침대 곁에 아기 요람을 두는데 아기는 요람에서 기어 나와서는 자기 아버지를 가로질러서 아침 먹으러 와. 요람 밖으로 나오는 것을 스스로 터득했어. 밤이면 아기가 항상 요람으로 가니까 상당히 안전하지만, 낮 동안 침대에 아무도 없으면, 아기가 요람 속으로 떨어지지나 않을지 계속 두려워. 고개를 막 돌렸더니 아기가 침대에 서서 입에서 지푸라기를 쭉 내밀고 있네.

남편이 우체국으로 갈 거니 이 편지를 부치도록 할게.

옷 만들 재료를 보내지 않는다는 것을 언니에게 말하는 것을 잊어버렸어. 언니와 루쉐 부인이 다소 가벼운 것으로 괜찮고 예쁜 것을 골라줘. 우리가 5월에 떠나고 태평양을 여행할 것으로 예상하기 때문이야. 루쉐 부인에게 말해서 크게 만들어주라고 해줘. 내가 아팠을 때 빠졌던 살이 다시 제자리로 돌아왔기 때문이야. 치마에는 비단으로 안감을 하지 말아

줘. 여기저기서 제대로 된 소품을 모으기가 무척 어려우니까, 필요한 소품은 다 보내 줘.

쉴즈 선교사가 언니에게 편지를 하면, 그 물건을 가져올 것이고 그러면 언니가 뭔지 알아야 할 것 같아 언니에게 이렇게 세세한 것을 보내. 우편 소포(Parcel Post)로 보내면 되는데, 가을 이전에 보내줄 필요는 없어. 그런데 너무 오래 미루지는 말아줘. 물론 모자는 조심스럽게 포장해야 하고 너무 커서는 안 돼.

남편이 기다리고 있으니 이만 써야겠어.

언니와 언니 가족 모두에게 사랑을 보내.

사랑하는 애니가

1906년 9월 3일
한국, 목포

사랑하는 어머니,

숨을 쉴 수 있는 때가 되어서 편지할 기회가 생겼습니다. 첫 번째 편지는 당연히 어머니께 드립니다. 어머니의 6월 29일 편지를 정말 즐겁게 읽었습니다. 그 편지가 고향집에서 온 마지막 소식이었습니다. 짐이 6월 24일 자로 쓴 재미있는 긴 편지도 같은 시간에 도착해서 잘 읽었습니다. 일어났던 모든 놀라운 것을 들을 수 있어서 좋았습니다. 게다가 외부로부터 전해졌던 소식을 직접 들어서 좋았습니다. 어머니의 머리가 정말로 빙빙 돌았을 것입니다. 지금도 어머니께서 대학교 일에서 벗어나서 다른 삶을 직면하고 있다는 것을 깨닫기가 어려우실 것입니다. 저는 아직 현실감이 없습니다. 그렇게 되어야 하는 것이 틀림없습니다만 반작용이 그렇게 크지 않았으면 하고, 모두가 새로운 환경에 적응하기 바랍니다. 짐이 그 대학에 계속 있기로 했는지 아니면 다른 일을 하기로 했는지에 대한 소식을 기다리고 있습니다. 제 생각에 대학교 일이 그 아이에게 적합할 것으로 보입니다.[9]

리아에 대해서 아주 좋은 이야기를 들어서 기쁩니다. 그 아이가 마침내 정신을 차렸기를 바라며, 그 아이에게 큰 행복이 마련되어 있기를 바랍니다. 그러나 전에 하기로 했던 일 중 많은 것을 이루지 못했다는 것을 보고, 아직 그 아이에게 어떤 말도 없는 것을 보아서 그 아이에게 편지하기가 망설여집니다. 어머니께서 말씀하신 그 젊은 여자를 제가 만났던 것이 확실합니다.

바크먼은 어떤가요? 데이비슨(Davidson) 대학을 다니게 될 것인가요?

---

9   1904 Chicora College Yearbook에 따르면 "JAMES B. PRESTON, Business Manager"라고 되어 있음.

그 아이가 대학을 가게 된다면 어떤 일이 있어도 그 대학을 가야만 합니다. 어머니 제발 그 아이를 킹(King) 대학으로 보내지 마십시오. 만약 재정적인 문제로 그 아이가 그 대학에 가는 것이 어렵다면, 저희가 데이비슨 대학 비용을 댈 것을 이 시점에서 강하게 말씀드립니다. 집을 떠나 대학 다니는 것이 그 아이에게 발전이 될 뿐만 아니라, 좋은 대학에서 교육과정을 끊임없이 계속하는 데에는 계산할 수 없는 이득이 있습니다. 그 아이는 누릴 수 있는 최고의 기회를 가져야 하며, 그 아이가 좋은 사람이 되지 못할 이유가 없습니다.

로운산으로 가서 가족 모두가 함께하는 것은 아주 좋다는 생각이 듭니다. 내년 여름에 가족이 모두 가서 시간을 보내면 좋겠고, 아내의 가족들도 다른 곳으로 가지 말고 로운산에서 만나면 좋겠습니다. 그곳 숙소에 대해서 그리고 다른 사람들이 여름 동안 그곳에 있을 수 있는 가능성에 대해서 편지로 알려주십시오. 어머니께서는 저희가 어머니와 1년간 있을 거라고 기대한다고 말씀하십니다. 그것은 절대로 불가능합니다. 저희는 다 해서 5개월을 사역지에서 떨어져 있으리라 예상합니다. 그중 2달은 오가는 길에 쓸 것이고 그러다 보면 고향에서는 3개월간 휴가를 보내게 됩니다. 이곳에서 사역자들이 너무도 적고 일은 너무도 많기에 저희는 이것이 저희가 합리적으로 요청할 수 있는 최대한이라고 생각합니다. 이조차도 전적으로 불확정적이며, 마지못해 저희에게 허용될 것입니다. 한국에 있는 선교사에게 요구되는 엄청난 양의 사역에 대해서 짐작이 전혀 가지 않으실 것입니다. 제가 고향에서 다소 힘겨운 삶을 살았다는 것을 아시지요. 그런데 그런 삶은 제가 이곳에서 살아가는 삶에 비하면 아무것도 아닙니다.

이번 여름은 번개처럼 지나갔습니다. 7월과 8월은 제가 집에 가까이 있으며 집 마무리 공사를 했으며 한국어 공부와 설교를 했습니다. 저희는 지금 서울에 가는 중인데 공의회에 참석하고 이도 치료하려고 합니다.

아내와 장모님은 해관 세무사의 집에 있는데, 세무사의 아내가 8월에 2주간 저희를 방문했습니다. 저는 현재 한국인들 속에서 사역하고 있습니다. 아내는 거의 매일 저와 함께 나가서 한국 여자들 속에서 사역합니다. 목포교회가 지금 전라남도에서 가장 큰 교회이며, 저희가 이곳에 다시 있게 된 것이 큰 특전입니다. 최근의 성장은 경이롭습니다. 저희는 20일에는 서울에서 돌아올 것으로 예상하며, 아내는 군산에서 다니엘 부부를 잠깐 만나고, 돌아오는 길에 저와 함께 목포 남쪽으로 배를 타고 같이 갈 수도 있습니다. 아기와 장모님은 물론 저희와 함께합니다. 미리 암이 걷기 시작했고, 이가 8개가 났고, 성취하는 것이 끝이 없습니다. 이런 말씀드려서 죄송합니다만 아기는 영어보다 한국어를 훨씬 잘 이해합니다. 예를 들면 한국어로 "가자(kah-ja)"와 "나쁘다(napooda)" 등을 이해합니다. 사실 한국어밖에 이해하지 못하는 선교사들의 자녀들이 몇 있습니다만 저희 아이는 그렇게 키우지 않을 생각입니다. 아기는 9월 26일이면 1살이 됩니다.

어제는 저희의 결혼 3주년이었습니다. 홉킨스 부부가 그것을 알고는 저희에게 큰 만찬을 베풀어줬고 아름다운 가죽 선물을 두 개 선사했는데, 그 선물을 보고 저희가 숨이 멎을 뻔했습니다. 이 사람들은 형식적으로 성공회 교회를 다니며,[10] 강한 기독교인들이 아닙니다. 선교사들이 하는 일에 대해서 원래 동감을 거의 하지 않았는데, 저희와 끈끈한 친구가 되었고 그들의 태도가 놀랍도록 바뀌었습니다. 동양에서 선교사들과 다른 유럽인 거주인들이 서로를 더 잘 이해하는 일이 항상 있었으면 합니다.

가족 모두를 정말 보고 싶습니다. 그때까지 시간이 빨리 지나갔으면 좋겠습니다. 아마 그렇게 될 것입니다. 저희는 다음 여름에 얻을 수 있는 최선을 얻기 위해 미리 계획해야만 합니다. 저희는 5월 1일경 이곳에서

---

10 홉킨스 부부가 영국인이라 영국 국교회(Anglican Church) 교인이라는 의미임.

출발하였으면 합니다. 어머니가 해주실 충고가 있으면 해주세요. 그러면 최대한 빨리 확정적인 계획을 세우고 어머니께 편지드리겠습니다.

가족 모두에게 사랑을 전합니다. 직접 서로를 볼 수 있도록 저희의 생명이 유지되기를 바랍니다.

아내가 편지드리고자 원하며 곧 그런 시간이 생기길 원하고 있습니다.

사랑하는 어머니의 아들 페어맨 올림

1906년 9월 28일
아시아, 한국, 군산

사랑하는 딸에게,

너의 생일까지는 한 달도 남지 않았다. 네 엄마가 보내는 이 소식이 네 생일까지 너에게 도착할지 모르겠다. 도착할 가능성도 있다. 어쨌든 너는 이 엄마가 다른 어떤 날보다 너의 생일에 더욱더 너를 생각하며 너를 위해 기도하고 있다는 것을 알아두렴.

엄마가 서울에서 짧은 편지를 너에게 보냈던 것 같은 막연한 생각이 든다. 서울에 있는 동안 많은 편지를 쓰고 싶은 욕심이 있었지만, 매일 할 일이 너무도 많고 모든 친구를 만나기에는 시간도 너무도 짧았다. 거기에 더해서 갑자기 소화불량에 걸려서 현기증이 생겨 잠시 독서도 못하고 편지도 못 쓰며 시간을 허비했다. 또한, 기분 좋은 방문도 못하게 되었다. 특히 손님으로 온, 뉴욕에 사는 존슨 박사 부부와 딸을 위해 빈튼(Vinton)[11] 박사가 베푼 환영식에 참석할 수 없었던 것이 너무도 아쉬웠다. 존슨 박사는 북장로회 해외선교국의 회원이며, 북장로회가 선교하는 인도, 중국, 한국, 일본의 선교부를 방문하는 중이다. 존슨 부인이 내게 17개월 동안 다니고 있다고 말했던 것 같다. 존슨 박사의 말이 굉장히 도움이 된다고들 한다. 나는 그 사람 말을 들으려고 두 번만 갔지만, 내가 앞줄에 앉고 귀 나팔(ear trumpet)도 사용했건만 그 사람 말이 거의 들리지 않았다.

엄마의 귀먹음이 더 나빠졌다고 확신하며 "완전히 귀가 먹어버리는 것"은 아닌지 걱정이다. 그런데 말이다! "나이 들어 어두워진다만" 엄마에게는 눈이 있어서 큰 기쁨을 얻는단다. 정말로 많은 선교사의 얼굴을

---

11 Cadwallader Curry Vinton(1859.12.30~1936.6.26).

볼 수 있는 것은 큰 기쁨이란다. 그들 중 많은 사람을 엄마가 전에 만났었고 그들은 엄마에게 정말 진심으로 인사했다.

작은오빠(Sam)에게 말해주렴. 펜윅(Fenwick)[12] 목사가 그곳에 있었는데, 네 오빠에 대해서 많이 물었고, 엄마에게 네 오빠에 대해서 또한 그리고 우리집을 방문했던 것에 대해서 좋은 기억을 가지고 있다고 네 오빠에게 꼭 전해주라고 했다는 것을.

결혼하는 신부들이 작년만큼 많지는 않았다. 아주 잘생긴 멋쟁이 한 쌍이 있었다. 신랑은 고국에서 안식년을 마치고 최근 돌아오면서 신부를 데리고 왔다. 애니는 하얀색 명주옷을 세 번 입었는데, 빈튼 박사의 환영식에서, 연례적으로 모이는 프린스턴 대학 출신의 만찬 자리에서, 그리고 우리가 머무는 마지막 밤에 있었던 결혼식에서였다. 엄마는 그 결혼식에 참석했다. 정말 훌륭한 결혼식이었다. 선교사들이 멋진 모습으로 참석했다. 새로운 미국 영사와 아내도 참석했다. 엄마는 그 영사 부인을 이화학당에 있던 어느 날 만났다. 애니와 레이놀즈 부인이 영사 아내를 방문했다. 그녀는 선교 사역에 많은 관심이 있다고 했다.

우리가 레이놀즈 목사 부부의 집에 있는 내내 그 집은 사람으로 넘쳐났다. 회의의 소란함이 끝나고 난 후 서울을 좀 더 많이 보여주고 싶다고 하면서 레이놀즈 부인이 엄마더러 그 집에 손님으로 머무르라고 했단다. 엄마도 그렇게 하고 싶은 마음이 많았지만, 가족들과 떨어져 있을 것이 엄마에게 가장 최선이라는 생각이 들지 않았다.

우리는 21일 금요일 아침 서울을 떠났으며, 그날 오후에 이곳 군산으로 갈 증기선을 탈 수 있을 것으로 기대했다. 그런데 다음 날 저녁까지 기다릴 수밖에 없었는데, 우리가 다니엘 의사 부부의 집을 방문하는 군산에 도착했을 때는 일요일 아침이었다. 다니엘 의사는 거룻배를 타고

---

[12] Malcolm C. Fenwick(1863~1935.1.7).

와서 증기선에 있는 우리를 맞이했는데, 우리가 전에 두 번이나 했던 것처럼 군산선교부에 가기 위해 힘들게 오랜 시간 갔다. 조수가 빠지고 있어서 우리는 두 사람이 우리 거룻배를 밧줄로 끌어가는 해안가에 가까이 있는 것 말고는 앞으로 나아갈 수가 없었다. 배를 끄는 두 사람은 때로는 허리까지 뻘에 잠기고 때로는 만으로 들어가다가 개울의 입구를 지날 때는 배에 꼭 붙어있을 수밖에 없었다. 여러 번 우리 배가 뒤집힐 뻔했다. 아기가 태어나기 전에도 그렇게 가는 것이 정말 힘들었는데, 아기가 있어서 더욱 힘들었다.

아기는 정말 쉴 새 없이 움직인다. 이제 발을 사용하는 법을 알게 되어서, 항상 어디론가 움직이려고 한다. 우리가 광주를 떠나기 하루이틀 전에 첫발을 뗐단다. 이제는 계속 아장거린다. 얼 목사가 말하길 아기가 달리고 발길질할 때 아기 아버지를 그대로 닮았단다. 서울에서 어느 부인이 말하길 우리 아기가 아버지를 빼다 박았다는 말을 들었었다고 하는데 오히려 나를 많이 닮았다고 생각한다고 말했다. 막냇사위도 자주 그런 말을 했었고. 어떻게 그럴 수 있니? 막냇사위와 나는 닮은 구석이라고는 없다.

그 이쁜 것이 그제 26일에 1년이 되었단다. 다니엘 부인이 아기를 위해 작은 잔치를 베풀면서 불 목사의 세 자녀[13]를 초대했단다. 그 아이들이 우리 아기와 다니엘 부인의 딸 매리언(Marion)[14]과 함께 잔치에 참여했단다. 탁자에 앉은 그 아이들을 코닥 사진기로 찍었는데, 사진이 잘 나오길 바란다. 정말 보기 좋았거든. 다니엘 부인이 뜰에 있는 나무 아래에 탁자를 준비했는데 핑크로 장식했단다. 하얀 아이싱(icing)이 있는 큰 스펀지 케이크를 준비했는데, 케이크 위에 미리암의 이름과 날짜가 영어와 한자

---

13 William Ford Bull(1902.2.22~1965.2.4), Mary Virginia Bull Moose(1903.5.1~1982.7), Margaret Gertrude Bull(1905.2.25~1985.12.3).

14 Marion Sterling Daniel Blue(1905.8.3~1986.1.14).

로 쓰여있었다. 아기에게 케이크를 자를 칼을 줬는데, 아내가 그 어린 손을 이끌지 않았었다면 난리를 쳐놨을 것이다. 케이크 맨 위와 중앙에 분홍 장미와 작은 분홍 초가 있었다고 말한다는 걸 잊었다. 그쪽에 있는, 아기의 어린 사촌들에게 이것에 대해서 말해주렴. 아이들이 케이크를 나눠 먹은 다음에 어린이들에게 아주 좋은 놀이터인 이 마당에서 뛰어놀았다면 "할머니"가 너무도 행복했을 거라고 말해주렴.

너와 같은 이름을 가진 아기가 뜰에서 아장아장 걷고 있는 것을 네가 봤으면 좋겠다. 다니엘 부인의 딸 매리언은 우리 아기보다 거의 한 달이나 빠른데 아직 기지도 않고, 혼자 서지도 않는다. "우리 아기"가 똑똑하다. 물론 할머니가 아기를 망치고 있다는 말을 듣는다만 다른 사람들이 '버릇없는' 아이를 좋아하지 않듯 나도 버릇없는 아이를 좋아하지 않는다. 나는 아기가 태어나기 전에 애니에게 그렇게 말했다. 내가 "사랑이라는 슬프고도 슬픈 교훈"으로부터 너무도 많은 고통을 겪었기에 더 많은 아이를 사랑할 의도가 없다고 했다. 그 사랑의 고통으로 엄마의 심줄이 터졌다. 그런데 여기 엄마가 전에 아기를 사랑했던 것처럼 그렇게 사랑하고 있다! 이 아기와 어떻게 떨어질 수 있을까? 그런데 그럴 걱정은 하지 않겠다. "한 날의 괴로움은 그날로 족하니라."[15]

앞으로 일에 대해서인데, 우리가 5월 초에 미국으로 떠나고, 프레스톤 성을 가진 사람들은 한국으로 10월 1일까지 돌아오는 것이 정해졌다. 그러니 그에 따라서 계획을 세우렴. 딸 가족이 3개월 밖에 시간이 없는데 이 시간을 처가와 시댁 사이에서 보내야 해. 그 문제를 잘 살펴보고 무엇을 할 수 있는지 생각해 보렴. 애니는 너희 중 산에서 얼마의 시간을 보낼 수 있는 사람이 있다면 시댁 사람들이 매년 여름의 일부 시간을 보내는 로운산에서 만나면 좋겠다고 생각한다. 만약 애니가 먼저 산으로

---

[15] 마태복음 6장 34절, "그러므로 내일 일을 위하여 염려하지 말라 내일 일은 내일이 염려할 것이요 한 날의 괴로움은 그 날로 족하니라."

가면, 솔즈베리의 더위가 더 크게 느껴질 것이다. 내 생각에 딸 부부가 자신들의 계획을 세우고 있는데, 다른 사람들도 각자 계획을 세워서 계획들이 서로 일치하게 만들면 좋겠다. 나는 딸 부부가 나를 미국 땅에 떨어뜨리고 가면 어떻게 살아갈지 막막하다만, 딸 부부의 손에 충분히 오랫동안 있었다고 생각한다.

막냇사위는 어제 오후에 말을 타고 광주로 떠났는데 우리와 목포에서 만나려고 한다. 우리는 이곳으로 타고 왔던 증기선을 기다리고 있어서 한 주 더 머물 수도 있다. 그 배가 다른 배들보다 더 크고 더 편안하며 "외국" 음식을 제공한다. 서울로 올라가는 배에서 무척 붐볐는데 내려오는 길도 만만치 않았다. 배가 목포에 도착했을 때 한 무리의 독일 관광객들이 객실 여섯 개를 차지하고 있었다. 우리는 어떻게 될 지 모른 채 배에 올랐다. 애니와 아기는 선원들이 사용하는 선실 중 하나를 배정받았고 나도 같은 종류의 것을 하나 받았다. 막냇사위와 놀란 의사와 헨리 벨은 "아무렇게나" 있었다. 일부는 식사하는 곳에서 자고 일부는 갑판에서 잤다. 다행히 우리는 야영하는 장비인 간이침대, 침구류 등을 가지고 있었다. 이것들은 한국에서 여행할 때 챙기는 '짐' 중 필수적인 것들이다. 올라가는 길에 이곳 항구에서 배가 몇 시간 멈췄고 우리는 그 시간 동안 다니엘 의사 부부와 있었다. "오하이오" 회사의 증기선들이 더 이상 이 해안을 따라서 왕복 운행을 하지 않는다. 그것은 우리에게는 아쉬운 일인데 그 회사 증기선들이 작은 일본 배들보다 훨씬 우수하기 때문이다. 그런데 우리가 타고 온 "목포 마루"는 작지만 매우 좋은 배고 선원들도 매우 훌륭했다.

애니는 좋은 사람들과 즐겁게 지내고 있으며 가정에서 해야 할 일들에서 자유롭게 되었다. 그런데 서울에서는 쇼핑하고, 회의에 참석하고, 점심 식사, 차, 그리고 만찬에 참석하느라고 너무도 바빴다. 있잖아, 애니가 선교사 사이에서 매우 '인기 있단다.' 어느날은 아기 사진을 찍으러 사진사에게 갔다. 사진은 잘 나왔는데, 아기를 그렇게 닮은 것은 아니었다. 아기가 다니엘 부인의 딸 매리언의 인형을 팔에 꼭 껴안고 그 인형을 토닥거리면서 노래를 불러주며 아장아장 걷는 모습을 네가 볼 수 있다면 좋겠다. 우리 아기에게 인형이 없다. 생일에 내가 하나 장만해 주려고 했지만, 목포에도 광주에도 그런 인형이 보이지 않았다. 매리언의 할머니가 너무도 예쁜 헝겊 인형을 보냈단다.

우리는 불 목사의 만찬에 초대받았는데 그 시간이 다가오고 있다. 우리가 이곳에 온 이후에 그들과 한 번 밥을 먹었고, 한 번은 해리슨 목사, 얼 목사와 함께 먹었단다. 해리슨 목사는 홀아비이고 얼 목사는 총각이다. 집에 여자가 없기에 그들이 정말로 외로워 보인다. 광주에 있는 우리에게 얼음이 없다는 것을 알고 레이놀즈 부인과 이곳의 사람들이 우리에게 너무도 맛있는 얼음을 대접해 줬다. 지난겨울에 모든 시간과 노력을 들여서 얼음을 넣어두었지만, 모두가 녹아버렸다. 우리가 얼음집을 열었을 때, 벨 목사가 "얼음이 있었다는 곳을 보여주는 축축한 곳도 한 군데도 없다"고 했다.

네가 11월 선교회 모임에 쓰기를 바라며 서울에서 연례회의 보고서 한 부를 너에게 보냈다. 막냇사위는 이런 선교협회들에 대해서 썩 긍정적이지는 않은 것 같다. 막냇사위는 교회가 하나의 커다란 선교회고, 또는 그래야만 하며, 교회가 해야 할 가장 큰 일이 전 세계에 복음을 알리는 것이라고 말한다.

포사이드 의사가 이번 가을에 어머니와 여동생과 함께 돌아올 거라는 말이 있다. 랭킨(Miss Nellie Rankin) 선교사[16]도 그럴 거로 예상된다. 케슬러(Miss Kestler) 선교사[17]는 지금은 다니엘 의사 가족과 같이 있지만, 내년

---

16   Nellie B. Rankin(1879.12.25~1911.8.13)
17   Ethel Esther Kestler(한국명: 계슬라, 1877.4.26~1953.3.2). 1905년부터 1946년간 사역했음. 1911년에 예수병원 1대 간호원장으로 부임했으며 예수병원 불확실성의

에는 자신의 집을 가질 것으로 예상하며 그 집을 랭킨 선교사와 기꺼이 같이 사용하려고 한다. 그녀는 랭킨 선교사를 알고 있다. 케슬러 선교사는 존 코잇이 샬럿에 있는 병원에 있을 때 그를 간호한 사람 중의 한 명이다. 그녀가 그의 어머니를 그곳에서 만났다. 로라에게 말해서 요리에 대해서 다시 익히고, 다른 중요한 것도 다시 익혀놓으라고 해라. 유용한 모든 것이 이곳에서는 쓸모가 있을 수 있다. 이곳에서 만날 수 있었으면 했지만, 애니가 미국으로 돌아가는 길에 일행이 있을 것이라 애니와 그 일행 둘 다에게 아주 좋은 일이 될 것이다. 사돈어른 프레스톤 목사님이 그때 나오실 수도 있다. 그렇다는 말이 있어. 선교사들의 어머니들이 멀리 있는 이곳으로 찾아오기 시작한다. 사랑이라는 것이 이렇게 강력한 힘이 있구나. 서울에서 선교사 어머니 세 분을 만났다. 그중 한 분은 호놀룰루에서 14마일 떨어진 곳에서 좌초된 만추리아(Manchuria)에 타고 있었던 사람으로 내가 서울에 있을 때 도착했다. 정말 오싹한 경험이었을 것이다. 우리 친구 쉴즈 간호사도 그 배의 승객이었고, 서울에 사는 모리스(Morris) 부인[18]도 마찬가지였다.

목포나 광주에서 우리를 기다리는 편지가 몇 통 있기를 바란다. 우리에게 전해준 우편물이 없었기에, 너와 사랑하는 손주들이 여름을 어떻게 보냈는지를 전혀 알지 못한다.

내가 이 편지의 첫 장을 끝내기 전에, 내가 달력에서 10월이라는 단어를 생략하는 실수를 했다는 걸 알았다. 그런데 그것을 다시 쓸 가치가 있다고 생각하지는 않았다. 네가 이해할 거로 생각한다.

시기인 1915년부터 1925년 사이에 미국 선교사 의사가 공석인 상황에서 예수병원의 책임을 맡아 '폭풍우 속에서 천막을 떠받쳐 주는 기둥 역할'을 감당했고 예수병원 사역을 지속할 수 있도록 했음. 1935년 1월 9일 화재로 병원이 전소될 때 처음 화재를 발견하고 헌신적인 활약으로 36명 환자를 모두 구했음. (예수병원 누리집)

18 Mabel Perkins Morris(1873.8.14~1957.10.17). 캐나다 태생 미국인 사업가 James Henry Morris(1871.6.28~1942.2.16)의 부인.

이곳에 아름다운 야생 과꽃(aster)이 있다. 커다란 흰색 애스터(aster)이며 은은한 분홍색이다. 다니엘 부인이 그 꽃들을 양치류와 함께 아름다운 다발로 묶어 식탁에 놓아둔다. 다니엘 부인이 말하길 자신이 애니에 대해서 들은 첫 번째가 컷글라스, 도자기, 은제품 47상자를 한국으로 가지고 온다는 것이었다고 한다!

이 편지를 다른 사람들과 공유하렴. 그렇지만 멕시코로 보낼만한 가치는 없다. 헐버트 박사가 뉴욕에서 큰아들(Willie)을 못 본 것을 매우 안타깝게 여긴다. 그와 아내는 정말 좋은 사람들이다. 우리가 중국에서 온 정말 아름다운 레이스(laces)를 봤는데 레이놀즈 부인이 가지고 있었다. 모든 친구와 하인들에게 엄마 소식을 전해주렴.

엄마에게 가장 소중한 이들에게 많은 사랑을 전한다.

엄마가

1906년 10월 9일
한국, 목포

사랑하는 언니,

오늘 아침은 우리 모두 광주로 떠나려고 너무도 바빠. 가장 가까운 곳에 가더라도 항상 짐은 왜 이리도 많은지 아랍 사람들처럼 그냥 자리 털고 일어나서 가버릴 수가 없네.

10월 11일, 광주

바로 그때 남편이 들어와서는 홉킨스 부인 집으로 즉시 가야만 한다고 했어. 그곳에서 우리가 점심을 먹게 되었거든. 점심 먹고 곧 우리는 론치를 타고 떠나서 영포에는 8시 아니면 8시 30분에 도착했어. 우리는 그 배에서 잤고, 어제 아침 광주로 넘어와서는 벨 부인과 점심을 먹고, 오웬 부인과 저녁을 먹었어. 오늘은 할 일이 산더미야.

우리는 몽고메리 워드에 주문하려고 해. 언니가 내 드레스, 모자, 구두 등을 특급으로 그 회사에 보내서 우리가 한 주문과 함께 우리에게 보내달라고 했으면 해. 그 물건 꾸러미에 주소를 다음과 같이 해줘.

Rev. J. F. Preston, Mokpo, Korea

Care of Montgomery Ward & Co.

Michigan Avenue, Madison Washington Sts.

Chicago, Illinois

세관에서 필요하니 반드시 그 꾸러미에 가격을 붙여줘.

엄마는 언니가 엄마의 코르셋과 메이 카터 양(Miss May Carter)이 판매하는 스테이(stay) 혁대 두 개를 보내주기를 바라서. 엄마는 언니가 보내준 구두를 굉장히 맘에 들어 해서 그 구두와 똑같은 구두를 하나 더 가지기를 원해. 그 물건들이 올 때까지 몽고메리 워드가 우리가 주문한 것을 가지고 있을 거니 최대한 빨리 그 물건들을 보내줘.

엄마는 언니와 큰올케(Marion)와 루쉐 부인이 가벼운 무게의 여행용 드레스를 하나 장만해 주기를 원해. 그런다고 그 옷 때문에 이번 주문을 지체하면 안 돼. 엄마가 원하는 옷을 장만한 다음, 어느 때나 보낼 수 있도록 만반의 준비를 해두는 것이 좋을 거야.

작은 구두는 아직 도착하지 않았어.

이 편지를 쓰는데 너무도 많은 방해를 받았어. 오늘 오전에는 더 이상 쓰지 않을 거야.

언니네 가족 모두에게 많은 사랑을 보내.

사랑하는 낸시가

1906년 10월 25일
한국, 광주

사랑하는 어머님,

　어머님께서는 새로 얻은 딸이 너무도 오랜 시간 조용히 있으니까, 딸이 해야 할 효도를 잊어버린 것은 아닌가 생각하고 계실 것입니다. 진실을 말씀드리자면, 제가 답하지 못한 편지들이 책상에 너무도 많이 쌓여 있어서 그 책상으로 가면 공황에 빠질 것 같아 겁이 납니다. 그래서 저는 이 편지를 무릎 위에 올려놓고 쓰고 있습니다.

　플로이 아가씨가 남편에게 쓴 편지가 어젯밤에 도착했습니다. 저는 그 편지를 읽고 싶어서 남편이 돌아올 때까지 기다릴 수가 없었습니다. 어머님께서 '숲속의 집'에서 여름을 보낸 내용을 들어서 좋았습니다. 많은 도움이 되셨기를 바랍니다. 여름 동안에 기운을 다 쓰시면 안 됩니다. 남편이 고향에 갈 때 어머님께서 건강하게 보이시길 원하실 테니까요.

　고향으로 가는 여행이 요즘 저희 생각의 많은 부분을 차지합니다. 저희는 계획을 잘 짜서 몇 달 안 되는 시간을 최대한 오래 활용할 것입니다.

　저희가 고향으로 갈 때 미리암이 지금처럼 귀여우면 좋겠습니다. 아기는 하루 종일 전속력으로 날아다니며, 무엇이건 들이받습니다. 친정어머니께서는 "내려놓으면 그 자리에 그대로 있는 아기들이 있으면 정말 편하겠다"라고 가끔 말씀하십니다. 그런데 저는 친정어머니가 가만히 있는 아기들은 손녀와 비교도 안 된다고 생각하는 것을 알고 있습니다. 아기는 아주 뚱뚱하지는 않으며, 육아 책에서 먹으라고 하는 만큼을 먹지 않습니다. 그래서 제가 놀란 의사에게 아기의 영양 상태가 괜찮다고 생각하는지 물었습니다. 놀란 의사는 아기가 좋은 상태에 있다고 했으며, 아주 뚱뚱한 아기들 대부분보다 훨씬 더 좋다고 했습니다. 놀란 의사가 아기가 욕조에 있을 때 들어왔기에, 아기의 장밋빛 몸을 잘 살펴볼 수 있었습니다.

아기를 위해서 옷 뒤에다 끈을 매달았습니다.[19] 천으로 된 끈을 유모나 할머니나 사환이 뒤에서 잡고 있는데 아기가 짧은 다리로 테라스를 빨리 내려가는 것을 보면 장관입니다. 며칠 전에, 친정어머니와 제가 아기를 데리고 산책했습니다. 사환 아이의 등에 업혀서 나갔는데 싫증이 날 때까지 업혀놓았다가 아기에게 끈을 매어 주고 걸어가게 했습니다. 그 장면이 대단한 "구경"거리라서 아기를 뒤따르는 사람들이 빠른 속도로 늘어났습니다. 저와 친정어머니는 그때를 뒤돌아보면서 아기와 놀라워하면서 그 아기 뒤를 따르는 한국인들의 무리를 코닥 사진으로 찍었으면 참 좋았겠다고 생각했습니다.

남편은 지금 시골에 3~4주 동안 나가 있는데, 담당 교회를 방문하고 목포에서 부흥사경회(protracted meeting)를 이끌고 있습니다. 목포에서의 사역은 놀랍도록 좋아졌습니다. 그곳에 내려가서 더 성숙한 기독교인들을 만나는 일은 큰 즐거움입니다. 광주에 있는 모든 사람이 무지몽매(無知蒙昧)합니다. 그러나 그러기에 저희는 가르칠 기회를 더 많이 가지게 됩니다.

할머니 한 명이 목포에서 이곳으로 찾아왔습니다. 저희는 그분을 참견쟁이 할머니라고 부릅니다. 하루 중 어느 때건 찾아오곤 했기 때문입니다. 그 할머니는 이곳 광주의 여자들을 무척이나 싫어했습니다. 모두들 읽는 법을 배우려고 하지 않기 때문입니다. 할머니는 이곳에서는 공부를 계속할 수가 없기에 이곳에 머무를 수 없다고 했습니다. 남편이 전에 제게 목포 사람들이 교육 문제에 다들 미쳤다고 했습니다. 저는 그런 교육에 대한 광풍이 참견쟁이 할머니에게 불어와서 흥미롭기도 하고 기쁘기도 했습니다. 그 할머니는 매우 안쓰러운 과부인데, 외아들이 호놀룰루로

---

19 아이의 옷 뒤에 붙인 천으로 된 끈으로 아이들이 걸음을 배울 때 쓰는 것.

가서는 편지를 하나도 하지 않습니다. 그 할머니는 아들이 살았는지 죽었는지를 알아보기 위해서 저에게 편지 몇 통을 쓰게 만들었습니다.

남편이 나가 있는 동안에, 저는 집을 청소하고 정리하려고 합니다. 저희가 이사오고 난 이래로 많은 책과 서류를 제대로 두지 못했습니다. 겨울옷도 정리하려면 손이 많이 갑니다. 그래서 저는 하루 종일 정말 바쁩니다.

아이다 아가씨의 예쁜 엽서가 어젯밤에 도착해서 제가 그것을 보고 "밝아졌습니다." 오래지 않아서 아이다 아가씨에게 편지를 쓰려고 합니다만, 헛간을 만들고, 텃밭을 일구고, 말먹이를 사고, 잼 등을 만드는 농부 아내의 삶을 사느라 편지라는 것들이 삶에서 밀려 납니다.

거의 10시 반이 되었고, 제가 너무 아파서 오늘밤은 그만 쓰고 자야겠습니다. 미리암이 아직 밤새 자지는 못해서 제가 가끔 밤에 깨서 젖병을 데워줘야 합니다. 제가 잘 때 아기를 깨워보려고 했지만, 아기는 자기가 원하는 시간에 깨어나기에 아기가 좋을 대로 하라고 내버려둡니다. 막 젖을 뗐습니다.

가족 모두에게 큰 사랑을 전합니다.

     사랑하는 애니 올림

친정어머니께서 어머님께 사랑을 전해달라고 하십니다.

1906년 11월 20일

〔1쪽 행방불명〕

운 좋게도 한 마리를 잡게 된다면 거위입니다. 그런데 들칠면조 다른 말로 느시도 아주 많이 있는데, 잡기가 어렵습니다. 일요일 머리 위로 다섯 마리가 날아가는 것이 보였습니다. 벨 목사와 놀란 의사가 어제 사냥을 갔고 오늘 크고 살찐 사슴을 보내왔습니다. 저희는 오늘밤 그 사슴으로 선교부 전체가 모여서 만찬을 할 것이며 추수감사절이라고 부를 것입니다.

어제 첫눈이 가볍게 흩뿌렸습니다. 물론 땅에는 머무르지 않았습니다. 특별하다고 할 정도로 이른 눈입니다. 오늘은 흐리고 추운데 온도계가 화씨 35도[20]를 가리킵니다. 한국 남부의 겨울은 이상적인 겨울입니다. 춥기는 하지만 그리 심하게 춥지는 않고 매우 건조합니다. 저는 미국에 있을 때 고생했던 심한 감기에서 자유롭습니다.

저희가 고향으로 출발하기까지 겨우 다섯 달 남았다는 것을 아십니까? 저희가 극도로 바쁘고, 하루하루가 베틀의 북처럼 빨리 지나가지만, 그날까지 너무도 많은 시간이 남은 것 같습니다. 저희는 여름을 어떻게 보낼지에 대한 확정적인 계획을 세우기 시작해야 합니다. 여름 동안 본가와 처가 모든 쪽이 올 수 있고, 별장을 확보할 수 있으며, 가능한 많은 시간을 모두가 함께 보낼 수 있는 괜찮은 휴양지에서 모두가 머무는 것을 계획하고 있습니다. 로운산, 블로잉 록, 몬트리트 모두 좋은 장소입니다. 아시다시피 몬트리트는 저희가 신혼 기간의 일부를 보낸 곳인데, 장로교인들의 손에 들어갔습니다. 그곳에는 좋은 호텔도 있습니다. 로운산에 호텔이나 머물고자 하는 친구들을 수용할 괜찮은, 식사를 제공하는 집이

---

20 섭씨 약 1.7도.

있나요. 이 세 곳에 대해서 아니면 다른 곳에 대한 정보를 확인해 주시고, 아버지의 생각을 저희에게 최대한 일찍 알려주십시오. 아버지께서 솔즈베리에 사는 저의 처형(N. P. Murphy)에게 편지하셔서 아버지의 생각을 말씀해 주시는 것이 좋을 것 같습니다.

저의 지난번 순회전도여행과 목포에서의 굉장한 부흥회에 관한 내용을 스파턴버그 유니테리언 유니버설리스트 교회(Spartanburg Unitarian Universalist Church)에 써 보낸 편지의 사본을 동봉해서 보내드립니다.

그리고 한 달 전에 찍은 아기의 코닥 사진을 몇 개 보내드립니다. 아기와 함께 있는 사진은 두 달 전에 찍었습니다.

플로이의 편지를 받고 아주 즐겁게 읽었고 다음번에 그 편지에 답장할 것입니다. 이번 겨울에 브리스톨(Bristol)에서 모두 건강하게 지내셔야만 합니다. 브리스톨은 건강 면이나 날씨의 온화함에 있어서 사우스캐롤라이나가 아님을 기억해 주세요.

가족 모두에게 사랑을 전합니다. 숙모, 삼촌, 사촌들에게 사랑의 안부를 전합니다. 이 인사에 아내도 함께하며, 아기도 입맞춤을 보냅니다.

사랑하는 아들 페어맨 올림

캐럴 뉴먼(Carol Newman)을 보게 되면서 특별히 저의 사랑을 전해주십시오.

1906년 11월 27일

오후 4시

아시아, 한국, 광주 (항상 목포를 경유함)

사랑하는 딸에게,

오늘 너의 생일인데 그곳은 짧은 11월의 이른 새벽이며 이곳은 해가 서쪽에 낮게 걸렸다.

이번 기념일에 해야 할 일들을 잘하고 즐겁게 지내기 위해, 네가 잘 자고 상쾌한 몸으로 깨어나면 좋겠다. 우리는 너를 많이 생각하고 있단다. 엄마는 깨어나자마자 손자 매리언[21]을 생각했단다. 그 아기가 젖을 떼게 하려면 우리가 미리암에게 했듯이 하면 어떠냐고 너에게 말하고자 했다. 그래야 어려움이 거의 없기 때문이다. 미리암은 태어나고 13달에 되어 젖을 뗐는데 어려움이 거의 없었다. 저녁에 모유를 먹이는데 너무 힘들어서 애니가 거의 쉬지 못했다. 애니가 낮 동안에는 이따금 분유를 주고 있다. 그렇게 우리는 모유를 분유로 대체했다. 애니가 젖병을 여섯 개 이상 깨뜨려서 지금 우리는 분유를 컵에 따라서 아기를 먹이고 있다.

어제 미리암이 14달이 되었는데, 애니는 유동식 말고도 다른 것을 먹여도 된다는 것을 스타 박사(Dr. Starr)를 통해서 알게 되었다. (스타 박사의 육아잡지(Magazine of the Nursery)는 요즘에 성경과 요리책의 옆자리를 차지한다.) 그래서 아기가 오늘 크래커를 먹었고 약간의 미음도 먹었다. 아기가 조금 아파서 우리 모두 불안했었는데 완전히 회복된 것처럼 보인다. 우리 생각에 아기가 아픈 것은 아기의 치아 때문인데 아직 이가 다 난 것은 아니다.

이 편지에 코닥 사진 두 장을 넣으려고 한다. 하나는 손자들, 하나는

---

[21] Marion M. Murphy(1906.1.17~1976.8.13).

손녀들 용도이다. 사진 두 장이 똑같은 것은 아니니 뽑기 해도 된다. 며칠 전 아이들에게 보낸 편지에 그 코닥 사진들을 넣어서 보내려고 했으나, 편지봉투가 좁아서 사진이 들어가지 않았다.

매리언이 뭔가 해낸 것에 대해서 편지로 말해주렴. 네가 으쓱하며 그 아기의 사진을 보낼 거로 생각한다. 네가 이렇게 오랜 시간 동안 다른 손자들 사진을 보내주지 않은 것은 부끄러워해야 할 일이다.

자녀들에게 내가 벨 목사와 놀란 의사가 보낸 사슴에 대해서 편지했다고 생각한다. 벨 목사가 벨 부인에게 글을 보내서 그날 저녁 도착할 것이라고 했고, 선교부의 모든 선교사에게 오라고 해서 추수감사절 만찬으로 사슴고기를 먹는 것이 어떠냐고 했다. 벨 부인의 요리사가 아팠고, 막냇사위가 심한 감기로 아파서 집에 있어야만 해서 애니 부부가 그날 저녁 7시 30분에 이곳 자신들의 집에서 선교부 전체 만찬을 하는 것이 어떠냐고 제안했다. 벨 부인이 우리 집으로 와서는 애니를 도와서 식탁을 차렸고 자기 사환을 보내서 우리를 도와달라고 했다. 오웬 부인이 하인 중의 한 명을 보내줬고 일이 잘 진행되었다. 애니의 요리사가 훌륭하게 요리했다. 거기에 더해서 애니는 사슴고기 스테이크를 풍로가 담긴 냄비에 내놓았다. 애니는 노란 명주옷을 입었는데 엄마는 (스코틀랜드에서 산 검정 무명옷을 제외하고 현재 가지고 있는 괜찮은 드레스가 하나뿐이라서) 무명 검정옷만 입는다. 우리는 노란 국화를 애니의 컷글라스로 된 꽃병에 가득 넣어서 케슬러 선교사의 중앙장식물 위에 놓았다. 사냥 간 사람들이 늦게 들어왔는데, 자신들의 가장 멋진 옷을 입고 왔다. 놀란 의사는 프랑스 사람 같았다. 사냥한 사슴에 대해 여러 말이 오고 갔지만 나는 어제까지만 해도 단 한 번도 그 사람들이 사슴을 직접 쏴서 잡은 게 아니라는 생각도 못 했다. 어제 그 사슴을 사 왔다고 벨 목사가 고백했다는 것을 들었다. 그들은 오리와 거위는 상당히 잡아서 우리에게 상당히 많이 나눠줬다.

애니는 아주 보석 같은 요리사를 얻었고 우리는 그 요리사를 아주 좋아한다. 그녀는 요리를 잘할 뿐만 아니라 성격도 좋다. 미리암은 유모보다 요리사를 훨씬 더 좋아한다. 애니는 그 여자를 유모로 미국으로 데려갔으면 하는데, 그것에 대해 결정된 것은 없다.

내가 여러 줄의 편지를 다 쓰기 전에, 날이 좋았기에 오후에 산책하기로 마음먹었다. 지금은 램프 불에 의지해서 글을 쓰고 있다. 어제 가파른 동산을 오르느라 상당히 뻐근했다.

엄마가 일부러 작은 이 편지지를 골랐다. 편지를 너무 길게 쓰다가 다른 사람들에게 편지를 못하는 일이 없도록 하기 위해서였다. 스트래퍼 선교사가 떠난 이후 그녀에게 단 한 줄도 쓰지 못했다. 그녀는 요코하마에서 출항하기 전 엄마에게 편지를 두 번이나 썼다. 엄마가 편지를 빚진 사람들이 많이 있다. 지난 한두 주 동안에 편지를 서너 통이나 썼다.

큰아들 부부에게서 소식을 들은 지 상당한 시간이 지났다. 이번 겨울에 큰아들 부부가 멕시코에 있을지 궁금하다. 큰손자(Samuel)는 채플 힐(Chapel Hill)[22]에 있겠지.

우리가 정말로 옷이 필요하니, 너와 큰며느리(Marion)가 우리의 옷 문제를 해결해 주기를 바란다.

그런데, 이 편지는 생일, 크리스마스, 새해 인사를 겸하는 것이다. 그러니까 너무도 당연한 것 같은 일로 너를 귀찮게 하지 않으마. 너와 너희 가족 모두에게 사랑과 행운을 비는 데 이 종이의 남은 공간을 쓸 것이다. 크리스마스를 즐겁게 보내고 새해에 기쁜 일과 평화가 깃들길 기원한다.

네 남편에게 말해서 엄마가 때로 첫째 사위의 맛있는 캔디가 정말 먹고 싶다고 해주렴. 첫째 사위가 너무 바쁘게 살아서 좋은 아내와 귀여운 세 아들이라는 축복을 누리지 못하고 살지 않기를 바란다. 지금 숙녀가

---

22 노스캐롤라이나 대학교 채플 힐 캠퍼스(University of North Carolina Chapel Hill)를 말함.

된 예쁜 딸23도 있구나. 누군가가 데려가 버리기 전에 사위가 딸과 좋은 시간을 보내면 좋겠다. 그 아이가 다시 레드 스프링스(Red Springs)에 있니? 그 아이에게 우리의 사랑을 전해주렴.

막냇사위는 집에 2주도 못 있고, 토요일에 3주간 순회전도여행을 떠났다.

네가 루시 마틴(Lucy Martin)과 서신 왕래를 계속하지 않아서 네가 중요한 것을 놓쳤다. 그녀는 정말이지 밝고 재미있게 편지를 쓴다.

지금은 아침 9시다. 큰아이 섀넌이 학교에 가겠구나. 둘째는 뭐 하고 있니? 할머니에게 편지하라고 하렴.

우리가 만날 때까지 겨우 여섯 달 남았다.

사랑하는 엄마가

한국에 있는 사촌 미리암이 방문할 때, 네 아들 매리언이 치아 문제로 고통을 겪지 않았으면 한다. 미리암이 아이들을 무척이나 좋아한다.

---

23 사위와 전처 Annie L. Miller(1862.7.4~1896.6.3) 사이에서 태어난 Mary Isabelle Murphy(1888.5.23~1964)을 말함.

1907년

1907년 1월 5일
아시아, 한국, 광주 (목포 경유)

사랑하는 딸에게,

너에게 편지하지 않고 새해 첫 주를 그냥 보내버릴 수는 없다. 많은 연휴 기간에 너에게서 편지를 전혀 받지 못해서 엄마가 무척 힘들었다. 추수감사절, 너의 생일, 내 생일, 크리스마스, 새해가 사랑하는 내 딸에게서 한마디도 듣지 못하고 지나갔다. 네가 이렇게 조용한 것이 무슨 큰 문제가 있어서인 것은 아닌지 걱정되기 시작했다.

우리 계획대로 된다면, 너는 한국에 있는 나에게 편지를 더는 쓸 기회가 없을 것이다. 생각해 보렴. 엄마가 보내는 이 편지에 대한 답장은 엄마가 3월에나 받을 수 있을 거다. 그런데 4월에는 우리가 먼 여정을 떠나려고 한다. 막냇사위가 4월 말 이전에 떠나는 것은 불가능하다. 나는 4월 초에 떠날 수 있으면 좋겠는데, 막냇사위가 서울에서 9월에 열리는 회의에 참석하기를 원하는 것이 틀림없다고 생각한다.

떠나기 전에 할 일이 참으로 많다. 5개월 동안 집을 비우기에 집을 정돈해 놓고 가야 한단다. 우기에 짐을 잘 싸서 치워놓는 것이 중요하다. 우기에는 "좀이 먹고 녹이 슬기"[24] 때문이다. 여기는 쥐가 너무도 극성이라서 단단히 방비해야 한다. 집에서 이런 해로운 것들을 없애려면 선교사들이 흰족제비를 써보는 것이 어쩐지 생각해 왔다. 애니의 말에 의하면 피스(Peace) 학교[25]에서는 이런 작은 동물들을 사용한다고 한다. 너와 버사

---

[24] 마태복음 6장 19절, "너희는 자기를 위하여 보물을 땅에다가 쌓아 두지 말아라. 땅에서는 좀이 먹고 녹이 슬어서 망가지며, 도둑들이 뚫고 들어와서 훔쳐간다." (새번역성경)
[25] 1922년 4월 20일 자 편지 참조. 1857년에 제1장로교회가 설립함. 2011년 남녀공학대

(Bertha)가 이런 것들에 대한 정보를 엄마에게 모두 말해주면 좋겠다. 애니 부부가 미국에서 나오면서 이런 동물들을 가지고 올 수도 있을 것이다.

막냇사위와 벨 목사는 긴 순회전도여행을 떠났는데, 벨 목사가 담당하는 교회를 방문하고, 부흥회를 열고 사경회에서 가르칠 것이다. 내 생각에 그들은 4주간 나가 있을 것이다. 2월에는 이곳 광주에서 규모가 큰 사경회가 열릴 것이다. 막냇사위가 가을 내내 집에 거의 없었으며, 12월 둘째 주가 되어서야 돌아왔다는 것을 내가 너에게 편지로 말했다. 12월 15일에 전라남도 남자들을 위한 사경회에 100명이 넘게 와서 교육받았다. 사경회는 크리스마스 전야에 끝났다.

엄마가 너와 큰며느리(Marion)에게 28일 보낸 편지에 우리가 크리스마스를 어떻게 지켰는가에 대해서 썼단다. 새해에는 아기들을 포함하여 우리 모두 오웬 목사의 집에 모여서 만찬을 즐겼단다. 이런 초대에는 아이들이 항상 포함된다. 오웬 부인은 상록수로 집을 아주 예쁘게 꾸몄다. 그녀는 자신이 돌보고 있는 스트래퍼 선교사의 많은 화분에 더하여 자신도 많은 화분을 가지고 있다. 식탁 장식은 팝콘으로 했는데 아주 예쁘게 되었다. 자수와 올을 뽑아 만든 레이스로 된 아름다운 중앙장식물이 있었다. 이것 위에 양치류 화분이 있었고, 양쪽에는 꽃이 피어있는 제라늄 화분이 있었다. 줄에 꿰어놓은 팝콘은 천장에서 식탁까지 이어졌는데, 각 요리접시를 둘러서 장식되었다. 팝콘으로 작은 받침을 만들어서 좌석표를 고정시켰는데 좌석표에는 새해에 이루었으면 하는 소망이 적혀 있었다.

만찬은 좋았다. 벨 목사가 특별 요리로 야생 기러기 한 쌍을 제공했다. 민스(mince) 파이[26]는 "할머니" 시대 이후로 내가 맛본 것 중 최고였다. 다

학으로 바뀌고 이름도 William Peace University로 바뀜. (https://www.peace.edu/about/history/)

26 크리스마스 때 후식으로 많이 먹음.

른 좋은 것이 많았지만 아이스크림도 있었고, 초콜릿 에클레어도 있었다. 만찬 후에, 벨 목사, 헨리, 애니 부부를 위해 축배를 들었고 이에 대한 화답이 있었다. 헨리가 한 말은 "광주선교부의 자녀들"이었다. 엄마 생각에 어린아이[27]치고는 대단하다고 생각하여 이것의 사본을 너에게 보내고자 한다. 물론 엄마에게는 어떤 것도 들리지 않았다. 헨리는 나의 어려움을 잘 알고 있어서 자기 엄마에게 미리 "제가 하는 말을 와일리 부인이 들을 수가 없으니까 읽으시라고 사본을 드리려고 합니다"라고 했다. 어린아이가 대단하지 않니? 헨리의 사려깊음을 네가 고맙게 여기리라 확신한다. 너희 중 누구도 나이 먹고 귀먹은 여자에게 말을 걸어줄 생각이 없는 듯하구나. 벨 부인은 항상 아주 다정다감해서, 엄마 귀 중 어느 쪽이 더 좋은지를 기억하고 다른 사람들이 한 말을 엄마에게 말해주려고 한다.

　엄마는 벨 부인을 매일 볼 수 있으면 좋겠다만, 우리는 너무도 바쁘게 사는 사람들이라 서로를 못 보고 한 주 또는 더 많은 시간이 지나간단다. 오래된 옷을 고치느라 엄마는 많은 시간을 보낸다. 그런데 이쁜 손녀에게 맞는 꼭 있어야 하는 옷을 만들 수가 없다. 새 플라넬이 필요할 것이고 작은 외투도 매우 필요하다. 밖에 나가 운동을 해야 하는데 너무도 많은 눈이 내려 걷기가 무척 힘들어서 엄마는 거의 밖에 나가지 않았다. 엄마는 주변 동산들을 보고 소나무 사이로 걷는 것을 간절히 바란다. 네가 그렇게 한다면 너에게도 도움이 될 것이다. 네가 여기에 있어서 우리와 같이 갔으면 하구나. 애니가 그러는데 미국에 가면 너를 데리고 한국으로 오겠단다! 애니는 집으로 가는 것을 기쁜 마음으로 간절히 고대하고 있단다. 미국으로 돌아가는 데 이곳에서 준비해야 할 것이 많고 아기가 있어서 힘들 것이기에 애니가 여정이 끝나는 그곳에서 잘 쉬었으면 좋겠

27　Henry Venable Bell(1896.5.27~1967.6.8)은 이때 10살이 넘음.

다. 그래도 옷은 있어야겠지. 새 옷은 정말 구하기 어렵기에 새 옷을 확보할 수만 있다면 기쁘기 그지없을 거다.

우리가 너에게 가져다주었으면 하는 뭔가 특별한 것이 있으면 서둘러서 말해주렴. 네가 이 편지를 받은 후 시간이 많지 않을 것이기 때문이다. 너나 큰며느리나 엄마와 애니가 여행할 때 입을 옷에 대한 언급을 전혀 하지 않았다. 이곳으로 오고 있는 옷이 있으리라 생각한다. 코르셋도 또한 오고 있겠지! 엄마 몸이 두 동강 나는 중이라고 네게 말했다. 엄마가 그런 운명에 처해도 "너에게는 아무 의미가 없는 거니?"

애니가 큰며느리에게서 그제 저녁 편지를 받았다. 나는 큰아들(Willie)과 작은아들(Sam)에게서 편지를 한 통씩 받았다. 외국에서 오는 우편물을 받아본 지 굉장히 오랜 시간이 흘렀던 것처럼 보였다. 오린 씨가 엄마에게 돈을 줄 것인지 아닌지 알고 싶다. (좋은 친구 덕에) 고향으로 가는 데는 충분한 돈이 있지만, 엄마에게 더 많은 돈이 있으면 좋겠다.

셋째 손자(Marion) 발 크기를 반드시 보내렴. 큰손자(Shannon)가 내일이면 아홉 살이라니! 참, 어쩌니! 아이가 제법 나이 들어간다고 자기 "엄마"를 사랑해야 하는 것을 잊어버리지는 않겠지. 메이 이모(Aunt May)는 큰손자가 아주 착하고, 생각 깊고, 순종적인 아이라고 생각한다. 둘째 손자(Nettleton)도 내년 이맘때면 자기 뜻대로 하려고 하겠지. 그래도 "엄마"에게는 "어린 아들"이 한 명 있을 거다. 애들 엄마는 두 아들이 말을 듣지 않아도 똑같이 사랑할 거다.

우리가 여행 경로를 변경했다는 것을 아니? 우리는 캐나디안 퍼시픽(Canadian Pacific)을 이용하여 가는 것을 생각한다. 시간이 적게 걸리는데, 그것이 매우 중요하단다. 또한, 애니가 그쪽으로 돌아오고자 하기 때문이고, 같은 정기선 회사를 이용하면 왕복 비용이 다소 저렴할 것이기 때문이다.

늦은 크리스마스 선물꾸러미들 몇 개가 오고 있다. 허치슨 부부가 하나를 보냈고, 헬렌(Helen)이 보낸 것은 그제 밤 도착했다. 큰며느리가 애니에게 보낸 책 상자는 네가 너에게 큰며느리에게 전해달라고 편지했던 날 저녁에 도착했다.

   네 남편에게 엄마의 안부를 전해주렴. 사위가 최선을 다해 너를 돌봐서 우리가 도착했을 때 네가 좋은 상태로 있기를 엄마가 희망하고 있다고 말해주렴. 너는 애니가 미국 방문하는 것을 최대한 즐겨야 한다. 이별이나 다른 어떤 것을 생각해서 애니에게도 너 자신에게도 즐거움을 반감시키면 안 된다.

   사랑하는 너희 가족 모두에게 사랑을 가득 담아 보낸다. 올해 내내 하나님의 가장 풍부한 축복이 가족 모두에게 있기를 기도한다.

                        사랑하는 엄마가

1907년 1월
한국, 광주

사랑하는 에글스턴(Eggleston)[28] 부인에게,

부인께서 보내주신 편지의 날짜를 보고 너무 창피하여 부인께 편지를 보낼 수 없을 정도였지만 우리의 사역과 필요에 대해서 말씀드리려고 합니다.

부인께서는 한반도의 북쪽에 있는 사람들이 받는 놀라운 축복에 대해서 틀림없이 들으셨을 것입니다. 그래서 저는 우리의 사역에 대해서만 말씀드리겠습니다. 아시다시피, 광주는 우리가 가장 최근에 세운 선교부입니다. 약 2년 전 벨 목사 부부와 오웬 목사 부부가 이곳으로 왔을 때는 목포에서 이사온 김 집사 가족 말고는 기독교인이 아무도 없었습니다. 교회에 사람들이 많이 모였고 사람들이 우리를 친절하게 받아들입니다만 아직 우리가 그들의 마음으로 들어가지 못했다는 느낌입니다. 시골 지역 사역은 아주 고무적입니다만 광주 시내에 사는 사람들은 복음의 놀라운 뜻을 못 보는 것 같습니다. 광주교회의 기독인들이 부흥하고, 흑암에 사는 사람들에게 강력한 증인이 되도록 광주교회를 위하여 우리가 드리는 진실하고 확실한 기도에 함께하지 않으시겠습니까?

부인에게 더 밝은 이야기를 해드리겠습니다. 우리를 격려해 주는 이야기이며 이곳에서 큰일을 기대하게 만드는 이야기입니다. 우리 모두 이곳에서 느낀 것과 똑같은 냉담함과 무감각을 약 3년 전에 목포교회에서 느꼈습니다. 그런데 지금은 목포에 내려가는 것이 기운을 얻는 일입니다. 저는 성경을 읽는 것에 제대로 신경도 쓰지 않던 여자들에 대해서 우리가 어떤 느낌이었는지를 기억합니다. 한국어는 정말로 읽기가 쉽습

28　Anna E. Ewing Eggleston(1858.7.23~1950.1.11). John H. Eggleston(1851.10.31~1937.4.8)의 아내.

니다. 교회에서 성경에 많은 관심을 가지지 않았던 여자들을 기억합니다. 물론 항상 예외는 있습니다. 그런데 지금은 얼마나 많이 다른지요! 목포교회의 수용량이 두 배가 되었고, 매 주일마다 여자 쪽이 진실하고, 열심인 여성들의 무리로 가득합니다. 그들 거의 대부분 성경을 가지고 있습니다. 제가 1년간 떠나있다가 목포교회로 돌아갔을 때 느꼈던 것을 부인께서 공유하실 수 있었으면 좋겠습니다.

목포에서 가장 부유한 사람 중 한 사람의 어머니가 저에게 말을 걸었던 최초의 사람 중 한 명이었습니다. 제가 그 할머니를 처음 알았을 때, 그 할머니는 인간적인 면으로 말하자면 가망 없는 사람으로 부유하며, 콧대 높고, 오만했습니다. 우리가 오랜 시간 서로를 방문했습니다만 우리가 목포를 떠날 시간까지는 그녀는 스스로 몸을 낮춰서 교회에 참석하지는 않았습니다. 지금 그 할머니는 너무도 행복한 기독교인입니다. 프레스톤 목사에 의하면 그 할머니가 자신이 얼마나 행복한지를 말하는 일에 너무도 관심이 있어서 세례 문답에서 일반적으로 하는 질문을 그 할머니에게 물을 기회가 거의 없었다고 합니다. 비록 나이가 많지만, 그 할머니는 십계명을 다 외웠습니다. 부인께서 목포의 여성분들을 아시면 좋겠습니다.

광주에서 모든 것이 어두운 것은 아닙니다. 선교사로 온 외국인들이 완전히 신기한 것이었을 때만큼이나 회중이 많지는 않습니다. 그렇지만 우리가 가지고 온 복음에 관심갖기 시작한 사람들이 꾸준히 증가하고 있습니다. 마음속에 평화가 있다는 것을 보여주는 얼굴을 한 사랑스러운 할머니들이 있습니다. 때때로 새로 온 사람들과 이야기할 때 저는 그 할머니들을 불러서 예수를 믿는 종교가 그들에게 즐거움을 가져오는 것을 증언해달라고 합니다. 그러면 그들은 기꺼이 반응합니다.

오웬 부인은 목요일에 여성들을 가르치며 저는 일요일에 가르칩니다. 오웬 부인과 벨 부인은 일요일에 아이들을 가르칩니다. 우리는 1주일에 하루를 심방하는 날로 합니다. 우리가 아는 사람들이 있는 곳을 가는데 우리를 항상 진심으로 맞아들입니다. 교회에 다니지 않는 사람들마저도 우리에게 아주 친절합니다.

한국의 여성들에게 다가가는 가장 큰 방법 중의 하나는 "구경"을 통해서입니다. 여자들이 외국인들의 대단한 것들을 보기 위해서 둘씩, 셋씩 옵니다. 어떤 이들은 이런 대단한 것들을 보기 위해 먼 곳에서도 찾아오는데 우리는 누구도 문전박대하지 않습니다. 그러나, 우리 모두 가정주부이며 어머니들이기에, 매일 온종일 손님들을 맞을 수는 없습니다. 그래서 우리는 구경시켜 주는 날을 나누었습니다. 벨 부인이 이틀을, 오웬 부인이 이틀을, 그리고 제가 이틀을 제공합니다. 지금은 여자들이 김치 때문에 매우 바쁩니다. 그래서 방문객이 거의 없습니다. 그러나 초가을, 새해, 봄에는 구경꾼들이 몰려옵니다.

우리에게 선교사가 한 명 더해질 것을 어느 신문에서 보고 매우 기쁩니다. 우리는 지금 있는 선교사들을 좋아합니다. 다이사트(Dysart)[29] 선교사를 잘 아시나요?

같은 신문에서 캐리 모펫(Carrie Moffett)[30]이 중국 선교사로 임명된 것을 봤습니다. 그 일은 오빠인 모펫 목사에게 아주 큰 즐거운 일이 될 것입니다. 우리는 모펫 목사 부부를 매우 좋아하며 지난여름에 그들이 이곳을 방문하기를 희망했었지만, 그들은 그들의 새 별장이 있는 모간산으로 갔습니다. 우리는 1905년 여름 중국에서 진흥운동하는 사람들과 행복한 재회를 했습니다. 그런데 중국 여행은 너무 비용이 많이 들어서 자주 할 수는 없고 중국이 한국보다 훨씬 더 덥습니다. 그렇지만 우리는 진흥

---

29 Julia Dysart Bell(1872.10.16~1952.1.26). 1921년 9월 15일 Eugene Bell(1865~1925.9.28)과 결혼함.
30 Carrie Lena Moffett(1882.8.9~1961.1.30). 프레스톤 목사의 친구 Moffett 목사의 여동생.

운동하는 사람들의 재회를 위해서 더위는 기꺼이 견딜 것입니다.

프레스톤 목사는 집에 있지 않은데, 그가 설교하는 지역 중에서 사경회를 하고 있습니다. 사경회에 참석하는 사람도 많고 주의 깊게 듣는다고 저에게 편지합니다.

부인의 편지와 좋은 말씀이 매우 고맙습니다. 부인이 속한 선교회가 새해 이루고자 하는 일이 다 이루어지기를 바랍니다. 회원들에게 올해 광주와 전라남도 전체에 큰 축복을 내려주시라고 우리와 같이 기도해 달라고 요청해 주십시오.

당신의 신실한 친구 애니 S. 와일리 프레스톤

사랑하는 언니에게,

하루나 이틀 뒤에 언니에게 아주 긴 편지를 쓰고 싶어. 그러는 동안, 언니 눈에 좋으라고 내가 쓴 "선교 편지" 중 하나의 사본을 보낼게. 선교 편지는 아주 드문 일이야. 언니가 생각할 때 선교 편지의 사본이 가치 있거나 여성진흥운동회에게 새로운 것이면, 그 편지의 일부를 여성회원들에게 읽어줘도 괜찮아. 연필로 써서 미안해. 그 편지를 베낄 시간이 없어. 가까운 시일에 여성진흥운동회에 따끈따끈한 편지를 보낼게. 그런데 그들이 한국을 기억하며 모이는 달에 맞춰서 제대로 편지를 보낼 수가 없었어.

이 세상에서 가장 사랑하는 언니를 으스러지게 안아줄게.

사랑하는 동생 낸시

1907년 1월 25일
아시아, 한국, 광주

사랑하는 사부인,

그제 밤 도착한 멋진 것들이 담긴 상자에 저의 것도 있어서 서둘러서 사부인과 플로이 사돈처녀에게 감사드립니다. 멀리 있는 친구들이 기억하며 보내주는 이런 증표가 이교도의 나라에서 망명하고 있는 사람들의 마음을 얼마나 좋게 하는지 사부인은 상상하시기 어려울 것입니다.

사랑스러운 말 하나만 있는 카드마저도 "어두운 곳에 햇살"을 만들어내는데, 이런 물건들은 정말 예쁩니다.

저에게 보내주신 아름다운 바늘집과 예쁜 타이는 고향에 있는 친구들에게 보여주려고 안전하게 모셔둡니다. 딸아이가 말하듯이 "내려가는 것이" 우리가 하는 모든 생각의 기저에 깔려있습니다.

우리가 고베에서 4월 24일에 "몽골리아"를 타고 가는 것이 거의 결정되었습니다. 이제 석 달밖에 남지 않았습니다! 이 배가 샌프란시스코와 호놀룰루 사이에서 난파된 "만추리아"와 자매 배라는 것을 아실 것입니다. 만추리아를 타고 있었던 친구들을 서울에서 만났습니다. 어떤 부인은 "매우 편안한 난파!"라는 표현을 했습니다. 그런 일을 상상이나 할 수 있을지요? 우리는 중국에서 돌아오는 도중 목포 근처에서 우리 배가 바다에서 뻘에 걸렸을 때 아주 편안하게 느끼지는 못했습니다. 딸아이는 제가 꼭 호놀룰루를 보기를 원하며 딸 부부는 엘리너 왓킨스를 만나고자 합니다. 그런데 경제적인 이유와 좀 더 빨리 가고자 하는 이유로 우리는 캐나디안 퍼시픽을 이용하는 것을 생각했습니다. 그렇게 가면 아기에게 너무 춥지 않을지 걱정도 했고, 우리 모두 따뜻함을 좋아하기 때문에 우리 모두 "여름 바다"가 더 좋다고 생각합니다. 그런데 지난여름에 더위와 충분히 시간을 보냈기에, 두 번의 겨울을 나는 것이 문제없을 것입니다. 적어도 우리는 결국 그렇게 생각했습니다. 그러나 중국의 무더위에 비할 것은 아닙니다. 저는 천조국에 잘 다녀온 것을 매우 기쁘게 생각합니다. 그렇지만 다시 가게 된다면 7월에는 가지 않을 생각입니다. 다가오는 봄에 상하이에서 엄청난 선교사들을 우리가 만날 수 있으면 좋겠습니다. 스튜어트 박사 부부가 세 명의 아들[31], 다른 말로 가족 전체가 선교지에 있게 되어 행복해하는 것을 아시지요? 의사인 셋째 아들 데이비드(David)가 쑤저우에 있는 병원에서 사역하도록 임명되었다는 것을 최근에 들었습니다.

"파송하는 것이 적합해 보일 때까지" 오랜 시간 기다려온 랭킨 선교사가 아마도 도착했을 것입니다. 랭킨 선교사는 전주로 배치되었습니다. 전주선교부의 테이트 선교사[32]로부터 며칠 전 편지를 받았는데, 랭킨 선교사가 샌프란시스코에서 1월 8일 출항할 것이라고 했습니다. 테이트 선교사가 랭킨 선교사를 부산에서 만날 것입니다. 무거운 짐을 지고 있고 낮 동안의 열기를 견뎌내는, 얼마 되지 않은 사람들이 쓰러지기 전에 주머니가 두둑한, 고향에 있는 많은 사람이 주머니를 열어 증원군을 보내주기를 바랍니다. 제가 알기로 광주선교부에 있는 모든 사람이 할 일이 너무도 많은데, 그들을 필요로 하는 것은 그렇게도 많습니다. 이곳 선교사들은 이교도의 흑암 속에 이 나라가 놓여있다고 보며 그곳에 들어가서 주님을 위하여 그 땅을 차지하기를 갈망하고 있습니다. 가을에 딸 부부와 함께 적어도 두 명의 신입 선교사가 오면 좋겠습니다.

서너 번 사부인께서는 "왜 사돈은 편지를 하지 않지?"라고 물으셨을

---

31 Rev. John Linton Stuart(1840.12.2~1913.11.14)의 아들 John Leighton Stuart (1876.6.24~1962.9.19), David Todd Stuart(1878.4.7~1909.11.6), Warron Horton Stuart(1879.12.8~1961.12.12)를 말함.
32 Martha Samuel "Mattie" Tate(1864.11.24~1940.4.12). 오빠인 테이트 목사(Rev. Lewis Boyd Tate, 1862.9.28~1929.2.19)와 구분하기 위해 이 글에서는 '테이트 선교사'로 번역함.

것입니다. 제가 가진 인상은 아주 아주 옛날에 사부인께서 저에게 편지에 대해 빚진 적이 있으셨던 것 같네요. 그러나, 저는 종종 편지를 하겠다고는 생각했습니다. 사부인께서 이 깜찍한 손녀가 하는 것에 대해서 듣고자 하는 것의 절반도 제 딸 부부가 사부인께 말씀드리지 않았다고 생각해서입니다. 오늘 제가 딸에게 손녀가 크리스마스 아침에 처음으로 인형을 받은 것에 대해서 사부인께 편지를 드렸냐고 물었습니다. 딸아이는 "엄마, 손녀가 똑똑한 것을 엄마가 다 말하라고 제가 그냥 두고 있어요"라고 했답니다. 저는 "이런, 몇 권이 돼도 다 못 쓰지!"라고 했고요. 저는 "준비된 작가의 펜"을 가지고 있지 않습니다. 그래서 제가 편지 한 통을 쓰는 데 시간이 많이 걸립니다. 그런데 딸아이는 짧은 시간에 한 번에 쓱 하고 쓸 수 있습니다.

크리스마스 아침 사진은 아름다웠습니다. 그때 우리 이쁜 아기의 스냅 사진을 찍을 수 있었다면 하고 바랐습니다. 산타의 양말로 쓰라고 다니엘 부인이 보내온 양말을 거실에 있는 난로 울타리 위에 걸었습니다. 이 양말 안에 약간의 사탕, 오렌지, 매리언 다니엘이 보내준 금색 핀이 들어있는 작은 상자를 넣고, 그 위에다가는 머리와 팔이 보이는 인형을 놓았습니다. 이 인형은 딸아이가 캐나다에서 주문한 다른 많은 것과 함께 토요일 저녁 도착한 것으로 아주 평범해 보이는 헝겊 인형입니다. 아기를 위한 아름다운 인형을 포함하여 아기의 크리스마스 나무에 달아 놓을 많은 예쁜 것이 시간이 많이 지나도 도착하지 않았습니다. 그렇지만 가장 잘 만들어진 인형도 양말 속에 들어있는 이 헝겊 인형보다 더 큰 인상을 줄 수는 없었을 것입니다. 사람들이 아기를 부르고서는 크리스마스 나무가 있는 곳으로 안내했습니다. 아기는 천천히 걸어가면서 크리스마스 나무에 도착할 때까지 유심히 그리고 놀라운 표정으로 봤으며 허리를 굽히고 인형의 얼굴을 쳐다보고, 무릎을 꿇고 앉아서는 흠모하듯 올려다봤고, 인형을 들어 올리더니 인형에 입맞춤했습니다. 그런 다음 팔로 꽉 껴안고는 방을 돌아다녔는데 너무도 행복한 표정이었습니다. 아기는 분홍색 실내용 옷을 입었으며 작은 한국산 두건을 했습니다. 두건은 아기를 무척이나 좋아하는 하인 중 몇이 아기에게 준 것이었습니다. 두건은 푸른색 명주로 된 것으로 경계선은 하얀 모피로 처리했는데 정말 잘 어울립니다. 크리스마스 아침의 기억이 저와 계속 함께 할 것입니다. 사부인과 사돈어른께서 보내주신, 뜨개질하여 만든 옷을 입고 있는 귀여운 아기의 사진을 곧 보내드릴 수 있으면 좋겠습니다. 어제 아침 두 분께 보내드릴 사진을 찍으려고 아기에게 그 옷을 입혔습니다. 사위가 코닥 사진을 찍었는데 예쁘고 귀여운 아기가 실물처럼 잘 나왔으면 좋겠습니다. 아기에게서 그 옷을 벗기려고 하자 아기는 눈물을 흘리면서 떼를 썼습니다. 아기가 태생적으로 옷을 좋아하는 것 같습니다. 모든 여자아기도 그런가요? 아기가 엄마의 실내용 옷을 입고 돌아다니고 있는 모습을 보실 수 있었으면 좋을 텐데요. 어른 옷을 "차려입은" 소녀들이 몸 뒤에 길게 따라오는 옷을 보고 자부심을 느끼듯 아기도 자부심을 느끼는 것 같았습니다. 정말 웃긴 장면이었습니다. 아기가 한국어와 영어를 이해하지만 둘 중 어느 말도 하지 못한다는 것이 이상하지 않은가요? 집에서 잔심부름 해주는 소년의 이름은 "상윤이"인데 아이가 그 소년을 가장 좋아하는 것은 아니지만 유일하게 그 아이 이름을 부릅니다. 누군가에게 뭔가를 줄 때마다 "여기"라고 한답니다. 그것이 현재 아이가 사용하는 언어 수준입니다. 이런 말씀드려 안타깝지만, 영국에서 온 장난감 강아지 때문에 헝겊으로 된 인형은 버려졌습니다. 장난감 강아지는 포메라니안인데, 털이 하얗고 다리와 머리를 움직일 수 있습니다. 아기는 그것에 푹 빠졌습니다. 팔로 꼭 안고 다니는데 그 강아지와 거의 떨어지지 않습니다. (아기가 착한 아기라고 말하지는 않겠습니다만.) 이 매력덩어리 아기에 대해서 우리가 너무 많은 시간을 쏟느라 사위가 며칠간 집에 있게 되어서 딸아이가 얼마나 행복했는지에 대해서 말씀드릴 여지가 거의 없었습니다. 가을에 우리가 서울에서 돌아오고 난 후 사위는 대부분을 집 밖에 있었습니다.

어제는 날이 좋아서 딸 부부가 말을 타고 멀리 나갔습니다. 사부인께 크리스마스와 새해 잔치에 대해서 다른 편지지에 많이 쓸 수는 있지만 사위에게서 들으셨을 것 같습니다.

사돈어른께 모든 것이 잘 되길 바라고 사부인과 자녀들에게도 사랑을 전합니다.

사랑하는 M. C. 와일리 배상

1907년 2월 5일

한국, 광주

사랑하는 어머님,

고향에서 선물 상자를 받는다는 것이 어떤 의미인지를 외국 선교사가 되기 전까지는 제대로 알 수 없습니다. 상자 속에 무엇을 넣어야 하는지도 시댁 가족 모두 잘 알고 계십니다. 저희 모두는 멋지고 유용한 물건들 때문에 매우 기뻤습니다. 친정어머니께서 어머님께 아기가 "눈사람" 옷을 입고 얼마나 기뻐하는지에 대해서 편지하셨습니다. 아기에게 눈사람 옷을 입히고 작은 치마를 입히니, 정말 깜찍했습니다. 남편이 찍은 사진이 잘 나오길 바라고 있습니다. 보내주신 그 옷이 귀국하는 증기선에서 입기에 가장 적합한 거로 생각합니다. 어린 곡예사인 딸아이는 움직이는 데 전혀 방해가 되지 않는 몸을 두르는 옷을 선호합니다.

예쁜 가방을 보내주셔서 정말 감사드립니다. 그렇게 예쁜 물건들이 있으면 수선하는 것이 훨씬 쉽습니다. 남편이 순회전도여행을 다니고 사냥을 다니다 보면 양말에 구멍이 많이 납니다.

플로이 아가씨에게 말씀드려 주세요. 잠자는 데 신는 양말이 정말 좋아 보이며 서리가 끼는 이런 저녁에는 그 양말을 특히 간절히 원한다고요. 그러나 저희가 자주 인용하는 표현으로 말하자면 그 양말은 고향 가는 증기선에서 사용하려고 마음먹고 따로 뒀습니다. 그 양말이 남편에게는 너무 작아서 좋아요. 크기가 맞았으면 저에게 바꾸자고 할 것이기에 그렇습니다.

꼬마 예술가 아가씨에게도 저 대신 고맙다고 해주세요. 제가 받은 아름다운 주소록을 매우 자랑스러워한다고 말씀해 주세요. 주소록이 제 책상에 잘 어울리는 장식물이고 저는 선교부의 다른 선교사들에게 주소록을 기꺼이 자랑합니다.

야네프 아가씨에게 말씀해 주세요. 보내준 선물을 보니 마음씨 고운 야네프 아가씨가 생각난다고요. 그 선물을 손수건 상자에 두고 제가 그곳에 갈 때마다 상냥한 마음씨를 느낍니다. 착한 아가씨를 생각하게 하는 아주 적절한 물건입니다.

남편이 자신을 대신해서 모두에게 감사를 전해달라고 합니다. 선물 하나 하나를 얼마나 좋아하는지를 보시면 어머님께 좋을 것입니다. 감사하는 마음이 부족해서가 아니라 시간이 없어서 남편이 편지를 못하고 있습니다. 크리스마스 휴식 기간 이래로 시골에 있으면서 거의 항상 하루에 두 번씩 설교하고 학습교인을 위한 문답과 세례를 베풀었습니다. 11월 1일 이후부터 사경회 여덟 개를 직접 진행하거나 도왔습니다. 그리고 사경회 하나를 더 열기 위해 오늘 떠납니다. 사경회와 사경회 사이에 서둘러서 집에 옵니다만 미국남장로회 한국선교회 일과 사업상의 편지를 다루느라 압도됩니다. 남편은 거의 녹초가 되어있습니다만 저희가 고베에서 몽골리아를 타고 나서야 쉴 계획을 세울 것 같습니다. 고향에서의 시간을 정말 허투루 쓰고 싶지 않지만, 남편이 고향에 도착하기 전 더 잘 쉴 수 있도록 고향까지 가는 데 있어서 좀 더 오래 걸리는 노선을 취하는 것이 아주 좋은 계획 같습니다. 저희는 고베에서 4월 24일에 떠나서 샌프란시스코에는 5월 14일 도착하는 몽골리아를 예약하려고 편지했습니다. 샌프란시스코에서 하루이틀 있으면서 엘리너를 보기를 바라며 그런 다음에 기차를 타고 최대한 빨리 고향으로 가고자 합니다.

미리암이 미국에 있는 동안 진정한 "남북 전쟁 전"의 흑인 유모를 만날 수 있다고 생각하니 기쁩니다. 아기는 흑인들의 사진을 보는 것을 좋아합니다. 그저 평범한 백인들보다 어떤 색이든 색이 있는 사람을 좋아하는 것 같습니다. 남편을 찾아오는 한국인 방문객들에게 아기가 아양 떠는 것을 보셔야 합니다.

여기 편지에 있는 작은 실수를 모두 용서해 주세요. 시계처럼 분주하게 움직이고 있습니다.

모두에게 큰 사랑을 전합니다.

사랑하는 애니 올림

1907년 2월 7일
한국, 광주

사랑하는 아버지와 어머니,

제가 편지를 드린 후 평상시보다 더 오랜 시간이 지났습니다. 두 분에 대한 생각이 부족해서가 아니라는 것을 말씀드립니다. 지난달은 제가 특별히 바빴는데 부흥회 사역에 전적으로 매달렸습니다. 중요한 곳에서 네 번의 부흥회가 열렸는데 각 8일간 계속되었습니다. 그중 세 번의 부흥회는 동료 선교사들과 함께했습니다. 어느 곳에서나 아주 만족스러운 결과가 있었으며 기독교인임을 고백하는 사람들을 교육하고 북돋우는 우리의 목표가 이루어졌습니다. 저는 내년에 믿지 않는 사람들이 모인 곳에서 많은 결과를 볼 것을 기대하고 있습니다. 두 번의 부흥회는 저의 담당 지방에서 열렸습니다. 그래서 이번 겨울에 저의 담당 지방에서 이런 부흥회가 여섯 차례 있었습니다. 마지막 부흥회는 제가 단독으로 했는데 저의 조사 임성옥이 저를 도왔습니다. 그런데 부흥회를 한창 하던 중 임성옥 조사가 병에 걸려서 제가 너무도 분주해졌습니다. 지난달에 저는 거의 매일 하루에 한 번에서 세 번씩 설교했으며 전도여행을 갔고, 당회 일을 했으며 다른 사역을 했습니다. 위에 언급된 두 곳에서는 세례교인이 되고자 하는 사람 109명을 문답했는데 그중에 23명에게 세례를 베풀었고, 학습교인으로 32명을 받아들였으며, 나머지 사람들은 더 기다리라고 권면했습니다.

그러다 보니 자연스럽게 편지 쓰기, 독서 등이 이 시기에는 거의 불가능했습니다. 사실 이번 겨울 내내 그랬습니다. 저는 10월에 저희가 서울에서 돌아온 이후 거의 계속해서 사역지에 있었습니다. 11월 1일부터는 특별히 부흥 사역을 강조했으며, 여덟 번의 부흥회에 참여했는데, 그중 네 번의 부흥회는 벨 목사나 오웬 목사와 같이 했으며, 나머지 네 번은 저의 조사와 함께했습니다. 일요일이 되면 이 사역이 끝날 것입니다. 그때가 되면 저는 책상에 5일간 있으면서 일을 하게 될 것입니다. 그런 다음에는 지도자들을 위한 사경회를 2주간 열 것인데, 이때에는 우리 한국선교회가 담당하는 세 개의 도에서 대표자들이 공부하러 이곳 광주로 모일 것입니다. (저희는 크리스마스 전에 전라남도 교회 지도자들을 위한 8일간의 사경회를 열었는데 많은 도움이 되었습니다. 이 사경회에 선교사 3명 전원과 그들의 조사들이 참석했습니다.) 그 후, 저는 제가 담당하는 지방에서 가장 먼 곳으로 한 달간 다녀올 것입니다. 몇백 마일을 다니게 될 것입니다. 제가 4월 첫 주에 돌아올 것인데 그때는 고향으로 가는 것을 준비하기 시작할 것입니다.

생각해 보세요! 고향이라는 단어는 오래된 언어에서 가장 좋은 맛을 가지고 있습니다. 요즘 시간이 베틀의 북보다 더 빠르게 지나가고 있습니다. 한 번의 여름 동안 있을 일을 생각할 때 저희는 기쁜 마음으로 시간이 정말로 빨리 지나갔으면 좋겠다고 말합니다.

저희가 고향으로 가는 것에 있어 고려하는 유일한 것은 저희가 고향에 머무르기가 너무도 짧을 거라는 것입니다. 저희는 5개월의 휴가를 받았는데, 계산해 보면 고향에 머무르는 시간은 순전히 3개월입니다. 저희는 퍼시픽 메일(Pacific Mail) 회사에서는 가장 큰 배인 몽골리아를 타고 갈 계획인데 이 배는 4월 24일 일본 고베에서 떠나고 샌프란시스코에는 5월 14일 도착할 예정입니다. 저희는 엘리너를 2, 3일간 방문할 것인데 그러면 동부지역에는 5월 22일이나 23일에 가게 될 것입니다. 저희는 솔즈베리로 곧바로 갈 것입니다. 그렇게 하는 것이 여러 면에서 좋습니다. 아내는 저희가 솔즈베리에 있는 동안 두 분이 저희를 방문해 주시기를 계획하고 있습니다. 그런 다음 저희 모두 브리스톨로 올라갈 것입니다. 이것에 대해 제가 더 많이 생각하면 할수록 로운산으로 달려가는 것보다 브리스톨이 더 적합할 거로 생각됩니다. 브리스톨도 충분히 시원한 곳이며 친척들[33]이 있고, 남서부 버지니아와 관련해서는 접근성이 좋습니다. 그러니 저희는 어찌 되든 부모님께서 브리스톨에서 여름을 보내실 계획을 하시면 좋겠습니다. 지금 확실히 말씀드릴 수는 없지만 저희가 8월에 노스캐롤라이나에 있는 몬트리트에 잠시 가야만 할 수도 있습니다. 우리 사역을 함께할 증원군에 대한 문제는 급성기에 도달했으며 우리 모두의 마음에서 가장 진지한 기도가 되었습니다. 저희가 한국으로 돌아갈 때 몇 사람이 함께하기를 마음먹을 수 있도록 저희와 함께 기도해 주십시오. 수백 마일의 거리가 되는 3개 도에 흩어져 사는 5백만이 넘는 영혼들에게 다가가는데 우리 한국선교회에 복음전도자가 겨우 9명만 있다는 사실 때문에, 저희가 이 시기에 가지려고 하는 짧은 휴식을 요청하는 것이 극도로 어렵습니다. 연중 집을 떠나기 가장 쉬운 시기인데도 그렇습니다.

어머니께서 12월 6일 자로 보내주신 편지를 받았고 재미있게 읽었습니다. 그 이후로는 외할머니[34]의 사망을 알리는 아버지께서 보내신 카드 말고는 없었습니다. 외할머니의 사망은 어느 때나 예상되었던 것이지만 저에게는 충격적인 일이었고 뜻 밖이었습니다. 외할머니를 다시 보고 귀여운 증손주를 보여드릴 것을 학수고대하고 있었기 때문입니다. 외할머니는 인정과 사랑이 많으셨습니다. 저는 우리가 저 위에 있는 곳에서 만날 것을 알고 있습니다. 외할머니의 마지막 날들이 고통과 시련이 없었기를 바랍니다. 저의 집에서 외할머니를 만날 수 없다는 것이 제 삶 속에서 많이 느낄 상실감입니다.

크리스마스 물건들이 왔는데 저희 모두에게 아주 큰 즐거움을 가져다 주었습니다. 부모님께서 저희를 사랑하신다는 것의 증거가 저희에게 전달되었습니다. 너무도 감사드립니다. 니트 옷을 입고 있는 아기를 보실

---

33 프레스톤 목사의 첫째 큰고모, 둘째 큰고모, 막내 고모 가족이 Bristol에 살고 있음.
34 Mary S. Hardman Sutphen(1820.4.1~1906.12.15).

수 있으셨다면 하고 바랍니다. 아기의 익살스러운 행동을 보셨으면 두 분은 웃겨 넘어지셨을 것입니다. 제 생각에 여자들에게 옷을 사랑하는 마음이 있는데 아기에게는 그 사랑이 다소 큰 것 같습니다. 그런데 아기는 아내가 입혀주는 한국 옷, 일본 옷, 중국 옷 어느 옷이든 입어도 돋보이도록 예쁩니다.

아내와 장모님께서 최근에 편지를 했습니다. 제가 그 편지에 약간의 소식을 덧붙일 수가 없어서 안타까웠습니다.

리아에 대한 신문 기사를 오려 보내주신 것 감사드립니다. 리아가 잘하고 있다는 소식을 들으니 기쁩니다. 그 아이는 저희에게 편지를 전혀 쓰지 않았습니다.

짐에게는 다음 주에 아주 긴 편지를 쓰려고 합니다.

애쓰는 아들 만세입니다. 그 아이는 뚝심이 있습니다. 바크먼과 짐 모두 YMCA에 있으면 좋겠습니다. 건장한 젊은이로 만드는 데 YMCA보다 나은 것은 없습니다. 서울에도 세 명의 간사가 있는 YMCA가 있습니다. 자랑스럽게도 제가 그들을 감독합니다. 와너메이커 씨가 YMCA 건물을 짓도록 4만 달러를 제공했습니다. 와츠(Watts)[35] 씨가 최근에 서울을 방문했다는 소식이 들립니다. 여동생들에게 멀리 있는 오빠가 깊은 사랑을 전합니다. 두 분께도 저의 깊은 사랑을 전합니다.

사랑하는 아들 페어맨 올림

---

35 George Washington Watts(1851.8.18~1921.3.7). 기업가, 자선사업가.
  (....) Mr. Watts was actively interested in foreign mission work. He personally supported 10 missionaries in Korea, two in Cuba, and one in Africa, and some years ago secured the permanent support of these missionaries by providing endowment of several hundred thousand dollars. Mr. Watts while attending the World's Sunday school convention in Japan last fall paid a visit to the mission field in Korea. (*Durham Morning Herald*, 8 March, 1921)

1907년 2월 20일
한국, 광주

사랑하는 짐에게,

너에게 편지를 할 기회가 생긴 것은 형이 후두염에 걸렸기 때문이란다. 이것 때문에 형은 당분간 방에만 갇혀있고 아무 것도 못 하고 있다. 10일 전 시골에서 유행성 독감에 걸렸는데 현재는 거의 나았지만 형은 여전히 방에 머물고 있다. 지금 한국선교회가 주최하는 대(大)사경회가 이곳 광주에서 열리고 있는데, 우리 선교회가 담당하는 세 군데 도에서 온 대표자들이 참석하고 있다. 서울에서 사역하는 레이놀즈 목사, 평양에서 사역하는 북장로회의 스월른(Swallen)[36] 목사, 전주선교부에서 사역하는 맥커첸(McCutchen)[37] 목사가 사경회를 돕기 위해 이곳에 있다. 이 중요한 시기에 내가 가르치는 역할을 하지 못하고 있는 것에 조바심이 나는 것도 당연하다. 특히 오웬 목사도 아프기 때문이다. 그렇지만 우리 모두 주초에는 일을 할 준비가 되어 있기를 기대한다.[38] 이 사경회에 195명의 대표자들이 참석했는데, 우리 한국선교회에서 열렸던 동일한 사경회에 가장 많은 수가 참석한 사경회라고 생각한다. 이들 대표자 중에서 내가 담당하는 지방에서 72명이 왔다는 사실이 매우 흡족하다. 과거에 그쪽 노선으로 했던 어느 것보다 훨씬 앞서 있으며, 내가 담당하는 지방에서 지난 몇 달 동안 열었던 집회로부터 열매가 있었다는 것을 말한다.

이번 겨울은 별스럽게도 힘들었는데 우리가 10월 1일 서울에서 돌아온 이후로 시골에서 거의 계속해서 있느라 집에 없었다. 사실 형이 집으로 가면서 스스로에게 약속하고 있는 큰 기쁨 중 하나는 형수와 아이를

---

36 William Leander Swallen(한국명: 소안련(蘇安論), 1859.3.24~1954.5.8).
37 Rev. Luther Oliver McCutchen(한국명: 마로덕(馬路德), 1875.2.21~1960.11.20)
38 1907년 2월 20일은 수요일임.

보고 즐겁게 지낼 기회란다.

얼마 전에 아버지에게 편지를 드려서 우리가 4월 24일 고베에서 몽골리아를 타고 가서 5월 14일에 샌프란시스코에 도착할 예정이라고 말씀드렸다. 제임스타운 세계박람회(Jamestown Exposition)[39] 덕에 대륙 횡단하는 데서 특별 할인가를 기대하고 있다. 장모님이 함께 계시고 네 형수도 옷이 필요하기에 우리는 솔즈베리로 곧바로 갈 것이다. 나는 브리스톨의 조용한 집에서 최대한 많은 시간을 보내고 싶다. 이것을 생각하면 할수록 로운산이나 다른 산속 휴양지로 가고 싶은 마음이 없다.

무엇을 시작했니? 너에 대해서 자주 생각하면서 네가 잘 지내고 있기를 바라고 있다. 일이 많아 점점 신경을 못 써서 원하는 것처럼 자주 너에게 편지를 하지 못해서 또한 네가 형을 좋게 생각해서 편지를 해주는 것에 대해 마땅히 형도 자주 편지를 해야 하는데 그렇지 못해서 슬프다. 그런데 이 편지에는 담을 수 없는 수만 가지 것들을 얼굴과 얼굴을 맞대고 말할 날이 머지않았다. 하나님께서 우리를 지키시고 다시 만나게 해주시며 온 가족이 함께하게 해주실 것을 소망한다!

우리가 집으로 출발하기 전 형이 너에게 편지할 마지막 기회가 될 것이다. 현재 진행되는 사경회가 끝나자마자, 형이 담당하는 지방을 한 달 동안 돌아보러 떠날 것이다. 그러면서 춘계 문답을 진행하고 (내가 없는) 여름 동안 문제가 없도록 내가 하는 사역을 좀 더 좋은 상태로 만들려고 한다. 복음전도를 도와주는 조사는 신학 공부를 위해 3월 말 평양으로 떠난다. 이 사람이 전라남도에서 목회를 위해 공부하기로 결정한 최초의 한국인이다. 목포교회는 여전히 잘 나아가고 있다. 목포교회 교인들이 목포에 현대식 학교를 열기 위한 비용의 일부로 최근에 150달러를 모금했는데 이 돈은 미국에서 600달러와 같다. 교사로 괜찮은 사람이 눈에

---

[39] Jamestown 설립 300주년을 기념하여 열린 박람회로 버지니아 Norfolk에서 1907년 4월 26일에서 12월 1일까지 열림.

보이며 세 달 이내에 학교를 열 것을 희망한다. 이것을 위해 내가 몇 달간 일하고 있는데 교사가 없어서 막혀있었다. 우리가 끌어들이는 그 남자는 지난 6개월 이내에 목포에서 개종했다. 이 나라에서 지금 너무도 절실한 것은 서양 학문을 가르칠 수 있는 기독교인 교사이다. 일본인들이 서양 학문을 가르칠 수 있고 실제로 그러고 있다. 그런데 그들의 영향은 기독교적이지 않다. 일본에서 기독교를 믿는다고 하는 일본인들이 한국에 올 때는 기독교는 버려두고 오는 것처럼 보인다. 아니면 우리가 이곳 한국에서 기독교를 믿는 일본인을 거의 못 보는 것 같다. 그런데 전라남도에서 우리와 일본인들과의 관계는 매우 좋다. 목포에 있는 일본 영사는 전형적인 신사로 영어도 유창하게 한다. 전라남도 전역에 걸쳐서 그의 부하들과 함께 아주 어려운 상황에서도 모든 것을 상당히 정직하게 다루려고 하는 것처럼 보인다. 내가 볼 때, 이 분야에 있어서 한국인들은 한국인 관리들 손에 있을 때보다 훨씬 더 안전하고 좋은 것 같다.

  이 편지를 받을 때 모두 건강하기를 바란다. 새집의 세세한 것을 챙기느라 네가 요즘 바쁘겠구나. 형은 한국에서 집 짓는 것을 맡기 전까지는 주택 건축에 대해서 한두 가지는 잘 안다고 생각했다!

  가족 모두에게 많은 사랑을 전한다. 브리스톨에 있는 친척과 친구들에게 형의 소식을 전해주렴.

  어린 조카가 입맞춤을 보낸다.

      너를 무척 사랑하는 네 형 J. 페어맨 프레스톤

1907년 3월 6일
아시아, 한국, 광주

사랑하는 딸에게,

현재 우리 계획이 실행된다면 너는 한국에 있는 나에게서 더 이상의 긴 편지를 또는 어떤 종류의 편지가 되었건 많은 것을 기대할 필요가 없다. 우리가 일본으로 떠날 때까지 한 달도 남지 않았고 몇 주가 정말 빨리 지나간다. 매일 매일이 지나가는데, 준비하는 면에서 우리가 제대로 해놓은 것이 거의 없다. 귀국하는 여행을 도와줄 "메임 고모(Aunt Mame)"도 사촌 엘렌(Cousin Ellen)도 내게는 없다.

애니는 항상 뭔가로 계속 바쁘다. 남자사경회가 끝났고 우리 손님들은 떠났다. 다음에는 1주 또는 10일간 하는 여자사경회가 있다. 애니가 여자사경회에서 가르쳐야 하는데, 수십 명의 '구경꾼'들이 있을 것이다. 어제는 애니가 '집에 있으면서 구경시켜 주는 날'이었는데 방문객이 50명이 넘었다. "불쑥 찾아오는 사람들"은 없었다. 목사(moksa)의 집에 있는 온갖 놀라운 것들에 대해서 보러왔고 또한 질문하러 왔다. 나는 크리스마스 축하 행사 이후 막냇사위의 서재에 둔 스트래퍼 선교사의 씨근거리고, 소리가 새는 작은 풍금(organ)을 약간 연주했는데 구경꾼들이 엄마가 연주를 잘한다고 생각했다. 내가 반주하고 애니가 한국어로 "기쁘다 구주 오셨네"[40] "주의 말씀 받은 그날"[41]을 불렀다. 함께 노래하던 어느 한국 여자의 목소리가 너무도 좋아서 놀랐다. 그녀는 기독교인이라고 고백하는데, 자신이 출석하는 교회에서 이 찬송을 배웠다고 했다. 오웬 목사가 남녀사경회에서 노래를 가르친다.

남자들에게 다섯 번의 집회가 있었는데 200명이 넘게 참석했다. 이들

---

40 새찬송가 115장, Joy to the World.
41 새찬송가 285장. 원문에는 Happy Day라고 되어 있음.

은 모두 전라남북도에서 온 사람들로 기독교를 믿는다고 고백한 사람들이었다. 일부는 세례자들이고 일부는 학습교인이었다. 마지막 집회에서 불신자(outsider) 10명이 믿겠다고 고백했다. 그들 중 몇은 광주에서 온 사람들이었다.

나는 오늘 이런 가난한 한국 기독교인들이 여러 면에서 고국에 있는 기독교인들을 창피하게 만든다고 생각하고 있었다. 그중 하나로는, 그들은 가난 속에서도 자신의 교회를 세우고 교회에 들어가는 비용을 낸다. 주일 예배 때 정기적으로 헌금도 한다. 정말 가난한 사람들이 자신들이 가진 아주 적은 것을 헌금하는 것을 보면 정말 안쓰럽다. 대구에서 친구들을 방문하던 어떤 여성이 주일예배에 참석하고 나서 "이곳 교회에 사람이 꽉 차서 교회에 들어오지 못하는 사람들을 본 다음 고국에 있는 크고 넓은 교회에서 교인들이 안락하게 앉아있는 것을 기억하니 정말 마음이 좋지 않습니다"라고 말했단다. 미국에 있는 많은 교회가 아마 절반도 차지 않을 것이다. 그 여자분은 "몇 푼 안 되는 돈을 헌금 바구니에 넣으려고 손을 기꺼이 뻗는 것을 지켜보면서 눈물이 났습니다. 저는 고국에 있는 부요함을 생각했습니다"라고 했단다. 대구에서 사역하는 어느 선교사는 "우리 자매가 말하는 고국의 교회들이 깨어나서 자신들에게 맡겨진 부의 일부를 주님을 돕는 데 쓸 수 있다면 좋겠습니다! 주님을 기억하는 자들아, 주님께서 주님의 백성들이 이 세상에서 칭찬받게 하실 때까지 주님을 쉬게 하지 말지라"[42]고 썼단다.

우리 교회 목사님 청빙에 대해서 어떤 일이 일어나는지 누구도 엄마에게 말하지 않는다. 작은아들(Sam)은 편지하길 그레이(Gray) 목사님이 사

---

42 이사야 62장 6~7절, "예루살렘이여 내가 너의 성벽 위에 파수꾼을 세우고 그들로 하여금 주야로 계속 잠잠하지 않게 하였느니라 너희 여호와로 기억하시게 하는 자들아 너희는 쉬지 말며 또 여호와께서 예루살렘을 세워 세상에서 찬송을 받게 하시기까지 그로 쉬지 못하시게 하라."

표를 제출했다고 했다. 링글(Lingle)[43] 목사님이 우리 교회를 섬기실 수 있었다면 좋았을 것이라고 애니는 생각한다. 나는 맥기치(Mr. McGeachy) 목사님을 놓친 것이 우리에게 큰 손해라고 생각한다. 그렇지만 르누아르(Lenoir) 교회로 갔다고 해서 그분에 대해 감정이 있는 것은 아니다. 그분만큼 좋은 목사님을 교인들이 찾으면 좋겠다. 솔즈베리에 있는 침례교인들이 채택한 규칙이 들어있는 『옵저버』를 아직 못 봤지만, 그 규칙에 대해서 나중에 언급된 것은 봤다. 최근에 알렉산더 맥라렌(Alexander MacLaren) 목사님의 설교를 읽고 있는데, 사도행전 2장 47절[44]을 본문으로 삼은 것이다. 그 설교문에서 목사님은 "세속성이라는 인(印)이 너무도 깊이 박혀서 종교로 힘들지 않으려는 곳에서 편하게 있으려는 회중들이 있습니다. 그렇지만 저는 여러분들이 성도의 교제를 잘하여서 말로만 하는, 형식적인 쉬운 종교를 갖고자 하는 사람들이 없기를 간청합니다. 그런 쉬운 종교 아래에는 세속성과 형식주의라는 온갖 해충이 숨어있습니다. 또한, 성스러움을 추구하며, 거룩하신 주님을 더 갈망하며 그분을 따르기로 하는 남녀가 모인 교회로 인식되기를 호소합니다."라고 했다. 우리 고향에 있는 모든 교회가 그런 교회가 되었으면 한다.

막냇사위가 오늘 정오 경에 다시 떠났는데, 몇 주간 순회전도여행을 할 것이고 4월 1일에야 돌아올 것이다.

놀란 의사가 어젯밤 우리와 차를 마셨다. 딸 부부와 그 사람이 12시가 한참 넘어서까지 이야기했다. 그렇게 늦게까지 있는 그들을 생각해 보렴! 엄마는 다른 방에 누워서 그 시간까지 책을 읽었다. 지금은 10시다. 애니와 엄마가 잘 시간이다. 애니는 내 곁에 앉아서 공부하고 있다. 애니

---

43 Walter Lee Lingle(1868.10.3~1956.9.19). He was called as Pastor to First Presbyterian Church of Atlanta in 1907 and remained until 1911.

44 "하나님을 찬미하며 또 온 백성에게 칭송을 받으니 주께서 구원받는 사람을 날마다 더하게 하시니라."

가 어젯밤 우리에게 카라멜 아이스크림을 줬다. 떠나는 자기 남편을 위해 저녁을 잘 차려 줬다. 막냇사위가 타고 갈 조랑말에 오늘 몇 주일 동안 쓸 침구, 옷, 식량이 실렸다. 짐꾼 한 명이 나머지 식량을 지고 먼저 갔다. 애니의 요리사가 이곳에 있는 사람들과 떠난 사람들을 위해서 지난주에 엄청 많은 식사를 준비했어야만 했는데, 엄마는 이런 것에 대해서 우리 집 하인이라면 뭐라고 말할 지 모르겠다고 애니에게 말했다.

아기는 훨씬 건강한데, 아직 이가 다 난 것은 아니다. 오늘 저녁 아기는 "윌리엄 유진 벨[45]의 집에서 1907년 3월 7일 3시 30분에서 5시까지"라는 초대장을 받았다. 그 아이는 예쁘고 싹싹한 사내아이다.

오늘은 네가 기억할지 모르겠지만 "샌디(Sandie)"[46]가 사망한 날이다. 네 큰오빠가 그것을 생각하는지 모르겠다. 큰오빠는 2월에 멕시코로 갈 것이고 큰며느리(Marion)는 솔즈베리로 갈 거라는구나. 그러면 너와 가까이 있을 것 같다. 큰며느리에게 짧은 편지를 보내려고 하는데 지금은 그러기에 너무 늦은 것 같다.

그래서 이 편지에 큰며느리에 대한 많은 사랑을 담아 보낸다. 서류들도 보낼 것이다.

시카고에서 오는 물건에 대해서는 더 이상 소식이 없다. 오린 씨에게서 돈이 오지 않았다. 그쪽에서 1주일 이상 어떤 것도 없다.

소중한 자녀들에게 많은 복을 빌고, 주변 사람 모두가 잘되기를 기도한다.

사랑하는 엄마가

---

45   William Eugene Bell Jr.(1906.3.7~1933.11.11).
46   Sandie Wiley(1867.1.30~1872.3.6).

1907년 3월 말 또는 4월
한국, 광주

사랑하는 언니에게,

떠날 준비를 하면서 틈이 있다면, 언니에게 편지를 한 통 더 쓰겠지만, 집에서 살펴봐야 할 것이 너무도 많아. 침구, 린넨 등을 잘 살펴보고 포장해야 하며, 집수리와 밭갈이도 해야 하고, 다른 몇 가지도 해야 해.

내가 문명사회에 제대로 갖춘 채로 들어가게 하려면 언니와 큰올케(Marion)가 내가 입을 만한 것과 마시지 크림과 샴푸 파우더와 매니큐어 등을 가지고 샌프란시스코에서 나를 만나는 것이 좋겠어.

언니가 내 한국식 결혼 예복을 보면 좋겠어. 너무 색이 요란해서 포장을 풀기도 전에 언니가 뭔지 알 거야.

좋은 날씨와 밝은 햇살 아래 고요한 바다에서 다코타(Dakota)[47]가 난파된 것은 다소 충격적이야. 그런데 우리 모두는 "번개는 같은 곳을 두 번 내려치지 않는다"고 믿고 싶어. 몽골리아가 한 번 좌초되었었거든.

내가 집에 있을 때 올리와 항상 같이 있으면서 즐겁게 보낼 수 있도록 올리가 미리암의 유모가 돼 주면 좋겠어. 올리가 동의한다면, 언니가 엄마에게 편지해 줘. 엄마는 사우스캐롤라이나에서 온 유모를 얻으려고 생각하고 있거든. 물론 나는 다른 누구보다 올리였으면 해. 엄마에게 꼭 편지해 줘.

엘리너의 이름은 Mrs. James Thomas Watkins이고 주소는 Hollyoak, Sausolito, California야.

내가 엄마의 편지 뒷장에 휘갈겨 쓴 글을 언니가 못 알아볼 것 같아 걱정했어.

---

47 넬리 랭킨 저, 송상훈 역, 『기전여학교 교장 랭킨 선교사 편지』(보고사, 2022), 1907년 3월 20일 자 편지 참조.

나의 여행용 복장은 옥스퍼드 크래버넷(Oxford Cravenette)[48] 코트와 2.25달러 푸른색 토크 모자야! 고향에서 오는 물건들이 약간 늦을 수도 있다는 생각에 그것들을 주문했어.

사랑하는 애니가

---

[48] 방수제품으로 유명함.

1907년 4월 17일
모지(Moji)와 고베 사이 내해에서 "군산 마루"에서

사랑하는 딸에게,

준비하느라 분주하게 여러 주를 보낸 다음, 우리는 마침내 집으로 떠났다.

배를 타고 가면서 편지를 쓰려고 했었지만 안타깝게도 독서용 안경과 만년필이 든 핸드백을 어제 부산에서 잃어버렸다.

너는 벨 부인, 헨리, 유진[49]이 우리와 같은 일행인 것을 알 것이다. 마음 착한 오웬 부인이 광주에서의 마지막 날에 우리 모두에게 식사를 대접했고, 잘 방을 제공했으며, 새벽 5시에 우리에게 아침밥을 줘서 강에 있는 선착장으로 일찍 출발하도록 해줬다. 누군가가 우리 "승객 일행" 사진을 찍어놓았으면 볼 만했을 것이다. 가마가 3개 있었는데, 각각 4명의 가마꾼이 있었다. 막냇사위(Fairman)와 벨 목사와 헨리는 말을 타고 갔고 벨 부인이 번갈아 가며 말을 탔다. 벨 목사 하인 중 두 명과 막냇사위의 하인 두 명이 한두 명의 추가적인 가마꾼과 함께 걸었으며 침구와 음식을 가지고 갔다.

그제는 약 12명의 짐꾼으로 이루어진 "화물 대열"이 떠났는데, 여행용 가방, 상자, 바구니 등을 가지고 갔다. 막냇사위가 한국 물건을 아주 많이 가지고 가는데 일부는 우리가 쓰려는 것이지만 대부분은 내 생각에 이 사역에 관심을 일으키기 위해서 수집하고 있는 친구를 위해서 가져가는 것이다. 조세핀 웨이크필드(Josephine Wakefield)와 그녀의 어머니께서 그 물건들을 보면 좋겠다.

우리는 영포까지 편하게 가마를 타고 갔는데 거기서 기다리고 있던

---

[49] William Eugene Bell Jr.(1906.3.7~1933.11.11).

작은 론치에 곧바로 승선했다. 배가 출발할 때까지 서너 시간 배에 머물렀다. 목포에 도착하기까지 여자들과 아이들은 갑판 아래에 있는 작은 선실에서 시간을 보냈고 그곳에서 먹고 잤다. 다음 날 아침 비가 내리고 있어서 나는 사방이 닫힌 진짜 한국 가마를 타는 첫 경험을 했다. 우리는 목포선교부에 있는, 사람이 살지 않는 집으로 가서는 월요일 아침까지 그곳에서 머물렀다.

배가 일요일에 예정되어 있었지만, 폭풍 때문에 출발하지 못했다. 홉킨스 부인이 자신의 거실에 덧붙인 작고 예쁜 일본식 방을 보여줬다. 또한 그녀는 런던에서 만들어진 아름다운 코트와 가운을 가지고 있었다. 코트 중 하나는 털이 벗겨진 다람쥐 모피로 안감을 한 정말 아름다운 회색의 넓은 천으로 만들어졌는데, 넓은 카라는 다람쥐 모피로 되어있었다. 또한 모피로 된 토크 모자도 있다. 그래서 우리는 이렇게 바깥세상을 조금 보고 있다는 것을 느끼기 시작했다!

부산에서는 어빈 부인이 우리에게 차와 케이크를 대접했는데 아주 예쁜 작은 일본식 탁자에 아름다운 도자기에 담겨서 차가 나왔다. 엄마는 어빈 의사 부부를 방문하면서 값을 톡톡히 치렀다고 생각한다. 새로 산 검정색 명주 가방, 안경, 펜을 잃어버렸기 때문이란다. 그런데 아마도 마지막으로 보게 될 거지만 그렇게 훌륭한 사람들을 다시 만나서 좋았다.

배를 타고서는 정말로 좋은 날이 계속되었다. 12일은 삭[50]이었다. 그래서 태평양을 가로지르는 여정에 있어서 밝은 저녁이 계속될 것을 희망하게 된다.

우리가 고베에서 클로드 램지(Claude Ramsey) 목사와 애니 로리(Annie Laurie)를 만날 가능성이 있을 것 같다.

---

50 달이 보이지 않는 날. 달의 8가지 위상인 삭, 초승달, 상현달, 상현망간의 달, 보름달, 하현망간의 달, 하현달, 그믐달을 고려하며 항해 중 달이 커가기에 저녁 하늘이 밝아질 것을 말함.

밖에 보기에 좋은 것들이 이리도 많은데 이제 더는 낮 동안에 편지하면서 보내서는 안 되겠다. 애니의 안경을 쓰고 있는데 내 눈에는 너무 어지럽다. 여분의 안경알이 있어서 고베에서 안경테에 맞춰 넣을 것이다.

작은아들(Sam)이 편지하길 몽골리아 배로 편지를 보내겠단다. 그때는 모두에게서 좋은 소식을 기대한다. 큰아들(Willie)이 아팠었다니 마음이 정말 좋지 않았다. 광주를 떠나기 며칠 전에 큰아들에게서 편지를 받았단다.

우리 모두 떠날 때 오웬 집 어린 딸들이 마치 마음이 무너지는 듯 울었다. 백인이라고는 없게 된 곳에 오웬 부인과 어린 세 딸[51]만 남겨둔 것이 마음에 너무 걸린다. 놀란 의사는 우리보다 먼저 떠났고, 몇 달간 광주에 없을 것이다. 오웬 목사는 군산에 있으면서 남자사경회를 도와주고 있다. 벨 목사가 목포까지 우리와 함께했으며 우리가 출발하기 전에 오래 걸리는 순회전도여행을 위해서 길을 떠났다.

목포에 있는 "예수교 남학교"에서 극진한 "환송"을 받았다. 남학교에는 63명이 등록되어 있다. 남학생들은 선생님들과 함께 나와서는, 행진하고, 반대로 행진하고, 경례하고 다른 멋진 것들도 했단다. 우리가 배 타고 떠나는 것까지 보러와서는 인사하고 국기를 흔들었다. 막냇사위는 그 학생들이 거의 모두 기독교인이라고 하는데, 최근까지 이교도였다가 기독교인이 된 이렇게 멋진 남학생들을 봐서 무척 좋았고 감격했다. 해변 바로 끝까지 우리를 따라와서 평화와 선의의 인사를 보내는 기독교인 남녀들이 보여주는 애정과 슬픔을 보니 감동스러웠다.

유모와 상윤이는 아기가 자기들을 잊지나 않을지 아주 많이 걱정한

---

51 Mary Virginia Owen(1901.10.3~1995.3.9), Ruth Whiting Owen(1903.12.20~1990.4.30), Dorothy Wilhelmina Owen(1905.11.4~1981.11) 세 명을 말하며, 막내 Frances Carrington Owen(1909.5.13~1985.11)은 아버지 Owen의 사망(1909.4.3) 이후 태어남.

다. 처음에는 아기가 물을 보고 몹시도 두려워했는데, 지금은 익숙해져서 어디나 쏜살같이 뛰어다녀서 애 아빠가 따라다니느라 꽤나 운동하고 있다.

내가 본 한국의 항구들은 매우 아름답다. 우리는 어제 해가 지는 바로 그때 부산을 떠났으며 해 뜰 때 모지(Moji)에 도착했다. 나는 오늘 아침 단잠을 자다가 내 팔을 누군가 잡아당겨서 깼는데, 아기와 함께 있는 막냇사위이겠거니 하고 올려다봤더니 세 명의 제복 입은 일본인들을 보고서는 놀랐고 도대체 뭔 일인지 궁금해졌다. 한순간에 나는 그들이 우리가 일본의 첫 번째 포구에 도착했을 때 우리 배를 검역하는 위생 담당 관리들임을 깨달았다. 내가 그들을 매섭게 쏘아봤음이 틀림없었다. 내일 아침에 고베에 도착할 예정이다.

이렇게 좋은 날이 이어지면 좋겠다. 나는 내해에서 나오면서 여기 내해의 해안선들이 서로 너무도 멀리 떨어져 있어서 햇살에 반짝이는 깊고 푸른 바다 말고는 많은 것을 볼 수는 없다는 것을 알게 되었다. 모지 항구에서는 흥미로운 것들이 많았는데 그것들에 대해 말해주고 싶구나.

부산은 내가 처음 봤을 때 이후로 놀랄 정도로 좋아졌다. 우리는 실제로 거룻배를 타고 육지로 갈 필요 없이 부두에 내렸다. 일본인들이 좋은 것들을 많이 들여오는 것을 보면 놀랍기에 아마도 구식 목포도 부산처럼 그렇게 될 것이다. 그렇지만 나는 일본인들이 한국인들을 대하는 방식을 전혀 좋아하지 않으며 이렇게 착한 한국인들이 기독교에 의해서 높은 수준으로 올라가서 이 세상의 나라 중에서 더 높은 자리를 차지할 그날을 희망하고 기도하고 있다.

이 증기선을 타고 있는 일본인들은 우리에게 아주 잘해준다. 아이들에게 정말 잘해준다. 그래서 나는 샌프란시스코에서의 문제[52]에 대해서 다

---

52 1906년 4월 18일 샌프란시스코 대지진 이후 일어난 동양인 차별 정책에 대한 반감, 특히 1906년 10월 11일 샌프란시스코 교육 당국이 일본 학생들을 차별하여 미국

듣고서 어떻게 그럴 수 있는지 궁금하다.

너는 아마도 다코타가 태풍 속에서 부서져서 가라앉았다는 것을 알 것이다. 우리는 아마도 그 재난 장소를 보게 될 것이다.

시간이 흐르고 씀.

내해에서 보는 해넘이는 정말 아름답다! 새로운 초승달의 은빛이 여전히 분홍색의 여운이 남아있는 평온한 바다에 부드러운 빛을 비추고 있다. 어떤 곳에서는 소나무로 뒤덮인 산의 그림자가 그 빛을 거의 어둡게 하고 있고, 이 아름다운 그림에 수많은 돛단배와 이따금 증기선들이 생기를 주고 있다.

막냇사위가 부산에서 어빈 의사의 사무실에서 코울터(Coulter) 목사를 만났다는 것을 작은아들에게 말해주렴. 그 사람과 또 다른 YMCA에서 온 사람이 도쿄에서 열리는 큰 회의에 참석하고 있었고 서울과 중국 다롄(Dalian, 大連)으로 가던 중이었다. 그들은 우리가 부산에 도착하고 얼마 되지 않아 부산에 도착했다. 우리는 수십 명의 일본인을 태우고 온 증기선에서 내리는 유일한 "외국인들"이라서 그들을 알아봤다. 부산에 일본인이 매일 200명씩 도착한다는 말을 들었다. 그러니 한국은 지금 일본인들로 채워지고 있다.

아기들은 지금 자고 있고, 애니와 벨 부인은 갑판에서 산책하고 있으며, 막냇사위와 헨리와 나는 식사하는 곳에 있는 탁자에서 편지 쓰고 있다. 7시 30분이다.

어젯밤 대한해협을 넘는데 상당히 파도가 거칠었다. 너도 이 여행을 해봐야 한다.

애니가 자기 안경이 필요하다고 한다. 어쨌든 나는 인제 그만할 시간

학교에 다니지 못하게 하고 차이나타운의 중국인 학교에 다니도록 함으로써 일본과 미국의 외교 문제로 비화된 사건 등과 관계된 것을 말하는 듯함.

이다.

다음 달에 우리 모두 즐거운 만남을 갖게 되길 바란다. 자녀들에게, 손주들에게, 그리고 친구들에게 사랑을 가득 보낸다.

엄마가

1907년 5월 11일
호놀룰루와 샌프란시스코 사이
몽골리아에서

사랑하는 딸에게,

매 순간 너에게 점점 더 가까워지고 있다. 네가 뱃속에서 그것을 느끼는지 궁금하다. 엄마는 전혀 느끼지 못한다. 사실 항상 멍한 상태란다. "이교도의 나라 한국"의 저 구석 출신인 우리가 너무도 갑자기 화려한 세상에 들어가기에 머리가 빙빙 돈다.

애니가 그러는데 배에서 그렇게 정교한 화장대를 본 적이 없다는구나. 나도 그렇다. 만찬용 화장대는 눈부시다. 벨 부인은 그것을 보면서 너무 당혹스러워서 광주에서의 '단순한 삶'이 훨씬 좋다고 느낀다고 한다.

옷을 만들게 할 생각을 하니 정말 걱정이다. 애니는 내 몸통 옷(waist)을 만들어주려고 자수가 된 검정 명주를 고베에서 샀다. 나는 보충할 만한 검정색 크레이프트신(crepe de chine) 옷감이 있다. 나보다는 애니에게 옷이 더 필요하다. 우리 뒤를 따라오는, 옷이 들어있는 상자를 우리가 얼마나 간절히 원했는지. 우리는 그 상자가 제때 도착하면 가져와달라는 말을 벨 목사에게 남겼다.

벨 목사는 고베에서 6월 5일 배를 탈 예정이다. 벨 부인과 두 아들이 우리와 같이 있는 것 알지. 그들이 나와 같은 선실을 쓰는데, 매우 복잡하다. 애니와 '아기'는 우리 옆 방에 있다. 애니는 지금쯤 홀몸으로 여행하는 것과 엄마로 여행하는 것의 차이가 있음을 발견했을 것이다. 애니와 벨 부인은 세 명의 아이와 힘든 시간을 보내고 있다. 아기 둘 다 이가 나고 있다. 우리는 미리암이 이와 관련해서는 다 끝났다고 생각했는데 아기가 너무도 똑똑하여서 몇 달 뒤에 날 이가 벌써 나기 시작했다. 미리암이 감기도 걸렸다. 어젯밤 열이 너무 많이 나는 것 같아서 내가 걱정이

심했다. 폐렴이나 다른 좋지 않은 것은 아닌지 상상했다.

애니와 내가 긴 시간 동안의 육로 여행을 할 것이 정말 두렵다. 건강이 좋지 않기 때문이다. 이번 여행에서는 갑판에 오래 나가지 않아서 운동을 거의 하지 못하였다. 그래서 내가 기분이 썩 좋지 않은 이유가 될 수도 있다. 우리 고향 솔즈베리에 도착할 때쯤에 편안한 쉼의 필요를 우리 모두 느끼리라 생각한다. 오래된 정원에 미리암을 돌봐줄 올리를 곁에 두고 미리암이 자유롭게 뛰어놀게 하면 아주 좋을 거로 생각한다. 아기는 처음에는 물을 보고 많이 두려워했단다. 곧 신경 쓰지 않게 되었고, 바닷물 보고 물러가라고 종종 꾸짖는다!

미리암과 유진은 호놀룰루에 내려서, 모래사장에서 놀고, 풀을 뽑게 되어 아주 기뻐했다.

우리는 차 두 대로 나눠 탔는데 한국에서 가마 타던 것과 대조적으로 정말 차들이 날아갔다. 그래도 나는 한국 가마가 좋고 한국이 좋다. 내가 일본과 호놀룰루에서 아름다운 것들을 볼 때에, 왜 한국이 더 아름답게 보였는지 그것이 의아하다.

내가 클로드 램지와 그 일행을 잠깐 지나치듯 봤다는 것을 누군가에게 편지로 말했다. 내가 고베 거리를 걷고 있을 때 애니 로리가 나를 알아봤다고 생각한다. 인력거가 몇 대 지나가는데 막 도착한 사람들처럼 보이는 사람들을 태우고 가고 있었지만, 인력거 속의 사람들은 알아보지 못했다. 그들이 우리를 뒤따라서 상점으로 들어와서는 우리를 놀라게 했다. 나는 고베에 있는 다른 호텔들에서 도착한 사람들을 찾아보고 있었고 그들을 요코하마에서나 만날 수 있을 거로 생각하고 있었다. 애니 로리는 건강하고 밝아 보였으며 여행이 아주 즐겁다고 말했다. 그녀에게 참 잘된 일이다. 그렇게 많은 기쁨을 줄 수 있고 기꺼이 주려고 하는 고모들(aunties)이 있다는 것은 좋은 일이다. 네 남편에게 말해서 딸 메리가 괜찮은 여행을 하게 도와주라고 해라. 여행은 1년의 공부보다 더 가치 있다. 이 배에 있는 많은 사람이 아내와 딸들과 함께 세계일주여행을 하고 있다. 그런 여행을 하려면 시간이 많이 필요하지만, 시간이 덜 걸리는 즐거운 여행도 있다.[53]

밤이 깊어 가고 있다. 일행을 따라가서 자야겠다.

다음 화요일에 샌프란시스코에서 너의 편지를, 또한 1주일 뒤에 너를 볼 것을 기대한다.

사랑하는 엄마가

---

[53] Annie Laurie Ramsay Hines(1892.9.20~1980.10.25)은 James Hill Ramsay(1855.2.9~1930.12.31)의 딸임. James Hill Ramsay는 당시 유명인이던 Claude Clinton Ramsay(1865.12.31~1930.10.28)의 형임. 즉, 명망가인 작은아버지가 조카와 일행이 되어 세계일주여행 중인 상황임을 추론할 수 있음.

1907년 5월 21일
세인트루이스를 떠나며
기차에서

사랑하는 아버지와 어머니,

집에 아주 가까이 있다는 생각에 저희 가슴이 쿵쾅거립니다. 지금까지 안전하게 왔고 사건 사고도 없었습니다. 아기는 호놀룰루를 떠난 이후 줄곧 상태가 좋지 않았으나 어제와 오늘은 좋아진 것 같습니다. 저희 배에 홍역이 한 건 있었기에 아기가 혹시 홍역에 걸린 것은 아닌지 걱정되어서, 아기 때문에 최대한 빨리 서둘렀습니다.

저희는 장모님과 함께 가기에 곧바로 솔즈베리로 갈 것입니다. 광주에서부터 저희와 함께 온 벨 부인과 두 아이를 동행하기 위해서 저희는 루이빌을 경유해서 왔습니다. 저희는 내일(수) (동부 시간으로) 오후 12시 30분에 모리스타운(Morristown)을 지나갈 것이며, 솔즈베리에는 수요일 저녁 10시 5분에 도착할 것입니다. 부모님이 계신 곳을 90마일 이내로 두고 멈추지 못하는 것에 대해서 제가 얼마나 조바심이 날지 생각해 보십시오. 그렇지만 현재로서는 이 방법이 유일합니다. 루이빌에서 두 분께 전보 드리겠습니다. 부모님께서 솔즈베리로 오시려고 하시는지 그렇지 않으신지에 대해서 아무런 것을 알지 못합니다. 이곳으로 오면서 고베, 요코하마, 호놀룰루, 샌프란시스코 어디서건 집에서 온 편지를 받지 못했기 때문입니다. 혹시라도 두 분께서 솔즈베리로 오실 계획을 하셨다면, 내일 저희와 모리스타운에서 만나시는 것이 아주 좋을 것 같습니다. 부모님께서 초대를 수락하지 않으셨다면 솔즈베리로 오시라고 제가 강권하지는 않겠습니다. 저희도 그곳 상황을 전혀 모르기 때문입니다. 저희가 앞선 편지들에서 두 분께 이미 개략적으로 말씀드린 전반적인 계획을 제외하고는, 장모님과 함께 그곳으로 곧바로 간다는 것 말고 확정된 계획은 없습니다.

　앞으로 돌아가서 말씀드리겠습니다. 태평양을 건너면서 몽골리아를 타고 기분 좋을 정도로 잔잔한 여행을 했습니다. 그 배는 2만 7천 톤이라 움직임도 거의 없었고, 뱃멀미하는 사람도 없었습니다. 그런데 안타깝게도 요코하마에서 이틀간 격리되어야 했습니다. 배에서 천연두 환자가 생겨서였는데 그래서 저희가 도쿄를 볼 수 없었습니다. 저희는 예정대로 5월 14일 밤에 샌프란시스코에 도착했습니다. 그곳에서 엘리너로부터 어떤 소식도 받지 못했으며, 모든 것이 파업 중이라 발이 묶였습니다. 다음날 정오경 세관을 통과했으며, 위험에서 벗어나려고 저희 일행을 오클랜드(Oakland)로 옮겼습니다. 다음날 샌프란시스코로 다시 가서는 기차표 등에 대해 조치하고 오후 늦은 시간에 엘리너를 찾는 데 성공했습니다. 중간에 이사했다는 것을 알았습니다. 엘리너가 증기선으로 보냈던 편지를 저희는 받지 못했으며, 파업 때문에 저희가 타고 온 증기선에서 엘리너가 저희를 만나지 못했습니다. 언제 배가 들어오는지 알 수 없었기 때문입니다.

　엘리너를 오클랜드로 데리고 갔으며 그곳에서 엘리너는 저녁과 아침에 저희와 함께 시간을 보냈습니다. 흘수(吃水)와 짐 때문에 하루의 나머지 시간을 소비했으며, 그날 (금) 저녁 9시 30분에 오클랜드에서 기차에 올랐습니다. 그래서 엘리너를 보는 시간이 조금 밖에 없었고, 남편 왓킨스 의사를 볼 시간은 더욱이 없었습니다. 샌프란시스코는 정말 눈 뜨고 볼 수 없는 지경입니다. 갯더미에 앉은 그 도시는 탐욕스러운 노동조합과 부패한 사람들에 의해 짓밟히고 있습니다. (현재 체포되어 있는!) 시장이 그 도시에서 가장 나쁜 사람입니다. 파업의 몇 국면이 여전히 오클랜드에서도 진행되는데 세탁 면에서 특히 그런 상황이라 두 분이 실망하시겠지만 그것에 대해서는 저희가 증언할 수 있습니다.

　해리엇 와이팅(Harriet Whiting)이 오클랜드까지 저희와 함께했습니다.

여성 네 명과 아이들 세 명을 데리고 전 세계의 절반을 도는 것은 쉬운 일이라고 생각하실 수 있습니다. 어린아이가 너무도 활동적이라 항상 저희 모두가 뛰어다닙니다. 장모님 가족의 전직 하인이 아기의 유모 역할을 할 것입니다. 그 유모가 여름이 지나도 살아있을는지 모르겠습니다.[54]

샌프란시스코에서 저희 수하물에 좋지 않은 일이 생겼습니다. 제임스타운 세계박람회 때문에 특별할인가가 있을 것을 기대하고서 저희는 샌프란시스코까지만 표를 끊었습니다. 고베에서 회사 대리인이 일반적인 화물 허용치인 350파운드가 허용될 거라고 확신한 것을 믿고 그렇게 한 것입니다. 그런데 너무도 화나게도, 저희는 특별 할인가를 받지 못했으며, 화물 각각에 150파운드만 허용되었습니다. 그러다 보니 화물선에 실은 여행용 가방에만 해당되었습니다. 저는 여행용 가방들을 나무 상자에 넣어서 화물편으로 육로로 보냈는데 비용이 35달러가 들었습니다. 그런데 이 돈은 제가 세인트루이스까지 (정상의 절반인) 종교인 할인을 적용받아 절약했습니다. 그런데 언제 저희 짐을 보게 될지 알 수 없습니다. 6주 안에 짐을 못 볼 수도 있습니다. 정말 실망했고 심각할 정도로 불편을 겪습니다.

저희는 오래 고립되어 있다가 매우 자연스럽게 문명 생활로 들어갑니다. 그런데 저희는 촌뜨기같이 보이며 지쳐있습니다. 저희는 4월 11일 집에서 나와서 고베에서 1주일을 제외하고 계속 여행하고 있었습니다. 제가 유행성 독감 이후에 인후염으로 고생하고 있었고 기침에 대해서 약간 염려하고 있었기 때문에 제때 출발해서 기뻤습니다. 저의 경우가 증명하듯 이런 질환에 대한 치료책으로 바다 여행보다 좋은 것이 없습니다. 저는 문제가 거의 해결되었습니다.

어머니의 편지가 오고 거의 3달이 지났습니다. 그 편지가 집에서 온

---

54 올리(Ollie)를 말함.

마지막 편지입니다. 두 분의 소식을 정말로 듣고 싶어서 안달입니다. 플로이도 그 시점에 편지를 했습니다. 두 분에게 고베에서 편지를 보냈는데 받으셨기를 바랍니다. 그런데 제가 너무 서두르고 제 계획이 너무 불확정적이라서 제가 샌프란시스코에서 출발하기 전까지는 샌프란시스코에서 편지를 드릴 수도 없었습니다. 저희가 곧장 대륙을 가로질러 가기에 이제 편지할 시간이 생겼습니다.

가족 모두에게 입맞춤을 보내드립니다. 혹시 서로 못 보면, 저희가 명확한 계획이 생기자마자 곧바로 편지드리겠습니다. 친지들과 친구들에게 안부 전해주십시오.

     사랑하는 페어맨 올림

리아가 그린빌에 있나요?

1907년 6월 24일
노스캐롤라이나 애슈빌[55]

사랑하는 아버지,

아내가 저에게 편지하길 아버지 집 맞은편 집(리틀(Little) 부인의 집)을 처형과 처형의 자녀들이 사용하도록 확보하는 것에 대해서 아직 아무 말이 없다고 합니다.

그 집에 대해서 아직 알아보지 않으셨다면, 즉시 확인해 보시고 저에게 203 Bank St. Salisbury, N.C.로 (수신자 부담) 전보를 보내주실 수 없으신지요? 처형이 브리스톨에 갈 수 있는지 없는지에 따라서 처형의 모든 계획이 달라지기 때문에 이른 시간에 알아야 합니다. 처형은 저희와 함께 금요일에 애슈빌로 갈 것이라서 금요일에는 알아야 하는데 그래야 처형 자신과 아이들에게 어떤 옷을 준비해야 하는지 알게 될 것이기 때문입니다.

처형에게 그 집을 구해주었으면 하고 절실히 바랍니다. 처형이 오려고 마음을 먹었으며 아내와 저도 처형이 오는 것이 처형에게 아주 좋다고 생각하기 때문입니다. 만약 이 계획이 뜻대로 되지 않으면, 가능한 가까운 곳에 처형이 머물 집을 구하는 데 최선을 다해 주십시오. 그리고 처형이 브리스톨에 가는 것을 계획할지 어쩐지 몰라도 목요일까지는 전보를 보내주세요.

브리스톨을 떠나고 나서 솔즈베리에 가본 적이 없습니다. 제게 참가 경비를 제공했기에 이곳에서 열리는 대학생 연합대회(College Student Convention)에 참석하려고 왔습니다. 해외 선교회들이 많은 돈을 갖게 될 좋은 기회이고 영적인 면에서 많은 도움이 되었기 때문에 오기를 참 잘했

---

55 블루리지(Blue Ridge) 산맥과 스모키(Smoky) 산맥 사이에 위치한 도시.

습니다. 모트(Mott)[56] 박사가 연설하는 것을 다섯 번 들었습니다.

저는 오늘 오후 솔즈베리로 돌아갑니다.

장모님께서 처형과 함께 브리스톨로 가실 생각인지 모릅니다. 아마 가시지 않을 것 같습니다. 장모님께서 저희를 방문하도록 저희가 초대할 수 있는 처지에 있다면 좋겠습니다.

저희가 솔즈베리에 있는 동안 저는 아내에게 말해서 유모인 올리에게 저희를 돕게 하라고 할 것입니다. 올리는 정말 사랑이 많은 할머니이며, 뛰어난 요리사요, 유모요, 가정부이며 만능입니다.

서둘러 가야 해서 이만 작별 인사를 전합니다. 모두에게 큰 사랑을 전합니다.

아버지께서 저희에게 아직 알리지 않으셨다면 즉시 위의 문제를 맡아 주십시오.

사랑하는 페어맨 올림

---

[56] John Raleigh Mott(1865.5.25~1955.1.31). 1926년부터 1937년까지 YMCA 국제연맹총재를 지냈고, Student Voluntary Movement(SVM)의 주요 인물이며 1946년 노벨평화상을 받은 사람을 지칭하는 것으로 보임. 1903년 12월 18일 자 편지 각주 참조.

1907년 7월 5일
노스캐롤라이나 볼티모어(Baltimore)

사랑하는 어머니,

맥컬리(McCallie)[57] 목사를 통해서 어머니의 편지를 받아 기쁩니다. 편지도 못 쓰고 한 주간이 그냥 지나가 버렸습니다. 제가 회의(Conference)에서 아주 분주하게 움직였다는 것을 아시겠죠. 회의에 적극적으로 참여한 것에 더해서 남장로회 해외선교부 사람들과 또한 선교사 후보자들과 많은 소중한 면담을 할 수 있었습니다.

이번 가을에 10명의 새로운 일꾼들이 있을 것 같습니다. 맥컬리 목사는 지금 저와 함께 머무르고 있습니다. 이곳에 이번 가을에 한국으로 갈 네 명이 있습니다. 그리고 아홉 명의 현직 한국 선교사들이 있습니다. 그러니 그 작은 나라를 대표할 사람들이 많다는 것을 아시겠죠.

쑤저우에서 사역하는 윌킨슨 의사가 이곳에 있습니다. 그는 아버지께서 치코라 대학을 떠나게 된 것에 대해서 아내가 무척 반대한다고 말합니다. 그는 9월 19일에 돌아갑니다.

저희는 숙소를 구할 수 있다면 9월 3일에 배를 타기로 결정했습니다.

저희는 이곳에서 식객으로 있는 곳이 아주 마음에 들어서 플로이에게 전보하여 오라고 했습니다. 플로이가 초대를 받아들일 거로 희망하면서요. 안타깝지만 플로이는 오지 않았습니다.

모든 숙녀가 친척들을 만나러 발삼(Balsam)[58]으로 갔습니다. 저는 너무 바빠서 가지 못했습니다.

저희가 머무는 곳에 대해서는 걱정하지 마십시오. 충분한 시간을 갖고 알아보고 제가 그곳에 도착한 후 결정할 수 있습니다. 사람들이 어느

---

57 Rev. Henry Douglas McCallie(한국명: 맹현리, 1881.4.16~1945.10.20).
58 노스캐롤라이나 잭슨(Jackson) 카운티에 있는 마을.

곳에서나 들어온다면 테네시 주 쪽에서 머무를 가능성도 있습니다.

어머니의 몸이 괜찮길 바라며 플로이가 더 좋아지기를 바랍니다. 곧 짐을 볼 생각에 무척 기쁩니다.

어머니께서 혹시라도 달리 듣는 것이 없으시다면 저희는 월요일에 기본 교육훈련에 들어갈 것입니다. 사촌 마가렛 밴스(Cousin Mag. Vance), 메이 바크먼(Miss May Bachman), 둘리 부인(Mrs. Dooley), 그리고 버숑(Miss Bushong)이 이곳에 있으며 전부는 아니어도 일부는 저희와 함께 돌아갈 것입니다.

모두에게 사랑을 전합니다.

사랑하는 페어맨 올림

1907년 8월 13일
노스캐롤라이나 솔즈베리

사랑하는 어머니,

어머니의 편지가 오늘 아침 도착했습니다. 저희는 어제 너무도 바빠서 짧은 편지도 보낼 기회가 없었습니다. 이곳으로 오는 여행을 모두 잘 견디었으며 잘 자고 났더니 모두 기분이 좋습니다. 저는 르누아르에서 일요일을 잘 보냈으며 전혀 피곤하지 않습니다. 두 번 연설했으나 전혀 피곤하지 않습니다. 청중들이 나빠지지 않았으면 합니다!

애슈빌에서 기차에서 만난 사람들은 다름 아닌 그레이엄(C. E. Graham) 부인과 자녀들인 알렌(Allen)[59], 수지(Susie)[60], 엘렌(Ellen)[61]이었는데 그들은 레이크 톡서웨이(Lake Toxaway)에서 몬트리트로 가던 중이었습니다. 저에게 아주 친절하게 대해줬으며 부인은 어머니께 사랑의 인사를 전했습니다. 그들을 만나서 기뻤습니다. 아버지와 플로이에 대해서 그레이엄 부인이 가지고 있는 태도에 대해서 아주 솔직한 대화를 나누었고, 어떤 해로움이나 모욕을 줄 의도가 없었다는 보증의 말을 듣고서도 분노의 감정을 계속 가지고 있는 것은 부인 스스로를 상처 주는 것이라고 제가 말했습니다. 부인은 자기 입장이 이렇다 저렇다고 할 상황이 아니었습니다. 그렇지만 플로이가 자신을 조롱한 것을 여전히 가슴이 쓰라려하는 것 같습니다. 부인은 자신이 자녀를 너무도 오냐오냐하고 키운다는 자신의 약점을 너무도 잘 알고 있기에 플로이가 한 조롱이 더 쓰라리게 느껴진다고 했습니다. 저는 쑥덕거리는 말들은 항상 있는 법이라고 생각한다고 부인에게 말했고 우리 집안 누구도 부인에 대해서 좋지 않은 감정은

---

59 Allen Jordan Graham(1884.3.30~1931.11.29).
60 Susie Graham Reeves(1886.7.13~1967.9.16).
61 Ellen Lavine Graham(1888.8.23~1910.8.8).

없다고 확언해 주었으며, 오해하지 말아 달라고 힘주어 말했습니다.

부인은 그레이엄 씨가 한국에서 한국선교회 대학을 세우라고 1만 달러를 주기로 결정했던 것을 말했으며, 자신이 진심으로 동의하였다고 했습니다. 이것이 몬트리트까지의 힘든 여행을 한 것에 대한 보잘것없는 결과는 아니지요?

숙식할 곳을 알아볼 시간이 없었습니다만 오늘 아침에 물어볼 것이고 오늘 편지를 드리겠습니다.

제가 어머니를 대접하고 애슈빌에서 솔즈베리까지 어머니를 모셔다 드리고 돌아올 것을 기억해 주세요. 브리스톨에서 애슈빌까지 왕복 요금으로 할인을 상당히 받으실 것입니다.

저희가 어머니를 모실 좋은 장소를 찾는다면 꼭 오셔야 합니다. 연고가 있는 사람 중에 현재 집에 요리사가 있는 사람이 없습니다. 그러니 집에서 음식을 준비하여 대접하는 것은 가능하지 않습니다.

리아가 누구에게도 작별 인사 없이 조용히 사라졌다고 해서 비난하지 않습니다. 저라도 그렇게 했을 것 같습니다.

모두에게 사랑을 전합니다.

사랑의 마음을 담아 서둘러 썼습니다.

페어맨 올림

1907년 8월 29일
"니커보커 스페셜" "빅 포 루트"
뉴욕 센트럴 라인스
인디애나, 인디애나폴리스(Indianapolis)

사랑하는 아버지와 어머니,

저는 현재까지 안전하게 여행하고 있습니다. 남부철도회사[62] 기차가 늦는 바람에 신시내티(Cincinnati)에서 첫 기차를 놓쳤습니다만, 빅(Big) 4 기차가 늦지 않는다면 (늦을 것 같지는 않습니다만) 환승 기차를 타고 시카고에서 오늘 저녁 기차를 탈 것입니다.

녹스빌에서 짐을 만나서 놀라기도 하고 기쁘기도 했습니다. 솔즈베리를 떠나면서 짐에게 전보를 보냈는데 짐이 오후 5시 30분이 되어서야 내용을 알게 되었습니다. 짐이 폭풍우를 뚫고 운전해 와서 기차를 타고는 저와 45분간 함께했습니다. 이렇게 강한 애정을 보여줘서 매우 감동받았습니다.

저희 계획의 갑작스런 변화 때문에 저는 여전히 어리둥절합니다. 저는 제 인생 통틀어 이렇게 어려운 질문에 마주해보지 못했습니다. 그러나 이 모든 것이 최선의 결과를 위함임을 확신하며 결국에는 우리가 최선의 결과를 볼 것에 의심의 여지가 없습니다. 아내가 이번에 한국으로 가는 것과 관련된 많은 어려운 일이 있었는데 지금은 해결되었습니다.[63] 저는 다만 아내가 편안하고 안전하게 새해 첫날에 오기를 바랄 뿐입니다. 아버지, 아버지께서 주변을 제대로 정리해 놓으시고 아내와 같이 나와주시면 안 될지요. 남쪽 노선으로 오시면 날씨도 좋을 것이고 한국을 보시기

---

62 Southern Railway, "Serves The South."
63 이 시기에 프레스톤 부인은 Mrs. Annie Shannon Preston Cumming(1907.10.21. ~2003.12.8)을 임신한 상태였음.

에 좋은 시기일 것입니다.

아버지께서 솔즈베리로 보내주신 편지를 고맙게 잘 읽었습니다. 그런데 아버지를 다시 볼 수 없어서 실망했습니다.

바크먼이 학교로 갔으면 합니다. 그 아이는 저에게 이른 시기에 꼭 편지해야 합니다.

어머니, 어머니와 헤어진 후 주(州)를 네 곳 지났습니다. 멀리 떨어진 이곳은 정말 굉장한 시골입니다. 그런데 오늘은 너무도 덥습니다. 신시내티에서 저의 대리인을 만나서 아내의 배 운임을 환불받았습니다. 그는 아내의 화물 비용을 받지 말라고 요청하는 편지를 선박회사에 써서 저에게 줬습니다. 세인트폴(St. Paul)에서 밴쿠버까지는 종교인 할인을 적용받았습니다.

저에게 더 많은 기도가 필요할 것이기에 지금 저를 위해 더 많은 기도를 하셔야만 합니다. 아내와 아기가 없어서 한국이 매우 쓸쓸할 것입니다. 오늘 아침 떠나올 때 본 아기가 전에 어느 때보다 더 예뻐 보였습니다. 아기는 저와 같이 가려고 했습니다.

저 대신 야네프에게 입맞춤을 해주시고 엽서를 보내겠다고 말씀해 주세요. 두 분을 정말 사랑합니다. 이번 여름은 저에게 아주 큰 의미였습니다.

사랑하는 아들 페어맨 올림

1907년 9월 3일
오전 5시
"엠프레스 오브 인디아"에서

사랑하는 어머니,

저와 모든 짐이 안전하게 증기선에 올랐다는 것과 제가 이미 출항했다는 것을 말씀드리려고 편지합니다. 기차가 도착하고 나서 2시간도 되지 않아서 증기선이 출발했습니다. 배를 타기 전 이렇게 짧은 여유 시간은 없었습니다! 약속한 대로, 두꺼운 옷을 몇 개 넣어서 아내의 여행용 가방 3개를 돌려보냈습니다. 배를 타며 다시 포장해야만 했으며, 몇 시간 뒤에 도착할 빅토리아에서 재포장한 여행용 가방을 내려놓을 것입니다.

대륙을 횡단하는 데는 특별한 일이 없었습니다. 어머니와 아버지께 세인트폴에선가 편지를 드렸습니다. 그곳에서 연결되는 기차를 놓쳐서 하루를 보냈습니다. 그때가 여행 중 편안한 휴식이었습니다. 캐나다에서는 산의 풍경을 감상했는데 산의 특색은 빙하였습니다.

제가 많은 분투와 염려를 한 후에 배를 타게 된 것에 매우 감사드립니다. 어려움이 있었지만 결국은 대단히 좋은 일이 있기를 희망합니다. 아내와 헤어진 것이 저의 인생에서 가장 힘든 주님의 섭리 중 하나입니다. 아내가 떠나기 전에 어머니께서 반드시 다시 만나셔야만 합니다.

오랜 시간 육로 여행을 했지만, 오늘 밤까지 잠을 잘 잤기에 많이 피곤하지는 않습니다.

제가 태평양을 건너고 나서 가족 모두에게서 소식을 들었으면 합니다. 제가 육신적으로는 너무도 외롭기에 저를 위해 특별히 기도해 주십시오. 모두에게 사랑을 전합니다.

사랑하는 어머니의 아들 페어맨 올림

1907년 9월 15일
일본 요코하마를 떠나며
"엠프레스 오브 저팬"에서

사랑하는 가족들에게,

배에서의 고요함과 휴식을 뒤로 하고 해변의 북적북적한 활동으로 들어가기 전에, 저는 배를 타고 건너온 소식을 전할 기회를 갖고자 합니다.

시간의 관점에서 보면 기록적인 여행이었습니다. 대륙을 횡단하며 18시간을 잃어버렸다는 것과 정시에 입항하지 않기 위해서 태평양에서 마지막 며칠 동안 속도를 줄였다는 것에도 불구하고, 솔즈베리에서 요코하마까지 약 7천 마일을 17일 만에 오게 되었는데, 이 중 11일은 태평양에서 보냈습니다.

선박회사가 괜찮습니다. 배는 모두 속도가 빠르고 하루에 4백 마일을 가며 선원들은 영국 해군 예비역들이며 매우 능력이 뛰어납니다. 운임도 아주 좋으며 서비스는 모든 면에서 일류입니다. 도중 북쪽으로 멀리 가게 되었고 위도 53도까지 가서 알래스카를 봤습니다. 말할 필요 없이 너무도 추웠고, 해는 우리가 겨울에 보는 것보다 더 낮게 걸려있었습니다. 저는 줄곧 겨울에 입던 옷을 입었습니다. 날이 좋지 않은 때도 있었습니다. 특히 지난 일요일이 그랬는데 물결이 높았고, 안개와 구름이 많이 끼었습니다. 저는 한국어를 공부하며 시간을 보냈습니다. 언어 공부를 실질적으로 끝냈고 쓰기 시험 하나만 남았습니다. 또한 상당히 독서를 많이 했습니다. 젊은 선교사들인 피셔(Fisher)[64]와 다이사트가 여정을 잘 이겨냈고, 두 사람 다 뱃멀미를 하지 않았습니다. 그것은 제 덕입니다.

64　Eunice Virginia Fisher Earle(1874.11.28~1942.11.6)의 1907년 8월 여권 신청을 보면 "I am about to go abroad to become the wife of a missionary in Korea"라는 기록이 있음. Earle 목사와 1907년 9월 결혼함.

저는 그 두 사람이 매우 마음에 듭니다. 규칙적인 시간, 바다 공기, 그리고 충분한 잠 때문에 저는 몸이 좋고, 지난 2월에 유행성 독감에 걸린 이후 어느 때보다 더 좋은 상태이며, 후두염은 실질적으로 모두 사라졌습니다.

줄곧 외로움이라는 침울한 감정을 느꼈습니다. 주변에 있는 것에 많은 관심을 갖기가 어렵습니다만 제가 아내와 아기와 갑작스럽게 헤어지게 된 것을 생각하면 이런 것이 너무도 당연합니다. 저는 지금과 2월 사이 시간의 대부분을 시골에서 한국인들 속에서 보낼 계획입니다. 아내와 아기가 한국으로 나오기 전에 가족들이 저의 아내와 아기에 대해서 더 많이 알게 되기를 바랍니다. 리아는 12월 1일경에 아버지와 어머니께서 함께 이곳으로 올 계획을 해야 할 것이다. 플로이는 새언니와 한국으로 올 준비가 되겠지! 아버지, 아버지께서 오시는 것은 어떤가요? 겨울에 남쪽 길을 따라오시면 좋습니다. 태평양에서 가벼운 옷을 입을 수 있습니다!

오늘 요코하마에 있는데 얼 목사에게서 편지를 받았습니다. 고베에서 우리 일행을 기다리고 있다고 하며, 저에게 결혼 예식을 주례해달라고 요청했습니다. 그가 말하길 연례회의 일부는 개최되었으나, 더 중요한 문제가 있어서 벨 목사와 저를 기다리느라 이달 24일로 연기되었다고 합니다. 그러니 제가 그곳에 제대로 가야만 합니다!

제가 마치 이교도가 된 것 같은 기분입니다. 솔즈베리에서 주일날 설교를 듣고 나서 설교를 들은 적이 없기 때문입니다. 주일 하루를 기차에서 보냈고, 지난 주일은 날씨가 너무 좋지 않았고, 이번 주일은 정오에 항구에서 떠났습니다. 육지에 내려서 잠시 돌아봤습니다. 육지에 발을 다시 디디니 좋았습니다!

이번 여름이 비록 짧은 시간이었지만 함께 보낸 축복된 시간이었습니다! 저의 기억 속에 계속 되살아날 중요한 일입니다. 다음에는 함께하는 시간이 더 길게 되어야 하는데, 다시 만날 때까지 가족 모두의 생명을 주님께서 지켜주시길 기도드립니다.

다시 만나는 그 시간까지 우리는 주님을 위해 우리의 삶을 의미 있게 만들고, 매일 기도하면서 서로를 기억합시다. 특별히 저는 이곳에서 뭔가를 이룩하고자 한다면 우리 가족의 기도에 절대적으로 의존합니다.

제니 고모, 엘라(Ella) 고모, 짐 고모부, 사촌들 그리고 저의 소식을 묻는 모든 친구에게 제 안부를 전해주세요.

가족 모두를 깊이 사랑합니다.

사랑하는 페어맨 올림

1907년 9월 20일
한국, 목포

사랑하는 장모님,

이렇게 유명한 "고요한 아침의 나라"로 돌아온 후 일하느라 너무도 분주해서 장모님께 직접 편지드릴 수가 없었습니다. 그래도 저는 아내에게 보낸 편지를 장모님께서도 같이 보실 것이라 믿고 있습니다. 장모님께서 9월 3일경 쓰셔서 광주로 보내셔서 제가 그곳에서 받은 편지를 매우 재미있게 읽었습니다.

말씀드리고자 하는 것이 너무 많아서 어디서부터 시작할지 모르겠습니다. 우선, 제가 이곳에 도착한 이후 이 시기에 아내를 미국에 둔 것이 분명한 신의 섭리라고 말씀드립니다. 제가 예상했듯, 우리 미국남장로회 한국선교회 연례회의에서 최고로 중요한 사안들이 의제에 올랐는데 대부분이 전라남도 사역에 영향을 끼치는 것이었습니다. 제가 연례회의에 참석하지 않았었다면 우리에게는 큰 재앙이 되었을 것입니다. 연례회의 날짜를 9월 3일로 잡았다는 전보를 선교회에서 7월에 저에게 보냈습니다. 그런데 그 전보가 제 손에 들어오지 않았던 것이 오히려 저에게는 다행입니다. 벨 목사와 제가 회의 날짜에 대해서 통보를 받지 못했다고 이의를 제기하는 편지를 보내자, 회의를 뒤로 미뤄야만 했기 때문입니다.

미국남장로회 한국선교회의 가장 지대한 조치는 목포선교부를 즉시 다시 열겠다는 결정이었으며, 신입 선교사 대다수를 목포선교부에 배정하는 것이었습니다. 맥컬리 목사, 녹스(Knox)[65] 목사 부부, 버드만 의료선교사(Dr. Birdman)[66]가 이곳 목포에 배정되었습니다. 저에게는 목포로 내려가서, 집을 수리하고, 새로운 선교사들을 가르치라는 지시가 내려졌습

---

65   Dr. Robert Knox(한국명: 노라복(盧羅福), 1880.3.3~1959.3).
66   Ferdinand Henry Birdmann(1872.12.16~1925).

니다. 이것에 더해서 코잇(Rob Coit)[67] 목사와 윌슨(Wilson)[68] 의료선교사는 광주로 배정되었는데, 광주선교부는 다음에 올 두 명의 독신 여선교사를 갖게 될 것으로 모두가 알고 있습니다. 저는 엘러 그레이엄(Ella Graham)[69] 선교사가 이번 가을에 한국으로 나올 거라는 것을 최근에 들었습니다. 그렇게 되면 전라남도에 엘러 그레이엄 선교사를 포함하여 모두 네 명의 노스캐롤라이나 사람이 있게 됩니다.

즉시 목포선교부를 열자는 선교회의 결정은 반대표가 하나도 없었고 저의 기도와 노력과 줄곧 일치하는 것이었지만 제게는 갑작스러웠습니다. 저는 신입 선교사들을 광주선교부와 전주선교부에 분배해서 언어를 어느 정도 배우게 하고 목포로 내려보내는 것을 생각했었습니다. 그러나 저는 그쪽으로는 많은 말을 할 수가 없었습니다. 목포선교부를 재개설하지 않으면 전라남도에 그렇게 많은 신입 사역자를 받을 수가 없을 위험이 있었기 때문이었습니다. 그러나, 이 계획은 거주지 문제뿐만 아니라 저의 사역에 매우 많은 영향을 끼치게 됩니다. 선교회는 신입 선교사들이 자립할 때까지 저에게 목포선교부와 목포 시찰을 2년간 책임지라고 명령했습니다. 그러면서 목포에 살 것인지 광주에 살 것인지를 저희 부부가 전적으로 결정하라고 했습니다. 그러나 저희가 목포에서 살았으면 한다고 저희에게 말했습니다. 이 문제는 아내가 없는 동안 제가 답하는 것을 거절하였기에 저희에게 맡겨졌습니다. 저희가 단지 1년만 있었던 광주의 집을 떠나서 임시일지라도 목포로 돌아가는 어려운 일을 저희에게 요구한다고 저는 느꼈습니다. 이 일은 신입 선교사들에 관해 저희가 아직 모르는 많은 것을 고려해서 결정해야 하는 문제입니다. 저는 전에 저희가 살았던 목포 집에서 살면서 다음 가을까지 목포에 머무르지 못할

---

67   Robert Thornwell Coit(한국명: 고라복, 1878.12.21~1932.5.12).
68   Robert Manton Wilson(한국명: 우월손, 1880.1.11~1963.3.27).
69   Ellen Ibernia Graham(한국명: 엄안라, 1869.5.27~1930.9.7).

특별한 이유를 찾지 못합니다. 이렇게 되면 한겨울에 아이들을 데리고 내륙 광주로 올라갈 필요가 없을 것이며, 제가 가족과 더 많이 집에 있을 수 있게 되면, 제가 저의 사역의 중심지에 있을 수 있고, 신입 선교사들을 지도하는 데 아내의 도움을 받을 수도 있습니다. 저는 필요한 모든 것을 목포로 옮겼으며, 이미 아주 편안하게 자리 잡았습니다. 몽고메리 워드에 저희가 주문한 것들을 기다리고 있으며, 미국에서 가구와 물건들이 올 것이라서, 여기서 진짜 이사를 해야 한다는 공포감 없이 자리 잡을 수 있습니다. 그러는 동안, 광주선교부와 목포선교부는 처음처럼 회의에서 같이 투표하고 같이 사역할 것입니다. 이렇게 되면 제가 광주에 있는 저희 집을 잘 지켜볼 수 있게 될 것입니다.

일이 이렇게 전개되는 것에 대해서 아내에게 직접적으로 편지하지는 않았습니다. 이 시기에 아내가 다른 것에 신경 쓰게 하고 싶지 않다는 분명한 이유 때문입니다. 장모님께서도 아내가 다시 건강해지고 튼튼해질 때까지 언급하지 말아주십시오. 이 문제는 급박한 결정이 아니며 저희 판단에 전적으로 맡겨진 것이기 때문입니다.

우리 연례회의 회의록을 한 부 보내드리려고 합니다. 이 회의록은 전례 없이 빠르게 인쇄되었습니다. 또한 광주선교부 보고서도 한 부 보내드리겠습니다. 오웬 목사가 광주선교부에 대해서 조금 형편없이 적었습니다. 실제적인 면에서도 그렇고 다른 선교부와 비교해서도 그렇습니다. 광주선교부가 지금까지 했던 연례 사역 중 가장 많은 사역을 했고 최고의 사역을 했는데 말입니다. 제가 찾을 수 있다면 저의 연례 보고서를 찾아 인쇄하여서 한국선교회 연례회의 회의록과 함께 보내드리겠습니다. 이런 일이 없다면 저는 저의 부족한 보고서를 보내드리는 것을 부끄러워합니다. 벨 목사도 아마 저와 같이 할 것입니다.

저는 매일 신입 선교사들, 특히 녹스 부부를 기다리고 있는데 아직 그들에게서 아무런 말이 없습니다. 그러는 동안 저의 조사들이 좋은 보고 내용을 가져오지만, 저는 이곳 목포에서 집을 수리하는 일과 목포 시내 사역에 묶여 있으며 시골 지역 교회를 방문할 기회를 갖지 못했습니다. 저희는 언어교사 이 씨가 여름 동안에 매서 일을 잘했기 때문에 그를 매서인으로 보내려고 합니다. 그는 이곳 사람들이 여행을 뜻하는 말로 사용하는 "댕기는(tangying)" 일을 즐기는 것처럼 보이며, 가르치는 것보다 매서 일을 더 잘할 수도 있습니다.

저는 북장로회 일본선교회에서 가장 능력 있는 사람 중의 한 명인 커티스(Curtis)[70] 목사를 한국에 있는 일본인들 속에서 사역하라고 보냈다는 좋은 소식을 들었습니다. 저희는 그 목사와 협력할 것입니다. 최근 그 사람이 제게 목포에 곧 도착할 거라고 편지했습니다. 저는 이곳에 있는 일본인 중 기독교인이라고 공언한 5, 6명이 어디에 사는지 알고 있습니다. 목포에 일본 교회가 곧 생기기를 저와 함께 기도해 주시길 바랍니다. 저는 또한 프린스턴 대학에서 저의 급우였던 목사가 이곳으로 와서 자리 잡으라고 부탁하고 있습니다.

이곳은 한국인들 거주지와 일본인들 조계지 둘 다 아주 빨리 성장하고 있습니다. 한국인 거주지는 이 근처 어딘가에서 사방으로 땅을 갈가리 찢고 있습니다. 새로 난 길이 선교사 집들이 세워져 있는 동산 아래를 휩쓸어서 돌아가며, 눈여겨 볼 만한 평평하고 아름다운 대로[71]가 되어서 어느 방향이든지 그 길을 걸으면 즐겁습니다. 이 길 때문에 목포에서의

---

70 Frederick Stiles Curtis(1861.10.11~1938.2.6). 미국북장로회한국선교회 제29차 회의록(1912.9.8~21)에 한국 내 일본인을 선교하는 커티스 목사 부부와 루터 선교사가 언급됨.
Mr. and Mrs. Curtis and Miss Luther, our Missionaries to the Japanese in Chosen.

71 통감부에 의해 광주-목포 신작로(新作路)가 1907년 5월 착공하여 1910년 말 준공됨. 도로 규격은 폭 6미터, 최급구배 1/25, 곡선반경 15미터 이상으로 하여, 원칙적으로 도로 양옆에 1미터씩, 가로수와 하수구를 설치하였는데, 독특한 한국식 '신작로'의 이미지는 이때부터 탄생한 것임. (도도로키 히로시(轟博志), 「舊韓末 '新作路'의 건설과정과 도로교통체계」, 『대한지리학회지』 제39권 제4호, 2004, 585~601쪽)

삶이 과거와 많이 달라졌습니다. 이 길이 있기 전에는 산책하러 갈 때면 한 손에는 구명조끼를 다른 손에는 등산지팡이를 가지고 다녀야만 했습니다. 이곳에 세 명의 남성과 세 명의 여성이 있는데, 남성들은 모두 프린스턴 대학 졸업생들이고, 여성 중 두 명은 타르힐(Tar-heel)[72] 출신이며, 훌륭한 의사가 한 명 있습니다. 그래서 신입 선교사들이 같이 지낼 좋은 사람들이 없다고 울 일은 없습니다. 저는 테니스를 같이 칠 수 있는 사람과 다시 살 수 있다는 생각에 심장이 뜨거워지고 있습니다!

그런데 정말로 마음이 따뜻해지는 것은 저의 사랑이 되돌아온다는 생각 때문입니다! 제가 솔즈베리를 떠나온 이후 제 인생을 통틀어 이렇게 외롭거나 우울해 본 적이 없습니다. 저는 아내를 정말로 사랑했다는 것을 알고 있었습니다만 이렇게 헤어지고 보니 저의 인생이 온통 아내에게 달려있다는 것을 알게 되었습니다. 저는 장모님께서 저에 비해서 정상을 참작할 만한 상황이 있었겠지만 제 아내와 헤어졌을 때 어떠셨을지 확실히 알겠습니다. 저는 아내가 원래 계획보다 더 오래 있게 되었기에, 장모님께서 제 아내와 함께 돌아오실 마음을 먹으신 것은 아니신지 혼자서 조심스레 바랐었습니다. 그렇지만 현재 저희의 계획이 또 한 번 불확실하기에, 저는 더 이상 그런 희망을 간직할 수는 없습니다. 그렇지만 장모님께서 다음에 오시면 좋겠습니다.

아내가 솔즈베리를 떠나기 전에 제가 그곳으로 편지를 할 시간이 몇 주밖에 없다는 것을 실감할 수 없습니다. 정말 머지않아 아내가 이곳에 오면 좋겠습니다! 정말 아내가 필요합니다. 미리암에 대해서 많은 말씀을 해주세요. 무슨 말을 하는지 등을요. 저는 정말 아기가 말하는 것이 뭔지를 듣고 싶습니다. 곧 우체국장에게 전보에 대해서 귀찮게 할 것입니다. 장모님께서 보내주신 미리암의 사진을 보니 오른쪽 눈에 약간 사시가 있는

---

[72] 노스캐롤라이나의 별칭.

것 같습니다. 잘 점검해 보시고, 사시의 성향이 있는지 알아보십시오.

작은처남(Sam) 부부와 자녀들에게, 미리암 처형과 큰처남댁(Marion)에게 그리고 나머지 가족들에게 저의 사랑을 전해 주십시오. 장모님 댁에서 보낸 행복한 날들을 되돌아보면, 모든 것이 꿈처럼 고요하고 편안합니다. 장모님 댁에서 아내가 사랑하는 가족들과 마음 착한 올리 할머니랑 있다는 생각을 하니 즐겁습니다. 올리 할머니를 생각하니 마음이 편해집니다. 제가 그러더라고 제 아내와 함께 한국으로 와서 1년간 있으시라고 한다고 말해주세요. 해리슨 목사나 전킨 목사 가족과 함께 1년 뒤에 원하면 귀국할 수 있습니다. 테이트 선교사와 맥커첸 목사가 내년 봄에 귀국할 수 있습니다. 테이트 선교사가 코잇 목사를 파송하는 샬럿 제2장로교회로부터 후원받는 것을 아시죠. 그래서 테이트 선교사는 샬럿에 어쨌든 와야만 할 것입니다. 오면 장모님께서 그 선교사를 모실 계획을 해주세요.

제가 타자기 덕에 정말 긴 편지를 했습니다. 문장이 좋은 것은 아니지만, 이 편지의 길이를 보시면 저의 좋은 의도를 아실 것이니, 저희가 바라기에 장모님께서 저희에게 보여주실 편지에 쏟는 노력의 일부를 얻을 자격은 될 듯합니다. 장모님께서 보내실 편지가 다음 배에 실려있으면 좋겠습니다!

어린 딸을 꼭 껴안아 주고 입맞춤합니다. 장모님의 다 큰 딸이자 저의 연인에게도 마찬가지입니다. 모녀를 잘 돌봐주시고 곧 돌려보내 주십시오. 그 두 사람이 없으면 저는 살 수 없답니다! 장모님께서 저만큼이나 두 사람을 사랑하신다면, 장모님께서 이곳으로 오셔서 제가 두 사람을 돌보는 것을 도와주시는 것 말고는 달리 하실 일이 없습니다.

저의 〔판독 불가〕와 사랑을 전합니다.

사랑하는 아들 페어맨 올림

1907년 9월 28일
노스캐롤라이나, 솔즈베리

사랑하는 어머님,

편지를 쓰기 시작하기에는 다소 늦은 토요일 저녁입니다만 이번 주가 지나가기 전 적어도 짧은 소식이라도 보내드리고 싶습니다.

로운산에서 잘 쉬고 계신다니 정말 기쁩니다. 우드 박사(Dr. Wood)께서 아버님을 힘들게 하는 류마티즘을 성공적으로 치료하실 수 있기를 간절히 원합니다. 만약 치료하지 못하면, 친정어머니의 류마티즘을 치료해 준 처방전을 친정어머니께서 보내주실 것입니다.

미리암의 어린 사촌들을 내려오게 하여 미리암과 함께 분홍 아이스크림을 먹게 해서 미리암의 생일을 축하했습니다. 어린아이들이 식탁에서 예쁘게 있는 모습을 어머님께서 보실 수 있었으면 좋았을 것입니다. 장식들은 전혀 정교한 것은 아니었지만 모두 예뻐 보였고, 아이들은 모두 최고의 모습을 보였습니다. 언니가 뉴욕에서 보내준 작고 예쁜 백랍에다 코코아를 담아서 먹었습니다. 작은 케이크와 캔디와 과일이 있었습니다. 그리고 생일 케이크도 있었습니다. 생일 케이크는 분홍 캔디와 하얀 캔디가 박혀 있는 하얀 장식물이 있고, 두 개의 분홍색 초가 켜져 있어 아주 예뻤습니다. 미리암은 자신의 예쁜 칼로 케이크를 잘랐습니다. 포크로 코코아를 먹으려고 했지만 제대로 하지는 못했습니다. 미리암은 지금 거의 항상 식탁으로 가는데 남자같이 털털한 아이치고는 상당한 참을성을 보이며 행동합니다.

아이가 말하는 것이 발전하는 속도에 놀라실 것입니다. 아이는 "아빠 집으로 와", "개가 내 손 물어" 등을 말합니다. 며칠 전에는 "아빠" "할머니" "바크먼 삼촌" "아이다 고모" "야네프 고모"에게 편지하느라 바빴습니다. 모두 "칙칙 폭폭"을 타야 한다고 말했습니다.

오늘 아이는 플로이 아가씨와 아이다 아가씨에게서 아주 예쁜 선물을 받았습니다. 그 선물들이 도착하고서 줄곧 그 선물들을 가지고 재미있게 놀고 있습니다. 아이는 월요일 편지를 하여 자기 생일을 기억해 준 고모들에게 고마움을 전할 것입니다. 저는 바크먼 도련님, 짐 도련님, 플로이 아가씨에게서 긴 편지들을 받았고 리아 도련님, 아이다 아가씨로부터 짧은 편지를 받았습니다. 모두에게 편지를 하고자 합니다만 제가 뭔가에 정신이 팔렸는지 어떤 편지도 쓰지 못하고 있습니다. 재봉질하는 여자가 이번 주 저의 시간의 대부분을 차지하고 있습니다. 저는 제 옷을 만드는 것이 아닙니다! 10월 마지막 날에 떠날 때 준비해야 할 작은 것들이 너무도 많았습니다. 저는 그 여자를 이곳에 오게 해서 그 사람과 같이 일을 하면서 이것저것을 배우고 있고, 작은 옷들을 만들면서 저의 슬픔과 외로움을 약간 묻어두고 있습니다!

한국에 신입 선교사로 가는 엘러 그레이엄이 저에게 작별 인사를 하러 며칠 전에 왔습니다. 저보다 훨씬 이전에 그녀가 제 남편을 보게 될 것을 생각하니 외로워졌습니다. 그녀 편으로 남편에게 캔디 한 상자를 보내려고 합니다. 친정어머니는 『어느 아빠의 고백』[73]을 보내려고 하는데, 이 작고 예쁜 책은 어느 아빠와 귀여운 첫째 딸에 관한 것입니다.

친정어머니께서 건강이 좋지 않으십니다. 머릿속에서 들리는 소음으로 평상시보다 힘들어하십니다. 큰올케(Marion)도 끔찍한 신경통으로 누워있습니다. 큰올케의 요리사는 날씨가 아주 나쁘지만 않으면 규칙적으로 밖에 나가버리거나 큰올케를 찾아오는 손님이 있습니다. 다른 곳에서 먹는 것보다 혼자서 음식을 해 먹는 것이 비용이 더 많이 들기에 큰올케는 밖에서 식사하기로 했습니다. 몇 번의 식사를 해봤는데 괜찮고 식당 직원들도 태도가 좋다고 생각합니다. 그런데 비가 오고 있어서 축축한

---

73 *The Confessions of a Daddy*는 미국인 작가 Ellis Parker Butler(1869~1937)가 1907년 발표한 책.

날에 많은 사람이 있는 곳에 먹으러 나가는 것이 신경통이 있는 큰올케 머리에는 너무 힘든 일이 되었습니다.

언니와 형부가 아침 일찍 집에 올 예정입니다. 언니 부부는 오늘 저녁 집에 올 연결편을 구할 수 없었습니다. 두 사람은 뉴욕, 나이아가라, 토론토, 몬트리올(Montreal)로 잘 다녔는데, 언니는 아이들에게 어서 돌아가고 싶어 합니다. 조카들은 제가 어떤 생각을 했건 그것보다 훨씬 나았습니다. 첫째 조카 섀넌은 쉽사리 착한 아이가 될 것 같은데 말도 잘 들어주고 애정이 많아서입니다. 둘째 조카 매리언도 요즘은 정말 착합니다. 그래서 언니가 없는 동안 두 조카를 보는 것이 아주 어려운 일은 아니었습니다.

친정어머니와 언니가 이번 크리스마스 기간을 "옛날 추억의 크리스마스"로 만들 계획을 이미 하고 있기에 제가 어디론가 가서 크리스마스를 보낸다고 하는 생각을 받아들일 것이라고는 거의 생각하지 않습니다. 저도 다시 브리스톨로 갈 수 있었으면 합니다만 이렇게 많은 "부담"을 가지고 갈 수는 없을 것 같습니다. 제가 떠나기 전에 시댁 식구 모두를 반드시 다시 보려고 합니다. 그러니 어머님께서 이곳을 다시 찾아주시면 고맙겠습니다.

자야 할 시간이 많이 지났지만, 아직 편지를 다 마치지 못했습니다. 저는 대부분 시간 잘 지내고 있습니다. 저의 소화불량이 전처럼 그렇게 나쁘지 않으며 저의 몸 상태가 괜찮습니다.

시댁 가족 모두에게 깊은 사랑을 전합니다.

사랑하는 애니 올림

1907년 9월 29일

아버지께,

연례회의가 끝나서 집으로 돌아가는 중입니다.

아주 중요한 회의였으며 진일보하였습니다.

곧 편지드리겠습니다.

저는 아주 건강하며 열심히 사역하고 있습니다. 그런데 무척 외롭습니다.

모두에게 사랑을 전합니다.

사랑하는 아들 페어맨 올림

1907년 10월 26일
한국, 목포

사랑하는 어머니,

어머니께서 9월 7일, 15일, 22일 자로 보내주신 세 통의 좋은 편지를 받고 기운이 크게 솟았고 큰 힘을 얻었습니다. 편지 중 두 통이 제게 같이 배달되었는데 이곳 우체국에 있는 아둔한 직원이 편지를 손에 쥐고만 있었습니다. 이곳에 오고 나서 너무도 바쁘게 지내다 보니 제가 볼 때 절반의 시간 동안은 착란상태에 있는 것 같습니다. 서울에서 어머니와 아버지께 긴 편지를 드렸고, 광주에서도 편지를 드렸다고 생각하는데 그 기록이 없습니다. 2주 전에 목포에 오고 나서는 편지를 하지 않은 것으로 알고 있습니다. 이제부터는 단지 엽서일망정 매주 어머니께 소식을 드리려고 합니다.

저는 지금 목포에 편하게 자리 잡았으며 일반적인 물건들, 모든 여행용 가방, 옷 등을 다 가지고 내려왔는데, 이것들에 더해 미국에서 가구들이 오면 아내가 이곳에 올 때 전적으로 편안하게 만들어줄 수 있을 것입니다. 저희 부부는 적어도 다음 가을까지는 이곳에서 살 것 같습니다. 비록 이렇게 하는 것이 저희에게는 적잖은 희생입니다만 사역에는 최고로 좋은 것입니다. 그렇지만 이는 전적으로 저희 선택에 달려있습니다. 저는 아내에게 기꺼이 하려고 하는 희생 이상의 희생을 요구하고 싶지 않습니다. 저희가 4년 전에 한국으로 오면서 아내는 정말 좋은 감정으로 불평 없이 계속 불편함을 견디고 있었기 때문입니다. 그러하기에 저는 아내가 오면, 아내 앞에 이 문제를 솔직히 말하겠습니다. 아내가 이곳 목포에 머물기로 결정하면, 목포가 아내에게 좋은 곳이 되도록 준비할 것이며, 아내가 광주로 가고자 한다면, 저는 또한 그렇게 준비할 것입니다.

최근 제가 하는 주요한 일은 제가 못다 한 사역을 마무리하고 몇 개월 동안 쌓인 일들을 처리하는 것뿐만 아니라 이곳 목포선교부를 다시 여는 것입니다. 집 두 채를 새로 고쳤고, 노동자들과 기술자들을 감독하는데, 목수, 벽돌공, 미장공, 도배장이, 잡부들입니다. 옛 우물을 청소하고 새 우물을 파는 것도 감독했습니다. 게다가, 설교하는 것과 목포 교회 사역을 하는 것에 더하여 좀 더 많은 땅을 구매하는 것에 관해 협상하고 있으며, 건축 자재를 모으고 있습니다. 아버지 밑에서 실제적인 경험을 해서 제가 자리를 잘 잡고 있습니다. 목포 읍내와 시골에서 한국인 일본인 할 것 없이 많은 방문객이 옵니다. 그래서 저는 시간이 어디로 가 버리는지 거의 모릅니다. 너무도 진지하게 받아들인다면 이 모든 것 때문에 저는 미쳐버릴지도 모릅니다. 그런데 저는 이곳에서는 서양만큼이나 빠르게 진행되지 않는다는 것을 당연한 것으로 받아들이고 있습니다. 그래서 "동양 사람들에게 일을 빨리하도록 하는 것"을 너무 자주 하려고 하지 않습니다. 저는 또한 동인도 사람이 제 친구 선교사에게 말했던 것처럼 사람은 먹는 만큼만 일한다고 결론 내렸습니다. 이곳에 있는 기술자들은 하루에 20에서 25센트를 받는데, 이들의 현재 지식에 비추어 그 돈이면 우리에게 그들 노동의 가치가 됩니다.

제가 이렇게 하는 일을 세세히 말씀드렸다고 해서 제가 외롭지 않을 거로 생각하지 마십시오. 제가 아내에게 편지했듯 저는 살아있는 것이 아니라 그냥 숨 쉬고 있습니다. 제 인생 통틀어 이렇게 외로움을 느껴본 적이 없습니다. 이 나라의 암울함이 저의 영혼에 들어오지 못하도록 아내가 얼마나 많이 차단했는지를 깨닫지 못했습니다. 저는 미래만을 믿고 살고 있으며, 여대생들이 졸업할 때까지의 날들을 세어보는 것을 떠올려 봤습니다. 제가 "제 가족"을 다시 보게 되는 날까지 며칠, 몇 시간이 남았는지 어느 때고 어머니께 말씀드릴 수 있습니다.

축음기를 몇 번 틀었습니다. 지난 화요일에 저는 회의(Conference)를 하기 위해 세례받은 남자들을 오게 했으며, 본격적으로 일을 시작하기 전에 음악을 들려줬습니다. 그들이 귀 기울여 듣는 표정을 사진에 담아 두면 좋았을 것입니다. 그들은 축음기에서 나오는 음악을 너무도 재미있 게 즐겼는데 심지어 영어 노래도 그렇게 했습니다. 저는 어떤 곡인지를 말해줬고, 많은 경우 곡이 진행되는 동안에 영어 가사를 한국어로 설명 했습니다. 특히, 밧줄을 힘겹게 "잡아당기는" 소리가 뒷받침되는 선원들 의 합창[74]에서 그렇게 했습니다. 저희는 한국 음악을 만들 수 있도록 공 (空) 녹음판이 도착하기를 간절히 바라고 있습니다.

　최근에 리아, 짐, 바크먼, 아이다로부터 편지를 받았습니다. 가족 모두 저에게 잘 해줍니다. 저의 기운을 북돋우어 주려고 해주어서 고맙습니 다. 이 편지는 제가 표현할 수 있는 것 이상의 의미입니다. 편지는 얼굴을 맞대고 말하는 것 다음으로 좋은 것이지만, 우리 편지에 있는 날짜가 강조하고 증가시키는, 저희를 갈라놓고 있는 어마어마한 거리에 익숙해 지지 못할 것 같습니다. 비록 짧은 시간이었지만, 이번 여름 고향에서 보낸 시간은 제게 있어 모든 면에서 금과 같은 무게였습니다. 제가 값어 치 있는 뭔가를 성취했다고 생각하여 주셔서 기운이 났습니다. 저는 당 시에 확실히 가치 있는 뭔가를 해냈다고 생각하지 않았습니다. 제가 더 오래 머무를 수 없어서 아쉽다는 것을 표현하는, 제 친구들이 보내준 많은 따스한 감사의 편지를 받았습니다. 막내 이모(Aunt Sallie)[75]가 보내주 신 좋은 편지를 정말 고맙게 생각합니다. 막내 이모께서 고맙게도 저를 생각해 주셨고 저를 격려해 주셨습니다. 어머니께서 막내 이모께 편지하 실 때 저의 사랑을 전해주세요.

　아버지께서 여전히 류마티즘으로 고생하고 계신다니 마음 아픕니다. 어머니께서 아버지께 아주 좋은 사람을 붙여주셨다는 것에 기쁩니다.

74　선원들의 합창(Sailor's Chorus)은 바그너(Wagner)의 오페라 「방황하는 네덜란드 인」의 제3막 1장에 등장하는 음악임.
75　Sarah French "Sallie" Sutphen Frierson(1858.12.23~1945.12.22).

아버지께서 어서 빨리 류마티즘을 이겨내실 것을 바랍니다. 플로이도 안타깝습니다. 기운을 내고 즉시 건강해졌으면 합니다. "포스(Force)"를 사용해 보라고 하시고, 밝게 지내려고 노력하라고 해주세요.

어머니께서 며느리와 손녀들이 고향을 떠나기 전에 보셔야만 합니다. 아내가 브리스톨로 갈 수 있으면 좋겠지만 이 시기에는 현실적이지 않을 것 같습니다. 그런데 어머니께서 장모님 댁으로 가시는 것을 막을 것은 없습니다. 아버지께서 함께 가면 좋겠습니다. 가시는 길에 데이비슨 대학에 있는 바크먼을 보실 수 있습니다. 짐 리아(Jim Rhea)와 같이 방을 쓰고 있다니 기쁩니다. 2년 뒤면 바크먼은 큰 성취를 보일 것이고 훌륭한 어른이 될 것입니다.[76]

인제 그만 쓰렵니다. 저는 더할 나위 없이 건강합니다. 어머니께서 저를 생각하시고 저를 위해 기도하시는 것을 알아서 위로받습니다. 어머니의 사랑과 기도보다 더 좋은 것은 없습니다.

저의 사랑과 입맞춤을 보내드립니다.

---

76 바크먼은 Davidson 대학에 들어갔으나 신경쇠약으로 1년 쉬고 복학함.
"An evening reveler, who makes his life an infancy and sings his fill."
The only one of his kind in captivity (by request). When only three days old, the people of Wytheville, Virginia, were called in to see this prodigy and hear him sing.
When first seen at Davidson, "B" had around him a crowd of Freshmen, arguing to them the advantages of college preparation at a co-ed, school—Chicora. Although interrupted at this time, his witticisms have never ceased. Owing to a nervous breakdown, "B" had to drop out one year, but we were glad to have him return, and now that he has found the value of x in Downey's algebra, will pay his fine of $5.00 in May. He is quite an astronomy student this year, and it is thought by some that he has found favorable information concerning Venus.
Last year, in his Junior speech, he tried to provoke a war with Japan, but speaking having failed, he is now a member of the Glee Club. (U.S., School Yearbooks, 1900-2016 fr Nathan Bachman Preston, North Carolina 〉 Davidson 〉 Davidson College 〉 1909)

1907년 12월 3일
한국, 목포

사랑하는 어머니,

10월 21일과 28일에 보내주신 편지가 오늘 같이 도착했습니다. 저에게 오는 우편물이 최근에 매우 늦습니다. 항상 그렇습니다. 어머니의 편지가 담긴 우편물에 아내의 편지도 왔는데 아기가 태어난 바로 그 밤에 쓴 것이었습니다. 장모님에게서 두 통의 편지가 왔는데 아내의 병을 알리는 내용이었습니다. 저는 아내가 건강하다는 것을 확신할 때까지는 전보를 보내지 말라고 처가 식구들에게 지시했던 것을 매우 감사히 여깁니다. 아내의 병이 완전하게 치료될 때까지 처가 식구들이 9일을 기다렸습니다. 이렇게 대비하고 있었기에, 저는 전보를 받고서 어떤 불안감도 없었습니다.

어머니께서 저에게 시계에 관해 물어보시고, 회송 우편으로 글을 쓰라고 요청하였습니다. 물론 이 회송 우편물로 보내는 편지를 어머니께서 제 때에 받으시고 조치할 수 있을 가망은 없습니다. 아마도 편지가 도착할 즈음에는 어머니께서 조치를 이미 하셨을 것입니다. 그렇지만 그렇게 하지 않으셨다면, 저는 어머니께서 작은 금시계를 사셔서 제 아내에게 보내주셨으면 합니다. 그 시계가 엘진(Elgin) 또는 월섬(Waltham)의 스탠다드 무브먼트(standard movement)라면요. 어머니께서 제게 말씀하셨듯, 저는 한국 놋그릇을 금시계만큼의 가격으로 사겠습니다. 그리고 여기에 조금 더 추가하여서 기회가 생기자마자 어머니께 보내드리겠습니다.

아내와 장모님 둘 다 아내가 수에즈 운하를 거쳐서 오는 것을 생각하고 있는 듯이 편지했습니다. 저는 아내가 그렇게 하지 않기를 정말로 바랍니다. 제가 이곳에서 아내를 너무도 필요로 하는데 수에즈 운하를 돌아서 오면 직선으로 오는 항로보다 시간이 더 걸리고 결국 가서는 더 피곤할 것이기 때문입니다.

저는 꼭 1주일 전에 광주에서 돌아왔습니다. (일본인을 대상으로 사역하는) 커티스 부부가 여전히 저와 함께 있는데 그들은 정말로 하나님이 보내주신 분들입니다. 커티스 부인이 집을 관리하기 때문입니다. 신입 선교사 녹스 부부가 이곳에 있으며 녹스 여선교사[77]와 맥컬리 목사가 1주 이내에 광주에서 이곳으로 내려올 것입니다. 버드만 의료선교사는 오늘 일본에 도착할 예정입니다. 그래서 목포선교부는 2주 이내에 꽉 찰 것입니다. 이렇게 되면 저는 아내가 오기까지 더 이곳에 매이게 되며, 무거운 책임을 지게 됩니다. 그렇지만 저는 주님께서 일용할 힘을 주실 것을 믿습니다. 저는 줄곧 최고의 건강 상태입니다. 제 인생에서 처음으로 이번 가을에 느끼기 시작한 신경쇠약 경향을 제외하고 저는 괜찮습니다.

저희는 아주 유쾌한 추수감사절을 보냈습니다. 축제의 주요리인 거위는 제가 광주에서 오는 길에 사냥한 것입니다. 처음에는 잡지 못했으나 아주 먼 거리에서 사격했는데도 거위가 날개에 맞아서 떨어졌습니다. 커티스 부인은 저 멀리서 지켜보고 있었는데, 제가 사격할 때 거위를 잡게 해달라고 기도했다는 것을 나중에 알았습니다!

신입 선교사들은 언어를 열심히 공부하며 매우 총명해 보입니다. 그들은 끈기도 있으며 적응을 잘하는 것처럼 보입니다. 녹스 부인[78]은 이제 겨우 22세로 지난 6월에 텍사스 대학을 졸업했습니다.

오늘 받은 우편물에 바크먼에게서 온 편지도 있었고, 텍사스에 있는 짐에게서 온 편지도 있었습니다. 어머니의 편지뿐 아니라 아버지에게서 온 편지도 있어서 저는 정말 기분이 좋았습니다. 물론 세상 어디에도 집에서 온 편지보다 저에게 더 좋은 것은 없습니다. 이번에는 정말 후하

77　Elizabeth L. Knox Wilson(1881.7.19~1962.3.13). '녹스 여선교사'라고 한 이유는 녹스 목사 부부와 구분하기 위함임.
78　Maie Philadelphia Borden Knox(1885.12.24~1967.2.6).

게 받았습니다. 가족 모두 편지를 해주니 정말 고맙습니다. 정말 뭐라고 표현할 수 없이 감사드립니다. 그렇지만 제가 가족들만큼 그리 자주 편지를 하지 않는 것은 제가 할 일이 너무 많아서 편지하기가 때로는 불가능하기 때문입니다. 저는 몸을 잘 돌보겠다는 저의 약속을 기억하고 있습니다. 혹시라도 저의 소식을 자주 못 들어도 제가 약속을 지키고 있다고 생각하시면 됩니다!

제가 하는 사역이 현재 극도로 다양합니다만 목포선교부의 중요한 일에 제가 많은 힘을 쓰면서 이곳에 미래 사역을 위한 좋은 기반을 놓으려고 노력하고 있습니다. 제가 하는 다른 일들에는 현재 일본인들과 넓은 토지에 대한 협상을 벌이고 있는 일이 있는데 이 일에 저는 이미 많은 시간을 쓰고 있습니다. 동양에서는 화가 날 정도로 천천히 모든 일이 진행됩니다. 고향에서처럼 정해진 시간에 많은 일을 하기가 그저 불가능합니다. 이런 사실을 알고 여기에 맞춰 사는 것이 동양에서 살아가는 비결의 절반입니다. 이것이 "동양화"라고 하는 것입니다.

저는 여전히 플로이, 아이다, 야네프에게 편지하려고 합니다. 언젠가 편지를 보내서 놀라게 만들겠습니다.

이 편지에 아버지께 드리는 편지를 동봉하려고 의도했었지만, 이 시점에서 방해받았습니다. 그래서 아버지께는 제가 시골에서 돌아온 후 편지해야겠습니다.

모두에게 깊은 사랑을 보내드립니다.

사랑하는 아들 페어맨 올림

1907년 12월 23일
한국, 목포

사랑하는 아버지와 어머니,
　제가 요즘 너무도 바빠서 편지할 시간이 없었습니다만, 두 분이 저에 대해서 걱정하지 마시라고 오늘 밤 쉬려고 눕기 전에 짧은 글이라도 보내드립니다.
　저의 집에 손님이 6명 있습니다. 커티스 목사 부부는 금요일 떠날 예정이었지만 이곳에 심한 태풍이 3일간 불어서 배가 묶였습니다. 그래서 제가 그 부부를 설득하여 크리스마스를 우리와 함께 보내자고 했습니다. 그들은 제가 전에 편지드렸듯 저에게 큰 위로가 되었습니다. 커티스 부인이 없었다면 도대체 제가 할 수 있었던 일이 있었을까요? 지금은 녹스 여선교사가 집안일을 담당하여서 커티스 부인이 떠나면 틀림없이 저를 도와줄 것입니다. 맥컬리 목사는 벨 목사 부부와 함께 광주에서 크리스마스를 보낼 것입니다. 맥컬리 목사와 녹스 여선교사는 지난 수요일 군산에서 왔습니다.
　최근에 이곳은 매우 춥습니다. 눈과 얼음이 많습니다. 지난밤에 온도계가 화씨 20도[79]를 기록했습니다. 저는 크리스마스 만찬에 쓸 거위를 잡으러 나갔지만 제 눈에 보이지 않았습니다. 대신 오리를 네 마리 잡았는데 크리스마스 아침에 먹을 음식으로 충분하면 좋겠습니다. 저는 아직 크리스마스 분위기를 느끼지 못하고 있습니다. 수천 마일 떨어진 곳에 제 생각이 있기에 크리스마스 분위기를 느끼기가 어려울 것 같습니다. 축음기는 형언할 수 없는 축복으로 엄청나게 기운을 북돋아 주는 수단이었습니다. 아무리 들어도 질리지 않습니다. 신입 선교사들에게는 축음기

79　섭씨 영하 6.67도.

가 특별한 도움이었습니다. 일본 고베에 있는 선교사에게서 받은 소식인데 저희 신입 버드만 의료선교사가 장티푸스에 걸린 채로 하선했다고 합니다. 지금 고베에서 병으로 누워있으며, 주님께서 보시기에 그의 목숨을 살리는 것이 적합하다고 해도 이곳으로 넘어오는 데는 상당한 시간이 걸릴 것 같다고 합니다. (서로 이해하고 있는 대로 아내가 온다면 제가 일본으로 갈 것인데) 제가 아내를 만나기 위해 1월에 일본으로 가면, 그때 버드만 의사를 만날 것이고 버드만 의사는 저희와 같이 한국으로 돌아올 수 있을 것입니다. 한국인들은 그를 위해 진심으로 기도하고 있습니다. 두 분께서 한국인들이 하는 기도를 들으시고 그들의 진지함을 보신다면, 하나님께서 그들의 기도를 들으시고 응답하셨다고 저와 함께 믿으실 것입니다. 한국인 중 일부는 교회에서 큰 소리로 울며 기도했습니다.

어제 이곳 교회에서 대단한 날을 보냈습니다. 저는 어른 15명과 유아 3명에게 세례 주었고, 41명을 학습교인으로 세웠으며, 성찬식을 집례했습니다. 성찬식 전에, 저는 지난주 저녁 예배를 드렸는데 수요일 밤부터 시작했습니다. 금요일 저녁에는 엄청나게 바람이 불고 눈도 오고 있었습니다. 그래서 저는 참석하는 사람이 아무도 없을 거로 생각했습니다. 저는 교회에서 불을 피워놓을 수 없다는 것도 알고 있었습니다. 그래서 저는 예배드리러 오는 사람이 있으면 저의 서재 다른 말로 사랑으로 오라고 사찰 집사에게 지시했습니다. 그런데 사람들이 평상시처럼 왔습니다. 제가 기도회 시간에 밖을 봤더니 교회에 불이 밝혀져 있었습니다. 교회에 가봤더니 남자 쪽은 거의 가득했고, 여자 쪽은 25명의 여자가 있었습니다! 우리는 불이 없었는데도 따뜻한 모임을 했으며 저는 저의 약한 믿음을 꾸짖었습니다. 이런 한국 기독교인들을 서구의 생각으로 판단할 수는 없습니다. 이 교회는 영적인 면에 있어서 제가 희망했던 것보다 훨씬 더 좋은 상태입니다.

아내를 일본에서 볼 수 있을 때까지 겨우 한 달 정도 시간입니다. 그때까지 일이 충분히 쌓여있어서 저는 바쁠 것입니다. 이곳 목포에서의 일이 너무도 많아서 과거 어느 때보다 제 시간을 많이 차지하고 있습니다. 교회에서나 가정적인 면에서나 저를 도와줄 사람이 없기에 저는 힘들게 하고 있습니다. 2월 광주에서 열리는 전라남도 대(大)사경회를 준비해야 합니다. 그러나 비록 바쁘지만 아주 건강하며 지금까지 저의 최대의 적인 감기에 걸리지 않았습니다.

아버지, 류마티즘이 훨씬 좋아졌기를 바랍니다. 그렇지 않으시면 브리스톨을 떠나서 좀 더 따뜻한 곳 예를 들면 사우스캐롤라이나로 잠시 떠나시는 것은 어떨지요?[80]

어머니의 편지를 규칙적으로 받고 있습니다. 어머니의 사려 깊음과 사랑에 대해서 제가 표현할 수 있는 것보다 더 감사드리고 있습니다.

사랑과 입맞춤을 보내드립니다. 가족과 친구들에게 안부를 전합니다.

사랑하는 아들 페어맨 올림

---

[80] 프레스톤 목사의 아버지가 South Carolina의 Greenville에 있던 Chicora 대학을 그만두고 고향 격인 Virginia의 Bristol로 돌아가서 살고 있는 것을 염두에 둘 것. 주소는 Rev. S. R. Preston, D.D., #412 Spencer St., Bristol, Va.

1908년

1908년 1월 8일
한국, 목포

사랑하는 어머니,

어머니께 받은 최근 편지가 어머니께서 11월 30일 보내신 것이었습니다. 저는 이번 가을 가족들에게서 받은 많은 편지를 정말 고맙게 여기며 특히 어머니께서 매주 보내주시는 편지를 고맙게 생각합니다. 제가 정기적으로 편지를 드렸어야 했는데 그렇게 하지 못한 것은 단지 물리적으로 불가능해서입니다. 제가 돌아온 후로 두 명의 사역을 저의 어깨에 짊어지고 있습니다. 제가 생각이 없어서 편지를 안 하는 것이 아니라는 것을 가족 모두가 알아주시면 좋겠습니다. 제 아내가 특별한 상황으로 미국에 있다는 것 때문에 제가 아내 쪽으로 편지를 쓸 수밖에 없었습니다. 그렇지 않았다면 가족들에게 썼을 것입니다.

위그노(Hugeunot) 방직공장이 망하게 된 소식을 듣고 매우 속상했습니다. 아버지께서 지금 더 건강하시고 일을 하실 수 있다면, 다른 상황일 것입니다. 그러나, 저는 많은 시간이 흐르기 전에 아버지의 건강이 좋아질 것이고, 일이 잘 풀릴 것으로 봅니다. 그러는 동안, 저는 어머니께서 쪼들리시지 않을까 걱정입니다. 어머니께서 그 저택과 공터에 묶인 자본의 일부를 풀어서 안전하게 투자하여 수입을 창출할 수 있는 길이 열리면 좋겠습니다. 그러나, 오늘날 미국에서의 공황 시기에 안전한 모든 것이 흔들렸다고 봅니다. 방직공장이 망하는 것이 우리 모두에게는 아주 당혹스러운 시기에 생겼습니다만 모든 재앙이 다 그렇습니다. 아무리 잘 대비해도 재앙은 일어납니다.

짐을 통해서 50달러를 보내드립니다. 어머니께서 보시기에 적합한 곳에 사용해 주십시오. 더 많이 드리고 싶은데 이것이 현재 제가 가용할 수 있는 전부입니다.

아내가 예상했던 것보다 몇 주 더 늦어질 수 있는 결정을 하여 제가 매우 실망했습니다. 아내는 1월 후반부에 오겠다고 지난번 편지로 말했는데, 샌프란시스코에서 1월 30일 출항하겠다는 것입니다. 이렇게 되면 제가 아내를 일본에서 만날 수 없을 것입니다. 아내가 일본에 도착할 즈음에는 광주에서 사경회가 진행되기 때문입니다. 그런데, 제가 이것에 대해서 아내에게 말했습니다. 그래서 아내가 1월 30일 배를 타지 않을 가능성도 있습니다. 그럴 경우는 아내가 날이 더 좋을 때까지 기다리면 좋겠습니다. 지금 저의 가장 큰 염려는 출발을 늦추면 2월에 더 좋지 않은 날씨와 마주할 수도 있다는 것입니다. 그런데 정확하게 어떤 일이 있을지 아무도 모릅니다. 저는 확실히 아주 당혹스러운 상태에 있습니다. 제가 사역하는 기간을 통틀어 지난 몇 달과 바로 지금보다 아내를 필요로 했던 시간은 없었을 것입니다. 반면에 아내와 아이가 저와 함께 한국으로 돌아왔다면, 제가 두 사람을 돌보면서 선교회가 저에게 맡긴 업무를 할 수는 없었을 것입니다. 심지어 지금도 목포에 배정된 의사가 일본에서 병으로 누워있으며, 광주에 임명된 의사는 여전히 미국에 있습니다. 그렇지만, 두 사람 모두 2월이면 이곳에 있게 될 것이 틀림없습니다.

저희는 한국선교회 선구자 전킨 목사의 갑작스러운 사망을 슬퍼합니다. 그는 장티푸스-폐렴으로 5일간 앓다가 전주에서 사망했습니다. 그는 크리스마스에는 완전히 건강한 상태였습니다. 유족으로 아내와 4명의 자녀가 있습니다. 그는 제가 아는 가장 연민이 많은 사람이었고 뛰어난 능력자였습니다. 그의 죽음은 우리가 보기에 우리 선교 사역에 있어서 만회할 수 없는 일입니다.

제가 데리고 있는 사람들은 잘하고 있으며, 제가 아는 한 아직 향수병에 걸리지 않았습니다. 신입 선교사 네 명 모두 저와 같이 식사를 해결하는데, 저는 그 결과로 목포에 계속 가까이 있을 수밖에 없습니다. 그러나 그들은 곧 스스로 일어설 수 있을 것입니다. 보통 제가 이 시기에 시골에서 한국인들과 시간을 보내며 집에 대해서는 하나도 생각하지 않는데, 바로 이 시기에 제가 집에 있으면서 아주 바쁘게 지내야 하는 것이 운명의 장난 같습니다. 어머니께 말씀드리지만, 이 일은 육신적으로는 시련입니다.

현재까지 완벽하게 건강하게 있습니다. 고된 일이 항상 저에게 잘 맞았습니다. 프린스턴 대학에서도 저는 정말 열심히 공부했지만, 몸은 정말 튼튼했습니다. 여기서 거의 매일 테니스를 칩니다. 겨울이 건조해서 이 시기에도 테니스가 가능합니다. 많은 운동은 건강의 필수조건입니다. 목포 시내 사역은 잘 되고 있지만 힘듭니다. 제가 오래전 "준비한 설교 분량"을 이미 다 써버렸기 때문에 더욱 그렇습니다. 주중 저녁에 성경공부반 두 개를 하고 있습니다.

맥컬리 목사가 광주에서 돌아왔습니다. 총명한 사람으로 언어를 습득하는 데 어려움이 없을 것입니다.

모두에게 사랑을 전합니다. 다른 이들에게 보내는 몇 개의 짧은 편지를 여기에 동봉합니다. 바뀐 국제우편법에 따라서 어머니께서 1온스 무게의 우편물을 5센트에 보낼 수 있으며(여기서도 마찬가지입니다), 1온스가 추가되면 6센트로 보낼 수 있습니다.

        어머니를 항상 사랑하는 아들 J. 페어맨 프레스톤 올림

1908년 1월 13일
한국, 목포

사랑하는 어머니,

어머니께서 12월 11일에 쓰신 편지가 제 손에 들어왔습니다. 오랫동안 어머니께서 제 편지를 받지 못했다는 것을 알고 마음이 아픕니다. 불행히도, 저는 11월에 보낸 편지를 기록한 것을 가지고 있지 않습니다. 그래서 어머니께서 어떤 편지를 받으셨어야 했는지를 말씀드릴 수가 없습니다. 그런데 어머니께 서너 통의 편지를 보냈다는 것은 확신합니다. 12월 1일부터 제가 기록하기로는 12월 5일 어머니, 12월 27일 아버지, 1월 8일 어머니 이렇게 되어있습니다. 그런데 제가 기록했던 것보다 더 많은 편지를 보냈기를 바랍니다. 제가 전에 어머니께 말씀드렸듯, 저에게 일이 너무 많아서 편지 쓰기와 관련하여 제가 무엇을 했고, 무엇을 하지 않았는지를 모릅니다. 이제 제가 어려움에서 벗어나고 있으니, 어떤 경우에서건 더 잘할 것입니다.

자수 제품에 대한 일은 참 유감스럽습니다. 제가 적지 않게 염려하며 그 물건을 보냈습니다. 저희가 같은 물건을 앞서 경험한 후 제가 보낸 첫 물건이기 때문입니다. 걱정하지 마십시오. 그 물건에 그렇게 터무니없는 관세를 내려고 하지 마십시오. 요구하는 것이 관세이지 우푯값이 아니기 때문입니다. 그 물건의 가격은 일본에서 8엔(미화 4달러)이었습니다. 그런데 어머니에게 40퍼센트의 관세를 물었습니다. 정말 터무니없는 일입니다. 어머니께서 이곳에서는 어떤 비용도 내지 않을 것입니다. 그렇게 확신하셔도 됩니다. 미국 세관은 물건 사는 것을 거의 금지합니다.

(언제 편지했는지는 모릅니다만) 아내에게 주는 손목시계와 관련하여 어머니께 편지를 드렸습니다. 이 문제에 관해서 어머니께서 무엇을 하셨는지 그리고 그 시계의 비용은 얼마인지를 알자마자, 우리 선교회 회계를

통해서 환어음을 보내드리겠습니다. 아마 아내가 올 때 제가 알게 될 것입니다.

제가 짐에게 편지해서 저 대신 가지고 있는 50달러를 어머니께 드리며 편하게 쓰시라고 말씀드리라고 했습니다. 이것은 시계 구입과 별도입니다.

아내의 병 이후 아내로부터 매우 불규칙적으로 소식을 들었습니다. 11월 22일과 12월 3일이 제가 아내에게서 마지막으로 받은 편지의 날짜입니다. 저희가 서로 동의한 증기선을 아내가 타고 오지 못한 것에 대해서 끔찍하게 실망했습니다. 태평양에서 2월에 더 좋지 않은 날씨와 마주할까 봐 두렵습니다. 그러나 저는 아내가 제게 오기를 간절히 바라고 있다는 것을 알고 있으며 늦는 것에 대한 충분한 이유가 있음이 틀림없다고 생각합니다!

저는 여전히 이곳에서 힘든 일을 반복적으로 하고 있지만 완전히 건강합니다. 제가 수양아버지의 역할로 목포선교부 전체를 움직이고 있습니다. 모두가 저와 같이 식사하고 있는데 거기에 더해서 이곳에서 살았던 친구 한 명이 10일간 머무르려고 집에 왔습니다. 하인들과 문제가 이때보다 많은 적은 없었습니다. 지금 저의 요리사는 자기 볼 일이 있다고 5일간 쉬고 있습니다. 사환은 손가락에 문제가 있다고 집에 가버렸습니다. 그 두 사람 자리에 두 명의 초보자가 있어서 우리가 걱정하고 있습니다. 제가 "홀아비로 살아간다고" 신경 쓰지 않습니다. 이것에 대해서 좋은 것 한 가지는 아내가 도착할 즈음에는 신입 선교사들을 "흩어서" 모두 자신들의 집에 정착시켜 놓았을 것입니다. 그러는 동안, 제가 많이 신경 써야 하고 신입 선교사들 때문에 제가 목포에 가까이 묶여 있지만, 그들은 좋은 사람들이며, 녹스 여선교사는 집안 살림의 세부적인 일들에서 저의 어려움을 덜어줍니다. 저는 암소를 키우고 있는데, 아이들이 올 때까지 우유를 성공적으로 생산해 내려고 합니다. 지금 암소가 아주 좋은 우유를 하루에 5쿼트를 생산합니다. 목포에서 우유는 1쿼트에 40센(미화 20센트) 이하로는 구입할 수 없습니다. 제가 이 시기에 시골 지역에 있지 않은 것을 안타까워하지 않습니다. 상황이 아주 불안정하며, 한국인들에 의해 일본인들이 죽임을 당한다는 소식이 흔하지 않은 것이 아닙니다. 돌아다니는 반란군과 강도들의 무리[81]가 기독교인이나 선교사들을 괴롭히지는 않습니다. 미국인이 처하게 되는 유일한 위험은 일본 장교로 오해받을 때입니다. 한국인들 스스로가 소요에 대해서 과장된 보고를 합니다. 그래서 실제적인 사실을 알기 어렵습니다. 제 생각에 별일 아닙니다. 한국인 다수는 평화를 사랑하며 자기 삶에 만족합니다. 그리고 시골 지역에서 돌아다니는 협잡꾼들(the adventurers)과는 어떤 교감도 갖고 있지 않습니다.

인제 그만 써야 합니다. 가족 모두를 사랑합니다. 가족의 편지는 큰 위로가 됩니다.

사랑하는 아들 페어맨 올림

---

[81] 원문에 "The roving bands of rebels and robbers"라고 되어 있음. 1907년 대한제국의 군대가 해산된 후 전국 각지에서 발생한 의병항쟁을 일컫는 정미의병(丁未義兵)을 말하는 듯함.

1908년 1월 18일
한국, 목포

사랑하는 아내에게,

가능한 긴 편지로 당신에게 다가서려고 하는 것 알겠죠. 저는 이 편지를 호놀룰루로 보낼 것인데, 거기서 1월 7일에 보낸 내 편지도 받아볼 것입니다. 당신이 내게 보내는 편지는 매우 뜸합니다. 그래서 내가 매우 우울해집니다. 마지막 받은 편지는 11월 22일과 12월 3일 자 편지였습니다. 어머니께서는 내게 매주 편지를 보내시는데 어머니를 통해서 당신 소식을 간접적으로 듣고 있으며 문제없이 잘 있다고 알고 있습니다.

당신이 타고 올 증기선이 2월 19일 고베에 도착한다는 것을 알고 있습니다. 그런데 그날은 광주에서 열리는 사경회가 끝나기 하루 전날입니다. 나는 며칠이라도 일찍 끝내고 고베로 가서 당신을 만나기를 원하지만, 당신이 타고 오는 증기선에 맞춰 제때 가게 될 수 있을지는 모르겠습니다. 어쨌건 나는 당신과 함께 한국으로 오도록 때맞춰 가려고 계획할 것입니다. 한국으로 넘어오는 것이 전체 여정 중에서 가장 힘든 부분이기 때문입니다. 그러나, 뷰캐넌(Buchanan)[82] 목사가 당신을 맞이할 것입니다. 뷰캐넌 목사는 자신의 집이 꽉 차 있지 않으면 집에 들르라는 친절한 초대를 했지만, 우리가 받아들일지 모르겠습니다. 그 집은 항상 사람이 넘치기 때문입니다. 호텔 올리비에(Olivier)가 "망했다"는 말을 들었습니다. 녹스 부부는 뷰캐넌 목사의 충고에 따라서 캘리포니아(California)에서 머물렀습니다.[83] 우리가 고베에서 오래 머무르지 않고 신속하게 한국으로 증기선을 타고 건너왔으면 합니다. 버드만 의사에 대한 소식을 최근

---

82 W. C. Buchanan. 남장로회 선교사로 고베에서 사역함.
83 Olivier는 고베에 있는 호텔이며 California는 고베에 있는 개인이 운영하는 숙박업 소임.

에 듣지 못했습니다. 그때 우리와 함께 한국으로 돌아올 수 있을 것을 확신합니다. 이 시기 목포에 그가 필요합니다. 녹스 부인이 속이 메스꺼워 어려움을 겪고 있으며 지난 3일간 음식을 전혀 먹지 못했습니다. 오늘 내가 일본인 의사를 불렀습니다. 매우 능력 있고 유쾌한 젊은 그 일본인 의사가 녹스 부인을 치료했습니다. 오늘 밤은 조금 나아졌습니다. 당신이 겪은 "말라리아" 사례 중 하나입니다.

나는 목포에 아주 잘 접합된 것처럼 보입니다. 시골에서 열정적으로 사역하겠다는 나의 모든 좋은 계획은 선교회의 임무 때문에 정면으로 타격을 받았습니다. 지금 나는 하인들과 시간을 보내고 있습니다. 상윤이는 광주에서 개인 일을 보고 있습니다. 동영이는 손가락에 문제가 있어서 떠났으며, 식중독 같다고도 합니다. 집에 사람이 가득하고 두 명의 어리숙한 사람들이 일을 하고 있습니다. 한 가지 위안이 있다면 당신이 도착할 때면 여기 있는 신입 선교사들을 흐트러서 자신들의 집에 들어가게 할 것이라는 것입니다. 홉킨스 씨가 자신의 사무를 보려고 8일 아침에 목포로 내려와서 나와 머무르고 있습니다. 녹스 여선교사가 없으면 어땠을지 모르겠습니다. 언어 공부를 상당히 희생하면서 하는 일입니다만 그녀는 집안일에 있어서 보석과 같습니다.

나는 지금 암소에게 특별한 관심을 두고 있습니다. 암소는 좋은 우유를 하루에 5쿼트씩 내면서 아주 잘 있습니다. 이곳에서 우유는 1쿼트에 40센 가까이에 팔립니다. 아이들이 도착할 때 충분한 우유가 있기 바라 봅니다.

아이들이 너무도 보고 싶어 견딜 수가 없습니다. 미리암이 저를 잊어버렸는지 걱정입니다. 〔이후 판독 불가〕

1908년 1월 19일
한국, 목포

사랑하는 아버지와 어머니,

주일인 오늘은 제게 아주 좋은 안식의 날이었습니다. 벨 목사가 군산으로 가는 증기선을 타려고 금요일 내려왔는데, 증기선이 취소되어서 이곳에서 주일을 보내고 저 대신 설교했습니다. 저는 오후에 선교사들의 영어 예배를 인도했습니다. 정말 아름답고, 밝고, 햇살이 좋았으며 온도계 눈금이 화씨 66도인 아주 따스한 날이었습니다. 물론 아침과 저녁에 집은 복잡 복잡했습니다. 주일은 제게 가장 힘든 날인데 오늘 밤 저는 기분이 좋습니다.

오늘 버드만 의사에게서 편지를 받았습니다. 직접 자기 손으로 쓴 편지인데 나아지고 있다는 소식이었습니다. 그는 장티푸스로 일본 고베에서 6주간 누워있었습니다. 그가 2~3주 있으면 여행할 수 있을 것 같습니다. 그는 죽음을 간신히 피했습니다. 그를 살려내 주신 주님의 자비하심에 감사드립니다.

12월 15일 아내에게서 온 소식에 몽골리아를 타고 1월 30일에 샌프란시스코에서 출발할 예정이라고 되어있습니다. 저는 (일본으로) 건너가서 아내를 한국으로 데리고 올 준비를 하고 있습니다.

1월 22일

편지를 쓰다가 제가 제대로 쓰기도 전에 방해받았습니다. 말씀드릴 특별한 내용은 없습니다. 하루하루가 특급 열차의 속도로 너무도 빨리 지나가고 있으며 저는 시간이 어디로 가버리는지 거의 알지 못합니다. 저는 요즘 "세속적 소유물"에 완전히 빠져들지 않으려고 힘든 싸움을 하고 있습니다. 저의 집은 여전히 사람들로 가득하며, 제가 2월 1일 이곳에서 광주로 갈 때까지 그럴 것입니다. 지난밤에 요리사가 돌아왔는데 그래서 집안에서 해야 할 일들이 많이 줄어들었습니다. 녹스 부인이 여전히 매우 약한 상태이지만 일어나서 돌아다닙니다. 전킨 목사가 전주에서 사역하던 것을 어느 정도 대체하려고 레이놀즈 목사가 서울에서 전주로 옮겨오는 것이 가능할 거라는 말이 있습니다. 아마 즉시 그렇게 될 것입니다. 레이놀즈 목사는 성경 번역을 하고 있는데, 서울에서와 마찬가지로 전주에서도 성경 번역을 할 수 있다고 생각합니다. 그는 2년 후에는 이 사역을 끝낼 수 있기를 희망하고 있는데, 그러면 우리 사역에 전력할 수 있습니다. 레이놀즈 목사와 전킨 목사는 이곳으로 온 우리 선교회의 첫 번째 사람들이었고 우리의 지도자들입니다. 전킨 부인은 날이 괜찮아지면 바로 자녀들과 함께 미국으로 돌아갈 예정입니다.

이번 달 8일과 13일에 어머님께 편지를 보냈습니다. 이후부터 기록하려고 할 것입니다. 최근에 많은 편지를 잃어버렸습니다.

모두에게 깊은 사랑을 전합니다.

사랑하는 아들 J. F. P 올림

1908년 1월 23일

텍사스

사랑하는 어머니에게,

저희는 지금 텍사스의 작은 역에 있습니다. 오후 3시입니다.

오늘은 훨씬 더 잘 지내고 있습니다. 미리암은 더 만족하며 아기는 건강하고 말을 잘 듣습니다. 아기는 대부분 시간 동안 잡니다.

애틀랜타에서 메리 마틴(Mary Martin)을 만나지는 못했지만, 클래런스 머피(Clarence Murphy)와 로드(Rodd) 부부를 만났습니다.

"오늘 올리 할머니를 볼 거야"라고 미리암이 말했습니다.

모두에게 사랑을 전합니다.

애니 올림

1908년 1월 24일

한국, 목포

사랑하는 장모님,

요즘 시간이 너무도 빨리 지나서 제가 아내에게 써서 호놀룰루로 보낸 편지의 사본을 장모님께 보내드리면서 곧 편지드리겠다고 약속한 이후 1주일이 지났다는 것을 깨닫지 못했습니다. 제가 요즘 하는 것은 제가 지금 하는 몇 가지 것들을 나열하여서 좀 더 간단하게 설명드릴 수 있습니다. 저의 손님들은 여전히 저와 같이 있는데 홉킨스 씨도 손님으로 있습니다. 녹스 부부는 며칠 있으면 자기들끼리 살림할 것입니다. 녹스 부인은 심각한 메스꺼움의 시기는 벗어났지만, 겨우 아픔을 참을 만한 상태입니다. 녹스 여선교사는 목포선교부의 식구로 커티스 부인이 떠난 이후, 집안 살림의 짐을 영웅적으로 지고 있는 사람입니다. 저는 아내가 일반적인 상황에서라면 다른 이들을 섬기는 아주 좋은 기회로 알고 섬겼겠지만, 이번에 신입 선교사들을 맞아들이고 접대하는 이 모든 혼란과 부담에서 벗어나게 된 것에 매우 감사합니다.

미국에서 보낸 저희 상자의 대부분이 도착했으며, 저는 그 상자들을 열어보는 것과 아내의 도착에 맞춰서 집을 좋은 상태로 만드느라 바쁩니다. 저는 돌출형 창문에서 꽃을 기르고 있습니다. 칼라 꽃 두 개와 아내가 저에게 가져가라고 준 다른 구근식물도 포함됩니다. 칼라 꽃은 아내가 도착할 즈음에는 만개할 것입니다. 수선화도 그럴 것입니다. 코잇 목사의 상자들도 이곳에 대부분 있습니다만 저에게는 송장(送狀)이 없습니다.

2월에 있는 사경회에서 며칠 일찍 끝내고 시간에 맞게 고베로 달려가서 아내와 아이들과 돌아올 계획을 하고 있습니다. 그래도 19일까지는 그곳에 갈 수 없을 것 같습니다. 뷰캐넌 목사가 증기선에서 아내와 아이들을 만날 것입니다. 그는 아내와 아이들을 자기 집으로 꼭 데리고 가려고 합니다. 며칠 전에 버드만 의사로부터 긴 편지를 받았습니다. 그는 13일에 편지할 만큼 몸이 좋았으며, 2, 3주 후에는 여행할 수 있기를 희망한다고 말했습니다. 저희 식구가 한국으로 넘어올 때까지 그가 기다릴 것을 결정하지 않을 가능성이 전혀 없다고 봅니다.

찬장(Buffet)의 거울이 산산조각났다는 말씀을 못 드렸네요. 거울 다리가 갈라지고 거울의 이가 빠졌으며, 몇 개의 부속이 사라졌습니다. 포장이 형편없었습니다. 그런데 위의 찬장을 샀던 채터누가(Chattanooga) 가구 회사에서 구매한 식탁은 포장이 완벽했습니다. 다른 것들은 아직 열어보지 않았습니다.

이곳에서의 사역은 아주 만족스럽게 진행되고 있습니다. 여학교에 33명이, 남학교에는 약 70명이 있습니다. 남학교에 곧 교사를 확보할 아주 좋은 전망이 있습니다. 학교 터를 샀으며 새 건물에 사용할 건축 자재에 대한 계약을 맺었습니다. 새 학교는 돌을 재료로 만들어질 것인데, 이곳에서 건축에 있어서 새로운 출발입니다.

최근에 놀란 의사에게서 편지를 한 통 받았습니다. 옛날처럼 무모하고 가볍게 글을 쓰는데 하나도 변하지 않아 보였습니다. 그는 자신의 새로운 일을 좋아하는 것이 분명합니다. 저는 그 일이 선교사의 역할보다 그에게 적합하다고 봅니다.[84]

제가 주문해서 장모님께 보내드린 기도서를 받으셨기를 바랍니다. 장모님께 물건이 전해졌는지 책을 주문한 곳에 편지해서 물어보겠습니다. 저희는 며칠 전에 저희가 주문한 기도서를 받았습니다.

레이놀즈 목사 부부에게 전주로 내려와서 살라고 선교회가 명령했다는 것을 아시면 장모님께서 기쁘실 것입니다. 레이놀즈 목사는 서울에서와 마찬가지로 전주에서도 번역 일을 잘할 수 있다는 것과 전주의 사역에

---

84 Nolan이 선교사를 사임하고 탄광회사에 취직한 것을 말함.

있어서 전킨 목사를 어느 정도 대신할 수 있다는 것이 확인되었습니다. 저희는 서울에서 레이놀즈 목사 가족을 그리워할 것입니다. 그러나 결국에는 레이놀즈 목사가 전주에서 더 나은 번역 사역을 할 것이라는 것을 믿어 의심치 않습니다. 전주에서 그를 간절히 필요로 합니다.

아내를 위해 서울에서 여자 요리사를 구하려고 노력했으나 성공하지 못했습니다. 그 여자 요리사는 클라크 목사 부부를 위해 요리하는데 둘 다 만족합니다. 그런데 상윤이는 충실하며, 잘하고 있습니다. 상윤이가 비록 관리하는 머리는 가지고 있지 않아 보입니다만 큰 위안이 됩니다. 홉킨스 집에서 전에 일했던 사내를 고용했는데 빨래도 잘하고 다리미질도 잘하며 훈련이 잘 되어있습니다. 그가 홉킨스 가족에게서 정기적으로 떠나곤 했다는 것을 제가 알고 있지만, 저희에게는 잘 붙어 있으면 좋겠습니다.

이 편지를 다 마치지를 못했는데 인제 그만 써야 합니다. 장모님에게서 이른 시간에 소식을 들었으면 합니다. 부동산 거래에 대해서는 어떤 것도 없나요? 공황 때문에 부동산 쪽으로는 다소 동결되어있다는 생각입니다. 모든 친족에게 저의 사랑을 전해주십시오. 아내가 오면 모든 소식을 직접 들을 수 있기를 학수고대합니다. 특별히 코잇 부부, 녹스 부부, 데이비스 부부, 왓킨스 부부, 그리고 코울(Cole) 부인에게 안부 전해주십시오. 장모님 교회 목사님에 대해서 좋은 말을 들어서 기쁩니다.

장모님을 사랑하는 아들 J. 페어맨 프레스톤 올림

1908년 1월 27일
샌프란시스코, 로렐 스트릿(Laurel Street) 397

사랑하는 어머니,

마침내 편지할 짧은 시간을 갖게 되는데 너무 피곤해서 많이 쓰지는 못합니다. 제가 해본 것 중 미대륙 횡단이 가장 힘든 것이었습니다. 저는 저처럼 하라고 누구에게도 충고하지 않겠습니다. 사람들은 매우 친절하고 도움을 많이 줬지만 그럼에도 저는 힘들고 걱정이 되어 미칠 지경이었습니다.

전보가 엘 파소(El Paso)에서 저에게 제대로 도착했는데 제가 적잖이 혼란스러웠습니다. 아직 홍역에 관한 기미는 없지만 아기가 어제와 오늘 심하게 배앓이를 했습니다. 화이트(White) 부부는 토요일에 로스앤젤레스에서 저와 헤어졌으며 저는 그곳에서 약 7시간을 머물러야 했습니다. 저는 기차에서 내리지 않았는데, 기차에 저희와 같이 있는 사람은 어른 두 명과 아이 두 명뿐이었습니다. 어느 노신사께서 제가 점심 먹으러 나가 있는 동안 아이들을 봐주겠다고 하셨지만 저는 그렇지 않겠다고 했습니다. 그러자 그분이 나가서서 제게 딸기를 가져다주셨습니다. 아기들이 잠들자, 저희 둘은 딸기를 맛있게 먹었습니다.

사촌 엘리너의 남편 왓킨스 의사가 저를 역에서 맞이해 줬습니다. 엘리너 부부는 정말 친절했습니다. 왓킨스 의사는 아이를 위해서 저 자신을 어떻게 관리해야 하는지에 대한 좋은 이야기를 해주었습니다. 그는 저희 모두를 오늘 아침 밖으로 데리고 나가고 싶어 했지만, 저희가 제때 준비할 수가 없었습니다. 그들 부부는 가구가 갖춰진 매우 예쁜 공동주택에 살고 있습니다.

미리암은 처음에는 기차를 타고 정말 불만이 가득했는데, 기차를 너무 좋아하게 되어서, 기차에서 내릴 때는 울고불고 난리였습니다. 여행이 끝날 때 아버지를 볼 수 있겠다고 생각해서 아버지를 볼 때까지 내리지 않겠다고 했습니다. 아이가 오늘 아침 한 첫 말은 "한국에 가고 싶어요"였습니다. 제가 아이에게 올리 할머니는 어디 있어라고 물으니 "올리 할머니 집에 두고 왔어"라고 했습니다. "한국 가서 아빠 보고 돌아와서 올리 할머니 볼 거야"라고 했답니다. 저는 오늘 오후에 미리암을 데리고 나가 산책을 조금 했는데 아이는 꽃에 아주 많은 관심을 보였습니다. 저희는 실외에서 제라늄과 칼라 꽃을 봤습니다. 어머니도 다음에 서던 퍼시픽(Southern Pacific)을 이용해 오셔야 합니다. 훨씬 더 흥미롭습니다. 남부 캘리포니아의 오렌지 숲을 보고 즐거웠습니다. 정말 메말라 보이는 곳에 오렌지 숲과 복숭아 과수원이 섞여 있다는 것을 보고 놀랐습니다.

제가 청구서 중 몇 가지에 지급하지 못했습니다. 그래서 어머니가 작은 것들에 대한 비용을 지급하라고 수표 한 장을 또한 리즈(Reids)에 지급할 수표 한 장을 동봉합니다. 아마 다음 내용일 것입니다.

슬루프(Mrs. Sloop) 부인에게 2.65달러
넬리 하워드(Miss Nellie Howard) 양에게 6.25달러
밀러(Mrs. Miller) 부인에게 약 1.75달러
플러머(Mr. Plummer) 씨에게 8.70달러, 총 19.35달러입니다.

제가 20달러에 해당하는 수표를 보냅니다. 제가 갚아야 할 것이 더 있으면 알려주세요. 어머니도 지급해야 할 돈이 필요하니 그것들에 대해서 어머니께서 지급하지 마세요.

가족 모두에게 사랑을 담아 보냅니다. 어머니와 언니가 그린빌에 서 있고, 불쌍한 어린 미리암이 할머니의 이름을 목청껏 부르는데, 떠나오기가 얼마나 힘들었는지 어머니는 모르실 것입니다. 미리암은 어머니와 올리 할머니와 헤어지며 참 힘들어했습니다.

로잘리(Rosalie)[85]가 많이 아프지 않기를 바랍니다. 만약 제 아이들이 홍역에 걸리면, 저는 더 이상 버틸 수 없을 것이며 자살할 것입니다.

사랑하는 애니 올림

---

85 Rosalie Wiley Kizziah Mayfield(1907.2.6~1985.12.17). 프레스톤 부인의 오빠 Sam 의 딸.

1908년 2월 1일
한국, 광주

사랑하는 아버지와 어머니,
　오늘밤 저는 피곤합니다만 두 분께 글을 보내려고 합니다. 굉장히 힘든 시간을 보내고 정오에 이곳 광주에 도착했습니다. 강에서 밤을 보냈으며 잠을 거의 못 잤습니다. 제가 탄 론치가 진흙 턱에 걸렸습니다. 다행히 지나가던 다른 배로 옮겨탔는데 여정의 나머지를 추위 속에서 밖에 앉아 있어야만 했습니다. 사경회가 이곳에서 모이는데 2월 5일 수요일 밤에 시작합니다. 저는 볼 일도 있고, 목포에서 힘든 삶을 사느라 하지 못했던 공부를 하려고 조금 일찍 왔습니다. 게다가, 저는 2월 18일 고베에서 아내를 만나려고 일찍 떠날 계획입니다. 제가 목포에서 16일에 증기선을 타면 아주 가깝게 연결될 수 있습니다.
　지난 주일부터 목포에서 부흥사경회를 했습니다. 저는 이기풍 목사의 도움을 받았는데 그는 지난봄에 한국에 있는 신학교를 졸업한 7명[86] 중에서 최고입니다. 그는 한국 노회가 파송한 최초의 선교사로서 제주도로 가는 길인데 제주도는 남쪽에 있는 큰 섬입니다. 제가 외지선교위원회에 소속되어 있어서 올해 제주도를 방문하고자 합니다. 제주도 사람들은 한국인입니다만 너무 고립되어 있어서 저희는 알지 못하는 자신들 만의 방언이 있습니다. 이 목사는 훌륭한 사람이며 [판독 불가] 설교하고 있었습니다. 그는 [판독 불가]에서 저희 선교사들을 도울 것입니다.
　이 나라의 어지러운 상황 때문에 이번에 많은 수가 참석하지 않을 것으로 생각합니다. 그제는 이곳에서 북쪽으로 15마일 떨어진 곳에서 폭도

86　1907년 6월 20일 신학교 졸업식이 있었고, 같은 해 9월 17일 평양 장대현교회에서 열린 대한예수교장로회 노회(독노회)에서 길선주, 방기창, 서경조, 송인서, 양전백, 이기풍, 한석진이 목사로 안수받음.

들(insurgents)과 일본 기병들 사이에 심각한 전투가 벌어졌습니다. 폭도 20명이 사살되고 40명이 다쳤으며, 일본군도 서너 명 다쳤습니다. 반란군들(rebels)은 매복하고 있다가 일본 관계된 사람으로 의심되면 누구에게건 총을 쏩니다. 현재 우리는 순회전도여행 때 위험한 부분을 피하고 있습니다. 아시다시피 저는 이번 겨울 순회전도여행을 많이 하지 않았습니다.

여기서도 경제공황을 느끼기 시작했습니다. 지금까지 봉급은 지급되었지만, 다른 것은 지급되지 않았습니다. 그러하기에 사역에 어려움이 있습니다. 마치 "지푸라기 없이 벽돌 만들기"를 시도하는 것과 같습니다. 저는 한계까지 미리 끌어다 썼습니다. 그래서 더 나아가기 전에 돈을 기다려야 합니다.

크리스마스에 대해서 말해준 어머니의 편지를 받았습니다. 남동생들이 다 모였다니 정말 기뻤습니다. 아내가 12월 25일 날짜로 편지를 했는데 손목시계를 받고 아주 기뻤다고 했습니다. 저는 선교회 회계에게 환어음을 제게 보내달라고 요청했으며 제가 받자마자 그 환어음을 편지에 동봉해 어머니께 보내드리겠습니다. 아내가 2월에 오지 못하면 전보하겠다고 했습니다. 아직 전보를 받지 못해서 아내를 기다리고 있습니다. 어머니께서 아내와 아이들이 미국을 떠나기 전 만나보셨기를 바랍니다.

저는 아주 건강합니다. 아버지의 류마티즘이 좋아지고 어머니의 건강이 좋아졌다는 소식을 곧 듣기를 바라고 있습니다. 버지니아 남서부는 기후가 너무 좋지 않습니다. 그러니 조심하시고 몸 관리 잘 하시길 바랍니다.

이제 하루하루를 세고 있습니다.

사랑하는 페어맨 올림

1908년 2월 10일
한국, 광주

사랑하는 어머니,

어머니께서 1월 4일 자로 보내주신 편지가 어제 도착했습니다. 그 편지를 받고 매우 기뻤습니다. 어머니께서는 정말로 제게 편지를 잘 써 주십시다. 이곳에서 홀로 있는 힘든 시기에 어머니의 편지로 인해서 제가 말씀드릴 수 있는 것보다 더 많이 힘을 얻었습니다.

저는 지금 연례적으로 열리는 사경회에서 열심히 일하고 있습니다. 이 나라의 어지러운 상황과 심한 눈과 추운 날씨에도 불구하고 지금껏 열렸던 사경회 중 가장 큰 규모입니다. 참석자는 250명이 넘었습니다. 이곳에 2주간 공부하기 위해서 60에서 100마일을 (걸어서) 오며, 자신들의 모든 비용을 내는 사람들이 40명이 있습니다. 그들보다 가까운 곳에서 온 사람들이 15명이 있습니다.

며칠 일찍 끝내고 일본 고베에서 아내를 만나려고 합니다. 이번 주 토요일에 광주를 떠나려고 합니다. 그런데, 목포에 있는 신입 선교사들이 제가 그들에게서 떠난 이후 힘겹게 살았습니다. 녹스 부인은 심하게 아픕니다. 그래서 수술을 받아야 할 것입니다. 다행히 버드만 의사가 지난 수요일 도착했으며, 다니엘 의사가 수술을 돕기 위해 군산에서 내려올 것이며, 간호사인 케슬러 선교사도 내려올 것입니다. 이곳 광주에 있는 오웬 목사는 전적으로 의사로 일하기를 꺼려하지만, 목포로 내려갔습니다.[87] 그래서 제가 이곳 광주에서 오웬 목사의 일을 하고 있습니다. 그런 상황 때문에 제가 일본에 가지 못할 수도 있습니다.

앞선 편지에 언급된 손목시계에 대해서 [판독 불가]. 놋그릇에 대해서는

---

87   오웬은 의사이면서 목사임. 그는 광주선교부 개설부터는 의사보다는 목사의 일에 전념함.

걱정하지 마세요. 어머니 대신 제가 놋그릇을 사서 기회가 생기자마자 보내드리겠습니다. 맥커첸 목사 편으로 어머니께 조금 보내드릴 수도 있을 것입니다. 맥커첸 목사는 4월 1일경 전킨 부인과 고국으로 되돌아갑니다. 그는 버지니아 루럴 리트리트(Rural Retreat) 출신의 하운셀(Hounshell)과 결혼[88]할 것입니다. 그는 사우스캐롤라이나 비숍빌(Bishopville)에 사는 에디스 맥커첸(Miss Edith McCutchen)과 사촌지간입니다. 물론 그는 브리스톨에 들러서 어머니를 볼 것입니다. 성격도 좋고 일도 잘합니다. 맥커첸 목사를 통해 직접 어머니께 소식을 전해드릴 수 있어 기쁩니다.

저는 약 1주만 있으면 사랑하는 가족들을 볼 생각에 요즘 흥분해서 몸이 떨립니다. 새로 태어난 "딸"이 무척이나 보고 싶습니다.

바크먼과 짐에게서 편지가 와서 아주 좋았습니다. 바크먼의 편지를 보니 그 아이가 많이 성장하고 있다는 것을 알겠습니다. 괜찮은 사내가 될 것입니다. 짐이 그러는데 어머니가 건강하지 않다고 하네요. 몸 관리 잘하십시오. 어머니께서 솔즈베리에 가셨기를 바라지만 아내가 그때 매우 힘들었지 않았나 싶네요. 제가 보낸 환어음에 대해서 아내가 전혀 언급을 하지 않아서 저는 아내가 그것을 받았는지 여부를 모릅니다.

시간이 다 되어 인제 그만 씁니다. 아버지께서 류마티즘을 다 치료하셨다는 것과 플로이가 아주 건강해 보인다는 소식을 듣고 기쁩니다. 플로이가 이곳에 있으면 좋겠습니다.

모두에게 사랑과 포옹과 입맞춤을 보냅니다.

어머니를 사랑하는 아들 페어맨 올림

---

[88] Josephine Cordelia Hounshell McCutchen(한국명: 마요셉빈, 1876.10.4~1967.8.3). 미국남감리교회의 선교사로 1902년 내한했다가 1908년 9월 17일 미국남장로회 선교사 McCutchen과 결혼함. 신혼여행을 마치고 한국으로 돌아온 부부를 위해 1909년 1월 22일(설날) 즈음에 부부의 근무지인 전주선교부에 있는 Boys' School에서 환영식이 있었음.

1908년 2월 11일
몽골리아에서

사랑하는 어머님과 아버님,

호놀룰루에서 두 분께 편지를 드리지 않은 일로 제가 크게 실망했습니다. 저는 편지 쓰는 것을 꼭 한 번 시도했고 그 편지를 친정어머니께 보냈습니다. 제가 두 분께 편지드릴 것을 확신하지 못했었다면, 친정어머니께 보낸 편지를 두 분께 보내라고 요청했었을 것입니다.

사촌 엘리너의 집에서 아주 편하게 있었습니다. (상대적으로 편했다는 말입니다.) 엘리너와 그의 남편 왓킨스 의사는 아주 친절했으며 사려깊었습니다. 제가 전에는 특히나 왓킨스에 대해서 좋아하지 않았다는 것을 두 분은 아시지요. 그런데 그들을 잘 알게 되는 기회를 가져서 무척 기쁩니다. 이번 방문을 통해 그 사람의 독특한 면에도 불구하고, 그 사람만의 진정한 가치가 뭔지를 알게 되었습니다. 그 부부는 제가 샌프란시스코에 도착했을 때 거의 사라져 버린 저의 평정심을 다시 찾는 데 도움을 주었습니다.

기차보다 증기선에 있을 때가 훨씬 좋았습니다. 물론 아침부터 밤까지 아이들을 돌봐서 저는 피곤합니다만, 미리암이 놀기에 훨씬 넓은 공간이 있고 먹을 것도 풍부해서 미리암의 마음 상태가 더 좋습니다. 저희만의 방이 있는 것이 침대칸이 있는 열차에서 한쪽을 차지하는 것보다 훨씬 좋습니다. 날씨는 거의 항상 완벽했습니다. 그래서 제가 아이들 둘 다와 갑판에 상당히 많이 있었습니다. 아가는 너무도 예쁘고 착해서 소문나고 있습니다.

윌슨 의사는 아이를 아주 잘 봅니다. 매일 아침 미리암을 보러 와서는 아침을 먹이러 데려가고, 대개 식사를 빨리 마치고 제가 상당히 영양가가 있는 "가벼운 식사"를 하는 동안 아이들을 봐줍니다. 제가 7시 밥을 먹는 시간에 맞춰 아이들이 항상 잠을 잡니다. 저희는 워스 박사 부부(Dr. & Mrs. Worth)[89], 허드슨 목사 부부(Mr. & Mrs. George Hudson)[90], 휴 화이트 목사 부부(Mr. & Mrs. Hugh White)[91], 윌슨 의사, 루이스 우드 브리지 선교사(Miss Louise Woodbridge)[92] 그리고 중국 감리교 선교회의 펀 부인(Mrs. Fearn)[93]과 그녀의 조카와 함께 아주 즐거운 식사를 나눕니다. 저희가 단지 선교사일 뿐이라는 사실에도 불구하고 식당에서 다른 어떤 식탁보다 더 많이 차지하고 있습니다!

플로이 아가씨가 이런 아름다운 여행을 할 수 있다면 건강해질 것이라 저는 확신합니다. 두 분 모두에게도 좋을 거라 믿습니다. 저는 열대지방에서 배를 타는 것을 좋아합니다. 배가 북쪽으로 향했으며 오늘은 갑판에서 몸을 감쌀 것이 필요합니다. 정말 따뜻해서 미리암의 플란넬 옷을 벗겨야 했습니다. 미리암은 지금 여름옷을 입고 갑판에서 돌아다니고 있었습니다. 올리 할머니를 무척이나 그리워하는 것 같습니다. "내 아빠"보러 한국으로 가고 싶어라고 합니다만, "올리 할머니를 두고 왔어야 했어"라고 매우 슬퍼하며 말했습니다. 그 불쌍한 것이 늦게 어금니가 나고 있습니다. 큰딸은 뭔가 자기 뜻대로 되지 않으면 매우 기분 나빠합니다.

지난밤 배에서 젊은 남자들이 연극을 했습니다. 준비하는 데 겪었던 모든 어려움을 고려한다면 아주 좋았습니다. 남자 서너 명은 매우 좋은 목소리를 가지고 있었습니다. 제가 집을 떠나온 후 처음으로 저녁에 "쉼을 가진" 시간이었으며 즐거운 시간이었습니다. 저희가 처음 한국으로 나올 때는 모든 운동과 오락에만 참여했습니다만 그때는 제가 신부였을

89　George Clarkson Worth(1867.10.29~1939.11.22). 중국 선교사.
90　George Hudson. 미국남장로회 선교사로 항저우에서 사역함.
91　Hugh Watt White(1870.4.15~1940.10.28). 중국 선교사.
92　S. I. Woodbridge. 중국 선교사로 상하이에서 사역함.
93　J. B. Fearn, M.D.

때입니다! 그런데 지금은 다릅니다. 모든 엄마가 지난밤에 쇼를 보러 가면서 중국인 소년더러 아이들을 지켜보도록 했습니다. 그 소년은 각 방을 돌아다니면서 우는 아이가 있으면 "위"로 올라와서 보고했습니다. 제 아이들은 잘 잤습니다. 아이들은 잠을 자면 대개 잘 잡니다.

남편이 두 분에게 보낸 크리스마스 편지를 제가 가지고 나왔습니다. 그 편지를 이 편지 속에 넣어 보내드리겠습니다. 호놀룰루에서 남편 편지를 하나 받았습니다. 남편은 저를 고베에서 만나려고 생각하고 있습니다. 남편은 건강하지만 바쁘게 지냅니다. 모든 신입 선교사가 남편과 함께 식사를 해결하고 있습니다. 남편은 전킨 목사가 장티푸스로 사망했다는 무거운 소식을 저에게 편지로 알려주었습니다. 그의 사망은 한국선교회에 엄청난 손실입니다. 그에게는 아내와 네 명의 자녀가 유족으로 있습니다.

저희가 화물 편으로 선적한 저희의 모든 "많은 무거운 물건"이 한국에 도착했다고 편지에 썼습니다. 그런데 저는 "많은 무거운 물건"이라는 말을 누가 먼저 썼는가 봤더니 선실에 있는 중국인 사환이었습니다. 저는 이런 중국인 사환들을 좋아합니다. 그들 대부분은 아이들에게 참 잘합니다.

브리스톨에 있는 모든 친척에게 특히 제니 막내 고모(Aunt Jennie)[94]에게 저의 사랑을 전해주십시오. 제가 편지를 드리고 싶으나 제가 하는 일이 끝나면 너무도 피곤하여서 편지를 많이 쓸 수가 없습니다.

2월 16일

내일 정오경 요코하마에 도착할 예정입니다. 도착지가 고베라면 제가

---

[94] Jennie Fairman Newman(1856.11~1920?). Bristol에 사는 프레스톤 목사의 막내 고모(Aunt Jennie). 이 편지에 Aunt Jennie는 또 한 사람 언급되는데 그 사람은 프레스톤 목사의 이모 Eugenia Deaver Sutphen(1857.9.9~1912.2.26)로, 미혼임.

정말 관심이 있겠지만, 이곳에서는 남편에게서 오는 편지 그 이상을 바랄 수 없습니다. 편지가 오면 좋을 것입니다만 저는 그것 이상을 원합니다. 오늘은 매우 바람이 거셌습니다만 몽골리아가 아주 튼튼해서 거친 파도 때문에 저희가 불편을 거의 겪지 않았습니다.

모두에게 큰 사랑을 전합니다.

사랑하는 애니 올림

2월 18일
일본, 요코하마

저희는 어제 도착했으며 오늘 오후 3시에 떠납니다.
남편에게서 편지와 전보가 왔는데 확실히 저를 만날 것이라고 합니다.

1908년 2월 16일
몽골리아에서

사랑하는 어머니,

내일이면 요코하마에 도착할 예정입니다. 차이나가 모항(母港)으로 가는 길에 그곳에 들를 것으로 예상되어서 그 배에 보낼 우편물을 준비하고자 합니다.

어머니가 제게서 좀 더 기운 나게 하는 편지를 받기를 정말 원합니다. 저는 지난번 편지를 쓸 때 너무도 피곤하고 낙심했습니다. 여행의 후반은 훨씬 좋았습니다. 미리암이 훨씬 더 기분이 좋고 배에 있는 아이들과 더 잘 지냅니다. 미리암은 또한 저의 말에 더 순종하기 시작했습니다. 그래서 저의 삶이 훨씬 쉬워졌습니다. "아빠"를 보려고 한국에 가고 있다는 것에 많은 흥미를 보입니다만 어머니와 올리 할머니에 대해서 제가 물으면 매우 슬픈 표정을 보이면서 애처롭게 "집에 두고 왔어"라고 합니다. 미리암은 『대한제국 멸망사』[95]에 있는 사진들을 보는 것을 좋아합니다. 아이는 그 책을 "아빠 책"이라고 부릅니다. 그 책을 아주 많이 읽었는데 정말 흥미롭습니다. 윌슨 의사가 그 책을 읽고 있으며, 워스 박사도 몇 단락 읽고자 합니다. 신문기자도 그 책을 보여달라고 저에게 요청했습니다.

식사를 아주 많이 즐겼습니다. 식탁에 아주 좋은 사람들이 있기 때문입니다. 허드슨 목사 부부, 화이트 목사 부부, 워스 박사 부부, 우드 브리지 선교사, 펀 부인과 부인의 조카, 윌슨 의사 그리고 제가 같은 일행입니다. 워스 박사 부부에게 끌립니다. 그들의 안식년과 저희의 안식년이 거의 같은 시기이기에 저희는 수에즈 운하를 통과하여 고향으로 갈 계획을

---

[95] *The Passing of Korea*는 Homer Bezaleel Hulbert(1863~1949)가 저술하여 1906년 출판된 책.

하고 있습니다.

음악실에 단 하룻저녁만 가봤고, 갑판 위에는 하룻저녁만 있어 봤습니다. 지난밤에 연주회가 있었고, 저녁에는 갑판에서 연극이 있었습니다. 어느날 오후에는 갑판에서 운동했는데 아이 둘을 데리고 갔습니다. 물론 도움을 받았습니다. 워스 박사는 대부분 시간 동안 아기를 데리고 있었고 "부드러운 비누"라는 이름을 아기에게 붙였습니다. 너무도 순하게 있었기 때문입니다. 아기가 너무 힘들게 하면 서너 사람이 아기를 제게서 데려가겠다고 했습니다.

어머니에게 남편이 요코하마가 아니라 고베에서 저를 만날 것이라고 편지했던가요? 물론, 저는 실망입니다만 요코하마에서 보면 약간 더 만족하겠지만 더 많은 시간과 돈이 든다는 것을 알고 있습니다. 남편의 편지를 호놀룰루에서 받은 다음 어머니에게 제가 편지하지 않은 것 같아요. 그렇지만 어머니는 전킨 목사의 사망이라는 슬픈 소식을 들으셨을 것입니다. 전킨 목사는 장티푸스가 있었고 단지 며칠 만 앓았습니다. 부인과 자녀들에게 정말 힘든 일일 것입니다. 부인은 아마 미국으로 갈 것 같습니다.

이 배에 한국으로 가는 선교사 세 명이 있습니다. 안식년을 보내는 샤록스(Sharrocks)[96] 의사를 대신하여 퍼비언스(Purviance) 의사 부부[97]가 선천으로 가고 있으며, 에드먼즈(Miss Edmunds)[98] 선교사의 자리를 1년간 대신하기 위하여 모리슨(Miss Morrison) 선교사가 가고 있습니다. 휘트모어(Whittemore) 부인의 자매가 1년간 나가 있으려고 이 배에 있습니다.

---

[96] Alfred M. Sharrocks(?~1919.12.25). 미국북장로교 선교사. Mory Ames Sharrocks(1899~1938)와 결혼함.

[97] Walter Charles Purviance(1875.4.19~1952.11.10)와 Lulu Byram Purviance(1883.12.3~1967.10.16) 부부.

[98] Margaret J. Edmunds Harrison(1871.7.23~1945.10). 미국감리회 선교사. 1908년 9월 2일 Harrison 목사와 결혼함.

친구들과 친척들에게 많은 편지를 답장하지 못해서 정말 죄송합니다. 그렇지만 어머니께서 그들에게 제 소식을 말해주시고 애 보는 것과 편지 쓰는 것을 병행하기를 어려워한다는 걸 말씀해 주세요. 저에게 증기선으로 편지를 보내준 모든 이에게 또한 미리암 섯폰와 캐서린에게 엽서를 보내려고 합니다.

남편이 저에게 뉴욕에서 보낸 "많은 물건"이 한국에 도착했다고 편지했습니다. 식료품으로 주문한 것은 이 배에 있습니다.

돈(Don)[99]을 보는 사람 모두가 아주 좋아합니다. 젊은 남자로부터 돌봄을 잘 받고 있는데 그 젊은이가 수화물 대리인에게서 빌린 타르 비누로 돈을 목욕시킨다고 제게 말했습니다.

오늘 바다가 거칠었지만 아주 아름다웠습니다. 오늘밤 달빛이 끝내줍니다.

화요일

남편이 어제 보낸 편지와 전보를 보니 고베에서 저를 틀림없이 만날 것이라는 좋은 소식이 있습니다. 녹스 부인이 심하게 아프고 매리언 다니엘이 폐렴이라는 것을 빼면 모두 건강합니다. 레이놀즈 목사 부부는 전주로 옮겨올 것입니다.

이곳 요코하마는 정말 추웠습니다. 고베는 좀 더 따뜻하기를 바랍니다. 저희는 일본우선회사(日本郵船会社)의 코닝가와 마루(Koningawa Maru)를 타고 21일 고베에서 출발할 예정입니다.

고향에 있는 모든 이에게 엄청난 사랑을 전합니다.

사랑하는 애니 올림

---

[99] 프레스톤 부인이 데리고 온 개의 이름. 1908년 2월 22일 Kunsan Maru에서 쓴 편지 참조.

1908년 2월 22일
군산 마루에서
내해

사랑하는 어머니,

고베에서 일정이 너무 빡빡해서 어머니에게 편지를 한 통도 못 보냈습니다. 저희 모녀는 수요일 3시경에 들어왔고, 남편은 첫 론치로 나왔습니다. 미리암이 아빠를 알아봤지만, 처음에는 약간 부끄러워했습니다. 그렇지만 얼마 지나지 않아서 미리암이 "아빠"를 찾기 시작했고 눈에서 보이지 않으면 울었습니다. 저희와 함께 있는 사람이 너무도 많아서 론치를 놓쳤고, 거룻배로 육지로 가야만 했습니다. 호텔 올리비에는 "파산이라서" 캘리포니아로 갔습니다. 그곳은 시내 중심지에 훨씬 가까웠는데 뷰캐넌 부부가 사는 곳과 모토마치(Motomachi) 사이에 있었습니다. 장소도 마음에 들었고 집주인도 마음에 들었으며 요금도 괜찮았고 방은 넓었고 전체가 매우 청결했습니다. 한국으로 가던 퍼비언스 부부와 모리슨 선교사도 그곳에 있었고, 윌슨 의사도 물론 그곳에 있었습니다.

뷰캐넌 부부가 목요일에 차 마시러 오라고 남편을 통해서 모든 남장로회 선교사를 초대했습니다. 그래서 몽골리아에 같이 탔던 일행들이 다시 한번 오후 시간에 함께했습니다. 풀턴(Fulton) 목사 부부[100]도 그곳에 있었습니다. 뷰캐넌 목사 부부가 전에 어느 때보다 좋습니다. 뷰캐넌 부인이 어머니에게 사랑을 전해달라고 합니다. 그녀는 내년 여름 아이들과 함께 고향으로 갈 것이고 뷰캐넌 목사는 가을에 유럽을 경유해서 갈 것입니다. 어머니가 미국에서 그들을 만날 기회가 있으면 합니다.

---

[100] Samuel Peter Fulton(1865.8.17~1938)과 Rachel Hoge Peck Fulton(1862.10.10~1949.2.19) 부부. 신사참배와 관련한 미국남장로회의 중요 정책 결정에 핵심적 역할을 한 Charles Darby Fulton(1892.9.5~1977.5.27) 목사의 부모.

이번 해에 너무도 많은 돈을 썼기 때문에, 모토마치에서는 한 시간 이상을 보내지 않았습니다. 저는 남편이 몽골리아에서 상품으로 받은 돈으로 올을 뽑아 얽어 만든 레이스(drawn work)로 된 식기대(sideboard) 덮개 하나와 손가락 씻는 물 담는 그릇 받침대 몇 개를 샀습니다. 또한 매리언의 생일 선물로 작은 핀을 그리고 미리암 데이비스를 위해 명주 몸통옷을 샀습니다. 제가 4월에 한국을 떠나는 전킨 부인 편으로 그것들을 보내겠다고 그들에게 말해주세요.

제가 남편에 대해서는 많은 말을 하지 않았다는 것을 아시겠지요! 말로 표현할 수 없습니다! 남편은 건강하고 전에 어느 때보다 더 매력적입니다! 다른 여성의 남편 손을 오랫동안 빌려야만 했는데 제 남편이 있어서 매우 편안합니다. 저는 배에서 알게 된 모든 친구에게 남편이 즉시 두 아이를 돌보게 만들겠다고 해왔는데, 정말 그렇게 했습니다!

고베의 날씨는 좋았습니다. 어제는 아이들을 정원에 풀어놓았습니다. 2월이라기보다는 4월 같았습니다. 이 배는 난방이 되어 있고, 매우 편안합니다. 그래서 저는 한겨울에 여행한 것에 대해서 후회할 아무 이유가 정말로 없습니다.

윌슨 의사가 한국인 선실 사환과 한글을 복습하고 있습니다. 저희는 그 한국인에게 저희가 필요한 것을 이해시킬 수 있기에 그곳에 한국인이 있다는 것은 편리한 일입니다. 그는 개를 담당하고 있는데, "일본 개"는 먹지 않겠다고 합니다. 저희 개 돈(Don)은 줄곧 좋은 대접을 받았고 사람들이 무척 좋아합니다.

내일이면 모지(Moji)에, 월요일에는 부산에, 화요일에는 목포에 있게 될 것입니다. 그러면 저희는 짐을 풀 것이고 짐을 푼 상태로 잠시 머무를 것입니다.

녹스 부인이 매우 아팠습니다만, 남편이 떠날 때는 좋아졌습니다. 버드만 의사는 장티푸스로 힘든 싸움을 오래 했지만, 지금은 괜찮습니다.

이 편지에 남편이 조금 덧붙일 것입니다. 남편이 저보다 훨씬 더 총명하니, 남편에게 맡기고 저는 물러가겠습니다.

고향에 있는 모두에게, 저의 모든 친구에게 한결같이 많은 사랑을 보냅니다. 제가 목포에 도착하여 편지할 수 있으면 좋겠습니다.

사랑하는 애니 올림

사랑하는 장모님,

아내가 위의 말을 해서 저의 자신감을 꺾어버렸습니다. 아내는 제가 쓰는 편지보다 훨씬 더 좋은 편지를 장모님께 드려왔습니다. 그리고 새로운 소식을 다 말했습니다. 저는 제가 얼마나 행복한지와 사랑하는 가족을 다시 안전하게 보게 된 것이 얼마나 감사한지를 편지지 전체에 쓸 수 있습니다. 아내와 딸들이 얼마나 여행을 잘했는지요. 우리가 온갖 염려와 불안감을 느낀 것과는 전혀 다른 모습이었습니다!

사람들은 하던 일로 다시 돌아올 때 가장 안전합니다.[101] 이것이 아내가 할 유일한 것처럼 보였습니다. 아내는 용감하고 진실한 여인으로 평범한 여성이면 하지도 않을뿐더러 하더라도 제대로 못할 어려운 일을 성공적으로 해냈습니다. 아내는 좋아 보입니다. 그런데 저는 아이 둘을 데리고 혼자 힘으로 한 달 내내 시달렸는데도 쓰러지지 않은 것이 이해되지 않습니다. 아내는 지금 쉬어야만 하고 교감신경 에너지를 회복해야만 합니다. (제가 반드시 쉬게 만들겠습니다.)

저희는 군산 마루에 편하게 있습니다. 지난봄 친구가 된 배의 사무장이 승선했는데 그는 저희를 편하게 해주기 위해서 온갖 수고를 아끼지 않고 있습니다. 수고 중에는 배에 난방을 해준 것이 있습니다. 저는 배에

---

101 원문은 "in the path of their duty"로 신에게서 멀어졌던 사람이 자신의 죄를 회개하고 다시 신에게로 돌아오는 것을 말함.

많은 음식을 가지고 왔으며 고베에서 막 요리한 닭과 빵을 구했습니다. 그래서 일본 음식만 제공되지만, 저희는 배에서 아주 고급스럽게 살고 있습니다. 일본우선회사 배가 어제 목포로 떠났습니다. 그런데 회사는 저희가 외국인이라는 이유로 저희에게 전혀 배표를 판매하지 않았습니다. 그래서 사무장이 너무도 많은 수고를 했습니다! 이 일을 어떻게 생각하십니까? 이런 경우면 우리나라에서는 운송회사가 외국인에게 고소당해서 엄청난 피해에 대해 배상해야 할 것인데, 일본에서 외국인은 고려되는 대상도 아니고 권리도 일본인보다 적게 갖습니다. 그러니 "참고 견디다"는 것이 맞는 말이 됩니다.

1908년 2월 24일 월요일
시간이 흘러 부산에서

이 편지를 시모노세키에서 보내야 하는데 잊었습니다. 그래서 몇 글자 덧붙입니다. 윌슨 의사와 제가 어제 육지에 내렸는데 미리암을 데리고 가서 두 시간 동안 산책했습니다. 미리암은 산책을 재미있어하는 것 같았고, 너무 행복해서 정신을 못 차렸습니다.

지난밤에 날이 좋았습니다만 대한해협은 평상시처럼 약간 거칠었습니다. 저의 일행 모두가 약간의 뱃멀미를 했는데, 이 긴 여행 중에서 처음 뱃멀미를 한 것이었습니다.

저는 내일 아내와 윌슨 의사를 육지로 가게 해서 어빈(Irvin) 의사 부부[102]와 스미스(Smith) 목사 부부[103]를 만나고 오라고 할 것입니다. 미리암

---

[102] Dr. Charles Husted Irvin(1869~1933.2.9)와 Bertha Kimerer Irvin(1868.7.29~1940.2.17) 부부.
[103] Walter Everett Smith(한국명: 심익순, 1874.6.28~1932.7.6)와 Grace Duffield Purnell Smith(1870.6.7~1945) 부부.

도 같이 갈 수 있을지도 모릅니다. 저희가 오늘 아침 7시에 부산항에 도착했습니다. 부산이 목포보다 시모노세키에 가깝다는 것을 생각하니 이상해 보입니다만 그럴 수도 있지요.

미리암이 제 옆에 있으며 "할머니와 올리 할머니 그리고 집에 있는 모든 사람에게 입맞춤 해줘요"라고 합니다. 올리의 보살핌 아래 미리암이 정말 많이 좋아졌습니다. 올리가 계속 미리암을 돌볼 수 있다면 뭐든 주겠습니다. 올리에게 저를 기억해달라고 말씀하시면서 장모님 곁에 올리가 있기를 제가 바란다고 말씀해 주세요. 장모님께서 한국에 오실 때 올리도 같이 오면 좋겠습니다.

저희 모두가 사랑을 보냅니다.

사랑하는 장모님의 아들 페어맨 올림

1908년 2월 22일
군산 마루에서

사랑하는 아버지와 어머니,

저희는 한국으로 가는 도중에 있으며 위에 언급한 배에 안전하게 있습니다. 저는 지난 화요일 밤에 고베에 도착해서 다음 날 오후 "몽골리아"를 만나게 되었습니다. 아내와 아이들은 건강했고 좋아 보였습니다. 새로 태어난 딸이 매우 자랑스럽습니다. 통통하고 쾌활합니다. 그리고 제가 지금껏 본 아이 중 성격이 가장 좋은 아이 중 하나며 특히 예쁘게 생겼습니다. 아내가 아이 둘과 함께 이 여행을 한 것을 보니 아내는 정말로 용맹하고 충성됩니다.[104] 아내는 개도 데리고 왔습니다! 그 개를 보고 놀랐습니다. 당연히 고향에 두고 올 거로 생각했기 때문입니다. 개도 이 여행을 잘 견디었는데, 참 괜찮은 녀석입니다.

미국에서 출국한 모든 선교사가 아내에게 너무도 친절하게 대해줬습니다. 특히 윌슨 의사는 아내를 편하게 만들어주기 위해 가능한 모든 것을 했습니다. 저희는 그와 다른 모든 이에게 엄청나게 감사하고 있습니다. 솔즈베리에서 일본까지 아주 좋은 날씨였다고 아내가 말합니다. 선장은 이처럼 부드러운 운항을 해본 기억이 없다고 제게 말했습니다. 뱃멀미를 한 사람이 아무도 없었습니다. 태평양을 건너면서 대부분 열대 지방을 따라서 와서 승객들이 여름옷을 입었습니다. 저희가 머무르던 3일간 일본 날씨는 정말 좋았습니다. 미리암은 매일 뜰에 나가서 놀았습니다. 오늘 아침에는 비가 내렸습니다. 그런데 배로 가기 전에 그쳤습니다. 저희는 뷰캐넌 목사 부부와 풀턴 목사 부부가 사는 곳에서 아주 가까

---

[104] 충성된(loyal)이라는 단어는 마태복음 25장 23절 "그 주인이 이르되 잘하였도다 착하고 충성된 종아 네가 적은 일에 충성하였으매 내가 많은 것을 네게 맡기리니 네 주인의 즐거움에 참여할지어다 하고"에서 보듯 주어진 임무를 잘 수행한 사람에게 씀.

운 곳에 개인이 운영하는 숙박시설에서 머물렀습니다. 오랜 여정에 아내가 안쓰럽게도 거의 기진맥진합니다. (판독 불가) 비록 집에 갈 때까지라 오랜 시간은 아니겠지만, 최대한 많이 아내가 푹 쉬고 편안하게 지낼 수 있도록 하려고 합니다. 어려운 일들도 많았지만, 이보다 더 좋은 사람들과 또는 이보다 더 좋은 조건에서, 이보다 더 좋은 시기에 여행할 수는 없었을 것입니다. 몇 달이 지나면 아기가 기어다닐 것입니다. 그러면 돌보기가 더 힘들어집니다.

그런데, 작은딸을 보면서 플로이가 아기였을 때와 무척 닮았다는 인상을 받았습니다. 잘 자라서 플로이처럼 미인이 되기를 바랍니다. 작은딸이 떠나기 전에 가족들이 볼 수 없었다는 것이 너무 너무도 안타깝습니다. 미리암은 영어를 자유자재로 하는데, 저와 헤어진 이후 놀랍도록 발전했습니다. 미리암은 똑똑합니다. 현재는 약간 제멋대로이기는 합니다만, 매우 온순하여서 모범적인 행동을 하도록 만드는 데 오랜 시간이 걸리지 않을 것입니다. 미리암이 저를 잊지는 않았습니다. 제가 그 아이의 눈 밖에 있을 때마다, 아이는 "아빠 어딨어?"를 말합니다. 그러면 제가 재빨리 미리암에게 갑니다. 오늘 제가 아기를 안고 있는 아내와 미리암을 부둣가에 둔 다음, 론치 책임자와 이야기하려고 내려갔습니다. 미리암은 제가 자기를 두고 영원히 떠난다고 생각해서는 저를 붙들겠다고 부둣가를 쏜살같이 달려왔습니다!

윌슨 박사는 참 좋은 사람이고 저희는 그가 아주 만족스럽습니다. 그가 저희와 목포에 같이 있을 수 없어서 아주 실망입니다. 그는 광주로 가게 되어 있습니다.

이 편지는 앞뒤 연결이 잘되지 않은 엉터리입니다만 타자기를 너무도 오래 사용하다 보니 펜으로는 잘 못 쓰겠습니다. 목포에 도착하면 곧 편지드리겠습니다. (뒷 내용 없음)

1908년 3월 15일
한국, 목포

사랑하는 어머니,

편지 기록장을 보며 고향으로 보낸 마지막 편지가 2월 22일인 것을 알고 놀랐습니다. 2월 22일 이후 편지를 한 통 보냈기를 바랍니다만 그렇지 않다면 저희가 일본에서 돌아온 이후 다양한 의무가 소용돌이치는 곳에 있었기에 어머니께 다시 한번 면죄부를 요청합니다.

아내와 아이들은 아주 건강합니다. 아내는 없는 시간을 짜내서 집을 정리하느라 바빴습니다. 미리암은 한국어를 몰라서 한국인 유모에게 아주 잘 다가서지는 않았습니다. 그래서 미리암을 계속 관심 있게 돌봐야 했습니다. 한국인 유모도 매우 건강하지는 않았습니다. 그래서 아내가 거의 쉴 수가 없었습니다. 제가 해야 할 일이 많이 있었지만, 할 수 있는 한 최선을 다해 아내를 도왔습니다. 제가 윌슨 의사와 동행하여 배로 영포까지 갔는데, 영포는 강의 상류로 거기서 오웬 목사가 맞이하려고 기다리고 있었습니다. 저희는 작은 배를 타고 정말로 거칠고 맘에 들지 않은 항해를 했습니다. 그리고 사냥을 많이 하지 못해서 실망했습니다. 날이 너무 추워서 사냥감이 강에 있지 않아서입니다. 그런데 저는 이번에 가면서 교회 세 군데를 들렀습니다. 그래서 제게는 가볼 만한 가치가 있었습니다.

바로 지금 저희 신입 선교사들이 매우 우울합니다. 녹스 부인은 계속해서 아주 건강이 좋지 않은데 거의 누워있습니다. 그러기에 남편인 녹스 목사가 어려움을 겪고 언어 공부를 많이 하지 못하게 되며, 집안 살림해야 하는 부담이 그들 부부와 같이 살고 있는 녹스 여선교사에게 돌아가게 되었습니다. 녹스 여선교사는 함께 할 미혼 선교사가 없으며, 우울감으로 많은 고생을 하는 것 같습니다. 마지막으로, 새로 온 의사는 저의 충고와 반대로 오자마자 곧바로 의료 사역에 뛰어들었는데, 과로를 해서 지금은 신경쇠약에 걸릴 지경이며 그에 따라 우울해졌습니다. 맥컬리 목사는 지금 이곳에 없으며 이 치료를 위해서 서울에 갔습니다. 어머니께만 털어놓습니다만, 제가 이런 말씀드려 안타깝지만 맥컬리 목사는 선교지에 맞지 않는 사람으로 보입니다. 그는 총명합니다만, 실수가 잦고, 매우 성미가 까다롭고 대체로 전반적으로 호감이 가지 않습니다. 제가 이 모든 것을 말씀드리는 이유는 저의 기운과 자원을 요구하는 것이 사역 자체뿐만 아니라 다른 것들도 있다는 것을 어머니께서 아시기를 바라서입니다.

제가 담당하는 시골교회(country groups)[105]를 방문하러 떠나기 전에 저는 앞으로 10여 일은 계속 집에 머물며 정리를 하려고 합니다. 제가 4월 15일경에 돌아오면, 아내와 아이들을 광주로 데리고 갈 생각인데, 그 시기에 그쪽 지역에서 제가 담당하는 교회들을 방문할 것입니다.

어머니의 편지는 저희에게 말할 수 없는 위로가 됩니다. 2월 11일 자로 쓰신 최신 편지는 어제 도착했습니다. 어머니께서 다소 좋아지고 계시다는 소식을 듣고 기쁩니다. 어머니나 저는 건강에 대해서, 자신을 돌보는 것에 대해서, 예방 등에 대해서 서로 충고할 입장이 아닙니다. 우리는 서로 너무도 닮았습니다. 그러나, 저는 건강 면에 있어서 유전이 제게 허락하는 한 잘해보겠다고 약속드릴 것입니다! 위그노 주식을 완전히 잃게 되었다는 것을 듣고 안타깝습니다. 그러나 그렇게 되리라 저는 예

---

[105] 'group'은 아래의 Tate의 글에서 보듯 교회의 의미가 있음.
During the past year we have started three new meeting places, and two that were started last year now have quite good congregations. Last Sunday, though a bad day at one of those places, there were 100 out in the morning and fifty out at night. At present I have forty-two groups or churches for which I am responsible. (*Annual Class Letter, McCormick Seminary Class of '92*, Letter No. 31, 1923)

상했었습니다. 아버지께서 곧 편지해 주시면 좋겠습니다.

이 시기에 두 분에 대해 많은 안쓰러움을 느끼고 있습니다. 아버지께서 수입이 될 뭔가를 가지실 수 있기를 바랍니다. 바로 이 중요한 시기에 저희가 돈이 궁하다는 것이 정말 불행한 일입니다. 재정적인 어려움 때문에, 해외선교 실행위원회가 아주 많이 늦어지고 있습니다. 그리고 기금 부족으로 인해 저의 손은 이곳에서의 저의 사역에 묶여 있습니다.

작은딸이 너무도 자랑스럽습니다. 성격도 좋고 얼굴도 예쁘고 언니 미리암이 아기 때 했던 문제를 절반도 일으키지 않습니다! 작은딸이 저와 같은 눈을 가지고 있으나 애 엄마를 닮은 것 같습니다.

가족 모두에게 또한 브리스톨에 있는 친척들에게 사랑을 전합니다. 친척들을 자주 생각합니다. 아내가 제 옆에 앉아 있습니다. 그리고 이 편지에 아내의 사랑을 담아 보냅니다. 아내는 저에게 확실히 위안을 주는 존재입니다. 아내가 없으면 살 수 없습니다. 저처럼 "형편없는" 사람이면서 이렇게 좋은 아내를 얻었던 사람이 있을까요?

어머니의 사랑하는 아들 페어맨 올림

추신: 제가 도착한 이래로 오후 시간을 진료실에서 의사를 위해 통역하는 데 전념하고 있다는 것을 말씀 못 드렸습니다. 확실히, 의사는 인생의 좋은 점을 보고 있습니다.

1908년 3월 24일
한국, 목포

사랑하는 어머니,

편지 기록장에 제 편지를 적는 것을 태만히 해서 어머니에게 편지한 지 얼마나 되었는지 모릅니다. 제가 지난주에 다소 힘든 시간을 보냈기에 지난주에는 편지를 보내지 않은 것이 확실합니다.

미리암이 물에서 놀았는데 기침을 하기 시작하더니 너무 상태가 좋지 않아서 미리암을 그냥 놔둘 수가 없었습니다. 아이를 하루이틀 침대에 있게 했습니다. 아이가 침대에서 나온 바로 그날에 상윤이가 병에 걸렸습니다. 그래서 제가 저의 많은 시간을 부엌에서 보내야만 했습니다. 상윤이가 돌아오자, 유모가 손가락이 감염되어서 집에 "없었(upso)"습니다! 사환은 "배(pai)" 때문에 며칠 쉬었습니다. 그리고 행랑아범은 머리가 아프다며 자버렸습니다! 모든 하인이 다시 제자리로 와있으며 미리암도 건강하고 행복합니다.

저는 미리암이 하는 말을 받아 적을 공책을 한 권 준비해야 할 것 같습니다. 아이가 정말 웃깁니다. 아이가 말한 내용이 아니라 말하는 방식이 종종 우습다는 것입니다. 오늘 아이가 손을 조심스럽게 씻은 다음 "한국 사람들이 나를 오랫동안 못 봤어"라고 하더니 자기 아빠의 서재로 가서 찾아온 손님들에게 자신을 보여주어야겠다고 하지 뭡니까! "오웬 이모(Aunt Gween)"는 제대로 알아봤는데 생각이 많은 표정을 짓더니 "올리 할머니는 어디에 있어요"라고 물었습니다. 녹스 부인이 아기의 사진을 보고 있을 때, 미리암이 들어와서는 자기가 올리를 봐야겠다고 하는 겁니다. 오늘은 빈 과자 상자를 보더니 "더 사야겠어요. 여기에 '상점'이 있나요?"라고 물었습니다. 오늘 일본인 조계지로 데리고 갔습니다. 가던 중 미리암은 작은 빨간 수레에 탔다가 그 수레를 끌고 가기도 했습니다.

미리암은 줄곧 한국인들과 일본인들 모두에게 큰 구경거리였습니다.

오늘 오후 미리암이 장미 심는 것을 돕고 있었습니다. 제가 가져온 장미들입니다. 자기가 "장미를 만든다"며 소리 질렀습니다. 어머니, 정원에 쓸 씨앗 전부가 수에즈 운하를 통과하게 된 상자들 속에 있다는 것을 아시나요? 만약 그 상자들이 보내지지 않았고 어머니께서 받게 되면, 씨앗을 꺼내서 소포로 보내는 편이 나을 것입니다. 그렇게 하는 것이 저희에게 도움이 될 것입니다. 양파는 버리시는 것이 좋겠어요. 오웬 부인이 구근 식물이 든 상자를 마침내 받았습니다.

어젯밤 다니엘 의사 부부의 어린아이[106]가 사망했다는 아주 슬픈 소식을 들었습니다. 맥컬리 목사가 며칠 전 군산을 들러서 왔는데 아이가 심하게 아픈 것을 알게 되었습니다. 군산에서 맥컬리 목사에게 말해서 버드만 의사를 불러왔습니다. 버드만 의사가 금요일에 올라갔는데 지난 밤 즉 월요일에 아이가 죽었다는 전보를 저희가 받았습니다. 남편이 그 전보를 제때 받았다면 군산으로 올라갔을 것입니다. 그 아이 엄마(Sadie)에게 어머니가 편지해 주시면 좋겠습니다.

케이트와 플로렌스에게서 편지를 받았습니다. 둘 다 사랑의 인사를 어머니에게 전했습니다. 그 두 사람은 얼린 때문에 무척이나 마음이 좋지 않습니다.[107] 얼린은 아이가 태어난 이후 한 번도 건강하지 못했는데 수술받지 않으면 건강해지지 않을 것이라고 두 자매는 생각합니다. 그런데 수술을 받기에는 심장이 너무 약합니다. 그래서 두 사람이 근심하고 있습니다. 의사는 얼린이 아주 조용한 곳으로 가서 여름을 보내기를 바랍니다. 제 생각에는 목포보다 더 조용한 곳은 없을 것 같지만 여기는

106　Thomas Hall Daniel(1907.2.13~1908.3.23).
107　세 사람은 친자매 사이임. Florence Smith Rodd Castle(1877.1.24~1918.1.7) Alina Hardy Rodd Stuart(1879.8.29~1926.6.5), Kate Hall RoddKate Hall Rodd Moffett (1882.1.8~1961.9.30). 1905년 6월 17일 자 편지 참조.

사람이 너무도 붐벼서 그녀를 편하게 만들어주지 못할 것 같습니다.

목요일

어제 옷장 청소에 몰두하느라 편지를 마치지 못했습니다. 좋은 것들에 대해 말하지 않고서 어머니에게 이 편지를 보내고 싶지 않았습니다.

한 번 더 방해받았습니다. 그래서 지금은 금요일 아침이며, 남편은 시골로 가기 위해 짐을 준비하고 있습니다. 내일 아침에 떠나서 약 10일이나 2주 정도 나가 있을 것입니다. 남편이 돌아오면 곧 저희는 광주를 방문할 것입니다.

증기선 기적 소리가 들립니다. 그래서 더 이상 편지를 쓰지 못하겠습니다.

모두에게 사랑을 전합니다.

사랑하는 애니 올림

1908년 4월 15일
한국, 목포

사랑하는 아버지와 어머니,
　두 분께 편지를 드리고 3주 정도가 지난 것 같습니다. 마지막 보낸 편지를 편지 기록장에 적었는데 2월 22일이었습니다. 이렇게 된 것에 대해서 저는 정말 짜증이 납니다만 어쩔 수 없었습니다. 제가 시골에 있느라 목포에 없었으며 돌아온 이후 할 일이 너무도 많았기 때문입니다. 지난주에 부모님께 엽서를 보내드렸습니다. 아내도 고향에 어떤 편지도 쓸 수가 없었습니다. 그래서 모두 염려하시지 않았을까 염려됩니다. 그런데 소식이 없다고 해도 걱정하지 마십시오. 저희가 전보 암호 책을 가지고 있어서 좋지 않은 일이 있다면 정말 빠르게 연락이 될 것입니다.
　지금 목포선교부에 있는 모든 선교사가 건강하다는 것과 사역이 만족스럽게 진행되고 있다는 말씀을 드리게 되어 기쁩니다. 그런데, 미리암이 심한 기관지염으로 며칠째 고생하고 있었는데, 강하게 치료했더니 지금은 훨씬 좋습니다. 아이가 한국에 돌아온 후 두 번째 걸린 것이라서 옛날에 아이가 쉽게 감기 걸렸던 것을 생각해 보니 이쪽 관련해서 특별한 조심을 해야 할 것 같습니다. 날이 따뜻해지면 아내가 찬물로 매일 목욕을 시켜야 할 것 같고 목욕을 겨울까지 시켜야 할 것 같습니다. 이렇게 병에 걸리자, 저희가 광주 가는 계획을 미뤘습니다. 화요일에 출발할 의도였습니다만 주일 이후에나 출발할 것 같습니다. 이 일로 저의 순회전도여행 계획이 큰 어려움을 겪었습니다. 제가 아픈 아이를 두고 나갈 수가 없기 때문입니다. 목포 시내 사역이 많아서 저의 시골 지역 사역이 극도로 뒤처졌습니다. 이것 때문에 저는 조사인 임성옥을 올해 평양신학교에서 데리고 올 수밖에 없었습니다. 신학교 학기는 4월 1일 시작하여 3개월 동안 진행됩니다. 한국의 신학생들은 신학교를 5년 다니는데, 각

3개월씩 수업을 듣고 나머지 9개월은 전도자로 일합니다. 미국에서도 그렇게 하는 것이 나쁜 생각은 아닌 것 같습니다. 미국에서는 일반적으로 본격적인 목회를 완전히 초보로 시작합니다.

제가 말씀드렸던 훌륭한 젊은 교사가 마침내 4월 1일에 가르치는 일을 시작했다는 말씀을 드리게 되어 기쁩니다. 학교는 아주 잘되고 있습니다만 해외선교 실행위원회는 평상시처럼 경제적으로 좋지 않은 상태라 봉급 말고는 지급하지 않습니다. 스파턴버그(Spartanburg) 교회도 현재의 자금 압박이 있는 동안은 새로운 학교 건물에 대해서 어떤 것도 할 수 없다고 합니다. 저는 여기에 손 벌리고 가만히 앉아있을 수만은 없습니다. 제 친구가 저에게 편지해서는 밀고 나가라고 하면서 자신이 후원하겠다고 했습니다. 그래서 남학교 새 건물이 가을에는 완공될 수 있기를 기대하고 있습니다. 최근에 학교 종을 설치했습니다. 이 종은 스파턴버그 교회 왓킨스 목사의 사위인 보그스(Boggs)[108] 씨의 선물입니다. 그래서 학교가 잘 운영되고 있습니다. 전에는 대부분 학생의 가정에 시계가 없어서 매일 아침 정확한 시간에 시작하는 것이 거의 불가능했습니다. 학교를 시작하는 일반적인 규칙은 "아침 먹고"입니다. 그런데, 보석상인 윌슨 씨에게 말씀해 주셨으면 합니다. 제가 제 조사와 일꾼들에게 시계를 정가보다 싼 가격으로 갖게 해줬다는 것과 그들이 시계에 대해서 너무도 좋아한다는 것을요. 단 하나의 시계를 제외하고 잘 맞고 완벽한 만족을 줍니다. 그 사람의 친절함과 관심에 저는 무척 고마움을 느낍니다. 아내의 시계 비용과 중앙장식대에 대한 세금 등을 처리하시라고 20달러 환어음을 어머니께 보내드렸습니다. 그것을 받으셨기를 바랍니다.

미국으로 가던 중인 맥커첸 목사, 전킨 부인, 전킨 부인의 아이들이 1주일 전에 이곳을 지나갔습니다. 참 안타깝게도 저는 시골에 있어서

---

[108] Ralph Erwin Boggs(1872.10.29~1966.7.30). 엔지니어(Mechanical Engineer).

그들을 볼 수 없었습니다. 저희는 맥커첸 목사를 통해서 어머니께 드릴 놋쇠 촛대 한 쌍을, 짐에게 줄 일본 가방 하나를, 그리고 컷 벨벳 하나를 보냈습니다. 컷 벨벳은 어머니께서 저의 프린스턴 대학 친구에게 결혼 선물로 보내주시면 좋겠습니다. 제가 그 친구에게 주소를 어머니께 보내라고 편지했습니다. 그러니 주소를 받을 때까지 그 물건을 가지고 계시다가 소포로 보내십시오. 친구의 이름은 W. W. Forsythe고 이전 주소는 Ben Avon Pa.였으나 확실하지 않아서 그 주소로 물건을 보낼 수는 없었습니다.

저희가 맥커첸 목사를 통해서 더 이상 보낼 수가 없었습니다. 부탁받은 것이 많다는 걸 알고 있었기 때문입니다. 그는 훌륭한 사람이며 뛰어난 선교사입니다. 그와 결혼할 여성은 하운셀(Miss Hounshell) 선교사로 루럴 리트리트에 살고 있기에 저는 어머니의 가정에서 그 사람을 만나는 즐거움이 있을 거로 확실합니다. 그는 그녀와 결혼하고 가을에 한국으로 나올 예정입니다. 그는 에디스 맥커첸의 사촌입니다. 하운셀 선교사는 남감리회 선교사로 한국에 5년간 있었습니다. 아주 훌륭한 여성입니다. 우리 남장로회 한국선교회는 운 좋게도 그녀를 얻게 되었습니다.

전킨 부인은 선교사들의 영웅적인 면을 보여주는 좋은 본보기입니다. 남편과 세 아이가 묻혀있는 군산을 떠나면서 그녀는 "저에게 두 아들이 있습니다. (두 아들은 약 15세인 사내다운 아이들입니다.) 하나님께서 두 아들을 원하시면 두 아이는 한국으로 돌아올 것입니다"고 말했습니다. 부양가족이 이 아들들과 어린아이 둘인데, 곧 한 아이가 태어날 것으로 알고 있습니다. 정말 안타깝습니다![109]

---

[109] Junkin 부부에게 총 8명의 자녀가 있었음. 그중 첫째 George Garnett Junkin(1893. 4.23~1894.1.30), 넷째 Sidney Moreland Junkin(1899.1.8~1899.3.17), 다섯째 Frances M Woods Junkin(1900.4.3~1903.4.23)가 한국에서 태어나고 사망함. 나머지는 둘째 Rev. Edward Leyburn Junkin(1894.8.23~1982.5.18), 셋째 Dr. William McCleery Junkin Jr.(1896.5.28~1963.6.11), 여섯째 Dr. Marion Montague Junkin

지난번 시골 전도여행이 아주 좋았습니다. 제 담당 지방 중 가장 전망이 좋은 곳으로 가서 교회 네 곳을 방문했으며 80명을 세례문답했습니다. 그 지역에 복음이 처음 전파된 것이 3년도 되지 않았는데, 저희가 지금 수확하고 있습니다. 한 교회와 관련하여 주목할 만한 점은 38명을 세례문답했는데, 24명이 50세가 넘었다는 것입니다. 이곳에서는 젊은이들뿐만 아니라 노인에게도 복음이 새롭고 생기 있는 것입니다.

아이들을 조금이라도 보실 수 있으면 좋겠습니다. 아주 빨리 자라고 성장하고 있습니다. 작은딸은 벌써 이가 났습니다! 6개월도 안 되었는데요, 이 점을 어떻게 생각하세요? 그런데 아버지께서는 이가 난 것이 한 달 더 빨랐지요?

아버지께서 설교하신다는 소식을 듣고 기쁩니다. 계속하실 수 있으시면 좋겠습니다. 류마티즘으로 아버지께서 고생하셨고, 어머니께서는 소화불량으로 고생하셨습니다. 그런데 두 분 모두 다 이겨내셨을 거라고 믿습니다. 어머니께서 이 힘든 시기에 학교 일을 하지 않으셔서 다행입니다. 그러시지 않나요?

플로이의 편지를 매우 즐겁게 읽었습니다. 제가 곧 답장을 할 수 있으면 좋겠습니다. 짐도 평상시처럼 좋은 편지를 보냈고, 바크먼도 그렇게 했습니다. 올해 바크먼이 잘 성장하고 있다는 것을 볼 수 있습니다. 여름 동안에 할 좋은 직업을 갖게 되기를 바랍니다.

현재로서 더 이상 쓸 내용이 없습니다. 두 분께 많은 사랑을 전해드리는 데 아내도 함께 합니다. 남편과 다른 일들은 말할 것도 없고 아이들과 식객으로 있는 사람들 때문에 아내가 계속 바쁘게 움직이는 것이 상상되시지요. 랭킨 선교사가 저희를 방문하고 있습니다. 참 좋은 젊은 여성입니다.

(1905.8.23~1977.6.18), 일곱째 Mary Moreland "Toya" Junkin(1907.3.9~1960.2.15), 여덟째 Alfred Caruthers Junkin(1908.8.13~1980.9.24)임.

1908년 4월 18일
한국, 목포

사랑하는 어머니,

이번 주는 광주에서 편지를 드릴 예정이었으나 여기 목포에 저희가 돌봐야 할 아픈 사람들이 너무도 많아서 저희는 이곳에 있으며, 벨 목사 부부와 오웬 목사 부부를 볼 것을 여전히 학수고대하고 있습니다.

전킨 부인과 아이들, 맥커첸 목사, 그리고 모어랜드(Miss Moreland)[110] 양이 4월 5일 일요일 이곳을 거쳐 갔습니다. 저는 전킨 부인을 못 만났습니다. 저는 아침과 점심을 먹는 손님들을 위해 준비하는 일과 아이들 때문에 너무 바빴고, 전킨 부인은 빗속에서 아픈 아이들 둘을 데리고 올 수는 없었기 때문입니다. 그들 일행과 같이 내려온 랭킨 선교사가 저희를 방문하고 있습니다. 그녀가 온 것이 정말 좋습니다.

4월 23일

제 편지가 거기서 중단되었습니다. 항구에 뱃소리가 들립니다. 그래서 이 편지를 그 배에 보내고 싶습니다.

어제 집에 있던 무리가 광주로 떠났습니다. 남편이 그들과 함께 영포까지 갔습니다. 남편은 나주 주변에서 약간의 순회전도여행을 할 것이고 다음 월요일 저 때문에 돌아올 것입니다. 저는 아기가 여정을 같이 할 만큼 건강하지 않아서 가지 않았습니다. 아기는 기관지염과 편도선염이 있고, 이가 나고 있습니다. 저희가 보니 이가 하나는 잘 나와서 나머지도

---

[110] Elizabeth Moreland(1883.5.17~1967.11.20) 전킨 부인의 조카. 전킨의 자녀들을 가르치기 위해서 내한하였다. 전킨 목사 사후 전킨 부인과 함께 귀국함. 넬리 랭킨 저, 송상훈 역, 『기전여학교교장 랭킨선교사 편지』(보고사, 2022), 1907년 11월 4일자 편지 참조.

쉽게 나오리라 생각했는데, 버드만 의사의 말로는 부풀어진 잇몸이 문제의 주원인이라고 합니다. 아기는 일광욕하러 나갔다 왔습니다. 어제와 오늘은 아기가 딸랑이를 가지고 평상시처럼 잘 놀았습니다. 아기가 혼자서 약간 앉아 있다는 것에 대해서 편지했던가요?

미리암이 아프기 전에, 기관지염으로 거의 1주일 누워있었습니다. 유모는 이틀간 아팠습니다. 사환은 팔에 백신을 맞고 이틀간 쉬고 있으며, 상윤이는 이틀간 웅크리고 있습니다. 한국에서 이보다 힘든 시기는 없었던 것 같습니다. 그 결과 저도 너무 피곤하고 신경이 날카로워서 저도 아픈 것은 아닌지 생각이 들었습니다. 그런데 저는 다른 것이 아니고 단지 감기였습니다. 며칠간 숙식하는 사람들이 없어서 쉴 수 있어서 다행입니다. 제가 먹고 싶은 마음이 없으면 밥을 먹지 않아도 됩니다.

바로 이때 제가 "가벼운 식사"를 위해 멈췄습니다. 미리암이 여전히 식탁에 있습니다. 오늘 좋아하는 것이 아주 많이 있어서 식사를 마치는데 시간이 걸립니다. 거의 매일 좋은 생선을 먹었습니다만 생선이 약간 물려서 점심으로 소고기를 먹었습니다.

어제 은제품을 정리하다가 제가 돌아오고 나서 짐을 풀지 않은 것 중 몇 개를 봤습니다. 저는 미리암에게 프린스턴 수저를 주면서 메리 고모(Aunt Mary)가 줬다고 말했습니다. 미리암은 깊이 생각하는 표정을 지었지만 아무 것도 기억하지 못했습니다. 마침내 "메리 고모가 큰 배에 타서 이것을 나에게 가져왔어요?"라고 했습니다. 미리암은 남두와 상윤이를 불러 수저를 보여줬습니다. 매덜린(Madeline)이 가슴에 옷을 걸치고 침대에 누워있는 것을 발견했습니다. 미리암은 "매덜린이 뜨거운 물주머니를 하고 있어"라고 했답니다. 지금 미리암은 "여동생" 옆에 있으며 동생에게 "산타클로스"와 동요 "올드 킹 코울"[111]에 대해 말해주고 있습니다.

---

[111] 'Old King Cole was a merry old soul, And a merry old soul was he'로 시작하는 동요.

제가 어린 딸에게 크리스마스에 주려고 딸이 태어나기 전에 은색 딸랑이가 있는 아이보리 고리 중 하나를 샀다는 것을 기억하시지요.

어머니가 3월 20일 보내신 편지를 4월 21일 받았습니다. 편지를 받고 유난히 기뻤습니다. 지난 우편물에 있었던 간략한 책자가 재미있기도 하고 내용도 좋지만, 어머니의 편지를 좀처럼 대신하지 못하기 때문입니다. 어머니께서 건강이 좋아지셨다니 기쁩니다. 최선을 다해 몸 관리하세요. 어머니와 메임 고모(Aunt Mame)가 사촌 엘렌(Cousin Ellen)을 방문할 것이라 정말 기쁩니다. 소중한 사람들에게 저의 사랑을 전해주세요. 제가 편지를 정말 쓰고 싶지만, 어린아이가 둘이 있고, 식객이 두 명 있고, 아픈 하인들이 있고, 저 자신도 특별히 튼튼한 편이 아니라서 언제 제가 편지를 하게 될지 모릅니다. 랭킨 선교사가 이곳에 있는 동안 그녀와 함께 저녁 시간을 많이 보냈습니다. 제가 좀 더 체계적으로 되어보려고 노력하겠고, 제가 하고자 하는 것을 다 할 수 있는지 살펴보겠습니다.

많은 사랑을 보내드립니다. 어머니가 너무도 그립습니다.

사랑하는 애니 올림

1908년 4월 24일
한국, 목포

사랑하는 아버님과 어머님,

목포에 도착하고 꼭 두 달이 되었는데 제가 한 글자도 써 보내지 않았던 것 같습니다. 정말 힘든 시간을 보냈습니다. 한국으로 오는 여행 이후 너무도 피곤하고 신경이 날카로워서 짐을 푸는 것, 정리하는 것, 식객들에게 식사 제공하는 것, 그리고 많은 시간, 아픈 아이를 돌보는 것을 할 준비가 되어있지 않았습니다. 미리암은 기관지염을 두 번 앓았고, 애니 새넌은 기관지염과 편도선염에서 이제 회복하고 있습니다. 하인들도 돌아가며 아팠습니다. 그래서 저는 "고요한"도 "아침"[112]도 거의 찾을 수 없었습니다.

넬리 랭킨 선교사가 저를 찾아왔는데 그녀와 정말 즐겁게 보냈습니다. 그녀는 이곳에서 1주나 10일 정도 보내고 저희와 함께 광주로 갈 생각을 하고 전킨 부인과 맥커첸 목사와 함께 내려왔습니다. 미리암이 먼저 아팠고, 다음에는 어린 "여동생"이 아팠습니다. 그래서 넬리가 2주 넘게 머물렀습니다. 수요일에 의사가 판단하기를 아기가 광주로 갈 만큼 건강하지는 않지만, 목포에 두고 갈 수는 있을 것이라 했습니다. 그래서 랭킨 선교사, 녹스 여선교사, 버드만 의사, 남편, 맥컬리 목사가 점심 먹은 직후 떠났습니다. 식객들을 위해 하루에 세 끼 제공할 필요가 없어서 큰 휴식이 되었습니다. 그런데 남편이 없으니 너무 외로웠습니다. 남편이 저희 모녀들이 갈 수 있을 때까지 기다렸으면 얼마나 좋았을까라고 생각했지만, 남편이 할 일이 쌓여있어서 가야만 한다고 느끼고 있었습니다. 아이들 둘 다 건강하다면 남편은 월요일에 목포로 내려와서 화요일

---

112 우리나라를 일컫던 '고요한 아침의 나라(The Land of Morning Calm)'을 빗대서 표현함.

에 저를 데리고 올라갈 것입니다.

어린 딸 둘 다 엄청나게 살이 빠져서 다소 창백하고 말라 보입니다. 제 생각에 여행을 하면 아이들에게 좋을 것 같습니다. 오웬 부인과 벨 부인과 다시 있게 되면 저에게도 도움이 될 것을 알고 있습니다. 그곳 광주에는 저희의 관심을 끌, 저희 집에 관한 많은 것이 있을 것입니다. 저는 다른 누구보다 윌슨 의사가 저희 집에서 있었으면 합니다.

녹스 여선교사는 좋은 젊은 여성이고 저에게 큰 도움입니다. 아이들을 정말 좋아해서 남편이 없을 때 저와 같이 있으면 안 되냐고 사정합니다. 이번에 그녀도 없어서 제가 두 배로 외롭습니다.

하인들에 대해 물어보셨죠. 요리사는 전과 같습니다. 빵을 잘 굽고 필수적인 음식을 아주 잘 요리합니다. 저는 새로운 요리나 다소 어려운 후식 음식을 제외하고 별로 할 것이 없습니다. 불행히도 요리사는 튼튼하지 못합니다. 그래서 제가 온 이후 두 번이나 누워있었습니다. 사환은 아주 만족스러우며 집을 청결하게 하는데 자부심이 있고 빨래와 다리미질을 아주 잘합니다. 홉킨스 부인이 그 사환을 가르쳤습니다. 유모는 오웬 부인이 훈련한 사람으로 저는 유모를 항상 좋아했습니다. 조용하고 근면하며 아이들보다는 제 말에 순종합니다. 그런데 이 점은 한국 유모에게서 주목할 점입니다. 행랑아범은 성격이 좋고 저의 화단에 물도 주고 잡초도 뽑아줍니다. 그래서 저에게는 잘 맞는데, 그 사람이 말을 먹이지도 않고 채소밭도 가꾸지 않기 때문에, 남편이 썩 좋아하지는 않습니다. 저희는 하인이 네 명인데, 버드만 의사에게 사환이 한 명, 맥컬리 목사에게 사환이 한 명 있기에 이곳에 하인이 여섯 명 있습니다.

이 편지는 대부분 집안일에 관한 내용입니다. 저는 요즈음 집에서 일어나는 것 말고는 아는 것이 없습니다. 저는 한국인들과 더 가까이 접촉하고자 합니다. 방문도 하고 성경 공부반도 하려고 합니다. 제가 선교 사역에 참여하지 않으면 이곳에서 결코 행복할 수 없다는 것을 알고 있습니다. 남편과 저는 한국어를 공부하면서 여름휴가를 보낼 계획입니다. 남편과 함께 공부할 기회를 가진다면 정말 기쁜 일일 것입니다. 남편에게 스콧 목사 목사를 보러 칭다오에 가라고 사정했습니다만, 남편은 가족과 다시는 떨어지지 않겠다며 거절합니다. 두 분 모두 다소 좋아졌다는 것을 알고 매우 기쁩니다. 따스한 봄 날씨가 곧 찾아와서 고통이 사라지기를 바랍니다. 가족들 모두에게 사랑을 전합니다. 직접 얼굴을 맞대고 두 분을 뵙고 싶은 마음이 간절합니다.

      사랑하는 애니 올림

1908년 5월 7일
한국, 광주

사랑하는 어머니,

저는 이곳 광주에 아내와 하루 정도 있습니다. 제가 순회전도여행을 하던 광주 근처의 시골 지역에서 급히 달려왔습니다. 아내는 지난 목요일부터 이곳에서 아이들과 같이 있었으며 오늘까지 벨 목사 부부를 방문하고 있었습니다. 시골 지역이 지금 아름답습니다. 녹색 카펫이 깔려있는데, 야생화가 풍성하게 피어서 반짝입니다. 온갖 색조의 제비꽃, 진달래, 미나리아재비 등이 있습니다. 광주에 있는 저희 집은 좋아 보입니다. 과일나무들이 잘 자라고 있는데, 그중 많은 나무가 꽃을 활짝 피웠습니다. 아내가 많은 생각과 비용을 쏟은, 이렇게 아름다운 집에서 있을 수 없기에 아내는 매우 우울할 것이 틀림없습니다. 그러나 아내는 그런 감정을 보이지 않습니다. 아내는 정말 어렵고 힘든 상황에서 아주 용감한, 성격 좋은 여인입니다. 아내가 저 없이 이곳에서 대부분을 보내는 것에 동의하지 않는다면, 내년 봄 이전에는 이곳 광주로 옮겨 올 전망이 많지 않다고 봅니다. 그런데 아내는 저 없이 있어야 하는 상황을 피하기 위해서면 무엇이라도 기꺼이 하겠다고 합니다. 아내는 이곳에서 오웬 부인을 1주일간 방문할 예정입니다. 그런 다음 제가 다시 광주로 와서 아내를 목포로 데리고 갈 것입니다. 미리암은 다른 어린이들과 지내는 것을 엄청나게 좋아합니다. 그래서 이런 면에서 아내에게 짐이 거의 되지 않습니다. 목포에서는 그 아이가 너무도 외로워서 아내가 그 아이와 대부분을 함께 있어야 합니다. 어제 광주선교부의 모든 식구가 산으로 소풍을 갔습니다. 산의 중간 부분에 절이 있습니다. 그곳에서 일부는 아이들과 머물렀고, 일행 대부분은 정상까지 갔으며, 점심 먹으러 절로 돌아왔습니다. 우리 모두가 이번 소풍을 매우 즐겼는데, 아이들이 가장 많이 즐거워했습니다.

아내는 저의 조랑말을 탔습니다. 광주부터 저와 함께 타고 갔으며 말타기를 즐겼습니다. 미리암은 아기와 유모와 함께 가마를 타고 갔습니다. 자기는 다 컸으니 "아빠"와 같이 말을 타고 싶다고 해서 저는 미리암을 제 앞에 태웠습니다. 제 앞자리에서 아이는 광주까지 20마일을 타고 갔으며, 조금이라도 피곤하다는 것을 인정하지 않았으며, 다음날 피곤한 척도 하지 않았습니다. 아이가 5세가 되기 전에 자기의 말을 원할 것이 틀림없습니다. 애니 섀넌은 이가 두 개 났으며 빠른 속도로 자라고 있습니다.

저희가 목포를 떠난 이후 정말로 바쁜 시간은 보냈는데 잠시 매우 힘든 시기이기도 했습니다. 가장 최근에 제가 머물렀던 곳에서는, 벼룩들이 절반쯤은 굶주려서 우리는 잠을 잘 수가 없었습니다. "우리"라고 하는 것은 제가 두 명의 신규 선교사들을 데리고 갔기 때문입니다. 그들은 제대로 선교사의 삶을 맛보았고, 벼룩들도 마찬가지였습니다! 며칠간 비가 엄청나게 쏟아져서 저의 사역에 많은 어려움이 있었습니다. 그래서 제가 사역을 끝내지는 못했어도 돌아와서 기뻤습니다. 목포에서 제가 할 일이 너무 많아서, 저의 시골 사역이 매우 많이 뒤처졌으며, 저는 적어도 한 달은 더 시골로 계속 나가 있어야 할 것입니다. 벨 목사가 평양에 있는 신학교에서 6주간 가르치기 위하여 곧 평양으로 떠날 것입니다. 어쩔 수 없이 그를 보내야만 합니다. 저는 목포 방향의 시골 사역을 위해 오늘 점심 먹고 떠날 것인데, 돌아오기 전 목포에서 하루는 있게 될 것 같습니다. 저의 사역을 계속하기 위하여 미국에서 융자받는 것을 협상하고 있습니다. 만약 협상 결과에 실망하지 않는다면, 저희는 목포에서의 학교 건물에 대한 일을 즉시 시작할 것입니다. 공황 때문에 저희가 이미 엄청나게 어렵게 되었으며, 저희의 근심과 짐이 훨씬 커졌습니다.

저 멀리 떨어져 있는 자녀들이 깊은 사랑을 전합니다.

　　　　사랑하는 페어맨 올림

1908년 6월 2일
한국, 목포

사랑하는 아버지와 어머니,
　제가 편지 기록장에 적은 마지막 편지는 5월 7일 어머니께 보낸 편지입니다. 그런데 그 편지가 제가 쓴 마지막 편지는 아니었다고 믿습니다. 저는 서한 면에서 엄청나게 굼뜨다고 느끼며 편지를 드리는데, 최근에 제가 사무적인 일에서 처리할 모든 일을 제대로 못 하고 있습니다. 저는 아주 많은 시간을 시골에서 보내고 있었습니다. 돌아오자마자 제가 없는 동안 아주 많이 쌓여있는 목포 시내 사역을 처리하느라 정말로 바빴습니다. 결과적으로 저는 이러지도 저러지도 못합니다. 그런데 저는 내일 여름 동안 실질적으로 마지막인 육지 순회전도여행을 떠납니다. 그리고 그 후는 더 잘하길 희망하고 있습니다.
　최근 어머니로부터 서너 통의 좋은 편지를, 플로이에게서 한 통을, 아이다에게서 한 통을, 짐과 바크먼에게서도 한 통씩을 받았습니다. 비록 제가 신속하게 답장을 못하지만, 말할 필요 없이, 모든 편지를 항상 크게 고마워하고 있습니다.
　우리 사역은 크게 성장하고 있습니다. 최근 주일에 제가 이곳에서 많은 수를 학습교인으로 받아들이는 것에 더하여 28명의 성인에게 세례를 베풀었습니다. 남쪽 지방으로 가서 세 군데 교회에서 일하고 돌아왔습니다. 그곳에서 저는 20명에게 세례를 주고 그만큼을 학습교인으로 받아들였습니다. 신문에서 가장 큰 도시 교회의 유명한 목사님들이 성례식 기간에 15명 또는 20명의 세례교인을 세웠는데 그중 절반은 우편을 통해 세례가 이루어졌다는 것을 보고서 저는 미국에서 목회한다면 매우 불행할 것이라는 느낌이 들었습니다. 그런데 만약 제가 미국에 있다면, 저는 교인들을 외국 선교회에 특화시킬 것입니다. 이곳에 있는 학교 건물은 진행 중입니다만, 스파턴버그 교회는 약속한 금액의 절반만 제공했습니다. 저는 건물을 즉시 완성해야만 해서, 남은 금액을 맞추기 위해 동분서주하고 있습니다. 앞뒤 균형 있게 짐을 져야만 하는 일이 정말 어렵습니다. 모든 곳에서 매우 힘든 시기입니다. 일본에서도 마찬가지입니다. 은행과 사업체들이 수 주일째 망하고 있습니다.

아내는 여학교에서 가르치고 있으며 여성들을 위해 매일 성경 교실을 열고 있고 매우 열심히 공부하고 있습니다. 아내는 편지할 기회가 많지 않습니다. 아이들은 빠른 속도로 잘 자라고 있습니다. 아기는 이가 세 개 났고, 짧은 옷을 입습니다. 그리고 기어다닐 것을 생각하기 시작합니다. 아주 예쁜 아이며 금발입니다. 미리암은 엄마에게 많은 어려움을 주지만, 제가 생각했던 것보다는 훨씬 온순하여 다루기 어렵지 않습니다. 제 딸들이 아주 자랑스럽습니다. 미리암이 한국어로 말하기 시작합니다.

그레이엄(Graham)[113]의 결혼식에 초대받지 못했습니다. "안 보면 멀어진다"는 사례라고 저는 생각합니다. 그들이 저를 좋게 생각하고 있다는 것을 알기 때문입니다. 시간이 나면 그들에게 편지하겠습니다.

저희가 이번 여름에 바크먼이 추가적인 공부를 하도록 도울 입장이

---

[113] C. E. Graham의 둘째 Susie Graham Reeves(1886.7.13~1967.9.16)와 Richard Early Reeves Sr.이 1908년 4월 15일 수요일에 올린 결혼식에 초대받지 못했다는 내용.
Invitations to Miss Graham's Marriage.
Mr. and Mrs. Charles E. Graham, of Greenville, S. C., have issued invitations to the marriage of their daughter, Miss Susan, to Mr. Richard Earle Reeves, of New York. The cards, which were received here yesterday, read as follows: "Mr. and Mrs. Charles Edgar Graham request the pleasure of your company at the marriage of their daughter, Susan, to Mr. "Richard Earle Reeves, on the afternoon of Wednesday, the fifteenth of April at four o'clock, at two hundred and ten Broadus avenue, Greenville, South Carolina."
Enclosed are cards reading:
"Will be at home after the first of May at 321 West 94th street, New York."

안 되어 미안합니다. 저희는 가을에 바크먼을 돌려보냈으면 합니다. 이번 여름에는 바크먼이 공부해야 할 것입니다. 그것이 바크먼에게 도움이 될 것입니다.

인제 그만 써야 합니다. 집에 돌아가면 편지드리겠습니다.

사랑하는 아들 페어맨 올림

1908년 6월 13일
한국, 목포

사랑하는 아버지와 어머니,

제가 약 10일 전에 시골로 떠나면서 고향집에 있는 누군가에게 편지를 한 통 보냈습니다. 그때 이후로 편지를 받지 못했습니다만 내일 우편물 받기를 기대하고 있습니다. 모든 면에서 정확한 일정대로 움직인 아주 훌륭한 순회전도여행을 마치고 이틀 전에 집에 왔습니다. 비가 한 방울도 내리지 않았는데 연중 이 시기에는 다소 이상한 일이었습니다. 3주에 걸쳐서 비가 내리지 않았는데 지금이 모를 심는 철이라서 농부들과 일반 사람들이 심각하게 보고 있습니다. 모두가 하루 벌어 하루 먹고 사는 나라에서 기근은 끔찍한 일이 될 것입니다. 이 기근에서 구원해 달라고 저는 기도합니다. 위에서 언급한 전도여행에서 네 곳을 방문했습니다. 두 곳은 확실히 자리를 잡았으며 좋은 예배당이 있습니다. 두 곳은 새로운 교회로 아직 예배당은 없습니다만 발전 전망이 아주 좋습니다. 모두 100명의 지원자를 문답하여 23명에게 세례를 베풀고 48명은 학습교인으로 삼았습니다. 주일날 네 교회 중 가장 큰 교회에서 제가 연합세례식을 주관했습니다. 그곳에서 30명이 넘는 사람이 처음으로 주님의 식탁에 앉게 되었습니다. 저는 그 세례식처럼 인상 깊은 예식에 참석해 본 적이 없었던 것 같습니다. 한국인 남녀는 성만찬 식탁을 보자 크게 울고 얼굴을 땅에 대고 죄를 자복하며 자신들을 받아들여달라고 간구했습니다. 제가 그날 아침 세례를 준 남자 중 한 명은 저의 오래된 친구인데 저는 그에게 특별한 관심이 있습니다. 그 사람은 83세인데 눈도 맑고 지치지 않은 정력을 가지고 있습니다. 그날 아침 예식에 참여하기 위해서 10마일을 걸어오면서 그가 쉽사리 읽는 성경과 찬송가를 가지고 왔습니다. 그런데, 미국에서 최신 포켓 성경 연맹이라는 운동이 있다고 하는데, 회원들이 성경을 가지고 다니면서 매일 한 장(章)씩 읽자고 다짐하는 것이라는 것을 봤습니다. 비록 한국 세례자들이 포켓 성경을 가지고 다니는 사치를 알지는 모르지만, 그들 중 포켓 성경 연맹의 회원이 아닌 사람은 거의 없다는 것이 저의 정직한 믿음입니다. 사실, 이곳에서 옷 속에다 성경을 지니고 다니는 사람은 동료 기독교인들이 의심하게 됩니다. 이번에 맥컬리 목사와 함께 갔으니, 제가 신입 선교사들을 현장에 익숙해지게 하려고 하는 것을 아실 것입니다.

돌아와 보니 테이트 선교사가 있었습니다. 미국으로 가는 중에 잠깐 저희를 방문하고 있습니다. 아주 뛰어난 선교사인데 두 분께서 그녀를 만나보셨으면 합니다. 테이트 선교사는 이번 여름 몬트리트에 있는 선교대회(Missionary Conference)에 참석할 것입니다. 두 분이 테이트 선교사와 교신을 원하시면 내슈빌에 있는 실행위원회에 편지를 맡기면 됩니다. 해리슨 목사도 미국으로 가는 중에 지나갔습니다만 저는 그를 만나지 못했습니다. 제 가족 모두가 건강이 좋은 것을 보고 기뻤습니다. 아내는 전도부인 한 반을 가르치고 있었고, 여학교에서 가르치고 있었으며 매우 바빴습니다. 그런데 저는 오늘부터 학교 문을 닫고 아내와 아이들을 배에 태워서 가까운 섬으로 곧 소풍을 가려고 합니다. 딸들은 정말로 매력적이며, 매일 잘 크고 있습니다. 제가 할 일이 많지만, 집에서 떨어지는 것은 항상 힘든 싸움입니다. 애니 섀넌은 미리암과 비교해 훨씬 더 낫습니다. 그리고 제가 봤던 아기 중에서 정말로 가장 예쁩니다. 완전한 금발이고, 크고 푸른 눈을 가지고 있으며, 밝은 미소를 가지고 있으며, 대양의 파도에서 빛나는 햇살처럼 표정이 변합니다. 그런 표정을 저는 아내에게서, 미리암에게서, 플로이와 어머니에게서 그리고 막내 고모에게서 봅니다. 아기가 너무 착해서 볼기를 맞을 일은 상상조차도 불가능합니다. 미리암은 아빠 판박이입니다. 돌아다니지 않으면 절대 행복하지 않으며, 어려서부터 경건하다는 좋은 평판을 듣지 못합니다. 저와 같이 순회전도여행을 가도록 미리암이 다섯 살이 되면 조랑말을 사주겠다고 제가 약속했지만, 아이는 그 나이까지 기다리지 못할 것 같습니다! 미리암이 동생을 무척이나 좋아합니다만, 좋아하는 대상인 동생을 미리암이 아무도 모르게 쾅 소리 나게 때리지 못하도록 저희가 잘 지켜봐야 하는 문제가 있습니다. 아기는 이가 네 개 났습니다. 오늘 "아빠"라고 말했습니다.

 학교 건물이 잘 진행되고 있습니다. 모든 면에서 이 건물이 보석이며, 모든 기독교인의 가슴에 이미 자랑거리입니다. 저는 제가 미국에 있으면서 건축했던 경험에 대해서 정말로 감사드립니다. 저희는 코닥 사진을 못 찍었지만, 며칠 전 일본인 사진사를 불러 사진을 몇 장 찍었습니다. 그 사진을 곧 보내드리겠습니다.

 저는 다음 달은 조금 쉴 수 있을 것입니다. 그 시기에 많은 편지를 쓸 수 있기를 희망하고 있습니다. 짐과 바크먼에게 쓰겠습니다. 리아에게 말씀하셔서 저에게 이른 시기에 편지를 보내라고 하십시오. 그래야 제가 답장할 편지가 하나 생기게 된다고요. 제가 불규칙적이고 불완전한 편지를 보냄에도 불구하고, 가족 모두가 저에게 너무도 편지를 잘해 주십니다. 그것에 대해 말로 다할 수 없이 감사드립니다.

 모두에게 깊은 사랑을 전합니다.

사랑하는 아들 J. 페어맨 프레스톤 올림

이 편지를 장모님께 전송해 주십시오. 제가 최근에 장모님께 편지할 수 없었기 때문입니다.

목포선교부에 제출하는 J. F. 프레스톤 사역 보고서
(1907년 6월 30일 ~ 1908년 6월 30일)[114]

지난해는 제가 한국에서 보낸 가장 바쁜 시기이자 가장 힘든 시기였습니다. 지난해를 뒤돌아보니, 제가 계획했던 대로 또는 제가 했으면 하고 바랐던 대로 그대로 이루어진 것은 거의 없습니다. 그러나 저는 하나님께 감사할 뿐인데, 주님의 축복과 항상 함께해 주신 도움 때문입니다.

아내와 저는 미국에서 1907년 여름을 보냈습니다. 저희가 귀국하려고 했던 날, 아내가 단독(丹毒)에 걸려서 아팠습니다. 의료진의 권고에 따라서 저는 혼자 귀국하기로 했는데, 이는 선교회 연례회의 시간에 맞춰 도착하기 위함이었습니다. 노스캐롤라이나 솔즈베리에서 서울까지 오는 데 20일이 걸렸습니다만, 실제로는 18일 동안 움직였습니다. 저의 아내는 2월 후반부가 되어서야 저와 함께 할 수 있었습니다. 그때 저는 4개월 된 딸을 처음 알게 되는 기쁨을 누렸습니다. 저희 부부는 광주선교부의 윌슨 의료선교사와 중국선교회의 화이트 목사 부부, 워스 목사 부부, 허드슨 목사 부부와 다른 친구들에게 고마운 마음을 절대 잊지 않을 것입니다. 한국으로 오던 중 보여준 그들의 친절함 때문에 아내와 두 어린 자녀가 길고 힘든 여정을 마칠 수 있었습니다.

3월 후반부까지 저는 선교부에 매우 가까이 있게 되었고, 시골에서는 겨우 약 2주만 보낼 수 있었습니다. 저는 선교회의 지시를 따라 10월에 목포로 가재도구 대부분을 옮겼으며, 목포선교부로 배정된 신입 선교사들을 맞이하고 그들의 삶을 편안하게 만들어 줄 준비를 했습니다. 집 두 채를 완전히 다 고쳤고, (좋은 물을 공급하는) 큰 우물을 팠으며, 더 많은

---

114 미국남장로회 한국선교회 제17차 연례회의는 1908년 9월 17~28일 전주에서 열림.

땅을 샀고, 울타리를 설치했습니다. 다섯 명의 신입 선교사들이 마주한 새롭고 어려운 상황에서 그들을 가능한 모든 면에서 돕는 데 제가 할 수 있는 일을 한 것이 저의 기쁨이자 저의 특혜였습니다. 비록 해야 할 다른 많은 일이 있고, 너무도 많은 것을 혼자서 "오랫동안 시간을 나눠서" 하다 보니 제가 이 일이 아니었다면 시도했었을 너무도 많은 일은 제대로 하지 못했지만 말입니다. 11월과 12월에 커티스 목사 부부가 저와 함께 머무른 것을 매우 즐겁게 말씀드립니다. 그들은 목포에 있는 일본인들을 대상으로 큰 사역을 했을 뿐 아니라 매우 힘든 상황에서도 그들의 존재로 또한 그들의 충고로 인해서 말할 수 없을 만큼 저희를 도왔고, 기운을 북돋아 주었습니다.

  큰 방해물들이 있었지만, 저에게 맡겨진 사역은 좋게 진행되었으며, 지난해에 비해 상당히 성장했습니다. 1년 동안 세례에 지원한 사람 236명과 학습교인이 되고자 지원한 사람을 문답했는데, 그중 163명이 세례를 받았고, 학습교인으로 353명이 되었습니다. 예배처(meeting place)가 31곳이고, 평균 회중은 총 1,500명이며, 총 약 2,500명의 원입교인(adherent)이 있습니다. 이들 예배처 중 22곳에서 저희는 믿는 자나 학습교인에게 세례를 베풀었는데, 22곳 중 20곳에 말끔한 예배당이 있으며, 이 예배당 중 9개가 올해 세워졌습니다. 작년 이후 5개의 교회(group)와 7개의 예배처가 더해졌습니다. 두 명의 한국인 조사가 일을 하고 있는데, 전적으로 교회의 지원을 받고 있습니다. 이들에 더해서, 저는 사역을 감독하는 데 있어서 저의 조사인 임성옥 장로에게서 많은 도움을 받았습니다. 제가 너무도 안타깝게 생각하는 것은 봄철 사역의 압박 때문에, 임 장로가 신학교로 돌아갈 수 없었다는 것입니다. 복음전도 사역에 있어서 격려가 되는 특색은 제가 관리하는 8개의 행정중심지 중에서 4곳이 올해 복음에 문을 열었다는 것이고 그곳에 예배처가 생겼다는 것입니다. 언급드릴 가치 있는 다른 것은 섬 사역이 열렸다는 것입니다. 섬에서 와서 가르쳐달라는 많은 초대가 있었는데, 목포교회 교인들이 초대에 응해서 섬에 서너 개의 예배처가 생겼습니다. 수천 개의 마을이 있는, 넓게 퍼져있는 다도해로 들어가서 점령할 아주 좋은 기회가 저희 앞에 있는 점을 선교회가 주목하고 있습니다.

교육 부문 관련해서입니다. 저는 상황이 허락하는 한 최대한 빨리 진행했으며, 교회가 학교를 맡기에 충분한 곳에는 한국인 학교를 설립했습니다. 8개의 시골 교회 학교에 232명의 학생이 있습니다. 목포에서 강한 중등학교를 확보하기 위해서 특별한 노력을 기울였는데, 중등학교에서는 서양 학문으로 남학생들을 가르칠 것이며, 능력 있는 교사를 양성할 것입니다. 전에 해관에서 근무했던 남궁 씨가 4월 1일부터 전업으로 저희와 함께 있습니다. 남학교의 시작 이후 줄곧 교사로 있으며, 교회의 장로로 선출된 유 선생이 한국의 학문 분야에서 충분한 도움을 주고 있습니다. 등록한 학생은 84명인데, 평균 55명이 출석합니다. 학교는 스파턴버그 제1장로교회로부터 아름다운 건물과 설비를 선물로 받았으며, 존경과 사랑을 받는 그 교회의 목사를 기려 "존 왓킨스 중등학교(The John Watkins Academy)"라고 명명되었습니다. 건물은 재료를 돌로 사용했는데 40×42 피트이고, 완전히 현대식이며, 초가을에 완성될 것입니다.

저의 아내를 대신하여 보고합니다. 귀국하고 난 후 4개월 동안 가정에서 해야 하는 의무들에 더해서, 저의 아내는 목포선교부에서 저의 위치를 대신했으며, 제가 시골 사역에 전념하도록 해줬습니다. 현재 전도부인 한 명을 훈련 중이며, 1달 동안 여자사경회를 이끌었고, 자신이 감독으로 있는 여학교에서 가르쳤습니다. 제가 단독으로 선교 사역을 하는 첫 번째 실험을 했다는 말씀을 덧붙이겠습니다. 이 실험이 마지막일 것이라고 제가 열렬히 희망하며, 외국사역지 또는 어느 곳이 되었건 한 남자의 효율성과 유용성의 절반 이상은 그 사람의 아내가 곁에 있다는 것과 아내가 보여주는 연민과 도움 때문이라는 저의 깊은 확신을 기록하려고 합니다.

지난해에 저희가 한 일을 가능하게 해주신 주님을 저희가 목소리를 모아 찬양하고 감사드립니다. 저희는 앞으로도 주님의 약속을 믿습니다.

통계

	1908년	작년
총 예배처	31	17
(공식적으로 인정된) 교회	22	17
원입교인	2,500	
평균 회중	1,600	
세례자(성찬참례자)	446	316
등록 학습교인	455	300
연중 추가된 사람	353	229
성인 세례자	163	143
문답자 총수	736	637
예배당	20	11
학교	8	4
학생	238	120
헌금(미화)	$1,173.58	$731.00

필요한 것   (단위: 달러)

여학교 건물과 설비 (올해 필요한 비용, 900.00)	4,000.00
남자 중등학교 기숙사	900.00
추가적인 토지	1,900.00
책방, 책방에 들어갈 물건	875.00
진료소	1,200.00
거주지 두 곳	6,000.00
울타리, 정지작업, 우물 등	1,000.00
지역 학교들 보조	400.00
목포교회 건물 확장 보조 (한국인들은 1을 받으면 그것의 3~4배를 모금할 것임)	300.00
배리 홈(Barry Home)을 위한 추가적인 방	250.00

필요한 증원군

1. 전주로 전출된 버드만 의사를 대신할 의사
2. 교육 전문 사역할 대학 졸업자
3. 전도 목사
4. 학교 또는 복음 전도사역을 할 독신 여성
5. 간호사

참고 바랍니다. 앞으로 목포선교부에 5,000달러 이상의 비용이 드는 현대식 병원이 필요합니다.

1908년 7월 2일
한국, 목포

진심으로 사랑하는 어머니,

지난 며칠간 손님들로 붐볐습니다. 그래서 저는 고향으로 편지를 한 통도 보내지 못하고 배를 떠나보낼 뻔했습니다.

어머니께 보낸 편지로 기록된 마지막 편지는 6월 13일 편지였는데, 제가 시골에 있느라 지난주는 편지를 보내지 못했습니다. 광주선교부의 윌슨 의사, 그레이엄 선교사, 헨리 벨과 제 가족 전부를 데리고 1주일간 야영하며 전도여행을 다녔는데, 그들에게 진정한 순회전도여행의 삶이 어떤 것인지 맛보여줬습니다. 비가 서너 번 심하게 내렸습니다만 천막이 비를 잘 막아줬고 모두가 무척 만족한 상태로 돌아왔습니다. 저는 제가 담당하는 교회 중 한 곳에 가서 설교했으며, 저희는 매일 오전 진료했습니다. 지난주 배에서 쓴 짧은 글을 어머니께 보내드렸어야 했습니다만 금요일 저녁 집에 돌아왔고, 목포 시내 사역 때문에 그렇게 하지 못했으며, 오늘 떠나는 배가 지난번 배 뒤에 바로 가는 것입니다.

어머니께서 제 편지의 불규칙성에 대해서 말씀하신 것을 봤습니다. 제가 보냈던 편지의 목록을 몇 주 전에 보내드렸기에 반복하지는 않을 것입니다. 어머니께 또는 고향에 있는 가족 중 누구에게라도 2주 이상 편지하지 않은 적은 없습니다. 이제부터는 제가 앞선 편지의 날짜를 항상 언급하여서 앞선 편지들이 언제 왔는지를 어머니께 알려드려 어머니께서 편지를 분실하셨는지 아닌지를 아시게 하겠습니다. 저와 아내가 이곳에서 살고 있는 삶이 얼마나 쫓기는 삶인지 모르실 것입니다. 저는 많은 시간 시골에서 보내느라 집에 없습니다. 집에 돌아와 보면 저를 기다리는 힘든 목포 시내 일들이 쌓여있습니다. 저희가 목포선교부에서 유일한 일꾼입니다. 다른 선교사들은 경험이 없고 "아직 아기"라서 그들

자신도 엄청난 관심이 필요합니다. 아내가 돌아온 이후, 아내는 다른 어느 때보다 고향으로 편지 보내는 면에서 불규칙적이었습니다. 이곳에서 아내의 시간과 힘을 줄기차게 요구하기 때문입니다. 저희 둘 다가 더 자주 편지할 수 있는 시간이 없어서가 아니라 여유 시간이 생길 때 편지할 마음의 상태가 종종 아니기 때문입니다.

저에게 22개의 교회가 있다는 것을 아시면 기쁘실 것입니다. 전체 통계는 나중에 보내 드릴 것입니다만 7월 1일 끝나는 1년의 선교 기간에 저는 736명을 문답해서 164명에게 세례를 주고, 353명은 학습교인으로 했습니다. 아직 찾아가지 않은 두 개의 교회에서 문답을 하면 이 수치는 증가할 것입니다. 당회 일 대부분은 한 명의 조사와 함께 4월 1일부터 했습니다. 저의 담당 지방은 전라남도에서 성장 면에서 선두에 있습니다. 제가 목포선교부를 개설하는 데 큰 어려움을 겪었다는 것과 지난해 많은 부분 저의 손을 묶어둔, 신입 선교사들을 다루는 일을 고려한다면 이런 결과는 만족스럽습니다.

저는 모든 면에서 제가 해야 하는 것보다 덜 성취했다는 것을 항상 의식합니다. 그러나 이곳에서 삶은 너무도 복잡하며, 고향에서 경험했던 것과는 완전히 다릅니다. 또한 시도한 하나하나가 고향에서 했던 것보다 훨씬 많은 노력이 요구되기에 저희 앞에 쌓여있는 어마어마한 것들을 어떻게 최선으로 공략하느냐를 판단하기가 어렵습니다. 이 모든 것을 성취하는 것이 불가능하다는 것을 알고 있습니다. 일류 선교사가 되려면 정말 뛰어난 장군이어야 하는데, 저는 그런 사람이 아닙니다.

저희 모두 건강하고 튼튼하다는 말씀을 기쁘게 드립니다. 지금 한창 우기이고 어쩌다가 한 번씩 맑은 날이 있습니다만 다행히도 시원한 때라 아이들은 날로 잘 자라고 있습니다. 이 세상에 태어난 아이 중 가장 예쁜 두 딸이라고 생각합니다. 그런데 둘이 너무도 다르네요. 한 아이는 거무스름한 본가를 닮았고, 다른 아이는 금발의 처가를 닮았네요. 잘 섞인 것이지요? 제가 카메라를 갖게 되면 사진을 몇 장 보내 드리겠습니다.

저는 약간 휴식을 취하고 있습니다. 따라서 곧 부모님 각자에게 몇 통의 편지를 심지어 수십 통의 편지를 보내 드릴 수 있기를 희망합니다. 제가 집을 떠난 이후 저에게 보내 주신 좋은 편지들 또한 빈번한 편지들에 대해서 제가 표현할 수 있는 것 이상으로 고마워하고 있습니다.

어떻게 지내시는지 알려주십시오. 이런 엄혹한 시기에 경제적인 어려움을 겪고 계신 것은 아닌지 걱정입니다. 전세계적인 공황 같습니다. 다가오는 대통령 선거[115]에서 이 문제가 단번에 영원히 해결되었으면 합니다.

오늘 가능하면 짐에게 편지할 것입니다만, 이 배에서 쓸 것 같지는 않습니다.

저의 모든 사랑과 아내의 사랑을 그리고 예쁜 딸들의 입맞춤을 가족 모두에게 보냅니다.

사랑하는 아들 페어맨 올림

---

[115] 1908년 11월 3일 화요일 열린 대통령 선거에서 공화당 후보 William Howard Taft가 민주당 후보 William Jennings Bryan을 누르고 대통령에 당선됨.

1908년 7월 21일
한국, 광주

사랑하는 어머니,

저는 전라남도 전역에 있는 교회 지도자들을 대상으로 하는 사경회(meeting)에 참석하기 위하여 광주에 있습니다. 금요일에 올라왔습니다. 곧 어머니께 편지를 드리려고 했었으나, 기회가 없었습니다. 저는 지금 우체국[116]에서 글을 쓰고 있으며 장거리 전화를 이용하여 아내에게 메시지를 보냈습니다. 그래서 이렇게 급하게 보내드립니다. 정부의 전화 서비스가 최근 설치되어서 여기서 목포까지 3분에 30센트로 아주 만족스럽게 통화할 수 있습니다! 시골에 있는 모든 것이 정말 아름답습니다. 저는 시골이 너무도 좋아서 아내에게 짐을 싸서 올라와서 2주간 머무르라고 말하고 있습니다. 아내가 약간 우울한 상태일 때 떠나왔는데 아내는 광주를 정말 좋아하기에 이곳으로 오는 것이 아내에게 아주 좋을 것입니다. 아내는 오웬 목사 부부가 목포로 올 것이라 예상했고 또한 광주로 올라가는 것에 약간 걱정을 해서 저와 함께 올라오는 것을 거절했습니다. 그런데 오웬 목사 부부가 올 수 없었고, 벨 목사가 제 아내를 만나서 새로운 마차(buggy)로 아내를 태어다 주겠다고 합니다. 전혀 예상 하지 못했는데, 벨 목사의 말은 마차를 끄는 데 최고의 동물로 드러났습니다. 선착장으로 가는 절반(10킬로미터)까지 길이 아주 좋고, 말도 튼튼합니다.

---

[116] 1897년 12월 불로동 서문통(현 적십자병원 뒷편)에 광주우체사가 설치되었고, 1906년 7월 광주우편국으로 승격되고 1949년 11월 광주우체국으로 개칭되었다. 1912년 준공 당시의 광주우체국 모습으로 그 시절에는 초현대식 건물이어서 인근 시골노인들이 건물을 구경하기 위해 도시락을 싸들고 모여들었다고 한다. 최초의 전화개통과 광주우체국 광주에서 전화가 처음 개통된 때는 1908년 7월이다. 초기에는 군용, 관용으로만 사용하였으나, 1912년 6월에는 대중화되어 138대의 전화가 가설되고 우편국에는 9명의 여자교환원이 3명씩 3교대로 근무하였다. (https://saygj2.tistory.com/2785, 광주광역시 공식블로그)

한국에서 마차를 타게 되니 눈이 휘둥그레집니다. 생각해 보십시오. 전라남도에 전화가 있고, 대로가 있고, 마차를 탈 수 있다니요! 정말 현기증이 나는 속도로 움직이고 있습니다!

사경회가 즐겁습니다. 제가 하는 일은 가볍습니다. 안수받은 한국인 목사들이 와서 저희를 돕도록 했기 때문입니다. 정말 성공적인 1년을 마쳤습니다. "최고"입니다. 저는 이 최고의 1년에서 제가 한 역할에 대해 부끄럽지 않아서 기쁩니다. 우리 "노회 위원회"가 이곳에서 내일 모이며, 우리는 보고서를 제출합니다. 제 보고서의 사본을 곧 보내 드리겠습니다. 저는 지금 22개의 교회와 서너 개의 예배처를 담당하고 있습니다. 여기에 정규적인 교회와 연관된 기독교인들이 거의 1천 명 있습니다. 저에게는 8개의 (한국인) 학교에 235명의 학생이 있으며, 2,400명의 원입교인이 있습니다. 이 사역의 대부분이 한국에서 제 목회 지도를 받으며 발전했다고 생각하니 기쁩니다. 이 세상에 관련해서는, 우리 모두가 큰 희생을 치르고 있습니다만, 이 일은 이곳에 있는 동안과 그 이후에도 가치 있는 것이 될 것입니다.

사역지에게 저희에게 닥친 가장 힘든 것 하나는 광주를 떠나는 일이었습니다. 거주할 곳으로서 광주는 우리 선교회에서 가장 좋은 곳이며, 이곳에 저희가 정말 아름다운 집을 가지고 있고, 저희에게 안성맞춤으로 되어있습니다만 저의 사역은 적어도 현재는 다른 지역에 있는 것처럼 보이고 저희가 언제 광주로 돌아올지 모릅니다. 내년이기를 바랍니다만 내년이 되어도 돌아오기 위해서는 제 마음에 소중한 사역의 많은 부분을 그만둬야 할 것입니다.

아내와 막 교신했습니다. 아내는 아이들을 질질 끌고 광주로 오는 것보다는 집에 머물겠다고 합니다. 그래서 제가 모레 집으로 돌아갈 것입니다. 돌아가서 고향에서 온 우편물을 받을 수 있기를 바랍니다. 지난번에 미국에서 온 우편물에 어머니에게서 온 편지는 없었습니다.

인제 그만 써야 합니다. 모두에게 사랑을 전합니다.

몹시도 사랑하는 아들 페어맨 올림

1908년 8월 5일
한국, 목포

사랑하는 어머니,

어머니께 드린 마지막 편지가 아주 오래된 것처럼 보입니다. 그래도 언니에게, 조카 섀넌에게, 올리에게, 그리고 큰오빠(Willie)에게 편지를 했기에 어머니께서 저희 소식은 들으셨습니다.

잠시 저는 한국어 공부와 편지 쓰기를 잘하고 있었습니다. 그런데 날이 매우 더워졌고, 다니엘 의사가 왔으며, 제가 "십자말풀이"를 시작했습니다. 이 세 가지 일이 겹쳐서 편지와 공부에서 제가 뒤처지게 되었습니다. 제가 사촌 엘렌, 캐서린, 메임 고모, 둘째 큰고모(Aunt Ella)에게 편지했다는 것을 아시면 어머니께서 기쁘실 것입니다. 저는 저희가 다른 곳으로 가기 전에 편지 교신을 하지 못한 것을 다 하려고 합니다. 저희는 8월 초에 이곳을 떠나서 군산으로 가서 다니엘 의사 부부를 방문하려고 합니다. 남자들이 서울에 있는 동안, 여자들은 전주에서 여자들만의 잔치를 벌일 것입니다. 노스캐롤라이나 출신 전부가 공의회(Council) 때 테이트 부인[117]과 함께 있을 것입니다. 그리고 남편이 서울에서 돌아오면 저희는 니스벳(Nisbet) 목사 부부[118] 집으로 갈 것입니다.

사실, 어머니께 매일 말하고자 하는 것이 너무도 많아서 어머니를 위해 일기를 써야겠어요. 미리암에 대해서 할 말이 많습니다. 최근에, 미리암이 건강하지 않아서 다소 심각한 상태였습니다. 그렇지만 오늘 훨씬 좋아졌습니다. 제가 다니엘 의사의 딸 매리언[119]이 미리암과 같은 동년배

---

[117] 테이트 부인(Mrs. Tate)은 전주예수병원 설립자로 알려진 Ingold를 말함. Tate 목사와 Ingold 의사는 1905년 9월 2일 서울에서 결혼한 이후 Ingold는 의사 역할을 하기보다는 남편을 도와 복음전도에 힘씀.
[118] John Samuel Nisbet(1869.8.6~1949.12.20)와 Anabel Lee Major Nisbet(1869.1.19~1920.2.21) 부부.

(contemporary)라고 말해 줬습니다. 그러자 아이는 다니엘 의사를 "임시 (temporary) 내 아빠"라고 부릅니다.[120] 오늘은 옷장으로 가서는 메리와 룻[121]이 사용하도록 자신의 푸른색 담요를 꺼내려고 했습니다. 아이가 참 이타적이라는 평판을 받고 있습니다. 이것을 어떻게 생각하시나요? 녹스 부인은 이전에 어떤 아이와도 아주 가깝게 지낸 적이 없었는데 제 아이를 정말 좋아합니다. 녹스 부인과 미리암이 돌아다니며 꽃에 관해 이야기합니다. 미리암은 녹스 부인의 집으로 가서 "하얀 카네이션"을 가져오겠다고 했습니다. 녹스 부인은 카네이션을 많이 가지고 있으며, 저에게 화초를 몇 개 줬습니다. 어머니 사진 바로 앞에 제 책상 위에 분홍 카네이션과 목서초로 아담한 꽃다발을 만들었습니다. 그런데 어머니 사진 바로 앞에 있는 책꽂이에 "곰인형(Big Teddy)"이 있습니다. 어제 구경꾼 중 몇이 부모를 대하는 차이에 대해서 말했습니다. 만약 어머니께서 한국인 시어머니라면, 큰 곰이 아주 적절한 상징물일 수 있다고요!

미리암 이야기로 돌아갈게요. 어느 주일에 제가 아담과 이브 그리고 선악과에 대해서 말하고 있었습니다. 미리암이 많은 흥미를 보이면서 "그 사과들이 요리되지 않았으면 저라면 먹지 않았을 거예요, 그렇지요?"라고 했습니다. 아이는 "옥수수가 머무는 곳"에서 태어나는 예수님에 대해 알고 있으며 모세에 대해서도 알고 있습니다. 다니엘 의사가 딸 매리언에 관한 재미있는 이야기를 저희에게 했습니다. 아이가 한나, 사무엘, 모세 이야기를 알고 타르 베이비(Tar Baby)[122]에 대한 이야기도 안다고 합니다. 어느 날 아이의 엄마 새디(Sadie)가 매리언에게 "[아들 사무엘을 하나님께 드려서] 아이가 없는 불쌍한 한나는 무엇을 했을까?"라고

---

119 Marion Sterling Daniel Blue(1905.8.3~1986.1.14).
120 contemporary란 말을 배우고서 temporary를 생각하여 사용함.
121 Owen 선교사의 첫째 딸 Mary Virginia Owen(1901.10.3~1995.3.9), 둘째 딸 Ruth Whiting Owen (1903.12.20~1990.4.30).
122 미국 흑인 민담으로 끈적끈적한 타르로 만들어진 인형이 주인공임.

물었답니다. 그러자 매리언이 "타르 베이비를 만들었어요"라고 했답니다. 그 집 아들 프랭크(Frank Dunnington)[123]는 몸무게가 거의 17파운드 나갑니다. 애니 섀넌은 겨우 18파운드[124]인데요. 애니 섀넌은 이렇게 더운 날씨에 살이 빠진 것은 아닙니다만, 지난달에 전혀 살이 붙지 않았습니다. 미리암은 아프면서 몇 파운드가 빠졌습니다.

스트래퍼 선교사가 돌아오지 않을 것을 아셨는지요? 스트래퍼 선교사는 남편에게 편지를 해서 이곳에 있는 물건들을 책임져달라고 했습니다. 남편과 녹스 여선교사가 어제 하루 종일 물품 명세서를 작성하고 물건들을 밖에 내놓았습니다. 저도 같은 일을 했지만, 규모는 훨씬 적었습니다. 저는 괜찮은지 알아보려고 로버트의 물건들을 살펴봤습니다. 그의 어머니는 어떤 해충도 없었다는 것과 아름다운 사진이 온전하게 그대로 있다는 것을 아시면 기뻐하실 것입니다. 장갑 한 쌍이 심하게 망가졌지만, 별일은 아닐 것입니다. 그런 일이 동양에서는 유행이니까요.

얼마 전에 얼린과 레이튼 부부[125]에게서 카드를 받았습니다. 레이튼이 난징(NanKing, 南京)[126]에 있는 신학교 교수로 가게 되었다고 합니다. 그렇게 어리고 중국에 있었던 기간이 그렇게 적었는데 교수가 된다는 것이 큰 영광 아닌가요? 얼린은 굴링(Kuling, 古嶺)[127]에서 몸이 좋아졌습니다. 케이트[128]가 셋째를 가졌습니다! 이름을 레이시(Lacy Jr.)[129]라고 지을 거랍니다. 그런데 평양에 모펫 성을 가진 사람이 있다는 것을 아셨어요? 그곳

---

123 Frank Dunnington Daniel(1908.5.3~1978.7.26).
124 1파운드=0.45킬로그램. 즉, 17파운드는 약 7.8킬로그램, 18파운드는 약 8.2킬로그램
125 John Leighton Stuart(1876.6.24~1962.9.19). 중국에서 사역하였고, 프레스톤의 친구로 진흥운동(Forward Movement)의 주역임.
126 중국 장쑤성의 중심 도시.
127 중국 장시성(또는 강서성)에 있는 세계자연유산인 루산(庐山, 려산)의 정상에 있는 휴양도시.
128 Kate Hall Rodd(1882.1.8~1961.9.30). Aline Hardy Rodd의 동생.
129 Lacy Irvine Moffett II(1908.6.24~1990.4.15).

에 사내아이가 한 명 있는데 이름을 듣지 못했습니다. 번하이셀(Bernheisel)[130] 부부에게 아들이 있고 휘트모어 부부에게도 아들이 있습니다. 물론, 저는 얼 부인의 아들 제시(Jesse)[131]에 대해서 썼습니다! 얼 부인은 아들이 태어나고 매우 아파서 윌슨 의사를 군산으로 불렀습니다.

저희는 놀란 의사가 이곳을 지나가리라 예상하였는데, 아마도 기차를 타고 서울로 올라간 것 같습니다.

『가든 매거진(Garden Magazine)』에서 "무법주의자가 된 조팝나무들"이라는 매우 흥미로운 기사를 발견했습니다. 식물학자들이 조팝나무(spirea) 과(科)에서 없애버리고 다른 이름을 붙인 종들을 의미합니다. 이렇게 된 조팝나무들에 속하는 것으로 이곳 뜰에 아름다운 하얀색 관목이 있습니다. 이 나무의 진짜 이름은 소르배리어(Sorberia)이고 "마가목류와 같은 잎을 가지고 있는"이라는 의미입니다. 만약 솔즈베리 사람들이 이것을 모른다면, 어머니께서 그들에게 소개해 주십시오.

5월에 광주에서 가져온 매우 건강해 보이는 국화가 있습니다. 정자 둘레에 한련(旱蓮)을 심었습니다. 집에서 가져온 제비꽃이 앞쪽 길을 쭉 따라 있으며, 제비꽃 뒤에는 애스터가 활짝 피어 있습니다. 구근 식물들을 곧 심을 것입니다. 그것들을 보내주셔서 정말 고맙습니다. 제라늄은 이런 더운 날에 다소 얇고 파리해 보입니다. 어머니께서 관리를 해주셔야 할 듯합니다. 홉킨스 부인이 비료로 사용한 콩깻묵도 조금 있습니다. 요즘 너무 건조하고 덥습니다. 오늘 바람도 거의 없었습니다. 목포에서는 참 드문 일입니다.

오웬 목사 부부가 저희를 방문하러 내려와서 배를 타고 유람할 것을 생각하고 있습니다. 저희는 그 유람에는 함께하지 않을 것입니다. 그들이 내일 올 수도 있습니다. 저희는 다른 집에 있는 위층에 그들이 머무르

---

130 Charles F. Bernheisel(1874.9.11~1958.9.8).
131 Jesse Burns Earle(1908.6.9~1964.4.3).

게 할 것입니다. 이곳에는 손님용 방이 없기 때문입니다. 코델(Cordell)[132] 선교사가 녹스 부부를 방문하고 있으며 녹스 여선교사와 방을 같이 사용하고 있습니다.

남편과 제가 오늘 아침 시내로 내려가서 괜찮은 사과와 상당히 좋은 복숭아를 발견했습니다. 이곳에서 어떤 과일이건 구할 수 있는 것은 아주 잘한 일입니다. "에이니(Ainie)" 한 병도 샀습니다. 철자가 맞는지 모르겠습니다.

그만 써야만 했습니다. 지금은 금요일입니다. 오웬 목사 부부로부터 아직 아무 말도 듣지 못했습니다. 녹스 여선교사와 제가 이층 방들을 정리 정돈해 놓았더니 상당히 좋아 보이고 기분 좋게 시원합니다. 오늘 아침은 날이 좋습니다. 태풍이 온다는 신호가 어젯밤에 있었는데, 아직 태풍이 생기지 않았습니다.

제가 쓰려고 하면 미리암이 제게 기대는 것을 아주 좋아합니다. 바로 지금 그러고 있었습니다. 미리암이 "할머니께 말해서 예쁜 작은 가위 보내달라고 해주세요"라고 말했습니다. 미리암이 한국으로 오다가 가위를 잃어버렸는데, 잃어버린 것은 결코 잊어버리지 않고 있습니다. 몽고메리 워드에 주문하려고 합니다. 미리암은 "할머니에게 말해서 동생에게 인형 하나 달라고 해요"라고 합니다. 어머니께서 미리암에게 보내는 카드를 받으면 항상 기뻐하면서 "고맙습니다"라고 합니다. 저희는 어머니에게서 아주 많은 카드를 받았으며 저희 모두는 "고맙습니다"라고 말합니다.

지난밤은 마루에 있었는데 정말 아름다웠습니다. 달빛을 받으며 마루에서 기도회를 했으며 저희 모두가 아는 "우리가 지금은 나그네 되어도"[133]를 불렀습니다. 그런 다음 남편이 창가에 앉아서는 에베소서를 읽

---

[132] Emily Cordell McCallie(1873.10.14~1931.5.3). Henry Douglas McCallie 목사와 1909년 12월 29일 결혼함.

었습니다. 저희는 모든 서신서를 읽고 있습니다.

오늘 수박을 몇 개 사서 "시트론 조림"을 만들려고 했습니다. 어머니, 돕고 싶지 않으세요? 8월에 목포에 있으면 포도 젤리가 생각납니다!

남편이 짧은 편지를 동봉하려고 했는데, [판독 불가] 씨와 지금 바쁩니다. 저의 잉크도 떨어졌습니다.

그러니 이제 안녕히 계십시오.

사랑하는 애니 올림

---

133 새찬송가 508장, The King's Business.

1908년 8월 11일
한국, 목포

사랑하는 어머니,

최근에 고향으로 써 보낸 편지에 대한 기록은 2주에 엽서 한 장입니다. 뻔한 이야기를 드립니다. 제가 보내고자 하는 편지를 쓸 수 있는 시간이 생기는 "편안한 시간"이 될 때까지 기다리다가 생긴 일입니다. 아직 편안한 시간이 이곳에는 없지만, 제가 너무도 부끄러워서 오늘 아침 편지를 드립니다.

어머니께서 보내신 최근 편지는 날짜가 없었는데 우체국 소인은 6월 22일이었습니다. 짐이 고향집에 있는 동안 쓴 7월 1일 자 편지가 도착했습니다. 오늘 들어올 예정인 증기선에 저희 우편물이 있을 것입니다.

짐이 집에 왔었고 더 좋아 보였다니 기뻤습니다. 짐이 어려운 삶을 살고 있습니다만 사무직에 있을 때보다는 그 아이에게 더 잘 어울릴 것이 확실합니다. 짐은 훌륭한 어른이 되었습니다. 짐의 소식을 듣고 정말 잘하고 있다는 것을 알게 되어 즐겁습니다. 어머니와 아버지를 이번 여름 어디론가 모시고 가고 싶어 계획하고 있다고 짐이 제게 말합니다. 그 계획을 듣고 기쁩니다. 그리고 어머니께서 편안하고 조용한 휴식을 어디선가 하고 계신다는 말을 제가 들었으면 합니다.

바크먼에 대한 좋은 내용을 들어서 기쁩니다. 바크먼에게 편지할 생각이었는데, 곧 편지하겠습니다. 저는 바크먼이 이번 여름에 공부한다는 계획을 좋게 생각하지 않았고, 그렇다고 말했습니다. 그러나, 내년에 대학을 마치는 것이 절대적으로 필요하고, 바크먼이 객관적 사실관계에 근거하고, 그 사실들을 잘 알고 있고, 현재 상황에서 그 아이가 할 수 있는 최선이라고 생각한다면 제가 그렇게 하지 말라고 하지 않겠습니다. 저는 바크먼이 이번 가을에 돌아가고 데이비슨 대학에서 가능한 최고의 기회를 가졌으면 합니다. 저는 바크먼에게 편지했듯 후원해 주려고 합니다.

제가 준비되는 대로 바크먼에게 환어음을 보낼 것입니다. 이번 여름 저의 사역에서 굉장히 당혹스러웠습니다. 실행해야 할 계획들은 있었지만, 실행위원회에서 돈이 오지 않고 있습니다. 그래서 제가 구할 수 있는 모든 돈을 투여했고, 700달러를 빌렸으며, 실행위원회가 도움을 줄 수 있을 때까지 사업을 진행하려고 노력하고 있습니다. 방적공장이 다시금 배당금을 주게 된다는 것을 알게 되면 기쁠 것입니다!

머나먼 이곳에서는 어머니께 드릴 소식이 거의 없습니다. 광주선교부의 오웬 목사 부부가 지난 며칠간 저희와 함께 있었으며, 전주선교부의 코델 선교사가 녹스 목사 부부 집에 있어서 이곳 목포선교부가 더 활기찹니다. 3주간 비가 내리지 않았습니다. 한국치고는 덥지만, 우기 동안에 바라던 휴식이었습니다. 그런데 타들어 가는 텃밭을 생각하면 너무 심하다고 생각합니다. 최근까지는 아주 훌륭한 텃밭이었습니다. 고향에 있던 것이 여기에 다 있고, 꽤 이른 시기에 채소가 있었습니다.

8월 14일

여기까지 쓰다가 방해받았습니다. 그런데 우편물을 실어 보낼 배가 없기에 편지를 마치지 않았고, 오늘 증기선 편으로 보내기 전에 몇 줄을 덧붙이고 있습니다. 최근 증기선에 온 7월 8일 자 어머니의 편지를 받아서 또한 모두가 건강하다는 것을 알고 매우 기뻤습니다. 아버지께서 제게 편지를 보내신 지 꽤 오랜 시간이 지났습니다. 아버지 편지를 제가 아주 좋아합니다. 어머니께서 규칙적으로 보내시는 편지가 없다면 제가 어떻게 살아갈지 모릅니다. 그렇다고 해서 아버지께서 편지를 쓰지 않으실 핑계가 되지는 않습니다. 아버지께 말씀드려주세요. 세 개의 공관복음서가 같은 주제에 대해서 매우 생산적이고 매우 흡사하게 썼지만, 복음서마다 각자의 아주 중요한 시각을 보여줬다는 것을요.

그제 바다로 소풍을 잠시 다녀왔는데 저녁 11시에 달빛을 받고 돌아왔습니다. 이번 달 30일에 연례회의를 하러 떠날 것입니다.

아이들이 정말로 귀엽습니다. 미리암은 빠르게 성장하며, 애니 섀년은 어디든 기어다니고 있고, 의자를 잡고 일어서며, 귀여운 푸른색 옷을 입습니다. 어머니께 사진 몇 장을 보내드리려고 했으나, 아직 코닥 사진기를 구하지 못했습니다. 일본인 사진사에게서 사진 몇 장을 찍었지만, 버드만 의사가 사진을 확보하지 못하고 가버렸고, 사진에 관한 계약에 대해서 말도 남기지 않았으며, 아직 돌아오지 않았습니다. 사진을 받게 되자마자 보내드리겠습니다.

아내는 건강하며, 매우 바쁩니다. 부엌에서 상당히 많이 바쁜데 조림 등을 만들고 있습니다. 저희에게 여름 내내 많은 사람이 있었습니다. 저는 다음 주 1주일간 저와 함께 섬들을 다니며 유람하도록 아내를 설득하고 있습니다. 비록 아이들 때문에 매우 어렵고 제가 없을 때 목포 선교부에서 아내를 필요로 하지만, 저희는 너무도 많은 시간 떨어져 있기에 저는 모든 편법을 동원하여 제가 사역할 때 아내를 데리고 갈 수 있습니다.

학교 건물이 잘 진행되고 있는데, 지금 지붕 공사를 하고 있습니다. 돌이 아름답습니다. 건물은 목포 시내에서 가장 멋진 것이 될 것입니다.

인제 그만 써야 합니다. 가족과 친척들 모두에게 사랑을 전해드립니다. 저 대신 레이시 윌슨(Lacy Wilson)에게 아들에 대해 축하해 주세요. 제가 떠나온 후 존 레이시(John Lacy)와 편지를 교환하지 못했습니다. 그는 제가 가장 편하게 서신 왕래할 수 있는 사람입니다!

사랑하는 아들 페어맨 올림

아내가 곧 편지할 것이며, 저와 마찬가지로 가족 모두에게 사랑을 보냅니다.

할머니, 안녕하세요.
　　　　　　　　　미리암 올림

1908년 8월 25일
한국, 목포

사랑하는 어머니,

제가 너무도 졸리지 않았었어도 어머니께서는 저희의 가장 최신 여름 휴양지에서 쓴 편지를 받아보셨을 것입니다. 밖다리[134]라고 목포로 들어오는 좁은 입구 바로 바깥에 있는 섬입니다. 오웬 목사 부부가 그곳에 아주 좋은 해변이 있는 것을 발견하고 저희에게 말해줬습니다. 오웬 목사 부부가 그곳에 머무르는 동안 어느 오후에 저희가 그곳으로 가봤는데 정말 토양(土壤)이 좋았습니다.

오웬 목사 부부는 어제 기준 1주일 전에 광주로 떠났습니다. 불 목사 부부가 화요일 저희와 함께 지냈습니다. 저희가 목요일에 떠났는데 월슨 의사가 여전히 이곳에 있었습니다. 그는 녹스 부인이 "증상"을 보이고 있었기에 호출되어 내려왔었습니다. 버드만 의사는 탄광에서 돌아오지 않았었습니다. 월슨 의사가 도착하고 하루 지나서 버드만 의사가 왔습니다.

목요일은 목포선교부와 관련해서는 출애굽 하는 날이었습니다. 맥컬리 목사는 광주와 전주를 거쳐 군산까지 말을 타고 가느라고 새벽 4시에 떠났습니다. 저희는 밖다리 해변으로 정오경 떠났습니다. 녹스 부부와 버드만 의사는 오후에 서울로 떠났습니다. 월슨 의사는 같은 날 오후에 광주로 떠났습니다.

저희는 황홀하게 지냈습니다. 어머니가 항상 떠올랐는데 저희와 함께 이 해변에 있으면 좋겠다고 생각했습니다. 저희는 정말 즐겁게 지낸 사람들이 아주 많았지만, 손님들에게 식사 제공하는 책임에서 벗어난 것이

---

134 외달도(外達島)의 다른 이름. 현재 전라남도 목포시 유달동에 있는 섬으로, 목포 앞바다 남서쪽 6km에 위치함.

섬이 되었습니다. 저희는 해변을 걸었고, 동산에 올랐으며, 잠도 자고 헤엄도 쳤습니다. 저희는 일몰을 보도록 천막을 쳤으며, 별이 빛나는 아름다운 며칠 밤을 지냈습니다. 별이 저희를 밝게 비추는 데 파도 소리를 자장가 삼아서 자는 것이 얼마나 매력적인지 상상해 보세요. 그곳에 있는 짧은 시간 동안 저희 모두 놀랍도록 좋아졌습니다. 미리암이 좋아진 것이 눈에 띕니다. 미리암이 모래와 바닷물에서 발을 적시고 걷느라 바쁠 때, 미리암을 찍을 수 있도록 코닥 사진기가 있었으면 하고 간절히 바랐습니다. 애니 섀넌도 물가에 앉아 있는 것을 재미있어했습니다. 저희는 레몬 릴리(lemon lilies)와 아주 특이한 푸른 꽃도 발견했습니다.

저희는 정말 마음이 내키지는 않았지만, 어제 아침에 선교부로 들어왔습니다. 그런데 그렇게 한 것이 참 잘한 일이었습니다. 6주 이상 가물다가 오늘 비가 쏟아졌습니다.

왐볼드 선교사가 공의회와 노회 동안에 자신과 같이 있자고 초대했다는 말을 편지에 말씀드렸던가요? 남편이 저에게 같이 가자고 요청했습니다만, 저는 아이들과 호텔에 있을 것이 몹시 걱정되어서 남편의 요청을 거절했습니다. 왐볼드 선교사가 자신과 같이 머물자며 편지를 했을 때 제가 순순히 응했습니다. 저희가 9월 1일 떠날 예정이기에, 저는 지금 매우 바쁩니다.

상윤이와 제가 오늘 토마토 조림 18쿼트를 만들었습니다. 저는 내일 케첩을, 모레는 피클을, 그런 후에는 초우 초우를 만들 계획입니다. 많은 옷을 살펴봤고, 수선을 지도했습니다. 곧 짐 싸는 것도 마치려고 합니다. 제가 평상시 얼마나 뒤처지는지 아시죠! 월슨 의사가 이번 주 이곳을 지나갈 것이고 오웬 목사 부부도 월요일에 아마 내려올 것입니다.

여학교, 남학교, 선교부 사진을 보내드리겠습니다. 하나의 꾸러미에 모든 사진을 보내는 것이 훨씬 안전하여서 제가 나누시라고 어머니께 보내드립니다.

50달러 전체를 사역에 쓰라고 주셔서 정말 고맙습니다. 경제적인 면에서 그래도 괜찮으시겠어요? 남편은 사역지에 매서인을 보내려고 합니다. 그런데 여학교도 지어야 합니다. 어머니의 돈을 달리 어떻게 쓰겠어요? 이곳 교회를 확장해야 하는데, 기독교인들이 그 일을 할 때에도 저희는 도우려고 할 것입니다.

저희는 식료품 주문을 하고 있습니다. 지난 주문할 때 레몬을 144개[135] 구매했는데 잘 보관되었습니다. 다시 한번 시도하려고 합니다. 몽고메리 워드에 석탄 난로를 주문하려고 합니다. 그것을 들으시면 어머니께서 기쁘실 것입니다. 선교회에서 이번 가을에 이 집에 아이 방을 덧붙여주기를 희망하고 있습니다. 그렇게 해주면, 제가 훨씬 편안할 것입니다. 저는 미리암이 쭉 뻗을 수 있는 충분한 공간이 있으면 합니다!

저희가 물건을 통풍시키고 있던 어느날, 버사 녹스(Bertha Knox)가 전에 미리암에게 주면서 캐롤라이나 프레스톤이라고 이름 붙인 예쁜 인형을 미리암이 다시 발견했습니다. 그 인형을 미리암의 눈에 띄지 않게 하려고 했지만, 미리암이 그 인형을 발견한 것을 너무도 기뻐해서 그 인형을 다시 집어넣어 버릴 수가 없었습니다. 야네프 아가씨가 미리암에게 준 옷이 그 인형에게 맞았습니다. 그래서 그 인형에게 많은 옷이 생겼습니다. 오늘 미리암은 머리에 푸른색 나비넥타이를 하고 푸른색 앞치마를 두르고 푸른색으로 입힌 인형을 데리고 다녔습니다. 오늘밤은 모두에게 잘 자라는 입맞춤을 하며 돌아다녔는데 인형에게도 했습니다. 오늘 오후는 서울 가는 것과 "연례회의"에 맞춰서 인형 옷을 포장하느라 바빴습니다. 미리암은 "여동생"의 빨간 스타킹 때문에 울었습니다. 자기는 스타킹이 없었기 때문입니다. 미리암은 저처럼 갈색 구두를 원했습니다. 미리암은 남자애 같은 점과 허영이 있는 점이 묘하게 섞여 있습니다!

---

[135] 대용량으로 구입하는 단위임. 1 Gross=12 Dozen=144 pcs(12×12 piece).

애니 새년은 혼자서 거의 서있습니다. 뭐든지 잡고 일어서며 뭔가 유혹하는 음식을 찾을 때는 한 손으로 더듬고 다른 한 손은 그대로 있습니다. 종이를 가장 좋아합니다. 지난 8월에 엠마 브라운(Emma Brown)이 미리암에게 만들어준 푸른 앞치마를 두르고 있는데 너무도 예뻐 보입니다. 축음기를 너무도 좋아해서 축음기에서 음악이 나오자마자 춤추기 시작합니다. 윌슨 의사는 미리암이 꽃을, 애니 새년은 음악을 정말로 좋아하는 것이 참 멋지다고 생각합니다.

8월 26일

미리암이 세 살이 될 때까지 꼭 한 달 남았습니다. 감이 오시는지요? 모두들 미리엄이 잘 컸다고 생각하며 또한 미리암이 영어를 유창하게 구사하는 것에 경탄합니다.

베시 헨더슨(Bessie Henderson)의 결혼식 날에 쓰신 어머니의 편지를 재미있게 읽었습니다. 너무도 생생하게 쓰셔서 결혼식이 열리는 오래된 정원의 냄새를 제가 맡을 수 있을 것 같았습니다. 사촌 미티(Cousin Mittie)는 아름다운 정든 고향집을 목포 또는 심지어 광주와 바꾼 것이 제게 어떤 의미인지를 아는 것처럼 생각할 수도 있습니다. 그렇지만 그녀는 절반도 모릅니다.

제가 기른 토마토가 케첩을 만들 만큼 익지 않아서 오늘 저는 옷장과 "기타 등등"을 청소하고 있습니다. 오늘 비가 더 많이 오고 있어서 가을에 텃밭이 잘될 것 같습니다.

광주에 있는 저희 과일에 대해 물어보셨죠. 오웬 목사 부부가 엄청나게 많은 복숭아를 수확했고 저희에게 조금 가져왔습니다. 저희 사과나무 한 그루에 사과가 열렸고, 포도나무에는 포도가 주렁주렁 열렸습니다. 윌슨 박사가 사과와 포도를 가지고 오면 좋겠습니다. 그것으로 젤리와 잼을 만들었으면 합니다. 벨 목사 부부는 블랙베리를 많이 수확했습니다. 그러니 한국에서 과일을 갖게 되는 것이 가능하다는 것을 어머니께서 아시겠죠. 저희가 한 장소에 오래 머문다면 저희도 과일을 갖게 될 것입니다. 남편이 이곳 둘레에 엄청나게 많은 포도를 심었습니다. 저희는 처음보다 나중이 더 좋게 되게 하려고 합니다!

지금 카네이션이 활짝 피고 있습니다. 바로 이 순간에도 미리암이 카네이션을 한 손 가득 들고서 제 곁에 서 있습니다. 이곳 동산이 너무도 건조하지 않으면 좋을 건데요! 오래도록 가물었지만 제가 기르는 국화는 건강해 보입니다.

방적공작이 정말로 배당을 선언했나요? 오린 씨가 저에게 저의 자금에 대한 명세서를 보내주기를 바랍니다. 저는 최악을 알기 원합니다!

엘리너가 무엇을 하고 있습니까? 제가 어머니께 부탁하여서 솔즈베리에 있는 모든 친구에게 제 소식을 전해달라고 한다고 그녀에게 말씀해 주세요. 제가 가는 곳마다 그녀가 보내 준 편지를 가지고 가는데, 편지할 기회가 전혀 없습니다. 곧 소식을 반드시 전하고 최신 소식을 받고 싶습니다.

어머니께서 학교 건물을 보시면 좋겠습니다. 돌로 건축되었으며 목포로 치면 상당히 위풍당당합니다. 이 학교에 남편의 많은 시간과 저희 현금 전부가 들어갔습니다!

그리피스 박사(Dr. Griffiths)[136]의 사망 소식을 듣고 마음이 무척 좋지 않았습니다. 그리피스 부인에게 곧 편지하겠습니다. 클라크 박사가 훨씬 더 건강하기를 바랍니다. 클라크 부인에게 편지를 쓰고 싶었으며 언젠가 그렇게 하겠다고 말씀해 주세요. 코울 부부와 사촌 샐리의 가족에게 사랑을 전해주세요. 조카 매리언과 사무엘에게 그리고 작은오빠와 작은올케에게 그리고 올리와 넌(None)에게도 사랑을 전해주세요. 어머니와 비

---

[136] Dr. George Washington Griffiths(1840.7.22~1908.4.10).

오는 오후 제 방에서 시간을 보내면 좋겠습니다.
 스콧에게 이곳으로 와서 저희를 위해 농사를 지어줄 생각은 없냐고 물어보십시오.
 많은 사랑을 보냅니다.

사랑하는 애니 올림

1908년 9월 20일
한국, 전주

사랑하는 아버지와 어머니,

　제가 9월 1일 목포에서 떠나온 후 미칠 듯이 바쁘고 혼란스러워서 두 분께 편지를 하나도 못 드렸습니다. 부모님께 매주 편지 한 통을 드리는 것이 저의 바람과 목표입니다만 저의 이런 이상과는 너무도 자주 뒤처졌습니다. 배를 타는 동안 편지할 시간이 있기를 바랐지만, 오가는 배편 모두 일본인들로 붐벼서 저희는 단지 3등 칸만 얻을 수 있었으며, 작은 갑판에 자리를 잡았습니다. 몇 년 동안 했던 경험 중 가장 힘든 것이었습니다. 16일 저녁 이곳에 도착했으며, 연례회의가 한창입니다. 목포선교부의 녹스 목사 부부를 제외하고 (미국남장로회) 모든 선교사가 참여했습니다. 그 부부는 어린 아기가 있습니다. 저희가 3년 반 동안 이곳에 와본 적이 없었습니다. 그래서 다른 곳에 있는 남장로회 한국선교회의 사역을 보는 것을 좋아합니다. 저는 상임위원회의 위원장으로 선출되었고, 다른 위원회와 또 다른 두 개의 위원회 회원이 되었습니다. 그래서 이곳에 도착한 이후 바쁘게 다니고 있습니다.

　이곳에 오니 8월 11자 어머니의 편지가 기다리고 있었습니다. 몬트리트에서 보낸 아버지의 카드도 있었는데 저희가 목포를 떠난 후 고향에서 온 유일한 소식이었습니다. 아버지께서 몬트리트로 가신 것을 알고 기뻤습니다. 그곳에서 제 친구들을 많이 만나셨길 바랍니다. 특히 윌리엄스(Williams)[137] 목사님과 롤랜드(Rowland)[138] 씨를 말입니다. 우리는 윌리엄

---

[137] Rev. Henry F. Williams(1847.11.4~1933.2.11). *The Missionary*의 편집장을 지냄.
[138] Charles Alden Rowland II(1870.7.17~1964.4.1). 진흥운동(Forward Movement)에서 주요한 역할을 함. 딸 Katharine Whitehead Rowland Crane(1896.3.22~1997.11.8)이 Rev. Paul Sackett Crane(1889.2.7~1919.3.26)와 결혼함.

스 목사님이 한국에 10월 중순에 오는 것을 기대하고 있습니다. 그분이 오래도록 진흥운동을 같이 해서, 그분의 방문을 학수고대하고 있습니다. 저는 그분의 여정을 계획할 것인데 먼저 곧바로 목포로 오시라고 조언할 것입니다. 우리는 몬트리트 대회에서 좋은 소식이 있다는 것과 상당한 선물에 대한 공고가 있었다는 것을 들었습니다. 우리에게 전해진 다른 공고들보다 이번 공고가 결과적으로 더 좋은 것이 되기를 바랍니다.

올해는 이곳에 있는 우리 모두가 재정적인 면에서 끔찍하게 긴축해야 했던 때였습니다. 부담은 점점 커지기만 합니다. 우리의 최악은 지나가고, 실행위원회로 돈이 곧 보내지기를 바라지만 언제 이런 긴축재정이 없어질 것인가에 대해 아직 어떤 말도 없습니다. 저는 5월부터 2,500엔(1,250달러)을 확보해야 했습니다. 그 돈 중 900달러는 학교 건물 건축에 쓰이는데, 저는 가을까지는 학교 건물을 세워야 합니다. 올해 저희가 아는 방적공장 배당금이 없기에, 이 돈 중 많은 부분을 빌려야만 했습니다. 저의 경험상 이렇게 힘들어 본 적이 없습니다. 어떤 친구는 제가 1,000달러를 달라고 전보를 보내면 돈을 보내주겠다고 제안합니다. 그런데 제가 이곳에서 기꺼이 맡고자 하는 개인적인 재정적 책임을 모두 떠 맡기로 결심했습니다. 이 모든 것을 말씀드리는 것은 제가 이번 여름 두 분의 분투와 걱정에 대해서 정말로 많이 동감하지만, 두 분을 도와드릴 입장에 있지 않았던 것에 대해 저의 마음이 얼마나 아팠는지를 알려드리려고 해서입니다. 작년에 저희가 많은 물건을 샀던 것에 더해서 "과시"를 하지 않았었다면, 저희가 이런 압박을 느끼지는 않을 것입니다.

그러나, 저희는 바크먼이 대학을 마치게 하고자 하는 저희의 계획을 한순간도 포기하려고 하지 않았습니다. 제가 바크먼에게 그리고 어머니께 편지를 했습니다. 대학에 돌아가는 계획을 바크먼이 세우라고요. 저희가 보내는 수표에 대해서 제때 소식을 듣지 못하면, 작년처럼 해보라고요. 저희가 아주 이른 시간에 돈을 보낼 것을 믿으라고요. 돈을 임시로 빌리는 것이 필수적이었고, 돈을 빌리는 것은 저보다는 바크먼이 더 잘 알아서 할 일이라는 것을 제가 알기 때문에 이 글을 씁니다. 그래서 저는 어머니께서 최근 보내신 편지에 바크먼을 대학으로 돌려보내는 것에 대해서 여전히 아무것도 모르고 계시듯이 말씀하셔서 제가 얼마나 놀랐는지 판단해 보십시오. 저는 어머니께서 제 편지를 받으셨고, 바크먼은 데이비슨 대학에 있다는 것을 믿습니다. 아내는 대리인에게서 명확한 말을 기다리고 있으며, 바크먼에게 편지하기 전에 소식 듣기를 기다리고 있었습니다.

맥커첸 목사가 저희가 부탁한 것들을 어머니께 전달해 드리지 못했다는 소식을 듣고 안타까운 마음입니다. 맥커첸 목사에게 왜 편지하지 않으셨나요? 내슈빌에 있는 실행위원회에 편지를 맡기면 그 사람에게 전달될 것입니다. 저는 몇 달간 그 사람에게 편지를 두 통 빚지고 있습니다. 그런데 저는 제가 쓰지 않는 편지들이라는 주제에 대해서 더 감각을 키우고 있습니다. 엘리너에게는 1년간 편지하지 않았습니다. 두 분은 저희가 한국에 돌아온 후 얼마나 힘들게 살고 있는지에 대해서 충분한 개념이 없으실 것입니다. 목포에서는 7명의 성인과 2명의 어린이가 2개의 집에서 살고 있습니다. 저희는 신입 선교사들을 거의 어린아이처럼 돌봐야 했는데, 그중 둘은 너무도 많은 괴로움을 줘서 아내와 저는 이 모든 것을 내려놓고 은퇴해야겠다고 서너 번이나 거의 결정할 뻔했습니다. 그러나 주님의 도움으로, 저희는 1년을 버텨 냈습니다. 비록 개선 깃발을 휘날리지는 못해도 적어도 오래된 깃발을 끌어 내릴 필요는 없었습니다. 저희는 선교회로부터 현재 조건을 상당히 개선 시킬 도움을 줄 것이라는 약속을 받았습니다. 선교 사역에서 이 문제와 다른 수백 개의 어려운 문제를 이곳에서 저희가 해결책을 찾기 위해 논의하고 있습니다. 자세한 것은 나중에 편지로 알려드리겠습니다. 물론 저희는 목포 사역을 1년간 더 해야 합니다.

그런데, 공의회에서 저를 봄학기 동안 평양에 있는 신학교에서 가르치라고 선출했습니다. 저는 그 영예로운 일을 거절했습니다. 강의를 충분히 준비할 시간이 없다고 느끼기 때문입니다. 그런데 남장로회 한국선교회에서 저를 보내려고 하지 않을 수도 있습니다.

아이들이 저희와 함께 이곳에 있습니다. 아이들은 다른 아이들과 아주 즐겁게 지내고 있습니다. 아이들끼리의 놀이가 아주 중요합니다. 어린 딸이 같이 놀 아이가 없는 곳에 있어야만 한다고 생각하니 무척 마음이 좋지 않습니다. 애니 섀넌은 "내가 본 아이 중 가장 예쁜 아이"라는 등의 과도한 칭찬을 받습니다. 엄마를 빼다 닮았기에 매력적이지 않을 수가 없습니다. 미리암이 아주 빨리 자랍니다. 작은딸이 자기 엄마를 닮았듯 큰딸은 할머니를 닮았는데, 그래도 저희는 큰딸이 작은딸만큼 자랑스럽습니다. 사진기를 빌렸습니다. 곧 사진을 보내드리겠습니다. 아내가 두 분께 언제 편지를 썼는지 모릅니다. 아이들, 하인들, 신입 선교사들, 구경꾼들, 일, 찾아온 사람들로 아내는 너무도 분주합니다. 아내가 저만큼이나 기운이 빠진 것을 저는 알고 있습니다. 그런데 아내는 좋은 회복력을 보입니다.

두 분께 저희의 깊은 사랑을 보내드립니다. 아이다에게 말씀해 주세요. 지난여름에 만들어준 큰 한국 지도가 이번 연례회의 때 잘 쓰이고 있다고요.

이 편지에 다소 염세적인 느낌이 나지 않나 걱정입니다. 제가 우울하다고 생각하지 마세요. 수개월 동안 느꼈던 것보다 훨씬 기분이 좋습니다. 저희의 사랑과 손녀들의 입맞춤을 보내드립니다.

사랑하는 페어맨 올림

1908년 10월 8일
한국, 영포

사랑하는 어머니,

저희는 광주에서 목포로 가는 중입니다. 어제 20마일을 달려서 이곳에 도착했는데, 배가 예정보다 일찍 강을 따라 1마일 가버린 것을 알게 되었습니다. 삼판(sampan, 杉板) 다른 말로 거룻배를 확보하지 못해서 어쩔 수 없이 강둑에 있는 작은 일본인 여관에서 24시간 기다려야만 했습니다. 벨 목사가 경로의 절반 동안 자신의 마차에 아내와 아이들을 데리고 왔습니다. 그래서 아내는 가로질러 오면서 가장 쉽고, 재미있는 여행을 하게 되었습니다. 새로운 길을 밀어붙이고 있습니다. 광주에서 이곳까지는 거의 완성되었고, 6개월 이내에 길이 완성되어 목포에서 광주까지 타고 갈 수 있기를 기대하고 있습니다.

어머니께 보낸 최근 편지는 9월 20일 전주에서 드린 것이라 생각합니다. 우리 연례회의가 9월 28일 끝났습니다. 제가 이곳 사역지에 온 이후 선교회 회의 중 최고였습니다. 회의 내내 우리 모두 너무 바빴습니다. 위원회일 뿐만 아니라 서기의 일도 해야 해서 제가 특히 바빴습니다. 저는 일을 마무리하려고 이틀을 더 머물렀고 아내와 아이들과 녹스 여선교사와 함께 목요일 아침 육로로 광주로 떠났습니다. 광주로 가는 이틀 동안 사건 사고가 많았습니다. 가마에 탄 한국인 유모와 아이들을 제외하고 저희 모두 말을 타고 갔습니다. 제가 타고 간 한국 조랑말과 가마로 끝없는 문제가 생겼습니다. 저는 여정 중 가마꾼과 말을 세 번이나 바꿀 수밖에 없었습니다. 그것 말고는 여정 동안 즐거웠습니다. 미리암은 대부분 말을 탔습니다. 미리암은 카우보이처럼 튼튼하며 피곤하다는 것을 결코 인정하려고 하지 않습니다. 광주에 도착해서는 저희 집에 들렀는데 그 집은 지금 윌슨 의사가 쓰고 있습니다. 모든 것을 정돈하고, 추가적으로 몇 가지를 짐에 쌌습니다. 저희가 목포에서 1년간 더 머무르는 동안 쓰려고 목포로 가져갈 것입니다. 다음 가을에, 가능하면 다음 봄에 광주로 다시 옮겨오는 것이 저희의 계획입니다만 가능성이 크지는 않습니다. 선교회에서 저에게 1년간 무거운 사역을 맡겼습니다. 평양에 있는 신학대학에서 6주 가르치는 것과 전주에서 2주간 교사양성반을 지도하는 것도 포함되어 있습니다. 그러나, 저는 벨 목사가 저 대신 신학교에서 가르치도록 신학교로 되돌아가게 하는 것과, 저의 조사가 저 대신 교사양성반에서 가르치도록 하는 데 성공했습니다. 그래서 저는 첫해 나온 이후로 가장 평범한 1년의 사역을 할 수 있게 되었습니다. 저는 광주의 서쪽에 있는 제 담당 교회 여섯 곳을 광주로 넘겼습니다. 제가 광주로 돌아간다고 할지라도 그쪽 방향에 있는 영역을 제가 원할 것 같지 않아서입니다. 이렇게 해서 제 짐이 또한 가벼워졌습니다. 그래서 저는 겨울 동안 정말 필요한 공부를 할 시간을 가질 수 있을 것 같습니다. 목포 시내 사역과 더불어 저에게 맡겨진 23개의 교회로 제가 바쁘겠지만 말입니다. (돈이 제때 들어올 것 같지 않지만) 제때 들어온다면, 땅을 사고, 건물을 짓는 등 목포에서는 할 일이 아주 많습니다. 건물과 관련해서는 소소한 수리 외에 거주시설 두 곳, 여학교, 남학교 기숙사, 진료소, 새로운 예배당을 짓는 일이 있습니다. 올해 제가 중등학교 건물을 짓는 경험을 하였기에 저는 건물을 짓기 전에 모든 돈이 수중에 들어오기까지 기다릴 작정입니다.

 선교회가 포사이드 의사 자리를 대신하라고 버드만 의사를 전주로 전출시켰습니다. 포사이드 의사는 아직 사역지로 돌아오지 않았습니다. 만약 이번 가을에 오게 되면, 그는 목포로 올 것입니다. 그가 곧 돌아오지 않으면, 실행위원회에 다른 의사를 목포로 보내달라고 요청할 것입니다. 그러는 동안, 미국에서 알렉산더(Alexander)[139] 의사에게 교육받은 한국인

---

[139] Alexander John Aitcheson Alexander(한국명: 안력산, 1875.8.5~1929.3.10).

의사 오 박사[140]가 목포에 있게 될 것입니다. 이렇게 하는 것이 저희에게는 적합합니다. 심각한 병이 생기면 전화할 수 있는 가까운 곳에 윌슨 의사가 있기 때문입니다. 녹스 여선교사가 광주로 전출되었으며, 최근에 도착한 마틴(Martin)[141] 선교사가 목포로 오게 되었습니다. 저희는 녹스 여선교사를 이번 겨울 몹시도 그리워할 것입니다. 그녀가 저희와 같이 살았고 가족의 일원으로 보이기 때문입니다. 그렇지만 미래에 같이 광주선교부에 있을 것을 생각하니 기쁩니다.

선교회는 전라남도의 남부쪽에 새로운 선교부를 개설하기로 결정했습니다. 이 일을 맡을 사역자들은 언어를 제대로 익힐 때까지 광주에 있게 될 것입니다.

플로이에게 말씀하셔서 제가 그러더라고 이곳으로 오는 것에 대한 입장을 재고하라고 해주세요. 시기가 좋아지면, 이곳으로 와서 저희와 같이 살자는 똑같은 제안을 제가 할 수 있기를 바랍니다. 플로이는 아내에게 큰 위안이 될 것이고, 점점 커지는 저의 사무적인 일에 큰 도움이 될 것입니다.

저희는 광주를 아주 매력적인 선교회 본부로 만들고 있습니다. 광주는 살기 좋은 곳입니다. 아내가 광주의 집을 일시적이나마 떠나야만 하는 것이 아내에게는 매우 힘든 일입니다. 저희가 심은 과일나무가 열매를 맺고 있습니다. 크고 먹음직한 사과 다섯 개와 마르멜로 하나가 과일과 관련해서 저희가 이번에 수확한, 광주선교부에서의 첫 열매들입니다.

저희가 9월 1일 목포에서 떠나온 후 편지할 기회를 갖지 못했습니다. 편지에 대한 빚을 곧 갚을 수 있기를 바라며 저희가 살아가고 있다고 가족 모두에게 말씀해 주세요.

---

[140] 오긍선(吳兢善, 1878.10.4~1963.5.18).
[141] Julia Annette Martin(1869.10.23~1944.9.1).

어머니의 손주들을 보셨으면 합니다. 작은딸은 혼자 서고 생기 있게 재잘거리며 큰딸의 특징인 기민함을 보이고 있습니다. 모두 지금껏 본 아이 중 가장 예쁜 아이라고 합니다. 작은딸은 정말 예쁩니다.

이 편지가 어머니께 도착할 즈음에는 선거 분위기가 최고조에 이를 것입니다. 어찌 되었건 선거 이후에 좋은 시대가 되었으면 합니다.

모든 친척에게 특히 제니 고모와 짐 고모부에게 저의 사랑을 전해주십시오. 어머니와 아버지 두 분도 정말 험악한 버지니아 남서부 기후에서 몸 관리 잘하셔야 합니다. 건강이 좋아지고 있다는 좋은 소식을 들어서 기쁩니다.

저희 둘의 사랑 가득한 마음과 손녀들의 입맞춤을 보내드립니다.

사랑하는 아들 페어맨 올림

1908년 11월 6일
한국, 목포

사랑하는 어머니,

지금부터 1주일 조금 전에 섬을 돌아보고 온 이후에, 어머니께 편지 보낼 기회가 없었습니다. 오늘 배편으로 적어도 짧은 글이라도 보낼 결심입니다.

어제 제가 어머니께 편지를 쓸 때, 제가 돌아온 이후부터 교회 지도자 대상 사경회가 진행되고 있었습니다. 제가 목포에서 하게 된 첫 번째 지도자 대상 사경회였습니다. 정말 즐거웠고 유익한 시간이었습니다. 대표를 보내지 못한 두 교회를 제외하고 모든 교회에서 대표를 보내서 약 50명이 참석했습니다. 제가 하루에 3시간 가르쳤고, 매일 밤 설교가 있었는데, 주일 성찬식으로 마무리했습니다. 윌리엄스 목사님이 사경회 마지막 날에 오셔서 제 사역지에 있는 지도자들을 만나는 기회를 가지게 되어서 특별히 저는 만족스러웠습니다.

윌리엄스 목사님이 사진을 찍었습니다. 그분과 정말 즐겁게 지냈습니다. 목사님은 목포선교부를 공식적으로 방문하는 것에 더해서 특별히 제가 담당하는 지역을 4일간 방문했습니다. 공식 방문은 오늘부터 시작하여 1주일간 계속됩니다. 저는 강 상류까지 그분과 함께 가려고 하며 어쩌면 광주까지도 함께 할 계획입니다. 그분이 저희 목포 교육 사역을 위해 젊은 베너블(W. A. Venable)[142] 목사를 데리고 와서 저희가 무척 기뻤습니다. 베너블 목사가 와서 저는 많은 짐을 덜게 되고, 우리 목포 중등학교는 크게 성장할 것입니다.

포사이드 의사가 윌리엄스 목사님과 같이 오지 않았습니다. 그래서

---

[142] William Anderson Venable(1886.10.26~1947.1.2).

우리는 이곳 목포선교부에 의사가 없을 것은 아닌지 심란합니다. 미국에서 알렉산더 박사에게 교육받은, 지난가을에 도착한 젊은 한국인 오 박사가 지금 목포에 있으면서 진료소를 운영하고 있습니다. 아주 심한 병이 아닌 경우에는 우리의 필요에 그가 충분하리라는 것에 저는 의심이 전혀 없습니다. 주님께서 결국에는 모든 것이 제대로 되게 만드실 것에 아무런 의심도 없습니다. 아시듯 버드만 의사는 전주로 전출되었습니다.

우리는 일곱 개의 섬을 방문하며 매우 만족스러운 시간을 가졌습니다. 지난 8개월 동안 목포의 기독교인들과 목포교회 조사(evangelist)가 꾸준히 설교한 결과로 섬에서의 사역이 활짝 열리고 있습니다. 저와 함께한 맥컬리 목사가 언어교사와 위에 언급한 조사와 함께 이들 섬에서 한 달간 있다가 왔습니다. 이번 일이 사역뿐만 아니라 맥컬리 목사에게도 도움이 될 것이라 믿습니다.

어머니께서 아내에게 보내신 10월 5일 자 편지에 저에게서 편지 받은 지 한 달이나 되었다고 말씀하셨다는 것을 듣고 제가 충격을 받았습니다. 편지 문제에 관해서는 제가 방비를 단단히 해야만 하며, 매주 적어도 엽서라도 보내야만 합니다. 제가 해야 하는 서기의 일이 점점 더 저를 절망적으로 앞서가고 있는 것처럼 보입니다. 시기가 좋아지자 마자, 저는 플로이나 바크먼에게 이곳으로 나와서 저를 돕도록 하겠습니다. 누군가가 저의 사업상의 편지, 계좌 정리, 보고서 정리 등을 대신해 준다면, 개인 편지를 몇 통 쓸 수 있는 시간을 더 자주 갖게 될 것입니다. 제가 할 일도 많지만 아내도 저만큼이나 해야 할 일이 있습니다. 때로는 저보다 더 많다고 저는 생각합니다.

아내는 모든 면에서 저에게 위로가 됩니다. 더 이상 헌신적일 수 없는 아내입니다. 아이들은 정말 귀엽습니다. 가족 모두가 아이들의 귀여운 아기 시절을 볼 수 없다는 것을 생각하니 저희가 괴롭습니다. 작은딸은 사람들이 본 가장 예쁜 아이라는 명성을 갖고 있습니다. 작은딸은 언니에게 자기 주장하는 법을 알아가고 있습니다. 오늘 아침에 아내가 저를 불러서 막대 자(yardstick)를 두고 두 아이 사이에서 일어난 매우 흥미로운 다툼을 보라고 했습니다. 둘 다가 밀고, 잡아당기고, 소리지르는 데 누구도 이기는 것 같지 않았습니다. 어머니의 손주 둘 다가 아빠를 닮아 격하다는 말씀을 드려 죄송합니다.

  이번에는 중간에 이만 줄여야 합니다. 점심 먹으라는 종이 울렸고, 배에 이 편지를 실어 보내려고 하면 더 이상 쓸 시간이 없기 때문입니다.

  모두에게 사랑을 전합니다. 어머니께서 규칙적으로 편지해 주시는 것에 대해서 말로 할 수 없이 감사드립니다. 어머니께서는 "쓸 만한 것이 없다"라고 하실지라도 어머니 편지는 흥미롭다는 것을 제가 증명합니다.

  사랑하는 아들이 서둘러 편지드립니다.

페어맨 올림

1908년 11월 11일
한국, 목포

사랑하는 짐에게,

형이 8월 14일 자 너의 편지를 전주에서 받았는데, 그때 전주에서 열리고 있던 우리 선교회 연례회의에 참석하고 있었다. 이후에 서너 개의 엽서도 받았는데, 그 모든 것에 형이 정말로 고마워하고 있다. 너에게서 소식을 들으면 항상 기쁘다. 특히나 네가 정말 많이 바쁘다는 것을 형이 알고 있는데 편지를 해주는 것이 너에게 큰 희생임이 틀림없다. 이번 가을에 평상시와 마찬가지로 너무도 바빴다. 너에게 제대로 된 편지를 쓸 시간이 없지만 짧은 글이라도 보내보려고 한다.

형이 바크먼에게 한국에서 교육 사역을 해보는 것이 어떻겠냐고 조언한 것에 대한 너의 생각은 어떠니? 대학에서 바크먼의 평판이 좋아서 교수들로부터 좋은 추천을 받을 수 있을 거라고 생각하니? 대학교 졸업자 두 사람 자리가 한국에 있는데, 한국선교회는 즉시 두 사람을 보내라고 큰 소리로 요구하고 있다. 광주선교부에 지원해보라고 바크먼에게 편지하려고 한다. 네가 그 아이에게 조언을 해주고 네 생각을 형에게 알려주렴. 나는 그 아이가, 특별히 형과 연관된 교육 사역을 할 수 있는 능력이 있다고 생각한다. 내가 바크먼에게 쓸 편지를 바크먼더러 너에게 보여달라고 하렴. 나는 그 아이가 이런 유용한 직업에 들어왔으면 하는 마음이 크다. 그런데 그렇게 하지 않으면, 그래도 한국으로 오겠다는 생각을 여전히 가지고 있다면, 비록 재정적인 면에서 그 아이에게 큰 의미는 없을 것이겠지만 형은 바크먼이 개인 비서로 올 것을 제안하려고 생각 중이다.

형이 재정적인 면에서 올해 내내 매우 쪼들리고 있고 아직 지원금도 오고 있지 않다. 이곳에서 학교를 짓는 것에 있어서 무거운 책임을 맡았고 고국에서 지원금이 오기를 기대하고 있다. 재정난 때문에 지원금이 중단되었을 뿐만 아니라 우리 수입도 3분의 2로 줄었다. 게다가 한국선교회가 일년내내 심하게 연체되면서 운영되고 있다. 그러나 머지않아 상황이 좋아지리라고 희망한다.

네가 요청한 일본 물건들에 관한 것인데, 형이 작년에 고베를 통해서 들어올 때 구했던 것들이기에 너의 요구를 따르는 것이 불가능하다. 이건은 특성상 물건을 직접 골라야 한단다. 그러나, 혹시 지나가는 친구를 통해서 그 물건들을 구할 수 있다면 그렇게 하겠다. 목포에서는 그런 물건들을 구할 수가 없다. 어머니의 서랍장과 같은 것을 서울에 있는 동안 잘 알아봤는데, 이제 그 물건들은 없는 것 같다. 혹시라도 형에게 기회가 생기면 너의 요청을 기억하고 있으마.

작년에 형이 너에게 보낸 것들에 대해 네가 형에게 빚진 것이 없단다.

네가 그린빌에 사는 여성과 잘되지 않았다는 말을 듣고 너무도 안타까웠다. 그런데 네가 불평 없이 그대로 받아들인다니 기쁘다. 너에게 꼭 맞는 여성을 만나게 될 때, 네가 헤어졌던 것에 감사할 것이다!

너 자신을 잘 돌보아야만 한다. 우리 모두 쉽게 피곤해지고 극도로 예민해진다. 네가 주님의 일을 하고 있다고 생각하니까 형이 기분이 좋다. 네가 신실하다는 것을 드러내니 주님께서 너에게 더 큰 일을 맡기실 것이다.

매일 기도할 때 형을 기억해주렴. 형은 잘 지낸다. 형수도 그렇고 아이들도 잘 지낸다.

〔판독 불가〕

1908년 11월 11일
한국, 목포

사랑하는 바크먼에게,
　형이 아직 너에게 편지할 편안한 시기를 찾지를 못했다만, 1주일 동안 집을 떠나기 위해 내일 출발할 것이기에, 너에게 편지를 하지 않고 그냥 가버리지 않기로 굳게 마음먹었다.
　우리 부부는 학기 시작할 때 네가 대학으로 돌아갈지 말지에 대해서 초조하게 있었던 것 같아서 안타까웠다. 형은 우리 부부가 알아듣게 분명하게 편지했다고 생각했지만, 우리가 너를 위해 계획한 것에 대해서 네 맘에 의문이 있었다는 것을 알고 놀라기도 하고 화도 났다.
　형수가 얼마 전에 솔즈베리 은행을 통해서 수표를 보냈는데, 수표를 현금으로 바꿀 수 있다면 너에게 그 돈을 보내주라고 했다. 곧 소식을 들을 수 있기를 우리는 기대하고 있으며 새해 첫날까지는 너에게 충분한 준비를 해줄 것이다. 우리는 연중 내내 매우 시달렸다. 경제적으로 힘든 시기와 방적공장의 배당금이 계속 막혔기 때문이기도 하지만 이곳에서 형이 남학교를 세우는데 무거운 의무를 맡았기 때문이며, 고향 교회에서 오기로 한 지원금에 실망했기 때문이다. 우리의 상황을 보면 단지 일시적이기에, 형은 네가 형만큼 아니면 형보다 더 대출을 잘 받을 수 있다고 생각했다. 지난여름의 경비에 관해서는 형이 너에게 편지했듯이 최대한 이른 시기에 너 대신 우리 부부가 처리할 것이다.
　형이 너에게 5월 7일 편지하면서 졸업 관련 비용으로 쓰라고 수표를 동봉했다. 네가 받았는지 궁금하다.
　대학 마치고 무엇을 할지 생각해 봤니? 네가 한국 쪽으로 얼굴을 돌리는 것이 좋다고 생각하여 그렇게 한다면 형이 기쁠 것 같다. 네가 그렇게 하는 것을 기꺼이 고려한다면, 네가 교육 쪽을 하는 것이 좋겠다고 생각한다. 우리는 한국으로 대학 졸업생 두 명을 더 보내서 언어를 익히고, 가르치게 해달라고 요청하고 있다. 네가 어떤 종류든 학위가 있고, 성적도 좋고, 대학에서 좋은 평판이 있으면, 실행위원회에 지원하여서 다음 가을 광주로 보내달라고 하면 좋겠다. 그런데, 네가 이렇게 하고자 결정하면 형은 너에게 많은 점수를 주고 싶다. 그래서 네가 가능한 힘껏 지지 받게 해주겠다. 너에게 요구되는 교육관련 사역은 처음에는 초보적일 것이다. 교육 분야로는 시작된 것이 거의 없기 때문이다. 네가 일하면서 발전하리라는 것을 형은 의심치 않는다.

그렇지만, 이 제안이 너에게 매력적이지 않으나 여전히 한국으로 나오고 싶은 생각이 있다면, 형이 너하고 최소 3년이라는 기간 동안 형의 비서로 일할 수 있도록 개인적으로 맞춰볼 수도 있을 것이다. 어느 쪽이건 네가 나오기 전에, 속기와 타자를 공부했으면 한다. 너에게 너무도 중요한 것이 될 것이라서 그렇다.

물론, 네가 교육 분야로 정규 지명을 받아 한국으로 오는 것이 좋겠다는 것을 말하면 잔소리다. 이것을 하게 되면 영구적으로 유용한 사람이 될 아주 좋은 기회가 되고 매력적인 직업을 갖게 될 가능성이 커진다. 문제는 네가 임명을 받을 수 있냐는 것이다. 여부는 데이비슨 대학에서의 너의 기록과 너의 교수님들이 너를 위해 기꺼이 써줄 추천서 등에 달려있다. 가능한 빨리 네가 무엇을 생각하는지 그리고 너의 가능성이 얼마나 될 거라고 생각하는지를 알려주렴. 교육 사역을 위해 목포로 막 온 베너블 목사는 겨우 22세다. 그런데 벌써 2년 간의 교육 경험이 있단다.

형은 지금보다 더 바빠 본 적이 없다. 지금보다 더 자주 편지를 할 수 없는 것이 큰 어려움이다. 네가 형 옆에 있으면 좋겠고, 언젠가 그렇게 될 길이 열리길 기도한다. 대학에서 좋은 시간을 보내고 있을 것이라 믿는다. 건강을 잘 챙겨라. 그런데 공부는 열심히 해라. 중요한 것은 공부할 때 공부하고 놀 때 노는 것이란다. 운동을 충분히 하고 하루에 적어도

7시간을 자라. 너의 영적인 삶에 대해 형이 강조한 것을 기억하고 대학 YMCA에 잘 참여하렴.

아이들이 잘 자라고 있다. 미리암이 너를 잊지 않았다. 네가 어린 조카들을 봤으면 하고, 형수에 대해서도 더 잘 알았으면 한다.

시간 있을 때 편지하렴. 형수도 너에게 사랑의 인사를 건넨다.

이제 더 쓸 시간이 없다.

사랑하는 형 J. 페어맨 프레스톤

1908년 11월 20일
한국, 광주

사랑하는 왓킨스[143] 목사님,

9월에 서울에서 열린 다양한 연례회의에 참석하면서 새로운 힘을 얻는 아주 좋은 시간을 보낸 후, 저는 같은 달 후반부에 제가 있던 곳으로 돌아왔으며, 그 후로 계속해서 황홀한 가을 날씨를 잘 이용하며 말을 타고 (순회전도여행을) 다니고 있습니다.

〔판독 불가〕 저의 담당 지방에서 멀리 떨어진 곳으로 가게 되었습니다. 165마일 거리를 저의 조사와 여유있게 다니면서 저는 8곳의 예배처를 방문했는데, 한 곳에서만 제가 보고 싶었던 모든 것을 볼 수 있었습니다. 그곳에서 저는 21명을 문답하여서 모두를 합격시켰는데, 6명은 세례를 주고 15명은 학습교인으로 등록시켰습니다. 그 교회의 지도자는 매우 열정적인 사람이고 명백하게 전적으로 변화된 사람입니다. 그가 작년에 한 첫 번째 일 중 하나는 두 번째 아내를 떠나보낸 것입니다. 첩을 내보내는 일은 일반적으로 성인남자가 가장 하지 못하는 일이며 가장 힘든 일인데, 목포에 있는 저의 가장 열성적인 학습교인 두 사람이 아직도 명쾌하게 정리하지 못한 일입니다.

지난봄에 복음이 전해진 다른 세 곳 교회에서는 출석률이 급격히 떨어져 있었습니다. 그렇지만 저희는 자리를 굳건하게 지킬 것입니다. 저의 가장 오래된 교회 중 하나인 〔판독 불가〕에서는, 지도자인 세례교인의 무능력으로 인해서 많은 사람이 걸려 넘어졌습니다. 지도자는 노인인데 저희에게 오래도록 많은 걱정을 끼쳤습니다. 저는 문제가 있는 사람들을 신속하게 권징했으며, 교회에 출석하지 않은 9명을 성찬에 참여하지 못

---

[143] John Sims Watkins Jr.(1844.1~1930.4.29). 목포 남학교 건축을 후원한 First Presbyterian Church Spartanburg의 목사.

하게 했고, 학습교인 14명을 학습교인에서 제외시켰습니다. 제가 아는 한, 이 경험은 예외적인 것으로 우리 사역에서 전례가 없던 일이라는 점을 덧붙여 말씀드립니다.

이제 가장 흥미로운 부분을 말씀드리겠습니다. 목포에서 설교하면서, 저는 남쪽 지방에서 열린 가장 강력한 집회가 되었던 것을 시작했습니다. 박사님이 알고 계신 목포 회중에 더하여, 제 담당 지방의 7개 군에서 42명의 교회 지도자와 교회 대표자가 참석했습니다. 4일간 180명이 기도회로 모였으며, 집회가 시작되었습니다. 한국 남감리교회 감독으로, 놀랍도록 성령으로 가득한 사람인 저다인(Bro. J. L. Gerdine)[144] 목사가 목포로 내려와서 놀라운 능력으로 하루에 두 번 1주일간 설교했습니다. 이 집회의 목표는 기독교인들을 북돋아 주고 복음화를 재촉하는 것이었는데 주님께서 우리의 간구를 은혜롭게도 들어주셨습니다. 마을의 많은 〔판독 불가〕가 있었는데, 수십 명이 고백하고 간증했으며, 몇 명은 확실히 회심했습니다. 성령의 임재와 권능이 영광스럽게 발현되었습니다.

저는 집회에서 전에 본 적이 없었던 장면을 목격했습니다. 예를 들면, 기도의 영이 쏟아져서 때때로 서너 명이 동시에 기도하곤 했는데, 서로가 다른 사람을 인식하지 못하는 듯 보였고, 이런 일은 설교가 시작되기 훨씬 전에 일어났습니다. 강한 남자들이 자신들의 죄를 고백할 때 무너져 내리며 울었습니다. 서로 다름은 치유되었고, 떠나갔던 죄인들이 다시 돌아왔습니다. 아마도 모두가 자신의 삶을 정결하게 하고서 예수에 대한 사랑과 영혼에 대한 열정을 가지고 불타는 심장을 지니고 돌아갔습니다. 우수영에서 온 노인은 제가 위에서 언급한 사람입니다. 그는 무릎을 꿇고서 죄를 자복했으며, 하나님과 적합한 사람이 되어 돌아간 것으로 보였습니다.

---

144 Joseph Lumpkin Gerdine(1870.7.13~1950.3.13).

저는 지난 집회에서 간증(干證)하던 장면을 결코 잊지 못할 것 같습니다. 성인 남자들이 여섯 줄로 서있었는데, 자신들이 받은 복을 증언하기 위해서 자신의 순서를 기꺼이 기다렸습니다. 즐거움 즉 하늘나라 자체가 그곳에 있었습니다. 교회는 승리의 찬양으로 울려 퍼졌습니다.

이 집회의 결과가 우리 사역에 큰 영향을 끼치리라는 것을 덧붙일 필요도 없지요. 이 집회가 퍼져서 우리 모든 사역지를 휩쓸 부흥의 불길을 일으키기를 기도하고 있습니다.

이 집회의 두 번째 주일에, 성찬이 행해졌습니다. 성인 30명이 세례를 받았습니다. (물론 이번 집회의 결과는 아닙니다.) 또한 120명 이상이 주님의 식탁에 함께 앉았습니다. 오래도록 기억될 특별한 일입니다.

제가 광주에서 8월 15일 보낸 편지를 받으셨길 바랍니다. 서울에서도 목사님께 편지를 드렸던 것 같습니다. 목사님께 소식을 들은 지 몇 달이 지났습니다. 매일 목사님의 편지를 기다리고 있습니다.

믿음의 형제로 안부를 전합니다. 고향 교회를 위하여 우리가 계속 기도하고 있다는 것을 아셨으면 합니다.

주님 안에서 형제인 J. F. 프레스톤 올림

1908년 12월 8일
해남군 독바위

사랑하는 어머니,

지금 목포로 소식을 보내고 있는데, 이 기회를 이용해서 어머니께 보낼 짧은 편지를 씁니다.

저는 지난 토요일 아침 집을 나와서 1주일의 사경회를 하고 있습니다. 이곳에 전망이 좋은 기독교인들이 있습니다. 매일 세 번 약 40에서 50명이 모입니다. 오전에는 성경 공부, 오후에는 찬양, 저녁에는 설교가 있습니다. 제가 10일 전에 먼 곳으로 보낸 저의 조사가 저를 돕기 위해 아직 돌아오지 않았기 때문에 (주일부터) 지금까지 제가 모든 일을 하고 있습니다. 새로 온 교육 전문 선교사 베너블 목사가 이번 전도여행에서 저와 함께하고 있습니다. 그 사람과 아주 즐겁게 지냅니다. 그는 한 달간 시골에 있었는데, 총명하며, 언어를 빨리 습득합니다.

우리의 여가생활은 사격입니다. 저는 집에다 두 번 사냥감을 보낸 것에 더하여 저희가 먹을 수 있는 모든 사냥감을 잡았습니다. 오리, 거위, 토끼(turkey), 꿩, 비둘기가 풍부합니다. 저의 사격 솜씨가 아주 좋아지고 있습니다. 일반적으로 4발 중 3발을 명중시키는데 날개에 맞춥니다.

비록 제가 열심히 일하지만, 이런 전도여행을 하면 대개 저는 힘을 얻습니다. 실외에서 하는 삶이고 충분히 운동하고 걱정거리가 최소한이기 때문입니다. 제가 집에 없으면 아내의 책임이 항상 늘어납니다. 집과 아내와 아이들을 두고 떠나는 것이 힘이 듭니다. 그런데 저는 너무도 많은 시간을 집에서 떠나 있게 요청받습니다. 젊은 신입 선교사들이 저의 짐을 점점 더 가볍게 해줄 것을 믿고 있지만, 해야 할 사역이 점점 많아집니다.

특별하게도 최근에 아버지의 편지를 아주 크게 즐겼습니다. 아버지께서 거의 편지하지 않으시기에 그랬습니다. 아버지께 다음번에 편지드리겠습니다.

인제 그만 써야 합니다. 가족 모두 크리스마스를 즐겁게 보내십시오. 저는 아직 크리스마스를 생각할 시간이 없습니다.

최근에 더 많이 쉬고 인생을 더 즐기자고 결심했습니다. 제가 항상 너무 심하게 일합니다. 이것이 아내에게 영향을 끼치고 있는 것 같아 걱정입니다. 저는 너무도 힘들게 살아가고 아내는 너무도 편하게 살아갑니다. 저희는 서로 잘 만났습니다.

이제 멈춰야 합니다. 모두에게 깊은 사랑을 전합니다.

사랑하는 페어맨 올림

1908년 12월 25일
한국, 목포

사랑하는 어머니,

이번 연휴 기간에 어머니를 얼마나 많이 그리워했는지요! 크리스마스에 어머니와 떨어져 본 것이 딱 두 번째라는 것을 아시지요.

제가 큰올케(Marion)에게 크리스마스 기간 사냥한 것에 대해 썼던가요? 작은딸이 아팠다는 것과 제가 윌슨 의사를 불렀다는 것에 대해서 편지했던 것은 알고 있습니다. 윌슨 의사는 이곳에서 크리스마스를 보낼 의도가 없었습니다만 다른 사람들이 사슴 사냥을 이야기하는 것을 듣고는 이 시기에 독신남 집에 있겠다고 생각하고 머무르기로 했습니다. 남편과 베너블 목사, 녹스 목사, 윌슨 의사가 시골로 약 20에서 25마일을 올라가서 5일을 보내면서 이틀하고 반나절을 사냥했습니다. (사냥하러 간 사람들이 구입한) 살아있는 사슴 1마리, (윌슨 의사가 사냥한) 죽은 사슴 1마리, 꿩 20마리, 기러기 2마리, 도요새 몇 마리, 오리 몇 마리, 크고 긴 다리를 가진 새 1마리를 가지고 왔습니다. 꿩고기와 사슴고기 드시고 싶지 않으세요?

베너블 목사와 윌슨 의사처럼 뜻이 잘 맞는 두 사람이 저희와 함께하여서 좋습니다. 그들은 남편이 집을 꾸미고, 크리스마스 나무를 세우고, 장식하는 것을 도왔습니다. 이후 윌슨 의사는 오늘 아침 산타클로스로 분장했습니다.

집은 매우 예뻐 보입니다. 식사하는 방을 가로질러 종이로 둥근 화환을 만들었습니다. 제가 매리언과 베시 헨더슨의 놋그릇을 다 가지고 있기에, 호랑가시나무로 가득 채울 그릇이 아주 많이 있었습니다. 이 아름다운 한국 호랑가시나무로 채워진 황동화로보다 더 예쁜 것은 결코 본 적이 없습니다. 오늘 빨간색 위에 레이스로 된 중앙장식물 위에 황동화로를 중앙장식물 삼아 하나 두었고, 역사적인 빨간 리본이 식탁의 구석에서 구석으로 쭉 뻗어있었습니다. 저는 호랑가시나무 카드로 좌석표를 만들었는데 거기에 세익스피어의 작품에서 적절한 인용문을 적었습니다. 맥컬리 목사가 버드만 의사와 함께 크리스마스를 보내고 있습니다. 그래서 이곳에는 겨우 7명만 있습니다. 제가 준비한 음식은 바다거북국, 구운 거위, 고구마, 네덜란드 소스를 곁들인 순무, 양배추 샐러드, 포도 젤리가 곁들인 사슴고기 스테이크, 셀러리 샐러드, 엔젤 샬롯 루스(*Ladies Home Journal* 12월 호의 녹스의 젤라틴 광고를 보세요), 버지니아 과일 케이크 (베너블 목사 것인데 "요청"에 따라 먹음), 속에 음식을 넣은 대추, 땅콩 브리틀, 크림 캔디(노란색과 분홍색), 매시멜로(일본산인데 매우 좋음), 건포도, 호두, 커피였습니다. "있을 곳에" 적합하게 있는 애플소스, 소금에 절인 땅콩과 올리브도 먹었습니다. "있을 곳에 있는"이라는 말은 미리암이 가장 좋아하는 말로, 이 표현을 보면 아이에게 법과 질서에 대한 강한 감각이 있다고 생각합니다.

 어린 딸들이 거실에 스타킹을 걸어놨는데, 자기들을 매우 분주하게 만들어줄 것들이 그 안에 충분히 있는 것을 딸들이 알게 되었습니다. 미리암이 원하던 것은 팽이와 국기가 달린 배였습니다. 저는 일본인 가게에서 이 두 가지를 구했는데, 미리암이 그것에 대해서 무척이나 기뻐했습니다. 저는 미리암에게 영국에서 온 산타클로스 스타킹 중 하나를 줬습니다. 그 스타킹 속에서 미리암이 온갖 매력적인 것을 발견했습니다. 작은 자가 있었고, 뿔피리가 있었고, 인형, 책, 작은 도미노 등이 있었습니다. 상윤이가 뿔피리 몇 개와 총과 딸랑이를 줬습니다. 미리암은 딸랑이를 동생에게 신속하게 넘겨줬습니다. 딸랑이를 받는다는 것이 자기의 품위를 손상시키는 것이었습니다.

 저는 처음에 미리암에게 인형이 충분히 있다고 생각했습니다. 그런데 미리암은 인형 하나를 간절히 바라고 있었습니다. 실제로 저는 중국인

가게에서 꽤 예쁜 인형을 발견해서 어머니께서 지난 크리스마스 전야에 만들어주신 옷을 입혔습니다. 미리암은 그것을 좋아했습니다. 작은딸에게는 고향에서 소녀들이 옷을 입힌 인형 중 하나를 줬습니다. 벨 목사 부부는 미리암에게 아주 예쁜 작은 탁자를 줬으며, 제가 유모를 시켜 옛날 식탁보에서 새로 식탁보를 만들게 했습니다. 저는 미리암에게 작은 종과 접시를 줬습니다. 미리암은 어머니와 언니가 자신에게 준 접시를 가지고 저녁을 멋지게 먹을 준비가 되었습니다. 아이들 둘 다 "많은 물건"을 받았고, 미리암이 크리스마스를 좋아한다고 말합니다. 미리암은 지난 크리스마스에 할머니의 집에서 있었던 것과 인형을 받았는데 "몽골리아"에서 인형을 망가뜨린 것을 말합니다.

미리암은 단 음식을 너무 많이 먹어서 신장에 문제가 있었습니다. 그래서 저희는 케이크와 사탕을 모두 차단했습니다. 이런 조치에 아이가 정말 잘 따랐습니다. 아이는 "오늘 몸이 좋지 않아서 저것을 먹을 수 없어요"라고 합니다. 사탕에 들어갈 견과류를 준비하는 데 미리암이 정말 도움이 되었습니다. 아이는 "사탕 만드는데 엄마를 도울 것입니다. 그러나 사탕을 하나도 먹을 수 없습니다"라고 말합니다.

12월 28일

"산타클로스"가 교회에서 즐겁게 지내고 돌아왔습니다. 그래서 편지를 멈춰야 했습니다. 남편이 어머니께 긴 편지를 썼으니, 이번에 어머니께서는 저희에게서 편지 두 통을 받을 것입니다. 제가 쓰고자 하는 일들이 너무도 많습니다. 고향에서 두 개의 꾸러미를 받은 것에 제가 얼마나 기쁜지 어머니께 말할 수 있으면 좋겠습니다. 어머니는 경험상 그 느낌이 무엇인지 아십니다! 저는 내용물에 만족했습니다. 한 꾸러미에는 사진, 달력, 그리고 카드가 있었고 다른 꾸러미에는 카라(collar)와 허리띠 핀이 있었습니다. 모두 아름답습니다. 어머니께 정말 감사드립니다. (점심 먹으라는 종이 울립니다. 다시 멈춰야 합니다.) 저는 램지 목사님과는 다른 의견입니다. 저는 소포 우편으로 물건을 보내는 것이 훨씬 좋을 거로 생각합니다. 다른 방법은 매우 신뢰하기 어렵습니다. 그러나, 저는 크리스마스에 그런 방식으로 몇 개를 보내봤습니다. 클라라(Clara)에게 보낸 작은 접시, 헬렌(Helen)에게 보낸 것, 나눠주라고 어머니께 보낸 족자들, 메리(Mary Murphy)에게 보낸 작은 상자, 어린이들에게 보낸 장난감, 어머니께 보낸 엽서 사진첩을 다 받았는지 궁금합니다. 저는 그것들을 그런 식으로 보냈습니다. 미국에서의 과도한 관세를 피하기 위해서였는데 우편으로 하면 너무도 많은 돈이 들 것이기 때문입니다. 작은 꾸러미도 1파운드의 돈이 듭니다. 내년에는 제가 더 좋은 수를 생각할 수 있을 것 같습니다.

작은올케(Beulah), 언니, 큰올케(Marion), 마가렛 녹스에게 많은 엽서, 달력, 일본 카드를 보냈습니다. 소포 우편으로 작은 꾸러미들을 보냈습니다.

상윤이가 크리스마스에 케이크 여섯 개를 만들었는데, 그 케이크가 아들이나 되는 양 정말 자랑스러워했습니다. 상윤이는 크리스마스에 케이크 전부를 보조 탁자에 두라고 자꾸 말했습니다. 자신이 얼마나 똑똑한지를 모든 이가 보기를 바랐습니다. 장식도 잘 되어 있었는데 대부분이 견과류로 장식되어 있었습니다.

월슨 의사가 크리스마스에 뉴욕에서 온 매우 멋진 꾸러미를 받았습니다. 좋은 책들, 황금 옷소매 단추, 장모님이 될 사람 사진이 들어있었습니다. 그는 뉴욕성경학교의 화이트(White)[145] 박사의 외동딸인 헬렌(Helen White)[146]과 약혼했다는 것을 공표했습니다. 약혼녀가 자신의 아버지만큼 좋은 사람이길 바랍니다. 월슨 의사는 정말 훌륭합니다. 어머니께서 그

---

[145] Wilbert Webster White(1863.1.16~1944.8.21).
[146] Helen Henderson White(1886.9.1~1980.7.11).

사람을 좋아하실 것입니다.

작은딸의 구두가 3호입니다. 작은딸이 확실히 구두를 더 필요로 합니다. 미리암은 6호를 신어야 하는데 아마 6.5호일 수도 있습니다. 둘 다 곧 새옷이 필요할 것입니다. 어머니의 도움과 조언 없이 제가 어떻게 새 옷을 만들 수 있을까요?

벨 목사가 오늘밤 옵니다. 먼 길을 말을 타고 옵니다. 저는 녹스 부부의 집 다락방에 그를 묵게 해야 합니다. 제 손님을 다른 사람의 다락방에 머무르게 하는 것이 정말 싫습니다!

저는 어제 하얀 명주 몸통 옷에 황갈색 브로드 클로스 정장을 입고 집정부(執政府) 시대풍의 타이를 맺습니다.

어머니께서 이 편지를 받으실 즈음에는 언니에게서 좋은 소식을 들으셨을 것을 바랍니다. 큰오빠가 크리스마스에 뉴욕에 있지 않고 고향에 있었다고 해서 매우 기뻤습니다.

주변 모두에게 많은 사랑을 보냅니다. 미리암은 토요일 저녁에 터키(turkey) 카드를 가지고 자러 갔는데 그 카드를 무척이나 좋아합니다. 녹스 부부, 엘리너, 미리암 D., 릴리언(Lillian), 사촌 샐리, 코울 부부, 그리고 저의 모든 친구에게 저의 사랑을 전해주세요. 로버트(Rob)에게 말씀해 주세요. 너무 많이 미뤄서는 안 되다고요. 저희는 그를 포사이드와 같은 동급으로 사람들이 생각하는 것이 싫으니까요.

마더 질렛(Mother Gillett)[147]이 아주 예쁜 카드를 보내왔습니다. 서울에 있는 클라크 부부는 약 6주가 된 아들이 있습니다.

사랑하는 애니 올림

---

[147] Mary Ann Gillett(1848.3.23~1923.6.23). 황성 YMCA 창설자 겸 초대 총무로 활동한 Phillip Loring Gillett(한국명: 길례태, 1872.10.21~1938.11.26)의 어머니로 보임.

목포선교부 보고서
(1908년 10월, 11월, 12월 사역 보고)[148]

이번 분기는 하나님의 분명한 축복으로 보이는 진보와 활동이 있었습니다. 사역은 모든 노선에서 진보했으며, 사역자들은 모두 건강하고 기운찹니다.

〔판독 불가〕

순회전도여행.

10월에 맥컬리 목사와 프레스톤 목사가 섬을 돌아봤는데, 7개의 섬을 방문했습니다. 그 섬 중 여섯 곳에 그리스도인이라고 고백하는 사람들이 있었는데 대부분 예배 처소를 가지고 있었으며 책을 많이 갖고 있었습니다. 이는 작년 동안 목포 기독교인들이 기울인 노력의 결과입니다. 맥컬리 목사는 곧이어 그의 언어교사와 복음 전도 조사와 함께 와서 이 사역을 확장했으며 각 장소에서 사흘 또는 나흘을 머물렀습니다. 14개의 섬과 각 섬에 있는 (모두 합치면 125 마을 중) 거의 모든 마을을 방문한 것, 성서와 쪽복음을 499권 판매한 것, 그리고 매일 두세 번의 예배를 드린 것이 맥컬리 목사가 처음으로 혼자 전도여행을 한 결과입니다.

프레스톤 목사도 녹스 목사와 함께 목포 북쪽에 있는 해안가 지역인 무안과 함평을 샅샅이 다녔습니다. 지난 연례회의에서 맥컬리 목사에게 맡겨진 사역지를 맥컬리 목사와 함께 다니며 사역지를 그에게 소개했습니다. 이곳에서 사역이 빠른 속도로 열리고 있는데, 이번 가을에는 이미 자리를 잡은 네 개의 교회 말고도 새로운 교회가 네 개가 있다는 보고가

---

[148] *The Missionary*, May 1909, pp. 252~254 참조. 미국남장로회 한국선교회 제18차 연례회의는 1909년 7월 17~31일 군산에서 열림.

있었습니다.

사경회가 1주일간 열렸습니다. 남쪽에 있는 해남군에서 프레스톤 목사가 하루에 네 시간을 했는데 다섯 교회에서 참여했습니다. 이 사역 전부는 지난 이년 반 동안 안에 발전된 것인데 이곳 사역이 꾸준히 성장하고 있다는 표시입니다. 이 교회들은 [판독 불가] 인도자의 지도를 받고 있는데, 전적으로 [판독 불가].

시골 교회에서는 아직 세례 문답이 이루어지지 않았지만, 새로운 교회 세 군데에서 64명의 학습교인이 [판독 불가].

목포 시내 사역.

10월 후반부에 목포에서 모든 교회의 지도자를 위한 사경회가 3일간 열렸는데 각 교회 대표자 약 40명이 참석했습니다.

10월 30일은 기념비적인 날입니다. 그날은 『미셔너리』의 편집장인 윌리엄스 목사님을 우리가 환영한 날이었는데, 그분은 교육 전문가로 파견된 베너블 교수와 함께 위에서 언급한 사경회 시간에 맞게 도착했으며, 우리와 함께 12일을 보냈습니다. 그분은 선교사들, 목포 시내 교인들, 시골 교회 대표자들에게 큰 영감과 도움이 되었습니다. 사람들의 증언 속에 "미국에서 온 귀한 목사님"에게 많은 찬사가 있었습니다. 베너블 목사는 오스틴(Austin) 대학 졸업생으로, 고국에서 2년 교육한 경험이 있는데 그가 우리 집으로 들어왔을 때 우리의 마음에 쏙 들었습니다. 그는 우리가 목포 중등학교(Academy)를 담당할 바로 그때 우리에게 왔습니다. 지금 학교 출석은 90명 정도이며, 그중 12명이 시골에서 왔습니다. 교사진은 세 명의 괜찮은 한국인 교사들입니다. 두 개의 교실과 하나의 강당을 갖춘, 42×40피트 크기의 아름다운 석조 건물이 최근 완성되었습니다. 이 건물은 비록 겨우 2천 달러라는 비용으로 세워지기는 했지만, 목포 시내에서 가장 아름다운 건물이라고 인정받습니다. 사우스캐롤라이나 스파턴버그 제1장로교회의 훌륭한 목사인 왓킨스 목사를 기념하여 왓킨스 학교로 교명이 정해진 이 학교는, 타고난 선교 목사인 그분을 계속 기억하는 가치 있는 기념물이 될 것입니다. 영어를 사용하는 교사 남궁 선생[149]을 통해서 베너블 목사는 학교에서 즉시 생리학을 교수하기 시작했습니다.

오 박사[150]의 노력으로 야학이 만들어졌는데, 이 학교는 목포 중등학교에 다닐 수 없는 학생들이 다니며 약 50명이 등록했습니다. 많은 수의 성인이 다니는데, 야학은 전적으로 자립하고 있습니다.

의료 사역.

버드만 의료선교사에 의해 10월에 진행되었습니다. 그런데 그는 미국 남장로회 한국선교회의 업무 배정에 따라 11월 초에 전주로 갔습니다. 우리는 너무도 안타까웠지만 그를 보낼 수밖에 없었습니다. 군산에서 온 한국인 오긍선 의사가 그가 하던 일을 신속히 맡아서 충실하고 효율적으로 일하고 있으며, 한국인들과 외국인 모두로부터 존경과 신뢰를 받고 있습니다. 11월에 526명을, 12월에는 810명을 진료했습니다. 목포 시내 교회 식구들과 선교사들에 의해 진료소에서 복음사역이 이루어졌습니다. 형편없는 설비를 갖춘 이곳을 우리는 "진료소(dispensary)"라는 이름으로 부당하게 부르는데, 이렇게 좁고 작은 건물보다 더 나은 설비를 우리 의사에게 제공할 수 없다는 것이 안타까운 일입니다.

목포 시내 교회.

잘 진행되고 있으며 꾸준히 성장하는 중입니다. 11월에 교회 구성원이

---

[149] 남궁혁(南宮爀, 1881~?). 한국 최초의 신학박사이자 평양에 있던 신학교 최초 한국인 교수.
[150] 오긍선(吳兢善, 1878.10.4~1963.5.18).

되기 위해 57명이 문답을 받았습니다. 그중 22명이 세례를 받았고, 23명이 학습교인이 되었습니다. 목포와 이웃하는 두 지역에서 기독교인들이 선교 사역을 진행합니다.

 목포교회는 올해 처음으로 크리스마스를 지켰습니다. 크리스마스 저녁 동양인들만이 아는 방식으로 학교 건물이 밝혀졌습니다. 노래와 다른 음악으로 이루어진 행사를 듣기 위하여 또한 어떤 친구가 아이들을 위해 제공한 진짜 크리스마스 나무를 보기 위해 800명이 모였습니다. 광주선교부의 윌슨 의료선교사는 오 박사의 부재 동안 2주간 진료를 했는데 크리스마스 행사의 핵심이었습니다. 그날 저녁보다 더 행복한 군중이 한 건물에서 쏟아져 나온 적은 없다고 말씀드릴 수 있습니다. 학생들은 기독교 달력에 맞춰 모두 방학했으며, 하늘은 연과 즐거운 함성이 가득했습니다. 한국인들은 죄와 미신의 노예라는 가슴 아픈 기억으로 가득했던 과거 이교도의 삶에서 벗어나 즐거움과 기쁨의 기독교 유산 속으로 자발적으로 들어오고 있습니다. 천사들이 노래한 "하나님이 기뻐하신 사람들 중에 평화"[151]라는 말로 이번 해를 마무리하며, 구세주의 사랑의 왕국으로 이교도들이 들어갈 때까지 이교도들의 마음과 귀에 이 노래가 울리기를 원합니다.

 삼가 제출합니다.

J. F. 프레스톤

---

[151] 누가복음 2장 14절, "지극히 높은 곳에서는 하나님께 영광이요 땅에서는 하나님이 기뻐하신 사람들 중에 평화로다 하니라."

1909년

1909년 1월 8일
한국, 목포

사랑하는 어머니,

이곳에서 방금 사경회를 끝마쳤습니다. 이 지역에 사는 사람들 말고도 시골에서 135명이 참석했습니다. 큰 성공이었습니다.

지금까지 아주 좋은 겨울 날씨입니다. 아이들은 감기 걸리지 않았습니다. 이곳에 새로 올 사람이 코닥 카메라를 가지고 있기에 곧 사진 몇 장을 어머니께 보내드리겠습니다.

집으로 편지를 한 통 보내고 나서 여러 날이 지났습니다. 이 편지가 올해 처음으로 드리는 편지입니다. 더 잘하려고 애쓰고 있습니다.

모두에게 사랑을 전합니다.

사랑하는 아들 페어맨 올림

1909년 1월 17일
한국, 목포

사랑하는 아버지,

교회에서 막 돌아왔습니다. 내일 배를 타고 가야 하기에, 아버지께 편지를 꼭 써 보내려고 마음먹었습니다. 지지난 여름에 타자기를 열심히 두들겨 꼭 편지하겠다고 하고 나서 제가 어떻게 했는지 아버지께서 보셔서, (한국인들이 표현하듯) 제가 편지할 마음을 먹었다고 믿으시기에, 저는 엄청나게 편지를 많이 합니다. 그런데, 제가 해야만 하는 일이 너무도 많기에 제가 쓰는 편지 대부분이 사역 때문에 써야 하는 것들입니다.

편지하는 것에 더하여, 장부 정리, 은행 업무, 물건 주문하기, 문서 정리 등 사무도 많이 봐야 하는데 이런 일로 사역에 제대로 마음을 쏟을 수 없고, 해야 할 일들을 부득이하게 제대로 처리하지 못하고 있습니다.

저희가 도움을 구할 수만 있다면, 저는 그 도움을 받았으면 하는 생각을 상당 기간 하고 있습니다. 몇 주 전에 바크먼에게 편지하며 이곳으로 와서 3년 동안 저의 비서로 일할 수 없겠냐고 물었습니다. 제가 바크먼에게 직접적인 제안을 하지는 않았습니다. 저희가 그렇게 할 처지에 있지 않기 때문입니다. 그리고 저는 바크먼이 자신의 미래에 대해 어떤 생각을 하고 있는지 모릅니다. 바크먼에게 확실한 목적이 없고 그저 저희와 같이 있고자 한다면, 또한 아버지와 어머니께서 승인해 주신다면, 이곳에 와서 3년이 넘는 기간 동안 있으라고 제안하려는 생각입니다. (지난번에 봤을 때는 상태가 좋지 않았지만) 아내의 사업이 괜찮아진다면, 제 생각으로는 이곳으로 오는 때와 되돌아갈 때의 경비, 숙식비, 필수적인 경비에 더하여 한 달에 10달러를 제공하려고 합니다. 이렇게 한다고 해서 돈을 저축할 수는 없겠지만, 바크먼에게는 소중한 경험이 될 것입니다. 또한 바크먼이 하려고만 한다면 이곳에서 돈을 벌 수 있는 기회를 찾을 수도 있습니다. 저는 바크먼에게 매일 언어 공부를 시키려고 합니다. 3년 기간이 끝날 때 아니면 아마도 더 일찍, 바크먼은 이곳에서 교육 사역을 하고자 할 생각을 가질 수도 있습니다. (이곳은 남자 어른이 정말로 필요합니다.) 그렇지 않다면, 바크먼이 고향으로 돌아갈 때 미래 계획한 것들에 저희가 도움을 줄 수도 있습니다.

이 문제에 대해서 아버지의 고견을 듣고자 합니다. 두 분 다 바크먼을 보낼 수 있다고 생각하신다면, 그 아이는 저에게 큰 위로와 도움이 될 것입니다. 바크먼이 있으면 저는 아마도 지금보다 거의 두 배의 일을 할 수도 있습니다. 반면, 이런 경험은 바크먼에게는 교육 그 자체가 될 것입니다. 숙고해 주십시오.

아버지께서 보내주신 10월 22일 자 편지를 아주 즐겁게 읽었습니다. 더 자주 편지해 주시면 좋겠습니다. 그러면 아버지에게 좋을 것이며 저에게는 더 좋을 것입니다. 맥컬리 목사의 아버지께서는 시계처럼 정확하게 매주 편지를 하십니다. 아버지께서 포사이드 의사에 대해서 쓰신 것에 대해서 큰 관심을 가지고 읽었습니다. 특별히 그가 목포에서 사역하게 되었기 때문입니다. 저희는 그 사람의 종교관이 보통과는 다르다는 보고를 많이 들었는데, 그의 종교관은 거룩함과 신유(faith-cure, 神癒)를 믿는 것에 경도되어 있다는 것입니다. 아버지께서 그 사람에 대해서 어떤 인상을 받으셨는지 편지해서 알려주시면 고맙겠습니다. 실행위원회가 그를 사역지로 되돌려보내는 실수를 하지는 않을 거라고 바라지만, 이곳에 있는 저희는 약간 회의적입니다.[152]

---

152 이 부분에 대해서 양국주가 집필하고 안력산의료문화재단이 발행한 『순천근대의료역사과제』(하우디자인기획, 2022), 119~120쪽에 참고할 만한 글이 있음.
"의사로서 그(포사이드)가 보인 행동과 영적인 힘을 제일 달가워하지 않았던 사람은 동료인 프레스톤이었다. 다소 이성적이고 지적이었던 그는 성령에 사로잡혀 사는 기도의 사람 포사이드의 진면목을 알아보지 못했다. 아니 어쩌면 차원이 다른 영의 세계에 사는 사람들이었는지도 모른다. 전통적인 장로교의 말씀 안에서만 자라온 프레스톤이

최근 고향에서 온 소식은 어머니께서 12월 8일 자로 보내신 편지였습니다. 제가 보기에는 어머니께서 쓰신 것 중 최고의 편지였습니다. 저희는 아버지께서 거리에서 겪으셨던 갑자기 찾아온 어지럼증(眩暈)에 대해서 알게 되어 크게 걱정이 되었습니다. 제가 그곳에 있다면 어떤 말씀을 드릴지 아시죠? 아버지께서 운동을 더 많이 하셔야 한다는 것입니다. 그곳에 있으면 제가 아버지를 모시고 더 자주 집 밖으로 나가고 싶은데 안타깝습니다. 아내에게 더 많이 운동하고 더 자주 밖으로 가자고 귀찮을 정도로 말합니다. 아내가 운동을 좋아하는 사람이 아니잖아요.

저의 사역은 변함없이 좋아지고 있습니다. 최근 이곳에서 우리의 연례 사경회를 마쳤습니다. 제가 이곳으로 5년 전에 온 이후 처음 하는 것이었습니다. 목포 시내 사람뿐 아니라 시골 교회 대표자들이 130명 참가했는데, 이들 130명은 총 26개 교회의 회중을 대표해서 왔습니다. 지난가을 제가 담당하던 교회 중 여섯 군데를 광주선교부에 넘겼다는 사실에도 불구하고 말입니다. 그런데 넘긴 교회 중 두 곳은 전라남도에서 가장 큰 교회 중에 들어갑니다. 이번 사경회가 특별했던 것은 제 담당 지방에서 대표로 온 사람들만을 대상으로 열렸다는 것인데, 이 교회들은 모두 한국에서 저의 목회 지도를 받아 발전했습니다. 맥컬리 목사와 녹스 목사가 올해에 더 좋아져서 제 책임에 있는 이 지방의 일부를 가져갔으면 합니다. 맥컬리 목사는 지난가을 제가 소개해 준 섬들에 대한 사역을 담당하는데 큰 열정을 보여주었습니다. 그 사람이 심각한 한계도 가지고 있지만 훌륭한 사역자로 판명될 수도 있습니다. 녹스 목사는 언어를 아주 느리게 습득하고 있습니다. 따라서 현재까지 어떤 것도 시도하지 못하고 있습니다. 저는 처음부터 녹스 목사가 이곳 목포로 오면 저의 자리를 주로 대신하리라 믿고 있었습니다만, 제가 광주로 되돌아갈 전망이

하나님의 권능과 기도의 파워를 가진 의사가 목사인 자신에 비해 훨씬 성령 충만한 삶을 사는 것에 심한 질투를 느꼈는지도 모를 일이다."

점점 멀어지고 있습니다.

저희는 거주지로 목포를 그렇게 좋아하지는 않습니다. 또한, 이곳에서의 미래 사역의 전망도 그렇게 크지 않습니다. 그렇지만 저와 아내는 저희가 해야 할 의무를 다하려고 합니다. 만약 거주지라는 고려 상황이 저희를 크게 움직인다면, 저희는 당연히 미국으로 가겠지요!

한국에서 선교사들의 지위는 세계 역사에서 굉장히 독특합니다. 현재, 정치적으로 보면 우리는 일본인들을 포함하여 다른 외국인들과 같은 위치에 서 있습니다. 즉, 우리는 우리 영사(Consul)에게만 복종할 의무가 있습니다. 이 관계는 치외법권(治外法權)이라는 전문 용어에 드러나 있습니다. 만약 이런 조건이 사라진다면, 우리 영사는 철수하며, 우리는 직접적으로 일본의 지배하에 놓이게 됩니다. 우리 지위가 굉장히 위태로울 것인데, 그 이유는 우리가 일본어를 모르기 때문입니다. 우리 모두는 현재 일본어를 배워야만 하는 처지에 있습니다. 그렇지만 우리가 할 사역의 부담이 너무도 크기에 일본어 공부할 시간이 없습니다. 현재까지 저는 한국에서 일본의 행정에 대해 긍정적으로 생각하고 있었습니다. 많은 개혁이 이루어졌고, 권리와 재산이 더 확실하게 되었습니다. 화폐의 가치가 빠르게 증가하고 있으며, 한국이 발전되고 있습니다. 만약 한국인들이 깨어난다면, 그들은 번영의 새로운 세상에서 한몫을 담당하게 될 것입니다. 그런데 한국인들은 과거 통치제도의 오랜 게으른 방식에서 계속 살아갈 것이며, 그들의 땅을 주고 일본인들에게서 돈을 빌릴 것이며, 결국 실패하고 말 것입니다. 현재 속도대로라면, 일본이 가까운 시일에 이 나라를 소유하게 될 것입니다. 제가 아는 한국인 대부분은 빚을 지고 있는데, 모든 이가 지난해 사업 불황의 영향을 계속 받고 있으며, 불황이 계속되리라 걱정하고 있습니다.

아버지와 어머니께서 손녀들과 즐겁게 지내실 수 없다니 안타깝습니다. 정말 그 아이들은 제가 본 가장 매력적인 아이들입니다. 작은딸 애니 새년을 보면 줄리아 틸러(Julia Tiller)가 아주 많이 생각납니다. 완전 금발 머리인데, 깊고 푸른 눈에 긴 속눈썹이 있고, 엄마를 닮아서 온순하며 목소리가 부드럽습니다. 큰딸 미리암을 보면 (처형) 미리암의 아들 네틀톤(Nettleton)[153]이 생각납니다. 그래서 저는 큰딸 미리암이 다른 누구보다 더 외할아버지[154]와 큰외삼촌[155]을 닮았다는 것을 받아들입니다. 미리암은 대단히 똑똑하고 머리 회전이 빠릅니다. 이런 말이 다 무슨 소용입니까. 저희가 2년 뒤 귀국할 때 아버지께서 손주들과 즐겁게 지내시며 아시게 될 텐데요.

그때까지 건강하십시오. 아버지께서 저희와 함께 한국으로 오실 생각을 하실 수도 있지 않겠어요!

지금껏 이곳 겨울 날씨는 아주 좋습니다. 비가 거의 오지 않고 있으며 눈도 내리지 않고 바람도 많이 불지 않습니다. 이곳에서 겪은 다른 겨울과는 큰 대조를 이룹니다. 그러나 대개 한국의 겨울은 건조하고 춥습니다. 고향으로 사진을 몇 장 보냈으면 했는데, 사진을 찍은 윌리엄스(Mr. Williams)[156] 목사님이 저에게 사진을 보내주지 않았습니다. 최근에 베너블 목사에게 부탁하여 그의 사진기를 사용할 수 있게 되었습니다. 곧 사진 몇 장을 보내드릴 수 있을 것 같습니다. 새로운 학교 건물에 대해서 정말 자부심이 느껴집니다. 학교 건물은 스파턴버그에 있는 왓킨스 박사(Dr. Watkins)의 이름을 붙였습니다. 한국에서 가장 아름다운 건물인데 최소의 비용으로 지었습니다. 교육 전문가로 온 베너블 목사는 아주 총명한 사람으로 사역을 잘하리라 믿습니다.

---

153 Nettleton P. Murphy Jr.(1899.12.10~1967.9.6).
154 Samuel Hamilton Wiley(1826.5.11~1894.7.2).
155 William Murdoch Wiley(1863.7.27~1915.11.25).
156 Rev. Henry F. Williams(1847.11.4~1933.2.11). 미국남장로회 해외선교부 월간 소식지 *The Missionary*의 편집장이던 윌리엄스 목사가 한국에 1908년 11월 도착하여서 목포, 광주, 전주, 군산선교부를 방문하던 때를 말함.

저는 내일(20일, 수요일) 시골로 떠나서 거의 2주일 동안 있을 것입니다. 이런 일이 선교사의 삶에서 가장 어려운 일 중 하나입니다.

먼저 광주에 들르기에, 광주에서 어머니께 짧은 편지를 드리겠습니다.

아내, 저, 그리고 딸들이 아버지와 어머니에게 사랑을 전합니다.

사랑하는 아들 페어맨 올림

이 편지는 화요일 저녁에 쓰기 시작했는데 중간에 방해하는 것들이 많아서 목요일에 완성되었습니다.

1909년 1월 17일
한국, 목포

사랑하는 어머니,

　남편이 말하길 자신과 마틴 선교사가 집안일을 담당할 테니 저는 편지를 몇 통 써서 생일을 자축하라고 했습니다. 상윤이는 자신의 재정에 관한 일을 보기 위해 집을 떠나 있습니다. 광주에서 볼일이 크게 있기에 그는 매년 겨울 10일 또는 2주간 떠나 있습니다. 상윤이가 요리에 대해서 많이 알지 못하고, 이곳에 머무는 사람들에게 저희가 매일 세 끼를 제공해야만 하기에 얼마나 불편한지 상상하실 수 있을 것입니다. 남두는 상윤이보다 많은 면에서 저에게 훨씬 더 적합합니다. 남두는 홉킨스 부인과 함께하면서 깨끗하고 정돈된 집을 정말로 좋아하게 되었습니다. 상윤이는 빈 통조림통이 쌓여있는 것을 치우지 않고 그 위에 올라가는 것을 좋아하는데, 혹시라도 하던 일을 잃게 될 것을 두려워하여 겨우 청소만 합니다.

　다행히, 상윤이가 떠나기 전에 저희가 아주 좋은 4분의 1마리의 소고기를 샀는데, 저는 그 소고기를 포저 부인(Mrs. Poser)처럼 구울 수 있고, 남두는 스테이크를 아주 잘 굽습니다. 소고기와 감자를 거의 매일 먹습니다만 이 소고기가 아주 훌륭하기에 이 음식에 질려하는 사람이 아무도 없습니다.

　저의 생일에 남편이 음식을 골랐는데, 아이스크림을 제가 만들게 해달라고 간청한 것 말고는 음식에 대해서 아무 상관할 바가 없었습니다. 어머니께 그날 있었던 일을 말씀드려야겠어요. 저는 아침이면 대개 남편의 서재에서 집안 가계부에 대해서 생각하며 시간을 보냅니다. 남편이 한국선교회 돈을 너무도 많이 다루어야 하기에, 저의 이름으로 은행에 개인 구좌를 갖는 것이 문제가 단순해질 것이라고 저희는 결론지었습니다. 제가 가계부를 관리하고, 식료품 청구서 등을 지급하는데 신경을 쓸 것입니다. 제가 집에 항상 있기에 제가 그렇게 하는 것이 더 낫다고 항상 생각했습니다. 저는 가계부를 제대로 작성하는 것으로 저의 생일을 기념했습니다. 점심을 먹고 저희는 시내로 가서 우체국과 은행에 들렀습니다. 우체국에서는 남편이 생일 선물로 보낸 일본에서 온 소포를 받았습니다. 저는 남편이 무엇을 주문했는지 몰랐습니다. 선물 상자를 열었더니 황새가 새겨진 푸른 기모노가 있어서 제가 얼마나 기뻤는지 어머니께서 상상하실 수 있을 것입니다. 남편은 제가 고베에 있을 때 그것을 얼마나 좋게 봤는지를 기억하고 있었다고 했습니다. 너무 예뻐서 입을 수가 없다고 하자 남편이 그럴 정도로 예쁘지 않으니 입으라고 했습니다.

저희가 집에 돌아왔을 때, 마틴 선교사와 남두가 부엌에서 일을 하고 있었습니다. 저녁을 여섯 시에 먹었는데 유일한 손님은 대개 자신의 방에서 저녁을 먹는 꼬마 숙녀들이었습니다. 그 둘은 작고 귀여운 흰색 드레스를 입고 있었는데 아주 귀엽고 예뻐 보였습니다. 작은딸의 한 가지 뛰어난 점은 특별한 날에 절대 실망시키지 않는다는 점입니다. 그 아이는 옷을 입힐 때는 졸리고 뾰로통했지만, 높은 의자에 앉히자 눈부시게 행복해했습니다. 큰딸 미리암은 어른만큼이나 저녁을 많이 먹었고 다음 날 몸이 좋지 않았습니다. 그 아이는 "마킬리키"라고 자신이 부르는 마카로니를 특히 좋아합니다. 수프, 거위 구이, (저희 모과나무에서 딴) 모과 젤리, 다양한 채소, 사과 샐러드, 바닐라 아이스크림, 그리고 과일 케이크를 먹었습니다. 케이크는 언니가 작년에 저에게 준 것으로 저희는 그것을 식탁의 중앙에 놓았습니다. 케이크 위에 하는 장식품 중 일부는 이곳으로 오는 중 부서졌지만, 케이크는 여전히 무척 아름다웠습니다. 언니에게 아주 맛있었다고 말해주세요. 물론 제 생각은 작년에 있었던 환영식으로 가득했습니다. 저녁 식사 이후, 녹스 목사 부부가 건너왔으며 우리는 노래 부르고 이야기하면서 즐겁게 지냈습니다. 10시경에 우리는 식사 공간으로 가서 아이스크림, 케이크, 사탕, 견과류, 건포도를 먹었습니다. 식탁에 둘러앉아서 우리는 "아빠가 높은 발걸음으로 들어오시는 것을 봤어요(I seen Papa coming steppin high)"와 "미스 매리오노(Miss Marioneaux)" 같은 고전적인 시를 읽었습니다. 녹스 목사는 최근 상당히 기운이 빠져있었는데, 이런 시가 그를 기운 나게 했다고 저는 생각합니다. 녹스 부인이 너무도 많이 아팠는데 녹스 목사는 부인의 일과 한국어 문제로 낙심했습니다.

편지를 하는 동안 내내, 제가 아이들을 봐야 했습니다. 그래서 어머니께서는 이 편지에서 어떤 특이한 것들을 보셔도 놀라실 필요는 없습니다. 나가는 배편이 오늘 있을 거로 생각하며, 이 편지를 그 배에 확실히 보내고자 합니다.

맥커첸 목사 부부[157]가 수요일이나 목요일에 고베에 도착할 예정이어서 저희는 이쪽 목포로 오게 되면 전보를 달라고 요청했습니다. 아직 어떤 소식도 들은 것은 없지만 그들이 이쪽으로 올 것 같지 않습니다.

이번 겨울이 아주 좋습니다. 바람도 거의 불지 않고 햇볕이 많이 있습니다.

녹스 목사 부부가 보낸 소포가 며칠 전에 도착했습니다. 물건이 아주 좋습니다. 저희 대신 그들에게 고맙다는 말씀을 전해주십시오. 저도 곧 그들에게 편지하겠습니다.

허치슨 부부가 보내준 아름다운 모자에 대해서 제가 말씀드렸던가요? 저에게 정말 멋있는 푸른색 허리띠를 보내줬고, 허치슨 부인은 저에게 너무도 예쁜 토스트를 보내줬습니다. 다리미와 중앙장식물은 도착하지

---

[157] Rev. Luther Oliver McCutchen(한국명: 마로덕(馬路德), 1875.2.21~1960.11.20)과 Josephine Cordelia Hounshell McCutchen(한국명: 마요셉빈(마 부인), 1876.10.4~1967.8.3) 부부. 1908년 9월 17일 혼인, 신혼여행 후 귀국한 길임. 넬리 랭킨 저, 송상훈 역, 『기전여학교 교장 랭킨선교사 편지』(보고사, 2022), 128~133쪽을 보면 1909년 1월 28일 자 편지에 신혼부부에 대한 전주선교부에서의 환영식에 대한 글이 묘사됨.

않았고, 미리암 앞으로 된 소포도 오지 않았습니다.

미리암은 "할머니께서 오시면"이라는 것에 대해서 아주 많이 말합니다. 할머니께서 오시면 자기 생일 잔치와 크리스마스 축하 잔치를 할 거라고 합니다.

지난번 도착한 우편물에 어머니로부터 어떤 것도 받을 수 없어서 실망했습니다. 저는 지금 그쪽 세상에서 오는 소식을 특별히 듣고자 합니다. 최근 들은 소식은 12월 2일 어머니께서 보내주신 엽서였습니다. 그 엽서는 아주 신속하게 도착했습니다.

밖이 아수 밝아서 서는 아이들을 데리고 나가야만 합니다. 저녁 식사에 대해서도 살펴봐야 합니다. 밥해주는 소년과 유모 둘 다 교회에 갔기 때문입니다.

가족 모두와 친구들 모두에게 사랑을 전합니다.

사랑하는 애니 올림

동봉한 사진들은 베너블 목사가 찍어서 저의 생일에 준 것입니다. 이 장군(Admiral Yi)의 기념비[158]에서 찍은 사진은 윌리엄스 목사님이 이곳에 있던 중 11월에 찍은 것입니다.

---

158 현 전남 목포시 고하도에 있는 고하도이충무공기념비(高下島李忠武公紀念碑) 참조.

1909년 1월 19일
한국, 목포

바크먼 도련님에게,

브리스톨 출신의 누군가가 저에게 편지로 도련님이 제가 지난번에 보낸 편지를 받았다는 소식을 알려줬습니다. 그런데 저는 도련님이 돈을 받았는지 아닌지에 대한 소식은 듣지 못했습니다. 오랫동안 데이비스(Mr. Davis)[159] 씨에게서도 편지가 오지 않았기에, 저는 저의 재정 상태에 대해서 여전히 아는 바가 거의 없습니다. 뭔가 확정적인 것에 대해서 들을 때까지 기다리는 중에, 도련님의 중도금 낼 시기를 놓쳐버렸습니다. 저는 도련님을 그렇게나 많이 설교단 앞자리에 계속 앉게 하는 것[160]에 대해서 정말 고통스럽습니다. 우리 부부가 이렇게 멀리 떠나 있을 때 세상사의 속도에 맞춘다는 것은 아주 힘이 듭니다. 제가 175달러 수표를 보내드립니다. 이 수표를 변제(辨濟) 용도로 데이비스 씨에게 직접 보내기 바랍니다. 제가 이런 부탁을 드리는 것은 제가 저의 은행 계좌에 대해서 무지하기 때문입니다. 지난여름에 도련님이 빌린 돈과 그 이자를 포함하여 이번 연도에 도련님이 써야 할 경비에 대해서 가능한 빠른 시기에 저에게 알려주세요. 즉시 편지하신다고 하더라도, 4월 마지막 날이나 5월 첫날에 도련님께 수표를 보낼 수가 있다는 점을 꼭 기억하세요!

저녁 식사를 알리는 종이 울리기 전 이 편지를 끝내려고 했지만, 그럴 수 없었습니다. 지금은 22일입니다. 1년 전 어제 저는 어린아이들과 함께 그 머나먼 길을 가기 위해 집에서 나왔습니다. 저는 도련님의 큰형님이

---

[159] Orin Datus Davis(1851.2.27~1924.5.25). 데이비슨 대학 출신으로 은행업에 종사하였으며 프레스톤 부인의 고향에서 은행장을 역임함. (president of the Farmers' and Merchants' Bank of Salisbury)
[160] 부흥회에서 죄를 회개하는 용도로 지정된 참회석. 시동생의 잘못을 지적하여 회개하도록 하는 일을 돌려서 말함.

광주로 가는 것을 도와주면서 1년 전 그날을 기억했습니다. 살을 에는 추운 날이었는데 저는 큰형님이 50 또는 60마일을 말을 타고 갈 것을 생각하자 겁이 났습니다. 요리사가 광주에서 집으로 오는 길이었는데, 이쪽에서 20마일 거리에서 큰형님을 만났습니다. 큰형님은 잘 가고 있으며 아마도 늦은 시간에 광주에 도착할 것입니다. 저는 큰형님이 이 시기에 순회전도여행을 해야만 하는 것이 무척이나 싫지만 날 좋은 가을 내내 손님들과 다른 할 일들로 집에 있어야만 했습니다. 이번에는 어떤 위원회 회의에 갔는데, 그 위원회 장소에서 자신이 담당하는 교회 중 한 곳에 회의를 개최하러 갈 것입니다. 2주 넘게 기있을 것입니다. 저는 당연하게도 큰형님이 떠나있는 것을 좋아하지 않습니다.

우리는 큰형님이 제안한 것 즉 이곳으로 와서 도와달라는 것을 도련님이 받아들일 것이라고 아주 강하게 믿고 있습니다. 큰형님은 비서와 조수를 필요로 하며 우리 모두 도련님과 함께 있는 것이 필요합니다. 큰형님의 시간은 잡다한 것들로 정말 가득하기에 자신이 설교자라는 것을 기억할 시간도 거의 없답니다! 그런 짐을 덜어주고, 스스로 가치 있는 경험을 하며, 우리 모두의 사기를 진작시킬 수 없는지요?

조카인 미리암과 애니 섀넌과도 잘 지내실 것입니다. 애니 섀넌이 바깥에 나갔다가 들어와서 아주 둥글고 장미처럼 붉어 보이면 우리는 그 아이를 "더취(Dutchy)"라고 부른답니다. 섀넌이라는 이름보다는 섯픈(Sutphen)이라는 이름을 붙였어야 했어요. 그래도 큰형님은 집안에서 보면 그 아이가 줄리아 틸러(Julia Tillar)를 누구보다 많이 닮았다고 합니다.

편지지 반대편에 얼룩진 부분을 양해해 주세요. 미리암이 이 편지를 어서 빨리 보려다가 젖은 손으로 만져서 그렇게 되었습니다. 저는 낮에 편지 쓰기를 거의 시도하지 않습니다만, 유모가 아이들을 마당으로 데리고 나갔기에 이번에는 안전하다고 생각했습니다. 미리암이 가장 자주 하는 질문은 "오늘은 무슨 요일이에요?"입니다. 월요일이라고 답하면

"월요일이 지나면 내일은 뭐예요?"라고 합니다. 저는 그런 식으로 1주일 전체를 말해줘야 합니다.

많은 사랑을 전합니다.

사랑하는 애니

1909년 1월 29일
강진군, 병영

사랑하는 어머니,

오늘 두 번 설교하고 다섯 명을 문답했습니다. 밤이 깊어지고 있지만, 이 짧은 편지를 목포로 보내서 미국으로 부칠 수 있을 것 같아서 어머니와 몇 마디 나누려고 합니다.

화요일 광주에서 이곳으로 내려왔는데 말을 타고 하루에 55마일을 왔습니다. 저의 조사가 일요일에 사경회(meeting)를 시작했습니다. 이번 주일까지 계속할 것입니다. 주일에는 이 지역에 있는 교회 다섯 곳[161]을 방문할 것입니다. 굉장한 시간을 보내고 있습니다. 공부하기 위해서 약 75명이 모입니다. 저는 이곳이 제 담당 지방에서 가장 전략적인 곳이라고 봅니다. 이곳에서 반경 3마일 이내에 적어도 약 3만 명 정도 있습니다. 읍내 자체도 전라남도에서 가장 큰 곳이라고 합니다. 확실히 발붙이기에 어려움이 있었습니다만 지금은 교회가 아주 빠른 속도로 성장하리라 믿습니다. 교인들이 읍내 중앙의 아주 좋은 부동산을 확보했으며, 교회와 학교로 사용할 넉넉한 건물들이 이미 세워졌습니다. 교회로 사용되는 건물을 아직 개조하지는 않아서 저희는 추위 속에서 예배드립니다. 다행히도 추위가 그리 심하지는 않습니다. 제가 편지를 하는 동안에 악을 숭배하는 사람들 몇이 내는 북소리가 이웃에서 울리고 있습니다. 이것을 보니 이곳에 복음이 얼마나 필요한가를 다시금 생각하게 됩니다.

집을 떠난 지 9일째입니다만 앞으로 10일 이내에 집으로 돌아갈 가망은 보이지 않습니다. 이렇게 떠나온 것이 아내가 미국에서 돌아온 이후 제가 집을 가장 오래 비운 것입니다. 아내와 아이들과 떨어져 있어야

---

161 전남 강진군 병영면 병영교회, 백양교회 참조.

해서 매우 힘들지만, 이 또한 선교사 일을 하는데 요구되는 희생 중 하나일 뿐입니다. 그런데, 저는 광주에서 두 번 아내에게 전화했습니다. 그리고 이곳에 오는 중 아내가 쓴 편지를 제 음식을 가져오는 심부름꾼을 통해 받았습니다. 그래서 저희가 광주에 살던 때에 아무 소통 없이 오랫동안 떨어져 있었던 것처럼 그렇게 나쁘지는 않습니다.

맥커첸 목사가 부인과 함께 지난 일요일에 목포를 거쳐 갔는데, 아내가 그들과 여섯 시간 동안 있었다고 합니다. 맥커첸 목사가 미국에서 어머니와 다른 가족들을 만났고 많은 소식과 산더미 같은 선물을 가져왔다고 아내가 말했습니다. 그곳에 있었다면 직접적으로 그에게 질문할 수 있었을 텐데 그렇지 못해 안타까웠습니다. 아내가 저에게 모두 말해 주겠지요. 어머니와 식구들 모두가 저희를 생각해 주고 계시니 참 고맙습니다. (이런 힘든 시기에 어머니와 가족들이 이런 일을 해주시라고는 꿈도 꾸지 못했습니다.)

광주에서 즐겁게 지냈습니다. 다른 선교부에서 온 형제들 일부를 만나고 그들과 임시회에서 회의하는 즐거움을 가졌습니다. 거기서 어머니께 편지를 드리려고 했는데, 너무도 할 일이 많았습니다. 내슈빌에 있는 실행위원회가 우리 예산을 거의 12,000달러 삭감한 것에도 불구하고 세운 계획을 실행하려고 우리는 필사적으로 노력하고 있습니다. 저는 고국에 있는 영향력 있는 친구들에게 서신을 몇 통 써 보냈고, 열매 맺기를 바라며 많은 신문사에 글을 한 편 보냈습니다. 다음 2년 이내에 인원 보강과 장비 면에 있어서 한국을 위해 특별한 일이 이루어지지 않으면, 우리의 현재 구성원들과 자원으로는 일을 잘 수행할 수 없습니다. 제가 이 사역지를 몇 달간 비울 수 있다면, 저는 고국에 가서 흔들어 놓고 오고 싶습니다.

아내와 저는 미래 계획을 아직 결정하지 못했습니다. 저희가 목포 사역지를 침착하게 조사해 보면, 저희가 곧 떠날 가능성이 보입니다. 저의 목회 지도 아래에서 이 모든 사역이 발전해 온 것을 생각하고, 아직 완성되지 않았다는 것을 생각하면, 저는 이곳을 떠날 마음이 생기지 않습니다. 반면에 광주에서 사는 것이 항상 저희의 바람이었고 계획이었습니다. 궁극적으로 광주는 더 유용한 사역지가 될 것입니다. (광주가 우리 선교회에서 거주할 곳으로 가장 매력적인 선교부라는 것은 말할 필요 없습니다.) 만약 광주로 가는 것이 가능하다면 아내와 아이들 덕입니다. 이번 가을에 목포선교부가 한국인 목사를 청빙하면 (현재 가능성이 있습니다.) 저희는 이번 가을에 광주로 이사하는 것이 분명해질 것입니다. 그 경우에 저는 상황을 잘 살피기 위하여 목포로 빈번하게 다녀야 할 것입니다. 그런데 53마일 거리의 두 곳을 이어주는 훌륭한 길이 거의 완성되어서 자전거를 타고 가면 쉬울 것입니다.

2월 12일부터 1주일간 광주여사경회에서 가르치도록 되어 있습니다. 28일에 수영에서 시작하여 8일간 계속되는 사경회가 있습니다. 그리고 지금부터 모든 곳에서 해야 할 문답이 있습니다. 제가 지난가을 광주선교부로 저의 감독하에 있던 여섯 교회를 넘겨줬지만, 현재 상황으로 보면 저에게 지금까지 중 최고의 해가 될 것 같습니다. (여섯 교회 중 두 교회는 전라남도에서 가장 큰 교회였습니다.)

말 안장 가방이 정말 편리한 물건이라는 걸 아버지께 말씀 못 드렸습니다. 말 안장 가방은 시골 전체를 돌아다니는 저에게 꼭 맞습니다. 몇 년 전 저에게 떠주셨던 가정용 슬리퍼 생각나세요? 그 슬리퍼 상태가 여전히 좋은데, 방에 들어가기 전에 신발을 벗어야만 하는 이 나라에서는 제게 꼭 필요한 것입니다.

어머니께서 포사이드 의료선교사에 대해서 어떤 생각인지 듣고 싶습니다. 그는 아주 열성적이지만 아주 비실용적입니다. 그가 프레스톤 가족 전체를 이곳으로 오도록 애썼다는 것을 흥미롭게 들었습니다. 그 계획이 현실로 되었으면 합니다! 세 딸 중 둘이 아직 학교에 있고, 어머니, 플로이, 그리고 아버지께서 번갈아 가면서 "건강이 좋지 않으니" 이곳에서 가족 모두와 함께 그런 즐거운 결과를 얻을 가능성은 제게 전혀 현실적으로 다가오지 않았습니다. 우선은 그런 방문에 대해서 어떤 소식이라도 듣고자 하며 가족 전체가 온다는 것에 대해 더 듣기를 원합니다.

편지를 그만 쓸 시간이 훨씬 지났습니다. "페디(Feddy)"[162] 대신 가족들 모두에게 안부 인사를 전해주십시오. 그리고 이 편지는 가족 모두에게 쓰는 편지로 생각해 주세요. 긴 편지를 아주 즐겁게 읽었다고 제니 고모에게 전해주십시오.

사랑을 마음 가득히 담아 드립니다.

사랑하는 아들 페어맨 올림

---

[162] 프레스톤의 애칭.

1909년 2월 1일
한국, 목포

사랑하는 아버님, 어머님, 그리고 아가씨들께,

맥커첸 부부가 산타클로스의 선물 보따리만큼 많은 소포를 가지고 내려왔습니다. 저는 산타 할아버지의 봇짐에 이런 상자들보다 더 매력적인 선물은 들어있지 않았다고 알고 있습니다. 어머니께서 "몇 개 안 되는 작은 것들"이라고 편지에 쓰셔서 저는 이곳으로 온 이렇게나 많은 좋은 것들에 대해 준비가 되어있지 않았습니다.

어디서부터 감사를 드릴지 모르겠습니다. 크고 좋은 가위라고 해야 할지 작은 털깎이라고 해야 할지 잘 모르겠지만 그것은 제가 원하는 바로 그 크기고 꼭 필요한 시기에 왔습니다. 미리암의 다리가 옷에 비해서 너무 길어서 저는 앞으로 바느질을 많이 해야 합니다. 어머니께서 보내주신 아주 좋은 것들이 바느질하는데 영감이 됩니다. 그것들을 지금 즉시 사용할지 아니면 연례회의까지 놔두고 있을지 아직 결정하지 못하겠습니다. 연례회 때 남자들이 말하는 동안 여자들은 수예(手藝)를 합니다.

플로이 아가씨가 보내준 타이(?)도 같은 문제를 일으킵니다. 지금 당장 타이를 매고 저의 허영심을 만족시킬지 아니면 선교사 자매들의 시샘을 일으키게 (연례회의 때까지) 놔둘지 말입니다. 아주 멋진 깜찍한 "부착물"이라서 제 마음이 기쁩니다. 그것들과 잘 어울린 옅은 파란색 혁대가 있습니다. 제가 그렇게 꾸미면 저는 "도망쳐 나온" 사람처럼 보이지는 않을 것이라 확신합니다.

아이다 아가씨가 보내준 그림이 아름답습니다. 젊은이들 몇이 그 그림을 자기들에게 주지 않으면 재미없을 거라도 서너 번 위협했습니다. 그렇게 아름다운 그림을 가지고 제가 무엇을 하기를 원하는지 알고자 하며, 그 그림이면 자신들의 방을 잘 꾸밀 수 있다고 합니다. 그렇지만 제가 정말로 그 그림을 원하며 최대한 서둘러 액자에 넣어서 걸어두려고 합니다.

야네프 아가씨는 제가 생각하는 것을 추측했음에 틀림없습니다. 벨 부인이 멋진 가방을 하나 가지고 있는데, 저도 그런 가방이 있으면 좋겠다고 여러 번 생각했습니다. 제가 직접 가방을 만들기보다는 어린 시누이를 계속 떠올리게 되는 가방을 하나 갖게 되어서 훨씬 좋습니다. 이런 선물을 보내줘서 여러분 모두에게 정말 정말 감사드립니다.

아이들의 선물에 대해서 아이들이 그 선물을 즐기는 것보다 더 좋은 감사 표현은 없을 것입니다. 미리암은 제가 선물 상자를 열 때 제 옆에 서서는 선물이 상자에서 나올 때마다 모든 선물을 잡았습니다. 애니 섀넌에게 인형을 줬을 때 아이가 소리 내어 웃는 모습과 장난감 개를 흔들며 탁자 주위를 날아다니는 것을 보셨으면 참 좋았을 텐데요. 시소도 그 아이에게 큰 매력을 주는 것이라서 시소에 손대는 기회를 절대 놓치지 않았습니다. 미리암도 시소를 아주 좋아하며 할 수 있는 한 동생에게서 시소를 지키려고 한답니다. 저는 책을 단숨에 다 읽고 그 속에 있는 모든 동물의 이름을 미리암에게 말해야만 했답니다. 애니 섀넌이 턱받이를 한 모습을 보셨으면 합니다. 아장거리며 돌아다니는데 아주 귀엽답니다. 그 아이의 아기 적 모습을 여러분들이 볼 수 없다니 안타깝습니다. 모든 이가 자신들이 봤던 아이 중에서 그 아이가 가장 귀엽고 예쁘다고 합니다. 그 아이에게 주신 작은 핀은 정말 멋집니다. 저는 아이들을 녹스 부인의 집으로 보내며 자신들이 받은 크리스마스 선물을 보여주라고 했습니다. 녹스 부인이 미국에서 온 모든 것에 아주 많은 관심이 있기 때문입니다. 애니 섀넌은 제니 고모가 보내주신 모자를 썼고, 허치슨 씨가 보내준 것을 걸쳤는데, 저는 여러분께 그 사진 한 장을 보내드렸으면 하고 바랐습니다.

저는 남편을 대신해서 말하지는 않을 것입니다. 제 생각에 시골에서 돌아와서 자신이 직접 말하길 원하리라 생각해서입니다. 지금 집에서 나간 지 1주일인데 토요일이나 되면 돌아올 수도 있습니다.

아버님께서 디케이터(Decatur)로 가시기로 결정하시기 희망합니다. 살기에 참 좋은 곳이며, 어린 딸들이 그곳에서 누릴 수 있는 아주 많은 것들이 있기 때문입니다. 제 두 딸 미리암과 애니 섀넌이 아그네스 스콧(Agnes Scott)[163]을 다닐 때 여러분들과 그곳에서 만나면 아주 근사할 것입니다.

녹스 여선교사와 윌슨 의료선교사가 지금 저희와 같이 있습니다. 남편이 시골에 있는 시기에 이렇게 혼자만 좋은 시간을 보내고 있자니 죄스러운 생각이 듭니다. 이런 손님들이 있어서 제가 여러분들의 상자가 저희에게 가져다준 즐거움에 대해서 편지를 하지도 않고 한 주일을 통째로 흘려보냈다는 점을 이해해 주시리라 생각합니다. 오늘 저녁 저를 제외하고 모두가 어딘가로 나갔습니다. 그래서 친정어머니와 시댁 식구들에게 편지를 썼습니다. 더 많이 편지할 수도 있지만 제가 감기 걸려서 인제 자야만 합니다.

시댁 식구들 모두에게 사랑을 전합니다.

사랑하는 애니 올림

---

[163] 1889년 Decatur Female Seminary로 개학하여 Agnes Scott Institute(1890~1906), 이후 Agnes Scott College로 개명함. 영어 교훈은 "Add to your faith virtue and to your virtue knowledge"(베드로후서 1장 5절)임.

1909년 2월 27일
한국, 목포

사랑하는 어머니,

편지를 드린 지 2주가 지났습니다. 1주일 이상이 되지 않으려고 했습니다만 손님이 오셔서 광주로 1주일간 갔습니다. 녹스 여선교사[164]와 베너블 목사와 함께 갔습니다. 강을 따라 올라갔을 때는 날이 좋았습니다만, 다음 날 아침 차가운 바람이 불었습니다. 영포(Yungpo)에서 광주로 차로 처음 갔는데 좋지는 않았습니다. 전에 가마를 타고 갔을 때와 똑같이 오랜 시간이 걸리고 힘든 여정이라는 것을 믿기 어려웠습니다. 유모는 인력거를 타고 갔으며 녹스 여선교사와 베너블 목사는 말을 타고 갔습니다.[165]

저희는 녹스 여선교사의 방에서 너무도 편하게 있었기에 그곳을 떠날 생각을 하지도 않았고 항상 독신 여선교사들과 함께 머물렀습니다. 물론, 식사 자리에 빈번히 나갔습니다. 남편은 사경회에서 가르쳤고, 남편이 윌슨 의료선교사와 사냥하기 위해 수업을 못 하는 경우 제가 대신 몇 번 가르쳤습니다. 저는 강의료를 꿩으로 받았습니다. 저는 가르치는 것이 꿩보다 더 좋았기에 꿩을 받을 필요는 없었습니다. 그곳에서 제가

---

[164] Elizabeth L. Knox Wilson(1881.7.19~1962.3.13).
[165] 영산강을 따라서 목포에서 나주까지 배로 와서, 나주에서 광주로 신작로를 이용해서 갔다는 설명임.
"광주-목포 신작로(新作路)가 1907년 6-7m 폭으로 놓이기 시작한다. 1911년 도로법 제정 때 1등도로 노폭 4간(7.3m), 2등도로 3간(5.5m), 3등도로 2간(3.6m)으로 정한다. 1917~1920년 제2차 치도사업으로 정읍-광주 4간과 송정리-영광 3간, 각 47km가 건설된다. 1912년 광목간 자동차 2대가 운행된다. 1914년 8인승 포드T형 승합버스가 등장한다. 요금은 18원이고, 광주-송정리는 1원 20전이다. 1930년 광주에서 여수 6원 40전, 벌교·장흥수문포 5원 50전, 곡성 3원 50전, 담양 70전, 송정리 40전, 송정리-영광 2원 50전이 된다." (「김경수의 광주땅 최초 이야기」, 광주매일신문, 2023.10.06)

어떻게 시간을 보냈는지 궁금하시지요? 상상하기 쉽지 않으실 것입니다. 제가 바느질을 하고 있었습니다. 좀 더 정확히 말씀드리자면 저는 옷감을 잘랐고, 재봉하는 여자를 감독했습니다. 물론 마가렛[166]이 총관리자였는데, 실제 관리 일을 하지 않았습니다. 저희는 미리암에게 멋진 작은 외투를 만들어 줬습니다. 재료는 저의 글래스고우 트위드(Glasgow tweed) 정장이었고, 안감은 저의 셰퍼드 체크 무늬 스커트였으며, 저의 벨벳 재킷 소매로 장식했습니다. 정말로 아주 따뜻한 작은 외투입니다. (스트래퍼 선교사와 제가 만들었던) 저의 오래된 붉은색과 흰색으로 된 캘리코 래퍼(calico wrapper)와 저의 붉은 색과 하얀 마드라스 드레스(madras dress)로 그 아이에게 두 개의 작은 드레스를 만들어줬습니다. 이것에 더해서 저는 한국 천으로 된 네 개의 드레스를 재단하여서 바느질하는 한국 여자에게 완성하도록 했습니다. 그녀는 바느질을 아주 잘하는 데 하루에 단지 20센만 청구합니다. 이곳 목포에서는 바느질에 대해서 잘 알지 못하는 여자에게 제가 40센을 줍니다. (어머니께서 기억하실 것입니다.) 루이스 양(Miss Lewis)이 25엔 드레스에 시작한, 가장자리를 따라 바느질로 장식한 치마를 제가 버사(Bertha)가 보낸 예쁜 블라우스 어깨(yoke)에 덧붙였습니다. 그래서 애니 섀넌도 새로운 드레스를 가지게 되었습니다. 미리암이 모든 옷을 가질 것이기에 유모는 그 드레스를 좋아하지 않았습니다.

아이들은 이곳으로 올라와서 재미있게 지냈습니다. 미리암은 다른 아이들과 같이 있는 것이 즐거워서 정신줄을 놓았습니다. 이곳에 있는 어린 학생들은 미리암을 아주 좋아하며 때때로 미리암과 놀려고 찾아옵니다. 그렇지만 같이 놀 미국 아이들이 있다는 것과는 다릅니다.

저희가 떠나기 전날 그 아이가 유진(Eugene)[167]과 나눈 대화를 말씀드릴

---

[166] Margaret J. Edmunds Harrison(1871.7.23~1945.10). 당시에 목포에서 사역하던 Harrison 부인.
[167] William Eugene Bell Jr.(1906.3.7~1933.11.11).

게요. 그 애는 현관에 있었는데 길에 유진이 있는 것을 보고, "기기(GeeGee) 이리 와서 키스로 작별 인사해 줘. 나 목포로 가서 다시는 오지 않아. 아쉽지 않니, 기기"라고 했습니다. 둘은 축축한 층계에 앉아있었는데 녹스 여선교사가 둘을 집으로 들어오라고 했습니다. "제가 할 말이 있어서 들어갈 수 없어요"라고 미리암이 말했습니다. 녹스 여선교사가 무슨 말을 하려고 했니라고 묻자, 미리암은 "손을 말아라"라는 녹스 여선교사가 자신에게 가르쳐 준 몸동작 노래를 말했습니다. 미리암은 유진에게 "예수를 위해 싸우라"를 가르치려고 했으며, "예수를 위해 싸운다는 말은 착하게 살라는 것을 의미한다"라고 유진에게 말했답니다. 미리암은 지금 로버트 코잇이 오는 것에 대해서 흥분하고 있으며 언제 오는지를 보여주려고 매일 저에게 달력을 가지고 옵니다. 그 애는 그가 오는 것에 대해서 그리고 그 애에게 가져오는 구두에 대해서 모든 것을 제가 말해주기를 원합니다.

제가 편지를 드린 후 정말로 많은 좋은 편지를 받았습니다만, 저는 그것들을 지금 찾아보고 답장할 수가 없습니다. 윌슨 의사가 4월에 고향으로 갈 예정입니다. 저는 어머니께서 7월이나 8월에 그와 함께 되돌아 오길 계획하고 있습니다. 그런데 다니엘 의료선교사(Dr. Daniel)[168]가 탈장 수술을 받기 위해 즉시 귀국하기로 결정했습니다. 그렇게 되면 윌슨 의료선교사는 귀국할 수 없습니다. 그렇지만 해리슨 목사 부부와 테이트 선교사가 늦여름에 귀국할 것이니 어머니께서는 그들과 여정을 함께하실 수 있습니다. 케슬러 간호사는 건강이 아주 좋지 않아서 군산선교부가 한국선교회에 그녀를 고국으로 보내달라고 요청했습니다. 만약 그녀가 가게 되면, 그녀 편에 베시 헨더슨과 매리언에게 보낼 황동 그릇 한 상자를 보내겠습니다. 그들은 고베에서 4월 16일 떠나는 몽골리아를 예

---

168 Dr. Thomas Henry Daniel(1879.9.16~1964.1.29).

약했습니다.

  포사이드 의료선교사가 2월 26일 배를 타게 될 것이라는 소식을 들었습니다. 그에게 너무 많은 희망을 두고 있지는 않습니다. 만약 결혼해서 온다면 그 사람에게 저희가 무엇을 할지 모르겠습니다. 저희는 광주로 다시 돌아갈 수밖에 없고 남편은 집에서 너무도 먼 곳에서 사역을 하게 될 것입니다. 남편의 일은 녹스 목사나 맥컬리 목사가 대신할 수가 없습니다.

사랑하는 애니 올림

  유모가 아파 제가 아이 둘을 다 보고 있습니다. 그래서 더 이상 글 쓰지 않는 편이 좋겠습니다. 핀볼(pin balls)과 구슬(beads)이 마침내 도착했습니다.

  오린 씨에게 입출금 내역서를 저희에게 보내달라고 부탁해 주세요. 언니에게 특별한 사랑을 전합니다. 다른 모든 이에게, 엘리너와 녹스 가족에게도 사랑을 전합니다.

1909년 3월 20일
한국, 목포

사랑하는 어머니와 아버지,
 어머니께서 보내신 [판독 불가]자 환영 편지가 그제 도착해서, 애틀랜타로 이사하신 것에 대한 세세한 것을 알 수 있었습니다. 아직 어머니에게서 이보다 더 활기 넘치고, 밝은 편지를 받지 못해서 저희는 어머니 말씀처럼 이번 이사로 아버지의 생명이 10년은 더 길어졌다면 어머니에게는 훨씬 더 좋은 일이었겠다고 생각합니다. 저희는 이 일로 아주 기쁩니다. 브리스톨보다 애틀랜타를 더 좋아하는 것도 있지만 아버지께서 그런 쪽의 사역에 크게 성공하실 것이며 교회에 더 유용하실 것이기 때문입니다. 그리고 재정적인 염려가 덜어졌다는 것을 생각하니 좋습니다.
 저희는 지금 이곳에 코잇 목사 부부와 로건 부인(Mrs. Logan)[169], 그리고 포사이드 의사와 같이 있는데 이들 모두 미국에서 16일 도착했습니다. 목포에 배정된 포사이드 의사는 군산의 다니엘 의사가 이번 달 수술 받으러 귀국하고 그 사람의 빈 자리를 지금 이곳에 있는 오 박사가 군산에서 대신 해야 하기에 아주 필요한 때에 딱 맞춰 왔습니다. 로건 부인은 켄터키 리치먼드에 있는 센트럴 대학(Central University) 전임 총장의 미망인입니다. 그분은 자비량 선교사로 나왔으며 아마도 광주에 있을 것입니다. 벨 목사가 그분이 아들처럼 아끼는 사람 중 하나이기 때문입니다. 지금 52세인데, 아주 생기 넘칩니다. 그분이 많은 일을 하리라는 것을 의심하지 않습니다. 그분은 상당한 재력을 가지고 있습니다. 저희는 여러 달 동안 코잇 목사 부부를 기다리고 있었으며 마침내 그들을 환영하게 되어 기쁩니다. 그들은 광주에서 살 것인데, 저희가 그들을 이곳에 둘 수 없다

---

[169] Mary Lee Jones Logan(1856.9.17~1919.12.7). 남편 Rev. James Venable Logan (1835.7.11~1908.8.8)과 사별 후 한국 선교사로 지원함.

는 것이 정말 안타까운 일입니다. 저희는 코잇 부인을 아주 좋아합니다. 그녀는 매우 성격이 좋으며 뛰어납니다.

이 친구들이 광주로 가기 전 잠시 저희를 방문할 것입니다. 물론 이렇게 집에 사람들이 가득하기에 (베너블 목사와 마틴 선교사가 저희 집에 있는 것 아시죠) 아내는 정말로 바쁩니다. 게다가 아내는 교회와 학교에서 여성들과 아이들을 위해 1주에 7개 수업을 맡고 있습니다. 아내는 편지를 쓸 시간이 있는지 모르겠다고 합니다. 녹스 목사 부부는 지금 광주에 있는데 쉼과 기분전환을 위해 그곳으로 갔습니다. 녹스 부인의 건강이 무척이나 좋지 않습니다. 이 일로 인해서 그들은 아직 사역에서 어떤 책임도 맡지 못하고 있으며 어떤 오락거리도 즐기지 못합니다. 바로 이런 환경 때문에 저희가 이사하게 될지가 아주 불확실합니다. 포사이드 의사는 건강해 보입니다. 어머니와 아버지 모두를 방문한 것에 대해서 열정적으로 말합니다. 이곳에는 하루에 50명 정도를 보는 진료소가 있습니다. 그가 욕심이 앞서서 과로하지 않을지 걱정입니다.

저는 저의 장로 두 사람 모두를 평양에 있는 신학교로 지난주에 보냈습니다. 그 사람들이 사역에 있어서 저의 오른팔이기에, 저는 목포 지역 사역을 돌보기 위해 다음 3개월[170] 동안 집에 더 가깝게 머무를 수밖에 없습니다. 물론, 이런 일로 아내는 많이 안타까워합니다. 떠돌아다니는 반군 무리와 일본군 사이의 비정규전[171]으로 인해 생기는 불안한 상황에

---

170 조사들이 신학교를 다니는 3개월 동안을 말함. 1908년 4월 15일 자 편지 참조. "신학교 학기는 4월 1일 시작하여 3개월 동안 진행됩니다. 한국의 신학생들은 신학교를 5년 다니는데, 각 3개월씩 수업을 듣고 나머지 9개월은 전도자로 일합니다(The term begins Apr. 1st, continuing three months. Our Korean Theological students attend the Seminary five years, three months each, working as evangelists nine months out of the year)."
171 일제가 국내의 의병세력을 완전히 진압하기 위해 1909년 9월 1일부터 10월 30일까지 2개월간 펼친 남한대토벌작전(南韓大討伐作戰) 참고. 프레스톤은 "insurgent"라고 했으나 비슷한 시기 랭킨 선교사는 "righteous army(의병)"이라고 표현함. 넬리 랭킨

도 불구하고 모든 곳에서 사역이 꾸준히 성장하고 있습니다. 한국 교회에게 큰 시험의 시기입니다. 기독교인은 자신 속에 있는 믿음에 관해서 증언하기 위해서 종종 불려 나갑니다. 상황은 [판독 불가] 한 것이 아닙니다.

가족 모두 [판독 불가]

아내도 모든 사랑을 보내며, 아이들도 사랑의 입맞춤을 보냅니다.

사랑하는 아들 페어맨 올림

저, 송상훈 역, 『기전여학교 교장 랭킨 선교사 편지』(보고사, 2022), 1907년 12월 16일 자 편지 참조.

1909년 4월 2일

한국, 목포

사랑하는 어머니,

지난번 저의 마지막 편지 이후 집에서 한 마디의 소식도 듣지 못했습니다. 그래서 이사하느라 몹시 분주하신 것이 분명하다고 생각합니다. 이사라는 것이 글쓰는 것을 못하게 하는 특별한 일이니까요. 지난주와 이번 주중 며칠간 저는 감기로 몸이 상당히 찌뿌둥했습니다. 그런데 화요일부터 좋아졌습니다. 지금은 아름다운 봄날씨와 젊은 사람들과 테니스를 몇 번 친 것 때문에 다시금 생명을 연장받게 되었습니다. 새로운 사람들과 정말 즐겁게 지내는데 그들이 저희와 같이 있는 것이 거의 3주가 되었습니다. 그들은 월요일 광주로 갈 예정입니다만 코잇 부인이 감기로 1주일 간 누워있게 되었습니다. 오웬 목사가 폐렴이라는 무거운 소식을 들었습니다. 오웬 부인이 곧 출산할 것이기 때문에 상황은 두 배로 심각합니다. 제가 지금 당장 떠날 수가 없어서 베너블 목사를 보내어 간호하게 했으며 오웬 목사가 잘 이겨낼 것을 기대하고 있습니다. 도착한 다음 날 전주와 군산을 방문하려고 갔던 포사이드 의사가 오늘 돌아왔습니다. 지난 10일간 의사가 한 명도 없는 채로 저희가 있었기에 정말 다행입니다. 11월 1일에 이곳으로 온 이후 계속 훌륭한 일을 해온 오 박사는 다니엘 의사의 사역을 대신하러 군산으로 돌아갔습니다. 다니엘 의사는 며칠 전 미국으로 돌아가는 길에 이곳을 지나갔습니다. 저희는 그를 통해서 솔즈베리에 소포를 보냈습니다. 그곳을 지나갈 것이기 때문입니다. 소포에 어머니 앞으로 열 개의 놋그릇과 한 개의 작은 식탁용 종이 있습니다. 그 놋그릇은 손가락 씻는 그릇 용이고 광주에서 만들어졌습니다. 디자인이 맘에 들었으면 좋겠습니다. 어머니께 드리는 저희의 크리스마스 선물입니다. 그 놋그릇만큼이나 식탁에서 돋보이는 것은 어떤 것도 알지 못합니다. 괜찮은 일본 시장이 있어서 저희는 매일 아침 과일을 먹습니다. 사과, 오렌지, 포도 등은 한정 없이 그리고 아주 싼 값에 먹을 수 있습니다. 아내는 최근에 저의 가족 말고도 여섯 명을 데리고 있었는데 정말 눈코 뜰 새 없이 바빴습니다. 아내는 뛰어난 가정주부가 되어가고 있으며, 절망에 빠지지 않습니다. 저희는 저희만이 있는 조용한 집을 다시 그리워하는데 아이들을 위해서 그런 집이 있어야겠습니다. 어린아이들이 빠르게 성장하고 있어서 끝없이 저희의 주의력을 분산시킵니다. 가을 이전에 광주로 이사갈 지도 모른다는 것을 빼고는 앞으로의 계획에 대해서 알지 못합니다. 장모님께서 가을 전에 테이트 선교사와 함께 이곳으로 오는 것을 결정하기를 저희는 바랍니다.

이곳에서 시간은 쏜살같습니다. 해야 할 일이 너무도 많은데 저는 어느 것도 제대로 하는 것이 없는 것 같습니다. 그러나, 그대로 가만히 있는 것은 아무 것도 없으며, 언젠가는 제가 이상적으로 생각하는 것에 따라서 더 많은 일을 할 수 있기를 희망합니다.

녹스 부부가 지금 광주에 있으며 녹스 부인은 치료를 받고 있습니다. 그녀는 너무 예민해서 현장에 있기 어려울 것 같습니다. 그렇게 되면 목포 문제가 복잡해집니다. 현재는 저희가 이곳에서 유일한 기혼 가정입니다. 손님 접대를 포함한 모든 것의 부담과 책임이 저희에게 맡겨집니다. 서둘러 중국으로 오라고 초대받은 것이 두 건 있지만, 이런 상황에서 어떻게 떠날 수 있겠습니까.

애틀랜타의 새 집에 대해서 또한 앞으로 있을 일에 대해서 모든 것을 말해줄 편지를 간절히 기다리고 있습니다.

〔판독 불가〕

페어맨 올림

1909년 4월 9일
한국, 목포

사랑하는 바크먼 도련님에게,

데이비스 씨가 입출금 내역서를 보내주셨는데 그것을 보니 제가 아직 "파산"이 아니라서 기쁘답니다. 제가 도련님께 보내드린 수표 175달러가 아직 내역서에 들어있지 않습니다. 반드시 그것과 이번에 보내드리는 175달러 수표를 현금으로 바꾸어서 브리스톨에 있는 어음을 지급하십시오. 도련님을 이렇게 대하는 제가 얼마나 괴로운지 모르실 것입니다. 그렇지만 저는 저의 재정 일에 대해서 전혀 알지 못하고 있습니다. 방적공장(The Cotton Mill)[172]이 7월에 배당금을 줬는데, 저는 그것을 몰랐고 도련님을 위해 달리 어떻게 할 수 없었습니다. 이제 제가 잔고가 충분하다는 것을 알았으니 수표 두 개를 현금으로 서둘러 바꾸실 필요 없습니다.

아버님께서 애틀란타로 가신 것이 기쁘지 않나요? 그분들 모두에게 좋은 일이라 생각합니다. 그리고 갑자기 형수님이 생긴 일이 흥미롭지 않나요? 리아 서방님과 메카(Mecca) 동서[173]에게, 그리고 어머님, 아버님께 편지를 썼으면 합니다만, 손님이 너무도 많고 즐거운 손님들이기에 그들에게서 떨어져 나와서 편지할 수가 없네요.

저녁 먹기 전에 옷 입고 약간의 운동을 해야 합니다. 레이놀즈 목사가 형님을 찾아와서 교회에서 회의하고 있습니다. 따라서, 형님이 가까운 시간 내에 편지하기는 쉽지 않을 것입니다.

루시와 아치볼드(Prof. Archibald) 교수 그리고 갓난애에게 저의 사랑을

---

172 프레스톤 부인 애니의 집안은 남부에서 방적공장을 운영하던 부자인 것을 알 수 있음.
173 Samuel Rhea Preston Jr.(1877.3.23~1938)과 Mecca Elizabeth Cooper Preston (1886.4.25~1959.5.25)이 1909년에 결혼하게 된 것을 이야기함. 1910년 3월 23일 딸 Elizabeth Rhea Preston(1910~1995)가 태어남.

대신 전해주세요. 짐 리아(Jim Rhea)에게도 안부 전해주세요. 도련님도 평안히 지내십시오.

애니

1909년 4월 28일
한국, 목포

사랑하는 아버지와 어머니,

제가 두 분께 편지를 드린 지 오랜 시간이 지났다는 것을 알고 있습니다. 편지 기록장을 보니 제가 마지막으로 보낸 편지가 4월 2일 편지입니다. 그 사이에 관심을 다른 곳으로 쏟게 만드는 일이 너무도 많아서 편지 쓰는 쪽에서 어떤 좋은 의도를 갖더라도 방해를 받습니다.

오웬 선교사의 사망에 대한 글을 신문에서 읽으셨지요. 그는 광주에서 4월 3일 폐렴으로 갑자기 사망하였습니다. 단지 엿새만 앓아서, 돌봐주던 윌슨 의료선교사를 제외하고는 마지막이 그렇게 가까이 왔다는 것을 아무도 몰랐습니다. 저는 그의 임종에 함께하지 못했습니다. 벨 목사는 신학교에서 가르치느라 평양에 올라가 있었습니다. 그래서 그의 사망으로 광주선교부는 목사가 없게 되었습니다. 오웬 선교사는 시골에서 병이 들었는데, 광주에서 70마일 떨어진 곳이었고, 한국 가마에 태워져 집으로 옮겨졌습니다. 오는 길이 3일 걸렸고, 집에 도착하고 이틀 뒤에 사망했습니다. 제가 장례 예식을 영어와 한국어로 인도했습니다. 오웬 부인이 엄청난 시련을 아주 잘 견디고 있습니다. 그녀에게는 어린 딸 셋이 남아있습니다. 우리는 그녀가 이 사역지에서 우리와 같이 있기로 마음먹기를 바랍니다. 정말로 한국어를 잘하기 때문입니다.

군산에서의 임시회의에서 선교회는 가능한 빨리 저희를 다시 광주로 이동시키기로 했습니다. 이곳 목포교회는 한국인 목사를 청빙하도록 권고받을 것입니다. 이곳 선교부에 있는 젊은 선교사들은 죽든 살든 알아서 해야 하는 처지일 것입니다. 그렇지만 저는 건축 등 우리 선교부를 위해 마련한 계획을 실행하는데 제가 최대한 협조하기로 약속했습니다.

텃밭을 가꾸는 것의 중요성 때문에 그리고 아내가 너무도 오랫동안

해온 노고에서 아내를 최대한 빨리 벗어나게 하는 것의 중요성 때문에 저는 한 달 이내에 광주로 이사할 것입니다.

리아에게서 온 소식에 깜짝 놀랐습니다. 훌륭한 여성이 리아의 아내가 되는 것에 동의했다는 것을 알고 저희는 크게 마음이 놓이고 만족했습니다. 그 여성은 한 남자를 새로운 사람으로 만들기 위해 그 남자와 결혼하는 아주 위대하며 위험한 모험을 하는 것입니다. 그런데 그런 일에 그녀가 적합하기에, 결국 이 결혼이 훌륭한 성공적인 일이 되도록 저희는 기도하며 마지막까지 협조할 것입니다. 저는 리아에게, 아내는 동서인 메카에게 편지했습니다. 아버지께서 이 시기에 재정적인 면과 다른 면에서 도와주신 것은 참 잘하신 일이십니다. 저희는 리아가 아버지의 노년에 위안이 되는 사람이 아닐 것이라고 말할 수 없습니다. 마지막이 어떻게 될지 알면 그 마지막을 위해 확실히 수고할 가치가 있습니다. 이 시기에 진정한 기독교인으로 진실되고 올바르게 살아가면 그 아이는 성공할 것이고, 그렇지 않으면 반드시 실패할 것입니다.[174]

아버지께서 다시 사역을 하시는 것을 생각하니 좋습니다. 애틀랜타가 아버지에게 어울리는 곳입니다. 아버지께서는 새로운 사역의 영역에서 넘치도록 사용되실 것입니다. 저희는 아버지께서 충분한 힘을 가지시길 그리고 그곳에서 엄청나게 많은 친구를 사귀시길 바라며 매일 아버지를 위해 기도드립니다. 롤랜드 씨가 제게 편지하길 아버지께 이름이 적힌 목록을 보냈다고 했습니다. 그는 참 좋은 사람인데, 아버지와 어머니께서 그를 더 잘 아시길 바랍니다. 그 사람보다 마음이 더 따뜻한 친구가 이 세상에는 없습니다.[175]

---

[174] Rhea에 관한 정보는 다음과 같음. 1900년 인구총조사에 따르면 직업 기름생산공장의 속기사, 1910년 인구총조사에 따르면 Typesetters 사업체의 방문판매원(Commercial Traveler)으로 처가집에 살았음. 아내인 Mecca와는 10살 차이임. 1930년 인구총조사에 따르면 학교교육 받은 것은 없고, 직업은 부동산 중개업자(Real Estate Agent)임.

[175] Rowland에 관해서는 1908년 9월 20일 자 편지 각주 참조. 진흥운동에서 프레스톤

아내가 바크먼에게 편지를 하면서 수표를 보냈는데 1년간 보낸 수표는 합치면 350달러가 됩니다. 그러면서 그 돈이면 경비를 해결할 수 있는지 알려달라고 했습니다. 저희 사정은 점차로 더 나아지고 있습니다. 이곳에서 학교 건물에 저희가 들인 돈을 선교회에게 되돌려주면, 저희는 한결 더 수월할 것입니다.

저는 바크먼에게 편지해서 이 시기에 한국으로 그 아이가 오는 것은 바람직하지 않다고 생각한다고 했습니다. 많은 생각을 했는데, 그 아이에게 저희가 고정된 봉급을 제공하면서 그 아이의 다른 비용을 지급할 경제적 형편이 안 된다고 생각합니다. 그 비용은 그 아이의 인생 경력 단계에서 가져야 하는 것입니다. 그 아이가 어딘가 정착하고 명확한 진로에 대한 계획을 세우는 인생의 단계에서 이곳으로 오는 것은 그만큼 시간을 써버리는 것이라는 걱정이 됩니다. 또한 그 아이가 이곳에 머무르는 마지막 날에 봤을 때 그 아이가 만족스러운 재정적 상황에 있지 않을 것이라는 생각이 듭니다. 저는 그 아이에게 무엇을 하고 싶은지 결정하라고 강권하는 한편, 만약 그 아이가 해외로 고개를 돌린다면 그 아이에게 적합한 뭔가를 할 수 있는 것과 적절한 준비를 하는 것을 돕는 일에 적극 협조할 것이라고 하며 다소 긴 편지를 보냈습니다.

만약 짐의 건강이 아주 좋지 않아서 현재 하는 것을 포기해야만 한다면, 저희에게 와서 2년 뒤에 유럽을 거쳐 귀국하라는 저의 제안에 대해서 그 아이가 분명히 해준다면 좋겠습니다. 저희가 모든 경비를 대겠지만 고정된 봉급은 없습니다. 저희가 지금부터 2년 뒤 안식년 휴가로 귀국할 것에 대해서는 의심할 바가 거의 없습니다. 오웬 선교사가 사망하기 전에는, 그가 다녀오면 저희가 가게 될 것이고 그러면 지금부터 3년 뒤가 될 거로 생각했습니다.

목사를 도와주는 롤랜드가 프레스톤 목사의 아버지를 도와주고 있다는 내용.

목포 중등학교의 사진을 보내드립니다. 그 학교는 J. S. 왓킨스 목사의 이름을 땄습니다. 저희는 이 학교를 아주 자랑스러워합니다. 이 학교의 건축에 대해서 칭찬하는 말을 많이 들었습니다. 이 건물이 적절한 비용이 들어간 선교회의 가장 좋은 건물이라는 것은 틀림없습니다.

인제 그만 맺어야겠습니다. 브리스톨에 있는 여동생들이 외로울 것이기에 다음번에는 여동생들에게 편지하겠습니다. 저는 오늘부터 시골로 10일간 다녀올 것입니다. 녹스 목사와 만나게 되어있습니다.

여기 식구 모두가 사랑을 전하며, 고향에서 소식이 오기를 기다립니다.

사랑하는 페어맨 올림

1909년 5월 14일
한국, 목포

사랑하는 어머니,

한참 이사 중입니다. 시골에서 며칠 전에 돌아와서 무덥고 비가 많은 시기가 오기 전에 아내를 즉시 이사시켜 정착하도록 결정했습니다. 다음 수요일에 광주로 갈 것입니다. 내일과 일요일은 가까이에 있는 교회로 갈 것입니다.

집에 와서 어머니의 편지가 있는 것을 보고 기뻤습니다. 짐에게 편지해서 이곳으로 나오라고 강권했습니다.

저희 모두는 건강하게 있습니다. 아내는 너무도 많은 사람이 집에 머물러서 힘겨워하는데, 그것 때문에 저는 지금 이사를 하려고 합니다.

서둘러서 썼습니다.

      사랑하는 아들 페어맨 올림

한명 한명에게 사랑을 전합니다. 아이들의 사랑의 입맞춤도 드립니다.

1909년 5월 23일
한국, 광주

사랑하는 어머니,

　주일의 마지막에 있는 약간의 시간을 이용하여 편지를 드립니다. 막 끝난 이번 주는 저희에게 힘겨운 한 주였습니다. 월요일 아침 세간살이를 싸기 시작했습니다. 화요일 오후에는 한국 배에 옮겨 실었습니다. 수요일에는 물건을 싣고 거룻배(sampan, 三板)를 타고 강을 따라 올라갔으며 하루에 그 일을 다했습니다. 목요일 아침에 벨 목사의 마차(buggy)를 타고 육지로 해서 광주로 갔습니다. 금요일과 토요일에는 물건을 정리하고, 오늘에서야 평화로운 안식을 누리고 있습니다. 이렇게 빨리 이사하는 것은 미국에서도 대단한 일일 것입니다. 그렇지요? 저희는 전혀 걱정하지 않았습니다. 모든 것이 좋은 상태로 이곳에 도착했습니다. 저는 필요한 모든 한국인을 사용했으며 저의 역할은 그들을 감독하는 것으로 한정했더니 그렇게 짧은 시간에 아주 많은 것을 이룰 수 있었습니다. 저희 하인 대부분이 전에 이사할 때 도운 적이 있어서 크게 도움이 되었습니다.

　코잇 목사 부부가 저희가 이사 들어갈 집에 있습니다만, 그들의 물건이 거의 없기에, 저희는 일단 옮겨 왔고 짐을 풀었습니다. 윌슨 의료선교사의 집이 2주 뒤면 완성될 터인데 그때 코잇 목사 부부가 집안 살림을 하고자 하기에 그 집으로 들어갈 것입니다. 그러는 동안 저희는 독신 여선교사들에게서 식사 문제를 해결합니다. 이번에는 이렇게 한 것이 아내에게는 아주 적합합니다. 아내가 피곤해하기도 하며 또한 집안살림에서 약간의 휴식을 원하기 때문입니다. 저는 다음 달 대부분 집에 있지 않게 될 것입니다.

　이곳은 상태가 좋았습니다. 광주로 다시 돌아온 것이 위안이 되는 일입니다. 선교사들 전부와 학생들 그리고 현지 기독교인들이 광주 시내 바깥에서 저희를 맞이하며 따뜻하게 환영했습니다. 오늘 아주 많은 수의 회중이 있었는데, 제가 광주에서 본 가장 많은 수입니다. 최근에 늘어나는 신자들을 수용하기 위해 예배당을 두 배로 늘렸습니다. 목포에서는 회중을 둘로 나누었는데, 예배당이 너무 작기에 여자들은 새로 지은 학교에서 예배드립니다.

이곳으로 올라오는데 즐거웠습니다. 맥컬리 목사가 새로 장만한 자신의 배에 저희를 태워서 이곳으로 왔는데, 그 배는 맥컬리 목사 아버지의 선물이었습니다. 순풍이 불었고, 광주로 가는데 9시간 밖에 걸리지 않았습니다. 전례 없는 경험이었습니다. 적어도 24시간은 걸리리라 생각했었습니다. 다른 배들에 저의 모든 짐이 함께 왔는데 이 배들도 같은 바람을 타고 왔습니다. 베너블 목사와 마틴 선교사가 저희와 함께했습니다. 녹스 목사 부부가 영포에서 저희를 맞이하고는 그 배를 타고 되돌아갔습니다. 그래서 영포에서 아주 즐거운 모임을 가지게 되었는데 영포는 저희가 배로 다니는 강의 머리 부분에 위치합니다. 한국에 있는 일본인들 속에서 〔판독 불가〕 사역하는 선교사인 커티스 목사가 저희와 함께 올라왔는데, 그는 참 멋쟁이입니다.

지금 손주들을 보시면 참 좋을 텐데요. 빠른 속도로 자라납니다. 미리암은 아주 조숙한데, 저희는 그 아이가 여섯 살이나 일곱 살이라는 것을 인식할 수가 없습니다. 애니 섀넌은 어디든 뛰어다니고 있고, 말도 조금 하는데 대부분 한국어를 합니다. 참 예쁩니다. 코잇 목사가 말하길 지금껏 자기가 본 아이 중 가장 예쁘답니다. 금발 머리라 다르기는 합니다만 그 아이를 보면 아내가 연상됩니다.

오웬 부인은 10일 전에 딸을 낳았습니다. 이름을 프랜시스 캐링턴(Frances Carrington)으로 작명할 것입니다. 아들이 아니어서 실망입니다. 아들이었다면 오웬 부인의 남편 이름을 따라 지으려고 했으리라고 저는 생각했습니다.[176] 로건 부인이 오웬 부인에게 큰 도움을 주었습니다.

저희는 목포 사람들을 떠나기가 무척 싫었습니다. 포사이드 의사는 너무도 열심히 일하고 있습니다. 〔판독 불가〕 제가 떠나기 바로 전에, 〔판독 불가〕로 긴급한 수술 건이 있었는데, 여자 환자가 사망했습니다.

짐에게 편지해서 저에게 오라고 강권했습니다. 오면서 장모님을 모시고 오기를 바라고 있습니다.

더 이상 쓸 내용이 없습니다.

여기 있는 저희 모두가, 고향의 모두에게 사랑을 전합니다.

사랑하는 페어맨 올림

---

[176] Dr. Clement Carrington "Oh Giwon" Owen(1867.7.19~1909.4.3)과 Georgiana Emma Whiting Owen(1869.9.12~1952.1.24) 부부의 자녀는 첫째 Mary Virginia Owen(1901.10.3~1995.3.9), 둘째 Ruth Whiting Owen(1903.12.20~1990.4.30), 셋째 Dorothy Wilhelmina Owen(1905.11.4~1981.11), 넷째 Frances Carrington Owen(1909.5.13~1985.11)임. 막내는 유복자로 오웬 선교사 사망 이후 태어남.

1909년 6월 17일
한국, 광주로 가는 길에서

사랑하는 어머니,

지난번 편지를 드리고 나서 2, 3주가 지났습니다. 목포에 있는 동안 편지할 시간이 있겠다고 생각했었는데, 밤낮 일을 하느라 늦어졌습니다. 일로, 재미로 저를 보러오는 한국인들의 행렬은 대통령 환영식의 축소판 같습니다. 어머니께 엽서를 진즉 보내드렸어야 했는데 죄송합니다. 엽서는 찾을 때면 보이지 않습니다. 엽서를 받으면 좋은데 제가 엽서 쓰는 습관을 들이지 못하겠습니다. 순천에서 돌아왔을 때, 저는 아버지와 아이다에게서 생일 축하 엽서를 받았습니다. 정말로 즐겁게 읽었습니다. 어머니께서 1년의 모든 날짜와 요일이 적힌 일종의 기록장을 저에게 주셔서 제가 온 가족의 생일을 그 안에 적어넣게 해주셨으면 합니다. 저는 생일이 어떤 달에 들었는지는 알지만 날짜와 연도를 잊어버립니다. 그런 기록장이 있다면 쏜살같이 지나는 세월이 어떻게 갔는지 아는 데도 도움이 되고, 제가 집을 떠났을 때 본 모습과 아이들이 똑같지는 않다는 것을 아는 데도 도움이 될 것입니다. 아내는 생일을 아주 중요하게 여깁니다, 저도 마음으로는 아내와 같습니다. 모든 사람이 서신 왕래 면에서 잠시 견뎌주셨으면 합니다. 제가 두세 사람의 일을 하면서, (영어) 비서가 없기에, 항상 저를 기다리는 많은 순전히 공적인 편지를 제외하고는 편지 쓰는 것이 극도로 어렵습니다. 약간의 여유 시간이 생길지라도, 종종 너무 피곤하기에 그런 때에 편지를 집으로 써 보내는 것도 형벌과 같습니다. 그러나, 실행위원회가 우리에게 더 잘해주어서 곧 더 많은 일꾼을 보내리라 희망합니다. 만약 짐이 온다면, 저는 사역을 50% 더 할 수 있을 것입니다. 그 아이가 이곳에 오면 자신이 원하는 경우 그리고 풍토가 적합하다면 선교회의 경영을 맡도록 강권받을지도 모르겠습니다. 저의 건강은 완벽하며 책임과 의무를 잘 수행하고 있습니다. 이런 나라에서 일하는 데는 결코 마모되어 사라지지 않는 어떤 새로움이 있는데 이것이면 한눈팔 일이 없는 것에 대한 일종의 보상이 됩니다. 그렇지만, 쉬는 것은 어려우며 때때로 저를 아는 사람이 한 사람도 없고 한국인들이 보이지 않는 곳은 그곳이 어디든지 그곳으로 가려고 이 나라 밖으로 나가기 위해서 무엇이든지 하고 싶을 때가 있습니다. 이 나라의 가장 신경 쓰이는 습관 중 하나는 격식 차린 인사입니다. 인사는 사람을 만나면 반드시 해야 하는 일인데, 하루 동안의 특정 시기에 꼭 맞아야 합니다. 교회에서 각 형제와 하루에 개별적으로 그리고 공식적으로 인사하는 것은 그 자체로 정말 신경이 쓰이는 일이며 시간 잡아먹는 일입니다. 그렇지만 한국 예의범절의 필수조건입니다. 제가 도착하면, 한 명씩 나와서는 잘 오셨냐고 정중하게 묻습니다. 아침이면 각 사람이 와서는 "믿음의 형제님, 안녕히 주무셨습니까?"라고 묻습니다. 아침 식사 전에는, 각 사람이 와서는 "아침 식사 맛있게 드십시오"라고 하며, 아침을 먹고 나면, 각 사람이 와서 "진지 잘 드셨습니까?"라고 합니다. 점심 이전과 이후에도 저녁 이전과 이후에도 단어의 변동을 적절히 해서 똑같은 것을 합니다. 잘 때면, 각 사람이 "안녕히 주무십시오"라고 합니다. 매일 이 모든 것을 겪으며, 두세 번 설교하고, 5마일이나 10마일 말을 타고 가고, 문답과 회의를 주재합니다. 그러면 밤에는 완전히 기진맥진하지 않을까요? 도착하면 인사하는 흔한 말이 "댕겨 오십니까?"로 "가셨다가 돌아오십니까?"입니다. 어느 유명한 친구가 이런 진지한 질문으로 제게 인사하면, 저는 가끔 농담으로 "온 듯하십니다" 즉, "아마 도착한 듯합니다"라고 답합니다.[177] 한국의 보통 기독교인들은 무척 융통성이 있어서, 농담을 아주 빨리 이해하고 즐깁니다. 선교사들의 가장 큰 즐거운 일 중 하나는

---

177 "댕겨 오십니까(다녀오셨습니까)?"라는 말은 과거 시제(時制)이기에 인사하는 당시의 시제를 고려하여 농담하고 있음을 말함.

복음의 영향을 받고 성품이 바뀌는 것을 눈여겨 지켜보며 완전한 이교도들이었던 사람들에게서 분명한 기독교인의 자세를 보는 것입니다. 1년 동안 기독교를 진실하게 믿으면 놀라운 변화가 일어납니다.

  제가 보기에, 이 편지는 다소 사적인 편지가 아니고 정말 선교사가 하는 말처럼 들릴 것입니다. 제가 그런 종류의 글을 거의 쓰지 않기에, 이 편지가 특별한 맛을 가질 수도 있습니다. 제가 이런 형식으로 글을 쓰는 것은 대개 장모님에게 반년 동안의 보고서 중 하나를 쓰고 있기 때문이며, 그 보고서에 개인적으로 한 일도 쓰고, 그 글을 어머니께도 전해달라고 요청하기 때문입니다. 이제 자리에 누워서 잠을 더 자려고 합니다. 다행히도 오늘 이 배에서 1등칸 손님은 저밖에 없어서 6×8피트 선실을 저 혼자 쓰고 있습니다. 집에서 나온 지 벌써 2주입니다. 제가 얼마나 집에 가고 싶은지 아시겠죠. 이곳에서 선교사로 생활하는 것의 가장 어려운 일 중의 하나는 사랑하는 가족들, 즉 아내와 자식들과 떨어져 있는 것입니다. 제가 집을 떠날 때마다 이별의 큰 고통을 겪습니다. 저와 같은 마음인 한국 당나귀가 떠나지 않으려고 할 때 발로 차듯이, 저 자신을 발로 차야만 하며 제가 광주를 떠나서 가는 거리만큼 이별의 큰 고통이 있음을 인정해야 합니다.

  여동생들이 지금 즈음 어머니와 함께 있기를 바랍니다. 리아에게서 아주 좋은 소식을 들어서 기쁩니다. 제수 메카의 사진을 보고 싶습니다. 어머니께서 보내시지 않으셨다면 곧 보내주시길 바랍니다. 짐이 이곳으로 올 수 있는지 없는지 말해주길 기다립니다. 장모님께서 테이트 선교사와 8월에 이곳으로 오시길 또한 짐도 그렇게 하길 바랍니다.

                어머니를 무척 사랑하는 아들 페어맨 올림

추신: 특별히 플린(Flinn) 부부에게 안부 전해주십시오.

1909년 6월 23일
한국, 광주

사랑하는 어머님,

전에 살던 곳으로 다시 이사 온 후 첫 편지를 드립니다. 저희가 얼마나 이사를 쉽게 했는지 (물론 상대적으로 쉬웠다는 말씀입니다만) 남편이 어머님께 편지를 드렸는지 궁금합니다. 저희 집은 화요일 목포에서 실렸습니다. 그리고 목요일 밤에 목포에서 60마일 떨어진 광주에서 짐수레에서 내려졌습니다. 저희는 맥컬리 목사의 거룻배를 타고 강을 타고 왔으며 매우 편안했습니다. 베너블 목사와 마틴 선교사가 영포까지 왔으며, 커디스 목사도 저희와 함께했습니다. 그러다 보니 이사라기보다는 소풍에 가까웠습니다.

두 달 이상을 광주에서 보내고 있던 녹스 목사 부부가 영포에 와서 저희를 맞이해 주었고 배에서 모두가 함께 저녁을 먹었습니다. 작별 만찬 이후에 저희는 일본 여관으로 갔으며 다른 사람들은 배를 타고 목포로 갔습니다. 이달 만조와 순풍으로 저희의 이사가 쉽고 빠르게 되었습니다. 저희의 "함대" 사진을 찍었더라면 좋았을 텐데요. 맥컬리 장군의 배가 선두에 서고 화물을 실은 네 척이 줄을 지어 뒤를 따랐습니다.

처음 두 주 동안 저희는 녹스 선교사와 그레이엄 선교사와 함께 머물렀습니다. 코잇 목사 가족이 저희 집에서 살림하고 있었기 때문입니다. 식사를 준비할 필요가 없다는 것이 마음 편한 일이기도 하면서 때로는 아이들을 식사하는 곳으로 데리고 가는 것이 정말 불편하기도 합니다. 세실(Cecile)[178]이 같은 공간에 있으라고 하지만 세실의 요리사는 풋내기 대니, 세실 자신도 그렇게 요리를 잘하지 못합니다. 그래서 제가 거절했

---

[178] Cecile McGraw Woods Coit(1881.8.8~1977.12.12). 코잇 부인의 애칭.

습니다.

저희 머릿속에서 어디서 살 건지가 정해지니 좋습니다. 그렇지만 저희의 생각은 단지 정해진 것들에만 있습니다. 이곳에 온 후로 도배공, 미장공, 목수, 페인트공을 시켜서 일을 하고 있지만 여전히 많은 것이 혼란 속에 있습니다. 사람들이 스완(Swan)에서 온 벽지를 아주 좋아합니다. 그것을 고르는 데 제가 이틀을 쓴 것이 헛된 일이 아니었다고 플로이 아가씨에게 말해주세요.

처음 계획대로 가을까지 기다리지 않고 이 시기에 이사하게 된 이유를 남편이 어머님께 말씀드리지 않았다고 하더군요. 제가 더 이상 "안주인"의 역할을 감당할 수 없다고 느낀 것이 큰 이유입니다. 제가 8월 초 "출산" 예정이기에, 집을 하숙집처럼 운영하는 것[179]이 그리 마땅한 일이 아니라는 데에 동의하실 것입니다. 제가 편지를 드리지 못한 이유는 제가 하는 일 때문이 아니라 제가 매우 피곤하고 불안했기 때문입니다. 어떤 심각한 문제도 없습니다. 목포에서의 오랜 시간 긴장한 것이 이런 시기에 제가 해야 했던 것보다 약간 더 강도가 셌다는 것뿐입니다. 여름 나머지 동안 아주 한가롭게 있으면서 저는 다시 한번 온전히 휴식하기를 바랍니다.

남편은 책상에서 끙끙거리며 짐 도련님을 고대하고 있습니다. 도련님이 왔으면 합니다. 광주에서의 단순한 삶과 바다를 항해하는 것이 어떤 의사들보다 짐 도련님에게 더 좋을 것이며 도련님도 뭔가 가치 있는 일을 하고 있다고 느끼실 수 있습니다. 남편은 아주 훌륭한 사역을 하고 있는데 남편을 도와줄 짐 도련님이 있으면 훨씬 더 많은 일을 할 수 있을 것입니다. 남편은 공무로 한국인들과 이야기하지 않을 때는 매시간 책상에 앉아 있습니다.

---

179 John Fairman Preston Jr.(1909.8.22~2009.1.2)을 출산할 시기가 가까웠는데 프레스톤 집에는 가족 외에 사람들이 머물고 있었음.

코잇 목사 부부가 저희와 같은 선교부에 있어서 즐겁습니다. 코잇 목사는 남편이 원하는 바로 그런 사람이며, 그 둘은 함께 일하는 것을 아주 많이 즐길 것입니다. 벨 목사가 집을 지어줄 때까지 코잇 목사 부부는 윌슨 의료선교사의 집에서 살고 있습니다. 윌슨 의료선교사와 약혼한 뉴욕에 있는 여성의 건강이 좋지 않아서 그 약혼녀가 이곳으로 나오지 않을 것입니다.[180]

어머님의 편지를 저희가 얼마나 즐겁게 읽는지 모르실 것입니다. 편지의 어조로 보아 애틀랜타로 이사하신 것이 큰 도움이 된 것을 쉽게 알 수 있습니다. 아버님께서 큰 사역 즉 지도자의 역할을 하시는 것을 생각하면 기분이 좋습니다. 아버님은 그러셔야 합니다. 저희가 아버님을 굉장히 자랑스러워한다고 말씀 전해주세요. 곧 적합한 집을 찾아서 아가씨들과 떨어지지 않으셨으면 합니다. 그 집에는 저희를 위한 방도 하나 마련해주세요. 다음에는 어머님, 아버님과 오래도록 머물 것입니다. 안식년까지 겨우 2년 남았답니다.

어린 두 손녀가 이쁜 짓을 많이 하는데 이 아이들을 두 분이 보실 수 없어서 안타깝습니다. 큰딸 미리암은 똑똑하게 말하고 작은딸 애니 섀년은 아주 매력적입니다. 제가 아이들 사진 잘 나온 것을 몇 장 가지고 있는데 베너블 목사가 저의 필름을 가지고 있어서 아직 인화하지 못했습니다. 두 아이가 최근 물 속에서 걸어본 적이 있습니다. 둘 다 다시 걷고 싶다고 난리입니다. 두 아이가 어느날 올챙이를 잡으러 갔다왔는데 미리암은 자신이 아끼던 보물인 올챙이를 집에서 심부름하는 남자아이가 버려서 기분이 많이 상했습니다. 올챙이 꼬리가 없어지고 개구리로 변해가

---

180 넬리 랭킨 저, 송상훈 역, 『기전여학교 교장 랭킨 선교사 편지』(보고사, 2022), 160~161쪽, 1909년 6월 24일 자 편지 참조.
 "그 사람(윌슨 의료선교사)은 뉴욕에 있는 아가씨와 약혼을 했었거든요. 선교사 집을 한 채 가장 좋게 막 지었고 그녀가 5월 1일에 이곳으로 오기로 되어있었거든요. 건강 때문에 못 오겠다고 했다는데 알 수 없는 일이지요."

는 모습을 보고 싶어했거든요.

어머님이나 플로이 아가씨가 저 대신 골라주셨으면 하는 액자의 목록을 동봉할 것입니다. 저희가 가지고 있는 액자 대부분은 일본인 목수가 만들었는데 마감을 단조로운 검정색으로 했답니다. 그런데 모든 것을 다 이렇게 하니 너무 밋밋합니다. 뭔가 예쁜 액자를 골라주시면 정말 고맙겠습니다. 데이비스 씨에게 청구서를 보내시면, 그 사람이 지급할 것입니다. 만약 짐 도련님이 오지 않으면, 친정어머니께서 그 액자들을 가지고 오실 것입니다.

부탁 하나 더 드릴게요. 미리암이 자신 방에 대해서 엄청 관심을 갖고 있습니다. 그래서 그 방을 잘 꾸며주고 싶습니다. 미리암은 분홍색이 들어있는 커튼을 정말 가지고 싶어한답니다. 다른 부탁도 드립니다. 본홍색 스텐실(stencilling)이 약간 들어간 리넨 스크림(linen scrim)[181]이면 아주 튼튼할 것 같습니다. 어머님 생각은 어떠세요? 많이 비쌀까요? 미리암 방에는 두 쌍만 필요하며 마무리되면 2미터 30센티 정도 될 것입니다. 저 대신 이런 커튼을 구해주시면 정말 고맙겠습니다. 미리암이 제 편지를 읽으면서 "저의 분홍색 방에 분홍색이 들어있는 커튼을 가져오세요"라고 말합니다. 데이비스 씨가 그 청구서에도 지급할 것입니다.

월요일(6월 28일)

며칠 전 편지를 끝내지 못했습니다. 저는 남편이 오기를 기다리고 있습니다. 어제 아침에 오웬 목사가 담당하던 교회 중 두 곳으로 설교와 문답을 하기 위해 갔습니다.

바크먼 도련님을 저희가 정말 자랑스럽게 생각합니다. 의사가 되고자 한다는 것을 들어 기쁩니다. 좋은 의사가 될 것을 확신합니다.[182]

181　아마 섬유로 직조한 망사 천.
182　Bachman의 결혼식(1919년 8월 26일) 관련 신문 기사에 따르면 Bachman은 의사가

목포를 떠나기 전 메카 동서에게 편지했습니다. 그 편지가 어머님께 전달되어 기쁩니다.

가족 모두에게 저의 사랑을 전해주십시오. 그리고 편지하실 때 막내 고모님 부부께도 저의 사랑을 전해주십시오. 짐가방과 상자를 치우기보다는 편지를 하고 싶지만 양심상 그렇게 하지 못합니다. 제가 짐을 다 정리하면 어마어마하게 많은 편지를 드리겠습니다.

어머님을 많이 사랑하는 며느리 애니 올림

아니라 Gillespie Shoe Co. 직원임.

1909년 7월 15일
한국, 목포

사랑하는 아버지와 어머니,

저는 우리 선교회 연례회의에 참석하러 가는 도중 현재 목포에 있습니다. 목포에 주일 새벽 3시에 도착했습니다. 주일에 설교했고 그때부터 목요일인 오늘까지 소용돌이 같은 사역 중에 있습니다. 우리 모두 어제 떠날 예정이었으나, 배가 도착하지 않았습니다. 지금 24시간 지연되었는데 그 원인에 대해서 상당히 불안해하고 있습니다. 우리가 알기로 해리슨 목사 부부가 그 배에 있습니다. 그 배가 부산을 떠난 후 지금껏 날이 좋았기에 저희는 기관 고장이지 않았나 생각하고 있습니다.

이 시기에 아내와 아이들을 두고 떠나오는 것이 제게는 어려운 일입니다. 제가 집에서 너무도 많이 나와 있기에 이번 연례회의에 아내와 아이들을 데려갈 수 없어서 더욱 마음이 아픕니다. 연례회의에서 아내와 아이들은 필요한 여가와 분위기 전환의 시간을 갖게 되며 저는 가족과 좋은 시간을 갖게 됩니다. 언제 새 가족[183]이 생길지 모릅니다만 8월 1일 경이지 않을까 생각합니다. 윌슨 의료선교사, 오웬 부인, 그리고 서울에서 내려온 간호사 카메론(Miss Cameron)[184] 선교사가 광주에 있습니다. 그래서 저는 지금은 집에서 나와 있는 것이 불안하지는 않습니다. 10일 후면 집으로 돌아갈 것입니다. 아내는 건강하지만 지난 2~3주 동안 몹시 불편했습니다. 저희가 제때에 광주로 이사 왔다는 것이 정말로 다행입니다. 아내가 "하숙집"을 운영하는 짐을 벗어버리게 되었고, 아주 좋은 조건 하에서 조용한 시간을 보낼 수 있었기 때문입니다. 제가 떠나기 전 아내를 위해 집을 좋게 고치게 했습니다. 그래서 모든 것이 보기 좋습니다.

---

[183] John Fairman Preston Jr.(1909.8.22~2009.1.2).
[184] Christine Hester Cameron(1874.5.13~1945.4.12).

상당히 많은 포도, 블랙베리, 복숭아, 약간의 사과와 자두가 올해 열리기 시작합니다. 아버지와 어머니께서 손주들을 보시면 얼마나 좋을지 생각해봅니다. 그 아이들은 정말 예쁘고 똑똑한데 빠른 속도로 자랍니다. 작은딸 애니 새넌은 영어로 "아빠"라고 말하는 것을 제외하고는 한국어만 말합니다. 두 가지 언어를 계속해서 듣는 이곳의 아이는 말하는 데서 항상 뒤쳐집니다. 저희 코닥 사진기를 잃어버렸습니다. 그런데 아내가 코닥 사진기를 하나 보내달라고 요청했습니다. 몇 달 전 찍은 사진 필름을 잃었버렸다가 최근 찾았습니다. 그래서 곧 사진 몇 장을 보내드릴 수 있을 것 같습니다.

바크먼이 의학을 공부하기로 결정했다는 것을 알고 뜻밖이라 놀라기도 하고 기뻤습니다. 이것에 대해서 두 분 누구도 말씀하지 않으셨어요. 바크먼이 무엇을 해야 할지 결심을 하지 못하고 있다고 생각하고 제가 이곳으로 나오라고 제안했습니다. 더 숙고해보니, 교육을 계속받는 것으로 결정하고 이곳으로 오는 생각은 버리는 것이 좋겠습니다. 저희 둘이 그 문제에 대해서 내린 판단이 우연히 일치했다는 것과 바크먼이 스스로 목표를 설정했다는 것이 기쁩니다.

아직 짐에게서는 어떤 소식도 듣지 못했습니다. 이곳으로 오는 것을 분명히 했으면 합니다. 짐이 현재 하는 일을 그만둘 것을 생각하고 있으며 눈에 더 좋게 보이는 것이 없다면, 이곳으로 오는 여정은 매력적인 제안일 것입니다. 저의 사역은 이곳 사역지에서 그 어느 때보다 무겁습니다. 짐은 제게 큰 위로가 될 것입니다. 이 여정에서 짐은 아낌없는 교육을 받을 뿐 아니라 건강도 좋아질 것입니다. 장모님께서 오실지 안오실지 모릅니다. 그렇지만 짐과 장모님에게서 긍정적이며 명확한 소식을 듣기 희망합니다.

최근에 연례 보고서 작성과 통계작업을 하고 있습니다. 제가 한 사역을 보니 지난 1년간 큰 증가가 있었습니다. 보고서의 사본을 우편으로 보내드리겠습니다.

　애틀랜타에서 병원을 위한 대중 집회가 성공이었다는 것을 신문들에서 읽고 기뻤습니다. 그런데, 아버지께서는 저희가 나환자들을 위한 사역을 할 준비가 되면 아버지께 알려달라고 하셨습니다. 최근 광주에서 작게 시작했습니다. 그리고 약 12명의 나환자를 돌볼 집을 짓고 있습니다. 내년에 정식 나병원을 세울 계획인데 아버지께서 혹시 특별한 기금을 염두에 두고 제게 말씀하셨는지 알려주십시오. 지금 긴급하게 1,000달러가 있으면 좋겠습니다. 현재로는 이 불쌍한 나환자들이 관리통제도 되지 않고 죽음으로 안식을 찾을 때까지 이 나라 전역을 돌아다니고 있습니다. 윌슨 의료선교사가 그들을 아주 성공적으로 치료하고 있습니다. 참, 윌슨 선교사는 애틀랜타에 있는 노스 애비뉴(North Ave) 교회의 후원을 받고 있습니다.

　두 분께서 특별히 플린 부부와 헐 박사(Dr. Hull)에게 저의 안부를 전해 주십시오. 정말로 많은 애틀랜타 사람들을 큰 기쁨으로 기억하고 있답니다. 그분들의 이름을 제가 부르고 싶군요. 홀버비 박사(Dr. Holberby)도 생각납니다. 그분의 교회에서 연설했었습니다.

　리아 부부는 어떻게 지내는가요? 둘에게서 어떤 편지도 받지 못했습니다. 결혼 선물로 동양적인 것을 보내려고 했다가 이번 여름에 저희가 밖으로 나가질 못해서 아내가 어머니께 돈을 보내드리고 그곳에서 선물을 고르도록 하시는 것이 좋겠다고 결론 내렸습니다. 저희는 바크먼이 매우 자랑스럽습니다. 학위를 마치다니 잘 했다는 생각입니다. 졸업식에 두 분 다 가셨다니 기쁩니다. 데이비슨도 괜찮지요? 노스캐롤라이나를 저의 미국 주소로 할 것을 생각하고 있습니다. 저희의 보고서에 집 주소를 적는 것이 관습이거든요. 이사할 때마다 주소를 바꿨습니다. 지금은 조지아 애틀랜타입니다. 너무도 많이 이사하는 것이 참 싫습니다.

　여동생 모두에게 편지를 빚지고 있습니다. 그렇지만 여동생들이 저에게 그렇게 하기를 바라지는 않습니다. 저는 제가 할 수 있는 한 이른 시기에 여동생 모두의 단체 사진을 크게 만들고 싶습니다. 플로이가 대학 졸업장을 가진 사람이 되기로 결심한 것 같아요. 그렇다면 유치원 과정을 밟아서 이곳에 와서 우리 선교부나 선교회 전체의 아이들을 위한 학교를 세웠으면 합니다. 머지않아 그런 학교가 하나 생길 것 같습니다. 광주에 총명한 아이 아홉 명이 있습니다. 3년 계약에 봉급도 괜찮을 것입니다. 아이다가 공들인 한국 지도를 제가 마무리했으며 우리 모임에서 좋은 역할을 하고 있다고 아이다에게 말씀해 주세요.

축음기는 저희 가정에 즐거움을 계속 주고 있습니다. 미라암은 머지않아 축음기를 틀 수 있을 만큼 클 것이며 그것이 미리암에게 꼭 맞을 것입니다. 짐이 온다면 올 때 고전음악 레코드들을 포함하여 새로운 레코드 몇 개를 가져왔으면 합니다. 원판이 나왔을 때 몇 개를 샀습니다만 저희가 브리스톨에서 골랐던 레코드에 필적할 것은 거의 없습니다. 브리스톨에서 샀던 것 대부분을 여전히 사용 중입니다.

시간이 흘러서 (7월 17일)

배가 아직도 도착하지 않았습니다. 이틀이나 늦어지고 있습니다. 초조히 소식을 기다리고 있습니다. 고향에서 보낸 편지가 상당 기간 하나도 없습니다. 이 배에 우편물이 있을 것입니다.

두 분 모두에게 그리고 가족 한 명 한 명에게 마음 한가득 사랑을 드립니다.

사랑하는 아들 페어맨 올림

1909년 8월 9일
한국, 광주

사랑하는 어머니,

제가 아무리 좋은 의도를 가지고 있었는지와 상관없이, 어머니께 온전한 편지를 보낸 지 벌써 3주가 지났습니다. 3주의 기간 안에 연례회의가 끼어 있었습니다. 그런데, 아내가 말하길 제가 집에서 나와 있는 동안 어머니께 편지를 드렸다고 하더군요. 그래서 다행입니다. 돌아온 지 1주가 되었습니다. 저는 종교적인 면에서는 다른 것 없이 그저 즐기기만 하고 있으며 집을 더 수리하고 있습니다. 가족은 불가피하게도 매일 엄청나게 많은 한국인 무리를 맞이하고 있습니다. 광주로 이사하고 집에서 너무도 많이 떨어져 있었기에, 아직 집을 제대로 정리하지 못하고 있습니다. 멀리 있는 이곳에서는 집에 관한 일에 대해서 한국인들이 할 수 없는 일이 너무도 많아서 부득이하게 제가 시간 있을 때 할 수밖에 없습니다.

요즘 우리 선교사들 사이에서 많은 흥미를 끄는 일은 집과 집을 전화선으로 연결하는 것입니다. 최근에 미국에서 도구들이 도착했으며 그제 우리가 전화를 설치했습니다. 아주 잘 작동하며 우리는 계속 전화선이 울리게 하고 있습니다. 모든 집이 회선에 들어있기에, 한꺼번에 울리면 모든 이가 전화로 와서 회의를 할 수 있습니다. 아니면 전체적인 통지를 할 수 있습니다. 이제 더 이상 쪽지를 보낼 번거로움이 없답니다. 제가 부재하는 동안 심하게 찢겨 나간 전기초인종을 재설치하고 있습니다. 이렇게 하면 아주 편리해질 것입니다. 이런 것들을 하면 얼마나 이 집이 가정처럼 보이는지 모르실 것입니다. 지난 연례회의에서 선교회는 정부의 전화를 이용하여 모든 선교부를 연결하는 안을 승인했습니다. 이것은 인가될 것으로 확신합니다. 그러면 올해가 끝나기 전 직접 연결할 수 있습니다.

지난주 월요일 아침에 집에 돌아왔는데 온 가족이 모두 건강하게 있었습니다. 아이들은 아주 빨리 자라서 아내가 이리저리 뛰어다니기 바쁩니다. 작은딸 애니 섀넌의 모습을 보시면 정말 좋으실 텐데요. 제가 본 아기 중 가장 귀엽습니다. 요즘은 말하려고 엄청나게 노력하고 있으며 한국어와 영어를 이상하게 섞습니다. 미리암뿐 아니라 애니 섀넌의 사진을 몇 장 보내드릴 수 있기를 바랍니다. 둘이 사이좋게 놉니다.

아내는 상당히 건강합니다. 여름철이 아주 이상하게도 매우 건조하고 덥습니다. 이번 여름을 보면 고향에서 보낸 여름철이 상당히 많이 떠오릅니다. 이곳에서 목포까지 이어진 지역에서 또한 다른 지역에서 한국인들이 모를 심을 만한 비가 내리지 않았습니다. 그 결과로 국지적인 기근이 있을 것 같습니다. 다행히 다른 곳에는 지금까지는 충분한 비가 내려서 쌀농사를 지을 수 있을 것이라서 전국적으로 어려움이 있지는 않을 것 같습니다. 현재 돈이 너무 말랐습니다. 부분적으로는 과거의 화폐를 신속히 없애는데 새로운 화폐가 아직 대체하지 못한 것 때문[185]이고, 부분적으로는 반란군 무리들이 돌아다니기에 교역활동이 저하되기 때문이며, 부분적으로는 미국 경제공황의 영향 때문인데 지구 이 끝에서도 경제공황의 여파를 느낄 수 있습니다. 그런데, 이 문단을 시작할 때 제가 말씀드리려고 한 것은 아내가 그 몸으로 더위 때문에 너무도 많은 고통을 겪었다는 것입니다. 안쓰러울 정도로 소화불량으로 고생했습니다. 다행

---

185 1904년부터 시작된 구화폐의 정리사업. 1876년 강화도조약 체결 이후 한일간의 통상무역은 급격히 진전되었고 무역 결제수단으로 일본화폐가 사용되어 일본화폐의 한국 진출이 시작되었음. 이 과정에서 전근대적 화폐제도는 많은 불편과 손실을 초래했고 일본도 자신들의 경제적 이익 확보를 위해 한국에 근대화폐가 통용되기를 원했지만 열강의 이해관계가 서로 달라 은본위 화폐제 도입 등의 노력은 번번이 무산되었음. 1904년 일본이 한반도에 대한 배타적 지배권을 행사하게 되면서 근대화폐제도 확립을 위한 화폐정리사업(貨幣整理事業)이 추진되었음. (『한국민족문화대백과사전』, https://encykorea.aks.ac.kr/Article/E0064926)

히 카메론 선교사가 곁에 있습니다. 그녀는 북장로회선교회 소속 간호사이며 집에서 전체적으로 크게 도움이 됩니다. 아내가 자리를 털고 건강해질 때까지 저는 집에 상시적으로 머물려고 합니다. 9월 초에 열리는 노회[186]에 참석하지 못하는 것에 대해서 많은 아쉬움을 느끼지 않습니다. 그렇지만 언젠가 아내가 집에서 떠나 있어야만 합니다. 그래서 저는 아내와 아이들은 데리고 10월에 서울로 가서 알렉산더-채프만(Alexander-Chapman) 부흥회[187]에 참석하려고 합니다. 부흥회는 10월 10일부터 16일까지 열립니다. 이 일은 우리 선교사들이 누리는 특별한 일이 될 것인데 이 일을 학수고대하고 있습니다.

우리 연례회의는 흥분 도가니였습니다. 제가 서기를 맡아서 위원회에서 열심히 일했는데, 끝나서 기쁩니다. 이런 연례회의에서 다음 해에 대해서 논의하고 계획을 세웁니다. 그래서 우리에게 아주 중요한 시기입니다. 미리 계획하지 않는 사람에게는 화가 있을지어다!

저에게 영향을 끼치는 가장 중요한 결정은 해리슨 목사 부부를 목포로 옮기는 결정입니다. 어머니께서도 아시겠지만 해리슨 목사가 리니 데이비스(Linnie Davis)[188] 선교사와 결혼했었습니다. 그는 지난가을 캐나다 출신 간호사 에드먼즈(Miss Edmonds)[189] 선교사와 결혼했는데 그녀는 미리

---

[186] 1907년 9월 17일 예수교장로회 대한로회(독로회) 조직(평양, 장대현교회에서 선교사 38명, 한국인 회원 40명), 1909년 9월 제3회 예수교장로회 대한로회(평양신학교) 개최. 1911년 9월 제5회 예수교장로회 조선로회(대구 남문안교회) 개최. 7개 대리회를 7개 노회로 개편하고, 1912년 9월 총회로 모이기로 결의. 1912년 9월 제1회 예수교장로회 조선총회(평양, 경창문안 여성경학원) 개최. 노회수: 7 노회(경기, 충청, 전라, 경상, 함경, 평남, 평북, 황해). 회원수: 목사 96인(한국인 52, 외국인 44) 장로 125인.

[187] "'million souls' movement, A Great Movement in Korea," 백만 명 구령운동과 관련 *The Missionary*, April, 1910, pp. 149~150 참고. John Wilbur Chapman(1859.6.17~1918.12.25) 목사와 복음송 가수 Charles McCallon Alexander(1867.10.24~1920.10.13)가 이끈 부흥회.

[188] Linnie Fulkerson Davis Harrison(1862.6.16~1903.6.20). 남장로회 최초 7인의 선발대 중 한 명. William Butler Harrison 목사와 1899년 결혼했으나 1903년 사망함.

암이 태어날 때 아내를 곁에서 간호해 주었던 사람입니다. 정말 훌륭한 사람입니다. 이렇게 이사를 하면 저는 목포에서 집 짓는 일에 대한 책임에서 벗어나게 되며, 목포선교부가 제대로 설 수 있을 때까지 제가 사역하는데 동의한 두 개의 군 지역 전체에 대한 책임에서 벗어나게 됩니다. 그래서 엄청나게 짐을 덜게 됩니다. 해리슨 목사가 그 일에 잘 적응하리라 봅니다. 그처럼 경험 많은 사람이 그곳에 가게 되니 마음에서 근심이 싹 없어졌습니다. 녹스 부인은 환자이며, 녹스 목사는 그 결과로 언어 공부에 제약을 너무 많이 받아서 아직 한국어도 제대로 습득하지 못했습니다. 맥컬리 목사가 한국어를 더 잘합니다. 그렇지만 그는 섬 사역을 하느라 대부분 시간 목포선교부에 없습니다. 다른 변화도 몇 가지 있었습니다. 베너블 목사가 군산으로 1년간 이동하게 되었습니다. 그래서 그는 공부할 시간을 더 갖게 될 것입니다. 전주선교부 소속의 코델(Miss Cordell)[190] 선교사가 포사이드 의료선교사를 돕기 위해 목포로 전출되었습니다. 포사이드 의료선교사는 죽도록 과로하고 있습니다. 버드만 의료선교사는 선교회에서 사임했습니다. 적어도 그를 생각해서 사임했다고 공지하고 있습니다. 이렇기에 전주에는 의사가 없습니다. 다니엘 의료선교사는 아시다시피 지금 미국에 있습니다. 따라서 이웃 군산에 있는, 알렉산더 의사(Dr. Alexander)에 의해 미국에서 교육받은 젊은 한국인 오 박사를 제외하고 의사가 없습니다. 우리는 제가 알게 된 사람 중 가장 훌륭하다고 할 수 있는 윌슨 의료선교사와 함께하게 되는 복을 누리게 된 것을 정말 고맙게 여기고 있습니다. 그를 보면 첫째 큰아버지(Uncle Bob)[191]가 많이 생각납니다. 다른 이야기지만, 결혼 전 미시시피의 메리디

---

[189] Margaret J. Edmunds Harrison(1871.7.23~1945.10). William Butler Harrison 목사와 1908년 9월 2일 결혼함.
[190] Emily Cordell McCallie(1873.10.14~1931.5.5). 맥컬리 목사와 1909년 12월 29일 결혼함.
[191] Robert John Preston(1841.1.25~1906.8.20).

안(Meridian) 출신 우즈(Woods)라는 성을 쓰던 코잇 목사의 아내를 보면 제니 막내 고모와 〔판독 불가〕 시간이 떠오릅니다.

　최근 짐에게서 편지를 한 통 받았는데, 아주 애매하고 불만족스러운 편지입니다. 이곳으로 오고 싶은 것인지 아닌지 그 편지로는 알 수가 없습니다. 어머니께서 바크먼에 대해 쓰신 것을 주목합니다. 제가 바크먼에게 편지를 해서 기쁩니다. 편지할 당시 바크먼이 의학을 공부하기로 했다는 것을 전혀 몰랐지만, 더 많이 생각해 볼수록, 이 시기에 이곳으로 오는 여정이 바크먼의 장래 직업에 최선은 아닐 거로 생각합니다. 만약 이번 가을에 짐이 나오지 않으면, 제 생각에 아내가 바크먼 공부에 도움을 주려고 할 것입니다. 바크먼이 지난 2년간 보여준 공부 모습에 저희가 매우 뿌듯하기 때문입니다. 제가 목포 사역에서 벗어났기에, 전처럼 그렇게 심하게 도움이 필요하지는 않습니다. 그럼에도 저희는 짐에게 자신의 건강을 위해서 이곳으로 오라고 요청하고 있습니다. 짐과 저희 집에 함께 있으면 보기 드문 특별한 일이 될 것이기 때문입니다. 그렇지만, 이렇게 와서 자신의 직업에 방해가 된다면, 오지 않기를 바랍니다. 이 점을 두 분이 짐과 함께 진지하게 말씀 나눠주세요. 장모님께서 편지하셨는데 이번 가을에는 나오시지 않겠다는 생각을 하십니다.

　최근에 아이다에게서 온 편지를 즐겁게 읽었습니다. 당분간 아이다, 플로이, 야네프 이렇게 셋 모두 제가 가족 모두가 보도록 쓴 이 편지에 만족해야 할 것입니다. 리아에게서 그렇게 좋은 소식을 들어서 기쁩니다. 리아가 위로 나아가고자 하는 데에 저희는 기도하며 뜻을 함께 합니다. 리아는 올바른 길을 따라 살아갈 동기를 확실히 갖고 있습니다. 제수의 작고 예쁜 사진과 어머니와 아이다의 사진을 보고 아주 만족합니다. 다들 건강해 보이는군요. 작은 코닥 사진을 더 빈번하게 보내려고 합니다. 전에는 제가 이런 일을 참 잘했었는데, 한국으로 되돌아온 후에 목포에서 사역이 크게 성공하여서 삶의 자잘 자잘한 관행들이 모두가 다 사라져 버렸습니다.

　질이 좋아진 손 씻는 놋그릇을 최근 이곳에서 만들게 했습니다. 제가 어머니께 보내드렸던 것보다 훨씬 더 좋아 보여서 어머니 드리려고 지금 10개를 준비하고 있으며 기회가 생기자마자 보내드리겠습니다. 때때로 어머니를 위해 놋그릇 몇 개를 챙기고 있습니다. 오래된 놋그릇이 거의 사라지고 있습니다. 그렇지만 한국인들은 저희가 보기에는 괜찮은 새로운 놋그릇을 계속해서 만들어내고 있습니다.

　저희 축음기는 가정에서 끊임없이 즐거움을 줍니다. 카메론 존슨이 저희에게 많은 새 레코드와 공(空) 레코드를 보내왔습니다. 집에 가게 되면, 한국 음반 전부를 가지고 갈 것인데 그러면 어머니께서 직접 한국 음악을 접하게 되실 것입니다. 기회가 닿으시면 저를 위해 금빛 에디슨 레코드 약 열두 개를 골라서 한국으로 오는 선교사 편에 보내주실 수 있으시면 좋겠습니다. 고전 음악 레코드도 없고 그랜드 오페라 레코드도 없는데 하나에 75센트가 들더라도 몇 장 샀으면 합니다.

　곧 아버지께 직접 편지를 드리겠습니다. 서로에게만 쓰는 편지를 쓴 지 오랜 시간이 지났습니다. "푸딩(Puddin)"이 소식을 잘 모으는 사람이라서 자연스레 소식도 잘 퍼트립니다. 지금부터 편지 쓰는 면에 있어서 새로운 사람이 되겠습니다. 이렇게 긴 편지는 제가 오랜 기간 침묵한 것에 대한 어느 정도 보충은 되겠지요.

　사방에서 엄청난 사랑을 드립니다. 어머니의 가장 사랑스러운 손주들이 사랑의 입맞춤을 보냅니다. 아내의 사랑도 함께 보내드립니다.

사랑하는 아들 페어맨 올림

1909년 8월 23일 (월요일)
한국, 광주

사랑하는 아버지와 어머니,
지난밤 저희 가정에 아들이 태어나 오늘 가족 모두가 흥분에 싸여있습니다. 10.5 파운드 나가는 튼튼한 아기[192]로, 검은색 눈과 머리칼, 유쾌한 목소리를 갖고 있는데 사진 속에서 본 태프트 대통령[193]의 얼굴을 몹시도 닮은 아이로 상원의원과 같은 표정을 짓습니다. 그 아이가 사내아이라 몹시도 기쁘다는 것은 말할 나위 없습니다. 한국인들도 크게 기뻐하는데 특히 제 하인들이 그렇습니다. 큰딸 미리암은 사내아이를 동생으로 달라고 몇 주간 기도하고 있었는데, "하나님 최고야. 하나님께 케이크를 줄거야"라고 합니다. 작은딸 애니 섀넌도 온통 남자아이냐 여자아이냐에 대해서 생각했습니다. "아기"라는 모든 것을 삼켜버리는 주제 속에 있느라 "야옹이"는 잊고 있었습니다. 작은딸은 정말 이상하게 영어와 한국어를 섞어 씁니다.
모든 것이 완벽하게 정상적으로 흘러갔습니다. 오늘 저녁 9시에 엄마와 아기 모두 건강하게 있습니다. 산통은 단지 30분이었습니다. 어제 제가 한국인들 예배에 참석하러 집에서 7시 30분에 떠났고, 아내는 옆집 오웬 부인의 집에서 드리는 영어 예배에 참석하러 같은 시간에 떠났습니다. 제가 9시 20분에 집에 돌아왔을 때 아기는 태어나 있었으며, 지체없이 집에 있는 의사를 전화로 불러서 의사가 가까스로 시간 맞춰 와있었습니다. 윌슨 의료선교사는 정말 괜찮은 사람이며 훌륭한 의사입니다. 그

---

[192] John Fairman Preston Jr.(1909.8.22~2009.1.2)이 태어난 것을 말하고 있음.
[193] William Howard Taft(1857.9.15~1930.3.8). 미국 제27대 대통령으로 1909년 3월 4일부터 1913년 3월 4일까지 재임했음. 1905년 가쓰라-태프트 밀약(Taft-Katsura agreement)의 미국 측 대표.

를 보고 있노라면 첫째 큰아버지가 떠오릅니다. 저희는 윌슨 의료선교사를 "바크먼 삼촌"이라고 부르는데 이 이름은 미리암이 붙인 것으로, 미리암이 윌슨 의료선교사를 보고 바크먼 삼촌을 떠올렸기 때문입니다. 미국 북장로회선교회 소속 간호사인 카메론 선교사가 아내를 정말이지 잘 돌봐주고 있습니다. 아내가 좋은 사람들 속에 있다는 것을 아시겠죠?

아내는 아기가 저의 이름을 따랐으면 좋겠다고 끈질기게 말합니다. 저는 제 이름이 저의 할아버지 이름[194]이라는 근거로 동의합니다. 또한 그 이름이 계속 전해졌으면 합니다. 그 이름을 받았을 때처럼 변색하지 않고 그대로 그 이름이 전달되도록 하나님께서 역사하시면 좋겠습니다. 저는 좋은 출생과 좋은 이름이 아이가 받을 수 있는 가장 좋은 유산이라고 믿습니다. 제게는 정말 자랑스러운 순간입니다. 이 시기에 저는 아기 리아(little Rhea)[195]를 계속 생각할 수 밖에 없습니다. 리아도 처음에는 이 아기처럼 힘세고, 유쾌한 목소리를 가졌습니다. 리아가 저희보다 앞서 갔기 때문에 다른 말로 저희와 너무나 짧게 있었기에 저에게는 생생합니다. 두세 세대의 끝에는, 어린 나이에 천국으로 옮겨간 아기의 변화된 모습과 아래 이 땅에서 오랜 시간 성장한 후에 옮겨간 이의 변화된 모습 사이에 두드러지는 차이는 없을 거라고 믿습니다.[196] 〔판독 불가〕

연례회의에서 돌아온 후에, 저는 꼼짝하지 않고 집에 있었습니다. 그러면서 마음을 편하게 하고, 텃밭에서 일하고, 집 주변에서 여유롭게 지내고, 독서도 하고, 대부분 시간 아무것도 하지 않으려고 했습니다. 이런 종류의 휴가가 제가 지금껏 시도했던 그 어느 것보다 제게 적합해 보입니

---

[194] John Fairman Preston(1811.4.26~1875.1.16).
[195] Samuel Rhea Preston(1904.8.19~1904.9.24). 태어나서 약 한 달 뒤 사망함. 서울 양화진 외국인 선교사 묘원에 묻혀 있음.
[196] 1904년에 태어나 같은 해에 사망하여 천국에 간 아이와 천수를 누리고 이후 천국에 간 아이가 천국에서는 별 차이가 없을 것이라는 말임.

다. 하루가 너무도 빨리 지나가며, 곧 다시 일을 시작해야만 합니다. 위에서 언급한 시간 중의 1주는 조사들을 대상으로 한 사경회를 하면서 보냈는데 이곳에서 최근에 만나서 지난주 수요일에 끝났습니다. 저희가 이끈 것 중에서 가장 성공적이었습니다. 전라남도 전역에서 대표자들이 왔습니다.

아버지의 주소를 보니 여름에는 버지니아 브리스톨이네요. 그곳에 위스키 판매하는 사람들이 다시 권력을 잡았다는 것이 부끄러운 일 아닌가요? 아버지께서 곧 그들과 맞서며 영향력을 발휘하셨으면 어땠을까 생각합니다. 그러나, 절제운동(節制運動)의 근본적인 나약함은 술 마시는 사람과 더 나쁜 일 즉 다른 사람의 입술에 술병을 주는 일을 하는 사람들을 교회에서 용인해 주는 것입니다. 아버지, 브리스톨에 계시는 동안, 모든 목사에게 강권하셔서 위스키 사업으로 돈을 버는 교인들 혹은 위스키 사업에 종사하는 교인들, 또는 술 마시는 모든 교인을 권징(勸懲)하게 하십시오.

그런 사람들에게 교인으로 생활할 것인지 악마의 일을 할 것인지 선택하도록 하십시오. 이 시점에서 교회가 훈육(訓育)을 부정하지 않으면, 제 생각에 가까운 미래에 위스키는 쫓겨날 것입니다. 만약 교회가 책임을 다하지 않으면, 악마가 영구적으로 자리 잡을 것입니다. 한국 교회에서는 술 마시는 사람을 용인하지 않을 것이며, 술 사업하는 사람은 그 술이 맥주라도 용인하지 않을 것입니다. 이런 식으로 해서 저희는 많은 수의 교인은 아닐지라도 훨씬 강한 교회를 가지게 됩니다.

병원에 있는 간호사들이 파업했다는 소식을 신문에서 눈여겨봤습니다. 이 일로 아버지께서 크게 근심하지 않으셨으면 합니다. 저는 아버지께서 병원과 어떤 관계인지를 이해하지 못하며, 병원 운영의 세세한 것과 어떤 관계가 있는지 또한 이해하지 못합니다. 저는 아버지께서 운영과 관계있다고는 생각하지 않으며 단지 재정적인 후원을 하고 있다고

생각합니다.[197]

내년에 이곳에 작은 병원을 세우려고 합니다. 설비를 갖추면 약 7천 달러가 들 것입니다. 우리 선교부의 윌슨 의료선교사가 선교회로부터 임명을 받아서 한국에 있는 다른 의료시설을 점검하고 우리 사역에 가장 적합한 건물을 즉시 보고하도록 되었습니다. 아버지가 계신 병원이 새 건물로 이사 갈 때, 새 건물에 필요한 새 장비를 사기 위해 저렴한 가격으로 기꺼이 처분하고자 하는 병원 설비가 많이 있을 것이라고 그는 생각합니다. 그런 경우라면, 반드시 제게 알려주십시오. 서배너(Savannah)[198]에서 (수로를 이용) 뉴욕까지 가고 그곳에서 수에즈 운하를 거쳐 목포까지 선적되면 아마도 수지가 맞을 것이기 때문입니다.

며칠 전 베너블 목사의 사진기로 아이들을 몇 장 찍었습니다. 잘 인화되었으면 합니다. 그렇게 되면, 사진 몇 장을 보내드리겠습니다.

인제 그만 써야겠습니다. 이 편지를 받으실 때 건강하고 행복하게 계시길 바랍니다. 아내가 모두에게 사랑을 전합니다. 아이들은 포옹과 입맞춤을 보냅니다. 브리스톨에 있는 모든 이에게 그리고 저희의 안부를 묻는 모든 친구를 보시면 제가 사랑한다고 말씀해 주세요.

사랑하는 아들 페어맨 올림

---

[197] The Times Dispatch(7 February, 1909), p. 12에 의하면 DR. PRESTON HAS BEGUN HIS WORK라는 제목의 글이 있음. 이 글에 따르면 John Calvin Memorial Hospital Training School of Atlanta를 맡게 됨. 이 학교는 세계 복음화를 위한 진흥 운동(forward movement)에 발맞춰 간호사와 간호인력 훈련을 목적으로 함.

[198] 미국 남부 조지아(Georgia) 서배나(Savannah).

1909년 9월 6일
한국, 광주

사랑하는 어머니,

생각하지도 못하고 알지도 못하는 사이 어머니께 편지를 드리지 못하고 지난주가 지나가 버렸습니다. 집에 항상 있었지만, 가정을 돌보는 것은 말할 것도 없고, 제가 감독을 맡고 있는 학교[199]가 개학하고, 벨 목사의 부재 동안 광주 읍내 사역을 담당하느라 나날이 너무도 분주합니다.

갓난아이는 무척 잘 자라고 있습니다. 그리고 이 땅에서 목소리를 내고 있습니다. 잘 생기고 몸집이 큰 아이입니다. 아기는 배앓이로 많이 고생하고 있었지만, 아기 엄마가 일어나서 돌아다니면 아픈 것도 끝날 것이라 봅니다. 아내는 금요일에 잠 못 이루고 앉아 있었습니다. 주일에는 침대에서 겨우 일어나 점심을 먹었고, 그 후로 그렇게 하고 있습니다. 괜찮아 보이며, 곧 기운을 차릴 것입니다. 전반적으로, 아내에게는 아기에게 먹일 "점심거리"가 풍부합니다. 아기는 지금은 어떤 성격의 사람이 될지 알기 어렵지만 작은딸 애니 섀넌보다는 큰딸 미리암을 닮을 것으로 보입니다. 그런데 외모에 있어서 누나들과 경쟁하려면 애를 많이 써야 할 것입니다. 지난달 동안 중간에 가족과 떨어지지 않고 가족과 정말로 즐겁게 지냈습니다. 저희는 즐겁지만 어머니와 고향에 있는 사람들이 저희와 함께 아이들과 좋은 시간을 보낼 수 없다고 생각하니 안타까운 마음이 계속 듭니다. 딸들은 둘 다 아주 밝고 총명하고 예쁜데, 아이들의 활동성 때문에 주변에 있는 모든 이가 정신이 없고 긴장을 많이 하게 된다는 사실이 아니라면, 저희가 딸들을 우상으로 숭배하는 사람이 되기 쉬울 것 같습니다. 이따금 우상파괴자가 되어야만 하는 것은 너무도 당

---

199 현 광주숭일중·고등학교.

연합니다.

학교가 정말로 잘 개학했습니다. 남학교는 65명이, 여학교는 45명이 벌써 등록했습니다. 아직 건물은 없습니다. 그래서 저희가 광주에 와서 세운 최초의 건물 중의 하나를 임시로 사용하고 있는데 그 건물은 처음에 벨 목사 가족이, 다음에는 오웬 목사 가족이, 그리고 저희 가족이 사용했습니다. 학교 건물로는 너무도 협소하지만, 이곳에서 우리가 할 수 있는 최선을 다하고 있습니다. 건물 면에서 많은 장비가 필요하지는 않습니다. 그렇지만 현재 몇 개의 주거용 건물을 제외하고 아무것도 없습니다. 내년까지는 평신도 운동(Laymen's Movement)에서 제대로 된 건물 몇 채를 마련해줄 것으로 생각합니다. 여학교는 이미 애슈빌(Asheville)에 사는 숙녀분에게서 5천 달러를 받았습니다.[200] 저희는 남녀학교에서 서너 명의 똑똑한 남녀 학생을 교육하고 있습니다. 다름 아닌 다음 세대 아니면 다다음 세대가 이 나라의 희망일 것이라 저는 생각합니다. 교육 문제가 아주 심각해서 교육 사역에만 전적으로 들어가고 싶다는 유혹도 느낍니다. 그런데 의료 사역과 약간의 접촉만 있어도 복음에 대한 엄청난 필요와 기회가 많아지기에 차라리 의학을 공부했더라면 하고 생각할 때가 있습니다. (저는 한국선교회에서 다른 어떤 복음전도자들보다 의료 부분과 관련이 있어왔습니다.) 또한, 주변에 처리되지 않고 점점 많아지는 모든 사역을 다 하기 위해서 몸이 여러 개 있으면 좋겠다고 계속 바라게 됩니다. 그렇지만 인간의 영혼이 먼저입니다. 저희가 이곳에서 하는 것이 무엇이든지 사람들의 영혼 구원이라는 단 하나의 큰 목적을 위해야만 합니다.

알렉산더-채프만 부흥회에 참석하기 위해 서울로 가려고 했는데 그렇게 하지 못할 것 같습니다. 아직 저희는 즐길 장소를 찾지 못했고, 거기에

---

200 현 광주수피아여중·고를 말함. Mrs. M. L. Sterns가 동생 Jennie Speer를 기념하기 위해 희사함. 1911년에 Speer Hall이 완성되며 이때부터 수피아여학교(Jennie Speer Memorial School for Girls)로 명함.

더해서 할 일이 이곳에서 너무도 빨리 쌓이고 있어서 10월에 어디론가 간다는 것이 어려워 보입니다. 브리스톨 소식을 듣고 싶습니다. 캐럴(Carol)[201]과 가족은 어떻게 지내는지요? 막내 고모부와 막내 고모 그리고 둘째 큰고모(Aunt Ella)와 아이들은 어떤지요?

한 사람 한 사람에게 저의 사랑을 전합니다. 여동생들에게는 곧 편지하겠습니다. 〔판독 불가〕

사랑하는 페어맨 올림

---

[201] Carol Montgomery Newman(1879.10.29~1941.9.8). 막내 고모부와 첫 번째 부인 사이에 태어난 자녀. 1900년 인구총조사에 따르면 프레스톤 목사 막내 고모 집에서 같이 살고 있음. 사망 시 Head of the English Department at Virginia Polytechnic Institute였음.

1909년 9월 20일
한국, 광주

사랑하는 어머님,

손자에 대해서 어머님께 말씀드릴 것이 너무도 많아서 어디서부터 시작해야 할지 모르겠습니다. 성격이 어떨지는 모르겠습니다. 그리고 아기가 많은 시간 눈을 동그랗게 뜨고 있지만 눈 색깔이 어떨지도 모르겠습니다. 성격은 미리암을 닮을 것 같습니다. 정말 활기찬데 그 아기가 한 달밖에 되지 않았다는 것을 아무도 믿지 못할 것입니다. 아기는 머리를 들고 주변을 흥미롭게 돌아봅니다. 모든 한국인이 그 아기를 아주 좋아합니다. 아들을 가졌다는 것은 남편이 좋은 평판을 받을 일이라 좋지 않은지요? 어떤 여성이 오늘 아침 저희가 아들을 낳았기에 큰 복을 받았다고 말하더군요. 저는 딸들도 축복이라고 여긴다는 것을 사람들에게 알려주고 싶습니다.

좋은 의사와 간호사를 만났습니다. 둘 다 최고입니다. 카메론 간호사에게 아기가 3주 될 때까지 머물러달라고 요청했습니다. 그런데 그녀는 3주간이 지났지만, 한결같이 저희에게 관심을 두고 있습니다. 지난 목요일 오후 카메론 간호사는 세실이 불러서 그녀에게 갔습니다. 화요일 저녁 그곳에서도 씩씩한 아들[202]이 태어났습니다. 카메론 간호사가 저에게 가만히 누워있으라고 사정해서 어제서야 겨우 갔습니다. 어제 오후에 태어난 아기를 보려고 모든 가족이 함께 내려갔습니다. 코잇 부인이 예상하길 저희 아이와 그 집 아이 사이에 많은 "마찰"이 있을 터인데, 제 아들이 항상 이길 거라는군요. 제 아들은 무척 활동적인데, 그 집 아들은 너무 잠이 많아서랍니다.

---

[202] Thomas Hall Woods Coit(1909.9.14~1913.4.27).

10월 7일

이 편지를 너무 놔두었더니 말랑말랑해졌네요. 하루하루 할 일이 너무 많아서 너무도 피곤한 데다가 너무 바보 같아서 제 생각을 글로 쓰는 것은 고사하고 도대체 제가 어떤 생각을 하고 있는지도 모르겠습니다.

저희는 새신랑과 새신부를 대접하고 있습니다. 베너블 목사가 사촌 존스 양(Miss Jones)[203]을 만나기 위해 일본으로 가기 전에 말하길 저희가 그녀를 만나기 전 그녀가 "결혼으로 연결될 사람"일 가능성이 높다고 했습니다. 베너블 목사는 선교회의 다른 많은 사람에게 그 비밀을 털어놓은 것은 아니었습니다. 그래서 그가 아내와 함께 돌아왔을 때 대부분이 놀랐습니다. 그들은 신혼의 일부분을 저희와 함께 보내고 있으며 즐겁게 지내는 것으로 보입니다. 신부는 아주 총명하고 매력적인데 신랑에게 꼭 맞는 사람입니다. 저희는 지난 목요일 저녁 신랑, 신부에게 결혼 만찬을 제공했습니다. 녹스 선교사와 저는 그 만찬을 준비하면서 아주 재미있었습니다. 하얀 코스모스와 아스파라거스가 있는 집은 정말 축제에 어울렸습니다.

저희는 이번 주나 다음 주에 이곳에서 결혼식을 했으면 하고 바랐고 저는 온통 결혼식에 대한 계획으로 가득했으나, 미국 영사부의 대표자가 이곳으로 내려오는데 너무 느려서 신랑과 신부 즉 윌슨 의료선교사와 녹스 선교사가 서울로 올라가서 결혼식을 하기로 결정했습니다.[204] 아마도 남편은 결혼식의 주례를 보기 위해 서울로 갈 것이며 채프만 부흥회에 참석할 것입니다. 저는 남편이 그 부흥회에 가지 못한다는 것에 대해 크게 실망했는데, 남편은 제가 가지 않으면 자기도 가지 않겠다고 했습니다. 그런데 저는 감히 참석할 용기를 내지 못했습니다. 저희가 미국에

---

[203] Virginia Flournoy Jones Venable(1884.4.3~1970.10.24).
[204] Robert Manton Wilson(1880.1.11~1963.3.27)과 Elizabeth L. Knox Wilson (1881.7.19~1962.3.13)는 1909년 10월 12일 서울에서 결혼함.

가기 전까지 다시는 어느 곳에도 가지 않을 것입니다.

오늘 오후에 신랑, 신부, 남편과 저, 큰딸과 작은딸이 함께 접어지는 좌석이 있는 새 마차를 즐겁게 탔습니다. 벨 목사 부부도 그들의 마차를 타고 같이 갔으며 헨리(Henry)[205]와 코잇 목사는 말을 탔습니다. 그러다 보니 광주에서는 보기 드문 꽤 멋진 행렬이 되었습니다.

남편이 말을 어떻게 샀는지 들으셨어요? 미리암에게 망아지 한 마리를 사주려고 했습니다. 그 소식이 이웃에 퍼져나갔죠. 살펴보라며 수없이 많은 망아지를 사람들이 가지고 왔습니다. 어느날 어떤 남자가 괜찮은 갈색 망아지를 가지고 왔는데 5엔(미화 2.5달러)을 주라고 하더군요. 남편이 사겠다고 결정했는데, 저희 요리사가 들어와서는 암컷도 사라고 하는 거예요. 팔겠다는 사람이 두 마리 다 사면 13엔(미화 6.5달러)에 주겠다고 했다면서요. 어떻게 그렇게 살 수 있지요? 남편은 둘 다를 샀습니다만 아마도 요리사가 달라고 하면 말을 줄 것입니다.

오늘 오후 어머님의 편지를 받아서 아주 기쁩니다. 병원 계획이 현재로서는 진행될 수 없다니 안타깝습니다. 어머님께서 애틀랜타에서 사실 수 있으면 좋겠습니다.

10월 10일

아내가 이 편지를 다 쓰기 전에, 저는 아내가 언급한 일로 서울로 떠났습니다. 아내는 저에게 이 편지를 가지고 가서 내용을 덧붙여 쓰는 것이 좋겠다고 했습니다. 어제 오후 3시에 떠났는데, 벨 목사 부부, 윌슨 의료선교사, 녹스 선교사, 그레이엄 선교사와 함께했으며 강에 있는 론치에서 저녁 내내 있었습니다. 저희는 북쪽으로 가는 배를 타지 못해 낙심했으며, 배를 타고 (부산 근처) 마산포로 가서 그곳에서 철도를 이용하여

---

[205] Henry Venable Bell(1896.5.27~1967.6.8). 넬리 랭킨 저, 송상훈 역, 『기전여학교 교장 랭킨 선교사 편지』(보고사, 2022), 168~121쪽, 1909년 8월 2일 자 편지 참조.

서울로 가기로 결정했습니다. 저희는 정오에 목포를 떠났는데 지금까지는 파도도 부드럽고 좋은 여행입니다. 제가 가는 것이 상당히 뜻밖이었습니다. 가겠다는 결정은 다소 압박 속에서 이루어졌는데, 결혼하는 당사자들 모두가 저와 함께 가고자 하며, 그들이 저와는 개인적으로 아주 가깝기에 제가 거절하기가 어려웠습니다. 어머니께서 아시듯, 저는 서울로 가려고 하면서 아내를 데려가려고 했지만, 콜레라가 발발하여서 저희가 서울 가는 것을 확실히 포기할 수밖에 없었습니다. 콜레라 걸린 사람은 많지 않지만, 저희는 아이들과 함께 가려고 하지 않습니다. 아이들이 감염에 훨씬 더 취약하기 때문입니다. 혼자 가는 것이 제게는 재미가 없는 일입니다. 제가 너무도 많이 집에서 떠나있기에, 저는 아내와 아이들과 천 번이라도 집에 있었으면 했습니다. 저희에게는 어머니께서 보신 적 없는 세 명의 아주 매력적인 아이들이 있습니다. 너무 활동적이라 아내는 아이들을 따라가느라 여간 고생하는 것이 아닙니다. 아내는 광주로 온 다음부터는 가정을 돌보는 것과 거의 매일 찾아오는 구경꾼 무리를 접대하는 것 말고는 다른 것들을 할 수가 없었습니다. 고향으로 돌아가는 것을 정말로 고대하고 있습니다. 1911년 이른 봄에 이곳을 떠나는 것이 거의 확실합니다. 유럽을 거쳐 (수에즈 운하로 해서) 갈 것입니다. 이 일은 다음 8월에 있을 연례회의에서 확실히 정해질 것입니다. 참, 이번 연례회의는 광주에서 열릴 것입니다.

애틀랜타 병원 계획의 결과에 대해서 저희는 아주 심란합니다. 이것보다 더 매력적인 어떤 것이 곧 생기리라 희망해봅니다. 애틀랜타는 살기에 매력적인 곳입니다만 아버지께서 그곳에서 확실히 하실 어떤 일이 없다면 그곳으로 이사해서 좋은 점은 없다고 봅니다. 아버지께서 브리스톨에 있는 부동산을 이윤 없이 팔고 떠나시면 확실히 손해보는 일입니다.

제가 며칠 뒤에 편지하겠다고 플로이에게 말씀해 주세요. 제가 그 아이에게 대신 보내달라고 말한 보고서를 받을 사람들의 이름 목록을 동봉합니다.

어머니와 모든 사람에게 사랑을 전합니다.

사랑하는 아들 페어맨 올림

1909년 11월 8일
노스캐롤라이나 솔즈베리 사우스 처치 328

사부인 귀하,
　특급으로 보낸 상자가 지난주에 제가 사는 "위에 있는 집"에 배달되었는데, 제가 여전히 큰딸 미리암의 집에 있다 보니 아직 그 상자를 보지 못했습니다. 꽤 크다는 말을 들었습니다. 긴 여정에 적합하게 확실히 포장되었다면 제가 그 짐을 그대로 보내도 되지 않을런가요?
　막내딸 애니가 몽고메리 워드에 그 물건을 보내라고 충고해서 제가 그 물건에 대해서 그 회사에 편지를 썼습니다. 그런데 오늘 그 회사에서 보낸 편지를 받았습니다. 저는 언제 제 상자를 준비할지 모르겠습니다. 테이트 선교사를 주려고 실크 보닛(bonnets) 여러 개와 뜨개질한 모자 여러 개를 넣었던 상자가 중간에 사라지게 된 것에 제가 너무 낙심해서 저는 우체국 소포로 보내는 것을 제외하고는 어느 것도 더 보내지 않겠다고 생각했습니다. 우체국 소포로 몇 가지를 보냈는데 더 많이 보낼 생각입니다.
　작은 모자들은 9월 18일에 여기 특급 우편취급소에서 보내진 것인데 이후에 아무런 소식이 없습니다. 너무 지나친 처사 아닌가요?
　몽고메리 워드 회사는 상자 속 물품과 그들에게 보내진 물건의 가치를 쓴 목록을 달라고 합니다. 그러니 사부인께서 하실 수 있다면 신속히 이것을 저에게 보내주시면 좋겠습니다. 제가 크리스마스 물건들이 들어 있는 상자를 꺼내서 그 물건들을 우체국 소포로 보내는 것이 좋지 않을까요? 그렇게 하면 더 빠른 속도로 갈 것 같습니다. 그때도 "세관 검색용"으로 내용물과 내용물의 가치 목록이 있어야 합니다.
　막내딸 애니가 제게 말했고, 막내딸이 다니엘 부인에게 보낸 편지에서 언급한 사진을 주라고 다니엘 의료선교사에게 말하려고 합니다. 그런데 그 부부에게서 어떤 말도 듣지 못했습니다. 케슬러 선교사가 제게 편지하길 다니엘 의료선교사 부부는 1월 10일 이후 첫 증기선을 타고 출발하게 되었다고 합니다.

제가 너무도 서둘러 쓰다 보니 제 글을 제대로 읽으실지 모르겠습니다. 지난주에 〔판독 불가〕 편도에 궤양이 있었습니다. 이번 주에는 큰며느리 매리언이 목이 붓고 읍내에는 디프테리아가 몇 건 있었습니다. 그래서 저희는 걱정입니다. 매리언은 어제 오후 오한이 들더니 그 후 계속 고열에 시달립니다. 의사 선생님이 그러는데 오늘 오후나 되어야 무엇인지를 말씀하실 수 있다는군요. 편도가 너무 많이 부어있는데 편도선염 정도이기를 바랍니다. 몇 주 전 존 코잇(John Coit)[206]의 어린 아들이 디프테리아로 죽은 것 알고 계시지요? 그 아이는 이곳에 할머니와 같이 있었는데 이가 나는 것 때문에 여름 내내 아팠답니다.

제 류마티즘에 레몬 치료제를 사용하고 있는데 상당히 좋아졌습니다. 큰며느리는 지난주 뉴욕으로 돌아갔습니다.

코잇 목사 부부의 편지로 한국에 있는 우리 선교사들의 소식을 듣습니다. 딸 애니가 제게 편지했는데 그때가 갓난아이가 2주 된 때였습니다. 그 후 3주간 소식을 못 들었는데 코잇 부인이 편지에 갓난아이가 복통을 앓고 있다고 했답니다. 그래서 저는 딸이 복통을 앓고 있는 아기랑 힘겹게 씨름하고 있다는 생각이 들었습니다. 그런데 지난주 딸이 보낸 편지를 받았는데 딸 가족이 베너블 목사와 신부와 새 마차로 즐겁게 지내고 있다는 내용이었습니다.

요즘 플로이 사돈처녀는 어떻게 지내는지요? 한국으로 가겠다는 생각은 완전히 포기했는지요? "고요한 아침의 나라"를 제가 다시 볼 수 없다는 생각을 받아들이기가 제게는 쉽지 않은 일이었습니다. 그 나라가 그

---

[206] John Knox Coit(1872~1945). Coit 목사의 형. 형제와 아버지가 모두 목사임.

렇게 "고요"하게 되지는 않을 것 같습니다. 이토(Ito) 암살[207] 이후 일본인들이 한국인들에게 더 가혹한 조치를 하는 것이 보입니다.

사돈어른께 안부 전해주십시오. 그리고 사돈처녀들과 (제 맘을 받아들일지 모르지만) 사돈총각 바크먼에게도 사랑의 마음을 전합니다.

M. C. 와일리 배상

---

[207] 1909년 10월 26일 안중근이 하얼빈역에서 이토 히로부미(Ito Hirobumi, 1841.10.16~1909.10.26)를 암살한 사건.

1909년 11월 18일
한국, 광주

사랑하는 어머니,

어머니께 편지를 드린 후 정말 많은 시간이 흘렀다는 것을 생각하며 양심의 가책을 느낍니다. 마지막 편지는 아내의 편지에 동봉한 것이었는데 서울로 가던 중 10월 9일에 보낸 것이었습니다. 편지를 드린 것이 얼마 전 같았는데, 너무도 많은 시간이 흘렀다는 것을 알고 깜짝 놀랐습니다. 말씀드릴 필요도 없이, 저는 내내 엄청나게 분주했습니다. 대부분 시간을 집에서 떨어져 지내야 했고, 최근 몇 년 동안 그 어느 때보다 제 사역을 다 못하고 있습니다.

아시다시피, 콜레라가 창궐하여 서울로 올라가는 것을 포기했었습니다. 그런데 윌슨 의료선교사가 너무도 간청하여서, 서울에 가서 결혼 예식을 행하는 것에 갑자기 동의했습니다. 힘든 여정이었습니다. 감기에 걸려서 서울에 있는 동안 내내 힘겹게 돌아다녔습니다. 채프만 부흥회의 많은 부분에 참석하지 못했지만, 결혼식을 주례할 수는 있었습니다. 부흥회는 아주 큰 도움이 되었는데, 선교사들이 자극을 받았고, 부흥회가 열리는 5일 동안 최대한 서울 전역에 다가갔습니다. 채프만 박사는 뇌졸중의 위협으로 아팠고 이틀 뒤에는 연설하는 것을 그만둘 수밖에 없었습니다. 그렇지만 마지막 날(목요일) 밤에는 연설할 만큼 회복되었습니다. 서울은 갈 만한 가치가 있었습니다. 돌아오는 길에, 우리는 군산에 들렀는데 그곳에서 선교회 회의를 했고, 이번 해에 복음사역 노선에서 큰 진흥 운동을 하기로 결정했습니다. 모든 교회에서 하는 한국 전역을 위한 비슷한 운동과 협력하는 것입니다. "금년(今年) 예수님에게 백만 영혼"이 모든 곳에서 울려 퍼지고 있는 핵심어이며, 이 나라의 모든 기독교인을 이 운동에 참여시키는 것이 우리의 목표입니다. 우리는 모든 기독교인을 10명 단위로 조직합니다. 그들은 1. 12명을 위해서 확실히 기도하며, 2. 항상 성서를 지니고 다니면서 매일 한 장씩 읽고, 가능한 그것을 배포하며, 3. 매일 적어도 한 영혼에게 예수에 관해 말하는 데에 동의합니다. 저는 남동 지역으로 10일간 순회전도여행을 한 다음 며칠 전에 돌아왔습니다. 10개 교회에서 가르쳤으며 거의 3백 마일 거리를 말을 탔습니다. 서너 명의 조사가 저와 함께했으며, 제가 매일 설교했는데 일반적으로 하루에 두 번씩 설교했습니다. 이곳은 우리가 새로운 선교부를 개설하고자 하는 지역입니다. 저희가 순천에 도착했을 때는 장날이었습니다. 저는 저의 조사들을 데리고 시장으로 갔으며 우리는 서로 나뉘어 거기에 모인 수백 명의 사람들에게 설교했고, 전도지를 배포하고, 쪽 복음서를 판매했습니다. (두 시간 만에 44권을 판매했습니다.) 저는 추수하기에 그렇게 무르익은 곳을 본 적이 없습니다. 그런데 거의 백만의 영혼이 있는 광대한 이곳에 사역하는 사람이 벨 목사와 저밖에 없다는 생각이 드니 섬뜩해졌습니다.

우리는 실행위원회가 무언가를 하도록 실행위원회에 호소도 하고 애원도 했지만 그저 차갑고 낙담이 되는 답변들만 받았습니다. 그래서 우리 모두는 너무도 속이 상해서 그냥 이곳으로 일하러 오되 실행위원회에 편지하면서 시간 낭비는 하지 말자고 결정했습니다. 우리는 아직 올해 우리에게 오게 되는 단 한 명의 복음 전도자에 대해서도 듣지 못했습니다. 이곳으로 보내기로 약속된 유일한 사람은 다른 곳으로 보내졌습니다.

저는 미국남장로회 해외선교부가 있는 내슈빌의 백치와 같은 무능력에 대해서 엄청나게 초조하기도 하고 걱정도 하고 안달하기도 했습니다. 그런데 저는 주님께서 고국에서의 일들을 잘 경영하시도록 그냥 놔두기로 결심했으며, 이곳에서 주님께서 우리에게 허락하신 것에 대해 제가 할 수 있는 최선을 다하고 주님의 인도하심을 참을성 있게 기다리기로 했습니다. 저는 이런 기회를 잡지 않은 것과 주님의 섭리로 이끄심에 대해 순종하지 않은 것에 대해서 우리 선교사들이 아니라 다른 누군가가 아주 무거운 벌을 받아야 한다고 생각하며, 벌받은 영혼들의 피는 그 피가 있을 곳에 그대로 있게 되리라 생각합니다. 좀 더 나은 지도자가 없다면 교회가 성취할 것이 거의 없을 것이라 저는 확신합니다.

내일 다시 시골로 떠납니다. 일이 산더미처럼 쌓였는데 끝내지 못한 채입니다. 계속 그렇게 되는군요. 전보다 더 일을 끝내지 못한다는 생각이 듭니다. 저의 책상과 서재에서 본격적으로 일에 매달리는 것이 더 어려워집니다. 해가 지나면서 그렇게 되는 것인지, 중요하지 않다고 생각해서인지, 동양의 분위기 탓인지 모르겠습니다. 아마 각각의 이유가 조금씩 섞여서이겠지요.

짐이 오지 않기로 해서 실망했습니다. 짐이 말하길 자기는 오려고 했지만, 제게서 아무런 말을 듣지 못했다는군요. 짐이 편지에 너무도 불확실하고 불명확하게 써서 저희는 그 아이에게 뭐라고 써 보내야 할지 몰랐습니다. 그런데 다음 편지에 이곳으로 오겠다는 말을 명백하게 하기 전까지는, 그 아이가 글을 쓰는 방식을 보며 저는 그 아이가 약혼을 했기에 약혼녀를 떠나고 싶어 하지 않는다는 의미로 받아들였습니다. 저는 문제의 다음 편지에 신속하게 답하며 오라고 강권했습니다. 저는 짐이나 바크먼에게 편지하는 것에 대해 무척 머뭇거렸습니다. 이곳으로 오면 그들의 미래 계획에 차질이 생길 수도 있다는 것을 걱정했기 때문입니다. 그리고 저희가 그들에게 봉급 같은 것을 주는 것은 명확하게 불가능합니다. 아이들을 위한 교사를 언젠가 모셔야 합니다. 그런데 광주선교부에 있는 다른 이들과 함께하여 모시기를 희망합니다.

저희는 안식년 휴가를 간절히 기대하고 있습니다. 안식년은 1년 6개월 뒤가 될 것입니다. 생각해 보십시오. 멀리 이곳에 있는 흥미로운 가족들에 대해서 어머니는 모르고 계실 것입니다. 손주 존 페어맨은 아주 빨리 자라고 있으며 잘생긴 소년입니다. 제 생각에 아내가 다른 아이보다 이 아이를 더 좋아하는데, 이 아이에게 더 많은 손이 갑니다. 다른 아이들도 독특한 방식으로 한명 한명이 아주 예쁩니다. 손주들이 이렇게 예쁜 시기에 어머니께서 손주들을 못 보신다는 것이 정말 한탄스럽습니다. 아내는 신발 속에 사는 할머니[208]처럼 아주 바쁩니다. 돌봐야 하는 남편은 말할 것도 없고 어린 자녀 세 명과, 하인들과, 한국인들로 아내는 정말 힘든 삶을 살아가고 있습니다. 플로이가 이곳으로 와서 아내를 도와주고 저희와 함께 살았으면 하는 생각을 하기를 바랍니다. 플로이는 사교모임을 별로 좋아하지 않아서 이런 쓸쓸한 곳에서 괜찮을 것입니다. 그런데 이곳은 한국어를 이해하지 못하는 사람들에게만 쓸쓸한 장소입니다.

   이토의 암살에 대한 자세한 글을 모두 보셨으리라 생각합니다. 아주 끔찍하고 유감스러운 사건이 틀림없습니다. 그런 한국인들이 이 나라 최악의 적입니다. 그리스도의 복음이 아닌 다른 어떤 것도 한국인과 일본인을 화해시키지 못하며 이 불행한 나라에 평화를 가져올 수 없습니다.

   이 편지는 크리스마스 전에 가족 앞으로 도착할 것입니다. 저는 집으로 돌아가면 가족 모두에게 특별한 크리스마스 편지를 쓰려고 합니다. 아내와 저는 크리스마스에 관해서 머리를 맞대어야 합니다. 이곳에서는 훨씬 앞을 봐야 합니다!

   리아가 빚 때문에 크게 시달리고 있다는 말을 들어서 마음이 좋지 않습니다. 그렇지만 리아의 채무자들은 가지고 있지 않지만, 리아는 가지고 있는 한 가지 위안거리가 있는데, 그것은 리아가 희생해야 할 집을 가지고 있지 않다는 것입니다. 저는 리아가 빚을 다 갚도록 결심해야 한다고 생각하는데, 어쩔 수 없는 것에 대해서 리아가 걱정하지 않을 것으로 봄

---

[208] Joseph Martin Kronheim이 지은 동화와 동요 *The Little Old Woman Who Lived in a Shoe*에 나오는 인물로 아주 많은 아이를 키우면서 모든 아이를 한결같이 사랑하며 정신없이 살아가는 어머니를 말함.

니다. 걱정할 사람들은 리아에게 돈을 빌려준 사람들입니다. 아버지께서 그런 빚을 갚기 위해 돈을 빌리시지 않은 것이 옳으셨다고 봅니다. 제수씨가 혹시라도 갖고 있을 수도 있는 작은 재산을 빚 갚는 데에 쓰면 안 된다고 생각합니다. 그래서 핵심은 리아가 지난 10년 동안 추구했던 그런 삶을 계속 추구하며 더 많은 빚을 지도록 해서는 안 된다는 것입니다. 지금 맨 처음부터 새로 시작한다고 할지라도 리아는 똑같은 문제를 6개월도 안 되어 또 겪을 것입니다. 우표 수집에 대해서 말씀하셨지요. 소년 시절의 이런 기념품은 보관했으면 합니다. 그런데 우표로 인해 상당한 돈이 생길 수 있다면 그리고 그 돈이 제수씨에게 보내져 집을 수리하는 데 쓰일 수 있다면, 저는 아주 크게 기쁠 것입니다. 리아의 채무자들에 대해서는 저는 안쓰러운 생각이 없습니다. 제 생각에는 신용을 바탕으로 리아에게 물건을 준 그들은 비난받아야 하며 아주 바보들입니다. 그들은 모든 것을 잃어도 할 말 없습니다.

 인제 그만 마쳐야 합니다. 모두를 종종 생각하고 있습니다. 모두의 삶을 통해 그리스도가 드러나게 하고 다른 사람을 위해 적극적으로 섬기며 살기 바랍니다. 그것이 행복하고 건강한 기독인이 되는 유일한 방법입니다. 올해 제가 아버지께 보내드린『월즈 워크(World's Work)』[209]를 아버지께서 좋아하시는지 궁금합니다. 아버지께서 그것에 대해 언급하지 않는 것으로 보아 좋아하지 않으셨던 것 같습니다. 그 잡지는 독립 간행물이며, 때때로는 너무 세속적이지만 저는 아주 좋아한답니다.

 지난 크리스마스에 막내 고모부(Uncle Jim)에게 괜찮은 것을 보내드리려고 의도했었는데 일이 너무 많아 서두르다 보니 신경 쓰지 못했습니다. 이번 해는 더 잘해보겠습니다. 짐 고모부와 제니 고모에게 제가 특별히 사랑한다고 전해주세요. 둘째 큰고모(Aunt Ella)가 잘 지내셨으면 합니다.

---

209 *The World's Work*. 친기업(pro-business) 성향의 미국 월간 잡지로 1900년부터 1932년까지 발행됨.

한 사람 한 사람에게 사랑을 전하며 앞으로 더 잘 할 것을 약속드립니다.

사랑하는 아들 페어맨 올림

1909년 12월 2일
한국, 광주

사랑하는 어머님,

제가 어머님께 부치라고 서울 가던 남편에게 부탁했던 편지를 남편이 저에게 다른 편지를 보내면서 잃어버렸던 것 같습니다. 저는 남편이 제게 보냈다는 편지를 받지 못했는데 그래서 남편은 편지 두 통이 모두 분실되었다고 생각합니다. 아마도 저희는 아주 많은 편지를 중간에 잃어버리게 됩니다. 리아 서방님 부부 편지는 한 통도 받지 못했습니다. 짐 도련님의 편지 중 하나는 중간에 사라졌음에 틀림없습니다.

남편은 8일간 밖에 있다가 주일 오후에 돌아왔는데 어제 2주 일정으로 다시 떠났습니다. 당연하게도 남편이 할 일이 책상 위에 수북이 쌓여있습니다. 그래서 저는 남편이 개인적인 편지는 단 한 통도 쓰지 않았다고 생각합니다. 남편을 보기 위해서 외국인들과 한국인들이 무리 지어 옵니다. 또 마틴 선교사가 그때 이곳에 잠시 머물고 있었습니다. 남편은 크리스마스인데 어머님께 편지 한 통 보내지 못한다고 유감스러워하며 떠났습니다.

우편으로 어머님께 다섯 개의 대접을 보냈습니다. 물건이 온전한 상태로 도착하고 어머님 맘에 들었으면 좋겠습니다. 물론 한국에서 만든 것입니다. 미리암이 야네프 아가씨에게 작은 찻주전자를 보냈는데 목포에 있었으면 더 좋은 것을 살 수 있었을 텐데요. 그만큼 예쁘지는 않답니다. 미리암은 많은 접시를 가지고 있는데 그것을 가지고 동생 애니 새년과 재미있는 시간을 보냅니다. 미리암에게 크리스마스 선물로 자기 보관용 작은 찬장을 만들어줬으면 하는데, 제가 목포에 갈 때까지 기다리는 것이 좋을 듯합니다.

아이다 아가씨에게는 고베에서 부채를 주문했습니다. 괜찮으면 좋겠습니다. 물론 제가 직접 고를 수는 없었습니다. 마츠모토(Mr. Matsumoto) 씨가 아주 만족스럽게 일을 처리해 줍니다. 그의 글을 보면 어머님께서도 흥미로우실 것입니다.

아버님, 짐 도련님, 그리고 바크먼 도련님의 선물은 몽고메리 워드에서 아버님에게는 남편이 가지고 있는 것과 같은 슬리퍼를, 바크먼 도련님에게는 칼과 공구 모음을 주문했습니다. 남편도 그런 것을 하나 가질 것입니다. 남편은 짐 도련님에게는 지갑을, 짐 고모부에게는 스웨터를 주문했습니다. 이 모든 것이 아버님 주소로 보내질 것입니다. 비록 조그마한 것들이지만 많고 많은 사랑으로 받아주세요. 플로이 아가씨를 위해서는 『가든 매거진』[210]을 주문했습니다. 제니 고모에게는 한국 돗자리를 보냈습니다. 이 돗자리들이 현관 방석덮개로 잘 어울릴 것으로 보입니다.

저 대신 커튼과 틀을 구해주셔서 정말 감사드립니다. 어머님께서 데이비스 씨에게 이미 청구서를 보내셨고, 그 사람에게서 돈을 받으셨을 거로 생각합니다.

아이들은 모두 건강합니다. 오웬 부인이 아이들의 건강한 모습에 대해서 오늘 한마디 했습니다. 아들이 누구를 닮았는지 아직 모릅니다. 보통의 사내아이고 누구도 여자아이라고 보지는 않을 것입니다. 한쪽 눈에 갈색 부분이 있는데 제가 볼 때는 양쪽 눈이 언젠가는 갈색이 될 것 같습니다. 굉장히 기운차고 똘똘합니다. 어머님께 보내드리려고 아이들 사진 몇 장을 주문했습니다. 지난봄 목포에서 찍었던 사진인데 그 사이에 딸들이 부쩍 컸습니다.

어머님께 저의 하인 몇 명이 있었으면 합니다. 어머님의 문제는 하인이 너무 없다는 것이고, 저의 문제는 너무 많다는 것입니다. 선교사들이 너무 사치스럽게 산다고 생각하는 사람들에게는 말해주지 마세요. 저희

---

[210] *The Garden Magazine*. 20세기 초반 뉴욕에 기반한 잡지. 1905년부터 1924년까지 발행됨. 이후 *Garden and Home Builder*로 이어짐.

는 두 명의 여자 하인, 네 명의 남자 하인, 그리고 수업 시간이 아닐 때 일해주는 어린 소년 두 명이 있습니다. 이렇게 많은 사람을 감독해야 하니 저는 정말 정신이 하나도 없습니다. 하인들은 느리고 하는 일도 거의 없습니다.

설교와 가르치는 일을 하고자 하는 여성들을 위해서 지금 "사경회"[211]를 진행하고 있습니다. 저는 신학지리를 가르치고 있는데 수업을 준비해서 가르치는 데 많은 시간이 들어갑니다. 오늘 수업 준비와 앞으로 할 것을 계획하느라 어제저녁 늦게까지 잠을 이루지 못했는데 아이들이 계속 저를 깨워서 오늘 무척 졸립니다. 어머님께서 이런 사실을 이미 발견하셨겠죠. 제가 편지를 너무 쓰지 않기에 편지를 쓸 때 아주 잘 쓰려고 하지만 그럴 수가 없습니다. 봄이 되기 전에 밀린 편지에 조금이라도 답장하려고 하며 그때는 아마도 마음에 약간의 평화를 가지고 편지를 쓸 수 있을 것 같습니다. 서랍 가득 응답하지 못한 편지가 있다는 생각 때문에 무척이나 괴로워서 제대로 된 편지를 쓸 수가 없습니다.

저희는 새신랑, 신부 즉 윌슨 선교사 부부와 추수감사절 만찬을 즐겼습니다. 윌슨 부인은 살림을 잘하는 사람이고 남 대접하기를 좋아합니다. 크리스마스에는 저희가 선교부 사람들을 대접할 예정입니다. 식료품 주문한 것이 오지 않으면 만찬을 준비하기가 어려울 것입니다. 윌슨 의료선교사가 15일에 사냥을 갈 예정이며 남편에게 같이 가자고 사정했습니다. 그런데 남편은 그렇게 일찍 떠나지는 못합니다. 미국 영사가 사냥하는 사람들 무리에 낄 것이고 북장로회 선교회에서 온 의사 한 명도 함께할 것입니다.

광주에 애너 매퀸(Miss Anna McQueen)[212] 선교사라고 노스캐롤라이나

---

[211] 여사경회를 말하는 듯함. 각 선교부 소재지에서 선교부 전체를 대상으로 한 사경회는 대사경회라는 명칭을 사용함.
[212] Mary Anna McQueen(1883.7.30~1964.5.3). 『수피아 여학교 교장 애나 매퀸의 선교

사람이 한 명 더 와서 기쁩니다.

남편과 저는 리아 서방님 부부가 결혼한 후에 서방님 부부에게 수표를 보낼 생각을 하고 있었습니다. 그런데 실행하지 못하고 있었습니다. 제가 주소를 모르니, 수표를 어머님 편지에 동봉해드립니다. 저희의 사랑과 응원의 마음을 담아 리아 서방님 부부에게 그 수표를 보내주시겠습니까?

가족 모두에게 그리고 제니 고모와 짐 고모부에게도 사랑을 전합니다.

사랑하는 애니 올림

편지』 참조.

"Reinforcements," *The Missionary*(May, 1910), p. 213. "올해 선교사 명단에 31명의 새로운 선교사들이 추가되었습니다. 한국선교회에는 매퀸 양, 베너블 부인, 패터슨 의사, 클라크 목사 부부가 추가되었습니다(Thirty-one new missionaries were added to the roll during the year. (....) to the Korean Mission, Miss Anna McQueen, Mrs. W. A. Venable, Dr. J. Bruce Patterson, and Rev. and Mrs. W. M. Clark)."

1909년 12월 6일
노스캐롤라이나 솔즈베리 사우스 처치 328

사부인 귀하,
　우리 선교사들에게 물건을 보내는 데 문제가 끝이 없어 보입니다. 막내딸 애니가 두 번이나 제게 말하길 몽고메리 회사에 물건을 보내서 자기들에게 전달되게 해달라고 했습니다. 그래서 지지난 주 특급우편으로 작은아들(Sam)[213]이 그 상자를 보냈습니다. 저는 그 상자를 본 적이 없었답니다. 그 상자에 대해서 아무런 것도 듣지 못하자 저는 오늘 아침 동봉된 편지가 왔을 때 약간 불안해지기 시작했습니다. 제 생각에 사부인께서 커튼과 레코드에 대한 가치를 쉽게 내리실 수 있을 것 같습니다. 크리스마스 선물 상자에 있는 내용물에 대한 견적서를 주실 수 있는지요. 견적서가 반드시 있어야 할 듯합니다.
　언급된 "짐 꾸러미"는 막내딸 애니가 지난여름 공장에서 제게 보냈던 해먹입니다. 제가 해먹의 가치를 확정할 수가 없어서 몽고메리 회사에 해먹 가치를 내달라고 요청했습니다. 그들은 그런 일도 합니다. 그들은 반송 우편으로 답을 요청합니다.
　저는 지난주 가슴에 류마티즘으로 크게 고생했습니다. 이것 때문에 제가 무척 많이 약해졌습니다. 오늘은 아주 오랜만에 고통에 벗어난 첫날입니다. 외손주 네틀톤[214]도 격리되어 있다가 오늘 풀려났습니다. 방은 철저히 소독되고 있습니다. 외손녀 매리언[215]은 1주일 더 격리되었습니다. 어린아이들이 잘 견디어냈습니다. 다행히도 아직까지 후유증은 없습

---

[213] Samuel Henderson Wiley(1872.3.1~1938.8.6).
[214] Nettleton P. Murphy Jr.(1899.12.10~1967.9.6). 프레스톤 부인 언니 Miriam Helen Wiley(1874.11.27~1919.11.28)의 아들.
[215] Marion M. Murphy(1906.1.17~1976.8.13). 프레스톤 부인 언니 Miriam의 딸.

니다.

제가 큰딸 미리암의 병, 즉 안면마비에 대해서 편지를 드렸던지요. 지금부터 1주일 전 토요일이 미리암의 생일이었는데, 얼굴이 한쪽으로 치우쳐진 채 아침 먹으러 왔습니다. 아주 보기 불편하고 속이 상했습니다. 미리암은 왼쪽 눈을 감을 수도 없었습니다. 의사선생님이 말하길 6주나 계속될 수도 있다고 합니다. 그런데, 엘리너 왓슨(Eleanor Watson)이 더 위안이 됩니다. 그녀도 어느 여름에 안면마비가 왔답니다. 그런데 2~3주 지속되었다네요. 미리암은 생각하길 자기 집이 "욥(Job)[216]의 집"과 같았다고 합니다. 다행히도 딸 아이 집에 더 이상 열병 관련된 병례는 없습니다.

막내딸 애니가 "내년"에 자기에게 오라고 편지를 쓰기 시작했습니다. 딸 아이는 제가 얼마나 몸이 망가져 있는지를 전혀 알지 못합니다. 6개월 넘게 류마티즘으로 고생하면 저보다 젊은 사람도 쓰러지게 됩니다.

제가 이 편지지를 다 채우고 싶지만 글을 쓰니 피곤해집니다. 그러다 보니 가슴에 통증이 일어나네요. 마귀가 저의 심장을 꽉 움켜쥐고 있는 것 같습니다.

날이 아주 좋습니다. 불쌍한 미리암이 너무도 오래 갇혀있습니다. 최악의 시기는 지나갔기를 바랍니다. 미리암이 사부인께 사랑을 전하며 눈이 좋아지면 곧 편지하겠다고 하는군요. 태어난 지 얼마 안 된 외손주 로버트(Robert)[217]가 참 귀엽습니다. 저는 네틀톤과 한 방에 있느라 그 아이와 2주 넘게 단절되어 있었습니다. 참 좋고 신실하며 도움이 많이 되는 제 친구 콜빌 부인(Mrs. Colville)이 2주간 우리와 같이 있었습니다. 아주 큰 도움이었고 큰 위로였습니다.

사부인 가족 모두 건강하시길 바랍니다. 크리스마스에 가족이 모두

---

[216] 구약성경 욥기 참조.
[217] Robert L. Murphy(1908.12.11~1983.7.29). 프레스톤 부인 언니의 막내아들.

모이는지요?

　뉴먼 부인(Mrs. Newman)[218]을 포함하여 사부인 가족 모두에게 사랑과 안녕을 기원합니다. 제가 8월에 테이트 선교사에게 보냈던 작은 모자들이 들어있는 상자를 언젠가 제가 받을 거라고 작은아들은 생각하고 있습니다.

사랑하는 미리암 C. 와일리 배상

---

[218] Jennie Fairman Newman(1856.11~1920). 프레스톤 목사의 막내 고모(Aunt Jennie, 제니 고모). Thomas James Newman(1844.3~1924.10.11)이 남편임.

1909년 12월 20일
노스캐롤라이나 솔즈베리 사우스 처치 328

사부인 귀하,

사부인께서 보내신 편지를 토요일 받았습니다. 우리 자녀들에게서 소식을 들은 지 너무도 오래되셨기에, 제가 최근에 받은 편지를 보내드립니다. 지난주 막내딸에게서 엽서를 받았는데 그 주에 "신랑과 신부와 즐겁게 지내느라 너무 바빠서" 편지할 시간이 없었다고 합니다. 그 편지에 언급된 결혼식은 윌슨 의료선교사와 녹스 여선교사의 결혼입니다. 그 결혼 전에 광주선교부는 베너블 목사와 새 신부를 위해서 최선을 다하고 있었습니다.

다니엘(Sadie Daniel) 부인이 제게 편지를 했는데 1월에는 (한국으로) 가지 않을 것이라고 합니다. 여름 전에는 가지 않겠다네요. 그러다 보니 작은 모자들과 실크 몸통옷을 보내는 계획이 또 좌절됩니다. 보내려는 모자들이 마침내 제 손에 들어왔습니다.

조그마한 한국 잡지 『코리아 미션 필드(*The Korea Mission Field*)』가 오늘 아침 제게 배달되었습니다. 저의 선교사 친구 중 세 명에 대한 공고가 보입니다. 쑤저우에서 데이비드 스튜어트 의료선교사(Dr. David Stuart)[219] 가 사망한 것은 너무 끔찍하지 않나요?

이곳에서 우리 모두 전보다 좋습니다만, 저는 계속 몸이 매우 약합니다. 모두에게 평안을 기원합니다.

M. C. 와일리 배상

사부인께서 몽고메리 워드에 편지를 하셨다니 참 기쁩니다.

---

[219] David Todd Stuart.(1878.4.7~1909.11.6). 미국북장로회 의료선교사. 중국 장쑤성 쑤저우에 위치한 Elizabeth Blake Hospital에서 사역함.

1909년 12월 29일
한국, 광주

사랑하는 아버지와 어머니,

약속드린 크리스마스 편지를 고국에 보내드리지 못한 점에 대해 제가 실망했습니다. 분하게도, 편지는 진행이 되지 못한 채 이번 달이 지나가 버렸습니다. 이런 우리 가문의 특성이 다시는 발생하지 않도록 제가 노력하겠습니다.

전에 있었던 일을 말씀드립니다. 저는 이곳에서 10마일 떨어진 중요한 지점에서 1주일의 사경회를 하면서 가을 사역을 지난주에 마쳤습니다. 그 일을 하기 전에는, 남쪽으로 50마일 떨어진 곳을 떠들썩하게 다녀왔는데 그곳에서 1주일 사경회를 열었고 여섯 교회를 방문했습니다. 그 이전에는, 광주와 인접한 군에 10일간 순회하며 일곱 교회를 방문하고 문답을 했습니다. 이 일곱 교회가 이번 가을에 제가 문답을 한 유일한 교회입니다. 저의 모든 일은 설교, 가르치기, 조직하기 등을 목적으로 했습니다. 대부분 사역은 만족스러운 상태입니다. 위에서 마지막으로 언급한 순회 전도여행에서, 저는 120명에게 세례를 주었고, 학습교인 150명을 받아들였습니다. 이런 전도여행이 실제적으로 계속되는 것이라 저는 집에서 거의 계속적으로 떠나있었습니다.

크리스마스 바로 전에, 저는 윌슨 의료선교사와 이틀간 사냥을 했으며 무척 즐거웠습니다. 작년보다 더 즐거웠습니다. 이번에는 꿩 사냥만 하기로 했습니다. (둘이서) 꿩을 45마리 잡았습니다. 거위 두 마리, 오리 두 마리, 그리고 비둘기 몇 마리도 잡았습니다. 저희는 사냥하는데 거의 동등한 실력이었습니다. 개들이 아주 잘했습니다. 개들은 새를 발견하고 새의 방향을 알려줍니다. 그리고 저희가 총을 쏘면 떨어진 새를 가져왔습니다. 말할 필요도 없이, 광주선교부 전체가 크리스마스 연휴 기간에 꿩을 맛있게 먹었습니다. 꿩고기보다 더 맛있는 고기는 없다고 저는 생각합니다. 아내가 크리스마스 만찬 때 선교부 전체를 대접했습니다. 저희는 큰 장끼 네 마리를 잘 익혀 내놨는데, 그곳에 모인 사람들이 먹기에는 세 마리의 가슴살이면 충분하고도 남았습니다.

제가 연휴를 얼마나 좋게 보내는지 상상하실 것입니다. 그냥 집에 가족과 같이 있는 것입니다. 목포에서 2월에 있는 대사경회(Mokpo General Bible Class)[220]에 10일 가는 것을 제외하고는 3월 중순까지는 더 이상의 긴 여정이 없습니다. 1월 중순 시골에서 1주일간 사경회가 있습니다. 그리고 1월 12일에는 위원회 일로 전주에 가야만 합니다.

평상시처럼 조용한 크리스마스였습니다. 이번에 선교부를 대접할 차례가 저희라서, 저희 집에 선교부 전체를 위한 크리스마스 나무를 장식했습니다. 선교부에 있는 모든 사람이 서로에게 주는 선물을 이 나무에 매달았습니다. 물론 아이들이 아주 즐거워 했습니다. 지난밤, 벨 목사 부부와 윌슨 의료선교사 부부가 저희 집으로 올라왔고 우리는 『미스터 옵(Mr. Opp)』[221]을 같이 읽었습니다. 지금까지 우리 축제는 이렇게 진행되었습니다.

이 시기에 가족 모두를 자주 자주 생각합니다. 어린아이들과 좋은 시간을 보내시면 참 좋을 텐데요! 저희 아이들은 전에 어느 때보다 흥미롭습니다. 저희 아이들은 독립적이며 정력이 넘치는 무리들이라 부모를 항상 뛰어다니게 만듭니다. 집에서 제가 상시적으로 부재하는 동안 아내는 아이들을 훈련시키는 일과 집안 살림을 하는 이 두가지 일에 책임을 지고 있습니다. 이곳에서는 남에게 맡길 수 없는 것들이 많은데 수리하거나 수선하는 일도 그중 하나입니다. 그래서 제가 집에 있을 때면 제가

---

[220] Rev. Fairman Preston, "THE SAH KYENG HOI", *The Missionary*, (November, 1904), pp. 546~547. 프레스톤 목사가 "사경회"를 보고한 글 참조.
[221] *MR. OPP.*는 Alice Hegan Rice가 저술하여 1909년 출간된 책.

할 일이 넘쳐납니다. 사내아이는 빨리 자라고 있으며 잘 생기고 유쾌한 아이입니다. 저희는 그 아이를 무척 자랑스러워합니다. 미리암은 거의 사내아이와 같습니다. 너무도 활동적이고 활력이 넘쳐서 미리암을 여자 아이라고 생각하기 쉽지 않습니다. 미리암은 또한 아주 조숙합니다. 크리스마스 스타킹에 받았던 것 중에 장도리가 있었는데, 그것이 미리암에게 가장 탁월한 위치를 차지하고 있는 것 같습니다.

우리는 이번 크리스마스에는 한국인들을 위해서 많은 것을 하려고 시도하지 않았습니다. 우선, 모두가 경제적으로 "파산"입니다. 두 달간 봉급이 지급되지 않았으며, 우리는 추가로 지난 3개월간 한국인 조사, 교사 등에 대한 엄청 많은 선교회의 비용을 떠맡고 있습니다. 고국에서 난리를 쳐도, 한국선교회는 한국에서 어떤 진보의 발걸음도 뗄 수가 없었습니다. 고국에서 진정한 지도자를 만나기 전까지는 나아가지 못할 것 같습니다. 두 번째로는, 크리스마스 오락을 위해 이곳에서 우리가 모일 만한 적절한 건물을 가지고 있지 않습니다. 저는 이런 일을 위해서 교회를 사용하는 데에 반대합니다. 우리는 한국인들에게 서양의 관습과 생각들을 강요하는데 아주 조심해야만 합니다. 목포에서처럼 내년이 되면 이곳에 학교 건물을 갖게 되면 좋겠습니다. 제가 돈을 빌리지 않았었다면, 목포 건물은 내년이 되어도 세워지지 않았을 것입니다! 저희는 그 건물을 두 번의 학년도에 사용하고 있으며 목포 교육에 희망을 주고 있습니다.

저희는 최근 광주에서 우리 교회 건물 크기를 두 배로 했으며 광주 시내 사역도 좋아지고 있습니다. 벨 목사와 저는 일요일부터 시작하여 1주일간 예배를 드리기로 했습니다. 우리는 이곳에 위치, 구성원, 협력, 조화 면에서 모범적인 선교부를 가지고 있습니다. 사람 좋은 매퀸 선교사가 최근 도착해서, 이곳 선교부에는 노스캐롤라이나 사람이 다섯 명이나 있습니다.

저희가 보낸 크리스마스 선물이 안전하게 도착했기를 바랍니다. 이곳에서 가족 모두에게 뭔가를 보내기를 바라지만 세관과 많은 문제 또는 불만이 있어서 절망하면서 저희는 포기해 버렸습니다. 우리가 온갖 자랑을 하지만, 어떤 것들에 있어서는 다른 어떤 곳보다 미국에서 우리가 자유를 덜 갖는 것으로 보입니다. 우리나라에서 사람들의 삶, 입법, 그리고 다른 모든 것에 막대한 영향을 발휘하는 강력한 기업들의 점점 커지는 거대한 힘을 제압할 수 있는 것은 대중적인 혁명 말고는 없어 보입니다.

제가 집에 있는 한겨울의 숨 쉬는 기간 동안 가족 모두에게 편지를 하고자 합니다. 모든 이에게 편지 빚을 지고 있으며, 오랫동안 편지를 하지 않은 것에 대해서 창피함을 느낍니다. 편지를 덜 쓸수록, 편지 쓰는 능력도 떨어지는 것 같습니다.

모두에게 사랑을 전합니다. 아내와 아이들도 마찬가지입니다.

사랑하는 아들 페어맨 드림

아내와 윌슨 부인이 이곳에 있는 여학생들을 위해서 크리스마스 나무를 장식했습니다.

크리스마스에 목포에서 일어난 특별한 일은 맥컬리 목사가 지난 9월 전주에서 옮겨온 코델 간호사와 결혼한 것입니다. 코델 간호사는 사람 좋고 말수 적은 작은 체구의 여인으로 맥컬리 목사보다 겨우 9살[222]이 많을 뿐입니다!

---

222 실제로는 8살 차이임. Rev. Henry Douglas McCallie(1881.4.16~1945.10.20), Emily Cordell McCallie(1873.10.14~1931.5.3) 두 사람이 1909년 12월 29일 부산에서 결혼했다는 기록이 있음.

1910년

1910년 1월 13일
노스캐롤라이나 솔즈베리 사우스 처치 328

사부인 귀하,

사부인께서 크리스마스에 저에게 인사를 하셨는데 아무런 감사의 말도 제가 보내지 않아서 저를 어찌 생각하실지 모르겠습니다. 크리스마스 인사도 새해 인사도 없었지요. 새해가 시작된 지 얼마 되지 않았습니다. 사부인과 사랑하는 가족들에게 새해 가장 충만한 복이 함께하길 기도합니다.

아이들이 나팔, 북, 폭죽 등으로 시끄럽게 하는 것 말고는 저희는 크리스마스를 아주 조용히 보냈습니다. 어린아이들의 생명이 꺼지지 않아서 아주 기쁩니다. 고열 때문에 어린아이 중 몇이 사망했다면 슬펐을 것입니다.

크리스마스 앞 주에 저의 가슴에 통증이 너무 심해서 고생했는데, 크리스마스에는 좋아졌으며 지금까지 계속 좋아지고 있습니다. 심한 감기에 걸렸습니다. 날씨가 너무 좋지 않아서 여러 주를 집에 가만히 있었습니다. 지금쯤 사부인의 크리스마스 선물을 담은 상자가 태평양에 있겠지요. 상자가 광주에 도착하면 사람들의 관심을 끌 만한 다른 많은 것이 없어서 오히려 이보다 이른 시기에 도착했을 때보다 훨씬 더 반가워할 것입니다. 그 상자가 도착할 때 일으킬 엄청난 반향을 상상해 봅니다.

마침내 실크 보닛과 뜨개질한 모자가 든 상자를 소포로 보냈습니다. 다니엘 의료선교사 부부가 여름 이전에는 출발하지 않을 것을 알고, 제가 패터슨 의료선교사(Dr. Patterson)[223]에게 편지를 썼습니다. 이번 달에 패터슨 의료선교사가 떠난다고 다니엘 의료선교사가 제게 편지해서 알려줬습니다. 그런데 패터슨 의료선교사에게 어떤 말도 듣지 못했습니다. 다니엘 의료선교사가 제게 편지해서 말하길 케슬러 선교사가 아마 다음 달에 나갈 것이라고 합니다.

1월 14일

어제 방문객들이 와서 편지를 중단했습니다. 오늘 아침에 막내딸 애니의 편지가 동봉된 사부인의 편지를 받았습니다. 그 이후로는 딸에게서 편지를 한 통만 받았습니다. 딸 아이가 크리스마스를 어떻게 보냈는지 정말 궁금합니다. 벨 부인이 제게 편지하길 크리스마스를 "프레스톤 가족"과 함께 보낼 예정이라고 했습니다. 또한, 그녀는 손주 프레스톤 2세가 아주 잘생긴 꼬마로, "다른 사람보다 엄마 애니를 닮았다"고 했습니다. 그 아이는 작은손녀 애니 섀넌이 그랬듯이 몸가짐이 좋다고 칭찬을 받습니다. 큰손녀 미리암만 가정에서 골칫거리 같습니다. 미리암은 천사같지는 못할지라도 아주 총명하고 똑부러집니다. 막내딸 애니가 언니 미리암과 작은올케 불라(Beulah)에게 놋그릇을, 큰올케 매리언(Marion)에게는 나무 접시를, 저에게는 자수(刺繡) 식탁보를 보내왔습니다. 다른 이들에게 보낸 몇 가지 물건은 아직 도착하지 않았습니다. 제가 소포로 보낸 옷이 좋은 상태로 도착했는지 무척 궁금합니다.

반 다이크가 지은 『성지의 실외에서(*Out-of-Doors in the Holy Land*)』[224]를 읽으셨는지요? 저는 아주 즐겁게 읽고 있습니다. 제가 사위에게 한 권 보냈는데 크리스마스에 그 책을 어떤 친구로부터 받았습니다. 사부인께서 보셨을 수도 있는 『굿 치어 캘린더(*Good Cheer Calendar*)』가 있습니

---

[223] Dr. Jacob B. Patterson(1876.6.1~1933.2.15). 1909년에서 1926년까지 한국에서 사역함.
[224] 1908년 출판된 책. 유명한 목사, 시인, 교육자인 Henrty Van Dyke(1852.11.10~1933.4.10)가 팔레스타인을 다녀오고 나서 쓴 책으로 부제는 *Impressions of Travel in Body and Spirit*.

다. 롤리(Raleigh)에 사는 친구에게 하나를 보냈습니다. 그다음 날에는 애니의 친구들인 샬럿에 사는 허치슨 부부에게서 하나를 받았습니다. 그후 같은 달력 하나가 저에게 배송되어 왔습니다. 참 예쁩니다. 사부인과 플로이 사돈처녀가 오늘의 소설 중에서 가장 좋아하는 것은 무엇인가요? 막내딸 애니에게 좋은 소설책 한 권을 보내려고 하는데, 녹스 부부가 제 딸 미리암에게 『다락방 손님(*The Attic Guest*)』[225]을 한 권 줬는데, 그 책을 보내봤습니다. 제 생각에 괜찮을 것 같습니다. 그 책을 읽고 나서 제가 그것을 많이 좋아했던 것은 아닙니다만, 그 책 속에 아름다운 것이 몇 개는 있습니다.

편지를 거기까지 썼을 때 어떤 사람이 찾아왔습니다. 지금은 밤입니다. 큰아들과 며느리 그리고 손주 사무엘이 뉴욕에 있고 아들 가족이 살던 "앵커리지(The Anchorage)"는 세놓았다고 말씀드렸던가요? 큰며느리 매리언이 많이도 보고 싶습니다.

크리스마스에 저에 대해 생각해 주셔서 감사드립니다. 모두 새해 복과 사랑을 많이 받으시길 기도드립니다.

　　　　　　미리암 C. 와일리 배상

---

[225] Robert Edward Knowles(1868.3.30~1946.11.15)가 저술하여 1909년 출판된 책.

1910년 1월 22일
한국, 광주

사랑하는 어머님,

이번 주는 밤마다 어머님께 편지를 드리려고 계획했습니다. 미리암이 잠 자기 전 제가 책을 읽어주기를 항상 원합니다. 그러다 보니 편지 쓰는 소중한 시간이 조금씩 사라집니다.

남편은 지난 토요일에 나가서는 월요일 아침에 들어왔습니다. 남편은 화요일 아침에 임시위원회에 참석하기 위해 전주로 떠났습니다. 말을 타고 70마일을 가야 하는데 날씨가 너무도 좋지 않았고 길은 더 좋지 않았습니다. 저는 이보다 더한 진창은 본 적이 없습니다. 오늘 오후 남편에게서 전보를 받았는데 안전하게 도착했고, 집으로 돌아오고 있다고 합니다. 코잇 목사가 남편과 같이 갔습니다. 남편이 혼자 갈 필요가 없어서 저는 크게 안심했습니다. 두 사람은 내일 교회에 들러 설교한 다음 내일 오후에 집으로 들어올 것입니다.

저희 모두 어머님의 편지를 반갑게 읽습니다. 디케이터에서 보내신 편지 두 통이 특별히 좋아 보입니다. 어머님과 플로이 아가씨가 그렇게 좋은 여행을 하고 기분이 한결 나아졌다니 기쁩니다. 제 생각에 디케이터는 방문하기에 이상적인 장소입니다. 원하시는 대로 시골의 고요함을 맘껏 즐기실 수도 있고 도시의 시끌벅적함도 즐기실 수 있습니다.

어머님께서 동봉해 보내주신 목록에 큰 흥미가 생깁니다. 물건들을 보고 싶어 저희 모두 조바심이 납니다. 곧 몽고메리 워드에서 주문한 것들이 올 것을 기대하고 있는데, 크리스마스 상자도 주문한 것과 같이 오지 않을까 생각합니다. 저희 다섯은 흥미롭게 들리는 선물들을 주신 어머님과 다른 가족들께 감사드립니다. 그 문제에 대해서는 나중에 많은 이야기를 나누게 될 것입니다. 미리암은 구두, 스타킹, 그리고 다른 많은 것에 대해서 너무도 말이 많아서 꿈이 실현되었을 때 자신이 어떻게 표현해야 할지 모를 것 같습니다. 관세에 대해서는 걱정하지 마십시오. 부과하는 세금이 거의 없습니다. 미국 세관이 하는 강도질과 같은 것은 없습니다.

남편이 크리스마스를 어떻게 보냈는지 어머님께 편지드렸던가요? 저희는 만찬 시간에 선교부 전체를 대접했으며, 선교부 대표로 크리스마스 나무를 장식했습니다. 그래서 저희는 계속 다소 바빴습니다. 큰딸 미리암과 작은딸 애니 섀넌은 크리스마스 나무 장식을 도우면서 미리 즐겁게 지냈습니다. 두 아이를 재우는 것이 어려웠습니다. 그런데 저희는 다음 날 아침에 아이들이 그렇게 일찍 일어날 수는 없을 것이라고 생각하며 저희 자신을 위안했습니다. 아이들이 너무도 즐거워하며 매일 크리스마스면 좋겠다고 합니다.

작은딸 애니 섀넌이 말을 조금 하는데, 큰딸 미리암이 그 나이에 했던 것에 많이 못미칩니다. 애니 섀넌은 미리암처럼 그렇게 조숙한 아이가 아닙니다. 작은딸은 한국어와 영어 둘 다를 약간씩 알고 있습니다. 때때로 저에게 영어단어를 사용하고, 유모에게는 한국어를 사용합니다. 때때로 두 언어를 엄청나게 혼합합니다.

〔뒷 내용 없음〕

1910년 1월 24일
한국, 광주

사랑하는 어머니,

저는 선교회의 임시회의와 경영위원회에 참석하기 위해 전주로 힘들게 올라갔다가 지난밤에 되돌아왔습니다. 내일 아침에는 또 다른 한 주를 보내기 위해 떠납니다. 그래서 지금 몇 줄이라도 어머니께 보내려고 합니다. 저는 순회전도여행 동안에 피네간(Finnegan)이 역장에게 급히 보낸 유명한 말 "탈선했음. 정상궤도 올랐음. 그리고 사라졌음. 피네간"[226]을 떠올렸습니다. 지난주는 말을 타고 200마일을 달렸습니다. 그리고 열심히 일했습니다만 몸 상태가 괜찮습니다. 어제 아침에 시골의 큰 교회에서 설교했으며, 점심 먹고 40마일의 거리를 7시간 말을 달려 돌아왔습니다. 주일날 여정치고는 많은 것인데, 현재 진행되는 시골 지역 사경회 때문에 그렇게 할 수밖에 없었습니다. 제가 그 사경회에 서둘러 가고 있습니다. 이번에 하게 되면 겨울이면 제 담당 지방에서 1주씩 하는 이런 사경회를 여섯 번 하게 됩니다. 코잇 목사가 저와 함께 전주에 갔습니다. 그와 함께 있는 것이 무척 즐거웠습니다. 그는 좋은 사역자로 드러나고 있으며, 제가 노스캐롤라이나 산맥을 그와 함께 걸었던 잊지 못할 경험 이후 제가 추측했던 "고통을 감내하는" 의지를 보입니다.

어머니께서 애틀랜타에서 쓰신 두 통의 편지를 받았습니다. 어머니와 플로이가 아주 좋은 긴 휴식을 취하셨군요. 어머니께서 무척 좋아지셨다는 것을 알고 저희는 기뻤습니다. 저희가 어머니를 그리도 많이 필요로

---

[226] "Off again. On again. Gone again. Finnigan." Strickland Gillilan(1869~1954)이 1897년 *Life* 잡지에 발표한 시 "Finnigan to Flannigan"에 나오는 마지막 부분. 원래는 "기차가 탈선했으나, 정상궤도에 올랐고, 출발해서 사라졌다. 피네간 보고함"이라는 뜻이지만 현재는 정신없이 한 장소를 들락날락하는 것을 의미함.

할 때 어머니께서 저희와 함께하지 않아 무척 섭섭합니다. 어머니께서 손주들의 이쁜 짓을 너무도 많이 놓치고 계십니다. 그런데 아이들이 매일 더 이뻐지니, 어머니께서 그 아이들을 볼 때는 언제든 어마어마한 것들이 기다리고 있을 것입니다. 미리암은 다 큰 처녀가 되고 있으며 매우 조숙합니다. 여기에 있는 아이들 대부분이 그렇듯 자기 나이에 비해 훨씬 더 어른스럽습니다. 애니 섀넌은 한국어와 영어에 있어서 아주 또렷하게 말을 하며 두 언어를 섞어서 쓰는 일은 거의 없습니다. 존 페어맨 주니어는 어머니께서 상상하실 수 있는 최고로 잘생기고 총명한 아이로 자라나고 있습니다. 이름이 존 페어맨인데, 한국인들은 그 아이를 요한(Yohan)이라고 부릅니다. 요한은 존(John)을 말하는 것인데 성경에 요한이 있어 한국인들에게는 요한이 친숙합니다.[227] 그래서 저희도 요한이라는 별명을 사용합니다. 아주 대단한 아이이며 또래 아이들 가운데 가장 기운 넘치고 활발합니다. 그 아이에게 이가 하나 났는데 이 나는 것과 관련해서 그 아이의 할아버지처럼은 조숙한 것은 아니지만 다섯 달 아이에게는 대단한 성취입니다.

   어머니께서 크리스마스 선물로 저희에게 보내주신 것들을 주목하며 아주 기쁘지만, 어머니께서 너무도 많은 것을 하셨을 것을 생각하니 깜짝 놀라기도 했습니다. 가족들 모두가 제 가족 모두를 기억하며 보내주셨습니다. 선물이 증명하듯 사랑하는 마음을 전해주셔서 한 사람 한 사람 모두 감사드립니다. 저는 편지하는 데에 너무도 게으른데 저에게 가족 모두가 얼마나 잘해주시는지 생각하면 부끄럽습니다. 비록 제가 너무도 일이 많지만, 어머니의 사랑과 용서에 너무 많이 의존하는 것 같습니다. 제가 짧은 글이나 엽서라도 더 자주 보내드려야 하는데 죄송합니다. 그런데 어머니 아시죠. 제대로 된 편지를 보내고 싶어 고심하는

---

227 Gospel of John이 '요한복음', John the Baptist가 '세례자 요한'으로 번역된 예처럼, John을 한국어 성경에서는 '요한'으로 번역했음을 말함.

데, 편지 대신 엽서를 보내고 만족하는 것이 얼마나 어려운지를요. 어머니께 저희의 크리스마스에 대해서 모두 썼다고 생각합니다. 크리스마스 연휴 기간 뒤에 저희는 광주교회에서 10일 사경회를 했는데 교회에 엄청난 각성이 있었습니다. 새로운 교회는 비록 완공되지는 않았지만, 매일 밤 넘쳐났습니다. 믿음을 고백한 사례가 50건 정도 있었습니다. 더 좋은 점은 교인들이 매일 기도, 성경 공부, 신앙 고백 면에서 전에 어느 때보다 더 큰 열정을 갖게 되었다는 것입니다. 저희 요리사가 오늘 말한 것입니다만 우리 선교부 근처 마을에 있는 이교도 몇 명은 우리 교인들이 너무도 많이 찾아와서 믿고 교회 나오라고 하는 것을 견디지 못해서 이사 갈 것을 고려하고 있다고 합니다. 마가복음 특별판이 인쇄되었고, 이곳 광주선교부에서 사용하도록 3만 부를 받았습니다. 광주교회 기독교인들은 5천 부 넘게 구매했는데, 개별적인 사역에 사용할 것입니다. 마가복음을 사서 공짜로 나누어줍니다. 올해 한국에서 적어도 백만 부가 사용될 것으로 예견됩니다.

   제 담당 지방에서 하는 사역은 번창하는 듯 보입니다. 제가 감독하는 유급 조사가 8명입니다. 제 지방에서 1/4을 아직 문답하지 못했지만, 작년 전체 수보다 더 많은 사람에게 이미 세례를 베풀었습니다. 앞으로 두 달은 광주와 목포에서의 사경회에 전념할 것 같습니다. 전주에 있는 동안, 해리슨 목사와 같은 방을 썼는데 그는 지금 목포에 있습니다. 그는 자신 인생에서 그렇게 바빠 본 적이 없다고 합니다. 제가 그곳에서 혼자서 하던 일을 지금은 여섯 명이 나눠서 하고 있다는 사실을 제가 그에게 일깨워주었습니다. 그런데 여섯 명 모두가 바빠 보입니다. 이 말은 그곳에 있을 때 제가 짊어졌던 많은 책임이 있었다는 것과 해야만 했던 모든 것을 다 하기가 완전히 불가능하다는 것을 보여주는 것입니다. 이 상황은 우리 선교회 다른 모든 곳에 똑같이 적용됩니다. 그런데도 고국에 있는 실행위원회는 즉시 7명을 더 보내달라는 우리의 요구에 완전히 냉

담한 것으로 보입니다. 정말 우리를 낙담시키는 것입니다. 실행위원회가 완전 무능하다고 생각하지 않고는 이해도 되지 않습니다. 설비가 완성될 때까지 더 이상의 사람을 보내지 않는 것이 실행위원회가 정한 정책이라고 공개되었을 때는 특히 그랬습니다. 한 가지 말하자면, 사람들이 먼저 오거나 아니면 사람들이 설비와 같이 오면 됩니다. 저희가 사람을 얻고 난 후 혹은 사람들이 한국어를 배우는 동안에 건물을 세울 충분한 시간이 있습니다.

제가 사역과 우리의 특별한 문제에 대해서만 너무 길게 이야기하고 있네요. 한국 전역에서 진행되는 "백만인 구령운동"이라는 특별한 운동을 위해 모두 기도해 주시기 원합니다. 이 운동을 막기 위해 마귀가 특정한 방식으로 작업하고 있는데 특별히 바로 우리가 사역하는 지역에서 그렇습니다.

제가 가족 모두가 읽도록 이 편지를 쓰고 있지만, 가능한 이른 시기에 한 명 한 명에게 편지를 쓰려고 합니다. 바크먼에게 말씀하셔서 제게 곧 편지하라고 해주세요. 바크먼이 좋은 직업을 가지게 되고 성공할 것을 알고 기쁩니다. 모두에게 사랑을 전합니다. 아내 애니도 같은 마음입니다. 아내는 저를 잘 돌봐주고 있으며 한결같이 마음 착하고 사랑스러운 여성입니다. 제가 계속 집에 없기에 아내에게 얼마나 더 많은 책임질 일이 생기는지 알 수 없으실 것입니다. 그런데 아내는 고귀하게 견디고 있으며 불평도 없습니다.

아버지께도 곧 편지를 드리겠습니다. 말씀드리고자 하는 것들이 많이 있습니다.

사랑하는 아들 페어맨 올림

1910년 5월 5일
한국, 광주

사랑하는 어머님,

이번 주 제가 제니 고모와 아이다 아가씨에게 한 통씩의 긴 편지를 계획했었지만, 편지를 못 쓸듯합니다. 남편이 꼭 1주일 전에 긴 여행을 마치고 돌아왔고 많은 미국인, 일본인, 중국인, 그리고 한국인 방문객에게 시달리고 있습니다. 어머님께서는 남편이 이곳 남학교 건축 책임자인 것을 알고 계시지요. 이 말은 남편에게 추가적인 일이 많다는 것을 의미합니다. 오늘 남편은 제주에서 그곳 현지인 목사들과 함께 1주일 사경회를 열기 위해 제주로 떠나게 되어있었는데, 너무도 힘들고 피곤해서 오랫동안 괴롭히던 신경통을 앓게 되었습니다. 남편은 화요일 두통이 있었지만 하루 종일 계속 일을 했고, 저녁에는 선교회 회의를 했습니다. 남편은 어제 아침에 일어나서 식사하러 갔으며 온갖 일을 준비해 놓았는데, 포기하고 잠잘 수밖에 없었습니다. 남편은 루즈벨트(Roosevelt)의 문서[228]를 읽으려고 고집했지만, 밤에 머리가 좋아진 것이 아니라 오히려 더 악화되었습니다. 오늘 남편은 하루 종일 가만히 누워있었는데 좀 좋아졌습니다. 남편이 포기할 때는 정말로 아프다는 것을 저는 알고 있습니다. 체력이 완전히 고갈되지 않았더라면, 이런 신경통이 찾아오지 않았을 것입니다. 이 일로 저는 칭다오로 가기로 했습니다. 남편의 친한 친구 두 사람이 사는 중국의 칭다오로 저희가 초대받았습니다. 칭다오는 독일 항구[229]로 일반적인 외국 도시입니다. 그곳에 좋은 해변이 있으며, 독일

---

[228] 미국 제26대 대통령 Theodore Roosevelt Jr.(1858.10.27~1919.1.6, 재임: 1901.9.14~1909.3.4)와 관련된 문서를 말하는 듯함.
[229] 칭다오(青島, 청도)는 중국 산둥반도(山東半島, 산동반도) 남부에 위치한 도시. 독일이 1898년부터 1914년까지 점령함.

군악대가 연주하는 좋은 음악이 많이 있습니다. 남편은 그곳에 가고자 하나 저는 옷 때문에 망설였습니다. 그런데 저희가 "탈출한 선교사들"처럼 보일지라도 가기로 마음먹었습니다. 저의 여름옷 대부분이 지난여름 이곳으로 이사올 때 물에 젖었습니다. 그것들을 찾았을 때는 완전히 못 쓰게 되어있었습니다. 최신 유행하는 옷이 없다는 것이 아니라 옷이 전혀 없다는 것이 문제입니다.

이 사진들을 받고 기쁘실 것이라 확신합니다. 사진에 아기는 아주 잘 나왔는데 미리암과 애니 섀넌은 제대로 나오지 않았습니다. 애니 섀넌이 새 스웨터를 입고 있는 모습을 보시면 좋겠습니다. 그 아이는 그 옷을 아주 자랑스러워합니다. 저희가 아기 사진을 잘 찍어서 아주 좋습니다. 아기 사진이 늘 잘 나옵니다. 아기가 욕조에 똑바로 앉아서 물을 차고 있는 모습을 어머님께서 보셨으면 합니다. 아기는 바깥에서 대부분 시간을 보내며 상당히 많이 탔습니다. 남편은 아기가 아주 잘생겼다고 생각합니다.

작은딸 애니 섀넌도 정말 예쁘면서 웃깁니다. 말투가 아주 재미있습니다. 어머님께서 그 아이를 보기 전에 아이가 제대로 말하는 것을 배우지 않았으면 합니다. 산책하러 밖으로 나가면 "손을 엄마 나를 잡아", "꽃을 꺾을까 내가?", "아빠 깨워 그것" 이런 식으로 말합니다. 어느날 아침에는 "머핀이 엄청 짜"라고 하면서 "많은 설탕"을 달라고 했습니다.

미리암은 철자를 배웠는데 읽는 것도 제가 가르쳐보고 싶습니다만 저의 시간이 하인들과 아이들로 인해 나눠져 있고 제가 방해를 받습니다. 남편은 이곳에 있을지라도 바깥일을 감독할 시간이 없습니다. 그래서 대개 제가 바깥에서 일하는 남자 두 명과 안에서 일하는 남자 두 명과 여자 두 명을 지도하려고 합니다. 어머님의 문제가 너무 적은 도움으로 인해서 생기는 것이라면 저의 문제는 너무 많은 도움에서 생깁니다.

남편은 생일 편지를 매우 소중히 여기고 있습니다. 제때 도착했는데 저희가 광주선교부 전체 만찬으로 축하한 다음 날 도착했습니다. 정말 예뻤습니다. 중앙장식물로 사용된 것은 제비꽃이 그려진 철망 중앙장식물 위에 있는 컷글라스 안에 있는 많은 제비꽃이었습니다. 음식은 셀러리 수프, 크래커, 올리브 무, 완두콩 패티, 구운 사슴고기, 밥, 감자, 아스파라거스, 바나나 샐러드, 포도 샤벳, 코코넛 케이크, 사탕, 설탕에 절인 과일, 건포도, 커피입니다. 사슴고기가 맛있었습니다. 윌슨 의료선교사가 사슴 사냥을 갔다가 그 고기를 저희에게 줬습니다. 이곳에서 바나나는 아주 귀합니다. 설탕에 절인 과일은 오웬 부인이 보낸 선물입니다. 오웬 부인은 남편을 아주 많이 존경합니다. 남편이 그녀를 아주 잘 돌보아주기 때문에 그녀가 남편 옆에 있게 된 것이 신의 섭리라고 생각합니다.[230]

저의 요리사는 아주 좋습니다. 케이크를 잘 굽습니다. 한 번씩만 만들어주면 알아서 합니다. 일반적으로 제가 요리사에서 요리법을 읽어주기만 합니다. 그는 사람들과 같이 있는 것과 도드라지는 것을 좋아합니다. 빵도 잘 굽고 고기도 아주 잘 요리합니다. 아이스크림도 잘 만듭니다. 안식년 휴가 갈 때 하인 한 명을 데려가고 싶습니다만 그럴 수 있는지 없는지 저는 모릅니다.

리아 서방님과 메카 동서에게 저희가 축하한다는 말을 전해주십시오. 모든 것이 잘 되어서 아주 기쁩니다. 며칠 후에 메카 동서에게 짧은 글을 보내려고 합니다. 저는 지금 아들이 들으려고 할 때마다 아들에게 읽어주려고 합니다. 그러다 보니 제가 가진 여유 시간이 없습니다.

제니 고모와 짐 고모부를 포함해서 가족 모두에게 많은 사랑을 보내드립니다.

사랑을 담아 며느리 애니 올림

---

[230] 의사이자 목사였던 Dr. Clement Carrington "Oh Giwon" Owen, 1867.7.19~1909.4.3)은 이 편지가 쓰인 당시 사망한 상태이며, 그의 부인(Georgiana Emma Whiting Owen, 1869.9.12~1952.1.24)을 프레스톤 목사가 돌봐주었다는 내용임.

1910년 5월 8일
한국, 광주

사랑하는 아버지, 어머니, 남동생들, 여동생들 모두에게,

아내와 아이들이 영어 주일학교에 있는 동안에, 저는 타자기를 이용해 가족들에게 약간 말을 걸려고 합니다. 유행성 독감 비슷한 것에 걸려서 화요일부터 제 방에만 있었기에 오늘 아무것도 하지 않고 있는데 이런 경험은 엄청 드문 경험이고 저는 기운이 많이 없습니다. 그럼에도, 제게 찾아온 이 귀중한 시간을 활용하여 지난 3주간 있었던 일을 고향에 써 보내기로 굳게 마음먹었습니다.

전에 있던 일을 말씀드립니다. 남쪽에서 1주일의 긴 여정을 마친 후 지난 금요일 집에 돌아왔습니다. 13일간 집 밖으로 나가 있었고, 말을 타고 거의 300마일을 다녔습니다. 평소처럼 순회전도, 설교, 회의, 세례 문답을 했습니다. 기회가 닿는 대로 시장에서 설교도 많이 했습니다. 제가 방문한 많은 장소에서 사람들이 처음으로 백인을 보려고 하마터면 서로 싸울 뻔도 했습니다. 군중을 끄는 데는 원숭이 쇼보다 파란 눈과 옅은 색 머리칼이 더 좋습니다. 오늘날까지도 거리 설교를 하기 위해 많은 사람을 모으려면 그저 밖으로 나가서 잠시 조용히 서 있다가 구경꾼과 이따금 이야기만 하면 되니까요. 코잇 목사가 이번 여정에 저와 함께 했는데, 그 사람과 있는 것이 너무도 좋았습니다. 코잇 목사는 사역자로서 아주 빠른 속도로 성장하고 있습니다. 기도를 이끌며 벌써 한국어로 몇 번의 설교를 멋지게 했습니다. 그는 정말 남자다운 사람입니다. 이렇게 시골을 방문하는 것은 멀리 떨어진 곳에 있는 사람들에게 복음을 직접 전하는 좋은 기회뿐만 아니라 모든 군의 중심지에 자리 잡은 기독교인 무리를 지도하고 감독하며 자극하는 일을 주로 할 수 있는 좋은 기회입니다. 막 방문한 지역에서는 이런 공동체(group) 즉 "교회(church)"가 20곳

있습니다. 가장 가까운 곳은 35마일, 가장 멀리 있는 곳은 85마일 떨어져 있습니다. 그 지역의 인구는 목포선교부나 군산선교부가 다루는 지역 어느 곳보다 더 많습니다. 그래서 그곳에 충분히 돌볼 수 있는 충분한 사역자들을 갖춘 선교부가 하나 더 있으면 안 되냐고 누구나 질문하는 것이 자연스럽습니다. 이것이 한국선교회가 고국에 있는 실행위원회에 질문하는 것인데 아무런 답이 없습니다.

    제 생일이 토요일이었는데 늦지 않게 집에 도착했습니다. 한국에 와서 집에서 보낸 첫 번째 생일입니다. 그래서 아내가 아름다운 만찬으로 생일을 축하해주었는데, 고향의 상류 "사교계" 사람들에게 어울릴 만하게 멋지게 해줘서 이 만찬으로 아내가 많은 칭찬을 받았습니다. 만찬을 하는 동안 저의 두 딸이 아름다운 일본 보리 사탕 한 상자를 선물해 줬으며 저 대신 촛불을 껐습니다. 다른 세세한 것은 다 흐릿해지더라도 그 기억만은 또렷하게 남아있을 것입니다. 아내가 일련의 아이들 사진을 고향으로 보냈으니, 모두 아이들이 어떻게 생겼는지 아실 것입니다. 바보스럽지도 않고 못생기지도 않았습니다. 아이들이 좋은 장로교인이라서 믿음 좋은 사람이 될 것을 당연하게 여기고 있습니다. 부모는 그것 말고 무엇을 더 바라겠습니까? 존 페어맨 주니어는 막 기어다니고 씹으려고 합니다. 씹는 용도로 아기는 벌써 튼튼한 이 여섯 개를 갖추고 있습니다. 아기는 성격도 좋은데, 항상 미소 짓고 있습니다. 그런데 새벽 세 시만 되면 끔찍하게도 운다고 합니다.

    어머니께서 보내주신 저의 생일 축하 편지가 제 생일 다음 날 정오경에 왔습니다. 저의 생일에서 가장 좋은 순간이었습니다. 정말로 시간을 잘 맞춰서 편지가 왔습니다. 작년에 아버지께서 보내주셨던 카드도 생각나는데 애틀랜타에서 쓰셨죠. 플로이가 제게 보내준 "일지"에 보니 플로이의 생일과 짐의 생일이 이번 달이더군요. 플로이는 매해 생일 잔치를 하나요? 아니면 생일을 잘 지키지 않나요? 생일을 따지지 않는다면 꽤 진보하기 시작한 것입니다. 결혼식 때 아내 곁에 있던 예쁜 아가씨들 대부분이 플로이와 같은 처지이며, 말할 것도 없이 저희에게 아직 결혼 선물을 보내지 않았다는 점을 저는 눈여겨봅니다. 만약 숫기(Sookyee)가 생기지 않으면, 플로이는 저희가 이교도들을 돕는 동안에 태평양을 가로 질러서 저희를 도우러 올 필요가 없다고 봅니다.[231] 아이다가 다가오는 첫 기회를 잡도록 하는 것이 더 좋겠습니다. 요즈음은 기회가 결코 넘치게 있지 않으니까요!

다섯째 손주가 태어났다는 소식을 듣고 아주 기뻤습니다. 리아 부부에게서 좋은 소식을 들어서 기쁩니다. 아기 이름[232]은 무엇인가요?

여전히 가족 모두에게 개별적인 편지를 보내겠다는 헛된 희망으로 살고 있습니다. 제가 편지 면에 있어서는 모두에게 빚을 지고 있다는 것을 통렬히 인식하기 때문입니다. 며칠 전에 신문에서 아프리카에 있는 선교사들은 그들이 편지를 쓸 유일한 시간이 자정을 넘어서라서 그 시간에 고향에 편지를 쓴다는 글을 읽었습니다. 아마도 그들은 한창 더울 때 잠을 잘 것입니다! 그렇지 않다면 그들은 한국에서 저희에게 요구되는 속도를 따라갈 수 없을 것입니다.

남학교 건물이 잘 진행되고 있습니다. 서울에 있는 믿을 만한 중국 회사에 일괄 맡기는 방식으로 했습니다. 그렇게 되면 제 입장에서는 아주 많이 단순화됩니다. 이곳에 있는 모든 기관 건물 책임이 저에게 맡겨졌습니다. 그런데 현재 상황을 보면 단 한 곳을 제외하고는 어떤 곳에도 기금이 제때 올 것 같지 않습니다. 저는 상당한 기금이 오기 전에는 건축 시작한다는 것을 거부했습니다. 이곳의 우리 학교는 제 생각에 돌로 하

---

[231] Mary Florence "Floy" Preston(1879.5.15~1965.1.3)이 결혼할 생각이 없다는 점을 지적하며, 결혼할 용기가 생기지 않으면 괜찮은 선교사를 만나서 결혼하기 위해 한국으로 굳이 올 필요 없다는 말.
[232] Elizabeth Rhea Preston(1910.3.23~1995.4.26).

는 것이 비실용적이라 벽돌로 지을 것입니다. 저는 건축하는 것을 저의 사역에서 상당히 중요한 것으로 여기지만, 건축하는 일이 복음사역에 보조적인 일이 되어야 합니다. 그런데 아버지께서는 아시죠, 아무리 계획을 해도 건축이 얼마나 많은 에너지와 시간을 잡아먹는지를요. 동양에서는 이 모든 것들이 몇 배로 확대됩니다. 예를 들어 필요로 하는 목재는 손으로 켜서 사람들이 등짐을 지어 25마일을 와야 합니다. 목재가 특별하기에, 제가 가격과 방법 둘 다에서 새로운 길을 개척해야만 합니다.

저의 힘이 허용하는 것보다 이미 많이 쓰고 있습니다. 화요일 아침부터 두통이 끊임없습니다. 아마도 감기인가 봅니다. 며칠 뒤에 좋아지길 기대합니다. 그러는 동안 바깥 활동은 일시적으로 취소해야만 했습니다.

저와 아내 그리고 아이들이 모두에게 사랑을 전합니다.

사랑하는 페어맨 올림

1910년 6월 4일
한국, 광주

사랑하는 아버지,

한국의 남쪽 제주도로 2주간 다녀오고 지난주 월요일 집에 돌아왔습니다. 와보니 아버지께서 4월 28일 보내주신 좋은 편지가 있었습니다. 아버지께서 보내주신 다른 편지는 (제가 2월이라고 알고 있습니다만) 제가 아버지께 편지를 부친 바로 다음 날 도착했습니다. 이후 제가 아버지께 개인 편지를 보내드렸는지 기억이 나지 않습니다. 아마도 그렇지 않았을 가능성이 높습니다. 2월 이후 제가 거의 계속해서 집에 없었기 때문이고 다시 밖으로 나가야만 하기 전에 제가 없는 동안 쌓인 선교회 일을 할 시간도 제대로 없었기 때문입니다. 그래서 아내가 떠맡을 수 있는 것을 제외하고는 저의 개인적인 일 뿐 아니라 편지도 물 건너갑니다. 저는 이런 삶의 방식이 무척 불만족스럽습니다. 1,001개의 일을 하는데 어떤 것도 철저하게 하는 것이 없습니다. 사역자나 사역 탓도 아니고 일이 이 지경이 된 것은 실행위원회가 우리 선교회의 인원 보강을 절반도 해주지 못한 것 때문입니다. 한국선교회는 아주 좋지 못한 상황에 있으며 지난 3년 반 동안 실행위원회에 이 상황을 반복해서 말씀드렸습니다. 그 시기에, 실행위원회는 두 명의 복음사역자만 보냈는데 그들 중 누구도 1년을 더 줘도 사역할 준비가 되어있지 않을 것이고, 반면 숙련된 사람 두 명이 사망[233]해서 그들을 잃게 되었습니다. 이것에 더하여, 실행위원회가 교육전문가는 남자 세 명이 아니라 남자 한 명만 보냈고, 독신 여성 서너 명을 보냈는데, 그들의 일은 보조적입니다. 의사도 두 명이

---

[233] 전킨 목사(Rev. William McCleery Junkin Sr., 1865.12.13~1908.1.2)가 1908년 1월 2일 사망함. 오웬 목사(Dr. Clement Carrington "Oh Giwon" Owen, 1867.7.19~ 1909.4.3)가 1909년 4월 3일 사망함.

아니라 한 명만 보냈습니다.

당연하게도 저희는 이곳에서 사역의 짐을 제대로 질 수 없으며, 고국에서도 마찬가지입니다. 저희는 오직 저희 힘과 공급의 원천을 향할 수밖에 없고, 추수하시는 주님께서 등 떠밀어 일꾼들을 보내주시기를 기도하고 있습니다. 개인적으로, 남자 어른 여섯이 해야 할 일을 어쩔 수 없이 혼자서 하는 것(이 일은 사실입니다.)에 대해서 반발하고 있습니다. 왜냐면 해야만 하는 것 대부분이 제대로 못 한 상태가 될 것이고, 제대로 된 것이 아무것도 없을 수 있기 때문입니다. 그런다고 고향 가족들이 걱정하시지 않으면 좋겠습니다. 제가 오래전부터 과로(過勞)하지 않기로 결심했기 때문입니다. 저는 누군가의 치명적인 무능력의 제단에 저 자신을 제물로 바칠 생각이 없습니다. 하나님 앞에서 이 상황에 대해서 책임져야 하는 사람들이 책임져야 합니다. 저는 아닙니다. 사람들 앞에 책임질 일이 있다면, 아마도 언제가 누군가의 책임이라는 것이 밝혀지겠죠.

여기서 저는 이렇게 계속 뛰어다니고 있습니다. 저의 시간은 점점 없어지고 집을 떠날 시간이 왔습니다. 이번에는 단지 5일만 떠나있을 것입니다. 돌아와서는 이틀 뒤에 다시 나갑니다. 아내에게 말해서 이 편지에 추신을 쓰라고 하겠습니다.

제주에서 아주 흥미로운 경험을 했습니다. 제주는 우리 한국 교회 외 지선교회의 사역지 입니다.[234] 저는 1년 반 전에 이곳 사역이 시작된 후부터 이루어진 진보에 대해서 크게 만족했습니다. 교회가 네 곳에 있으며 가능성이 큽니다. 흥미로운 사진을 몇 장 찍었는데 현상이 잘 되면 좋겠습니다. 제가 시간이 나면 신문에 실리도록 제주도 전도여행에 대해서 자세히 쓰려고 합니다.

벨 목사가 광주선교부에 없습니다. 이번 달 말까지는 그럴 것 같습니

---

[234] 이기풍(李基豊, 1865.12.23~1942.6.20) 목사는 1907년 평양장로회신학교를 제1회로 졸업한 7명 중 한 사람으로, 9월에 목사 안수를 받고 제주도 선교사로 파송됨.

다. 북쪽 평양에 있는 우리 신학교에서 가르치느라 두 달간 이곳에 없게 됩니다. 그는 가족을 데리고 갔습니다. 저는 벨 목사의 부재 동안 그의 사역을 대신하려고 합니다.

7월 한 달간 중국 칭다오에 와있으라는 친절한 초대를 받았습니다. 프린스턴 신학교의 동기 두 명이 거기 있습니다. 가능하면 가기로 했습니다. 저와 아내 둘 다 배를 잘 타는 사람들이라 그 여행이 저희에게 아주 좋은 일이 될 수 있습니다. 요리사와 유모도 데려가려고 계획하고 있습니다.

짐이 4월 23일 자로 쓴 아주 긴 편지를 받았습니다. 제가 무심한 데도 짐은 친절하게도 저에게 편지를 써줍니다. 아주 가까운 시기에 짐에게 편지를 한 통 보낼 수 있으면 좋겠습니다.

여동생들에게 이번 여름에는 특히 제가 이 나라 밖으로 가게 되면 편지할 거라고 말씀해 주세요. 한국선교회 안에서 제가 어디를 가든, 한국인들이 어떻게든 제 시간을 다 차지해 버립니다.

이 편지를 받으실 때 모두 건강하시길 기도합니다. 어머니의 두통이 다시 더욱 빈번하고 정도가 심해지다니 걱정입니다. 저도 지난달 두통과 힘겹게 싸웠습니다. 그래서 그 후 어머니에 대해서 전에 어느 때보다 더 공감할 수 있게 되었습니다.

모두에게 사랑을 전합니다.

아버지의 사랑스러운 아들 페어맨 올림

1910년 6월 13일
한국, 광주

사랑하는 어머님,

거의 10시가 되었는데요, 어떻게든 어머님께 편지를 쓰기 시작하고 있습니다. 하루 하루가 일이 참 많습니다. 1~2주 후에 중국으로 갈 준비를 하고 있어서 지금은 평상시보다 더 바쁩니다. 여자들 몇 명에게 바느질을 시켰는데 그들의 바느질을 감독하느라 바쁩니다. 작년 여름 저희가 이사할 때 제 옷 전부가 곰팡이 때문에 망가졌습니다. 배에 짐이 너무 많이 실려서 배가 약간 가라앉았고 바닥에 있던 트렁크 하나가 완전히 젖어버렸습니다. 망가진 옷들은 제가 이미 두 번의 여름 동안 입어서 그 자체로 아주 값있는 것은 아닙니다만, 그것들이 저의 유일한 여름용 옷이었습니다. 그래서 심각한 손실처럼 보였습니다.

제가 중국으로 가기로 한 때에 저는 입을 옷을 준비해야만 한다는 것을 알았습니다. 그런데 저는 재봉에 경험도 없고, 옷감을 대고 자를 모형도 없었습니다. 그렇지만 저는 한국 린넨으로 된 옷[235]을 몇 개 만들었고 남편이 그 옷들을 아주 좋게 봅니다.

옷감 견본을 동봉해 드리겠습니다. 집에서 제가 입을 만한 것을 만들게 할 수 있다는 것을 알아서 기분이 좋습니다. 그 여자들이 마지막 옷을 만들었을 때, 기성복이 들어있는 뉴욕에서 온 세 개의 짐꾸러미를 봤습니다. 친정어머니께서 제가 "옷이 없는" 처지라는 것을 들으시고 마음이 좋지 않아서 큰올케 매리언을 시켜서 제게 보내주신 것이었습니다. 저는 그것들을 예상하지 못했기에 저의 수호천사가 방문한 것이 아닌지 생각했습니다. 옷이 잘 맞습니다. "어떻게 옷을 준비해서 입지"라는 주제로

---

[235] 삼베옷이나 모시옷을 말하는 듯함.

너무 많은 시간을 쓰고 있어서 죄송합니다. 저에게는 아주 중요한 문제였습니다. 그러나 저는 옷 문제도 잘 해결될 걸로 믿으려고 했으며, 저의 믿음은 보답받았습니다. 하나님께서 저희의 세속적으로 부족한 것들에 대해서도 실질적으로 전부 신경 써주신다는 사실을 제가 믿기에는 너무 어렵습니다. 이번 여름에 남편에게 여행이 필요한데, 남편이 저 없이는 가지 않을 것을 저는 알았습니다. 그래서 저는 주님께 기도하며 입을 만한 것을 마련하도록 도와달라고 했고 그렇게 하지 않을 것이라면 제가 형편없이 보이는 것을 신경 쓰지 않게 해달라고 했습니다. 주님께서 저의 기도에 응답해 주셔서 저는 놀라지 않을 수 없었습니다.

남편이 목요일에 들어와서는 일요일에 나갔습니다. 남편이 아버님께 편지할 기회도 없었을 것입니다. 커티스 목사가 이곳에 왔는데 남편은 일본인들을 방문하는 등 그에게 엄청난 시간을 내주었습니다. 일본인들 대상 사역이 상승세를 보이고 있으며, 남편은 자신이 도울 수 있는 것은 도우려고 합니다. 커티스 목사는 마음 따뜻한 아주 좋은 친구라서 저희는 그가 온 것이 너무도 기쁩니다.

남편에게는 평상시처럼 학교 건물에 쓰일 물건 주문, 건물 계획 등 선교회 일이 산더미처럼 있습니다. 그런데 저는 남편과 몇 번 탈 것을 타고 나가서 시간을 보내고, 달빛에 산책도 한 번 했습니다. 남편이 제 마음을 얻기 위해 더 많은 시간을 저와 보내려고 하는지 알아보려고 제가 남편을 더 이상 좋아하지 않는 척하려고 생각했다고 말했더니 남편은 제가 자기를 속일 수 없다고 합니다.

남편이 떠나기 전에 저에게 말하길 아버님께 꼭 편지를 해서 75달러어치 은행 환어음을 아버님께 보내려고 한다는 말을 전하라고 했습니다. 오랫동안 아버님께 뭔가를 보내기를 원했는데, 그것에 대해 너무 바빠서 확정적으로 계획하지 못했습니다. 남편은 이 돈을 6월, 9월, 12월, 3월 이렇게 매 사분기마다 보내려고 하며 이 돈으로 아버님께서 여행도 가시고, 옷도 사 입으실 용돈으로 또는 집에 관해서 사용하기를 바랍니다. 한국인들이 말하는 식으로 하면 "마음대로" 하셨으면 합니다. 이렇게 멀리 떨어져 사는 것에 있어서 남편이 갖는 가장 큰 아쉬움은 저희 집에 아버님을 자주 모실 수 없다는 것입니다. 저희가 그렇게 할 수 없으니, 저희는 아버님께서 저희의 사랑과 관심을 보여주는 조그마한 선물을 받으셨으면 합니다. 그것을 보내는 것이 저희에게 어떤 어려움을 주는 것은 아닌지 생각하지 마세요. 의지할 것이 봉급밖에 없는 선교사 몇 사람도 그만큼을 고향에 보냈습니다. 저희는 편안히 살게 될 것이며 아이들의 교육을 위해 매년 얼마간 저축하고 있습니다. 친정아버지께서 저에게 남겨주신 모든 주식이 지금 배당금을 잘 받고 있습니다. 경제 공황 이전만큼 방직공장이 수익을 내는 것은 아니지만 말입니다. 지금 제가 하고자 하는 것은 정말로 경제적으로 사는 것이며, 한 푼도 낭비하지 않는 것입니다. 남편은 아버님과 플로이 아가씨가 집안 경제에 대해 제게 많은 것을 가르칠 수 있다고 생각합니다.

남편은 아버님께서 이번 여름에 밖으로 나가시는 경우에 사용하게 제때 이 돈이 아버님께 도착하기를 희망합니다. 내년 여름이면 우리 모두 어딘가에서 함께하기를 바랍니다! 그러면 좋지 않겠습니까! 남편은 저희가 이곳에서 너무 갇혀있어서 (철자가 맞는지 모르겠지만) 셔토쿼(Chautauqua)의 작은 별장에 있었으면 합니다. 짐 도련님에게 위노나(Winona)에 대해서 물어보세요. 그곳에 있는 작은 별장들이 매우 비싼가요?

아버님 건강에 신경 쓰셨으면 합니다. 저희가 데리고 갈 세 명의 활발한 아이들을 견디시려면 아버님의 신경이 좋은 상태로 있어야 할 필요가 있습니다. 사랑스러운 꼬마 "요한"은 지금 기어다닐 수 있으며 스스로 두 발로 일어섭니다. 그 아기에 맞는 놀이터가 있습니다. 미리암은 기운이 넘치며, 애니 섀넌은 언니가 하는 것을 대부분 따라하려고 합니다.

남편이 목요일 집에 돌아올 것입니다. 중국으로 가는 여행에서 가장 좋은 점은 저희가 항상 함께 있을 것이라는 것입니다. 가구를 갖춘 작은 별장에 있게 될 것이고 거기서 살림할 것입니다.

고향에 있는 모두에게 사랑을 전합니다. 제니 고모에게 베개 덮개를 몇 개 준비했다고 말해주세요. 그런데 우체국에 있는 시대에 뒤처진 사람들이 소포를 보내는 데 쓰는 서식 용지를 가지고 있지 않아서 목포에서 보내야만 할 것입니다.

사랑하는 애니 올림

1910년 6월 26일
다롄[236]으로 가는 길에
증기선 "안톤"에서

사랑하는 어머니,

저희 휴가가 시작되었습니다. 휴가를 시작하는 방법으로 어머니께 편지 보내는 것보다 더 좋은 것을 생각할 수 없습니다. 저희는 지금 중국 칭다오로 가는 중인데 칭다오의 해변에 있는 가구를 갖춘 별장에서 3주 또는 한 달간 있을 것입니다. 하인 두 명이 함께 합니다. 유모와 요리사인데 그곳에서 살림을 간단하게 할 것이고 상당 기간 자유롭게 있을 계획입니다. 제가 아내에게 집을 캠핑하듯 운영할 것이라고 했는데 다른 말로 제가 순회전도여행하는 방식처럼 할 것이고 아내를 최대한 쉬게 할 것이라고 말했습니다. 다음에 "무엇을 먹을지"라는 생각을 하지 않아야 가정주부에게 진정한 휴식이라고 보기 때문입니다. 아내가 그런 식으로 진행되는 것을 얼마나 두고 볼지는 모르지만 어쨌든 저는 그렇게 시도하고자 합니다. 아내는 저희가 1년 전 광주로 이사한 이래로 광주 밖으로 나가본 적이 없습니다. 아내는 1년 전 가을에 서울로 짧게 다녀온 것을 제외하면, 미국에서 돌아오고 나서 집 밖으로 나간 적이 없습니다. 그래서 이렇게 중국으로 여행하는 것은 무엇보다도 아내를 생각해서입니다. 집에서 1달간 있기만 해도 제게는 충분한 휴가가 될 수 있을 것이기 때문입니다. 저는 집에서 너무도 많이 나가 있습니다. 그런데 아내가 말하길 모든 긴급한 요청이 오기에 제가 집에 있지 않을 것이고, 제가 집에 있게 될 때라도 계속 일을 하고 있을 것이 문제라고 합니다. 한국에서는 아무리 좋은 의도를 가지고 있어도 일을 쉴 수가 없습니다. 그래서 저희는 서로

---

[236] 다롄(大連, 대련)은 중국 랴오닝성(遼寧省, 요령성)의 도시로, 랴오둥반도(遼東半島, 요동반도) 끝에 자리 잡은 항구.

를 배려하여 이 여행을 하고 있습니다. 이런 여행은 해야 하고 저희가 필요한 모든 것을 이 여행에서 얻기를 기대합니다. 제가 주로 하고자 하는 것은 아내와 아이들과 방해없이 함께 있는 것입니다. 이것이 무엇을 의미하는 지는 한국인들 속에서 힘든 한 해를 경험해 본 뒤에라야 이해할 수 있습니다. "집에 들락날락 계속"합니다. 밖에 있을 때는 너무 바빠서 생각할 수도 없습니다. 집에 돌아오면 제가 오기만을 기다리는 1,001개의 일이 쌓여있어서 그것을 처리하느라 골몰합니다. 긴장을 많이 하느라 쉴 수도 없습니다. 선교사들이 긴급히 처리해야 할 일들이 너무도 많아서 어느 것도 제대로 못 합니다. 한마디로 아침부터 저녁까지 한 달 한 달 너무도 과로해서 자기 자신의 가정이나 개인적 일을 할 시간과 힘이 겨우 한 줌만 남아있을 뿐입니다. 이번은 저희가 한국에 있으면서 두 번째 휴가입니다. 이 휴가는 어머니께 말씀드릴 수 있는 것보다 더 많은 의미를 갖습니다. 저희가 기대하는 가장 즐거운 일은 프린스턴 대학 친구들과의 재회입니다. 저희가 머물 별장이 친구인 도드(Dodd)[237] 목사 집 근처에 있습니다. 또 다른 친한 친구 스콧(Scott)[238]은 칭다오 항구에 살고 있습니다. 그 친구들 둘 다를 방문해달라는 친절한 초대를 받았지만, 아내들끼리 만난 적도 없고, 저희가 세상에서 가장 활기찬 세 아이를 데리고 있기에 제가 개략적으로 말씀드린 별장을 이용하기로 했습니다. 한국인 하인들은 3등칸을 타고 갑니다. 비용은 저희의 1/3입니다. 그런데 그들이 아이들과 짐에 도움을 주기에 저희의 즐거움에 2/3를 더합니다. 저희가 중국에 있는 동안 저희에게 해줄, 말로 표현할 수 없는 편안함은 말할 것도 없고요. 저희는 내년 안식년으로 미국으로 돌아갈 때 저희 집 일을 봐주는 사환을 데리고 갈 것을 진지하게 고민하고 있습니다. 친구 커디스 목사가 그렇게 해본 다음에 강력히 추천했

---

[237] Albert Baldwin Dodd(1877.2.5~1972.7.31).
[238] Rev. Charles Ernest Scott(1876~1961.11.25).

습니다. 어떻게 생각하십니까? 사환 소년은 빨래를 포함해 집안 모든 일에 잘 훈련되어 있고 요리도 잘합니다. 저희 집으로 오고 나서 진실한 기독교인이 되었습니다. 저는 아내가 미국에 있는 동안 그 사환을 데리고 있었습니다. 정말 믿을 만합니다. 이번에 그 아이에게 집을 돌봐달라고 하면서 모든 열쇠를 넘겼습니다.

그제(금요일) 집에서 출발했습니다. 제가 겨우 출발 3일 전에야 시골에서 돌아왔기에 떠날 때에 맞춰서 모든 것을 제대로 하느라 힘들었습니다. 사실은, 20마일 떨어진 곳에 있는 강에 있는 론치를 타는 데 많은 여유를 가지고 떠난 것이 아니었습니다. 그런데 길의 후반부가 너무 좋지 않아서 저희는 그 배를 놓치고 말았습니다. 그 배가 막 떠나가는 것이 보였습니다! 너무 약 올랐지만, 앞서 비슷한 경험을 두 번 했기에 마음 상하지 않고, 비가 쏟아지는 데 24시간 동안 일본 여관에 조용히 앉아있었습니다. 그리곤 저희 휴가를 그런 날에 원래 계획했던 것처럼 행동하며 즐겼습니다. 그 전날 너무 애써서 힘을 다 써버렸기에 주로 쉬면서 지냈는데, 먹고, 자고, 책을 읽었습니다. 아내가 여행 전에는 휴가 갈 필요가 없었는지 몰라도, 여행을 준비하면서 너무 애를 써서 휴가를 가야 한다고 합니다. 아내는 한국 여자 몇 명에게 아이들 옷 몇 벌과 자기 여름옷으로 괜찮아 보이는 옷을 몇 벌 만들도록 했습니다. 원피스 형식인데 제 마음에 쏙 듭니다. 옷은 편안하고 합리적이어야 한다고 여자들이 지금에야 생각한다는 것이 제게는 아주 낯설어 보입니다. 아내는 옷 만드는 쪽에서 상당한 재능을 보이고 있는데 그런 아내가 무척 자랑스럽습니다.

제가 제주에서 찍은 사진이 잘 나왔습니다. 27개를 찍었는데 24개가 잘 됐습니다. 성벽의 일부를 찍은, 동봉한 사진보다 더 예쁜 사진은 없을 것 같습니다. 그렇지 않나요?

아내가 말하길 어머니께 얼마 전에 편지를 드리면서 저희 마음에 오랜 기간 있던 것을 꺼냈다고 합니다. 물론 그것만이 저희가 하려는 전부는 아닙니다. 그렇지만 그것이 저희 사랑의 표현이기에 그 계획을 규칙적으로 하는 것도 중요하다고 저는 믿습니다. 곁에 있으며 조언도 하고 충고도 해야 하는데 그렇지 못하는 것이 너무 안타깝습니다. 그리고 사랑하는 가족들에게 저희를 방문할 특별한 기회가 없다는 것이 안타깝습니다. 저희가 고향으로 가게 될 때 저희 집이라고 부를 어떤 장소가 틀림없이 있어야 한다고 생각합니다. 비록 저희가 무엇을 할지 지금은 생각하지 못하지만요.

한국의 설비 기금을 마련하기 위해 롤랜드 씨의 조용한 운동이 성공했다는 것에 기뻐하고 있습니다. 그렇게 모금된 기금을 저희가 사용할 수 있도록 지금 실행위원회가 필요한 남자와 여자를 보내주기만 하면 됩니다. 그런데 그렇게 될 것 같지 않습니다. 실행위원회가 사람을 보내줄 수 없다면, 저희가 고국에 갔을 때 그 이유를 알아볼 것입니다.

모두에게 깊은 사랑을 전합니다.

사랑하는 아들 페어맨 올림

추신: 씨튼(Seaton)의 고등학교 졸업식에 초대받아서 매우 기뻤고, 그 아이가 아주 잘했다는 것을 알고서 매우 기뻤습니다.

프레스톤 목사 부부 사역 보고서

(1909년 6월 30일~1910년 6월 30일)

지난해 주목할 점은 우리가 사역지를 바꾼 것입니다. 목포선교부에서 5년을 사역하고, 우리는 세상을 떠난 우리의 형제 오웬 박사가 남기고 간 사역을 하기 위해 1년 전 광주로 전출되었습니다. 우리에게 맡겨진 지방은 약 8천 평방마일로 13개의 군이 있으며 인구는 365,000명으로 추정됩니다. 광주에서 동쪽으로 가장 멀리 있는 교회는 70마일이며 서쪽으로는 30마일, 남쪽으로는 100마일입니다. 이곳 너머에는 황해가 있으며 사람들이 많이 살고 있는 섬이 수십 개 있습니다. 이 지역에 산이 상당히 많지만, 남동 방향과 남서 방향으로 한국에서는 아주 좋은 두 개의 큰 도로가 교차하며 아주 좋은 새로운 군사용 도로에 의해 해안을 따라 전체 거리가 동과 서로 나뉩니다.

이번 회기 초기에 목포선교부와 협의하여 멀리 있는 섬들에 있는 서너 교회를 포함하여 남서쪽으로 멀리 떨어진 곳에 있는 군에 있는 여섯 교회를 가져오기로 했습니다. 그 군에는 〔판독 불가〕명의 원입교인이 있고, 세례교인이 114명, 학습교인이 119명 있습니다.

사역지와 사역지의 사정을 알아보고 연구하는 데 많은 추가적인 노력과 힘이 들어갔습니다. 저의 전임자가 해놓은 충실하고 효과적인 사역의 증거들을 봐서 그리고 사역이 전반적으로 좋은 상태에 있는 것을 봐서 무척 기분이 좋았습니다.

지난해 동안 사역에 계속 복을 주신 추수의 주인이신 주님께 찬양을 올립니다. 사역지는 정말로 고무적인 상태입니다. 지도자들은 신실하고, 교회는 하나로 되어있고 조화를 이루며, 거의 예외 없이 꾸준히 성장하고 있습니다. 기독교인들의 조직은 생긴 지 얼마 되지 않았으며 유연합니다. 보고된 37개의 교회(group)에서, 현재 24개의 교회에만 세례자들이 있습니다. 이 24개 교회 중 올해 처음으로 7개의 교회에서 세례자가 생겼습니다. 1년 동안 19개의 교회에서 310명의 성인이 세례받았습니다. 그래서 이 지역에 세례자가 총 512명이며 신자는 총 2,800명입니다. 신자 중에서 올해 655명이 학습교인이 되었습니다.

저의 전임자가 고을 중심지들을 위하여 시작한 운동은 하나의 정책으로 계속되었는데, 고을 수령이 있는 두 개의 중심지에서 사역이 시작되었고, 이렇게 하여 고을 수령이 있는 곳에 들어갈 곳은 두 고을만 남았습니다. 마을 두 곳에서 가까운 곳에 있는 몇 교회들이 병합되었는데, 여섯 교회였던 곳이 두 교회로 합쳐졌으며, 이런 쪽으로 더 많이 노력하고 있습니다.

전체 지역이 네 개의 구역으로 나뉘었고, 그 지역에 거주하는 유급 조사의 지도를 받습니다. 이런 지역 하나 하나가 전도인(다른 말로 유급 전도사 역자)에 의해 도움을 받는데, 이들은 현지인 교회에서 봉급을 받습니다. 이 사역을 하는데 총 의연금은 지난 8개월간 29달러였으며, (이런저런 명목으로 내놓은 의연금을 다 합하면) 지난 1년간 미화 658.10달러였습니다.

주일학교 사역이 특별한 관심을 받았습니다. 가장 큰 문제는 시골 교회에 수업용 자료를 구해주는 것이었습니다. 이 문제는 수업 자료를 분기별로 엮어서 정규 매서인을 통해서 정규 책자로 판매하는 것으로 해결했습니다. 26개의 주일학교가 있고 825명의 주일학교 학생이 있습니다.

전국적인 "백만인 구령운동"이 모든 교회에서 가을 동안에 시작되었습니다. 한 달에 한 명씩 개종자를 확보할 목적으로 모든 구성원을 구체적인 기도, 성경공부, 개인 사역에 매일 참여하도록 하기 위한 시도가 이루어졌습니다. 전도대(Personal workers' bands)와 포켓성경연맹이 조직되었으며, 지금까지 구령운동에 참여하는 사람들이 7,500권의 마가복음을 구매했고, 사용했습니다. 이 모든 것이 교회의 복음전도 활동을 두드러지게 촉진시킨 결정을 가져오고 그 운동이 힘을 얻어가고 있다는 증거는 있지만, 눈에 보이는 회심자들은 정해진 목표에 비해 아주 적습니다. 그러다 보니 백만 명을 구한다는 생각이 교회를 사로잡기에는 1년의 시간보다 훨씬 많은 시간이 필요할 것입니다. 우리는 아무리 시간이 오래 걸려도 이 노선을 이어갈 생각입니다.

특별한 이 운동에 더하여, 세례 후보자들에 대한 문답을 하면서 교회를 체계적으로 방문한 것, 광주선교부 대사경회, 지역 중심지 사경회, 지도자들을 위한 사경회, 시장 설교, 그리고 광범위한 기독교 책자 배포라는 평상시의 전도 정책을 추구했습니다. 이 지방의 [판독 불가] 명의 남자와 [판독 불가] 명의 여자가 광주선교부 남녀 대사경회에 참석했습니다. 중요한 지역 중심지 여덟 곳에서 열린 사경회에는 이웃하고 있는 교회들에서 참석하여서 1주일간 열렸으며 각 60명에서 150명까지 참석했습니다. 여덟 번의 사경회에서 세 번은 여자들만을 위한 사경회였는데 우리 선교부의 여자 사역자들과 그들의 조사들이 이끌었으며, 특별히 언급할 만합니다.

지금까지 가장 만족스러운 발전은 "새로운 선교부" 지역에서 있었습니다. 이 지역은 섬을 제외하고도 여섯 개의 군을 아우르고 있으며 전체 인구가 205,000명이고 여기에 70,000명 인구의 두 개의 군이 더해질 것입니다. 광주에서 남쪽으로 가장 가까운 곳이 35마일이고 가장 먼 곳이 100마일입니다. 우리는 반도의 최남단에 수령들이 있는 고을에서 사역하고 있습니다. 이곳 중 하나는 증기선들이 기항하는 항구입니다. 초가을에 나이 지긋하고 신뢰받는 조사인 유 장로[239]를 순천에 보내 살게 했으며, 순천에서 서쪽으로 20마일 떨어진 벌교에는 지씨 성을 가진 조사[240]를 고용했습니다. 현재 이곳에 18개의 교회(group)가 있는데 세례교

---

[239] 유내춘 장로. 1907년 당시 목포교회 2대 장로로 임직함.
[240] 지원근(池源根) 조사.

인 134명, 학습교인 528명, 그리고 신자(believer)가 1,300명이며, 16개의 예배당이 있고 올해 헌금은 380달러입니다. 광주선교부가 6년 전에 문을 열었을 때 단지 8개 교회와 3개의 예배당, 20명의 세례교인, 79명의 학습교인, 그리고 대부분 소작인으로 구성된 총 390명의 신자가 있었다는 사실을 떠올리면 이 모든 것의 중요성이 드러날 것입니다. 반면에, 순천지역의 개종자들은 제가 전라남도 어느 곳에서 지켜본 사람들보다 좀 더 좋은 교육과 사회적 지위를 가지고 있습니다. 동쪽에서 서쪽까지 모든 거리가 일본이 닦은 훌륭한 길로 가로질러 갈 수 있는데 이 길은 마차나 자전거에 적합합니다.

광주 소년 학교에 대한 책임에 더하여, 설교, 가르치기, 사경회, 복음전도, 구경꾼들 대접, 건축, 사업 모임, 그리고 빠르게 회전하는 바퀴의 살처럼 하루하루를 합쳐버리는 너무도 많은 광주 지역 사역에 우리 부부가 선교부의 다른 구성원들과 함께하는 것이 우리의 큰 기쁨이었습니다. 수레바퀴의 살이라는 비유적인 표현이 우리의 머리 상태와 소용돌이처럼 돌아가는 일들을 잘 묘사하는 표현입니다. 사람들과 어울려 살아가는 일이 사라지고, 사적인 일을 제대로 못 하는 것이 놀라울 일은 아닙니다. 우리는 사역자들이 계속 부족한 가운데, 개인 비서를 두는 것이 사역의 계속을 위한 필수조건임을 확신합니다.

우리는 1년 내내 온 가족이 모두 좋은 건강을 유지할 수 있게 해주시고, 힘든 일을 할 수 있는 능력과 특권을 주신 하나님께 깊은 감사를 드립니다. 우리는 특별히 광주에서 사는 특혜를 주신 것을 감사합니다. 편안한 집과 아름다운 자연환경과 무엇보다도 보기 드문 조화와 협력의 정신 속에서 함께 수고하고 있는, 사랑과 동정심이 깊은 동료 사역자들이 광주에 있습니다. 이 모든 것으로 인해 우리의 짐이 가벼워지며 우리가 최고로 효율적으로 됩니다.

마지막으로, 한말씀 덧붙이겠습니다. 우리의 잠을 방해하며 우리의 가정을 밝게 만드는 그러나 복음을 전하기 위해 대통령직도 거부할 거로 우리가 믿는 아들이 지난 8월에 태어난 것이 정말 큰 축복입니다.

광주선교부에 제출함.

1910년 7월 19일
중국, 칭다오

사랑하는 아버지, 어머니, 형제자매들께,
　이곳에 7월 5일 (저녁에) 도착한 후, 저희는 휴식과 휴가를 멋지게 즐기고 있습니다. 처음 이틀은 저의 친한 친구인 스콧 목사와 함께했습니다. 그런 다음 해변가에 있는 저희 별장으로 나왔습니다. 방도 넓고 가구도 모두 갖추어져 있습니다. 또 다른 친한 친구인 도드 목사는 아주 가까운 곳에 별장을 가지고 있습니다. 두 친구가 저희를 대접하기 위하여 최선을 다했습니다. 이렇게 즐겁게 지내게 되어 저희는 내내 아주 바빴습니다. 바다에서 일광욕하기, 해변에서 연주회, 소풍, 만찬, 테니스, 그리고 차 타고 다니기를 저희가 즐겼습니다. 저희가 머문 별장은 읍내에서 약 2마일 떨어진 곳에 있는 선교사들의 작은 여름 휴양촌을 이루는 여섯 채 집 중 하나입니다. 저희는 모든 것에 만족합니다. 그러면서 저희가 동양에서 거주한 이후 저희에게 온 가장 매력적인 제안을 받은 것으로 생각합니다. 확실히 저희는 완벽한 휴식과 저희가 미국을 떠난 이후 단절되었던 문명을 제대로 맛보는 시간을 가졌습니다. 이곳은 "칭다오"라고 발음됩니다. 독일의 축소판으로 깨끗한 곳입니다. 넓은 거리와 아름답고 멋진 건물들이 있으며 동양에서 최고로 매력적인 항구입니다. (제가 알기로) 1898년 두 명의 독일인 카톨릭 신부가 살해되자, 독일이 이 항구와 상당한 지역을 빼앗은 다음 부두, 성곽, 길, 그리고 환경 개선에 수백만 달러를 사용했습니다. 이 지역이 비록 99년간 "임대"되었지만, 독일은 이곳에 머무를 것이 확실하며, 중국에서 어떤 만약의 사태가 일어나도 그것에 대해 준비되어 있습니다. 이런 식으로 모든 항구에 정착하여 기지를 준비하면서 굶주린 눈으로 채굴할 곳을 찾는 열강들에 의해서 중국이 분할되는 것을 중국이 어떻게 피할 수 있을지 모두 궁금해할 뿐입니다. 중국 정부는 너무 약하고 부패하였으며, 나라의 상황이 너무 불안정하여서 중국 전체를 궁극적으로 흡수하는 것은 질투심이 많고 상호 의심하는 열강들이 상호 합의만 하면 될 것 같습니다. 일본은 지금 러시아와 손을 잡고 있는데 그 이유는 틀림없이 서로를 공격하지 않고 서로가 얼마나 가질 수 있는가에 대한 상호 합의를 해서입니다. 중국이 단일한 국가로 남아있기를 바라는 미국과 영국의 확고한 입장과 "개방 정책"만이 중국이 (열강에) 흡수되는 것을 막을 수 있다고 저는 생각합니다. 그러는 동안, 독일이 이곳에 어떻게 왔는지는 우리가 알 바가 아니지만, 이렇게 아름답고, 깨끗하고, 안전한 휴양지에 대해서는 정말 고마워합니다. 이곳에서는 잠시 동양의 더러움과 불결함 그리고 냄새를 잊을 수 있으며, 다시 한번 문명 세계의 공기를 마실 수 있습니다.

아내와 아이들이 즐겁게 지내고 있습니다. 아내는 2년 동안 집에만 갇혀있어서 변화가 정말 필요했습니다. 아내가 휴가를 전적으로 즐길 수 있도록 저는 야영 형식으로 "살림"을 하고 있습니다. 두 명의 한국인 하인들은 역할을 잘하고 있으며 이번 시기에 저희의 안식을 위해서 없어서는 안 됩니다. 제가 이 시기에 저의 사역에 있어서 도움을 줄 수 있는 성경 공부 과정에 참여할 수도 있었다면 더 만족스럽겠지만 이는 비현실적입니다. 화이트 박사(Dr. White)[241]와 일행이 그런 과정을 베이다이허(Pei-ta-ho, 北戴河)[242]라고 이곳에서 저 멀리 북쪽에 있는 해안 도시에서 7월 2일 시작했으며 이번 여름에 다른 두 곳의 여름 휴양지인 굴링과 모간산에서 계속할 것입니다. 그런데 그곳들은 이곳에서 멀리 떨어져 있습니다. 난징을 들러주라는 레이튼 스튜어트 목사의 긴급한 편지를

---

[241] 랭킨 선교사의 1911년 5월 23일 자 편지에 따르면 1911년 6월 27일부터 7월 7일까지 뉴욕에서 온 화이트 박사가 서울에서 사경회(Bible Conference)를 인도한다는 기록이 있음. 이들 일행은 일본, 중국, 한국의 선교지를 순회하며 사경회와 부흥회를 한 듯함.
[242] 중국 허베이성 찬황아오시에 있는 지역으로 선교사들의 여름 휴양지였음.

받았습니다.[243] 그것도 비현실적입니다. 제가 돌아가기 전에 "진흥운동"을 하는 사람들을 못 봐서 안타깝습니다.

어머니께서 6월 3일 자로 보내주신 편지가 광주에서 이곳으로 며칠 전 전송되었습니다. 모두가 건강하다는 것을 알아 기쁩니다. 아내는 아이다에게 편지를 하고 있습니다. 다른 편지들도 가게 될 것입니다. 저희는 요즘 게으르다고 느끼고 늘어지게 게으름을 부립니다. 그런데 저희 휴가는 휙 지나가고 있습니다. 저희는 26일 이곳을 떠나며 다롄(Dalian)을 경유합니다. 선박 연결이 잘되지 않으면, 지나가면서 뤼순을 볼 기회가 있을지도 모릅니다.

저희의 사랑과 아이들의 입맞춤을 보내드립니다.

사랑하는 아들 페어맨 올림

---

243 1908년 8월 5일 자 편지 참조.

1910년 7월 29일
남만주철도주식회사 야마토 호텔[244]
만주, 다롄

사랑하는 어머니,

저희는 지금 한국으로 돌아가는 길인데, 저희가 타고 내려갔었던 바로 그 독일 증기선을 다시 타고 올라오면서 즐거운 여행을 한 다음에, 어제 이곳에 도착했습니다. 그리고 저희는 한국에서 타고 왔던 배를 타고 (오늘 오후) 한국으로 돌아갑니다. 이곳에서 즐겁게 지내고 있습니다. 이 호텔에서는 모든 것이 합리적인 가격이며 최상급입니다. 저희가 미국을 떠난 이래로 머물렀던 유일한 최고급 호텔입니다.

어제 오후에는 아이들을 하인들에게 맡겨두고 저희 부부는 23마일 떨어진 뤼순으로 갔습니다. 아내가 마치 야반도주하는 것 같다고 합니다. 아이들 없이 어딘가를 가는 것이 아주 낯설었습니다. 아마도 챙기는 짐이 없어서 제가 그렇게 생각했나 봅니다. 훌륭한 전쟁박물관을 살펴보고 현대 역사에서 가장 참혹한 전쟁의 장소들을 둘러보며 저희 둘이 아주 만족스럽게 시간을 보냈습니다. 주변을 둘러싸고 있는 작은 산들이 모두 찢겨 있었는데, 대개는 흙으로 만든 보루(堡壘) 때문에 그렇게 되었고 부분적으로는 포격 때문에 그렇게 되었습니다. 한때는 장엄했지만 지금은 뼈대만 남은 건물들과 포격으로 생긴 큰 구멍들은 일본군이 저 유명한 "203고지"[245]를 쳐들어가서 빼앗은 후 항구에 갇힌 러시아 함대를 얼마나 맹렬히 포격하여 러시아군이 서둘러 항복할 수밖에 없었는지를 말해주고 있습니다. 높지 않은 이 산을 차지하기 위한 싸움이 맹렬하게 10일간

---

[244] 야마토 호텔(Yamato Hotel, 大和旅館)은 남만주철도주식회사(South Manchuria Railway)가 소유하고 운영하던 호텔임.
[245] 해발 203m여서 이령산이라고 하며 이후 203고지(二零三高地)로 알려짐.

계속되었는데, 그 기간에 산의 주인이 여러 번 바뀌었으며, 결국에는 일본군이 그 산을 취하고 소유하게 되었습니다. 그 후 1주일 이내에 3마일 떨어진 항구에 있던 러시아 전함들이 파괴되었고, 도시와 다른 많은 중요하고 난공불락인 요새가 포격으로 구멍이 숭숭 났습니다. 전체 전투는 엄청났는데, 전쟁사에 나오는 어떤 사건보다 더 끔찍했던 이유는 사용된 무기의 치명적인 성질 때문입니다. 속사 대포, 기뢰(機雷), 고성능 폭약이 사용되었습니다. 공격하던 일본 군인들이 전멸한 것도 흔하지 않은 사건이었습니다. 기차역 뒤의 동산에는 전사한 용맹한 군인들을 기리는 훌륭한 기념비가 있습니다. 그 근처에는 충혼비가 있는데, 그 아래에는 그 전투들에서 전사한 일본군 2만 명의 유골이 묻혀 있습니다. 계곡을 가로질러 있는 동산에는 1만 6천 이상의 러시아군 전사자들을 위한 기념비가 있습니다. 다시는 이 세상에 그런 전쟁이 없었으면 합니다. 머지않은 때에 두 나라의 군사적 갈등이 다시 일어날 수도 있다는 염려를 잠재우는 상호 합의에 두 나라가 서로 도달했다는 것이 얼마나 축복인지요.

저희 모두 완벽하게 건강하며 참 좋은 휴가를 보냈습니다. 칭다오가 여름 보내기에 아주 좋은 장소라고 생각하는데, 이 도시가 제 친구들의 관심과 친절함으로 이중으로 매력적입니다. 마음이 상쾌하고 더 힘든 일을 할 준비와 더 잘할 준비가 되어 돌아갑니다. 저희가 돌아가면 집을 떠난 지 5주가 될 것입니다. 그 시간 동안 3주를 칭다오에서 보냈습니다. 그 시기에 고향에서 편지를 딱 한 통 받았습니다. 그러니 돌아가면 몇 통의 편지가 있겠지요.

그런데, 칭다오에 머무는 동안 괜찮은 사진사를 구해서 저희 아이들 전체를 몇 장 찍게 했습니다. 사진을 받자마자 보내드리겠습니다.

오늘 저는 지난 2주 동안의 편지를 훑어보고 있었습니다. 이렇게 했어도 최근 소식을 거의 모르겠습니다. 제가 독일어를 읽을 수 없어서 한 달간 신문을 읽지 않았기 때문입니다. 그 당시에, 저는 일본이 6개월 이내에 한국을 합병(合倂)하리라 예상했습니다. 사건이 너무도 빨리 전개되어서 저는 3개월이라고 말했을 수도 있고 그랬으면 더 정확할 수 있었습니다.[246] 정부 당국이 최근의 우리 사역에 대해서 가지고 있는 오해나 의심이 이 합병으로 제거된다면 저는 그 변화를 환영할 것입니다. 잠시나마 그런 분위기에서 벗어나서 확실히 도움이 되었습니다. 물론, 치외법권이 따를 것입니다. 그런데 우리가 일본어와 일본 관습에 대해서 무지한 채로 어떻게 얼마나 더 계속할 수 있을지 저는 알 수 없습니다. 또한 우리가 현재 가지고 있는 사역보다 더 많은 것을 할 시간을 어디서 찾을 수 있을지도 모르겠습니다. 치외법권하에서 정부가 염려했었으며 영어나 한국어를 자발적으로 익혀야만 했습니다. 이것이 철폐되면, 일본어가 지배할 것이며, 우리는 걱정해야 할 것입니다![247]

제가 저희 휴가에 있어서 아쉬웠던 것 한 가지는 종교적인 면에서 어떤 특별한 기회가 없었다는 것입니다. 설교나 성경 강해를 들은 적도 없고, 제 자신이 인도하는 예배가 아닌 다른 예배에 참석하지 못했습니다. 한국에서 간절히 바라는 것은 여가와 영적 재충전 둘 다를 얻을 수 있는 장소입니다. 그러나, 저희는 영감을 주는 대화를 나눈 훌륭한 사역자들을 많이 만났으며, 선교회 사역을 다른 각도에서 볼 수 있는 많은 기회를 가졌습니다. 그런데 저와 맞바꿔서 사역하려는 사람은 못 봤습니다.

이 편지를 인제 끝내야만 합니다. 날이 좋습니다. 좋은 여행의 전조이기를 바랍니다.

모두에게 사랑을 전합니다. 아내도 함께요. 아이들은 할머니, 할아버

---

246 1910년 8월 22일 이완용과 데라우치 사이에 합병조약이 조인됨.
247 통감부 시절(1905~1910)에는 일본 관리들이 영어나 한국어를 배우려고 했으나, 일제강점기가 되면 일본어가 국어가 되니 영어나 한국어를 배울 필요가 없고 도리어 선교사들이 일본어를 배워야 하는 상황을 말하는 듯함.

지에게 사랑의 입맞춤을 전합니다. 아들이 아주 빨리 크고 있습니다. 미리암처럼 활동적이고 민첩하며, 무척 행복한 아이입니다.

어머니의 사랑하는 아들 페어맨 올림

1910년 7월 30일
한국, 진남포 앞 바다 "안톤"에서

사랑하는 바크먼에게,

　서로 편지를 교환한 지 오랜 시간이 지났구나. 의심할 바 없이 문제는 형인 내게 있다. 너는 형이 네게 편지하기를 기다리고 있었을 거야. 형 편지 기다리는 것은 많은 시간이 필요한 일이니 다시는 그렇게 하지마렴. 네가 이것을 편지라고 생각하며 서둘러 답장해서 너에 대해 모든 것을 말해주렴. 다음 달이 너의 생일이라 이 편지를 너의 생일 축하 편지라고 우리는 부를 거야. 이 편지를 받을 때면 너도 23세를 지났겠구나. 그렇다는 것이 믿기지 않는다. 너에 대한 기억은 마지막으로 너를 봤을 때의 모습인데 그것도 3년 전이지. 3년 동안 너에게 많은 변화가 있었을 것으로 알고 있다. 네가 직업 세계에서 어렵게 싸워나갔고 책에서는 배울 수 없는 경험을 가지게 되었다. 그것은 괜찮다. 그리고 네가 그런 경험을 가졌다는 것에 형은 기뻐한다. 형은 청년 시절 형이 했던 다채롭고 다양한 경험 중 형에게 가치 없거나 유용하지 않았던 것은 없다는 것을 알게 되었단다. 비록 몇 개는 시간 낭비였다고 생각하지만 말이다. 그런데 형은 네가 확실한 목표를 세우고, 네가 인생에서 성취하고자 하는 목표와 관련하여 네가 생각했으면 좋겠다. 물론 우선 생각해야 할 것은 네 일에 생각과 두뇌를 집어넣어서 가까이 있는 것에 최선을 다하고 철저하게 하는 일이다. 그렇게 해서 너의 고용주에게 네가 없어서는 안 될 사람이 되어야 한다. 가능하다면 네가 하는 일에 대해서 모든 것을 배우고, 승진하는 데 필요한 모든 것을 하기를 바란다. 네 일이 네게 매력적이면, 최고 자리까지 갈 생각을 하고 그 일을 고수해라. 그런데 너에게 매력적이지 않으면, 고용주에게 인정과 승진을 얻기 위한 현재의 노력은 게을리하지 않으면서도, 너에게 적합한 일에 맞게 공부하렴. 다른 말로 네 인생에서 너를 위한 하나님의 뜻이 무엇인지, 하나님께서 너를 통해서 하시려는 것이 무엇인지 찾아보려고 애쓰렴. 형은 인간의 삶은 가치 있다고 여기며, 어떤 직업이냐에 상관없이 인간이 그 직업을 하나님과 연결하고 하나님이 먼저이고, 자신이 맨 나중인 삶을 살려고 애쓸 때만이 그 직업이 영화롭게 된다고 여기기 때문이다. 한 가지 피해야 할 것은 목적 없는 삶이다. 뭔가를 목표점으로 삼으렴. 목표를 이루기 위해 노력하렴. 네가 희망하는 것과 열망하는 것을 분명하게 하렴. 그러면 하나님의 축복을 받아서 너는 네 삶이 그런 방향으로 형성되어 가는 것을 보게 될 것이다.

형은 이런 말을 하면서 아니 이런 충고를 하면서 가슴이 벅차오른다. 이런 충고가 즉시 적용될 것을 알아서가 아니라, 지난번 편지에 네가 마음 상태가 아주 불확실하며, 확정된 것이 없다고 말했기 때문이다. 그런 것이 지나갔기를 바란다. 너에 대해서 모든 것을 써 보내렴. 형은 너를 돕고자 한다. 그리고 너도 형이 그렇게 할 수 있도록 해야 한다.

너의 현재 경험과 관련하여 형 생각에 분명히 신의 섭리라고 여겨지는 것이 있다. 그것은 "너른 바깥세상에 있는" 너의 형제들이 집에 없을 때 네가 아들이자 사내로서 가정에서 책임을 다하고 있을 수 있게 되었다는 것이다. 아버지와 어머니께서 나이 들어 가시기에 그분들이 기댈 강한 팔이 필요하다. 여동생들에게는 오빠의 보호와 깊은 관심이 필요하다. 네가 이것을 어떻게 생각할지는 모른다만, 형은 네가 정말 까다롭고 어려운 자리에 적합한 사람이라는 것을 증명해 내리라는 것과, 네가 형제들 누구보다도 더 많은 혜택과 책임감을 가지고 있다는 걸 깨닫기를 바라고 기도해 왔다. 형이 견디기 가장 힘들었던 것 중의 하나는 형이 너무도 먼 곳에 떨어져 있다는 것이고, 가족들과 전혀 접촉할 수 없다는 것이다. 그런데 이런 상황은 형이 과중한 책임을 맡아 살아가느라 더 나빠지는데, 형은 할 일이 너무도 많아서 얼마 안 되는 이곳에 있는 형의 가족마저도 제대로 돌보지 못하고 있단다.

무슨 일이 일어나는지 네가 형에게 계속 세세히 알려주면 좋겠다. 모든 일이 어떻게 되는지 말해주고 형의 충고를 구하고 어떻게 도와야 할지 말해주렴. 내년에는 형이 더 가까이 있기를 바란다. 그동안 네가 형에게 규칙적으로 편지하렴. 형이 미국에 머무는 동안 최대한 할 수 있는 것을 계획하자.

우리는 지금 휴가를 마치고 돌아가고 있으며, 건강이 좋고 기분도 좋다. 칭다오에서 가족 전체에게 쓴 편지를 보냈다. 다롄에서는 어머니께 편지를 한 통 보냈다. 네가 그 편지 둘 다를 틀림없이 읽었을 것이니 우리의 여정에 대해서 이 편지에서 더 말할 필요는 없다. 이 휴가가 우리가 동양에서 즐긴 가장 좋은 휴가였다는 것을 제외하고는 말이다. 여행에 관해서인데, 형은 너무 자주 여행을 해서 좋아하지 않는다. 그런데 중국에서 문명 세계를 잠깐 본 것과 특별히 대학 동기들과 만난 것이 너무도 좋았다.

브리스톨에 있는 친구들에게 형의 안부를 전해주렴. 루시 윌슨(Lucy Wilson), 메리 바크먼(Miss Mary Bachman), 리온 형제(the Lyon boys), 아론 리드(Aaron Read), 그리고 선한 친구 핼 호그(Hal Hogue) 판사를 종종 생각한다. 친척들도 모두 건강하셨으면 좋겠다. 짐 고모부가 편지에 언급되지 않았다. 어떻게 지내시니? 작년 크리스마스에 고모부께 스웨터를 보내드렸는데, 그것을 받으셨는지, 그것이 맞는지 아닌지에 대해서 어떤 말도 듣지 못했다. 당시 우리가 "씨튼(Seaeon)"에게 뭔가를 보내려고 했었는데 선물목록에서 그 아이의 이름이 어쩌다가 빠진 것에 대해서 형수가 걱정한다.

모두에게 사랑을 전한다. 그리고 너에게는 갑절로 사랑을 전한다.

너를 사랑하는 형 J. 페어맨 프레스톤

1910년 8월 29일
한국, 광주

사랑하는 아버지와 어머니,

지금 한국선교회 연례회의가 한창이라 제가 긴 편지를 드릴 시간이 없어서, 이 짧은 편지를 보내드리며 저희 모두 잘 있다는 것을 알려드립니다.

연례회의가 광주에서 모인 것은 두 번째입니다. 베너블 목사를 제외하고 남성 사역자들은 다 참석했습니다만, 이런저런 이유로 여성 사역자 중 많은 사람이 이곳에 올 수 없었습니다. 막 도착한 신입 선교사들이 참석했는데 한 쌍은 결혼한 사람들이고, 네 명은 독신 여성입니다. 결혼한 부부와 한 명의 독신 여성이 이곳에 있게 될 것이고, 목포, 군산, 전주에 독신 여성 한 명이 있게 될 것입니다.

우리 전체 사역지에서 작년 세례자는 총 2천 명이었는데, 지난해에 비해 50퍼센트 증가한 것입니다.

중국으로 가는 도중인 브라운(F. A. Brown)[248] 목사가 저희와 함께 있어서 기쁩니다.

아들이 이질에서 완전히 회복했다는 것을 기쁘게 말씀드립니다. 딸들도 가벼운 병을 앓았지만, 지금은 모두 괜찮습니다. 어제 아들이 코잇 목사에게서 세례를 받았습니다. 며칠 전에는 첫 생일 잔치를 했습니다. 손님도 함께 있었는데 버지니아 녹스(Virginia Knox)로 2살이 지났습니다.

우리는 화이트 박사가 주관하는 사경회에 참석하기 위해 시간 맞춰

---

[248] Frank Augustus Brown(1876.12.4~1967.2.8). *Mission to Korea*의 저자 George Thompson Brown(한국명: 부명광)의 아버지. 한국의 선교지를 방문하고 기록한 글로 *The Missionary* 1910년 11월호에 "Annual Meeting", 12월호에 "Bible Study in China and Korea", 1911년 1월호에 "A Visit to the Kwangju Clinic"이 있음.

서울로 올라갈 생각을 하고 있습니다. 그 사경회는 9월 9일 시작합니다. 어쨌든 저는 가더라도 늦게 가야만 하며, 우리 모두 영적인 새로움이 필요합니다.

   더이상은 쓸 수 없습니다. 어제 어머니에게서 편지를 받았으며 고향 소식을 들은 것과 모두 건강하다는 것을 알게 되어 항상 기쁩니다.

   저희 모두 사랑을 전합니다. 가족과 친구들에게도 안부 전해주십시오.

        사랑하는 아들 페어맨 올림

1910년 9월 26일
목포로 가는 중
증기선 "지쿠고가와(Chikugogawa)"에서

사랑하는 아버지,

제가 지난번 드린 편지는 서울로 가던 중 목포에서 쓴 것으로 알고 있습니다. 저희는 지금 광주에서 3주 떠나있다가 되돌아가는 중입니다. 먼저 저희는 개신교선교통합공의회(The General Council of missionaries)에 참석했으며, 뉴욕에서 온 화이트 박사가 인도하는 사경회에 참석했습니다. 그런 다음 저는 아내와 아이들을 서울에 있는 친구들에게 맡기고 멀리 한국의 북서쪽에 있는 선천(宣川)[249]에서 열리는 노회에 참석하기 위해 올라갔습니다. 이 노회는 아버지께서 아시듯 안수받은 모든 외국인 선교사와 안수받은 한국인 목사들과 장로들로 구성되어 있으며, 이 나라에 있는 유일한 노회[250]입니다. 이번이 4차 노회입니다. 2년 전의 2~3회의 회의를 제외하고, 이번이 제가 참여할 수 있었던 첫 번째 노회이며, 저는 엄청나게 이 노회를 즐겼습니다. 비록 한국인 회원들의 수가 외국인들의 수보다 2:1로 앞섰지만, 큰 의견 일치가 있었습니다. 비록 게일 박사(Dr. Gale)[251]가 회의를 주재했지만, 한국인들은 토론을 훌륭하게 했으며 노회 내내 신중하게 투표했습니다. 기억할 만한 많은 장면이 있었습니다. 그중 하나는 17명이 목사 안수를 받은 것이었습니다. 신학교 과정을 마친 27명이 노회 앞에서 준시위원회로부터 문답을 받았습니다. 노회 앞에서 문답하는 것을 한국 기독교 형제들은 고집합니다. 모두가

---

[249] 평안북도 서남해안에 위치한 도시. 미국북장로회 한국선교회 선천선교부가 위치함.
[250] 1907년 9월 17일 독(립)노회가 조직됨. 1912년 9월 1일 조선예수교장로회 총회가 조직됨.
[251] James Scarth Gale(한국명: 기일(奇一), 1863.2.19~1937.1.31).

문답을 통과했습니다. 청빙을 받은 사람들만 안수받았습니다. 다른 사람은 "강도사(講道師)"로 분류되어서 전처럼 계속 사역할 것입니다. 이곳에서는, 신학교 학생들이 적극적인 설교자이며 사역자입니다. 한국인 교회로부터 재정 지원을 받게 되는, 한국인 교회에서 청빙을 받은 사역자들만이 안수받습니다. 적극적으로 사역하는 사람들만이 노회에서 투표할 수 있습니다.

다른 기억할 만한 장면은 블라디보스톡에 파견한 한국 선교사[252]의 연설 장면이었습니다. (그는 전체 교회로부터 재정 지원을 받습니다.) 그가 연설을 마칠 때, 현재 쓸 수 있는 기금으로는 선교지에서 겨우 반년만 선교할 수 있다고 말했습니다. 참석한 사람들이 즉시 현장에서 500엔(250달러)을 모금했는데, 이 돈이면 그 사역을 1년 내내 하기에 충분했습니다. 제가 잊을 수 없는 또 다른 장면은 특별위원회 의장이 내년 "백만인 구령 운동"에 대한 계획을 소개했을 때였습니다. 의장이 원했던 만큼 그렇게 열정적이지 않아 보였던 몇 번의 토론 뒤에, 한 형제가 기도해달라고 요청받았습니다. 기도의 첫 문장에서 그 형제는 십자가를 언급하고 흐느끼기 시작했으며, 눈물을 흘리며 계속 기도했습니다. 즉시 다른 사람들도 울고 소리치기 시작했으며, 마치 감리교의 전도집회에서 나는 소리처럼 이어졌습니다. 저는 우리가 다른 교회에 와있는 것처럼 느꼈습니다. 마침내, 찬송가를 부르자고 공지되었는데, 찬송가의 끝에 그 모임은 조용해졌습니다. 이 장면을 보며 북쪽 지방에서 4년 전의 부흥회에 있었던 것과 유사한 장면이 저에게 생생하게 떠올랐습니다. 또한 이 장면을 보며 우리는 한국인들이 다른 동양인들보다 더 감정적이라는 것과 이런 요인 때문에 우리가 미국에서 알고 있는 장로교는 수정될 수밖에 없다는

---

[252] 최관홀(崔寬屹, 1877~?). 최관홀 선교사는 1909년 9월 6일 선교사 파송이 결정되고, 1909년 11월 5일 블라디보스토크에 장로교회를 세우겠다며 행정기관에 청원서를 제출함.

것을 알게 되었습니다. 그러나, 바로 지금은 모든 사람이 자기 나라의 병합 때문에 마음이 아주 여린 상태며, 울분을 아주 쉽게 표출합니다.

이번 노회에서 우리가 사역하는 지역 출신의 목사를 목사직에서 제명했다는 것을 알게 되면 기뻐하실 것입니다. 그는 작년에 안수받았으나, 안수받자마자 거의 즉시 탈퇴하여 독립교회를 세우려고 했으며 테이트 목사 담당 지방(전주)에서 많은 교회를 이끌고 나가버린 사람[253]입니다. 그가 우리 선교회 소속으로 안수받은 3명의 한국인 중 하나이기에, 그 방향에서 우리가 많은 지지를 받지 않는다는 것과 오랜 세월 동안 (적어도 이번 세대에는) 그 지방에 외국인 선교사들이 전력을 쏟아야 함을 아실 것입니다. 한국에서의 선교 사역은 거의 끝났고, 지금 선교사 한 사람을 한국으로 혹시라도 보낸다고 하더라도 그 사람이 한평생을 바쳐서 할 사역은 아닐 것이라는 인상이 미국에서는 팽배합니다. 반대로, 우리는 우리 세대에 한국이 완벽하게 복음화되도록 한평생 열심히 사역할 남녀들을 계속 간청하고 있습니다. 우리는 현재 기회가 너무도 좋기에 현재를 계속 강조하고 있습니다. 사실을 말씀드립니다만 사역은 점점 힘들어집니다. 사역자들에 대한 더 좋은 응답이 없다면 우리 중 누구도 한국이 복음화되는 것을 보지 못할 것입니다.

노회가 한국 전역을 위한 특별 전도 운동을 시작했습니다. 모든 곳에서 동시에 모임이 열리고 있습니다. 다음 주에 서울에서 첫 번째 전도 운동이 시작되는데, 한 달간 계속됩니다. 대단한 해를 기대하고 있습니다.

칭다오에 있는 제 친구 스콧 목사가 서울에서 저희와 함께하였고, 노회까지 저와 같이 갔습니다. 그는 우리 사역을 보기 위하여 저와 함께 광주로 가고 있습니다. 한국에 프린스턴 졸업생들이 있는데, 그들 중 다섯 명이 미국남장로회 한국선교회에 있습니다.

---

253 최중진(崔重珍, 1870~1940).

아내와 아이들은 아주 잘 지내고 있습니다. 제가 너무도 자주 나갈 수밖에 없어서 가족들과 함께 있을 수 없는 경우가 많기에 가족과 함께 있는 것이 저에게는 즐거운 일이었습니다.

내려가는 여정이 좋았습니다. 아이들을 포함하여 모두 배를 잘 탑니다. 오웬 부인과 4명의 자식 그리고 스콧 목사가 모두 내려왔습니다.

킹 대학을 위해서 아버지께서 돈을 모금하기로 했다는 것을 신문에서 보고 기뻤습니다. 이렇게 되면 아버지께서 재능을 발휘하시고 주님의 일을 증진시킬 기회가 될 것입니다.

고향에서 보낸 편지들이 광주에서 저희를 기다릴 것을 생각합니다. "막간"을 이용하여 이러한 글들을 쓰고 있습니다. 아무리 좋은 상황에서 하더라도 세 아이와 여행하는 것은 쉬운 일이 아닙니다.

모두에게 사랑을 전합니다. 친척들과 친구들에게 소식을 전합니다.

사랑하는 페어맨이 서둘러 보냅니다.

1910년 11월 12일
노스캐롤라이나 솔즈베리
웨스트 뱅크, 203번지

사랑하는 사부인 귀하,

사부인의 엽서를 오늘 아침 받고 서둘러서 답장드립니다. 사부인의 10월 18일 자 편지가 온 이후로 상당한 시간이 지났는데 사부인께 편지를 드리지도 않고 1주를 그냥 보낼 의도는 없었답니다.

사부인도 저처럼 자녀들에게서 이따금 소식을 듣고 계시리라 생각합니다. 막내딸 애니의 편지도 드문데, 사위의 편지는 정말 드뭅니다. 사위가 중국에서 돌아오는 길에 제게 편지를 했습니다. 그 편지 이전에는 사위에게서 몇 달간 한 줄 소식도 듣지 못했습니다. 저는 사위가 바쁘게 살고 있다는 것을 알기에 사위를 전혀 비난하지 않습니다. 그렇지만 사위는 적어도 그들의 움직임에 대해서 자기를 낳은 어머니에게는 소식을 전하고 있지 않은지 생각했습니다. 사위가 타자기에 앉아서 타자로 몇 줄을 써 내려가는 것이 사위에게는 쉬운 일일 것만 같습니다. 막내딸 애니가 제게 보낸 편지를 사부인께 보내드려야 하는데 최신 편지가 없어서 죄송합니다. (편지 하나는 10월 12일에 다른 하나는 11월 3일에 수령했습니다.)

너희의 인내로 너희 영혼을 얻으리라.[254]

딸이 편지하길 5월 이전에는 볼 기대를 말라고 하더군요. 큰며느리 미래언이 딸의 편지에 답장하자마자 제가 딸에게 편지를 보낼 것입니다. 딸이 중국에서 돌아온 후 광주에서 두 번 제게 편지했고, 서울에서 한 번 편지했습니다. 연례회의에서 또한 서울에서 즐겁게 지낸 것 같습니다. 딸은 어디에 있건 즐겁게 사는 것 같습니다. 제 생각에 제 자식 중

---

[254] 누가복음 21장 19절.

그 딸이 가장 행복한 것 같습니다. 항상 행복한 기질을 가졌지요. 아이였을 때, 제 딸은 오래된 정원에서 꽃 사이에서 몇 시간을 보내곤 했는데, 인형을 가지고 몇 시간을 보내는 것이 마치 딸 아이가 나비나 새처럼 보였습니다. 딸 아이의 딸들이 제 딸이 저에게 그랬듯이 자기들 엄마에게 축복이기를 바랍니다. 저는 저의 연약함과 더불어, 나이가 너무 많은 상황에서 가끔은 아주 많이 잊힌다고 느낍니다. 그렇지만 제 자녀들이 이 세상에서 쓸모 있다는 것에 감사하며, 절대 모른다고 하지 않는 친구인 주님을 더 붙들고 있습니다.

크리스마스 선물에 관해서입니다. 몇 주 전에 뉴욕에 있는 큰며느리 매리언에게 수표를 보내면서 선물을 골라 보내달라고 했습니다. 큰며느리가 그렇게 했기를 바랍니다. 아마도 특송 운전기사들의 파업 때문에 늦게 가는 것 같습니다. 저는 한국으로 누가 나가는지 모릅니다. 체스터 박사(Dr. Chester)에게 알아보시면 곧 한국으로 갈 새로운 사람이 임명되었는지를 알 수 있을 것입니다.

큰며느리가 편지하길, 자신과 큰아들이 18일에는 그들의 "앵커리지"에 도착할 것이라 합니다. 저는 큰아들 부부가 그곳에서 당분간 진득하게 살았으면 좋겠습니다. 큰며느리와 큰아들을 본지도 상당히 오래되었습니다. 작은아들 샘과 작은며느리 불라는 유행성 감기를 앓았었고, 자녀들은 서너 종의 감기를 앓았다고 합니다. 날씨는 너무도 좋습니다. 황금색과 진분홍색의 단풍나무가 눈부십니다.

마귀가 지난주 저의 옆구리에 다시 찾아왔습니다. 상당히 고통받고 있었는데 오늘은 조금 나아졌습니다. 요즘 뜨개질을 상당히 많이 하고 있습니다. 제가 큰 바늘로 뜨개질할 수 있는 예쁜 것을 추천해 주시겠어요. 실은 셔틀랜드(Shetland) 울입니다.

제가 편지 쓰는 것을 큰딸 미리암이 알았다면 전할 말이 있을 텐데요. 미리암과 미리암의 아들들은 건강합니다. 메리 머피(Mary Murphy)와 아이다 사돈처녀의 우정 관계에서 무슨 일이 있었나요?

　사랑하는 모든 분께 사랑을 전하며 모든 좋은 일만을 기원합니다. (저는 뉴먼 부인(Mrs. Newman)을 절대 잊지 않고 있습니다.)

　　　　　　사랑하는 M. C. 와일리 배상

1910년 11월 12일
한국, 광주

사랑하는 아버지와 어머니,

집으로 편지를 보내고 한 달이 되었음에 틀림없습니다. 남동쪽으로의 전도여행에서 돌아오고 나서 저는 이곳에서 전도 활동에 8일간 뛰어들었습니다. 이후 지도자들을 위한 사경회가 곧바로 이어졌습니다. 이후 학교와 학교 건물과 관련한 사업에 전념해야 했습니다. 일본인들 대상으로 선교하는 제 친구 커티스 목사에게 약간 도움을 주고 있었더니, 이웃하고 있는 읍내에 부흥회 전날이 되었습니다. 그 후 저는 남쪽으로 장기간 전도여행을 갈 것인데 집에서 아마도 3주 정도 떠나있을 것 같고 12월 첫 주에 돌아올 것입니다. 저는 남동쪽으로 아주 성공적인 전도여행을 다녀왔고 어떤 교회에서 한꺼번에 126명을 세례 주는, 다른 곳에서는 해보지 못한 경험을 했습니다. 사람들이 제대로 서있지도 못했습니다. 그래서 세례식을 네 번 연속해야 했습니다. 그곳에서 1주일간 좋은 집회를 열었습니다. 물론 그 세례는 그 집회의 결과는 아니었습니다. 믿는다는 신앙고백을 하고 몇 달이 지난 후에도 세례를 베풀지 않기 때문입니다. 다른 교회에서 저는 25명에게 세례를 베풀었습니다.

(켄터키 주에 사는 알렉산더라는 제 친구가 희사한) 저희의 새 학교 건물은 거의 완공이 되어가며 외관과 유용성 둘 다에서 모든 사람에게 칭찬받고 있습니다. 이 건물에 제 많은 시간이 들어갔습니다. 그런데 특별히 저도 건축가이다 보니, 건물을 세우는 것이 저에게 큰 만족을 주는 일입니다.

지난 저녁 특별 손님인 커티스 목사를 위한 만찬을 베풀었습니다. 전라남도의 신임 도지사와 다른 주요한 인물 다섯 명이 참석했습니다. 광주선교부 소속 남자 선교사들과 벨 부인도 함께했습니다. 모두 그 행사가 큰 성공이었다고 공개적으로 말했습니다. 신임 도지사는 영어를 유창하게 했으며 아주 친절했고 우리의 관습에 대해서 잘 알고 있었습니다.

저희 요리사가 아주 뛰어나서 아무런 흠 없이 특별 요리를 만들어냈습니다. 아내는 그 요리사를 저희와 함께 미국으로 데리고 갈 생각을 많이 하고 있습니다. 그 사람의 여권에 무슨 문제가 있을지 없을지 저는 모릅니다.

비밀입니다만, 저희가 봄이 되기 전에 고향으로 갈지도 모르겠습니다. 아내는 장모님의 건강이 불안정하다는 것에 대해서 통보받았습니다. 의사가 고향으로 돌아가라고 명령할 수도 있습니다. 처형은 아내에게 즉시 돌아오라고 강하게 주장하고 있습니다. 그런데 아내가 혼자 갈 수가 없고 또한 이곳 사역의 형편 때문에 저도 지금 떠날 수 없기에, 저는 이 문제를 선교회에 제기하기 전에 의사에게 공식 서한을 달라고 요구하고 있습니다. 그러는 동안, 저는 제 담당 지방에서의 (특히 담당 지방의 가장 먼 곳의) 사역을 제가 미국으로 떠나기에 가장 좋은 상태로 만들어 놓기 위해 최선의 노력을 기울이고 있습니다.

이 문제는 당분간 비밀로 해주십시오. 장모님께 이 문제가 알려지는 것이 좋지 않을 것이기 때문입니다. 의도했던 것보다 더 일찍 가게 되면, 장모님은 자신의 건강 때문인지는 모르고 사람과 돈을 얻기 위한 운동 때문이라고 이해하실 것입니다. 이 운동을 위해 한국선교회가 (미국의) 신학교들이 방학하기 전에 저를 파송하려고 합니다.

그레이엄 부부(the Grahams)에게 편지를 하지 않았다는 말씀을 드리게 되어 죄송합니다. 저희는 그레이엄 씨가 광주 병원을 엘렌(Ellen)[255]을 기념해서 명명했으며, 광주 병원 건축뿐 아니라 광주 병원의 모든 경비를

---

[255] Ellen Lavine Graham(1888.8.23~1910.8.8). Graham의 막내임.
MISS ELLEN GRAHAM DIES IN NEW YORK
Miss Graham had been ill since June, having been stricken following her graduation with high honors from Columbia college. She was twenty-two years of age, and her death is peculiarly sad. She was popular and greatly loved among a large circle of friends in Greenville. (*The Greenville News*, Tue, August 09, 1910)

지원한다는 것을 들었습니다. 윌슨 의료선교사는 병원 건물을 즉시 가지게 될 것에 대해서 아주 크게 만족하고 있습니다.

며칠 전 바크먼에게서 좋은 편지를 받았습니다. 그 아이에게서 소식을 들어 매우 만족했습니다. 여동생들에게서 카드도 받았는데 녹스빌에서 썼더군요. 어머니의 편지도 왔습니다. 그래서 저희는 고향에서 온 좋은 소식으로 부자가 된 느낌이었습니다.

아이들은 모두 건강하며 빠른 속도로 자랍니다. 아들은 온 주변을 아장아장 걸어다니고 있으며 몇 마디를 하기 시작합니다. 지금 15개월입니다. 집으로 보내줄 괜찮은 사진이 몇 장 있습니다.

아버지께서 킹 대학과 관련하여 성공적이고 즐거운 일을 하고 계시길 바랍니다.

위노나(Winona) 별장과 관련해서 말씀드립니다. 많이 생각했는데 위노나에서는 별장을 사지 않는 것이 가장 좋을 것 같습니다. 그 문제에 대한 어머니의 생각이 온당합니다. 저희가 그곳에 도착했을 때 저희가 할 것은 주로 장모님의 건강에 달려있을 것입니다. 저희는 도착 전에는 어떤 확고한 계획을 세우려고 하지 않을 가능성도 큽니다. 브리스톨 집이 저희를 기다리고 있고 저희 모두가 사용하기 충분하다는 말씀을 해주시니 고맙습니다. 저희의 씩씩한 세 명의 아이를 보신 후에도 계속 그렇게 생각하여 주시길 희망합니다.

제가 편지에 쓰고자 하는 것이 100가지가 있지만 시간이 늦어서 이번 편지는 여기서 멈춰야만 합니다. 아내와 제가 모두에게 사랑을 전합니다. 겨우내 건강 하시길 기도합니다. 방심할 수 없는 기후 속에서 조심하십시오. 제 걱정은 하지 마십시오. 신체적으로 건강하며 신경쇠약의 어떤 징후도 없습니다. 중국 여행으로 제 건강이 다 회복되었습니다.

사랑하는 아들 페어맨 올림

원문

In 1906

Jan. 10, 1906
Kwangju, Korea

My dear old Sis:

Just to think that about the time you receive this letter, another Miriam will be making her debut! I do hope you will have a <u>nice</u> easy time, as I had. I hope you are escaping all the discomforts I had beforehand. I am <u>so</u> glad you are in the style! Nobody is in it this "Roosevelt Year", as Fairman's cousin calls it, who doesn't bring forth a son or daughter.

Who is to be your nurse? Tell me all your plans. Did you make many new things, or did Shan and Nettleton leave enough for the newcomer?

The dainty caps and the very interesting book came on Saturday. Many, many thanks. Miriam looks as cute as peaches in the little cap you sent. I dressed her up in her white coat and that cap and took her our Sunday afternoon. We went first to Mrs. Bell's and then for a little walk.

Mamma is reading the book to me, and I am enjoying it immensely. It is very <u>interesting</u> and very well written. Do you know anything about the author? Aren't the illustrations good? Fairman has only had a chance to taste it, but he thanks you heartily for remembering him. He has been wanting to write to you but is rushed to death. It takes most of my time waiting on the servants!

I am writing to Cousin Sallie asking her to have Cousin Robert pack my little oak tea table, my mahogany table, my mahogany rocker with the leather seat, my brass mirror and the mirror which Mr. Humphrey sent me (a little folding concern on the top shelf of my closet) and ship them <u>at once</u> to me care of John Wanamaker, New York. We have sent an order there and if the things do not go on <u>at once</u>, they will get left. If you aren't laid up, will you kindly <u>bustle</u> the things off? I find it better to have some of my old things from home rather than all new things, for several reasons—it's cheaper for one thing, but it's so much more homelike to have the things with associations of the dear old home. I want to have everything fixed up as well as I can for Annual Meeting.

We are having a dark dreary day. I have not had a chance to go out, and so I am awfully nervous.

I spent a good part of the morning making a prune custard pie for dinner, and then the cook spilled it all out on the ground. Wasn't that a calamity? He has just come for me, to "teach him the evening food", or tell him what we'll have for supper.

With many thanks for the Christmas things, best wishes for the event, and a heart full of love,

 Devotedly,

  Annie

Mamma says that I may have a pair of the brass andirons, but I think I won't take them, so don't have them sent.

Jan. 11, 1906
Kwangju, Korea

My dear Mother & Father & Sisters:

That most interesting box came a day or so ago and gave us a second Christmas. Thank you all very, very much for the lovely gifts—everyone of them most acceptable. Little Miriam sends a kiss apiece to her grandfather, grandmother, and Aunt Floy. How I wish you could see her in the little cap. She is a little darling. Her eyes are so big and her smile so bright and intelligent.

The powder puff is something which suits her taste exactly—anything connected with her bath is near to her heart. She looks so funny sitting up on my lap to have her back powdered. It takes two of us to accomplish the feat with a box of powder, but the puff will be much easier. She is such a wriggler. I tell her father that I could just as easily dress a centipede for her legs and arms fly so fast that there might as well be a hundred or a thousand!

Thank you, Father and Mother, for the exquisite little pins. I had been wishing for some because the only ones I had were broken and lost. Now I will be able to wear cuffs again.

And Floy has supplied another want with that lovely collar. I wore the one she sent me last year until it was past wearing, because I liked it so much, and I like this one even better.

The picture from Ida "2" is exquisite. I have it on my dressing table and my eyes fall on it often. It has a fascination for me. The coloring is perfect. When I showed it to Mrs. Bell and, at the same time, showed her Two's picture, she could hardly believe that so young an artist could have done anything so truly artistic. We are very proud of our little artist sister.

And Jenef's dainty gift is where I can look on it often, too, and think about my bright little sister. How I would like to see her. I don't like to think about her growing up without our having a chance to watch her rapid progress. How are the eyes? Is she able to study any this winter?

Mamma appreciates deeply your thought of her. She will speak for herself later. We cannot both write at the same time. She says that she wishes you could enjoy some of the luxury she has with little Miriam. I <u>do</u> wish you could. The little girl laughed aloud quite heartily yesterday.

Fairman, too, will speak for himself. It would have done you good to see how he enjoyed the things from home. He had been rather blue about not hearing from any of you and the box cheered him up wonderfully.

Thanking you again most heartily. With love for you all,

    Affectionately,

        Annie

Mar. 18, 1906
Kwangju, Korea

Mother dearest,

I would give anything to come home this year, and would do so if it were even remotely possible. Our house is building, I have not completed prescribed language course, and my future field of work is yet to be mapped out all this year. This year has been the most trying yet, as I feared, owing to unsettled and crowded conditions at Kwangju. Have seemed negligent about writing, but it was just the best possible.

The baby grows apace. Is 6 mos. old March 26. She is the most vivacious baby I ever saw, is simply perpetual motion. Reminds me much of N.B. when a baby. We think she is a beautiful child, but how can we tell whether that is an opinion or a fact? Have been repeatedly disappointed about pictures but will send you the first we can get. Just too busy to attend to it, even if we had secured the films.

We had a big class here at Kwangju last two weeks in Feb'y—attendance of over 125 from all over the province. I took an active part in the teaching. Annual Meeting will be held here June 5th. From now until then work is piled mtn. high. It takes me two days to reach the nearest point in my field!

(Remains of letter missing)

(Fairman)

Apr. 10, 1906
Kwangju, Korea

My dear Mother,

Here are some tolerable pictures of your little granddaughter. Fairman took these out in the yard in front of our winter quarters. Of course, we don't think the pictures as pretty as the baby—no pictures could catch all her charms. She is so full of life and motion that her grandmother prophesies that she will keep somebody busy when she learns to walk.

I am afraid she could not be called exactly a model child for she loves to be walked and played with and does not amuse herself for hours at a time—but she does amuse us immensely. Her father has her in hand and I think she is improving wonderfully under his discipline. Our houseboy is her devoted slave. He is walking her around and letting her look at herself in the mirror, as I write. He told Fairman that he dreamed of her while he was in the country.

You cannot help noticing the ears in the pictures. She finds them a very nice plaything. Actually tries to put them in her mouth! Whom do you think she is like? Dr. Nolan says she grows more like her dad everyday but I cannot see it. I think she has my mouth and his chin. The white cap was a Christmas present from her "Auntie Miriam" and the little round Japanese cap was Dr. Nolan's Christmas present to her. The latter is a remarkable combination of six or seven brilliant colors— Joseph's coat would look quiet beside this. It was good and warm so she wore it a good deal during the cold weather. Now she wears a sweet little lawn cap with a blue lining and looks so sweet. This last mentioned cap was a gift of Margaret Knox's. The little girl has some lovely caps and so many different sizes that they will do her for a year yet. Her little head has not quite grown big enough for the cap you sent yet, so that is to be brought out of her millinery store later. How I do wish you could see her! Fairman says she is the brightest baby he ever saw. He says that is his unbiased opinion. I know you and Father would fall under her charms.

Fairman brought your good letter when he came from Mokpo some days ago. We are so rejoiced to hear that your health is some better. Do go away for the summer <u>early</u> and stay <u>late</u>. We want to find you looking <u>lots</u> better when we come home next year.

I am so glad you liked the centerpiece. I thought it was pretty and Fairman seemed to like it better than anything we saw in Kobe, so we thought you would like it. I have one of the gauze sets, but mine is a different shape and has strawberries on it. It was a present from our Japanese friends the Takadas.

I am so glad Ida 2 has such a lovely trip in prospect. I do hope she can go. We are very proud of our little artist sister. Tell her to ask Miss Newman if she remembers that I once paid a call at their lovely home in Virginia.

Tell Jenef that we want those letters so she must not lose them but send them on to us.

It is getting too dark to write—I have had <u>many</u> interruptions—about fifteen or twenty sightseers among other things. I hear Miriam making her funny little spitting noise at amah. She sticks her tongue out and <u>spits</u> and then laughs with the most mischievous look.

Mamma sends much love to all. She wants to know if you got her letter.

With much love for each and all.

  Affectionately

    Annie

Spring 1906

(First part of letter missing, but obviously written to her sister "Sis")

What are you going to do about buying the home place? I cannot bear to think of it going to strangers, but Sam can hardly keep it unless Mamma takes about half her stocks to pay off his debts. Then how could she live there and keep it up without any income? Brother Willie said you wanted to buy it, but I have heard nothing directly from you. If you do buy it, I want the lot next to Mr. Andrew Murphy, just to have a part in the dear old place. My part of the interest in the home place plus some notes Sam owes me, would amount to more than the price of that lot, I think. But if you cannot buy the home place by yourself, I would rather go in with you and at least secure the house and the dear old garden from the hands of strangers. We would probably have to let that other lot go. You could gradually pay me back and own it all in your own name. That would probably be better than having us as joint owners. Do let me hear from you about it. If you cannot help buy it, I <u>cannot possibly</u> do it alone. Mamma wants it sold rather than to sell her stocks. <u>Something ought to be decided</u>. Show Mr. Orin this letter—this part of it—please. He will know how much Sam owes me, and how much additional I could put up. I am going to sign the papers Mr. Klutz sent today and get them off to him.

Tell Mr. Orin please to save enough money out of my investments to pay for two pairs of shoes, a hat, and having a dress made. I wish you would try on some more shoes for me. The ones you sent were very satisfactory. I would like a pair of low shoes sent out by Parcel Post right away, and <u>do</u> make the Post Master tell you the <u>correct</u> rules and regulations about <u>foreign parcel post</u>. I would like a pair of high, walking shoes sent by Laura. The material for the dress is some I got from England, which I am going to send by Miss Straeffer. I want Mrs. Rouche to make me a good, simple, stylish etc. traveling dress <u>to wear home</u>. My, won't it be a luxury to have a Mrs. Rouche-made dress once more!! I also want a hat to go with the dress, also all the necessary accompaniments of belt, gloves, etc. shirtwaist—so I will not look "escaped". It is a <u>hard</u> trip, so the things ought not to be very perishable. Send by Laura. We expect to come via Honolulu so it will be warm—hot perhaps. However, I can wear wash dresses for the hottest part of the trip.

Can't you meet us in San Francisco? If it <u>should</u> happen that Laura's coming is delayed until next year, I am sure Miss Shields would bring the things for me. Her address is Miss Esther Shields, Lewisburg, Pennsylvania. I will write to her. She is one of my <u>bestest</u> friends.

Mamma wants her things sent by Parcel Post—no, she says the white corset by Parcel Post and the gray one by Laura.

With so much love for you and all your family.

 Devotedly,

    Annie

May 13, 1906
Hainam County, Korea

My precious Mother,

I have finished work for the day, and though tired, feel that I cannot let another day pass without sending you a line. Started from home Monday the 8th for a tour of my field, and have already ridden over one hundred miles, visiting four points. Mr. Bell came in from a two week's trip the day before I left, and let me have his horse and saddle. It has been a great comfort. I hope to have my own before a great while. I am now at the village where the work opened up recently, under the leadership of a very influential gentleman, who is related to the King, and also to the Governor of this Province—neither of which things, however, are anything much in his favor!

The work is doing well, and is very encouraging. I wrote something for the *Xtian Observer* about affairs in this region, which I hoped would come out in May. On this trip, I am opening up three new points, which may develop into something encouraging. Beginning with tomorrow, I will hold examinations at five points, six including Mokpo, where (Mokpo) some fifty are ready for examination.

It was exceeding hard, (as always, but especially so now) to tear myself away from home. The finishing touches are being put in on our house, and it should be done in about a week. As Annual Meeting will convene at Kwangju June 7th and guest expected as early as June 1st, Annie will have to move in my absence. I tell you, the wife of a missionary has no sinecure job. Annie has labored under a big handicap of no practical training in domestic affairs, but you should see how bravely she has tackled the situation. Especially trying has it been on her in the cramped quarters we have been in since moving to Kwangju!! She is an angel. I will say at the risk of seeming to be unduly exalted. I never expect to see a more beautiful picture this side of heaven than Annie with the baby. You can imagine how hard I have worked in getting our home ready, and how I am looking forward to seeing Annie comfortably settled, after being tossed about in so much uncertainty up to this time. Will send you pictures and plans of the house before long.

Speaking of the baby, she seems to have inherited all her mother's intelligence and her father's energy. They say she looks very much like me, so can't say that she is pretty, though just between us, we think so. She has certainly copied one very unfortunate peculiarity of her daddy's physiognomy: her ears are differently shaped, just like mine, and I believe, N.B's. She is full of fun as a barrel of monkeys, and though only 7 mos. old, indulges not merely in smiles, but peals of laughter. We think she will be able to keep all her aunts busy next summer. Mamma Wiley just worships her, and I think would be perfectly content to spend the rest of her days out here with us. She is great help to Annie with the baby, though the servants almost fight for a chance to hold little Miriam.

By the way, the latter is responsible for a romance in our household. My "boy", a likely young chap named Song Yoodi, who attends me on my itinerating tours, is devoted to the baby, and she thinks the sun rises and sets in him. She will go to him from any of us, including her amah. Since his duties are in the house, he has nursed the baby a good deal and cultivated the acquaintance of her nurse. Thus there has ripened before our eyes the only love match we have seen in Korea. They will be married soon, and they say it was the baby who made the match! They are both Christians, he having been converted on our tours together; and though both under thirty, he is a widower and she a widow. You have no idea what a tremendous influence family life exerts on this people. The marriages are all prearranged, generally in childhood; the wife is a household slave, the "what-you-may-call-her (cussiggi) who washes and does the housework. There is no family life, no family meals together, nothing that we think makes life beautiful. No wonder these people think our homes are heaven. If Annie never spoke a word of the Gospel, she would be preaching through her home and family life the loudest sermon possible to heathenism. There is another class in Korea who considers her home heaven—that's me! You have got to know Annie and spend several weeks among the Koreans without her to appreciate what I mean.

This letter will reach you after the feverish days of commencement are past. You must take a good rest this summer. It is the greatest trial in connection with this missionary career that we can't be near you—the thought unnerves me as much now as it did in the days when I was threshing out my life-decision. God knows best—(illegible). I couldn't stand it if I were living only for time. We must spend all of next summer together.

Just before leaving home, I saw a telegram announcing the destruction of San Francisco by earthquake and fire. Meager particulars. I am very anxious about Eleanor and James T. Poor girl, she has passed through the deep waters. If they are safe, they have probably lost all. We have heard from her only at infrequent intervals, and I judge that she is a complete invalid.

Guess you are glad to have N.B. back again with you. Tell him to write me, and give him my best love. Kiss everybody all around for their missionary brother, and keep bushels of love for yourself and father.

   Affectionately,

     Fairman

May 19.

Arrived Mokpo last night O.K. Am having a great trip. Have already examined 135 people for baptism and cat. since leaving Kwangju, and have travelled 500 li or 166 miles, mostly by horseback.

July 2, 1906
Kwangju, Korea

Dear Father and Mother:

I have perforce allowed a whole month to slip by without sending a letter home; but in that time I have not written a single personal letter. Two itinerating trips, Annual Meeting, and moving, combined with completion of our new home, are my reasons, which you will allow sufficient. On the other hand, it has been an age since we had any news from home (Ida Two's enjoyable letter was the last), and knowing what busy times you have all been through, we too had realized that there were busy people on the other side of the pond. But I think it must be easier for you to get on without letters than for us.

To go back: My last letter was sent in the midst of the biggest itinerating trip I have made since coming to this country. Though it lasted only seventeen days, in that time I rode two hundred and twenty five miles horseback, preaching nearly every day, and examining two hundred and twelve people for baptism and the catechumenate. Immediately on my return, the latter part of May, I moved into our new house, at the same time putting on the finishing touches, getting things fixed up in time for the Annual Meeting, which convened June 7th. All the missionaries but Mrs. Junkin and Mr. and Mrs. Tate were present. It was our pleasure to entertain the Reynolds, the Daniels, and Mr. Harrison (the latter, you remember, married Linnie Davis). This Annual Meeting was the first one we had enjoyed uninterrupted since we came to Korea, and we enjoyed it immensely, in spite of the fact that I was elected Chairman and was on somewhat of a strain. They all said it was the most harmonious and most enjoyable Annual Meeting yet held, which of course, made host Kwangju feel very much elated. Everybody had many nice things to say about our new house, and it seemed to be the consensus of opinion that it was the best in the Mission, though it did not cost as much as some others. Mr. Bell, with building experience on this side, and your humble servant with the experience on the other side, was the happy combination responsible for the outcome. The distinctive features of our house are: large front porch, with colonial pillars, and "old Virginia" door-way, opening into reception hall, real American stairway, large open fire-place in dining room and grate in sitting room, and small dressing room and bath, both heated Korean style (viz. stone floor heated from outside, so that the fire that heats the water, or that is used for the washing water, keeps these rooms warm). In order to get these features, Annie put up about three hundred dollars over and above the amount allowed by the Mission for a house, and which is in the nature of a present to the Mission.

Annie is delighted with the house, and says she feels at home for the first time in Korea. What a woman would do in this sombre country without a home, I find it difficult to imagine—materially speaking, it is the only thing we have left of our former life. Even with frequent itinerating trips, which, though filled with hardship, afford endless diversion, I find it hard to maintain my old-time buoyancy; what it must mean for the ladies, with the same monotonous round, day in and day out, you can well imagine. And yet, Annie never complains, but stands all that comes, with amazing fortitude. The dear little baby seems no added care, but on the contrary a ray of sunshine, a never-ending joy and diversion to us all, and the idol of her grandmother. Though only nine months old, she has three teeth, is crawling everywhere and pulling up by chairs, and is enlarging her vocabulary. Everybody says she is the image of me; which circumstance, though unfortunate for the little girl, is a much appreciated compliment to her dad. I have all along thought that she is the most wonderful baby in the world; and since hearing so much outside testimony lately, have begun really to question whether my opinion is all really due to my relation to the little tot. Lately, she has developed a craving for all the trash she can lay hands on. Her temperature ran up the other night to 103; I promptly gave her a big dose of oil, followed since by more; and in the three days since have succeeded in making her yield up a number of pieces of paper, a string, and a three cornered bit of shell, while I suspect that a number of hairs are lodged in her throat yet! Since that, she has been condemned to crawl only on a sheet. Little as she is, we think her the embodiment of mischief.

The Annual Meeting added two counties and a half to my distant field, thus throwing in a connecting link of near territory, which is certainly highly satisfactory to me, as it will enable me to strike some near work in short intervals. This territory includes Naju, one of the largest walled towns in the Province, and the former capital, where work has been started, and two other established points, where work has been carried on for several years, but both of which are reported in bad condition. I will send you my Report to Mission for Sept. to Mar. inclusive, as soon as I get time to copy it. I reported, for that period of six months, 351 people examined, 74 adults baptized, and 193 received into the catechumenate, a gain of nearly three-fold over last year. I have in these groups only 120 baptized members so far, and their contributions (no foreign money counted) were $494.50 gold. You will appreciate this more when I tell you that a day's wage is fifteen to twenty cents. I reported fourteen preaching points.

We are in the dark, as yet, concerning what arrangement has been made with respect to the College. I saw a notice in the paper that arrangements had been completed for passing it over as a Synodical

College, and that father would retire from the Presidency. Is this true, and what are your plans? Tell us all about it, father, and what the outlook is for the College. You must have been much confused by the additional distraction of General Assembly during Commencement, but I hope you all survived. It seems to have been a characteristic Assembly, from the partial reports I have seen. You must have met many old-time Virginia friends. Did any of the kin come down? Give my love to all next time you write. Uncle Bob kindly sent me a copy of Eleanor's graphic account of the San Francisco disaster, which is all the word we have had from them. It was one of the best written things I ever read, and was intensely appreciated not only by us, but by the whole Mission. Eleanor has certainly had a tough time.

This letter must serve as a family letter. I expect to be at home pretty constantly for the next two months studying, during the rainy season, and hope to write each and every member of the family, to all of whom I fear I am in debt.

With love from us all, and a kiss from your little Miriam,

    Affectionately your son,

              Fairman

July 11, 1906
Kwangju, Korea

My dearest Sis:

Ever since we moved I have been in such a rush that I have been rather dazed. I don't know when I wrote to you, but it is safe to suppose that it has been some weeks, at least.

We did not get straightened up before Annual Meeting and during A.M. I was determined to enjoy my guests, even if all the closets and trunks were in <u>unmentionable</u> condition! Then after the guests left, we felt too let down to do anything. Just now I am beginning to get a little "pulled together" and ready for the <u>fight</u>.

Yesterday it was raining so hard that our gardeners could not work outdoors, so Fairman and I took them to the attic and had a <u>grand</u> straightening up. It reminded me of some of the rainy days we used to be in the attic at home. There is a very pretty view of the pines from the attic window, but rather different from the view at home. There are pretty views from all out windows except the nursery, which looks right out on the newly graded hillside. In time, I hope to have that all lovely with vines and flowers. I am planning to bring a whole carload of things back with me from home. I want to make this seem just like a little bit of America.

A few days ago, Fairman and Mamma and I went raspberrying on our "estate". It was a very delightful experience to find anything worth eating wild in Korea. There would be plenty of things if the people did not keep all the bushes and vines cut off so close. These berries are quite large, dark red, and the flavor something between a blackberry and rasberry. They would make nice jelly but "I can't make no such sacrifice as dat" to cook them, when fresh fruit is so rare. It gives us an idea what to plant and where and we hope to raise fine crops of all kinds of berries after this.

But here I have gone off to farming instead of telling you the interesting news. Florence Rodd and Mr. Castle are to be married the latter part of this month, and hope to come to Korea for their wedding trip. I am so delighted to think of having them here, though I am a little bit afraid when I think of entertaining an Englishman. I asked Fairman if he thought I could ever supply him with enough cold baths, tea, roast beef and potatoes!! We are hoping to have quantities of melons to help out our bill of fare at that time.

I have wanted the Takadas to come for August or October, whichever suits them best. They may not be able to come at all, but I hope they will. Mrs. Bell expects Mr. and Mrs. Logan from Japan in August. We hope that Kwangju weather will come up nobly and make these guests think this is a good summer resort. Then we will always be able to persuade people to come here for the summer. The Moffetts and Stuarts are going to their new house in Mok-Kan-San this year, but sometime we hope to have them here.

But not next summer. I am constantly thinking of this time next year!! When I think how quickly the time rolls by out here where we are so busy, I feel like shouting. I am beginning to wonder which steamer we will take!!! I hope we can strike one of the better ones, though I would be willing to take any kind of a tub.

If you don't want me to look "escaped", you and Mrs. Rouche and Mrs. Barker will have to provide the wherewithal to clothe me. I could order a dress and hat from England, but I might not like them when they came, and I don't want to spend any money recklessly now—we'll need all we can scrape.

The shoes arrived in our last mail and I am charmed with mine. They are too pretty to wear during the rainy season at Kwangju, but it is a comfort to have a pair of pretty shoes in my trunk. That was a fine mail—I got the shoes from you, pictures from Clara, letter saying that Florence was coming, a check for $380 which I had lent to someone and I had no idea of getting so soon, and a sweet letter from Julia Allan Witherspoon, and Fairman had a letter from Brother Willie and a fine picture of Father. Mamma never considers it much of a mail unless <u>she</u> gets a letter from you or Sam or Brother Willie!

Later—We have had dinner and now the servants have gone for theirs, and I have charge of the little Baby. She is something of a job to look after, too, as she can crawl anywhere and has such a taste for trash. I suppose Mamma told you of her being quite sick one night. Dr. Nolan came and said that she evidently had a pain in her little stomach. She had some fever, and was altogether miserable. We gave her an enema, a cold bath, and castor oil in quick succession and she thought this a world of troubles and afflictions. Next morning came strings, hairs, paper and a small piece of <u>china</u> in response to the castor oil. Since then, knowing her taste, we have tried to keep a close watch over her diet. In addition to the above mentioned, she is getting some goat's milk and Mellin's Food. Ask Dr. Whitehead what he thinks of Mellin's Food. All the mothers out here think it fine and most of the missionary babies are raised on it, but I would like to know Dr. Whitehead's opinion. I still nurse her but I was afraid she was not getting enough, so began with one or two feedings of goat's milk.

Just at present she is standing up by the table and I am expecting her to get her head cracked on the sharp corners, but no other place is quite so fascinating. She is about the <u>livest</u> baby I ever saw. It is so cute to see her coming out of the basket in the morning. We put her basket alongside our bed under our net, and she crawls out of her basket and across her father, coming for breakfast—has just learned to get out by herself. As she always heads for the bed she is quite safe at night, but in the day time, when there is nobody in the bed, I am in constant fear of her falling out on her bed. I turned around just now and saw her standing there with some <u>straw</u> sticking out of her mouth.

Fairman is going to the Post Office so I will let him have this to mail.

I think I forgot to tell you that I did not send the material for my dress. You and Mrs. Rouche select something serviceable and pretty and rather light weight, as we expect to be traveling in the tropics and in May. Tell Mrs. Rouche to make it big, as I have gained back all I lost when I was sick. I do not want the skirt silk-lined. Send me <u>all the accessories</u>, please, as it is so hard to get a collection of the proper kind from several different sources. I am giving you these details now so that if Miss Shields writes you, she can bring it, you will know. It is to be sent by Parcel Post, you need not send before Fall, but don't put it off too long. Of course, the hat must be carefully packed, and not too <u>big</u>.

Fairman is waiting around so I <u>must</u> stop.

With ever so much love for you all,

    Devotedly,

           Annie

Sept. 3, 1906
Mokpo, Korea

My darling Mother:

A breathing spell gives me the opportunity of writing some letters, and the first must go to you. Yours of June 29th was immensely enjoyed, and is the last word from home. A fine long letter from Jim dated June 24th at same time. It was fine to hear all of the startling things which had happened, and to have news at first hand which had been conveyed through outside sources. Your head must have been awhirl, and even now it must seem hard to realize that you are out of the college and face to face with a different sort of life. I can't realize it. No doubt it was the thing to do, but I hope the reaction will not be too great, and that all will get adjusted to the new conditions. Am waiting to hear whether Jim decided to stay with the College or get into something else. I should think College work would suit him.

Delighted to hear such good reports of Rhea. Hope that he has at length come to himself, and that a great happiness is in store for him. In view, however, of the many unrealized reports of previous engagements, and in the absence of any word from him, I hesitate to write him. I should not wonder if I had met the young lady you mention.

How about N.B.? Will he continue in Davidson? If he goes to College, I think he ought by all means to go on there. I implore you not to send him to King College. I feel so strongly on this point that will guarantee his expenses at Davidson, if finances are any barrier to his going. It will not only develop him more to go away from home to College, but there are incalculable advantages in continuing, uninterruptedly, one curriculum at a good College. He ought to have the best chance possible, and there is no reason why he shouldn't make a fine man.

The Roan Mtn. arrangement, by which you all can be together, strikes me as a fine one. Hope we can make the same one next summer, and induce some of Annie's people to come there instead of going elsewhere. Write us as to accommodations there, and what is the chance of inducing others to locate there for the summer? You speak of expecting us to be with you for a year. This is absolutely impossible. We expect to be absent from the field five months altogether; two of this will be consumed in travelling, leaving us three months vacation at home. In view of the scarcity of workers here and the pressing work, we feel that this the most that we can reasonably ask. Even this is entirely irregular, and may be granted very grudgingly. You can have no idea of the immense amount of work expected of a Korean missionary. You know I led somewhat of a strenuous life at home, but it was nothing to the life I lead out here.

This summer has passed like a flash. During July and August I kept pretty close at home, putting the finishing touches on our house, studying the language and preaching. We are now en route to Seoul, to attend the meeting of Council, and incidentally get our teeth fixed. Annie & her mother are at the home of the Customs Co____ whose wife visited us two weeks in August, and I am working among my Koreans. Annie spends almost every day out with me, working among the women. Mokpo is now the largest church in the Province, and it is a great privilege to be here again. The growth has been marvellous of late. We expect to get back from Seoul by the 20th, and Annie may visit awhile at Kunsan, the Daniels, and perhaps go with me for a boat trip to the south of Mokpo, as we return. Baby Miriam and her grandmother are with us, of course. Miriam has begun to walk, has eight teeth, and no end of accomplishments. She understands some Korean words, as "kah-ja", let's go; "napooda", naughty, etc.—far better, I am sorry to say, than she understands English. There are some missionaries' children who understand only Korean, in fact, but we don't intend that ours shall be that way. She will be 1 year old Sept. 26th.

Yesterday was the 3rd anniversary of our marriage. The Hopkins got hold of it, gave us a big dinner, and two beautiful <u>leather</u> presents—nearly took our breath. These people while nominally members of the English Church, are not strong Christians, and while originally little in sympathy with our work, have become strong friends and have changed wonderfully in their attitude. Wish there could be a better understanding always between the missionaries and other European residents in the East.

We long to see you all, and the time can't pass too quickly until then. It will, too, and we must be planning aforehand to get the most out of next summer. We wish to leave here about May 1st. Give us any suggestions that come to you and we will lay definite plans as soon as possible, and write you.

Dear love to you each one, and may our lives be spared to see each other in the flesh again.

Annie wishes to write and may find time soon.

    Lovingly your son,

        Fairman

Sept. 28, 1906
Kunsan, Korea, Asia

My dear child:

It is a little less than a month until your birthday. I wonder if these lines from your mother will reach you by that time. It is possible that they may. At any rate you must surely know that my thoughts and prayers will be with and for you then even more than on other days.

I have the impression that I sent you a few lines from Seoul. I know that I had the desire to write many letters while there but the days were so full and the time so short for seeing all the friends. Then I lost time by having an attack of indigestion which caused vertigo and prevented reading or writing for awhile. Made me miss some pleasant visits, too. I especially regretted being unable to attend a reception given by Dr. Vinton in honor of his guests, Dr. and Mrs. Johnson and their daughter, of New York. The Dr. is a member of the Board of Foreign Missions of the Northern Presbyterian church and is making a visitation of the different mission stations of that church in India, China, Korea and Japan. I think Mrs. Johnson told me that they had been travelling for seventeen months. Dr. Johnson's talks were said to be very helpful. I went only twice to hear him, but heard very little, even with the aid of my ear trumpet, sitting on the very front seat, too.

I feel sure that my deafness has increased and fear that I am to be "deaf as a door nail". But thank goodness! I have my eyes, which, though "dim by reason of age", afford me much pleasure. It was such a joy to look upon the faces of so many of the missionaries. Many of them I had met before and they greeted me so cordially.

Tell Sam that Mr. Fenwick was there and had many questions to ask about him, desiring me to assure him of his very pleasant remembrances of him and the visit to our home.

We had not so many brides this year as last. There was one very fine looking and stylish couple. The gentleman had recently returned from his furlough in the homeland bringing a bride with him. Annie had three occasions for wearing her white silk—at Dr. Vinton's reception, the Princeton dinner, which is given annually by the Princeton men, and a wedding the last night of our stay. I attended the latter. It was a very pretty affair. The missionary company made a fine showing. The new Consul and his wife were present. I met her one day at Ewa Haktang—Annie and Mrs. Reynolds called on her. She expresses herself as interested in Mission work.

Mrs. Reynolds had her home full to overflowing all the time that we were there. She invited me to remain and be her guest after the bustle of the meetings was over, so that she could show me more of the city, but much as I would have liked to do so, I did not think best for me to be separated from my folks.

We left there Friday morning the 21st, expecting to take steamer for this place that afternoon, but were obliged to wait until the next evening, making it Sunday morning when we reached Kunsan where we are visiting Dr. and Mrs. Daniel. Dr. Daniel met us at the steamer in a sampan and we had the same laborious long trip in reaching the Mission station that we had twice before. The tide running out, we could make no headway except by keeping close to the shore where two men ran along pulling the boat by ropes. Often they were in mud up to their waists and sometimes were obliged to cling on to the boat when we passed the mouth of streams entering the bay. It seemed many times that we would be overturned. It was tiresome enough when we made that trip before baby came, but much more so with her.

She is such a restless little creature. Now that she has found the use of her feet, she wants to keep going all the time. She took her first steps a day or two before we left Kwangju and now toddles on the run. Mr. Earle says that when she runs and kicks, she looks like her father! A lady in Seoul said she had heard that our baby was so much like her father, but she thought her very much like me. Fairman has often said the same. How can that be? Surely there is no resemblance between Fairman and myself.

The little darling was a year old day before yesterday, the 26th. Mrs. Daniel gave her a little party, inviting the three Bull children to join Miriam and Marion in the festivities. Kodak pictures were taken of the group at the table which I hope will turn out well, for it was a pretty sight. Mrs. Daniel had arranged the table under a tree in the yard, decorating it with pink. She had a large sponge cake with white icing, having Miriam's name and the date traced in pink in English and Chinese. Baby M. was given the large knife to cut the cake and would have made havoc of herself and it if her mother had not guided the little hand. I forgot to mention that on top of the cake and in the center was a pink rose and one little pink candle. Tell the children about it, all the little cousins over there. Tell them it would have made "Mamma" so happy to have had them share the cake and afterwards romp in this yard which is such a nice playground for little folks.

I wish you could see your little namesake toddling around in it. Marion Daniel does not creep, nor stand alone yet, though nearly a month older than our baby. "Our baby" is a smart one, I tell you. Of course the grandmother is accused of 'spoiling' her, but I'm sure that I do not like 'spoiled' children any more than other folks do. I had said before she came, told Annie so, that I did not intend to love any more babies because I had suffered so much from that "sad sad lesson of loving"—my heart strings torn so by it, but here I am, loving her just as hard! How can

I ever be separated from her? But I'll not worry about that—"Sufficient unto the day is the evil thereof".

So far as we can see into the future, it is a settled thing that we are to leave for the U.S. early in May, the Prestons to return to Korea by the first of October. So make your plans accordingly. That will give them only three months to divide between the Preston and Wiley kin. Study on the problem and see what you make of it. Annie thinks it a good idea for any of you who may be expecting to spend awhile in the mountains, to meet her at Roan Mt. where the Prestons spend part of each summer. If she goes to the mountain first it will make them feel the heat in Salisbury all the more. I suppose she and Fairman will do their own planning and the others can make theirs to coincide. I am quite at a loss to know how I am to be disposed of when Annie and Fairman drop me, but I think that I have been on their hands long enough.

Fairman left yesterday afternoon on horseback for Kwangju, intending to meet us at Mokpo. We will probably be here a week longer as we await the coming of the steamer which brought us here, it being larger and more comfortable than the others and serves "foreign" food. We were much crowded on our trip up and almost as much so coming down. A party of German tourists had the six cabins when the vessel arrived at Mokpo. We went aboard, not knowing how we would be disposed of. Annie and baby M. were given one of the officer's cabins and I another. Fairman, Dr. Nolan and Henry Bell were "lying about loose", some sleeping in the dining saloon and some on deck. Fortunately we had our camping outfit along, cots, bedding etc., These are necessary parts of one's 'luggage' in travelling in Korea. We stopped a few hours at this port on our way up, spending the time with the Daniels. The "Ohio" steamers no longer ply along this coast, for which we are sorry, as they were so far superior to these small Japanese boats. The "Mokpo

Maru", on which we came, is a very nice little boat though, and the officers very pleasant.

Annie is having a good time with congenial company and rest from household cares. She was much rushed in Seoul, however, shopping, attending meetings, and going to lunches, teas, and dinners. You see, she is very 'popular' among the missionaries. One day she went to the photographer to have our baby's picture taken. They are very sweet pictures, but not very good likenesses of the little girl. I wish you could see her toddling around with one of Marion's dolls hugged up in her arms, patting it and singing to it. She has none of her own. I did want to get one for her birthday, but saw none in Mokpo nor Seoul. Marion's grandmother sent her such a pretty rag doll.

We are invited to Mr. Bull's for dinner and the time is drawing near. We dined there once since we came, and once with Messrs. Harrison and Earle. Mr. Harrison is a widower and Mr. Earle a bachelor. It certainly seems lonely for them, having no woman about the house. Mrs. Reynolds, and the folks here, have treated us to such delicious ices, knowing that we have no ice in Kwangju. After all the time and trouble spent on putting up ice there last winter, every bit of it melted. When the ice house was opened, Mr. Bell said there was "not even a damp spot to show where ice had been".

I sent you a copy of the report of Annual Meeting from Seoul wishing you to get it in time for the November Missionary Meeting. Fairman doesn't believe in these missionary societies, I think. Says the church is, or should be, one great missionary society, that its great business is to make the Gospel known to all the world. That's so, too, but it seems to me that the societies keep up an interest in the work. I suppose that is the churches business too.

It is said that Dr. Forsythe will return this Fall, bringing his mother and sister with him. I certainly hope so. Miss Nellie Rankin is expected too. Miss Kestler is a member of Dr. Daniel's family now but expects to have a home of her own sometime next year, and would be so glad to have Miss Rankin share it with her. She is acquainted with her. Miss Kestler was one of John Coit's nurses when he was in the hospital at Charlotte. She met his mother there. Tell Laura to renew her knowledge of cooking and rub up on any other accomplishment. Everything useful can serve a purpose out here. I wish we could have met here, but Annie will have her company on the return journey, which will be so pleasant for both of them. Perhaps Mr. Preston's father will come out then. There is talk of it. The mothers of missionaries are beginning to find their way to this distant land. Love is such a strong drawing card. I met three in Seoul. One arrived while I was there having been a passenger on the Manchuria which ran aground fourteen miles from Honolulu. That must have been a thrilling experience. Our friend Miss Shields was also a passenger, and Mrs. Morris of Seoul. The latter had also passed through the awful time of the earthquake in San Francisco.

It is to be hoped that some letters are awaiting us at Mokpo or Kwangju. No mail has been forwarded us and I know nothing of how you and my other dear ones have spent the Summer.

Before I finished the first page of this letter I saw my mistake in leaving October out of the calendar, but did not think worthwhile to re-write. You will understand.

There are lovely wild asters here, large white ones and delicate pink. Mrs. Daniel has a lovely bunch of them, with ferns, on the dining room table. She says that the first thing she heard about Annie was that she was bringing forty-seven boxes of cut glass, china and silver with her to Korea!

Share this letter with the others. Not worth sending to Mexico tho.

Mr. Hulbert regretted so much not seeing Willie in N.Y.. He and his wife are such fine people. We saw such lovely laces from China, Mrs. Reynolds had them. Remember me to all friends and to the servants.

With love in large measure for those dearest to me,

Mother

Oct. 9, 1906

Mokpo, Korea

My dear old Sis:

We are all in a rush this morning to get off to Kwangju. There is always so much baggage for even the shortest trip that one can never get up quietly and go away, like the Arab.

Kwangju, October 11.

Just then Fairman came in and said I must leave at once for Mrs. Hopkins', where we were to lunch. We left on the launch soon after and got into Yung Po about eight or half past. We slept on the launch, and came over yesterday morning, had dinner with Mrs. Bell and supper with Mrs. Owen. Today I came up to my eyes in work.

We are sending off an order to Montgomery Ward & Co., and I want to ask you to send my dress, hat, shoes, etc. by express to them to be forwarded with our order. Address the package to

    Rev. J. F. Preston, Mokpo, Korea

    Care of Montgomery Ward & Co.

    Michigan Avenue, Madison Washington Sts.

    Chicago, Illinois

And be sure to put the value on it for customs purposes.

Mamma wants you to send her corset, and two of those stay belts that Miss May Carter sells. She likes the shoes you sent so much that she would like another pair just like them. Send the things as soon as possible as Montgomery Ward will be holding our order for them.

Mamma wants you and Marion and Mrs. Rouche to get her a light weight traveling dress. Don't hold this order for that, though. You had better get it and have it ready to send on short notice.

The little shoes have not come yet.

I have been interrupted numerous times in writing this. I won't attempt more this a.m.

With ever so much love for you all,

  Devotedly,

    Nancy

Oct. 25, 1906
Kwangju, Korea

My dear Mother,

You will be thinking that your newest daughter has forgotten her filial duties, I am afraid, as she has been silent so long. To tell you the truth I have been almost afraid to go to my desk for such a pile of unanswered letters is there that I am taken with a panic. So I am writing this on my lap.

Floy's letter to Fairman came last night and I could not wait until his return to read it. It was good to hear of your summer in the "Wood House". I hope you were very much benefited. You must not wear yourself out during the winter for you will want to be looking well for Fairman's homecoming.

That home trip fills a large part of our thoughts these days. We want to lay our plans carefully so as to make those few months stretch out as long as possible.

I certainly hope that Miriam will be as cute then as she is now. She is flying around at full speed all day long and into everything. Mamma sometimes says "How restful it must be to have one of those babies you can put down and they will stay where they are put." But I know she really thinks they are not to be compared to Miriam. She isn't very fat and doesn't eat as much as the books say she ought, so I was asking Dr. Nolan if he thought she was well nourished. He said that she was in fine condition, much better than most of the very fat babies. He came in while she was in the tub, so he had a good chance to see her rosy little body.

We have arranged some leading strings for her and it is a sight to see the little thing going down the terrace as fast as her little legs can fly, held up by amah or her grandmother or the boy. A few days ago, Mamma and I took her out for a walk. She went on the boy's back until she grew tired of that, then we put on her leading strings and let her trot. That was such a "coogyung" that her following increased rapidly. As Mamma and I looked back we longed for a Kodak to snap the funny little lady with her crowd of admiring Koreans following on behind.

Fairman is away in the country now, to be gone three or four weeks visiting his churches and holding a protracted meeting at Mokpo. The work there has improved wonderfully. It was a great pleasure to go down there and meet with those riper Christians. Everything in Kwangju is so new and so ignorant. But of course that gives us all the more opportunity to teach.

One old lady from Mokpo has been up here on a visit—we call her Mrs. Buttinsky, because she used to call at any and all hours of the day. She was much disgusted with the women here because they are not all learning to read. She said she could not stay up here, because she could not carry on her studies. Fairman had told me that the people of Mokpo had gone crazy on the subject of education. I was amused and gratified to see that the craze had reached old Mrs. Buttinsky. She is a very pitiful old woman, a widow, whose only son went off to Honolulu and never writes her a line. She has had me write several letters to try to find out if he is dead or alive.

While Fairman is away, I am trying to get the house cleaned and straightened up. There are lots of books and papers which have never been put to rights since we moved. Our winter clothes need a good deal of work, too, so I am busy as can be all day long.

Ida "2"'s pretty post card came last night, and helped me to "be sunny." I want to write to her before long but I am such a farmer's wife with my barn building, gardening, buying horsefeed, making preserves etc.

that letters get crowded out.

It is nearly half past ten and I had thought I was too sick to write tonight, so I must get to bed. Miriam has not yet learned to sleep through and I will have to get up sometime during the night to warm her bottle. I tried making her wake up when I went to bed, but she woke at her own time, too, so I just let her run it to suit herself. I have just weaned her.

With a great deal of love for each one.

    Lovingly,

                Annie

Mamma wants me to send her love too.

Nov. 20, 1906

(Page 1 missing) is goose, if we are so fortunate as to kill one. There is, however, a wild turkey, or great bustard, here in great numbers, but very difficult to kill. I saw a flock of five flying overhead Sunday. Mr. Bell and Dr. Nolan went hunting yesterday, and today sent in a large, fat deer. We shall have a Station dinner over him tonight, and call it Thanksgiving.

The first snow of the season fell here yesterday in light flurries, not staying on the ground, of course. This is extra-early. Today it is cloudy and cold, the thermometer standing at 35° F. The winters in Southern Korea are ideal—cold, but not severe, and very dry. I am free from the bad colds I used to suffer with in the States.

Can you realize that it is just five months until we start for home? It seems too long to wait, though we are extremely busy, and, the days are flying swiftly as a weaver's shuttle. We should begin to make definite plans for the summer. Our idea has been that we should all settle on some good resort for the summer, where the relatives on both sides could go, secure cottages, and let us all be together as much of the time as possible. Roan Mountain, Blowing Rock, and Montreat are all good places. The latter, you know, is where we spent part of our honey moon, and has now passed into the hands of Presbyterians, and there is a good hotel there. Is there a hotel on Rosa Mountain, or good boarding house, for the accommodation of such friends as might want to board? Ascertain data with reference to these three places, or any others, and write as as soon as possible, giving us your ideas. It would be a good plan for you to write to Mrs. N. P. Murphy, Salisbury, and give her your ideas.

Enclosed I am sending you a copy of a letter written to Spartanburg UU Church, giving some account of my last itinerating trip, and the wonderful revival meeting held at Mokpo.

Also some kodak pictures of the baby, taken a month ago—the one with the kid, two months ago.

Received and enjoyed Floy's letter very much, and will answer it next. You must all take good care of your health this winter in Bristol, and remember that it is not South Carolina, either in health or mildness.

With love for each member of the family, and affectionate regards for the aunts, uncles and cousins, in which Annie joins, and a kiss from Miriam,

   Lovingly your son,
      Fairman

Give my love especially to Carol Newman, when you see him.

Nov. 27, 1906
4 P.M.
Kwangju, Korea, Asia (Always "via Mokpo")

My Precious child:

With you it is the early dawn of this brief November day—your birthday—while, with us the sun is low down in the West.

I hope that you are sleeping sweetly and will awake refreshed for the duties and pleasures of this anniversary day. Our thought have been much with you. At my first waking I thought of your little Marion and want to suggest treating him as we did Miriam, so that weaning was so little trouble. She was weaned, in her thirteenth month, with scarcely any trouble at all. She had been so bad about nursing at night, giving her mother little rest. Annie had been giving her the bottle occasionally through the day, so we just substituted the bottle for the breast. Then Annie broke some half dozen or more bottles and now we feed the little lady from the cup.

She was fourteen months old yesterday and her mother discovered that, <u>according to Dr. Starr</u>, she might be allowed something besides the liquid food. (Dr. Starr's "Magazine of the Nursery" has a place beside the Bible and cookbook these days!) So our baby darling has had crackers and some rice pudding today. She seems to be entirely recovered from the little attack which caused us much uneasiness, tho' the teeth which we thought were partly the cause of the trouble, are not through yet.

I intend enclosing two Kodak pictures in this, one for the little boys and one for the little girls. They can draw for them as they are not just alike. I had intended sending them in the letters that I wrote to the children a few days ago, but they would not go into those narrow envelopes.

Do write and tell us of Marion's accomplishments. I should think that you would be proud to send us a picture of him. It's a shame that you haven't sent one of the other little boys in all this time.

I think I wrote the children of the deer that Mr. Bell and Dr. Nolan sent in when they were off on a country trip. Mr. Bell sent word to his wife that they would be that evening and proposed that a venison, Thanksgiving dinner be prepared, inviting all the missionaries to partake. Mrs. Bell's cook was sick and Fairman suffering from a heavy cold which confined him to the house, so Fairman and Annie proposed having the dinner here at half-past seven that evening. Mrs. Bell came up and assisted Annie in arranging the table and sent her houseboy to help. Mrs. Owen offered one of her servants and things went on finely. Annie's cook made a greatsuccess of her dinner. In addition to that, Annie prepared venison steak in her chafing dish. She wore her yellow silk and I my burah(?) (By the way, that is the only <u>whole</u> dress that I have now, except my black silk, made in Scotland) We had Annie's large cut-glass vase filled with yellow chrysanthemums on Miss Kestler's centerpiece. The huntsmen came in late, dressed in their best, Dr. Nolan looked like a Frenchman. There was much bantering one way and another about the game, but I hadn't the slightest idea that they did not shoot the deer until yesterday when I was told that Mr. Bell confessed that they <u>bought it</u>! They <u>did</u> shoot some geese and ducks of which we have had a goodly share.

Annie has a treasure in her cook and we are enjoying her greatly. Besides being a really good cook, she is so good-natured. Miriam likes her so much better than her amah. Annie would like to take her to the U.S. with her, as nurse, but is undecided about it.

Before I had written many lines, we decided to go for a walk as the afternoon was fine. Now I am writing by lamplight. I was feeling quite sore from a climb I had yesterday up a steep hill.

I purposely took this small sheet so that I would not make my letter so long that I could not write others. I have not sent Miss Straeffer a line since she left. She wrote twice to me before she sailed from Yokohama. There are many others to whom I am indebted. I have accomplished several letters in the past week or two.

It has been some time since I heard from Willie and Marion. I wonder if they are in Mexico this winter. Samuel, I suppose, is at Chapel Hill.

I hope that you and Marion will be able to help us out about clothes, for we are in dire need.

This, however, is to be a birthday, Christmas and New Year letter, so I ought not to pester you about such matter-of-fact things. It would take more than the remaining space on this sheet to convey all the love and good wishes for you and yours. May your Christmas be a very happy one and the New Year bring joy and peace.

Tell your husband that I sometimes feel hungry for some of his nice candies. I hope he is not too busy to enjoy the blessings of a good wife and three sweet little boys. There is his pretty daughter too, almost a young lady now. Better enjoy her before somebody takes her from him. Is she at Red Springs again? Our love for her.

After not quite two weeks at home, Fairman left on Saturday for a three week's trip.

You miss it by not keeping up a correspondence with Lucy Martin. She writes such bright, interesting letters.

9 A.M. now.—Little Shan is off to school. What is the "little brother" doing? They must write to Mamma.

Only six months now til we meet.

    Lovingly,

        Your Mother

I hope the little boy will not be having trouble with his teeth when his Korean cousin visits him. She enjoys children very much.

In 1907

Jan. 5, 1907
Kwangju, Korea, Asia (Address "via Mokpo")

My darling child:

I must not let the first week in the new year pass without getting off a letter to you. It has troubled me very much that I have not had a line from you through all the holidays—Thanksgiving, your birthday, mine, Christmas, New Year's day—all past, without a word from my dearly beloved child. I began to fear that you were having some great trouble to cause your silence.

If our plans are carried out, you will not have an opportunity for writing many more letters to me in Korea. Just think, it will be March before I could get a reply to this, and sometime in April we hope to start on our long journey. It may not be possible for Fairman to get off before the very last of April. I wish it could be the first, because I feel sure that he will want to be back in Seoul for the September meetings.

There is so much to be done preparatory to leaving—getting the house set in order for an absence of five months. It is necessary to pack things away carefully for during the rainy season "moth and rust corrupt". There is such a plague of rats here, one needs to guard against them. I have been thinking that the missionaries should have ferrets to try and rid their houses of these pests. Annie tells me that these little animals were used at Peace Institute. I'll get you and Bertha to tell me all about them. Perhaps Fairman and Annie can bring some out.

He and Mr. Bell have just now started out on a long trip, going to visit Mr. Bell's churches, hold protracted meetings and instruct classes.

They will be gone four weeks, I think. In February there is to be a large class held here. I wrote you that Fairman was gone nearly all the Fall, got back the second week in December. On the 15th of that month, a class of men from this province, over a hundred, received instruction. The meetings closed on Christmas Eve.

I sent off letters to you and Marion on the 28th telling you of our Christmas celebration. On New Year's day we all dined at Dr. Owen's, babies and all. These babies are always included in the invitation. Mrs. Owen had her house very prettily decorated with evergreens. She has many pot plants too, besides many of Miss Straeffer's which she is caring for. The table decorations were of pop corn and the effect was very pretty. There was a beautiful centerpiece of embroidery and drawn work. On this was a pot of fern and at each side of it, a pot of flowering geraniums. The strings of popcorn were carried from the ceiling to the table and draped around at each plate. There were little easels of popcorn, holding the place cards, which contained good wishes for the New Year.

The dinner was fine. Mr. Bell provided a brace of wild geese for the occasion. The mince pie was the best that I have tasted since "grandma's" times. There was ice cream too and chocolate eclairs, besides many other good things. After the dinner, toasts were given to which Mr. Bell and Henry, Annie and Fairman responded. Henry's was "The Children of Kwangju Station". I want to send you a copy for I think it very good for a little fellow. Of course, I did not hear any of these things. Henry was so considerate of my infirmity that he said to his Mamma beforehand, "Mrs. Wiley will not be able to hear this, so I will give her a copy to read". Was not that nice in the little fellow? I assure you I appreciate such thoughtfulness. I fear that none of you will want to be bothered talking to such an old deaf woman. Mrs. Bell is always so sweet, always remembering which is my better side and trying to tell me what is being said by others.

I wish that I could see her <u>every</u> day but we are such busy folk that a week, and sometimes more, passes without our seeing each other. So much of my time is taken up in repairing old clothes. I cannot get to make the necessary clothing for our darling little girl. She is needing new flannels and a little coat now very much. The walking has been so bad since we had so much snow that I have been out but little. I feel the need of outdoor exercise. I look off upon the hills and long for a ramble among the pines. That would do you good too, my dearie. I wish you were here to go with us. Annie says she is going to bring you back with her! She is looking forward with delight to that visit <u>home</u>. There is so much hard work ahead of her here in preparing for it, and the long journey, with a baby will be so tiresome, that I wish I could look forward to a good rest at that end for her, but there will be <u>clothes</u> to get. New clothes will be such a novelty though that perhaps there will be only pleasure in procuring them.

If there is anything special that you wish us to take to you, make mention of it speedily, for the time will be short after you get this. Neither you nor Marion have mentioned anything about travelling dresses for Annie and me. I hope there is something on the way. That corset too! I told you I was being <u>cut in two</u>. "Is it nothing to you" that I meet such a fate?

Annie had a letter from Marion night before last, I had one from Willie and one from Sam. It had seemed such a long time since we had any foreign mail. I wish I could know whether Mr. Orin is going to let me have any money. I think I have about enough to get home on (thanks to a good friend!) but <u>I want more</u>.

Be sure to send the measures of the little boy's feet. To think that Shannon will be nine tomorrow! Bless his heart! I hope he hasn't forgotten to love his "Mamma" by getting to be a big boy. Aunt May thinks that he is such a good, thoughtful, obedient little fellow. I suppose Nettleton will be in pants by this time, but there will be one "little brother" for "Mamma", and she loves them <u>all just as hard</u>, even if they <u>do</u> wear pants!

Do you know that our plans have been changed as to routes and that we now expect to go via the Canadian Pacific, because it takes less time, which is so valuable, and because Annie wishes to return that way and it is somewhat cheaper to get a return ticket by the same line.

Some belated Christmas packages are coming in. One from the Hutchisons and one from Helen came night before last. The box of books from Marion for Annie came the day that I sent off a letter to you for her.

Remember me to Mr. Murphy. Tell him I hope he is taking the best care of you, so that you will be in fine condition when we arrive. You <u>must</u> enjoy this visit of Annie's to <u>the utmost</u>. Don't let the thought of the parting, nor <u>anything</u> else, mar the pleasure for her, nor for yourself.

With a heart full of love for all my dear ones, and the prayer that God's richest blessings may be theirs through all this year,

    Your loving,

        Mother

Jan., 1907
Kwangju, Korea

Mrs. J. F. Preston
To: Mrs. John H. Eggleston, Lexington, Missouri

My dear Mrs. Eggleston:

When I look at the date of your letter, I am almost too much ashamed to write you, but I do want to tell you something of our work and needs.

You have doubtless heard of the wonderful blessings which the people in Northern Korea have been receiving, so I will tell you of our work only. Kwangju is our newest station, you know, and when Mr. and Mrs. Bell and Dr. and Mrs. Owen moved here about two years ago there were no Christians here except "Deacon" Kim and his family who had moved up from Mokpo. We have had big crowds at church and been very kindly received by the people, but we feel that we have not really reached their hearts yet. The country work is very encouraging, but the people of the town of Kwangju still seem to be blind to the wonderful meaning of the Gospel. Won't you join us in earnest, definite prayer for the local church, that the Christians may be revived and become powerful witnesses to those who sit in darkness.

But I must tell you a brighter story—a story which encourages us and makes us expect great things here. About three years ago, we all felt the same coldness and deadness in the Mokpo church, and now it is an inspiration to go down there. I remember how we felt about the women who didn't care enough about the Bible to learn to read it—the Korean is exceedingly easy to read—nor enough about it to pay close attention in church. Of course, there are always exceptions. Bot now— how different! The capacity of the church building has been doubled and every Sunday the women's side is filled with a crowd of earnest, attentive women. Nearly all of them with their Bibles. I wish you could have shared my feelings when I went back to that church after a year's absence.

One of the first persons to speak to me was the mother of one of the richest men in Mokpo. When I first knew her she was, humanly speaking, a hopeless case, rich, haughty, self-sufficient. We exchanged visits a number of times but up to the time we left Mokpo, she had never condescended to attend church. Now she is a radiantly happy Christian. Mr. Preston says that she was so much interested in telling him how happy she was, that he could hardly get a chance to ask her the questions usually asked in an examination for baptism. Old as she is, she had memorized the Commandments. I wish you could know those Mokpo women.

It isn't all dark at Kwangju either. The congregations are not so large as they were when the foreigners were a complete novelty, but they are steadily increasing now with people who are feeling an interest in the Gospel we bring. There are some dear old grandmothers whose faces show that they have peace in their hearts. Sometimes when talking to newcomers I call on them to testify that the religion of Jesus brings joy, and they respond gladly.

Mrs. Owen has a class for women on Thursdays and I teach them on Sundays. Mrs. Owen and Mrs. Bell take Sunday about with the children. We have one day a week for visiting—going places where we know the people, and we are always received cordially. Even the people who do not attend church are most friendly to us.

One of the greatest ways of reaching the women of Korea is through the "Coo gyung" or sightseeing. Women come by twos and threes, to see the wonders of our foreign houses. Some of them come great distances to see these remarkable things and we never like to turn any away. Yet, as we are all housekeepers and mothers, we cannot receive callers all day every day, so we have divided the week—Mrs. Bell gives coogyungs two days, Mrs. Owen two days, and I two days. Just now the women are very busy with their pickle or saurkraut (kimchi), and we have very few callers, but in the early Fall, at their New Year, and in the Spring, we have streams of them.

We are very happy to see that we are to have a missionary added to our forces. We like the ones we have very much. Do you know Miss Dysart?

In the same paper, I saw of Carrie Moffett's appointment to China. That will be a great joy for Lacy. We are very fond of the Moffetts, and hoped to have them visit us this past summer but they went to Mok Kan San to their new cottage. We had a very happy reunion of the Forward Movement in China in the summer of 1905, but the trip is too expensive to take very often, and China is much hotter than Korea. We are willing to stand the heat for the sake of a F.M. reunion however.

Mr. Preston is away from home now holding classes at some of his preaching points. He writes me that he is having good attendance and close attention.

I thank you very much for your letters and your good wishes. Please give my best wishes for the New Year to your Society and ask them to join with us in a prayer for a great blessing in Kwangju and all South Chulla Province this year.

        Most cordially yours,
           Annie S. Wiley Preston

My dearest Sis:

I hope to write you a good long letter in a day or two. In the meantime,

I will let you feast your eyes on a copy of one of my "missionary letters"—they are few and far between, I fear. If you think any of it is worthwhile or new to the Ladies F.M. Society, you may read some of it to them. Excuse pencil, but I haven't time to copy it. Some of these days I want to send the L.F.M.S. a <u>fresh</u> letter, all their own, but I have never been able to get it off at the right time of year for their Korea meeting.

With a good big squeeze for the dearest Sis in the world,

  Devotedly,

    Nancy

Jan. 25, 1907

Kwangju, Korea, Asia

My dear Mrs. Preston,

I hasten to thank you and Floy for my share in the box of dainty things which arrived night before last. You can scarcely conceive how refreshing are these tokens of remembrance from friends afar to exiles in a heathen land.

Even a card, with a loving word, makes "sunshine in a shady place", and <u>these</u> are <u>all</u> so pretty.

My lovely needle case and pretty tie are put safely away to be displayed to <u>home</u> friends, for "going down" is, as Annie expressed it, the undercurrent of all our thoughts.

It is about decided that we sail on the "Mongolia" from Kobe, April 24th—only three months from now! You may recall that this is a sister ship of the "Manchuria" which was wrecked between San F. & Honolulu last year. I met friends in Seoul who had been on that steamer. One lady expressed it as having been "a very comfortable wreck"! Can you imagine such a thing? <u>We</u> did not feel very comfortable when our ship went aground near Mokpo as we were returning from China. Annie was specially anxious for me to see Honolulu and she and Fairman want to meet Eleanor Watkins, but for reasons of finance and of quicker transit it had been thought that we might be going via the Canadian Pacific. I had some dread of that cold route for our baby, and we all like better the thought of "Summer Seas", for we all love warmth. However, we had it hot enough last summer to carry us through <u>two</u> winters. At least we thought so at the time. It was not a circumstance tho' to the heat in China. I am very glad that I had that grand trip to the land of the Celestials, but hope that if I ever go again it <u>may not</u> be in July. I wish very much that we could meet with that grand army of missionaries in Shanghai the coming Spring. Don't you know that Dr. & Mrs. Stuart are happy on having their three sons—their whole family—on the mission field? We have recently heard that her third son David, an M.D., was appointed to hospital work at Soochow.

Miss Rankin, who has so long been waiting "until the way be clear to send her out", has probably arrived. She was appointed to Chunju. I had a letter from Miss Tate of that station a few days ago in which she wrote that Miss R. was to sail from San F. Jan. 8th. Miss Tate expects to meet her at Fusan. I wish that many of those at home who have well-filled pocketbooks would open them and send on reinforcements before these few who are bearing the burden and heat of the day shall fall by reason of overwork. Each of the men at this station have, I know, too much to do, but the needs are so great. They see the land lying in the darkness of heathenism and long so to go in and possess it for their Master. I hope there will be at least <u>two</u> recruits ready to return with F. & A. in the fall.

Several times you have asked "Why does not Mrs. Wiley write?" My impression is that you have been indebted to me a long, long time. However, I have often intended to write because I thought that perhaps these children did not tell you the half that you would like to hear about this darling little granddaughter. Today I asked Annie if she had written you about Miriam's introduction to her first doll, on Christmas morning. She replied, "No, Mamma, I am leaving it to you to tell all her smartness"! I exclaimed "My patience, it would require volumes!" I have not "the pen of a ready writer", and it takes me long to write one epistle, while A. can scribble them off in brief time.

That Christmas morning picture was a beautiful one. I wished much that we could have had a snapshot taken of our darling then. A fancy stocking which Mrs. Daniel had sent for the Santa Claus stocking was hung on the fender in the sitting room. In this was placed a very little candy, an orange, a little box with gold pins from Marion Daniel, and on top of all, with head and arms showing, was this doll, a very ordinary looking cloth doll which had arrived on Sat. night with many other things which A. had ordered from Canada. The many pretty things for her Christmas tree, including a beautiful doll for M., did not arrive until long after. The finest doll made could not have produced a greater impression than this one in the stocking, however. Little M. was called in and directed to the place. She walked slowly, gazing intently and wonderingly until she reached it, stooped down and looked up into the doll's face, knelt down and looked up adoringly, raised up and kissed it, then clasped it in her arms and walked around the room, supremely happy. She wore a pink wrapper and a little Korean hood which latter some of her admirers among the servants had given her. It is of green silk, bordered with white fur and is very becoming. The memory of that lovely Christmas morning picture will abide with me. We are hoping to be able to send you a cute picture of her in the pretty knitted suit which she received from you and her grandfather. She was dressed in it yesterday morning especially for that purpose. Her father tried the Kodak on her and I hope that something will develop as pretty and cute as she looked. She objected tearfully to having the clothes removed. She seems to have an inborn love of dress. Is that true of all the sex? I wish you could have seen her sailing around in a red wrapper of her mother's. She seemed to take as much pride in the long train as any of the little girls who "dress up" in in grown folk clothes. It was the funniest thing. Isn't it queer that she can understand two languages but speaks none? The name of the gate boy—Hong Yuddi—is the only one she calls although he is not her prime favorite. She says "here" when she gives one anything. That is about the extent of her vocabulary. Sad to say, the beloved doll has been discarded for a toy dog which came from England. It is a Pomeranian, with white fleece, moveable legs and head and she is devoted to it, hugging it up in her arms and scarcely ever separated from it. So much taken us about this charming baby—mind, I do not say good baby—that I have hardly room to tell you of Annie's happiness in having Fairman home for a few days. He has been away the greater part of the time we returned from Seoul in the fall.

Yesterday was a lovely day and they had a long horseback ride. I could fill another sheet telling you of our Christmas and New Year festivities, but it may be that you have heard of these from Fairman.

Best wishes to Dr. Preston and love for yourself and the children.

    Affectionately,

        M. C. Wiley

Feb. 5, 1907
Kwangju, Korea

My dear Mother,

You cannot fully appreciate, until you have been a foreign missionary, just what it means to get a box from home! And you all have a fine idea about what to put into a box, too. We were all of us delighted with the dainty, <u>useful</u> things. Mamma has written you of Mirima's delight in her little "snowman" suit. She is the <u>cutest</u> thing when we put it on and stuff her little skirts inside. I hope the pictures which her father took will be good. I think we will find the little suit just exactly the thing for wearing on the steamer. The little acrobat prefers wraps which do not interfere with her movements in any way.

Thank you very much for my pretty bag. It is so much easier to do mending when one has pretty belongings like that. Fairman's itinerating and hunting trips mean lots of holes in his socks, too.

Tell Floy please, that the slumber socks look most inviting and I long for them these frosty nights, but I have resolutely put them away to be used on the steamer on the trip home to use one of our oft quoted expressions. I am glad they are too small for Fairman for I know he would want to "swipe" them.

Thank our little artist for me, please, and tell her that I am very proud of my lovely Address Book. It is a lovely ornament to my desk and I enjoy showing it off to all the other members of our station.

Tell Jenef, please, that her gift is a very sweet reminder of her. I have it in my handkerchief box and every time I go there I get a whiff of sweetness—a very appropriate reminder of my sweet little sister.

Fairman asked me to thank you all for him. It would do you good to see how much he enjoys the gifts, one and all. It is not lack of appreciation, but lack of time which has kept him from writing. Ever since the Christmas holidays he has been in the country preaching nearly always twice a day and holding examinations for the catechumenate, and baptisms besides. He has conducted or assisted in conducting eight Bible classes since the first of November and is off to begin another today. He runs in for a day or two between classes, but he is overwhelmed with Mission business and business letters. He is pretty nearly tired out, I think, but he isn't making many plans to rest until we get on board the Mongolia at Kobe. Much as we hate to miss the time at home, I think it is an excellent plan to go the longer route so that Fairman may be well rested before he gets home. We have written for reservations on the Mongolia sailing from Kobe April 24 and due in San Francisco May 14. We hope to have a day or two there to see Eleanor and then home just as fast as the train will carry us.

I am delighted to think Miriam is to have a real "befo de wah" Mammy while she is in America. She loves to look at pictures of negroes—she seems to like most any color better than just plain white folks. You ought to see her coquetting with Fairman's Korean callers.

Please pardon all the mistakes in this. I have been racing with the clock.

With much love for everyone,
    Lovingly,
        Annie

Feb. 7, 1907
Kwangju, Korea

Dear Father and Mother:

It has been longer than usual since I sent you a letter, though not for any want of thought for you, I can tell you. The past month has been a peculiarly busy one for me, having been devoted exclusively to revival work. Four meetings were held at important centers, lasting eight days each, three of them in cooperation with a fellow-missionary. We had most gratifying results everywhere, and our aim—the instruction and quickening of professing Christians—was attained. I expect to see large results in the coming year in ingatherings of unbelievers. Two of these meetings were held in my own field, making six of the kind in my field this winter. At the last one, I undertook it alone, with the assistance of my native evangelistic helper, Mr. Im Sung Ok, but in the midst of the meeting he was taken sick, so I had my hands more than full. For the past month I have preached from one to three times per day, almost every day, besides travelling, sessional and other work. At my two points above mentioned, I examined 109 candidates for church membership, of whom I baptized 23, accepted 32 as catechumens, and advised the others to wait longer.

Naturally, I found letter writing, reading, etc. next to impossible during this time, as indeed it has been difficult all this winter. I have been in the field almost continuously since our return from Seoul in Oct. Have been emphasizing revival work particularly since Nov. 1st, and have participated in eight meetings, four of them in conjunction with either Mr. Bell or Dr. Owen, and four of them with my helper. Sunday will wind up this work; when I will take a five days' at my desk. Then comes two weeks of Training Class work, at which time delegates from our three provinces will assemble here for study (we held a very profitable one for this province here for eight days just before Christmas, participated in by all three evangelists and their helpers). After that, I will start out on a month's tour of my most distant circuit, covering several hundred miles, and when I return, the first part of April, will begin to make preparations for our home-coming.

Think of it! That word has the sweetest flavor of any in the old tongue. These days are flying swifter than a weaver's shuttle, and when we think what is lying ahead for one summer, we say, with inward joy, that they can't fly too fast.

The only thing about our home-coming is that we are going to have far too short a time to stay. We have a leave of absence of five months, which we calculate should give us three months in the clear at home. We are planning to sail on the S.S. Mongolia, the biggest boat on the Pacific Mail line, which leaves Kobe, Japan, on Apr. 24th, and is due in San Francisco May 14th. Allowing about two or three days to visit Eleanor, this will land us East about May 22, or 23rd. We shall go direct to Salisbury, which is advisable for many reasons, and Annie is planning that you shall visit there while we are in Salisbury, then we will all go to Bristol. The more I think of it, the more I am convinced that Bristol will suit us better than running off to Roan Mountain. Bristol is cool enough, the kinsfolk are there, and it is accessible, as S. W. Va. goes; so hope you will plan to spend July there, at any rate. Can't say now, but think it likely that we shall find it necessary to go to Montreat, North Carolina, for a time in August, but impossible to say now. The question of reinforcements for our work has reached an acute stage, and is on all our hearts in earnest prayer. Unite with us that some may decide to come back with us. The fact that we have only nine evangelists to reach over five millions of people in three provinces, scattered over hundreds of miles area, makes it extremely difficult to ask for even so brief a vacation as we are proposing to take at this time, and that, too, when at a season of the year when it is easiest to leave home.

Mother's letter of Dec. 6th received and greatly appreciated. No other letters since, except Father's card, announcing Grandmother Sutphen's death. Notwithstanding that the latter event was one that might have been looked for at any time, it came as a shock and surprise to me, as I had fondly looked forward to seeing her again, and showing her the little great-grandchild. She had a kind, loving heart, and I know we will meet her up yonder. I hope her last days were without bitterness or trial. It was one of the much-felt deprivations of my life that I could not have her in my own home.

The Christmas things came, and were a source of keen pleasure to us all. Each evidence of your loving thought went to our heart, and we thank you each one a thousand times. Wish you could have seen the baby in her knitted suit. Her antics would have convulsed you. I fear the feminine love of dress is (illegible) large in her, and she is good-looking enough to set off any costume—Korean, Japanese, or Chinese—which her mother decks her in.

Both Annie and Mrs. Wiley have written recently. Sorry I could not insert some message.

Appreciated the clipping about Rhea, and glad to hear he is doing well. He has never written us.

Am "laying off" to write Jim a good, long letter next week.

Hurrah for our son of toil. He has the spunk. Hope "B" and Jim both are in the Y.M.C.A. Nothing better to develop young men. We have one in Seoul, with three Secretaries, of which I am proud to be a Director. Mr. Wanamaker has given $40,000, for a building. Hear Mr. Watts visited Seoul recently. Hugs and kisses for the girls, and ditto for yourself from your far away children.

    Appreciatively,

        J. Fairman Preston

Feb. 20, 1907
Kwangju, Korea

Mr. James B. Preston, Jr., Bristol, Virginia.

My dear Jim:

The ill wind that blows you this letter is an attack of laryngitis, which confines me to my room and effectually muzzles me, for the time being. Was taken sick in the country ten days ago, with an attack of grippe, and am still in my room, though am about all right. Just now our General Training Class, composed of picked delegates from our three Provinces, is in session at this place. Mr. Reynolds, of Seoul, Mr. Swallen, of the Northern Pres. Mission, Pyeng Yang, and Mr. McCutchen, of Chunju, are with us to assist in the teaching. I am naturally chafing at not being able to take my place on the teaching force at this very important time, especially as Dr. Owen is also sick; but hope that both of us will be ready for duty by the first of the week. We have one hundred and 95 delegates present, and think it about the strongest class of the kind yet held in our Mission. I am very much gratified at the fact that seventy two of these delegates are from my circuit, which is away ahead of anything I have been along that line in the past, and indicates fruit from the eight meetings which I have held in the past few months in my field.

Have been working unusually hard this winter, having been absent from home almost continuously in the country since our return from Seoul, the first of last October. In fact, one of the pleasures I am promising myself on the trip home is the opportunity of seeing and enjoying my wife and baby!

I wrote father not long since that we are planning to sail on the SS.

Mongolia from Kobe April 24th, and are due in San Francisco May 14th. I am expecting to get rates across the continent on account of Jamestown Exposition. We shall go direct to Salisbury, as we will have Mama Wiley with us, and Annie must have some clothes. I want to spend as much time as possible in the quiet of home at Bristol, and the more I think of it, the less I disfavor running off to Roan Mt. or any other mountain resort.

Have you gotten into anything yet? I think of you often, and have your welfare close to my heart. It has been a grief to me that, in the growing distractions of a heavy work, I have not had the chance to write you as often as I wish, and as your loving thoughtfulness in writing me has deserved. But it will not be long now before we can all talk face to face of the thousand and one things impossible to put in a letter. May God keep us and permit us to meet again, an unbroken family circle!

This will be the last chance I will have to write you before we start home. As soon as the present Bible Class is over, I will start out on a month's tour of my circuit, holding spring examinations and trying to get the work in better shape to leave for the summer. My evangelistic helper leaves the last of March for Pyeng Yang to begin his theological studies. This is the first man in our Province to decide to study for the ministry! The church at Mokpo is still forging ahead. They recently raised $150.00 (practically equal to $600.00 at home) as their part of the expenses of opening up a modern school there. We have a good man in sight as teacher, and hope to open up within three months. I have been working for this for months, but have been blocked for lack of a teacher. This man whom we have in tow was converted at Mokpo within the last six months. The crying need of this country now is Christian teachers, able to teach the Western branches. The Japanese are able to do this, and are doing it, but their influence is not Christian. Even those Japanese who profess Christianity in Japan seem to lay it aside when they come to Korea; or at least we very rarely meet a Christian Japanese over here. Our relations with the Japanese in this Province, however, have been very cordial. The Resident at Mokpo is a perfect gentleman, speaks English fluently, and with his subordinates throughout the Province, seems to be trying honestly to deal fairly with all in a very difficult situation. Certainly in this section, it seems to me, the Koreans are more secure, and better off, than when they were at the mercy of their own officials, without recourse.

Hope this will find you all well. You must be busy these days looking after the details of the new house. I thought I knew a thing or two about house building until I tackled one in Korea!

Much love for each and all of the family circle, and remember me to the Bristol kinsfolk and friends.

Your little niece sends a kiss.

With deep affection,

  Your brother,

    J. Fairman Preston

Mar. 6, 1907
Kwangju, Korea, Asia

My dear child:

You need expect no more long letters from your mother in Korea if our present plans are carried out, and not many of any kind. It is only a little over a month until we will be leaving for Japan and the weeks do fly so fast. Day by day passes and we get so little accomplished in the way of preparation. I have no "Aunt Mame" and Cousin Ellen to help me prepare for this journey.

There is always something to keep Annie rushed. The Men's Class is over and our missionary guests gone. Next thing is the Woman's Class for a week or ten days. Annie is to do some teaching in it and of course there will be scores of 'coogyungers'. Yesterday was one of her 'at home' days and she had over fifty callers. No "pop calls" either. They came to see and ask questions about all the wonderful things in the 'moksa's house. I played a little on a wheezy, consumptive little organ of Miss Straeffer's that had been in Fairman's study since our Christmas festivities and they thought it fine. I played and Annie sang in Korean the long metric doxology, "Joy to the World" and "Happy Day". I was surprised at the sweetness of the voice of one of the women who joined in. She professes to be a believer and attends church where she has learned these hymns. Dr. Owen teaches singing to the classes.

There were five meetings for the men—over two hundred in attendance. These were all professing Christians from the two provinces of Chulla, some of them baptized members of the church and some catechumens. At the last meeting ten outsiders professed to believe, some of them from Kwangju.

I was thinking today that these poor Korean Christians might, in several ways, put to shame those of our own land. For one thing, out of their poverty they build their own churches and pay for them. They contribute regularly too at the Sabbath services. It is really pathetic to see the poor things putting in their mites. A lady, visiting friends at Taiku, remarked, after attending the Sunday service, "How pathetic it was to see the crowded church and the many who could not get in, and then to remember how many of our home congregations are sitting in luxury in large commodious churches." Many of them not half filled, probably. Again she said, "The tears came to my eyes as I watched them eagerly stretching out their hands to the collection basket with their offering of a few cash. I thought of the wealth at home." A missionary of that place writes, "Oh, if only these home churches described by our sister could only rouse themselves and come to the help of the Lord with some of the wealth which is committed to them! Ye that are the Lord's remembrancers, give Him no rest till He make this people a praise in the earth."

None of you tell me what is being done towards getting a pastor for our church. Sam wrote me that Mr. Gray had sent in his resignation. Annie think it would have been fine if Mr. Lingle could have served. I think what a grand chance was let slip when Mr. McGeachy went by us. I do not grudge him to Lenoir tho'. May our people find as good a man. I did not see the *Observer* containing the rules adopted by the Baptist brethren in Salisbury, but saw remarks made later in response to them. I was reading recently a sermon by Alexander MacLaren, from the text Acts 2:47, in which he says "There are congregations that have got the stamp of worldliness so deep upon them that the men who want to be burdened with as little religion as may be respectable, will find themselves at home there. I beseech you make your communion such that people will find nothing here to draw them to an easy religion of words and formalism, beneath which all vermin of worldliness and formalism may lurk, but shall recognize a church of men and women who are bent upon holiness, and longing for more and conformity to the Divine Master." That is what I wish for all the churches in our dear old town.

Fairman is off again—left about noon today, for a several weeks itinerating, does not expect to return before the first of April.

Dr. Nolan took tea with us last night and he, Fairman and Annie talked until long after twelve o'clock. Think of them keeping such hours! I sat in another room and read until that time. It is now ten o'clock, so Annie and I should be sleeping. She sits near me, studying. She gave us caramel ice cream again last night and lots of other good things as a farewell supper for her old man. His little pony was well laden today with bedding, clothing and provisions for several weeks. A coolie had gone ahead with the provisions for the remainder of the time. I told Annie I did not know what one of the house servants would say to having to prepare as many meals as her cook had done in the past week, for those here and those who went away.

Our baby girl is much better, but hasn't all the troublesome teeth through yet. She received a card this evening announcing "W. Eugene Bell At Home from 3:30 to 5, March 7, 1907" the little fellow's birthday. He is a pretty, sweet little boy.

Today, you may remember, is the anniversary of "Little Sandie's" death. I wonder if Willie will think of it. He wrote me that he was going to Mexico in February and that Marion would go to Salisbury, so I suppose you have her near you. I hope to send a note in this for her, but is too late for it now.

Much love goes with this for her, though. I'll send some papers too.

No further word of the goods from Chicago. No money from Mr. Orin.

No nothing for more than a week from that side.

Blessings on the precious children, and good wishes all around.

Lovingly,

Your Mother

Late March or April 1907
Probably Kwangju

My dearest Sis:

If there is a break in my getting-ready-to-depart activities, maybe I'll write you one more letter, but there is so much to do—all the household bedding, linen, etc to be looked over and carefully packed, mending and ploughing to be done and a few other things.

You and Marion had better plan to meet me in San Francisco with something to wear, some massage cream, shampoo powder, manicure belongings, etc. to get me in proper shape to enter civilized society.

You ought to see my Korean wedding dress. It is so loud you will probably hear it before it gets unpacked.

The wreck of the Dakota in a calm sea in fair weather and bright sunshine is rather alarming, but we hope the "lightning won't strike twice in the same place" and the Mongolia has been aground once.

I want Ollie for Miriam's nurse so I can have the pleasure of her society all the time I'm at home. If she consents, please write to Mother and tell her for she was thinking of getting a nurse from South Carolina for me. Of course I would rather have Ollie than anybody else. Don't fail to write to Mother.

Eleanor's name is Mrs. James Thomas Watkins and her address Hollyoak, Sausolito, California.

I was afraid you couldn't make out the scrawl I wrote on Mamma's letter.

My traveling costume is to consist of an Oxford Cravenette coat and a $2.25 blue toque! I ordered them thinking there might be some hitch about getting the things from home.

Lovingly,
Annie

Apr. 17, 1907
"KUNSAN MARU"
Between Moji & Kobe On the Inland Sea

My dear child:

After many busy weeks of preparation we are at last started on our homeward way.

I had hoped to do some letter writing on this ship but was so unfortunate as to lose my handbag containing reading glasses and Fountain pen, at Fusan, where we went ashore yesterday.

I think you know that Mrs. Bell, Henry and Eugene are of our party.

The dear, good little Mrs. Owen had us all for our meals the last day at Kwangju and to spend the night, giving us a five o'clock breakfast for our early start to the river port. I did so wish for someone to take a picture of our "passenger train". There were three chairs, each with four coolies, Fairman, Mr. Bell and Henry were on horseback, Mrs. Bell sometimes taking a turn riding. Two of the Bell's servants and two of Fairman's, with an extra coolie or two, walked, carrying the bedding and our food.

The day before, our "freight train" of about a dozen coolies left, having trunks, boxes, baskets, etc. Fairman is bringing quite a large collection of Korean articles some for ourselves, but a greater part, I think, for a friend who is making a collection in order to increase interest in the work. I hope that Josephine Wakefield and her mother can see them.

We had a comfortable chair ride to YungPo where we went directly on board a small launch in waiting, had several hours there before starting. The women and children spent the time, until we arrived at Mokpo, in a small cabin below deck, ate there and slept there. Next morning it was raining and I had my first experience in riding in a real

Korean chair, closed on all sides. We went out to the deserted house at the Mission compound and there camped until Monday morning.

Our boat was due on Sunday but was detained by a storm. Mrs. Hopkins showed us her lovely little Japanese room which she has added to her sitting room. She also had some lovely coats and gowns of London make. One coat is of the loveliest gray broadcloth, lined throughout with stripped squirrel skin and having a broad collar of the skins. Also there is a toque of the fur. So we began to feel that we were getting a glimpse of the outside world!

Then at Fusan, Mrs. Irvin gave us tea and cakes served on such lovely little Japanese tables, from beautiful china. I feel that I paid rather dear for my visit to the Irvins, having lost my new black silk bag, my glasses and my pen, but I was glad to meet those nice people once more, probably for the last time.

We have had the loveliest weather since coming aboard. There was a new moon on the 12th so I hope we will have bright nights on the voyage across the Pacific.

We feel that there is a possibility of our meeting Mr. and Mrs. Claude Ramsey and Annie Laurie at Kobe.

I really must not spend another moment of daylight in writing when there are so many lovely things to see outside. I am using Annie's glasses which are very hard on my eyes—have extra lens which I will have framed in Kobe.

Sam wrote that he would send a letter to the Mongolia. I hope for good news from all then—was so sorry that Willie had been ill, had a letter from him a few days ago before leaving Kwangju.

The little Owen girls cried as if their hearts were broken when we all left. It seemed too bad to leave Mrs. Owen and the three little girls there without any white folks. Dr. Nolan left sometime before we did and will probably be gone several months. Dr. Owen was at Kunsan assisting with a Men's Bible Class. Mr. Bell accompanied us to Mokpo and then left before we did for a long itinerating trip.

We had such a fine "send off" from Mokpo by the "Jesus Doctrine Boy's School". There are sixty-three (63) boys enrolled. They with their teachers, turned out, marched, counter-marched, saluted, and went through other maneuvers, then went down to see us off on the boat, saluting and waving flags. It was really a beautiful and inspiring sight to see such a nice looking set of boys, so recently heathen, coming out on the side of Christ, for Fairman says they are practically all Christians. It was affecting to see the wideness of affection and sorrow shown by the Christian men and women who followed us with their salutations of peace and good will to the very brink of the shore.

Amah and Songyudi are so afraid that little Miriam will forget them. At first, the little girl was terrified at sight of the water, but now she has become accustomed to it and is racing around everywhere, giving her Dad plenty of exercise trying to keep up with her.

The harbors of Korea that I have seen are very beautiful. We left Fusan just at sunset yesterday and were at Moji at the sunrising. I was aroused from a sound sleep this morning by someone pulling at my arm, looked up, expecting to see Fairman with baby Miriam but was surprised to see three uniformed Japanese and wondered what it meant. In a moment I realized that they were health officers inspecting the ship on our arrival at the first Japanese port. I know I must have scowled at them. We are to arrive at Kobe sometime tomorrow morning.

I hope this lovely weather will continue. I found on going out that the shores of this Inland Sea were so far distant that not much was to be seen but its deep blue waters, shimmering in the sunlight. There were many interesting things in the harbor at Moji of which I would like to tell.

Fusan has improved wonderfully since I saw it the first time. We actually landed on a pier instead of having to go ashore in a sampan. Old Mokpo will attain to that probably for it is wonderful to see how the Japs are going ahead with improvements. But I don't a bit like the way they treat the Koreans and am hoping and praying for the day when those kindly people will be elevated by the Christian religion to take a higher place among the nations of the earth.

The Japs on this steamer are very nice to us. They are so good to the children. It makes me wonder how they can be after all that has been said about the troubles in San Francisco.

You know perhaps, that the Dakota broke up and went down in a storm. We will probably see the place of the disaster.

Later—Sunset upon the Inland Sea how beautiful it was! Now the silvery crescent of the new moon is shedding its soft light upon the placid waters which are yet tinged with the purple afterglow. In some places the shadows of the pine-clad mountains are almost black the lights and shades making up beautiful pictures to which the numerous sail boats and occasional steamers give life.

Please let Sam know that Fairman met Mr. Coulter at Fusan, in Dr. Irvin's office. He and another Y.M.C.A. man had been attending the big conference in Tokio and were on their way to Seoul and Dalian. They arrived at Fusan shortly after we did. We noticed them as the only "foreigners" disembarking from a steamer which carried scores of Japanese. We were told that 200 a day arrive at Fusan. So Korea is filling up with Japanese.

The babies are asleep now, Annie and Mrs. Bell promenading the deck, Fairman and Henry writing at the same table with me, in the dining saloon—half past seven.

It was quite rough crossing the strait last night. You <u>must</u> take this trip.

Annie needs her glasses and its time for me to stop anyway.

Hoping that we may all have a joyous meeting <u>next month</u> and with a heart full of love for children, grandchildren and friends,

Your Mother

May 11, 1907
S.S. MONGOLIA
Between Honolulu and San Francisco

My dear child:

We are getting nearer and nearer to you every minute—I wonder if you feel it in your bones! I do not realize it at all, and am in a sort of dazed condition all the time. To us from the far interior of 'heathen Korea', coming so suddenly into a fashionable world, it is enough to turn our heads.

Annie says she never saw such elaborate toilets on shipboard and I'm sure I never did. The dinner toilets are <u>dazzling</u>. Mrs. Bell says that she is bewildered with the sight of it all she feels that the 'simple life' at Kwangju is far preferable.

I really dread the thought of having dressmaking done. Annie bought embroidered black silk for a waist for me, in Kobe, and I have a black crepe de chine to make up. She will need her clothes much more than I. How we have wished for that box that is following us around the world. Word was left with Mr. Bell to bring it on with him if it arrives in time.

He expects to sail from Kobe June 5th. You know that Mrs. Bell and her two boys are with us. They share my cabin with me and crowded we are too. Annie and 'hern' are in the next room to us. She has found out by this time that there is a difference between traveling as maid and mother. She and Mrs. Bell have a time of it with these three 'young uns'. Both of them (the babies) are getting teeth, too. We thought that Miriam was through with that business but she had to be so smart as to begin cutting some that are due several months later. She has taken cold too. Last night she seemed so feverish that I felt very uneasy about her. Imagined pneumonia and other bad things. I do dread that long overland trip for her, for myself too, for I am far from feeling well. I have not been on deck much this voyage and so have taken but little exercise. This, I think partly accounts for my bad feelings. I imagine that we will all feel the need of a good rest by the time we reach old Salisbury. I feel that it will be such a relief to turn little Miriam loose in the old garden with Ollie to look after her. The little girl was, at first, much terrified at the sight of the water. Soon she did not mind, but often she <u>scolds</u> at it trying to make it go away!!

She and little Eugene were so glad to get ashore at Honolulu, play in the sand and pull grass.

We had two car rides and those cars 'tho' did go a-flying', quite a contrast to Korean chair riding. However, I like the latter and I like Korea, but when I saw the beauties of Japan and Honolulu I wondered how Korea could have seemed so beautiful to me.

I wrote someone of the glimpse we had of Mr. Claude Ramsey and his party. I think I was walking along the street in Kobe at the moment Annie Laurie spied me. I saw several rickshaws passing with people who looked as if they had newly arrived but did not recognize any of them. They followed us into a store and took us so by surprise. I had been looking up arrivals at the different hotels in Kobe but was rather expecting to meet them at Yokohama. Annie Laurie was looking well and bright and said that she was enjoying her trip greatly. It is such a fine thing for her. It is good to have aunties able and willing to give so much pleasure. Tell your N.P. that he must surely give Mary the benefit of a fine trip. It is worth more than a year of schooling. Indeed it is a good education. Many on this ship are making the voyage around the world with their wives and daughters. One needs much time for such a trip as that, but there are shorter ones that are delightful.

It is getting late, so I must follow the others of my party to bed. Hoping for a letter from you at San Francisco next Tuesday and a sight of you about a week later,

  Lovingly,

    Your Mother

May 21, 1907
On train
Leaving St. Louis

Dear Father and Mother,

Our hearts are fluttering with joy at the thought of being so near home. Have made a safe trip so far, and uneventful. The baby has been unwell ever since leaving Honolulu, but seems better yesterday and today. I hurried through as rapidly as possible on her account, fearing she might be taking the measles, as we had a case on ship-board.

We are going straight to Salisbury, as Mrs. W. is along. Came via Louisville in order to accompany Mrs. Bell, who with two children came over with us from Kwangju. We pass through Morristown tomorrow (Wed) at 12:30 P.M. (Eastern time), and expect to arrive in Salisbury Wed. night at 10:05. Imagine how impatient I feel in passing within 90 miles of you and not being able to stop! But it's the only thing to do under the circumstances. I expect to telegraph you from Louisville. We haven't an inkling as to whether you intend to come to Salisbury or not, as we had no home letters anywhere along the line—Kobe, or Yokohama, or Honolulu or San Francisco. If by chance you have planned to go to Salisbury, it would be great if you should join us at Morristown tomorrow. I would not urge you to come to Salisbury, unless you have accepted an invitation and made all your plans, for we haven't an idea of the situation there. Further than that we are going direct there with Mrs. W. we haven't a definite plan, except the general one we have already outlined to you in former letters.

To go back: we had a delightfully smooth voyage across on the Mongolia. She is a boat of 27,000 tons, so there was very little motion, and nobody was sick. We had the misfortune of being quarantined for two days at Yokohama on a/c of a case of smallpox aboard, and this cut us out of seeing Tokyo. We arrived in San Fr. on the night of Apr. 14th (Means May 14th)—on time. No word from Eleanor there, and everything on a strike and tied up. Got through customs by noon of following day, and took my crowd over to Oakland, out of danger. Went back to San Fr. following day, made arrangements about tickets and succeeded in finding Eleanor late in afternoon. Found that she had moved in the meantime, we had missed her steamer letter, and the strike had made it impossible for her to meet us at the steamer, as they could not find out when it came in.

Brought Eleanor over to Oakland, where she spent the night with us and next morning. Drafts and baggage in San Fr. consumed the remainder of the day, and we boarded our train in Oakland at 9:30 that night (Friday). So we saw very little of Eleanor and less of Dr. Watkins. San Fr. is in a pitiable plight. A heap of ashes, she is being trodden down by greedy labor unions and corruptionists. The mayor of the city, (who is under arrest!) is the biggest rascal in town. Some phases of the strike prevail even in Oakland notably the laundries, as we can disappointingly testify.

Harriet Whiting accompanied us as far as Oakland. Piloting four women and three children halfway around the world is sinecure, you can imagine. Our young one is so active that she keeps us all on the jump all of the time. An ex-family-servant of the Wileys will likely nurse her, and I doubt if the nurse will survive the summer.

We had a stroke of misfortune on our baggage at San Fr. Hoping to get some special rate for Jamestown Exposition, we bought our tickets to San Fr. only, on the assurance of Agt. in Kobe that usual baggage allowance of 350 lbs. wd. be granted. To our chagrin we could get no special rates, and they would allow us only 150# each of baggage—just enough to bring our steamer trunks. I had to have trunks crated and sent overland by freight at a cost of $35.00. Fortunately I saved this on a clergy ticket to St. Louis (got 1/2 rate), but there is just no telling when we shall see our baggage—probably not within six weeks, at best. We are greatly disappointed, and seriously inconvenienced.

We take very kindly and naturally to civilization after our long isolation, but we look like the backwoods, I assure you, and are worn out. We left home April 11th, and except for a week in Kobe, have been travelling ever since. I was very glad to leave home just as we did, as I was suffering from bronchitis, following grippe, and was getting a bit apprehensive about the cough. There is nothing better than a sea voyage for this, as it proved in my case, for I am almost free of the trouble.

It has been about three months now since the date of Mother's letter (the last word from home) and I am very impatient to hear from you. Floy also wrote about that time. I sent you a letter from Kobe, which I hope you rec'd, but was so rushed and my plans were so indefinite that I could not write from San Fr. until just as we started, and as we were coming straight across, I have taken my time about it.

Here's kisses for all the family. Will write you definitely as to plans as soon as we have any, if we do not see you in the meantime. Best regards to kinsfolk and friends.

  Affectionately,
    Fairman

Is Rhea at Greenville?

June 24, 1907
Asheville, N.C.

Dear Father,

Annie writes me that no word has come as yet in regard to the securing of the house opposite you (Mrs. Little's) for her sister and children.

If you have not already found out about the house, will you please ascertain at once, and telegraph me (collect) to <u>Salisbury</u>, N.C., 203 Bank St. Mrs. Murphy should know very soon, as her plans are all dependent upon knowing whether she can come to Bristol. She will come to Asheville with us on Friday, and must know by Thursday so that she may know what clothes to pack for herself and children.

I certainly hope we can get that house for her, as she has her heart set on coming, and Annie and I think it would mean a great deal to her. If this plan fails, <u>do your best to get her a good boarding place as near as possible</u>, & telegraph at any rate by Thursday whether she may plan to come to Bristol.

I have not been to Salisbury since I left Bristol. Decided to come on up to the College Student Convention here, as my expenses were offered me. Glad I came, as it meant a great deal in spiritual privilege, as well as a fine opportunity to strike a lick for foreign missions. Heard Mott <u>five times</u>.

I return to Salisbury this afternoon.

Don't know whether Mrs. Wiley is thinking of coming to Bristol with Mrs. Murphy or not, but I doubt it. Wish we were in a position to invite her to visit us.

I expect to suggest to Annie anyhow to have Ollie (our nurse) help out while we are there. She is the dearest old Mammy you ever saw, and a splendid cook, nurse, housemaid, or any thing else.

Am on the jump, so good-bye, and bushels of love for you all. If you have not already notified us, take up the above matter at once.

    Affectionately,

                Fairman

July 5, 1907
Baltimore, N.C.

My dear Mother,

Was glad to get your letter through Mr. McCallie. Have let the week slip by without writing, so you may know have been on the jump in the Conference. Have been able, besides active participation in the Conference, to have a number of valuable interviews with our Nashville people and prospective missionaries.

We will have ten new workers to join us this fall, I think. McCallie is stopping with me. We have four men here bound for Korea this fall, and nine Korean missionaries, so you see that small country is well represented.

Dr. Wilkinson, of Soochow, is here. He says his wife is very rebellious over father's leaving Chicora. He returns Sept. 19th.

We have decided to sail Sept. 3rd if we can get accommodations.

We liked our boarding place here so well that we telegraphed Floy to come over, hoping she might feel inclined to accept. Sorry she didn't come.

All the ladies have gone over to Balsam today to visit some relatives. I was too busy to get off.

Don't worry about the boarding place. I will have plenty of time to inquire into and decide after I get there. Think it likely that they will have to stay over on Tenn. side if they get in anywhere.

Hope you are feeling alright by now, and that Floy is better. Delighted at the prospect of seeing Jim so soon.

We expect to get in on the vestibule Monday, if you do not hear anything to the contrary. Cousin Mag. Vance, Miss May Bachman, Mrs. Dooley and Miss Bushong are here and will return with us, some of them at least.

With a heart full of love for one and all,

Affectionately,

Fairman

Aug. 13, 1907
Salisbury, N.C.

My darling Mother,

Your letter came this morning. We were so rushed yesterday, didn't have a chance to get off a note. All stood the trip over well, and are feeling fine after a good night's rest. I had a good Sunday at Lenoir. Spoke twice, and did not seem at all tired. Hope the audience fared no worse!

Who would I meet on the train at Asheville but Mrs. C. E. Graham and the children, Allen, Susie and Ellen coming from Lake Toxaway to Montreat. They were very cordial, and Mrs. C. E. sent her love to you. Glad I met them. Had a very plain talk with Mrs. C. E. on her attitude toward father and Floy, and told her she was injuring herself to harbor resentment after receiving assurances that no harm or affront was intended. She had very little to say in extenuation of herself. She seems to be smarting yet under Floy's ridicule of her, and said that she felt it the more keenly because she knew her weakness was in being foolish about her children. I take it that gossips have been busy, told her so, assured her that none of my family harbored any resentment toward her, and urged her to get right.

She told me that Mr. Graham had decided to give $10,000.00 for our College in Korea, and she heartily approved. This is not a poor outcome for that hard Montreat trip, is it?

Have not had time to make inquiries about a boarding place yet, but will do so this morning and write you today.

Remember that I am to entertain you and will give you the trip from Asheville to Salisbury and return. You should get a good rate round trip Bristol to Asheville.

You must not fail to come if we can find a nice place for you. Nobody in the connection has a cook now, so entertainment in the family is not possible.

I don't blame Rhea for sneaking off without saying good-bye to anyone. I wished I might have done the same.

With dear love to all,

   Lovingly & hastily,

      Fairman

Aug. 29, 1907
"The Knickerbocker Special" "BIG FOUR ROUTE"
New York Central Lines
Indianapolis, Ind.

Dear Father and Mother,

I am thus far safely on my journey. Owing to lateness of the So. train, missed first train at Cincinnati, but unless the Big 4 train is late, which is unlikely, will have time to make the transfer and catch my train at Chicago tonight.

Was surprised and delighted to see Jim at Knoxville. I telegraphed him on leaving Salisbury, but he did not get the message until 5:30 P.M. He drove through a storm, caught the train, and had 3/4 of an hour with me. I was quite touched by this strenuous mark of affection.

Am still dazed over the sudden change of our plans. Was never up against such a difficult question in all my life. However, I am sure it is all for the best, and no doubt in the end we shall see it. There were many difficulties connected with Annie's going out at this time which are now solved, and I can only hope that she may come out the first of the year in comfort and safety. Father, you might get affairs in shape and come with her. Coming the southern route, it will be pleasant, and a good time of year to see Korea.

I appreciated your letter to Salisbury so much, but was disappointed at not seeing you again.

Hope N.B. is getting off to school. He must write me soon.

Since I left you mother, have passed through four states. It is a splendid country out here. Hot as blazes today, though. Saw my agent in Cincinnati, and made it all right about refunding on Annie's ticket, and he gave me a letter, asking that they re-check free, her baggage. Also got clergy rates from St. Paul to Vancouver.

You must pray for me more now, because I will need more prayers. Korea will seem very desolate without Annie and my darling baby. I never saw Miriam look sweeter than she did the morning I left. She wanted to go with me.

Kiss Jenef for me and tell her will send some post-cards. Dear love for each of you. The summer has meant so much for me.

Your affectionate son,

Fairman

Sept. 3, 1907
5 A.M.
CANADIAN PACIFIC RAILWAY CO
R.M.S. "EMPRESS of INDIA"
on board

My dear Mother,

This just to tell you that I am safely aboard the steamer, bag and baggage, and have already sailed. The steamer sailed in less than <u>two hours</u> after the arrival of our train. That was the closest margin I ever had on catching a boat! Sent three of Annie's trunks back, as per agreement, putting in some thick dresses. Had to do the re-packing aboard the ship, and expect to put that trunk off at Victoria, when we touch there a few hours hence.

Had an uneventful trip across the continent. Sent you and father a letter from somewhere—St. Paul, I believe, where I missed connection and spent the day. It was a very restful break in the journey. Enjoyed the mtn. scenery in Canada, the chief feature of which was the glaciers.

Am very thankful that I caught the boat, after all my striving and anxiety. Hope that some great good will come out of all this. The separation from Annie is certainly one of the most trying providences that ever came into my life. You must be sure to see her again before she leaves.

I do not feel much tired after the long overland journey, as I have slept well up to tonight.

Hope to have word from you all after I get across.

Pray for me especially, now that I feel so much alone in the flesh. Dear love to one and all.

   Lovingly your son,
      Fairman

Sept. 15, 1907
CANADIAN PACIFIC RAILWAY R.M.S.
"EMPRESS OF JAPAN"
leaving Yokohama, Japan

Dear Folks,

Before leaving the quiet and repose of shipboard for the bustling activities of shore life, I must improve the opportunity by sending you a line as to the voyage across.

This has been a record trip in point of time. In spite of losing 18 hours across the continent, and slowing down the last few days across the Pacific in order to avoid getting in port before we were due (!), I made the trip from Salisbury to Yokohama, about 7,000 miles, in seventeen days, eleven days of which were spent on the Pacific.

This is a good line. The boats are all very speedy, making 400 miles a day, and are manned by British Naval Reserve men, who are very competent. The fare is splendid, and service in every way first class. We went very far north en route, reaching the 53rd parallel of latitude, and sighting Alaska. Needless to say, it was <u>very cold</u>, and the sun hung lower in the heavens than we are accustomed to see it in winter. I wore the accustomed winter clothing all the way. We had some rough weather —particularly last Sunday, when there was a high sea running, and plenty of fog and clouds. I improved my time by studying Korean, finishing practically all my language work and writing up one examination. Also put in some good reading. The young ladies, Misses Fisher and Dysart, stood the trip well, neither one of them getting seasick, for which I take some credit. I like them both very much. The regular hours, sea-air, and abundance of sleep have put me in fine shape, and I am better than at any time since I had the grippe last Feb'y, my bronchitis having practically disappeared.

Have had a depressing sense of loneliness all the way, and it is hard to get up much interest in anything around me, but this is only natural in view of the suddenness of my separation from Annie and the baby. I will plan to spend most of the time between now and Feb. in the country among the Koreans. Hope you will get to something more of them before they come out. Rhea will, and you must both plan to go over about Dec. 1st, father and mother. Perhaps Floy will be ready to come out with Annie! How about your coming then, Father? The Southern route is delightful in winter—linen clothes on the Pacific!

Rec'd a letter today in Yokohama from Mr. Earle. He is in Kobe, Japan, awaiting us, and I have been asked to perform the ceremony. He says part of the Annual Meeting has been held, but it has been adjourned to the 24th inst. for the more important matters, awaiting Mr. Bell and myself. So I am to get there all right!

I am feeling very much like a heathen, since I haven't heard a sermon since that last memorable Sunday in Salisbury. One Sunday was spent on the train, last Sunday it was too rough, & this Sunday we left port at noon. I went ashore and walked around awhile. It was good to put foot on land once more!

Well, that was a blessed time we had together this summer, short though it was! It will be something to live over and over again in memory. May God spare the life of us every one until the next reunion, when we shall have a longer time together.

In the meantime, we will all resolve to make our lives count for the most for Him, remembering one another daily in prayer. I, especially, am absolutely dependent on your prayers, if I am to accomplish anything out here.

Remember me to Aunts Jennie and Ella and Uncle Jim, the cousins, and all inquiring friends.

With dear love to each one of you,

Affectionately,

Fairman

Sept. 20, 1907

Mokpo, Korea

My dear Mama:

I have been too rushed with work since my advent into the fabled "morning calm" of this land to write you directly, trusting that you would be sharing my letters sent to Annie. I appreciated very much your letter of about Sept. 3rd, sent to Kwangju, and received by me there.

There are so many things I want to say, hardly know where to begin. In the first place, will say that I clearly saw the special providence that kept Annie at home at this time after my arrival here. As I foresaw, matters of supreme importance came up in our Mission Meeting for consideration, most of them affecting our South Chulla work; and it would have been disastrous for us had I failed to be present. They had sent me a cable in July, in care of the Committee, notifying that the Mission meeting had been fixed for Sept. 3rd. This cable did not reach me, and I am glad it didn't, since they had to postpone the meeting until later, when they received letters from Mr. Bell and me complaining of not having been notified as to time of meeting.

The most far-reaching action of the Mission was their decision to reopen Mokpo at once, and assigning the bulk of the new workers here. Mr. McCallie, Mr. and Mrs. Knox, and Dr. Birdman were all located here, and I was directed to move down, repair the houses, and father the new folks. In addition to all this, Rob Coit and Dr. Wilson were assigned to Kwangju, and the understanding is that Kwangju is to have the next two single lady workers who come out. I heard recently that Miss Ella Graham expects to come out this fall, so that will be another North Carolinian in South Chulla, four in all.

The decision of the Mission, without a dissenting vote, to open Mokpo immediately, while right along the line of my prayers and efforts, came in the nature of a surprise to me. I had thought that the plan would be to distribute the workers between Kwangju and Chunju until they learned some language, and then send them here. I dared not say much along this line, however, as there was danger that otherwise South Chulla might not eventually have received such a liberal share of the new workers. However, this plan affects me very vitally, not only in the matter of residence, but as to my work. The Mission has ordered me to take charge of this Station and the Mokpo circuit for two years, until the new men get on their feet, and have left the question of where I shall live, whether at Mokpo or at Kwangju, entirely to Annie and myself, expressing the wish, however, that we shall live at Mokpo. The matter was left to us because I refused to give an answer in Annie's absence, and I felt that it was asking a hard thing to leave our home at Kwangju, which we had occupied out a year, and come back to Mokpo, even temporarily. It is a question into the decision of which many things which we do not now know with respect to the new people, must enter. I see no special reason why we might not stay at Mokpo until next fall, occupying the house we formerly lived in. This would not only save a trip up into the interior in mid-winter with the children, but would enable me to be much at home with my family, put me in the midst of my work, and give me Annie's help in the instruction of the new people. I have moved down all necessary things, and have already fixed up quite comfortably; and with the orders awaiting us here from Montgomery Ward and Whitely, and the furniture and goods yet to come from America, we can set up here without the horror of a real move. In the meantime, Kwangju and Mokpo Stations will vote together and work together as at first, and this will enable me to keep a watch on our place at Kwangju.

I have not written Annie directly concerning these new developments, for the obvious reason that I did not wish her to have anything on her mind at this time; nor must you mention it to her or talk about it until she is well and strong again for it is a question, the decision of which is not pressing, and which is left entirely to the dictates of our own judgment.

I am sending you a copy of the Minutes of our Mission Meeting, which came from the press with unprecedented celerity; also a copy of the Station reports. Dr. Owen made a poor show in his write-up of Kwangju Station, both actually and comparatively, as it was the biggest and best year's work we have ever had. I am going to have my report printed and circulated with it, if I can find it, as otherwise I am ashamed to send such a meager report out. Bell will do the same, I think.

I am daily expecting some of the new people, particularly the Knoxes, but no word from them yet. In the meantime, I am tied here with the repairs and local affairs, and have not yet had a chance to visit the out-stations, though my workers bring in good reports. We are sending Yi, the teacher, out as a colporter, as he made good at this during the summer. He seems to delight in "tangying", which you recognize as their word for travelling, and may do better at it than at teaching.

I have the good news that the Japan Presbyterian Mission, North, has sent over one of their ablest men, Mr. Curtis, for work among the Japanese in Korea. We will co-operate with him. Recently he wrote me that he would be in Mokpo soon. I have already located five or six professed Christians among the Japanese here. Hope you will join us in the prayer that we may soon have a Japanese Church in Mokpo. Am also trying to get a Princeton man, a class-mate of mine, to come over here and locate.

The place is growing very rapidly, both Korean and Japanese quarters.

The former are tearing up the earth hereabouts in every direction. The new road sweeps around the base of the hill on which our houses are located, and is as level and beautiful an avenue as one would care to behold, making walking in either direction a joy, and life at Mokpo something different from the good old days when we had to carry a life preserver in one hand and an Alpine stick in the other when we went walking. With three men and three ladies here, the former all Princeton men, and two of the latter from the old Tar-heel section, and a fine Doctor besides, there ought not to be any weeping among the new-comers for lack of good society. My old heart fairly warms up at the thought of again living with somebody that will make tennis possible!

But for a real heart warmer, commend me to the thought of our darlings' return! I have never in all my life been so lonesome or so depressed as since I left Salisbury. I knew I loved Annie devotedly, but this separation has showed me how utterly my life is wrapped up in her. I can certainly appreciate better what it means for you to be separated from her, even though you will have mitigating circumstances lacking to me. I had indulged in the secret hope that you would decide to return with her, since she had been detained over her original plan; but now that our plans are again uncertain, I can no longer indulge in that hope. You would probably prefer, anyhow, to come later.

I cannot realize that I will have only a few weeks more in which to write letters to Salisbury before Annie leaves. Wish it were only that before I had her here! I need her dreadful. Tell me a lot about little Miriam, what she says, etc. That is what I want to hear. Shall soon begin to pester the Postmaster for a cable. In looking at Miriam's picture, which you sent, her right eye appears a little crossed. Wish you would examine her and see if there is any tendency that way.

Give my best love to Sam and Beulah and the children, Miriam and

Marion and the rest. Looking back on the happy days spent in your home, it all seems as calm and restful as a dream. Next to enjoying it longer is the thought of having Annie there with you and her loved ones, and with dear old Ollie, the very thought of whom is restful. Tell her I say she must come on out with Annie and spend a year. She could return next year, if she wished, with either Mr. Harrison or Mr. Junkin and family. Miss Tate and Mr. McCutchen come home next Spring. You know Miss Tate is supported by the Second Church, Charlotte, which sends Rob out; so she will have to come to Charlotte anyhow, and you must plan to have her with you some.

See what a long letter I have written, thanks to the type-writer. Though lacking in literary merit, the length of it shows good intentions, and should merit some of the epistodary efforts which we hope you will expend upon us. May one of them come on the next boat!

Hug and kiss my darling little girl, and yours, and your darling big girl, and mine, for me and you, and take good care of them and send them back soon, for I can't live without them. If you love them as much as I do, there is nothing for you to do but to come on out here and help me look after them.

With love and and assurance of my (illegible)

    Affectionately your son,

        Fairman

Sept. 28, 1907
Salisbury, N.C.

My dear Mother,

It is rather late Saturday night to be starting a letter, but I do want to send you a <u>little</u> word, at least, before the week is over.

I am so glad that you are having such a good rest at Roan Mountain. I certainly hope that Dr. Wood will succeed in curing Father of that miserable rheumatism. If he doesn't, Mamma will have to send the prescription which cured her.

Miriam celebrated her birthday by having her little cousins down to eat pink ice cream with her. I wish you could have seen the pretty picture they made at the table. The decorations were not <u>at all elaborate</u> but it all looked very pretty & the children were on their best behavior. They had cocoa served in a lovely little pewter set which Sister sent from New York. There were little cakes & candies and fruit—and <u>the birthday cake</u>. It was very pretty with white icing studded with pink and white candies, and two little pink candles burning on it. Miriam used her pretty knife to cut it. She tried to eat her cocoa with <u>the fork</u>, but didn't succeed very well. She goes to the table nearly all the time now, and behaves tolerably well for such a tomboy.

You would be surprised at the progress she is making in talking. She says "Come on home, Papa" and "dog bite me hand" etc. She was busy the other day writing letters to "Papa", "Gran", "B", "2" and "Jenef". Said they were all to go on the "Choo-choo".

Today she received such pretty presents from her Aunts Floy & "2". She has been amusing herself with them ever since they came. She will write on Monday and thank the Aunties for remembering her birthday. I have had such good letters from "B", Jim, Floy & a good <u>short</u> one from Rhea, "2", and I want to write to every one of them but something seems to have possessed me & I don't get <u>any</u> letters written. A sewing woman has occupied most of my time this week. I am <u>not</u> having any dresses made for myself! But there were quite a number of little things to be done to get ready for the last of October. I had the woman come here so I could work with her, learning a little bit about things, and burying a little bit of my sorrow and loneliness in small clothes!

Miss Ella Graham the new missionary to Korea came in a few days ago to tell me good-bye. It made me feel lonesome to think that she would see Fairman so long before I could. I am going to send him a box of candy by her, and Mamma is going to send "The Confessions of a Daddy", a cute little book about a man's first little daughter.

Mamma has not been very well. The noises in her head are more than usually distracting. Marion, too, is laid up with fearful neuralgia. Her cook was making such a regular thing of staying away when the weather was the least bad or Marion had company, and house-keeping for one is so much more expensive than boarding that Marion decided to take her meals out. She tried a few meals and found them good and beautifully served, but it is raining and going out in the damp among a lot of people was too much for her neuralgic head.

Sister and Mr. Murphy expect to get home early in the morning, could not make connection so as to get home tonight. They have had a fine trip to New York, Niagara, Toronto and Montreal, but she is very impatient to get back to her children. The boys have been better than I had any idea they could be. Shannon could <u>easily</u> be made into a <u>good</u> boy, for he is so easily appealed to and so affectionate. Little Marion is as good as could be these days, so it has not been such a <u>very</u> difficult task to take the oversight of them during Sister's absence.

I hardly think Mamma and Sister would bear to my going away

anywhere for Christmas as they are already planning to make it a real "old times" Christmas. I wish I could come to Bristol again, but I hardly think I can with so much "impedimenta". I surely expect to see you all again before I leave, so you must be planning for another visit over here.

It is <u>more</u> than time I was going to bed and I am not through yet. I am getting on very well most of the time. My indigestion is not nearly so bad as it was and I don't feel quite so no account.

With very much love to you all,
    Affectionately,
           Annie

Sept. 29, 1907

Rev. and Mrs. S. R. Preston
412 Spencer St.
Bristol, Virginia, USA

Annual Meeting over, and returning home. A very momentous session, and a great step forward. Will write soon. Quite well and hard at work, but feel very desolate.

Love to all,
    Aff.

           Fairman

Oct. 26, 1907
Mokpo, Korea

My precious Mother:

I was greatly cheered and strengthened by your three good letters, of Sept. 7th, 15th and 22nd, two of which reached me together, having been held in the post-office here by some thick-headed clerk. I have been in such a whirl since my arrival in this country that I seem to myself, half the time, to be in a delirium. I wrote you and father at length from Seoul, and I think I wrote again from Kwangju, but have no record of it. I know that I have not written since coming to Mokpo, two weeks ago. Hereafter, I mean to send you a line every week, if it is no more than a postal card.

I am now installed at Mokpo in comfort, having moved down all our plainest things, and all trunks, clothes, etc., which, with the things that are to come from America in the way of furniture, will enable me to make Annie perfectly comfortable when she comes. I think it likely that we shall live here at least until next fall, as it will be to the best interest of the work, though quite a sacrifice for us. However, this will be left entirely with us. I don't care to call on Annie to make any more sacrifices than what she gladly assumes of herself, as she has endured constant inconvenience ever since we came out four years ago, and all with the sweetest and most uncomplaining spirit. So when she comes, I will lay the matter before her. If she decides to stay here, I am prepared to make it pleasant for her; if she would rather go to Kwangju, I am equally prepared in that direction.

My chief business of late has been not only in gathering up the loose ends of my work, and despatching piled up business, collected through the months, but in re-opening this Station. Have been renovating the two houses, directing a small army of laborers and artizens—carpenters, bricklayers, plasterers, wall-paperers, and coolies, in addition digging a new well and cleaning out the old one. In addition, I am negotiating the purchase of more land, and collecting building materials, besides preaching and carrying on the local church work. My practical experience under father certainly stands me in good stead. Have numerous callers, both from town, and country, Koreans and Japanese; so I hardly know where the time goes. If I would take things too seriously, all this would soon drive me wild; but am learning to take for granted that things over here will not move so rapidly as in the Occident, and try not to "hustle the East" too much. I have also concluded that a man works only so much as he eats, as an East Indian once put it to a missionary friend of mine. These artisans out here receive from twenty five to fifty cents a day, and with their present knowledge, that is about all their work is worth to us.

Don't imagine, from this account of my activities, that I am not lonesome. As I wrote Annie, am simply existing, not living, and never felt so lonesome in all my life. I never realized so much as now just how much of the sombreness of this country Annie kept out of my soul. Am living entirely on futures, and remind myself of the way the College girls used to count up the time until Commencement. Can tell you any day the exact number of days, down to the hours, that will probably elapse before I can hope to have my "family" back again.

Have had the phonograph going several times. Last Tuesday I had the baptized men around for a Conference, and before we got down to business, I gave them a concert. Would give a pretty for a picture of their expressions as they listened. They enjoyed it all hugely, even the songs in English. I told them what the pieces were, and in many cases gave them a Korean paraphrase as the song progressed, notably the "Sailors' Chorus," reinforced by a strenuous "haul away" on the ropes. We are very anxious for the blanks to come, so that we may make some Korean music.

I have lately received letters from Rhea, Jim, N.B., and Ida Two. You are all very good to me, and I appreciate your efforts to cheer me up. These letters certainly mean to me more than I can express. It is the next best thing to talking face to face, but I shall never get accustomed to the terrible distance that separates us, which the dates of our letters emphasize and intensify. Short as the time was, those hours at home this summer were worth their weight in gold to me in every way. I feel cheered that you think I accomplished anything worth while. I did not think so at the time, certainly. I have received a number of warm letters of appreciation from my friends, expressing regret that I could not stay longer. I appreciated very much a nice letter from Aunt Sallie, who was good enough to think of me, and to cheer me up. Give her my love when you write.

I am distressed to know that father was still suffering from his rheumatism. Glad that you got him in such good hands, and hope that he will rapidly shake off the trouble. Floy, also, has my sympathy. Hope she will cheer up and get well at once. Tell her to try "Force," and be sunny.

You must be sure to see Annie and the children before they leave home. Wish Annie could come over to Bristol, but fear that would be impracticable at that time of year, but there should be nothing to prevent your going over, and hope father will go with you. You could see N.B. at Davidson on that trip. Am delighted that he is rooming with Jim Rhea. He is bound to come out mightily in the next two years, and will make a fine man.

No more now. I am perfectly well. It is a comfort to know that you are thinking of me and praying for me. Nothing better than a mother's love and prayers.

With all my love, and kisses all around,

Dec. 3, 1907
Mokpo, Korea,

My Darling Mother:

Your two letters of Oct. 21st and 28th came together today. My mail has been reaching me very tardily of late—of all times. The same mail brought me a letter from Annie, written on the very night of the birth of the baby, and two from Mrs. Wiley—the latter telling me of Annie's illness. I am certainly thankful that I instructed them not to send the cable until they felt sure that Annie was all right. They actually did wait nine days, until she was safely past the illness. With this provision in mind, I have not had any uneasiness since the receipt of the cable.

You ask me about the watch, and request me to write by return mail. Of course there is no hope that this will reach you in time to act, and will have probably done so; but if not, I want you to buy the little gold watch and send to Annie, provided that it is a Standard movement, either Elgin or Waltham. I am buying you up this amount of Korean brass, as I told you, and will add some to it and send by first opportunity.

Annie and Mama Wiley both write as if Annie contemplated coming via. Suez. I certainly hope she will not, as I need her dreadfully here, and that trip would be long, and in the end more trying, I fear, than the direct route.

I came back from Kwangju just a week ago. The Curtises (missionaries working among the Japanese) are still with me, and they certainly have been a Godsend, as Mrs. Curtis runs the house. Our new recruits, the Knoxes, are here, and Miss Knox and McCallie are expected down from Kunsan within a week. Dr. Birdman is due to arrive in Japan today, so Mokpo Station will be in full blast within a fortnight. This ties me closely here until Annie comes, and puts a heavy responsibility upon me, but I am trusting the Lord for daily strength. I have been in perfect health all along, and except for a tendency to nervousness, which I feel this fall for the first time in my life, I am all right.

We had a pleasant Thanksgiving, the festive goose which I bagged on the way over from Kwangju, being the chief stay. I had made one ineffectual attempt to get one, and this one was brought down on the wing at a very long range. Mrs. Curtis, who was watching at a distance, acknowledged that she prayed for that goose as I shot!

Our new people are hard at work on the language, and seem very bright. They are gritty, too, I think, and seem quite adaptable. Mrs. Knox is only twenty two, having graduated from the University of Texas last June.

I received a fine letter from N.B. in the same mail today a nd o ne from Jim in Texas; so that with the one from father, besides yours, I felt good all over. Of course, nothing in the world does me more good than home letters, and I received such a generous supply this time. It is certainly good in you all to write, and I appreciate it more than I can say. If I don't write as often as you do, it is only because I have so much on me that it sometimes becomes a physical impossibility. Am remembering my promise to take care of myself, and so sometimes when you don't hear so often, you may know that I am keeping my promise!

My work now is extremely varied, but I am putting in a good deal of strength on Station affairs, trying to lay a good foundation for the future work here. Among other things, am negotiating a big land deal with the Japanese, which has taken up a great deal of time already. Everything moves with exasperating slowness in the East, and it is simply impossible to get as much done in a given time as at home. To learn this, and abide by it, is half the secret of life in the East. That's what you mean by becoming "orientalized."

I am still threatening to write to Floy, Two and Jenef. Will surprise them someday.

I had intended to enclose a letter in this to father, but was interrupted at this point, so will have to write him on my return from the country.

With bushels of love for one and all,

 Lovingly,

  Fairman

Dec. 23, 1907
Mokpo, Korea

Dear Father and Mother:

I have been so rushed of late that I have had no time for letter writing, and haven't yet, but must get off a note to you before I lie down to rest tonight, lest you be anxious about me.

I have in my house now six guests. The Curtises were to have left Friday, but we had a terrific storm of wind here for three days, which tied up shipping, so I persuaded them to spend Christmas with us. They have been a great comfort to me, as I previously wrote. Don't what on earth I would have done without Mrs. Curtis; and now Miss Knox is taking hold of things and will doubtless help me out when Mrs. C. leaves. McCallie will spend Christmas at Kwangju with the Bells. He and Miss Knox arrived from Kunsan on last Wednesday.

It has been very wintry here of late—plenty of snow and ice. Last night the thermometer registered 20. I went out today after the festive goose, but did not see him; though bagged four ducks which I hope may fill the bill of fare on Christmas day. I have not yet succeeded in getting into the spirit of the occasion, and guess it will be hard work doing so, with my thoughts so many thousand miles away. The phonograph has been an inexpressible blessing and has been the means of cheering up things immensely. We never tire of it. It has been an especial boon to the new missionaries. I wrote you, did I not, that we received word from a missionary in Kobe, Japan, that our new Doctor, Dr. Birdman, was taken off his boat ill with typhoid fever? He is now sick in Kobe, and it will be some time before he can come over here, if the Lord sees fit to spare his life. If I go to Japan in Jan. to meet Annie (which I will do if she comes out as per understanding), will doubtless see him then and he may be able to come back with us. The Koreans have been instant in prayer for him; and could you hear their prayers and see their earnestness, you would believe with me that God has heard and answered. Some of them wept aloud as they prayed in Church.

We had a great day in the Church here yesterday. I baptized fifteen adults, three infants, and received forty one catechumens, and administered the communion. Preparatory to communion, I held services at night last week, beginning with Wednesday. On Friday night it was blowing great guns, and snowing too; so I supposed that nobody would be able to attend; and I knew that we could not light fires in the Ch. I therefore directed the sexton to tell those who came to meet in my outside study, or guest room. But do you know, those people just came on as usual, and when I looked out at prayer meeting time, I saw the Church lighted up, and when I reached there, found the men's side nearly full and twenty five women on the other side! We had a warm meeting without fires, and I had a rebuke to weak faith. One just cannot judge these Korean Christians by Western ideas. This Church is in a much better condition, spiritually, than I had hoped.

It is only about a month now until I hope to see Annie in Japan. Until then, I have work enough piled up to keep me busy. I find that the local work here is so large that it takes up much more of my time than ever before; and with nobody to help me either in the Church work or in domestic affairs, am hard put to it. I have yet all my preparation for our great Provincial Bible Class, which meets in Kwangju in Feb., to make. In spite of being busy, however, am perfectly well, and have thus far have escaped colds, which are my worst enemy.

I hope your rheumatism, Father, is much better. If not, hadn't you better try to leave Bristol for a sojourn in a warmer climate, say South Carolina, for awhile?

I have received Mother's letters regularly, and am more grateful than I can express for all her thoughtfulness and love.

With love and kisses all around, and best regards for kin and friends,

Lovingly your son,

Fairman

In 1908

Jan. 8, 1908
Mokpo, Korea

My darling Mother:

My last letter from you was of date Nov. 30th. I have appreciated so much the many letters from all of you this fall, and particularly the weekly letters from you. If I have not written in reply as regularly as I should it has been only because it was a physical impossibility, as I have on my shoulder the work of two men since I returned. I want you all to know that it is not for any lack of thought. The fact that Annie was over there under peculiar circumstances has necessitated letters in that direction which would otherwise have gone to you.

I have felt very bad over the news of the Huguenot Mill failure. If Father were in better health at this time and able to work, it would be different. However, I hope that he will be improved in health before a great while, and that things will brighten up. In the meantime, I fear that you are going to be pinched. Wish you could make some turn by which you could get some of the capital tied up in that big house and vacant lot released, safely invested, and income-producing. However, in this time of panic in America, I suppose all securities have been shaken. The failure certainly came at a most embarrassing time for us all—but that is the way with all calamities, one is never prepared for them.

I am sending you Fifty Dollars through Jim, which I want you to use in any way you see fit. Wish it were more, but it is all I can lay my hands on now.

I have had a sore disappointment in the decision of Annie to come several weeks later than I had expected her. She last wrote that she would come the latter part of January, sailing from San Francisco Jan. 30th. I fear this will make it impossible for me to meet her in Japan, owing to a Bible Class at Kwangju which will be in Session the time she is due in Japan. I told her this, however, and it is quite possible that she may not sail Jan. 30th, in which event I would want her to wait until milder weather. My great fear now is that, by delaying her departure, she may strike rougher weather in February—but of course one can never tell exactly. I have certainly been confronted with a most perplexing state of things. It would have been hard to find a time in my whole career when I needed my wife more than I have in the past few months, and right now; and on the other hand, had she and Miriam come out with me, I do not see how I could have accomplished the task assigned me by the Mission and have cared for them. Even now, our Doctor appointed for Mokpo is lying ill in Japan, and the Doctor appointed for Kwangju is still in America. However, they will both doubtless be here by February.

We are sorrowing over the sudden death of our foremost worker, Rev. W. M. Junkin, who passed away at Chunju after only a five days' illness with typhoid-pneumonia. He was in perfect health on Christmas day. He leaves a wife and four children. He was the most sympathetic man I ever knew, and had great ability. His loss is irreparable in our work, so far as we can see.

My crowd here is doing well, and are not homesick yet, as far as I can see. All four are boarding with me, and I am kept pretty closely confined to Mokpo, in consequence, but they will soon be able to set up for themselves, I hope. It seems like the irony of fate that at the very time when ordinarily I could spend the time in the country among the Koreans without a thought of home, I should have to be running my house in full blast. It is a trial to the flesh, I tell you.

I have managed to keep in perfect trim up to this time. Hard work always did agree with me. At Princeton I never worked harder and never was more robust. We are having some fine tennis here every day or so, which the fine dry winter climate makes possible even at this time of year. Plenty of exercise is indispensable to health. The local work is doing nicely, but is exacting—the more so because I have preached out my "barrel" here long ago. Am teaching two Bible Classes on week nights.

Mr. McCallie is now back from Kwangju. He is bright, and will have no trouble in acquiring the language.

Dear love for you all. I am enclosing in this a few notes to the others. You can send a whole ounce for five cents now (from over there too), and each extra ounce only six cents, by new international postal law.

       As ever your affectionate son,
              J. Fairman Preston

Jan. 13, 1908
Mokpo, Korea

Dearest Mother:

Yours of Dec. 11th just to hand, and I am distressed to know that you had not received any letters from me in so long. Unfortunately, I did not keep a record of my letters for Nov., so can't say what you should have received; but feel sure that I must have sent several. Since Dec. 1st, I have recorded, Dec. 5th, Mother; Dec. 27th Father; Jan. 8th, Mother, but hope I sent more than I recorded. As I said to you before, however, have had such a load upon me that I don't know what I have done or left undone in the way of letter-writing. Now that I am emerging from the woods, will do better in any event.

It is a shame about the embroidered piece. I sent it with no little trepidation, as it is the first thing of the kind I have sent since our former experience of the same kind. Don't worry about it, but try to get out of paying such an exorbitant duty on it—for that is what the demand is, duty and not postage. It cost Eight Yen (Four Dollars) in Japan, and they charged you just forty per cent duty, which is a perfect shame. You shall not pay any of the cost over here, you may be sure. U.S. Customs are well-nigh prohibitive.

I wrote you in reference to the watch for Annie (but don't know when). As soon as I hear what you did in the matter, and how much it cost, I will send you a draft through our Treasurer. I will know, perhaps, when Annie comes.

I wrote Jim to turn over to you Fifty Dollars which he has for me, for your own use. This is independent of the watch transaction.

I have heard from Annie very irregularly since her illness. Nov. 22nd and Dec. 3rd were the dates of my last letters from her. Was dreadfully disappointed that she failed to come on the steamer on which we agreed; and I fear that she will meet more unfavorable weather in Feb. on the Pacific. However, I know she is anxious to come to me, and she must have sufficient reasons for the delay!

I am still grinding along here, but am perfectly well. I am carrying the whole Station, as a nursing father, and all are boarding with me, and in addition, a friend who used to live here has dropped in for a ten days' stay. I never had more trouble with servants. Just now, my cook is off for five days on business for himself, my boy has gone home with a biled finger, and we are worrying with two greenhorns in their places. If I was "batching it," would not mind. One good thing about it is that I will have these new people "broken in," and settled in their own home by the time Annie comes. In the meantime, while a great care to me, and while they keep me tied closely to Mokpo, they are good company, and Miss Knox relieves me of most of the details of housekeeping. I am tending my cow, trying to keep up the milk until the babies come, with good success. Just now she is giving five quarts a day of splendid milk. Milk cannot be bought in Mokpo for less than forty sen a quart (20₡ gold). I am not sorry that I am kept out of the country at this time. Things are very unsettled, and reports of Japanese being killed by the Koreans are not infrequent. The roving bands of rebels and robbers are not molesting Christians or missionaries, and the only danger Americans would be in would be in being mistaken for Japanese officers. The Koreans themselves are exaggerating reports of unrest, so that it is hard to get at the real facts. It does not amount to much, I think. The majority of the Koreans are peace-loving and contented, and in no sort of sympathy with the adventurers who are roving some parts of the country.

Must stop now. Love for you each one. Your letters are such a comfort.
    Devotedly your son,
               Fairman

Jan. 18, 1908
Mokpo, Korea

My dear Nansie:

You see I am trying to reach you with letters just as long as I can. I am sending this to Honolulu, and you should receive one there of date Jan. 7th also. Your letters to me these days are coming rather far and far between, and I am feeling pretty blue in consequence. The last were of date Nov. 22nd and Dec. 3rd. Mother has been writing me every week, though, and so I heard from you indirectly and know you were all right.

I notice that your steamer is due in Kobe on Feb. 19th. This is just one day before the Kwangju Bible Class closes. I am going to make a strenuous effort to get off a few days earlier and get over to Kobe to meet you, though can't tell yet whether I can get there in time to meet your steamer; but at any rate will plan to reach there in time to accompany you over to Korea, as this is the hardest part of the whole trip. However, Mr. Buchanan will meet you, and he has given a cordial invitation to stop at his house if he is not full up; but I don't think we ought to accept, as they are overrun all the time. The Olivier was "busted", I am told. The Knoxes stopped, on Buchanan's advice, at the California. I hope we can catch a steamer over promptly to Korea without much of a stop-over in Kobe. I have heard nothing lately from Dr. Birdman. Feel pretty sure that he will be able to come back with us at that time. We need him in Mokpo at this time. Mrs. Knox is troubled with nausea and for the last three days was not been able to retain anything in the way of food. Today I called in the Japanese Doctor, who is a very capable and pleasant man and he treated her. She is doing better tonight. It is another one of your "Malaria" cases.

I seem to be pretty well wedded to Mokpo. All my pretty plans for a vigorous winter in the country were knocked on the head by the Mission's assignments. Just now am having a time with servants. Sangyudi is away on private business in Kwangju. Kyengguggi has left with a biled finger, threatened with blood poisoning, and I have a house full and two numskulls doing the work. One consolation is that I shall have these new missionaries broken in and set in their own home by the time you come. Mr. Hopkins came down in the morning of the 8th to look after his business, and is stopping with me. Don't know what I would do without Miss Knox, who is a gem of a housekeeper, though I feel it is at the sacrifice of language study to a great extent.

I am giving special attention to the cow. She is keeping up splendidly, giving at this time five quarts a day of rich milk. Milk sells here at about forty sen a quart. Hope the babes will have plenty on arrival.

I just want to see my babies so sadly (illegible) stand it. Am afraid Miriam will have forgotten me. Kiss her (illegible) times for me. And (illegible) her kiss you 500 times for me; and both of (illegible) short of asphyxiation for her (illegible)

Jan. 19, 1908
Mokpo, Korea

My dear Father and Mother:

Today (Sunday) has been a delightful day of rest for me. Mr. Bell came down on Friday, expecting to catch a steamer for Kunsan, but it was canceled and so he spent Sunday here and preached for me. I held English service in the afternoon with the missionaries. It was certainly a beautiful day, bright and sunshiny, and very warm, the thermometer registering sixty-six. Of course, we had crowded houses both morning and night. Sunday is usually my hardest day, but tonight I am feeling fine.

Today I received a letter from our Doctor Birdman, written with his own hand, reporting himself convalescent. He has been lying ill in Kobe, Japan, for six weeks with typhoid fever, and it will be two or three weeks yet before he will be able to travel. He had a narrow escape from death. We are grateful to God for His mercy in raising him up.

Last advices from Annie (Dec. 15th) stated that she expected to start from San Francisco on Jan. 30th per S.S. Mongolia. I am making arrangements to go over and accompany her back to Korea.

Jan. 22nd.

Was interrupted in medias res, before I had said anything. Well, there is not much of interest to say. The days are hasting by with the speed of an Express train, and I hardly know where they go. Am having a hard fight, these days, to keep from being totally absorbed in "temporalities." My house is still full, and will be, no doubt, until I leave here for Kwangju about the first of February. My cook returned last night, and that relieves the domestic pressure no little. Mrs. Knox is up and about, though still very weak. Word comes that it will be possible to move Mr. Reynolds from Seoul to Chunju, to take Mr. Junkin's place in the local work, to some extent; so it will be done at once. Mr. Reynolds is engaged in Bible translation, and he thinks he can conduct it from Chunju as well as from Seoul. He hopes to be through this work in another two years, and then we shall have his whole time in our work. He and Mr. Junkin were the first of our Mission to come out, and are our leading men. Mrs. Junkin expects to return to America with her children just as soon as the weather moderates.

I sent letters to mother the 8th and 13th of this month. Shall try to keep a record hereafter. Have lost a number of letters of late.

With dear love for you, one and all,

    Affectionately your son,

        J. F. P.

Jan. 23, 1908

Texas

Dear Mamma:

We are (at) some little station in Texas—3 P.M.

We are getting along much better today. Miriam is more contented and the baby is well and good. Sleeps most of the time.

Did not see Mary Martin at Atlanta but saw Clarence Murphy and the Rodds.

Miriam said "I'm going to see Ollie today."

    Love to all,

Annie

Jan. 24, 1908
Mokpo, Korea

Dear Mama:

These days are galloping by so swiftly that I cannot realize that it has been ten days since I sent you a copy of Annie's letter to Honolulu, with a promise to write soon. What I am doing these days could be perhaps described more briefly by enumerating the few things I am NOW doing. My crowd is still with me, including Mr. Hopkins; but the Knoxes expect to set up house-keeping for themselves in a few days. Mrs. Knox has recovered from her spell of severe nausea, and is only tolerably miserable. Miss Knox is the team of this station, and has been heroically assuming the burden of housekeeping since Mrs. Curtis left. I feel very thankful that Annie was spared all the confusion and burden of receiving and entertaining the new people; though under normal conditions with her it would have been a splendid opportunity for service.

Most of our boxes from America have arrived, and I am busy getting them opened up and the house in ship-shape pending Annie's arrival. I have the flowers growing in the bay-window—including two Calla lilies and another bulb which Annie sent out by me. The lilies will be in full bloom by the time Annie arrives, and so will the Chinese lilies. Coit's boxes are also here, most of them, but I have no Invoice.

I am planning to get off a few days earlier from the Bible Class in Feb. and run over to Kobe in time to come back with Annie and the babies, though I can hardly get there by the 19th. Mr. Buchanan will meet them at the steamer, and he insists on their coming to his house. I had a nice long letter from Dr. Birdman a few days ago. On the 13th, he was strong enough to write, and said he hoped to be able to travel in two or three weeks. I think it not at all unlikely that he will decide to wait until we come over.

I forgot to say that the mirror of the Buffet was smashed, the legs cracked and chipped off, and several bits lost. A very poor piece of packing. On the other hand, the Dining Table was packed perfectly—by the same firm—Chattanooga Furniture Co. I have not opened up anything else yet.

The work here is moving on very gratifyingly. We have thirty three pupils in the girls' school, and about seventy in the boys' school. I have excellent prospects now for securing a teacher for the latter soon. Have bought a site, and made contracts for the building material for the new building, which will be of stone—a new departure in building out here.

I had a letter from Dr. Nolan recently. He writes in the same old reckless, breezy way, and seems to be the same Nolan. He evidently likes his job, and I have no doubt the role suits him better than that of a miss'y.

I hope you received the Prayer Book I ordered sent you. I will write and ask if they forwarded it. We received ours a few days ago.

You will be glad to learn that the Mission has ordered the Reynolds to move down to Chunju to live. It was ascertained that Mr. Reynolds could conduct his translation work just as well from there as from Seoul, and that he could in some measure take Mr. Junkin's place in the local work. We will miss the Reynolds in Seoul, but I have no doubt that, in the end, Mr. Reynolds will do better translation work in Chunju. Certainly he is sorely needed there.

I made an effort to get the women cook from Seoul for Annie, but did not succeed. She is cooking for the Clarks and both are satisfied. Sangyuni is faithful, and doing well, however, and while he does not seem to have the head for management, is a great comfort. I have employed the Hopkins ex-boy, who is a splendid washer and ironer, and is well trained. I hope he will stick, though I know he used to leave the Hopkins periodically.

I am not through this letter, but must stop. Hope to hear from you soon. Has anything ever been done about the real estate deal? I suppose, on account of the panic, things are rather tied up now along that line. Give my love to all the kin. I look forward to hearing from all direct when Annie comes. Remember me most especially to the Coits, Knoxes, Davises, Watkins, and Mrs. Cole. Glad to hear good reports of your preacher.

   Affectionately your son,
     J. Fairman Preston

Jan. 27, 1908
397 Laurel Street San Francisco

My dear Mamma:

At last I have a few moments to write, but I am too tired to write much. That trip across the continent was the very hardest job I ever tried. I would not advise anyone else to follow my example. People were very kind and helpful, but with all that I was worked and worried to the verge of insanity.

The telegram reached me all right at El Paso and disturbed me no little. There are no signs of measles as yet but the baby has bad colic terribly yesterday and today. The Whites left me at Los Angeles on Saturday and I had to stay there for about seven hours. I did not get off the car and there were only two grown-ups and two children who stayed on with us. One old gentleman insisted on taking care of both children while I went out for dinner, but I objected, so he went out and brought me strawberries and we had a feast after the babies were asleep.

Dr. Watkins met me at the station and he and Eleanor have been very kind indeed. He has been giving me good hints on taking care of myself for the sake of the baby. He wanted to take us all out with him this morning but we could not get ready in time. They are living in a very pretty furnished apartment.

Miriam was so discontented on the train at first, you know, but she became so fond of it that she wailed and wept when we got off. She thought she was to see her father at the end of the trip and objected to getting off till she did. The first thing she said this morning was, "I want to go Korea". I asked her where Ollie was and she said, "I leave Ollie home ", "I go Korea and see my Papa and come back to see Ollie". I took the little girl out for a little walk this afternoon and she was so much interested in the flowers. We saw geraniums and calla lilies out doors. You must come over the Southern Pacific next time. I think it is much more interesting. I enjoyed seeing the orange groves of Southern California. I was surprised to see so much barren looking land mixed in with the orange groves and peach orchards.

I did not pay several of my bills so I am enclosing a check for you to pay the smaller ones and a check for Reids—I think it is this way:

Mrs. Sloop $2.65
Miss Nellie Howard 6.25
Mrs. Miller, about 1.75
Mr. Plummer 8.70
$19.35

I send check for $20.00. Let me know if there are any other things I owe. Don't <u>you</u> pay them for you have enough to do.

I enclose just a lot of love for you all. You will never know how hard it was to leave you and Sister standing there at Greenville, and poor little Miriam was calling you as loud as she could. She has had some distressing times parting from you and Ollie.

I hope little Rosalie will not be much sick. If my babies do have measles it will be the last straw and I shall commit suicide.

Devotedly,

Annie

Feb. 1, 1908
Kwangju, Korea

Dear Father and Mother,

I am tired tonight, but must get off a line to you. Arrived here at noon, after a very hard trip. Spent the night on the river, and got very little sleep. Our launch hung up on a mud-bank, and another craft chancing to pass, we transferred to it, but had to sit outside in the cold for the rest of the trip. Our Bible class meets here, beginning Wed. night, the 5th. I came up a little early in order to attend to some business and get in some study which the strenuous life at Mokpo makes so difficult. Besides, I am planning to leave early, in order to meet Annie in Kobe, Feb'y 18th. I can catch a steamer from Mokpo on the 16th and make very close connection.

We have had a protracted meeting at Mokpo since last Sunday. I have been assisted by Rev. Yi Kip Poong, the best of the seven preachers who were graduated at our Theological Sem. last spring. He is on his way to Chaeju, a large island to the South, as the first missionary sent out by the Korean Presbytery. I am on the Foreign Mission Com., and hope to visit the island this year. They are Koreans, but being so isolated, have a dialect of their own unintelligible to us. Mr. Yi is a fine man, and has been preaching (illegible) He will help us in (illegible)

We fear we will not have a large attendance, owing to the disturbed condition of the country. Day before yesterday, there was a severe engagement, 15 miles to the north of this place, between the insurgents and the Japanese cavalry. Twenty of the former were killed and forty wounded, and several Japs wounded. The rebels fire from ambush on anybody suspected of affiliation with the Japanese. We are avoiding the dangerous sections at present in our itinerating, but as you know, I have not been doing much this winter.

We are beginning to feel the panic out here. Salaries have been paid so far, but nothing else, and consequently the work is suffering. It's like trying to "make brick without straw". I have advanced now up to the limit, and will have to wait on money before going ahead.

Rec'd mother's letter telling about Christmas. So glad all the boys were there. Annie wrote me under date of Dec. 26th, saying how delighted she was with the watch. I asked Mission Treas. to send me draft, and will enclose it to mother as soon as rec'd. Annie said she would cable me if she could not come in Feb'y, and as I have not rec'd cable, am looking for her. Hope mother saw Annie and the babies before they left.

I am quite well. Hope soon to hear of improvement in father's rheumatism & mother's health. S.W. Va is a treacherous climate, so be careful and take care of yourselves.

   Am counting the days now

      (Fairman)

Feb. 10, 1908
Kwangju, Korea

My Darling Mother,

Your good letter of Jan. 4th came yesterday, and I was so delighted to get it. You have certainly been good about writing to me, and your letters have cheered me more than I can tell you in the trying times I have had out here alone.

Am hard at work here in our Annual Bible Class. It is the largest of any previous years, in spite of disturbed conditions of the country and a heavy snowfall and cold weather. Attendance is something over 250. I have forty men here who came from 60 to 100 miles (walking) to study for two weeks, and bearing all their own expenses. I have 15 more from nearer points.

I expect to get off a few days earlier and meet Annie in Kobe, Japan. D.V. leave here Sat. of this week. However, the new missionaries at Mokpo have had a hard time since I left them. Mrs. Knox is seriously ill, and will have to undergo an operation. Fortunately Dr. Birdman arrived last Wednesday, and Dr. Daniel will come down from Kunsan to assist, and also Miss Kestler, the trained nurse. Dr. Owen, of this place, who was too indisposed to take full work, also went to Mokpo, and I am taking his work here. Am afraid that situation my prevent my going to Japan.

(illegible) for watch, mentioned in a previous letter. Don't worry about the brass. I will pick it up for you and send it at first opportunity. May have chance to send a little by Mr. McCutchen, who starts home with Mrs. Junkin about April 1st. He will marry Miss Hounshell, of Rural Retreat, Va.. He is a 1st cousin of Miss Edith McCutchen of Bishopville, S.C., and of course will stop at Bristol and see you. He is a fine fellow and a splendid worker. Glad to be able to send word to you first hand in this way.

Of course I am all aquiver with excitement these days at the thought that I shall see my loved ones in about a week's time. Am just wild to see that new "gal baby".

Some mail brought me letter from "B" and Jim which did me a heap of good. Can see B's development reflected in his letters. He's going to make a fine man. Jim says you were not well. Do take care of yourself. Hope you got the trip to Salisbury, but fear Annie was hard up about that time. She never mentioned a draft I sent her, and I don't know whether she received it.

Time's up so must close. Glad to hear Father has gotten rid of his rheumatism and that Floy is looking so well. Wish she were out here.

With love and hugs and kisses for one and all,

    Devotedly your son,

        Fairman

Feb. 11, 1908
S.S. Mongolia

My dear Mother and Father,

It was a big disappointment not to get off a letter to you from Honolulu. I wrote just one miserable <u>attempt</u> at a letter and got it off to Mamma. If I had not been perfectly sure of writing you, I would have asked her to send the letter on to you.

We had a very restful time at Eleanor's (I mean <u>comparatively</u> restful). She and Dr. Watkins were so kind and thoughtful. I am so glad I had a chance to know them, for, you remember, I did not care especially for him before. This visit showed me his real worth in spite of some peculiarities. They helped me to regain my poise which was quite gone when I arrived in San Francisco.

It has been <u>much</u> better on the steamer than it was on the train. Of course, it is nursing from morning until night and I am tired, but Miriam has so much more room to play in & plenty to eat etc. so she is in a better humor. Then having a room to ourselves is much better than a section on a sleeper. The weather has been perfect nearly all the time, and I have had both babies on deck a good deal. The dear little baby is so sweet and good that she is making a name for herself.

Dr. Wilson is a fine nurse. He comes for Miriam every morning and takes her to breakfast, and he usually gets through with his meals quickly, and takes charge of the children while I get a "snack"—a very substantial one too. The babies are always asleep in time for me to get in for my dinner at seven. We have a delightfully jolly time at the table with Dr. & Mrs. Worth, Mr. & Mrs. George Hudson, Mr. & Mrs. Hugh White, Dr. Wilson, Miss Louise Woodbridge and Mrs. Fearn, of the Methodist Mission in China, with her nephew. We have more than any other table in the dining room in spite of the fact that we are just missionaries!

If Floy could take this lovely trip she would be all right I am sure. I believe it would be good for you both too. I love sailing in the tropics. We have started North now and today one needed a wrap on deck. It has been so warm that I had to take off Miriam's flannels and she was running around on deck in summer attire. She seems to miss Ollie a great deal. She says she wants to go to Korea to see "my fader", but she says very mournfully "I had to leave Ollie". The poor little girl is getting her 2 1/2 year teeth I think and is very unhappy much of the time if things do not go her way.

We had a minstrel show on deck last night given by the young men on board. It was very good considering all the difficulties in the way. Several of the men had very good voices. It was my only night "Off" since I left home & I enjoyed it. First time we came out we went in for all the sports and entertainments, but that was when I was a bride! Things are different now! All the mothers had a Chinese boy on duty last night while they went to the show. He was to make the rounds of the different rooms and come "topside" and report if any of the infants were found crying. Mine slept well—they usually do when they get to sleep.

I find that I brought your Christmas letter from Fairman with me. I'll send it in this. I had one from him at Honolulu. He expects to meet me in Kobe. He was well, but busy of course—had all the new missionaries boarding with him. He wrote me the distressing news of Mr. Junkin's death with typhoid-pneumonia. His death is an awful loss to the Mission. He leaves a wife and four children, you know.

Fairman wrote that all our "heavy stuff" which we shipped by freight had arrived in Korea. By the way, I have the originator of that famous remark as cabin boy again. I like these Chinese boys—most of them are so nice to the children.

Please give my love to all the kin in Bristol, especially Aunt Jennie. I want to write her but I am <u>so</u> tired after my day's work is over that I can write very little.

Feb. 16

We are due in Yokohama tomorrow about noon. If it was <u>Kobe</u> I would be really interested, but I can hope for nothing more than a <u>letter</u> from Fairman. That will be good of course, but I want more than that. Today has been quite stormy, but the Mongolia is so steady that the rough seas do no inconvenience us much.

With very much love for one and all,
  Affectionately,
    Annie

Feb. 18
Yokohama

We got in yesterday & leave today at 3 P.M.

Letters & a cable from Fairman say he will surely meet me.

Feb. 16, 1908
S.S. Mongolia

My dear Mamma:

We are due in Yokohama tomorrow and the China is expected to be there on her homeward way, so I want to have some mail ready.

I am very anxious for you to get a more cheerful letter from me. I felt so worn out and discouraged when I wrote the other letter. The latter half of the voyage has been so much better. Miriam is in a better humor and is getting better acquainted with the children on board. She is also beginning to obey me better which makes life much easier for me. She is very much interested in going to Korea to see her "fader", but she looks very mournful when I ask her about you and Ollie, and says so pitifully, "I leave her home." She likes to look at the pictures in the "Passing of Korea", which she calls "my fader's book". I have read a good deal of it, and it is most interesting. Dr. Wilson is reading it and Dr. Worth wants to read several chapters, and a newspaper man has asked me to let him see it.

I have enjoyed my meals so much, for we have a most congenial crowd at the table. Mr. and Mrs. Hudson, Mr. and Mrs. White, Dr. and Mrs. Worth, Miss Woodbridge, Mrs. Fearn, and her nephew, Dr. Wilson and I. I am charmed with the Worths. Already we are planning to go home via Suez together as their furlough and ours are due about the same time.

I have been up in the music room just one evening and on deck one evening. Last night we had a concert and the evening on deck was a minstrel. We had sport on deck one afternoon and I went up with both babies. Of course I had help. Dr. Worth held the baby most of the time and gave her the name of "Soft Soap" because she was so good. Several people have offered to take her off my hands if I found her too much trouble.

Did I write you that Fairman was to meet me in Kobe instead of Yokohama? Of course, I am disappointed but I know it would be just a good deal more time and money for a very little more satisfaction. I don't believe I wrote to you after I received his letter at Honolulu, but you have probably heard the sad news of Mr. Junkin's death. He had typhoid pneumonia and was sick just a few days. How terribly hard for Mrs. Junkin with those four children. I suppose she will go home to America.

There are three missionaries bound for Korea on here. Dr. and Mrs. Purviance who are going to Syen Chun to take Dr. Sharrocks' place, while he is on furlough, and Miss Morrison, who goes to take Miss Edmunds' place for a year. Mrs. Whittemore's sister is on board going out for a year.

I feel so sorry not to send back a whole lot of letters to my friends and kindred, but you must give them news of me and tell them I have found it hard to combine nursing and letter writing. I am sending postcards to all who sent me steamer letters and to Miriam S. and Katherine.

Fairman wrote me that our "many stuff", shipped from New York, had arrived in Korea. I have our grocery order on here.

Don is very much admired by all who see him. He is being well cared for by a young man who told me that he bathes him with tar soap borrowed from the baggage agent!

It has been rough today but so beautiful, and tonight the moonlight is exquisite.

Tuesday.

Letters and a cable from Fairman yesterday brought the good news that he would meet me at Kobe without fail. All were well in Korea except Mrs. Knox who was seriously ill, and Marion Daniel who had pneumonia. The Reynolds are to move to Chunju.

It is very cold here at Yokohama. I hope it will be warmer in Kobe. Expect we will leave Kobe on the 21st per Nippon Yusen Kaisha S.S. Koningawa Maru.

With a <u>heap</u> of love for all at home.
 Devotedly,
     Annie

Feb. 22, 1908
S.S. KUNSAN MARU
In the Inland Sea

My dear Mamma:

The days in Kobe were so full that I did not get off a letter to you. We got in about three o'clock on Wednesday and Fairman came out on the first launch. Miriam knew him but was a little shy at first. It was not long however, until she was calling for "my fader" and crying if he got out of her sight. There were so many of us to get together that we missed the launch and had to go ashore in a sampan. The Olivier is "busted" so we went to the California, which is much nearer downtown, between the street where the Buchanan's live and Motomachi. We were much pleased with the place and the landlady, and the fare is good, the rooms are large, and the whole place is very clean. The Purviances and Miss Morrison—en route to Korea—were there also, and, of course, Dr. Wilson.

Fairman brought an invitation from the Buchanans for all the Southern Presbyterian missionaries to come to tea on Thursday, so the Mongolia party had one more afternoon together. Dr. and Mrs. Fulton were there, too. I like the Buchanans better than ever. She asked me to send her love to you. She is going home with the children next summer and Mr. B. goes in the fall via Europe. I hope you will get a chance to see them in America.

As we have spent so much money this year, did not spend more than an hour in Motomachi. I bought a drawn work sideboard cover and some drawn work fingerbowl doilies with the money Fairman got on the Mongolia as prizes. I also bought a little pin for Marion's birthday present and a silk waist for Miriam Davis. Tell them that I will send the things by Mrs. Junkin, who leaves Korea in April.

You notice I have not said anything much about Fairman! Words fail me! He is well and more charming than ever! It is very comfortable to have a hus and of my own after having to borrow other women's for so long. He is doing very good nursing. I had been telling all my ship friends how I was going to make him nurse both babies at once, and I have made him do it too!

The weather in Kobe was lovely. We had the children out in the garden yesterday and it was more like April than February. This boat is heated and is very comfortable, so I have really had no cause to regret taking the trip in mid-winter.

Dr. Wilson is going over the Korean alphabet with the Korean cabin boy. It is a comfort to have a Korean in that place as we can make him understand our wants. He has the dog in charge, but says he refuses to eat "Jap". Don has had good treatment all along the way, and has been very much admired.

We will be at Moji tomorrow, at Fusan Monday and at Mokpo on Tuesday, I hope. and then we will unpack and stay unpacked for awhile.

Mrs. Knox has been very ill, but was better when Fairman left. Dr. Birdman had a long hard fight with typhoid but is all right now.

Fairman is going to add something to this and as he is so much more brilliant, I will resign in his favor.

With ever so much love to all at home and all my friends. I hope I can write some when I get to Mokpo.

   Affectionately,

       Annie

Dear Mama:

Annie knocked the wind out of my sails by the above remarks. She has written you a better letter than I am capable of, and told you all the news. I could fill whole pages telling you how happy I am, and how thankful to get my loved ones back again safe and sound. What a lovely voyage they had, and how different from all our fears and forebodings! Well, people are safest when in the path of duty, and it certainly seemed the only thing for her to do. She is a brave, true girl, and has successfully accomplished an exploit that an ordinary woman would neither undertake nor survive. She is looking fine, but I do not understand why she is not a wreck after a whole month's tussle, single-handed, with these two babies. She has got to rest (Anglo-Saxon for "I will see to it") now and recuperate some nervous energy.

We are comfortably fixed up on the Kunsan Maru, and fortunately we have our good friends, the Purser, of last April, on board, and he is sparing no pains to make things comfortable for us, among other things having turned on the steam heat. I brought over plenty of food, and got some freshly cooked chickens and bread in Kobe, so we are living high on the boat, in spite of the fact that they furnish only Japanese food. A Nippon Yusen Kaisha boat sailed for Mokpo yesterday, but the company refused to sell us any tickets on the ground that we were foreigners and hence too much trouble to the Purser! What do you think of that? In our country a transportation company could be sued by a foreigner and made to pay heavy damages, but a foreigner has little consideration and less rights in Japan; so "grin and bear" is the word.

February 24, 1908 Monday
Later : Fusan

Forgot to mail this letter at Shimonoseki, so will add a line more. Dr. Wilson and I went ashore yesterday and took Miriam for a two hour jaunt. The little thing seemed to enjoy it, and was in high spirits.

We had fair weather last night, but channel was a little rough, as usual. All my party got a bit sick, for the first time on the long trip.

I will send Annie and Dr. Wilson ashore today to see the Irvins and Smiths, and perhaps Miriam will go too. We were in Fusan harbor this morning at 7 o'clock. It seems strange to think of Fusan's being nearer to Shimonoseki than to Mokpo, but such is the case.

Miriam is by my side and says, "Kiss Mamma and Ollie and all people at my home". She has improved so much under Ollie's care. Would give anything if she could still have Ollie. Remember me to her and tell her I hope she will stand by you, and when you come to Korea, wish she would come too.

With love from us all,

    Affectionately your son,

        Fairman

Feb. 22, 1908
On board Kunsan Maru

My Dear Father and Mother,

Here we are safely on board the above named boat en route for Korea. I reached Kobe last Tuesday night, and met the "Mongolia" next afternoon. Annie and the babies were well and looking fine. Am very proud of my new daughter. She is fat and jolly, and one of the best-natured babies I ever saw, as well as particularly good looking. Annie was certainly brave and loyal to undertake the trip with the two, and she brought the dog too! I was astonished to see him, as I thought of course she would have to leave him. He stood the trip well, and is a fine fellow.

All the outcoming missionaries were exceedingly kind to Annie. Dr. Wilson especially did everything possible for her comfort, and we are under a great deal of gratitude to him and to all. Annie says she had lovely weather from Salisbury to Japan. The captain told me he never remembered having made so smooth a trip. Nobody was seasick. They followed the tropics most of the way across, and the passengers were wearing summer clothing. The weather in Japan was simply fine the three days we were there—Miriam played out in the yard everyday. It rained this morning, but stopped before time to start for boat. We stopped at a very pleasant private Hotel very near where the Buchanans and the Fultons live. Poor Annie was nearly worn out after her long (illegible) make her rest and relax as far as possible, though that will not be much, I fear, until she gets home. In spite of difficulties, she could not have made the trip at a more opportune time, with better company, or under more favorable conditions. A few months later, little Annie Shannon would be crawling, and harder to look after.

By-the-way, the latter impresses me as looking very much like Floy looked as a baby, and I hope she will turn out to be as fine a looking woman. It is a thousand pities you all could not have seen her before she left. Miriam is talking English at will and has developed wonderfully since I left her. She is a bright child. Though a little spoiled at present, she is very tractable, and it will not take long to have her on model behavior. She had not forgotten me, and whenever I get out of her sight now, she says, "I want my fader", and she gets him back pretty quick. Today I left Annie, holding the baby, with Miriam, at the head of the wharf while I stepped down to speak to the man in charge of the launch. Miriam thought I was leaving her for good, and tore down the whole length of the pier to catch me!

Dr. Wilson is a fine man, and we are so pleased with him. We are so much disappointed that he cannot be with us at Mokpo. You know he is bound for Kwangju.

This is a stupid, disconnected letter, I know, but I am not much with a pen after so long use of typewriter. Will write you soon after we reach Mokpo, where I (illegible)

Mar. 15, 1908
Mokpo, Korea

My darling Mother:

I am astonished to see, on reference to my letter book, that my last recorded letter home was Feb. 22nd. I hope that I have sent one since, but if not, must ask your indulgence again, as I have been in a whirl of various duties since our return from Japan.

Annie and the babies are quite well. Annie has been very busy getting the house straightened out, in what little time she has. Miriam has not taken very kindly to her Korean nurse, not knowing the language, so she has been a constant care. The nurse, too, has not been very well, so Annie has had very little leisure. I have been helping her all I could, in the multiplicity of my duties. I accompanied Dr. Wilson up the river as far as Yungpu, the headwaters of the river, where he was met by Dr. Owen. We had an exceedingly rough and disagreeable trip in a small boat, and were disappointed in not getting much shooting, the weather being too cold for the game to be on the river. I touched three Churches on the trip, however, and this made it worth while for me.

Just now we have a very blue crowd here in our new missionaries. Mrs. Knox continues in very poor health, in bed most of the time. This handicaps her husband, and keeps him from much study, and throws the burden of house-keeping upon Miss Knox, who boards with them. The latter has no single companion, and seems to be suffering very much with the blues. Finally, our Doctor, contrary to my advice to him, plunged into medical work from the very start, overdid himself, and is now on the verge of a breakdown, with consequent depression. Mr. McCallie is now absent, having gone for a trip to Seoul to have his teeth attended to. I regret to say, confidentially, that he is a misfit on the Mission field.

He is bright, but erratic, very cranky and for the most part generally disagreeable. I mention all these things merely that you may realize that there are other things that tax one's energy and resources besides the work itself.

I expect to be at home constantly for the next ten days or so, trying to get things straightened out, before starting out for my visitation of the country groups. On my return, about April 15th, I am planning to take Annie and the children for a visit to Kwangju, at which time I will touch the groups under my charge in that region.

Your letters are an unspeakable comfort to us. Your last, Feb. 11th, came yesterday. Glad to hear that you are improving somewhat. You and I are poor advisers to each other about health, taking care of oneself, precautions, etc. We are too much alike. However, I will promise to do as well as heredity will allow me in this respect! Sorry to hear about total loss of Huguenot stock, but it is what I expected. Hope Father will write soon.

I feel for you all keenly at this time, but hope that father will soon be able to get something that will bring in some income. It is very unfortunate, too, that we are strapped just at this juncture. And, too, owing to the financial flurry, the Committee is away behind, and my hands are tied in my work out here, owing to lack of funds.

I am powerfully proud of my new daughter. She has a beautiful disposition, and a beautiful face, and is not one-half the trouble that Miriam was as a baby! I think she is like her mother, though she has my eyes.

Here's love to each one of the family, and the Bristol kinsfolk, whom I think of often. Annie sits by my side, and joins me in love and in this letter. She is certainly a comfort to me; I could not live without her. I wonder if any other such "ornery cuss" as I ever had so sweet a wife?

   Lovingly your son,

     Fairman

P.S. Forgot to say that I have been devoting my afternoons since our arrival to assisting in medical clinic, interpreting for the Doctor. A Doctor sees the peony side of life, for sure.

Mar. 24, 1908
Mokpo, Korea

My dear Mamma:

I have neglected to put down my letters in my letter book, so I do not know just how long it has been since I wrote you. I feel very sure I did not send off a letter last week as I was having a rather strenuous time.

Miriam played in the water and started one of her coughs and was so miserable that I hated to leave her. I kept her in bed a day or two. Just the first day she was able to be out of bed, Sangyudi was taken sick and I had to spend a great part of my time in the kitchen. The day he came back, Amah was "upso" on account of an infected finger! The boy also had a few days off, with his "pai" and the outside man went to bed with a bad headache! All are at their places again and Miriam is well and happy.

I think I will have to get a book to jot down her remarks. She is <u>so</u> funny, but it is more often the way she says it than what she says. Today she washed her hands very carefully and said, "Those Koreans haven't seen me in a long time" and insisted in going into the study to let her father's guests see her! She recognized "Aunt Gween" all right and looking very thoughtful said, "Where's Ollie?" When Mrs. Knox was looking at the baby's pictures, Miriam came in and insisted on her having a look at Ollie. Today she saw an empty cracker box and said, "We'll have to buy some more. Is there any 'store' here?" We took her into the settlement this morning. Part of the way she was riding in her little red wagon and part of the way she was pulling it. <u>All</u> the way she was a great sight for both Koreans and Japanese.

This afternoon she was helping (?) plant some roses, the ones I brought with me, she cried that she was "making a rose." Do you know that all our garden seed is in those boxes which are to go by Suez? If it should happen that the boxes have not been sent when you receive them, perhaps you had better take out the seed and send by parcel post. They might do us some good that way. You might as well throw away the onion sets. Mrs. Owen finally got the box of bulbs.

We had a very sad piece of news last night—the Daniels' little boy is dead. Mr. McCallie came by Kunsan a few days ago and found the baby very ill. They sent word by him for Dr. Birdman to come up. He went up Friday and last night, Monday, we received a telegram saying that the baby was dead. Fairman would have gone up if he had received the telegram in time. I hope you can write to Sadie.

I have had letters from Kate and Florence. Both sent love to you. They are very much troubled about Aline. She has never been well since the baby was born and they think never will be well without an operation. Her heart is too weak for that, so they are troubled about her. The doctor wants her to spend the summer in some very quiet place, and I can think of no quieter place than Mokpo, but we are so crowded here that I doubt if we could make her comfortable.

Thursday—I got so deep in closet cleaning yesterday that I did not finish my letter. I did not want to send it off without telling you some of the pleasant things.

Another interruption and now it is Friday morning and Fairman is getting his loads ready for the country. He expects to leave tomorrow morning to be gone about ten days or possible two weeks. Soon after he returns we are going to Kwangju to visit.

I hear a steamer so I won't wait to write more.

Love for everyone of you,
    Devotedly,
        Annie

Apr. 15, 1908
Mokpo, Korea

Dear Mother and Father:

I think it has been about three weeks since I sent you a letter, the last noted in my book being Feb. 22nd. I am very much annoyed that this should have been so, but it was unavoidable, being due to my absence in the country, and rush of work since my return. I sent you a postal card last week. Annie, too, has not been able to write any letters home, so I fear that you all may have been worried. However, please do not worry in the absence of news; for since we have our Cable Code book, bad news would reach you only too quickly.

I am glad to say that all at this station are well now, and the work progressing satisfactorily. Miriam, however, has been suffering with a severe attack of bronchitis for several days, but it has yielded to vigorous treatment, and she is now much better. This is the second attack of the kind since her return to Korea, and it makes me think, from her susceptibility to cold in the past, that we will have to be extra careful with her along this line. I think Annie will have to begin daily cold baths when the weather gets warmer, and continue them on into the winter. This spell of sickness has deferred our plans to go to Kwangju. We had intended starting on Tuesday, but we will not be able to get off now until after Sunday, and it has thrown out my itinerating schedule greatly, as I cannot go off and leave a child sick. My country work this year is extremely behind, because of the heavy local responsibilities, and on this account I was compelled to keep my personal evangelistic helper, Mr. Im Sunk Ok, out of the Seminary this year. The term begins Apr. 1st, continuing three months. Our Korean Theological students attend the Seminary five years, three months each, working as evangelists nine months out of the year. It would not be a bad idea to have some such plan in America, where a man generally enters the active ministry a perfect novice.

I am glad to tell you that the fine young school teacher, about whom you heard me speak, at last began work with us Apr. 1st. The school is thus booming, but the Committee is in a financial hole, as usual, and are paying nothing but salaries, while the Spartanburg Church say they can do nothing on the new school building while the present stringency exists. I cannot sit down and hold my hands out here, so a friend has written me, saying to go ahead and push things anyhow, and he will stand back of me. I therefore expect to get a nice new building ready by fall for our boys. We lately put up a school bell, the gift of Mr. Boggs, Dr. Watkin's son-in-law, and the school is running in great shape. Formerly the absence of time-pieces among the majority of the pupils' homes made it next to impossible to begin exactly at the same time every morning, the general rule being to begin "after breakfast." By-the-way, I want you to tell Mr. Wilson, the jeweler, that I let my helpers and workers have those watches at cost or less, and they went wild over them. The watches, with one exception, all ran well and give perfect satisfaction, and I am very much obliged to him for all his kindness and interest. I sent you a draft on Feb. 9th, mother, for $20.00 to cover price Annie's watch, duty on center-piece, etc, and hope you received.

Mr. McCutchen passed through here a week ago with Mrs. Junkin and children en route for America. I was in the country, so missed them, much to my regret. We sent by him: 1 pair brass candle-sticks for mother, 1 Jap. hand-bag for Jim, 1 piece cut-velvet.

The latter I wish mother to send as a wedding present to a Princeton chum of mine. I wrote, asking that his address be sent to you, so please hold until you receive his address, and then send to him by parcel post. The friend's name is Rev. W. W. Forsythe, and his former address was Ben Avon Pa., but I could not risk the parcel on uncertainties.

We could not send more by Mr. McCutchen because we knew he was loaded down with commissions. He is a fine man, and a splendid missionary, and as his girl (Miss Hounshell) lives at Rural Retreat, I have no doubt you will have the pleasure of having him in your home. He expects to marry her and come out in the fall. He is a first cousin of Miss Edith McCutchen. Miss H. has been in Korea five years, as a missionary under the M. E. Church, South. She is a splendid woman, and our Mission is fortunate to get her.

Mrs. Junkin is a fine example of missionary heroism. As she pulled out of Kunsan harbor, where lay all that was mortal of her husband and three babies, she said: "I have two boys here" (fine, manly fellows of about fifteen years); "if God wants them, they shall come back to Korea". She is left dependent, with these boys and two little babies, and I understand another is expected. How sad!

I had a fine country trip last time. Went into the most promising field I have, visiting four groups, examining eighty for Church membership. It has been less than three years since the Gospel first was preached in that region, and we are beginning now to reap the harvest. One remarkable thing in connection with one group was that, out of thirty eight examined, twenty four were over fifty years of age. The Gospel is just as new and fresh to the old out here as to the young.

Wish you could get a glimpse of the babies. They are growing and developing rapidly. Annie Shannon has her first tooth already! What do you think of that, at less than six months? Father went one better, though, didn't he?

Am glad to hear that Father has been preaching, and hope that he will be able to continue. He has had a hard time with his rheumatism, and mother with her indigestion, but trust that you are both well over it. Thankful you are not in the school work, these hard times, are you not?

I enjoyed Floy's letter greatly, and will answer soon, I hope. Jim also sent a nice letter, as usual, and also "B". I can notice a fine development in B. this year. Hope he will get a good job of some kind for the summer.

No more just at present. Much love for you, one and all, in which Annie joins. Babies and boarders, to say nothing of her husband and other work, keep her on the move, you may well guess. Nellie Rankin is now visiting us. She is a fine girl.

Apr. 18, 1908
Mokpo, Korea

My dear Mamma:

My letter this week was to have been written from Kwangju, but we have had such a hospital on our hands that we are still looking forward to seeing the Bells and Owens.

The Junkins, Mr. McCutchen and Miss Moreland passed through Sunday, April 5th. I did not see Mrs. Junkin as I was kept so busy with preparing for my guests—they were here for breakfast and dinner—and my babies, that I could not go to the ship, and her two little babies were not well enough for her to come out here in the rain. Nellie Rankin came down with them and has been visiting us since then. I have enjoyed her visit very much.

April 23.

I was interrupted there. I hear a boat in the harbor and want to get this letter on it.

Yesterday the crowd left for Kwangju. Fairman went to Yungpo with them and will do a little itinerating around Naju and come back for me next Monday. I could not go because the baby was hardly well enough for the trip. She has bad bronchitis and tonsillitis, and is teething. We found one tooth through all right and hoped that all of them meant to come through so easily, but Dr. Birdman insists that her swollen gums are her chief trouble now. She has just been out for a sunbath. Yesterday and today she is talking and playing with her rattle more like herself. Did I write you that she was sitting alone a little bit?

Just before she was taken sick, Miriam was in bed nearly a week with one of her bronchial colds—the Amah was sick two days, the boy laid off two days with his vaccinated arm and Sangyudi curled up for two days. I don't think I ever had a tougher time in Korea, and consequently I was so tired and nervous that I <u>thought</u> I was sick, but there is really nothing the matter with me except a cold. I am very glad to be rid of my boarders for a few days to rest. I don't need to have <u>any</u> dinner if I don't feel like it.

Just there I stopped to have a "snack". Miriam is still at the table. There were so many things she liked today that she is long getting through. We have been having fine fish nearly every day but I am a little bit tired of it so we had beef pats for dinner.

Yesterday I was putting away some of my silver and looking at some of the things which have not been unpacked since I came back. I gave Miriam her Princeton spoon, telling her that Aunt Mary gave it to her. She looked very thoughtful, but could remember nothing about it. Finally she said, "Did May get on the big boat and brought it to me?" She called Namdoo and Sangyudi to see it. I found Madeline lying on the bed with a cloth on her chest and Miriam said, "Madeline got hot pack". Just now she is on the bed by "Sissy" telling her about "Santa Claus" and "Old King Cole was a merry old soul". You remember I bought one of those ivory rings with the silver rattle on it, for the little chicken, before she was hatched, intending it for her Christmas.

I received your letter of March 20 on April 21. I was unusually glad to get it, as the rat bulletin, which came in the last mail, while interesting and instructive, could hardly take the place of one of your letters! I am so glad you are better. Do take the <u>best</u> care of yourself. I am so glad you and Aunt Mame are going to visit Cousin Ellen. Give my love to all those dear folks. I just long to write letters, but with two babies, two boarders, and sickly servants and not being particularly strenuous myself, I don't know when I will ever do it. While Nellie was here a good many evenings were given to her. I am going to try to be systematic and see if I cannot accomplish all I want to.

With loads and loads of love and the greatest longing for you,
        Devotedly,
                Annie

Apr. 24, 1908
Mokpo, Korea

My dear Father and Mother,

It is just two months today since I arrived in Mokpo and I am very much afraid I have not sent you a word in all that time. I have had a very distressing sort of time. I was so tired and nervous after that trip that I was not prepared for all the unpacking, straightening up, running a boarding house and much of the time, caring for a sick child. Miriam has had two attacks of bronchitis and Annie Shannon is just recovering from bronchitis and tonsillitis now. My servants have taken turns being sick too, so altogether I have found very little "calm" either "morning" or otherwise.

I have been having a nice visit from Nellie Rankin which I enjoyed very much indeed. She came down with Mrs. Junkin and Mr. McCutchen, expecting to spend a week or ten days here and accompany us to Kwangju. Miriam was sick first, and then the little "Sissy" so Nellie was kept over two weeks. On Wednesday the doctor decided that the baby was well enough to be left though not well enough to go herself, so Misses Rankin and Knox, Messrs. Birdman, Preston and McCallie left just after dinner on Wednesday. It is very restful not to need to bother about three full meals a day for the boarders, but it is very lonesome without Fairman. I wish he could have waited until we could go, but his work was piled up on him so that he felt he must go somewhere. He expects to come down Monday and take me up Tuesday if both babies are well.

Both of the little girls lost a good deal of flesh and look rather pale and thin. I think a trip will probably be good for them. I know it will help me to be with Mrs. Owen and Mrs. Bell once more. There will be so much about our place up there to interest us. Dr. Wilson is the man above all others I would prefer to have in our house.

Miss Knox is a fine girl and such a help to me. She is devoted to the children and begs me to let her stay with me while Fairman is away. As she is away this time, too, I am doubly lonely.

You ask about our servants. I have the same cook we had before, and he makes good bread and cooks all the essentials very well. I rarely have to do anything except a new dish or a few rather difficult desserts. Unfortunately he is not very strong, and has been laid up twice since I came. Our house boy is very satisfactory, takes a pride in keeping the house clean and does very good washing and ironing. Mrs. Hopkins taught him. The amah is one Mrs. Owen trained and a woman I have always liked. She is quiet and industrious and obey me instead of the children, a point worth of note in a Korean amah. She is quite delicate and thinks she will have to give up the place. The outside man is very good-natured and waters and weeds my flower beds, so he suits me all right, but as he does not feed the horse nor tend to the vegetable garden, Fairman is not so well pleased with him. We have only four servants of our own, but Dr. Birdman has a boy and Mr. McCallie has a boy, so there are six servants on the place.

This is a very domestic letter, I fear, but really I know of nothing outside my household affairs these days. I am hoping to get into closer touch with the Koreans, do some visiting and take a class of some sort. I know I would never be happy out here if I had no part in the Mission work. Fairman and I are planning to take our summer vacation studying Korean. It would be a real delight to have a chance to study some with him. I begged him to go to Tsingtao to visit Mr. C. E. Scott but he refuses to be separated from his family again. I am so glad to know that you are both somewhat better. I hope that the warm spring weather will come soon and make your pains vanish. With love for everyone of the dear circle, and a great desire to see you face to face.

Lovingly,

Annie

May 7, 1908
Kwangju, Korea

Dear Mother:

I am here for a day or so with Annie, having run in from the country adjoining, where I have been itinerating. Annie has been here with the babies since last Thursday, up to today visiting the Bells. The country is lovely now, with its carpet of green, sprinkled with a profusion of wild flowers—violets of every hue, azaleas, butter-cups, etc. Our Kwangju home is looking fine. The fruit trees are growing nicely, many of them blooming. It must make Annie feel pretty blue not to be able to enjoy her beautiful home, on which she has bestowed so much thought and expense, but she does not show it, and is a brave sweet girl in a very hard and exacting situation. I do not see much prospect of our moving up before next spring, unless Annie should consent to be up here most of the time without me, and she says she is willing to give up anything to avoid that. She expects to visit Mrs. Owen here for another week, after which I will come in again and take her with me back to Mokpo. Little Miriam has been enjoying the other children hugely, and is very little trouble to her mother on this account. At Mokpo she is so lonesome that Annie has to be with her most of the time. Yesterday all the members of the Station went on a picnic to the mountain. There is a Buddhist temple half way up, where some of us stopped with the children, while most of the party went to the top of the mountain, coming back to the temple for dinner. We all enjoyed the outing very much, and the children most of all. Annie rode my pony. She rode over with me from Kwangju, and enjoyed horseback. Miriam kicked on riding in the chair with baby and nurse—said she was big girl and wanted to ride on horse with "fader". I took her up in front of me, and there she rode the whole twenty miles into Kwangju, and never would acknowledge that she was even a little bit tired, nor did she seem any the worse for wear next day. I have no doubt she will want her own pony before she is five years old. Little Annie Shannon now has two teeth, and is growing rapidly.

I have had a very busy time since we left Mokpo, and a pretty tough time, awhile. At the last point I touched, the fleas were half starved, and we couldn't sleep. I say "we" because I had taken two young missionaries out with me. They got a taste of missionary life all right, and so did the fleas! Torrents of rain fell for several days, very much hindering my work, so was indeed glad to get back, even though I had not finished. Owing to duties at Mokpo, I am very much behind with my country work, and will be out constantly for another month at least. Mr. Bell leaves soon for Pyeng Yang, where he teaches six weeks in the Seminary. We can ill spare him. I leave after dinner today for the country for work in the direction of Mokpo, and will probably be in Mokpo for a day before my return. I have tried to negotiate a loan in America to carry on my work, and if not disappointed, will begin work on the School building there at once. The panic has crippled us greatly already, and added much to our care and burden.

Dear love for each and all of you from your far away children.

    Sincerely and heartily

        Fairman

June 2, 1908
Mokpo, Korea

Dear Father and Mother:

The last letter I have noted in my book is one to mother, May 7th. I trust that it is not the last one I have written, however. I am now writing out of a sense of great remissness in the epistolary line, all my clerical work having been neglected of late. I have been spending a great deal of time in the country. On my return I have been keep hustling trying to overtake the heavy local work which had piled up in my absence. In consequence, I catch it coming and going. However, I am starting out tomorrow for my last land trip for the summer, practically, and after that I hope to do better.

I have lately received several good letters from mother, one from Floy, one from Two, from Jim and from N.B. Needless to say, all are always greatly appreciated, even if I can't acknowledge promptly.

Our work is booming. On a recent Sunday, I baptized twenty eight adults here, besides receiving a large number of catechumens. I have just returned from a trip South to three Churches, where I baptized twenty, and received as many catechumens. When I notice in the papers that our big guns in the largest city churches welcome fifteen or twenty at the communion season, half of them by letter, I feel that it would be very unfortunate ever to have to change places, but if I did, would make my congregation specialize on Foreign Missions. Our school building here is going forward, but the Spartanburg Church hasn't paid but half then promised. I am bound to have the building at once, so am hustling for the balance. It comes pretty hard to have to carry both ends of the load. Guess times are pretty tight everywhere. Things are looking equally in Japan, where banks and business houses have been failing for weeks.

Annie is teaching in Girls' School and has a daily Bible Class for the Women, and is studying hard. She doesn't get a chance to write much. The children are growing and developing fast. The baby has three teeth, wears short dresses, and is beginning to think of crawling. She is a beauty, and a decided blonde. Miriam gives her mother a deal of trouble, but is far more tractable than I thought she would turn out to be. I am very proud of my daughters. M. is beginning to speak Korean.

I did not get an invitation to the Graham wedding. A case of "out of sight, out of mind," I suppose, as I know they think well of me. I will write when I get time.

I am sorry that we are not in a position to give N.B. the extra course his summer. We want to send him back in the fall. He should work this summer. It will do him good.

Must close now. Will write on my return home,

June 13, 1908
Mokpo, Korea

Dear Father and Mother:

I sent a letter home to somebody just as I was leaving for the country about ten days ago. I have not had a letter since that time, but hope to get mail tomorrow. I got back home two days ago, after a very successful trip, made on exactly schedule time in every respect, with not a drop of rain—rather remarkable for this time of year. As no rain has fallen for over three weeks, and it is now, the rice-planting season, it begins to look serious for the farmers, and the people in general. A famine in a land where all live from hand to mouth would be dreadful, and an experience from which I pray to be delivered. I visited four groups on the above trip. Two of them are firmly established, with good buildings, and two of them are new, without buildings yet, but very promising outlook. I examined in all a hundred applicants, baptizing 23 and receiving 48 catechumens. On Sunday I held a joint communion service in the largest church, where over thirty sat down for the first time at the Lord's Table. I do not recall ever to have participated in a more impressive service. At the sight of the emblems, men and women wept aloud and fell on their faces in confession and pleas for acceptance. One of the men I baptized that morning was an old friend of mine in whom I have taken a peculiar interest. He is eighty three years old, but with a clear eye and unabated vigor. He walked ten miles that morning to attend the service, carrying his Bible and Hymn-book which he reads easily. By the way, I notice that the latest Movement in America is a Pocket Testament League, in which the members bind themselves to carry a Testament and read a chapter every day. It is my honest belief that I have very few baptized members who are not members of that League, though they do not know the luxury of a Pocket Testament. In fact, a man over here that carries his Bible inside his clothes is looked on with some suspicion by his fellow Christians. I took McCallie with me on this trip, so you see I am trying to break in the new missionaries.

Found Miss Tate here on my return. She is paying us a short visit on her way to America. She is a splendid missionary, and I hope you will meet her. She will be in Montreat this summer at the Missionary Conference. A letter, care the Committee at Nashville will reach her in case you wish to communicate. Mr. Harrison also passed through on his way to America, but I missed him. Was delighted to find all my family in fine health. Annie has been teaching a class of Bible women and teaching in the school, and has been very busy. I will close the school, however, from today, and take her and the babies on a boat trip to some neighboring island soon for a little outing. The babies are simply fascinating, and growing more so every day. In spite of my great work, it is always a mighty tug to get away from home. Little Annie Shannon is a great improvement on her sister Miriam, if you can believe it, and is positively the sweetest thing in babies I ever laid eyes on. She is a perfect blond, with great big blue eyes, a bright smile, and expressions as changing as the sunlight on the ocean wave, in which I can see, by turns, her mother, and her sister and Floy and mother and Aunt Jennie Newman. And she is so good that I find it impossible even to imagine her being spanked! But this is a child that belongs peculiarly to her mother, by natural affinity. Miriam is her father's child, a chip off the old block, never happy unless on the jump, and with no great reputation for early piety. I have promised her a pony when she is five years old, to go itinerating with me, but fear she cannot wait that long! She is very fond of her little sister, but the problem is to preserve the object of her affections from being banged out of all recognition in their bestowal. The baby now boasts four teeth, and today said "papa."

Our school building here is progressing nicely. It promises to be a gem in every respect, and is already the pride of every Christian's heart. I am more than ever grateful for the experience in building that came to me in America. We miss our Kodak, but called in a Japanese the other day and had a few pictures taken, which we will send soon.

I expect to relax now, as it were, for the next month, and hope in that time to get a good many letters written. Will write Jim and N.B., and tell Rhea I hope he will have me owing him one too very soon. You have all been so good about writing me, in spite of my irregularity and imperfections. I do appreciate it more than I can say.

With dear love for one and all,

    Your affectionate son,

        J. Fairman Preston

Forward this letter to Mama Wiley as I have not been able to write her lately.

PERSONAL REPORT OF J. F. PRESTON
TO MOKPO STATION
(From June 30, '07 to June 30, '08)

The past year has been at once the busiest and the most trying that I have spent in Korea. As I look back upon it, there is little accomplished exactly as planned, or as I would have wished; but I have only thanksgiving to offer unto God for His (illegible) blessing and ever present help.

The summer of '07 my wife and I spent in the States. On the day before we were to have started back, she has taken sick with facial erysipelas; and acting on medical advice, I decided to return alone, in order to reach the Annual meeting of the Mission. This I did, making the trip from Salisbury, N.C. to Seoul, Korea, in 20 days, or 18 of actual travel. Mrs. Preston was not able to join me until the latter part of February, at which time I was rejoiced to make the acquaintance of my new four months' old daughter. We shall never cease to be grateful to Dr. Wilson, of Kwangju, the Whites, Worths and Hudsons of China, and other friends whose kindness en route made the long and trying journey possible for my wife with two little ones.

Up to the latter part of March, I was confined very closely to the Station, spending in that time only about two weeks in the country. Acting on the instruction of the Mission, I moved most of my household effects to Mokpo in October, and prepared to receive and make comfortable the new workers assigned here. The two houses were completely renovated, a large well dug (which yields a supply of good water), more land was purchased, and fences built. It was my pleasure and privilege to do what I could in assisting the five new workers, in every way possible, in their new and trying position; though multiplicity of other duties and the "long division" of my lone efforts among so many left much undone that I otherwise would have attempted. I mention with great pleasure the stay with me, in Nov. and Dec. of Rev. and Mrs. F. S. Curtis, who not only did a great work among the Japanese at Mokpo, but inexpressibly helped and cheered us by their presence and counsel in a very difficult situation.

In spite of great hindrances, the work committed to my care has progressed favorably, showing a substantial growth over last year. During the year, 236 candidates for baptism and the catechumenate were examined, of whom 163 were baptized and 353 enrolled as catechumens. There are 31 meeting places, with an average congregation totaling 1,500, and a total of about 2,500 adherents. We have baptized believers or catechumens in twenty two of these meeting places, and of this number, twenty have neat houses of worship, nine of which were erected this year. Five groups and seven meeting places have been added since last year. There are two native evangelists at work, supported entirely by the Churches. In addition to these, I have been ably seconded, in directing the work, by my evangelistic helper, elder Im Sung Ok. Owing to pressure of work in the spring, he was not able to return to the Seminary, much to my regret. An encouraging feature of the evangelistic work has been that four county-seats, out of eight under my care, have been opened to the gospel and meeting places established this year. Another fact worthy of mention is the opening up of the island work. Numbers of invitations to come and preach have been received from the direction, which have been answered my members of Mokpo Church and several meeting places opened. The attention of the Mission is directed to the great opportunity now before us to enter in and posses this great outlying archipaeligo, with its thousands of villages. The work is sufficient to occupy the whole time of a missionary.

Along EDUCATIONAL lines, I have proceeded as fast as circumstances would admit, establishing a native school wherever the church was strong enough to support it. I have now a total of 232 scholars in eight schools. At Mokpo, special efforts have been made to secure a strong Academy, which shall train the boys in western learning and turn out competent teachers. Mr. Nam-kung, formerly of the Customs service, has been with us for all his time since Apr. 1st, and he is ably seconded in the native branches by Mr. Yoo, Elder-elect in the church and teacher since the school's inception. The enrollment was 84, with an average attendance of 55. The school has been presented with a handsome building and equipment by the Spartanburg First Church, and named in honor of its beloved Pastor, "The John Watkins Academy." The building is of stone 40×42 ft., thoroly modern, and will be completed by early fall.

On behalf of Mrs. Preston will report that during the four months since her return, in addition to her duties of home-making, she has taken my place in the Station, enabling me to devote myself to the country work. She has a Bible woman under training, and for a month conducted a Bible class for women and taught in the Girls' School, of which she has had the supervision. For myself will add that, now I have made my first experiment at trying to be a missionary alone. I fervently hope it will be the last, and will record my deep conviction that, to the presence and loving sympathy and help of his wife, is due more than half a man's efficiency and usefulness on the foreign field—or anywhere else.

We raise our united voices in praise and thanksgiving to Him who hath enabled us in the past, and on Whose promises we lean for the future.

STATISTICS

	1908	Last Year
Total No. Meeting Places	31	17
Groups (formally recognized)	22	17
Adherents	2500	
Average Congregation	1600	
Baptized Members (Communicants)	446	316
Catechumens on Roll	455	300
Added during year	353	229
Adults Baptized	163	143
Total number examinations	736	637
Church buildings	20	11
Schools	8	4
Scholars	238	120
Contributions, U.S. currency	$1173.58	$731.00

---NEEDS---

Girls' School Building and Equipment, to cost ($900.00 needed this year)	$4000.00
Dormitory for Boys' Academy	900.00
For Additional Land	1900.00
Book Room, and Stock for same	875.00
Dispensary Building	1200.00
Two Residences	6000.00
Fencing, Grading, Wells etc.	1000.00
Assistance Local Schools	400.00
Assistance, enlarging Local Church Building (the natives will raise three or four to one given)	300.00
Extra Room for Barry Home	250.00

REINFORCEMENTS NEEDED.

1. A doctor, in place of Dr. Birdman, transferred to Chunju.
2. A College Graduates, for Educational Work.
3. An Evangelist.
4. A Single Lady for School or Evangelistic Work.
5. A trained Nurse.

NOTE: A Modern Hospital, to cost not less than $5000.00, is a future need of this Station.

July 2, 1908
Mokpo, Korea

Dearest Mother:

We have been crowded with company for some days past, so that I have allowed myself to come nearly to boat's departure without getting off my home letter.

My last recorded letter to you was June 13th; was prevented from getting off a letter last week owing to absence in the country. Took all my family, together with Dr. Wilson and Miss Graham and Henry Bell, of Kwangju, and Miss Knox, of this place, out for a week's camping trip, and gave them a good taste of real itinerating life. It rained hard several times, but fortunately our tents turned the water pretty well, and all came back much pleased. I was at one of my churches, so got in some good preaching, and we held a medical clinic every morning. I should have gotten you a note on last Sunday's boat, but the homecoming Friday night, and the local work prevented, and today's boat is the next going.

I note what you say about irregularity of letters. As I gave you a list some weeks ago of the letters I had sent, will not repeat now. I have never allowed over two weeks to elapse without sending you, or someone in the family circle there, a letter. Hereafter I shall always mention the date of my previous letter, so that you may keep track of them and know whether you have lost any or not. You have no idea of the pressure of the life under which both Annie and I are living. I am absent so much of my time in the country; and when I return, it is to find the heavy local work piled up to meet me. You see, we are the only workers in this Station, all the others being young missionaries, and "mere infants," requiring themselves a great deal of attention. Since her return, Annie has been more irregular about writing home than at any previous time, just because of the incessant demands upon her time and strength here. Not that we both have not enough leisure to write oftener; but that we are not often in the mood for writing when the leisure comes.

You will be glad to learn that I now have twenty two churches. I will send full statistics later, but I note that in the year ending July 1st, I examined 736 applicants, baptizing 164 and receiving 353 catechumens. These figures will be increased when we hold examinations at two more groups as yet not visited. Most of this sessional work has been done since Apr. 1st, with one evangelistic helper. My circuit leads in rate of growth for the year in this Province, which is gratifying considering the great handicap I have had opening up this Station, and the handling of the new workers, which has tied my hands for a large part of the year. I am always conscious of having accomplished less, along all lines, than I feel I should; but life is so complicated out here, so entirely different from all home precedent, and each thing attempted costs so much more of effort than at home, that it is hard to judge just how best to attack the conglomerate mass called work piled up before one, and all of which one knows it is impossible to accomplish. One must be a veritable General to be a first-class missionary, and I am not one.

I am glad to say that we are all well and hearty, though. We are now, in the midst of the rainy season, with only an infrequent bright day, but it is fortunately cool, and the babies are thriving. I think we have two of the prettiest little girls that ever came along, and both very different from each other—one a brunette Preston and the other blond Wiley—which is mixing things a bit, isn't it? As soon as I can get hold of a camera, will send you some pictures.

I am relaxing in my work now, and hope shortly to send several letters home to each of you, and even up scores. I have appreciated, more than I can express, all of the good and frequent letters that you all have sent since I left home.

Let me know how you are getting on. I fear that in these stern times, you are having some financial difficulties. It seems a world-wide depression, and I hope that the coming election will settle it for good once for all.

I am writing Jim today, if possible, but not on this boat, I fear.

With all my love, and Annie's, and kisses from the babies, for all of you,

    Your affectionate son,

        Fairman

July 21, 1908
Kwangju, Korea

My Darling Mother,

I am here in K'ju attending a meeting of our church leaders from all over the Province. Came up on Friday. Hoped to get off a letter to you sooner, but no opportunity. I am now writing in the telegraphic office, having sent a message for Annie over the long-distance telephone, so send you this hurried line. The government telephone service was lately installed, and one can talk from here to Mokpo very satisfactorily, 3 min. 30 cents! Everything up country is so lovely, and I have enjoyed it so much that I am urging Annie to pick up bag and baggage and come on up for a two weeks stay. I left her a little blue and she loves Kwangju so much that I feel sure the trip up will do her a world of good. She refused to come with me because she expected the Owens down for a visit, and moreover she dreaded the trip. The Owens can't come, however, and Mr. Bell offers to meet her and drive her across in his new buggy. Very unexpectedly, his horse proved a first-class buggy animal; so with the fine road half way across to the boat landing (10 miles), he is set up. It makes me rub my eyes to be buggy riding in Korea. Think of it! Telephones, highways, buggy rides in South Chulla! Truly are we moving at a giddy pace.

I am enjoying the class. The work is light, as we have our native ordained preachers up to help us. We have just closed a most successful year—"the best yet" and am glad that I am not ashamed of my own share in it. Our "Committee of Presbytery" meets here tomorrow, and we submit reports. I will send you a copy of mine soon. I have now twenty-two churches & several other meeting places. These embrace nearly a thousand Xtians in regular church connection. I have 235 school children in 8 schools (native), and 2400 adherents. It makes me glad to think that most of this work has developed under my ministry in Korea. When it comes to this world, we are all making big sacrifices, but it will count for something worth while here and hereafter.

One of the hardest things that has come to us on the field has been leaving Kwangju. As a place to live, it is the choicest in our Mission, and we have such a beautiful house there, all fixed up to our notion; but my work seems to lie elsewhere, at least for the present, and I don't know when we will get back. Hope it will be next year, but even then, I will have to relinquish a great deal of work dear to my heart in order to come back.

Have just communicated with Annie. She says she prefers to stay at home, rather than drag the babies up, so I will return home day after tomorrow. Hope to have home mail on my return. No letters from you in last American mail.

Must close now. Love for you everyone.

    Heartily and lovingly,

        Fairman

Aug. 5, 1908
Mokpo, Korea

My dear Mamma,

My last letter to you seems a very long time ago, but I have written to Sister, Shannon, Ollie and Brother Willie since so you have had news of us.

For awhile I was doing famously studying Korean and writing letters, but the weather turned so very hot, Dr. Daniel came and I commenced the read "these for short". These three combined have caused me to get behind with letters and study. You will be glad to know that I have written to Cousin Ellen, Katherine, Aunt Mame and Aunt Ella. I hope to catch up with all my correspondence before we go away. We are planning to leave here about the first week in August, going to Kunsan for a visit to the Daniels. Then while the gentlemen are in Seoul, we will have a big hen party at Chunju. All of us North Carolinians are to be with Mrs. Tate during Council, and after Fairman gets back from Seoul, we go to the Nisbets.

Really, I ought to keep a diary for you because there are so many things I want to tell you every day. Miriam has so much to say. Lately, she has been rather serious because she has not been well, but she was much better today. She called Dr. Daniel "my little temporary's father". I had told her that Marion was her contemporary. Today she went to a closet and wanted to get out her blue blanket for Mary and Ruth to use. She is getting a great reputation for unselfishness. What do you think of that? Mrs. Knox never knew any children intimately before and she enjoys mine so much. She and Miriam walk around and discuss flowers. Miriam told me that she was going over to Mrs. Knox's and get "that little carnation white flower." Mrs. Knox has lots of carnations, and gave me some plants too. I have had a sweet little bouquet of pink carnations and mignonette on my desk in front of your picture. It just happens that "Big Teddy" is sitting up on the bookcase just in front of Mother's picture. Yesterday, some koo-gyungers remarked on the difference of treatment. If Mother was like a Korean mother-in-law, a big bear might be a very appropriate symbol!

To return to Miriam. One Sunday I was telling her about Adam and Eve and the forbidden fruit. She was much interested and said, "I wouldn't have eaten those apples unless they were cooked, would I?" She knows about Jesus being born "where the corn stay" and about Moses. Dr. Daniel told us a funny one on Marion. She knows the stories of Hannah and Samuel and Moses, also the story of the Tar Baby. One day Sadie said "And when poor Hannah did not have any little baby, what did she do?" Marion answered "Made her a tar baby." Frank Dunnington weighs nearly seventeen pounds. Little Annie Shannon weighs only eighteen. She isn't losing this hot weather, I think, but didn't gain any at all last month. Miriam lost several pounds during her sick spell.

Did you know that Miss Straeffer would not come back? She wrote to Fairman to take charge of her things here. He and Miss Knox had a whole day of it yesterday taking inventory and airing the things. I was employed the same way on a much smaller scale. I was looking through Rob's things to see if they were all right. His mother will be glad to know that there were no moths to be found, and the beautiful picture was uninjured. One pair of gloves was badly spotted, but that will not matter—that is stylish in the East.

We had a card from Aline and Leighton not long ago. He is going to NanKing to be professor in the seminary there. Is that not an honor for one so young and such a short while in China? Aline has improved at Kuling. Kate has her third son! Lacy Jr. he is to be. By the way, did you know there was another little Moffett at Pyeng Yang? Another boy there also—I have not heard his name. The Bernheisels have a son, I think, and the Whittemores. Of course, I have written of Mrs. Earle's son, Jesse! She was very ill after his birth and Dr. Wilson was called to Kunsan.

We have been expecting Dr. Nolan by here, but he probably has gone up by rail.

In our Garden Magazine I found such an interesting article on "outlawed spireas" meaning those species which the botanists have thrown out of the spirea family and given other names. Among these outlaws was the beautiful white bush we have in the yard here. It's real name is Sorberia and it means "having a leaf like the mountain ash". If the Salisbury people do not know it, you should introduce them.

I have some very healthy looking chrysanthemums which we brought from Kwangju in May. All around the summer house, I have nasturtiums. The violets from home are along the front walk and just back of them some asters are coming into bloom. I shall get the bulbs planted right away. Thank you so much for them. My geraniums are looking rather thin and pale these hot days. I think they need your care. I have some of that bean cake which Mrs. Hopkins used as fertilizer. Things are awfully dry now, and hot. There is very little breeze tonight. That is very unusual at Mokpo.

The Owens are thinking of coming down to make us a visit and take a little cruise. We shall not join them in that expedition. They may come tomorrow. We will have to put them up in the upstairs rooms at the other house, as we have no guest room here. Miss Cordell is visiting the Knoxes, rooming with Miss Knox.

Fairman and I went downtown this morning and found some good apples and fairly good peaches. It is such a treat to get any kind of fruit out here. We also bought a nice bottle of the "Ainie"—I don't know whether that is the way to spell it or not.

I had to stop writing and now it is Friday. We have had no word from the Owens yet. Miss Knox and I have been getting those upstairs rooms in order and they look fairly well, and are delightfully cool. It is <u>fine</u> this morning. The signal for a typhoon was up last night, but it has not developed yet.

Miriam has a great fashion of leaning on me when I try to write. She was at it just now. She said "Tell Mamma to send me some little weety tiny scissors". Her scissors were lost on the way out and she has never become reconciled to their loss. I am just ordering some from Montgomery Ward. Miriam says, "Tell Mamma to get Sissy a doll." She is always delighted to get the cards you send her and says "Thank you". Yes, we have received a good many cards from you and we all say "Thank you."

Last night it was so beautiful on the piazza. We had prayers out there in the moonlight—sang "The King's Business" which we all know, then Fairman sat by the window and read from Ephesians. We are taking up all the epistles.

I bought some watermelons today to make "citron preserves". Wouldn't you like to help? Being at Mokpo in August reminds me of <u>grape jelly</u>!

Fairman intended to enclose a note, but is busy with Mr. (illegible). My ink is out—

So Goodbye,

    Lovingly,

        Annie

Aug. 11, 1908
Mokpo, Korea

Dear Mother:

A postal card in two weeks has been my record in letter writing home of late. Same old story—procrastinating for the "convenient time" when I shall have time to write such a letter as I could wish to send. I am so ashamed that will write this morning, though the convenient time is not here yet.

Our last letter from you was undated, but post-marked June 22nd; but Jim's letter of July 1st, written while he was at home, came to hand. We shall probably receive some mail on a steamer expected today.

I was glad that Jim had been home, and that he seems improved. He is in a hard life, but one which agrees with him better, doubtless, than a clerical one. He has developed into a fine man, and it is a joy to hear from him, and to know that he is doing so much good. He tells me that he is planning to get you and father off somewhere this summer. Am glad of it, and hope to hear that you have a good, quiet rest somewhere.

Glad to hear good reports of N.B. I have been intending to write him, and will soon. I did not think well of his plan to study this summer, and told him so. However, if it was absolutely necessary to get through next year, and it seems to him, on the ground and well acquainted with the facts, the best thing to do under the circumstances, I would not disapprove of it. I want him to return this fall, and to have the best chance possible at Davidson, and expect to back him up, as I wrote him. Will send him a draft as soon as I can arrange it. I have been much embarrassed in my work this summer, because I had plans which had to be carried out, and the money is not forthcoming from the Committee.

I therefore put in all the money I could get, and borrowed $700.00, and am trying to carry the business until the Committee can come to the rescue. I will be glad to learn that cotton mills are paying dividends again!

I have little news to write you from out here. The Owens, of Kwangju, have been with us for the last few days, and Miss Cordell, of Chunju, is with the Knoxes, so we have had extra enlivenment. For three weeks we have had no rain, and though hot for Korea, it has been a welcome surcease from the rainy season—too much when we think of the garden, which is parched. Until lately we have had a splendid garden—everything that we have at home, and fairly early.

Aug. 14th.

I was interrupted here, and there being no boat, did not finish, but now add a line before sending on today's steamer. Was delighted to receive a letter from you on last steamer, of date July 8th, and to know that all were well. It has been a long time since father has sent me a letter, and I appreciate his letters so much. I don't know how I would get along were it not for your regular letters, but father must not excuse himself on that account. The three Synoptics, tell him, wrote very profitably on the same subject and very nearly alike, but each gave a very important angle of vision!

We took a little outing on the water day before yesterday, returning by moonlight at eleven o'clock. We expect to leave for the Annual Meetings about the 30th inst.

Our babies are as cute as ever. Miriam is growing fast, and Annie Shannon is now crawling everywhere, pulling up by chairs, and wears cunning little blue run-a-bouts. I have been wanting to send you some pictures, but we have not yet secured a kodak. We had some taken by the Japanese, but Dr. Birdman went off without obtaining them, nor did he leave word as to the contract he made for them, and he has not yet returned. Will send as soon as received.

Annie is well, and keeps pretty busy. She has been busy in the kitchen a good deal, putting up preserves, etc., and we have had a good deal of company all summer. I am trying to persuade her to take a week's cruise with me among the islands next week. We are separated so much that I am full of expedients by which to have her go with me in my work, though it is very difficult to manage on account of the children, and the fact that Annie is needed at the Station in my absence.

My school building is progressing nicely, the roof is now going on. The stone is beautiful, and the building will show up as the handsomest in town.

Must close now. Love for you each one, and for all the kin. Congratulate Lacy Wilson for me on his boy. I have not exchanged a letter with John Lacy since I left. He is the most comfortable correspondent I have!

    Lovingly your son,
        Fairman

Annie will write soon, and joins me in love for all.

Hello Grandma,
        Miriam

Aug. 25, 1908
Mokpo, Korea

My dear Mamma:

If I had not been too sleepy you would have had a letter written from our newest summer resort—Pat tadi Do—an island just outside the narrow entrance to Mokpo. The Owens discovered a good beach there and told us about it. We went down one afternoon while they were there and discovered for ourselves what a fine soil it was.

The Owens left for Kwangju a week ago yesterday—the Bulls spent Tuesday with us—and when we went away on Thursday we left Dr. Wilson still here. He had been called to Mrs. Knox, as she was having "symptoms" and Dr. Birdman had not returned from the mines. Dr. Birdman came in a day after Dr. Wilson arrived.

Thursday was the exodus as far as Mokpo was concerned. Mr. McCallie left at four in the morning for a horseback trip via Kwangju and Chunju to Kunsan. We left about noon for our beach, the Knoxes and Dr. Birdman left in the afternoon for Seoul, and Dr. Wilson took his departure for Kwangju the same afternoon.

We had a glorious time. I thought of you all the time and wished you could be enjoying it with us. We have had lots of company which we have greatly enjoyed, but it was restful to be away from the responsibility of providing meals for guests. We walked on the beach, climbed hills, slept and bathed (swam). Our tent faced the sunset and we had some beautiful starlit nights. Just imagine how charming it was to go to sleep with the stars shining down on us and the sound of the waves as a lullaby. We all improved wonderfully in the short time we were there. Miriam's improvement is very noticeable. Time and time again I wished for a kodak to snap some pictures of her, as she was busy in the sand or in wading. Annie Shannon, too, enjoyed sitting in the edge of the water. We found lemon lilies and an exquisite blue flower.

We came in yesterday morning very reluctantly, but it is fortunate we did. It is pouring rain today after more than six weeks of drought!

Have I written you of Miss Wambold's invitation to stay with her during Council and Presbytery? Fairman has been asking me to go with him but I dreaded the hotel with babies, so I refused. When Miss Wambold wrote asking us to stay with her, I accepted with alacrity. As we expect to leave Sept. 1st, I am very busy now.

Sangyudi and I put up about eighteen quarts of tomato preserves today. Tomorrow I am planning to make catsup and the next day pickle, and then chow-chow. I also looked over a lot of clothes and directed some mending. I want to get my packing done betimes. You know how behind I usually am! Dr. Wilson will be passing through the last of this week and the Owens will probable be down on Monday.

I am going to send you some pictures of the Girl's School, Boy's School, and Station Group. It is so much safer to send all the pictures in one package, that I am sending them all to you for distribution.

It is very generous of you to put all of that fifty dollars in the work. Do you think you can afford it? Fairman wants to put some colporteurs in the field. Then there is the Girl's School to be built. How would you rather have your money go? The church here is to be enlarged and we will want to help the Christians same on that too.

We are making out our order for groceries. We bought twelve dozen lemons in our last order and they kept beautifully. We will try it again. We are also making out an order to Montgomery Ward for coal stoves. You will be glad to hear that. We hope that the Mission will add a nursery to this house this fall. If they do, I will be much more comfortable. I want Miriam to have plenty of room to spread herself!

One day when we were airing things, Carolina Preston (a pretty doll that Bertha Knox gave her and named) was rediscovered by Miriam. I was trying to keep her out of sight but Miriam was so happy over finding her that I could not put her away again. The clothes which Janef gave her fit Carolina, so she has a goodly supply. Today she had on one of her blue aprons with a blue bow in her hair and she was carrying Carolina who was also dressed in blue. Tonight she ran around kissing everybody Goodnight, including Carolina. This afternoon she was busy packing the doll's clothes for Seoul and "Annual Meeting". She wept over "Sissy's" red stocking, because she did not have any, and wanted brown shoes like mine. She is a funny mixture of tomboy and vanity!

Annie Shannon is almost standing alone. She pulls up by anything and holds on with one hand while feeling for some tempting morsel. Paper is her favorite diet. She is wearing the blue apron which Emma Brown made for Miriam last August, and looks so sweet in them. She loves the phonograph so much and begins to dance as soon as it begins to play. Dr. Wilson thinks it so nice that Miriam is so devoted to flowers and Annie Shannon to music.

August 26.

Just one month until Miriam will be three years old. Can you realize that? Everyone thinks her very well-developed and everyone marvels at her fluent use of English.

I enjoyed your letter written on Bessie Henderson's wedding day. You made it all so vivid that I could almost smell the old garden. Cousin Mittie may <u>think</u> she knows what it means to me to exchange that beautiful old home for Mokpo, or even Kwangju, but she doesn't know <u>half</u>.

My tomatoes were not ripe enough to make catsup today so I am putting my time on cleaning out closets and "sech like". It is raining more today so we have hopes of some fall garden.

You were asking about our fruit at Kwangju. The Owens had a good many peaches and brought us some. There are apples on one of our trees and quantities of grapes. I hope that Dr. Wilson will bring me some so that I can put up some jelly and jam. The Bells had lots of blackberries so you see it is <u>possible</u> to have fruit in Korea. If we ever stay in one place long enough we will have some too. Fairman has planted a good many grape vines around here. We want to leave it better than we found it!

There are carnations blooming now. Just at this minute Miriam is standing by me with a handful of them. If it just wasn't so awfully dry on this hill! My chrysanthemums look healthy in spite of the long dry spell.

Has the Cotton Mill really declared a dividend? I wish Mr. Orin would send me a statement of my finances. I want to know the worst!

What is Eleanor doing? Tell her that I am trusting you to give news of me to all my Salisbury friends. I have carried her letter around with me everywhere I go, but have never yet had a chance to write. I am determined to catch up before long and <u>stay</u> caught up.

I wish you could see the school building. It is built of stone and is quite imposing for Mokpo. It takes lots of Fairman's time and all our cash!

I am so distressed to hear of Dr. Griffith's death—I shall write to Mrs. Griffith soon. I hope that Dr. Clark is much better. Tell Mrs. Clark that I have often wished to send her a line and some day I intend to do it. Please give my love to all the Coles and Cousin Sallie's folks and quantities to Marion & Samuel and to Sam and Beulah and also to Ollie and None. I wish I could spend this rainy afternoon with you in my room.

Ask Scott if he does not want to come out and farm for us. With lots and lots of love,

  Affectionately,

    Annie

Sept. 20, 1908

Chunju, Korea

My Dear Father and Mother,

I have been on such a mad rush and whirl since I left Mokpo Sept. 1st, that have not sent you a letter. It is my wish and purpose that you have a letter every week, but have fallen far short of my ideal many times. Had hoped to find some time on the boat for writing, but both going and returning the boat was crowded with Japanese, we could get nothing but 3rd class, and camped upon the miniature deck. It was the roughest experience we have had in several years. We arrived here on the night of the 16th, and are in the midst of our Annual Meeting. All our missionaries (Pres. Mission South) are present, except Rev. and Mrs. Knox of Mokpo; the latter has a young baby. We have not been here for 3 1/2 years, and enjoy seeing some of our work elsewhere. I was elected Sec'y, Chm. of a standing Committee, member of another, and member of two others, and in consequence have been rushed ever since we arrived.

Mother's letter of Aug. 18th awaited us here, and father's card from Montreat, the only word we have had from home since we left Mokpo. Delighted to know that Father went over to Montreat. Hope he met many of my friends, especially Mr. Williams and Mr. Rowland. We expect the former to arrive in Korea about the middle of October, and as he is an old Forward Movement friend, we are looking forward to his visit. I will plan his itinerary for him, and shall advise him to come direct to Mokpo first. We hear some good news from the Montreat Conference, and substantial gifts are announced. I hope that it will turn out better than some other announcements that have come to us.

This year has been a terrible financial strain upon us all out here, and the burden grows heavier. There is as yet no word that it will be lifted soon, either, though we hope the worst is past, and that money will be sent in to the Committee soon. In order to run my own work, I have had to secure Yen twenty-five hundred ($1,250.00) since May, $900.00 of which was for a building (school) which I was compelled to have by fall. Have been compelled to borrow a large part of this, as no cotton mill dividends were declared this year, that we know of. Have never been so hard set in all my experience. A friend offers to send me $1,000.00 if I will cable for it, but I have decided that I have assumed all the personal financial responsibility that I am willing to assume out here. I mention these things to let you know how keenly I have sympathized with you in your struggles and worries this summer, and how badly I feel about not having been in a position to come to your aid. Had it not been for our "splurge" last year, in addition to which we bought a lot of supplies, we should not be feeling the pinch.

However, we have not for a moment intended to give up our plan of seeing N.B. through college. I wrote him and I wrote Mother that he was to make his plans to return, and that if he did not hear from us with a check in time, to make arrangements as last year, and he could count on us coming up very soon. I write this because it was necessary to borrow the money temporarily and I knew he could make arrangements for it better than I. Judge of my astonishment, therefore, when Mother in her last letter speaks as if you were still in the dark about sending "B" back to College. I trust that you rec'd my letter, and that he is at Davidson. Annie has been expecting some definite word from her agent, and has waited to hear before writing "B".

Sorry to hear, mother, that Mr. McCutchen failed to deliver to you the things we sent by him. Why haven't you written him? A letter care the Nashville Committee would reach him. I have owed him two letters for months—but really I am getting sensitive on the subject of the letters I do not write. Haven't written Eleanor for a year. You can have no adequate conception of the burdens under which we have been living since our return to Korea, and too, under most adverse conditions. At Mokpo, seven adults and two children have been living in two houses. We have had to care for the five new missionaries almost like children, and two of them have given so much trouble that Annie and I pretty nearly decided several times to drop the whole business and retire. By the help of the Lord, however, we have pulled through the year, if not with flying colors, at least without having to haul down the old flag; and we have assurances from the Mission that substantial relief of existing conditions will be granted. Just this, and a hundred difficult problems in Mission work we are now threshing out here. Will write you, later, details. We will have to stay by the Mokpo work another year, of course.

By-the-way, I was elected by the Council to teach in our Theological Seminary at Pyeng Yang for the Spring Semester. I have declined the honor, feeling that I haven't the time to prepare adequately, but the Mission may refuse to let me off.

We have the babies here with us, of course, and they are having a fine time with all children. Children's parties are the order of the day. It is a pathetic thought that our little girl should have to be where there are no other children to play with. Little Annie Shannon receives extravagant praise as the "prettiest baby I ever saw", etc. She is too much like her mother not to be fascinating. Miriam is developing rapidly. Is as much like her grandmother as A.S. is like Annie, and we are just as proud of her. Have borrowed a camera and will send you some pictures soon. Don't know when Annie has written you. The children and servants, the new missionaries, the sightseers and work, and company, have kept her on the jump, and I know she is as much demoralized as myself. However, her intentions are good.

Our dear love to each one of you. Tell Two the large map of Korea she made last summer comes in nicely at this Annual Meeting.

I fear this letter has somewhat of a pessimistic tinge. Don't think that I am feeling blue. Feel better than in months.

With all our love and kisses from your grandbabies,

  Lovingly,

    Fairman

Oct. 8, 1908
Yungpo, Korea

My precious Mother,

We are enroute, from Kwangju to Mokpo. Yesterday we arrived here, after a twenty mile ride, only to see the boat pulling out a mile down the river, ahead of schedule time. Failing to secure a sampan, or native boat, there was nothing left but to wait 24 hours in the tiny Japanese inn on the bank. Mr. Bell drove Annie and the children half way over in his buggy; consequently it was the easiest, pleasantest trip she ever made across. Work is being pushed on the new road; it is nearly completed to this point from Kwangju, and it is expected that within six months we will be able to drive from Mokpo to Kwangju.

I wrote you last from Chunju on Sept 20th, I think. Our Annual Meeting there closed Sept. 28th. It was the best meeting of the Mission held since I came to the field. All of us were kept very busy during the whole time, myself particularly, as I had the secretarial work in addition to Committee work. I stayed over two days to finish up the business, leaving with Annie and the children and Miss Knox for Kwangju overland on Thursday morning. We had an eventful two day trip to Kwangju. All of us traveled on horseback except the Korean nurse with the children, who were in a native chair. This, together with the native horse which I rode, gave us no end of trouble. I was compelled to change coolies and horses three times on the trip. Otherwise we enjoyed the trip. Miriam rode horseback most of the way. She is tough as a cowboy and will never acknowledge to being tired. Arriving at Kwangju we stopped at our house with Dr. Wilson, who is now occupying it. Put everything in order, and packed up some additional things, which we are taking to Mokpo for our year's sojourn at that place. It is our plan to move back to Kwangju next fall, possibly next spring, though not likely. The Mission has mapped out for me a heavy year's work, including six weeks in the Theolog. Sem. at Pyeng Yang and two weeks in the normal class at Chunju. However, I succeeded in getting Mr. Bell sent back to the Seminary and in getting my native school man appointed as my alternate to the normal class; so I am now facing the most normal year's work I have had since my first year out. I also transferred to Kwangju six of my churches lying west of that place, as I would not likely want territory in that direction even when I move back. This also lightens my load. So I am hoping to put in some much needed study during the winter months, though the 23 groups of Xtians left me, together with the Mokpo local work, will be sufficient to keep me occupied. Should the money come to hand in time (which is not likely), there is a lot to do at Mokpo in the way of buying land, building, etc. The latter includes two residences, a girl's school, boy's dormitory, Dispensary (Medical) and a new church, besides minor improvements. Since my experience with the Academy bldg. this year, I intend to wait until all the money is in hand before starting building again.

The Mission transferred Dr. Birdman to Chunju, to take the place of Dr. Forsythe, who has never yet returned (to) the field. If he comes this fall, he will come to Mokpo. If he does not return soon, the Committee is asked to send another doctor to Mokpo. In the meantime, Dr. Oh, the Korean who was educated in the U.S. by Dr. Alexander, is stationed at Mokpo. The arrangement suits us alright, as in case of serious illness Dr. Wilson is in close call by telephone. Miss Knox was transferred to Kwangju, and Miss Martin, lately arrived, was stationed at Mokpo. We shall miss Miss Knox dreadfully this winter, as she has lived with us and seems one of the family, but are glad to think we shall be in same station in future.

The Mission also decided to open up a new station in the Southern part of the Province. The workers destined for this will be located at Kwangju until they have acquired the language.

Tell Floy I hope she will reconsider her position as to coming out here. When times improve I hope to be able to make her the same offer about coming out to live with us. She could be a great help to me with my increasing clerical work, as well as a great comfort to Annie.

We are making of Kwangju a very attractive Mission headquarters, and it is a nice place to live. It is very hard on Annie to leave her home there even temporarily. Our fruit trees are beginning to bear. Five large, luscious apples and a peck of quinces, the first-fruits of Kwangju in this line, we gathered this time.

We have not had a chance to write letters since we left Mokpo Sept. 1st. So tell all that we are living in hope of soon paying our epistolary debts. Will write Jim and "B" next.

Wish you could see your grandchildren. Annie Shannon is now standing alone and jabbering lively. She is developing the alertness characteristic of Miriam. Everybody says she is the prettiest baby they ever saw. She is a beauty.

By the time this reaches you, the election excitement will be at its height. Hope it will bring good times, at any rate.

Much love to all the kin, especially Aunt Jennie and Uncle Jim. You & Father must take care of yourselves in that treacherous S.W.Va. climate. Glad to hear good reports of improving health.

With heart full of love from us both, & kisses from your grandbabies,
    Lovingly,
        Fairman

Nov. 6, 1908

Mokpo, Korea

My darling Mother:

Since returning from the island cruise, a little more than a week ago, I have not had a chance to send you a letter. Am determined to get a note, at least, off on today's boat.

As I wrote you yesterday, my Leaders' Class has been in session since my return. It was the first that I have had at Mokpo, and it turned out to be a most pleasant and profitable occasion. About fifty men were present from all the groups, only two not being represented. I taught them three hours a day, and we had preaching every night, winding up Sunday with Communion. It was particularly gratifying to me that Mr. Williams should have arrived on the last day of the Class, and had the chance to meet the leaders in my work. He got some pictures. We are enjoying him so much. He gave us a special visit of four days, aside from his official visitation of the Station, which begins today and continues for a week. I am planning to accompany him up the river, perhaps as far as Kwangju. He made our hearts glad by bringing with him a young man for our Mokpo educational work, Mr. W. A. Venable. This takes a load off me pretty soon, and gives our Academy here a great boost.

Dr. Forsythe did not come with him, and we are disturbed over the prospect of a Doctor for this Station. Dr. Oh, the young Korean who was educated in the United States by Dr. Alexander, and who arrived last fall, is now in Mokpo carrying on the clinic. Except in a case of severe illness I have no doubt he will be sufficient for our needs. Have no doubt that the Lord will make it all work out right in the end. Dr. Birdman, you know, was transferred to Chunju.

We had a most delightful tour of the islands, visiting seven of them. There is a grand opening up of the work, a result of the steady preaching of our Mokpo Christians and the Church evangelist through the past eight months. Mr. McCallie, who accompanied me, has now returned, for a month's stay at these places, accompanied by his teacher and the above mentioned evangelist. I trust that it will do him good, as well as the work.

I was shocked to hear you say, in yours to Annie of Oct. 5th, that it had been a month since you had a letter from me. I must take a brace on the letter question, and get off at least a postal card every week. It seems that my secretarial work becomes more and more hopelessly ahead of me. As soon as times improve, I must have Floy or B to come out and help me. If I had somebody to write my business letters, keep my accounts, send off reports, etc., I would find time for a few personal letters oftener. Annie has as much to look after on her side as I have on my side, and I sometimes think she has more to do.

She is certainly a comfort to me in every way, and is as devoted as a wife could be. The babies are the cutest that ever lived. It pains us to think what you are all missing of their babyhood. Annie Shannon has the reputation of being the prettiest baby that people have ever seen etc. She is learning to hold her own with Miriam. This morning Annie called me in to see a very interesting scrap between them over a yard stick, both fulling, hauling and screaming, and neither seeming to gain any advantage. I am sorry to tell you that both your grandchildren are of the strenuous type of their daddy.

Must close this now, in medias res, as the dinner bell has rung, and if I am to get it off on the boat, will not have time to write more.

Dear love to you all. I appreciate more than I can say your faithfulness in writing me so regularly, and can testify that you make your letters interesting, even if "There is nothing to tell."

　　　　Affectionately and hastily,

　　　　　　　　Fairman

Nov. 11, 1908
Mokpo, Korea

My dear Jim:

I received yours of Aug. 14th while at Chunju, attending Annual Meeting of the Mission; also several post cards since, for all of which I am deeply appreciative. Always delighted to hear from you, particularly since I know you are so busy, and it must be a sacrifice to write me. I have been kept in the usual whirl this fall; and though I haven't now the time to write you a letter, must send you a short note anyhow.

What do you think of the advisability of N.B.'s going in for educational work in Korea? Do you think his standing in College would get him good recommendations from his Professors? There is an opening over here for two College graduates, and the Mission is making a loud call for them at once. I am writing N.B., suggesting that he might apply for Kwangju. You advise with him, and let me know what you think. I believe he would be capable of doing the work, especially associated with me. Have N.B. show you the letter I am writing him. I would vastly prefer that he would get in the line of a useful career like this; but if he fails, and is still in the notion of coming out here, I contemplate making him a proposition to come as my Secretary, though this would mean little to him financially.

I have been very much cramped all this year, financially, and have no relief yet. Assumed some heavy obligations on building a school at this place, expecting to get relief from home. The financial stringency not only cut this off, but cut our income two-thirds, and moreover the Mission has been running heavily in arrears all the year. However, hope that things will improve at no distant date.

Now about the Japanese things you asked for: it is impossible to comply with your request for the reason that I got those things for you last year as I came through Kobe, Japan. In the nature of the case, they would have to be selected in person. However, if I have a chance to get them at any time through a passing friend, will do so. They can't be had in Mokpo. I made careful inquiries while in Seoul for more chests like mother's, but I fear they are a thing of the past. If ever I have a chance, will remember your request.

You don't owe me anything for what I sent you last year.

Dreadfully sorry to hear that you did not make it with your Greenville girl, but glad you take it philosophically. When you meet your real girl, you will be thankful that it turned out so!

You must take care of yourself. We are all easily fatigued and high-strung. It does me good to think that you are doing the Lord's work. He will give you greater service as you prove faithful.

Remember me daily in your prayers. I am well, and so is Annie and the babies are doing fine.

(illegible)

Nov. 11, 1908

Mokpo, Korea

My dear N.B.:

I have not yet found that convenient season to write you, but as I start out tomorrow for a week's absence from home, am determined not to go away without sending you a line.

We regretted that you seemed to be on the anxious seat at the beginning of the session as to whether or not to return to College. I thought we had written explicitly enough, and was surprised and annoyed to learn that there was any question in your mind as to what we planned for you.

Annie sent you a check, through Salisbury bank, not long ago, with instructions to forward it to you if there was money to cash it. We expect to hear soon, and will make adequate arrangements for you by the first of the year. We have been very hard pushed all the year, not merely because of the hard times and consequent stoppage of cotton mill dividends, but because I assumed heavy obligations in the erection of a boy's school here, and was disappointed in succor which I expected from the home church. In view of our situation, which is only for the time being, I thought you could handle a loan as well as I, and perhaps better. As to the last summer's expense, as I wrote you, we will handle that for you as soon as possible.

I wrote you on May 7th, enclosing a check for commencement incidentals. I wonder if you received it.

Have you thought anything about what you will do after you get through College? If you can see your clear to do so, I would be delighted to have you turn your face toward Korea. If you are willing to consider it, I suggest that you go in for educational work. We are asking for two more College graduates to come out here, learn the language and teach. Now if you get your degree, of some kind, make a good record, and have a good standing at College, why not apply to the Executive Committee to be sent to Kwangju next fall? In case you decide on this, however, I would want to give you a lot of points, so that you would be backed as strongly as possible. The educational work required of you would at first be quite elementary, as little has been started along that line, and I have no doubt you would develop with the work.

However, in case this does not appeal to you, and you still favor the idea of coming out, I might be able to make an arrangement with you privately for a minimum term of three years, to act as my Secretary. In either event I would want you to study shorthand and typewriting before coming out, as it will be invaluable to you.

Of course, I cannot say too much in favor of coming out under regular appointment for the educational work. It would give you a splendid opportunity for permanent usefulness, and open up an attractive career. The question is whether you can get the appointment; and that will depend largely on your record at Davidson, and the kind of letters your Professors are willing to write on your behalf. Let me know, as soon as possible, what you think, and your estimate of your chances. Mr. W. A. Venable, who has just come to Mokpo for educational work, is only twenty-two, but has had two years' experience teaching.

I was never busier in my life than I am now, and it is a great privation that I can't write oftener than I do. I long to have you near me, and pray that the way may open up somehow. Trust you are having a good year at College. Take care of your health, but hit your studies hard. The main thing is to work while you work and play while you play, you know. Take enough exercise, and at least seven hours sleep. Remember what I told you about emphasis on your spiritual life, and go in for the

College Y.M.C.A.

The babies are growing finely. Miriam has not forgotten you. Wish you could see the little darlings, and know Annie better.

Write me when you have time. Annie joins me in love.

Haven't time to write more now.

    Affectionately your brother,

       J. Fairman Preston

Nov. 20, 1908
Kwangju, Korea

Rev. J. S. Watkins, D.D., Pastor,
Spartanburg, S.C. First Church.

Mr dear Dr. Watkins:
After a most delightful season of refreshment in Seoul in September, in attendance upon the various annual gatherings, I returned to my post the latter part of that month, and have been in the saddle continuously ever since, taking advantage of the glorious autumn weather.

[illegible] carried me into a remote part of my circuit. Proceeding leisurely with my helper over a distance of 165 miles, I visited eight meeting places, but only one of them did I find everything as I could wish it. There I examined twenty one candidates, and received every one of them, baptizing six and enrolling fifteen as catechumens. The leader of this group is very zealous and evidently a soundly converted man. One of the first things he did last year when he was converted was to put away his second wife, which is generally the last and hardest things a man has to do, and a step which two of my most zealous catechumens at Mokpo have not yet seen their way clear to take.

At three other points, which were evangelized last spring, I found the attendance has fallen off greatly, but believe we shall hold the ground. At still another point, [illegible], one of my oldest groups, I found that many had stumbled at the incompetencies of a leading baptized member, an old man who has long caused us much anxiety. I promptly disciplined the offending parties, suspending nine from communion for non-attendance at Church, and striking off the roll fourteen catechumens. This experience, I may add, is an exceptional one, unprecedented in our work, so far as my knowledge goes.

But now I come to the most interesting part of my report. Preaching in Mokpo, I began what proved to be the most powerful meeting ever held in the south(?). Besides the Mokpo congregation which you know, numbers three or four (illegible), there were in(?) attendance forty two leaders and representatives from the seven Counties on my circuit. For four days, 180 people met for prayer; then the meeting began. Bro. J. L. Gerdine, the Superintendent of the Southern Methodist Mission in Korea, a man wonderfully filled with the Spirit, came down and preached twice a day for a week with wonder power. The aim was to build up and quicken the Christians, and the Lord graciously granted our petitions. There were great (illegible) of heart, scores of confessions and testimonies, some outright conversions, and a glorious manifestation of the Spirit's presence and power.

I witnessed such scenes as I have never before seen in a meeting. The spirit of prayer, for instance, has poured out so that at times several would pray simultaneously, each seemingly oblivious of the other and often it would be long before the sermon could begin. Strong men broke down and wept as they confessed their sins; differences were healed; caci-sinners reclaimed; all, perhaps, reconsecrated their lives and went away with their hearts aflame with love for Christ and zeal for souls. The old man from Sooyung, to whom I referred above, came late, but in a way was on his knees, confessing his sins, and went away seemingly right with God.

I shall never forget the scenes of that past meetings, which was devoted to testimony. Men stood six deep, eagerly awaiting their turn to testify to some blessing received. The joy or heaven itself was there, and the church rang with hymns of victory.

It is needless to add that the effects of the meeting will be far-reaching in our work. We are praying that it may spread and kindle into a revival which shall sweep our whole field. Join us in this prayer.

In the second Sunday of the meeting, the sacraments were administered. Thirty adults received baptism (not as a result of this meeting, of course), and upwards of one hundred and twenty five sat down together at the table of our Lord—an occasion long to be remembered.

Hope you received my letter of Aug. 15th from Kwangju. I think I wrote you also from Seoul. It has been some months since I heard from you, and am daily looking for a letter.

With fraternal regards, and assuring you of our continued prayers on behalf of the home Church,

  Yours in Christ,

    J. F. Preston

Dec. 8, 1908
Tokpowie, Hainam Co. (Korea)

My darling Mother,

I am sending a message into Mokpo so take the opportunity to send you this note.

I left home last Sat. morning, and am holding a week's Bible Study class. Have a very promising group of Christians here. About 40 or 50 meet thrice daily. Bible Study in the morning, Singing in the afternoon, and Preaching at night. So far (since Sunday) I have had all the work to do, as my native helper whom I sent ten days ago to a distant point, has not returned to help me. Mr. W. A. Venable, our new educational man, is accompanying me on this trip, and I am enjoying him very much. He has been in the country a month, is bright, and picking up the language fast.

Our recreation is shooting. I have bagged all the game we could eat, besides sending a nice bag home twice. Ducks, geese, turkeys, pheasants & pigeons abound. I am getting to be quite a fair shot, getting about 3 out of 4 shots, generally, on the wing.

These country trips usually build me up, even though I work hard, as it is out-of-door life, and plenty of exercise, with a minimum of care. All the same, my absence from home increases Annie's responsibility. It always goes hard with me to leave home, Annie and the babies, and I am called on to be absent so much of the time. Trust these young fellows will be able to relieve me more and more, but then the work grows apace.

I enjoyed father's letter recently greatly—especially as he so seldom writes. Will write him next.

Must stop now. Hope you all will have a fine Christmas. I have not taken time to think about it yet.

Have resolved lately to relax more and enjoy life better. I drive too hard all the time, and it is telling on Annie, I fear. I go too strenuously and she too easily. We are well mated.

Must stop now. Dear love to you one and all.

  Affectionately,

    Fairman

Dec. 25, 1908
Mokpo, Korea

My dearest Mother:

How I have missed you during this holiday time! You know it is only the second time I have been away from you at Christmas.

Did I write Marion about the Christmas hunt? I wrote her of Annie Shannon's being sick and my sending for Dr. Wilson, I know. He did not intend to spend Christmas here, but, when he heard the others discussing the deer hunt and thought of keeping bachelor hall at this season, he decided to stay. Fairman, Messrs Venable and Knox, and Dr. Wilson went about twenty or twenty-five miles up in the country and spent five days hunting only two and a half days—and came back with a live deer (which they bought), a dead deer (which Dr. Wilson shot), twenty pheasants, two geese, some snipes and some ducks and one of those big, long-legged birds. Don't you wish you had some pheasant and venison?

It is fine having two such congenial people as Mr. Venable and Dr. Wilson with us. They helped Fairman decorate the house and put up the tree and dress it, and then Dr. Wilson dressed up as Santa Claus this morning.

The house looks very pretty—we have those paper garlands all across the dining room. As I have all Marion's and Bessie Henderson's brass, I have numerous vessels to be filled with holly and I never saw <u>anything</u> prettier than a brass wharro filled with this lovely Korean holly. We had one for a centerpiece today, on the lace centerpiece over red, with the <u>historic</u> red ribbons stretching from corner to corner of the table. I had some of my holly cards as place cards with suitable quotations from Shakespeare. Mr. McCallie is spending Christmas with Dr. Birdman, so there were only seven of us. My menu was Turtle soup, Roast Goose, Sweet Potatoes, Turnips with Sauce Hollandaise, Slaw, Venison Steak with grape jelly, Celery Salad, Angel Charlotte Russe (See Knox's Gelatine advertisement in December *Ladies Home Journal*), Virginia Fruit Cake (Mr. Venable's and eaten "by request"), Stuffed dates, Peanut Brittle, Cream Candy (Yellow and Pink), Marshmallows (Japanese and very good), Raisins and Korean Walnuts— Coffee—We also had Apple Sauce, Salted Peanuts and Olives fitted in "where they belong". That is a favorite expression of Miriam's, and I hope it indicates that she has a strong sense of law and order)

The little girls hung up their stockings in the sitting room and found enough stuff in them to keep them pretty well occupied. The two things that Miriam was longing for were a top and a boat with a flag on it. I got both of those at a Japanese store and she was highly delighted. I gave her one of those Santa Claus stockings which came from England and she found all kinds of charming things in there—small scales, horns, doll, book, tiny dominoes, etc. Sang Yoodi presented her with some horns and a gun and a rattle. She promptly turned the last mentioned over to Annie Shannon—it being beneath her dignity to accept a rattle.

I thought at first that she had enough dolls, but she spoke quite longingly of one—I actually found a tolerably pretty doll at the Chinese store and dressed it in the dress you made last Christmas Eve. She was delighted with it. I gave Annie Shannon one of the dolls which were dressed by the girls at home. Mr. and Mrs. Bell gave Miriam a nice little table and I had amah make some table cloths out of an old one. I gave her a tiny bell and a tray and with the dishes you and Sister gave her, she is ready to eat supper in style. Both the children received "many stuff" and Miriam says that she like Christmas. She tells about being at MamMaw's last Christmas, and how she got a doll and broke it on the "Mongolia".

She has been having trouble with her kidney from eating too many sweets, so we have cut out all cakes and candies. She has been so good about it. She says "I am not very well today so I can't eat that." She has been a real help in preparing nuts for the candy. She says "I am going to help you make candy, but I can't eat any."

December 28.

"Santa Claus" returned from the entertainment at the church and so my letter had to stop. Now Fairman has written you a long one so you'll get a double dose of us this time. There are so many things I want to write about. I wish I could tell you just how glad I was to get two packages from home. You know something about that feeling from experience! I was delighted with the contents—the picture, calendar and card in one, and the collars and belt pin in the other. They are all lovely and I thank you very much. (There's the dinner bell—I'll have to stop again) I hate to disagree with Mr. Ramsey, but I think it would be much better to send things by Parcel Post. The other way seems very unreliable. However, I tried a few things that way at Christmas. I wonder if they were received a small tray to Clara, one to Helen, some scrolls to you to be distributed, a tiny box to Mary Murphy, toys to the children, Post card Album to you. I sent them that way, because, in order to avoid the excessive duty in the U.S., the postage would have amounted to so much—each tiny package costing as much as a pound. Next year I think I can manage better.

I sent quantities of post cards, calendars and Japanese cards to Beulah, Sister, Marion and Margaret K. I sent little pkgs. by Parcel Post.

Sang Yoodi made six cakes for Christmas and was as proud of them as if they had been that many sons. He insisted on having them all on the side table Christmas Day. He wanted everybody to see how smart he was.

They were all very nicely iced and most of them decorated with nuts.

Dr. Wilson received a very dainty package from N.Y. on Christmas Day—some lovely books, gold cuff buttons and a picture of his mother-to-be. He has announced his engagement now to Miss Helen White, only daughter of Dr. W. W. White of the Bible School. I hope she is as fine as her father. Dr. Wilson is certainly fine—I know you will like him.

Annie Shannon's shoes are no. 3 and she surely needs some. Miriam should have at least six and possibly six and a half. Both will need a new supply of clothes soon, and how am I to get them made without your assistance and advice?

Mr. Bell is coming tonight—coming all the way horseback. I will have to put him up in the attic over at the Knoxes—I do despise to have my guests in somebody's attic!

I wore my directoire tie yesterday with my white silk waist and my tan broadcloth suit.

I hope by the time you receive this I will have heard some news from Sister. I am so glad that Brother Willie was at home Christmas instead of being in New York.

With quantities of love all around. Miriam took her turkey card to bed with her Saturday night and was highly delighted with it. Give my love to the Knoxes, Eleanor, Miriam D., Lillian, Cousin Sallie, the Coles and all my other friends. Tell Rob he must not put off too many times for we don't want people to put him in a class with Dr. Forsythe.

Isn't this a pretty card from the Mother Gillett? The Clarks in Seoul have a son about six weeks old.

    Lovingly,

        Annie

MOKPO STATION REPORT
(Oct., Nov., and Dec., 1908)

This quarter has been a period of progress and activity, marked by God's signal blessing. The work has advanced also, all lines, and the workers have continued in health and strength!

[illegible]

It was our good fortune [illegible] from the [illegible]

Miss Knox, transferred at last annual meeting to Kwangju, and who [illegible] herself to Koreans and foreigners alike during her [illegible] here.

ITINERATING. In October, Messrs. McCallie and Preston made a tour of the islands, visiting seven of them, on six of which there were professing Christians, most of them having a place of worship and being pretty well supplied with books—a result of the efforts made by the Mokpo Christians during the past year. Mr. McCallie subsequently spent five weeks with his teacher and an evangelistic helper following up and extending this work, spending three or four days at each place. Fourteen islands and almost every village on each island visited (in all, 125) and 499 Scriptures and portions sold, and presenting services two or three times each day is the record of Mr. McCallie's first trip alone.

Mr. Preston also made a tour with Mr. Knox through Mooan and Hampoung, the coast counties to the north of Mokpo, as with Mr. McCallie, introducing him to the field assigned him for work by the last annual meeting. Here the work is opening up rapidly, four new groups being reported this fall besides the four already established.

A Bible Study Class was held for a week, four hours a day by Mr. Preston to the south in Hainam Co., which was participated in by five churches. All of this work has been developed within the past two and a half years and shows signs of steady growth. These groups are under the supervision of a (illegible) leader, entirely (illegible).

An examination for baptism has been as yet held in the country churches, but sixty four catechumens have been (illegible) in three new groups.

LOCAL WORK. The latter part of October a leader's conference of all the groups was help at Mokpo for three days, with a delegation of about 40.

We count Oct. 30th a red-letter day, since at that time we welcomed Mr. H. F. Williams, our beloved editor of *The Missionary*, accompanied by our new educational man. Prof. W. A. Venable, Mr. Williams, arriving at the class of the above mentioned conferences, spent twelve days with us and was a great inspiration and help to the missionaries, the local congregation, and the delegates, and in testimonies there were many tributes to "the venerable Bishop from America." Mr. Venable, a graduate of Austin College, with two years experience teaching at home, walked into our hearts the day he entered our homes. He has come in the nick of time we take charge of the Mokpo Academy. The attendance is now ninety odd, a dozen of whom are from the country. Three good native teachers compose the faculty. The beautiful stone building, 42×40 ft, with two class rooms and auditorium, has been completed. It is pronounced the prettiest building in town, though erected at a cost of only $2000.00. Named the John Watkins Academy, in honor of the distinguished Pastor of the Spartanburg (S.C) First Church. It will be a lasting and worthy memorial of that gifted missionary Pastor. To the generosity of that congregation is due not only this building, but largely the development of this whole work. Mr. Venable began at once the instruction of Physiology in the school, through Mr. Nam-Kung, the English-speaking teacher.

Through the efforts of Dr. Oh, a night school, with an enrollment of nearly fifty has been organized for the benefit of those not able to attend the academy. A number of adults attend, and the school is entirely self-supporting.

The MEDICAL WORK was carried on in October by Dr. Birdman, who left us early in November by Mission appointment for Chunju. It was with keen regret that we gave him up. Dr. K. S. Oh, our native Doctor from Kunsan, took up his work promptly and has been doing faithful, efficient work, enjoying the respect and confidence of both Koreans and foreigners. 526 patients were treated in November, and 810 in December. Evangelistic work has been done in the clinic by local church members and missionaries. It is a reproach that we cannot offer our Doctor better facilities than the tiny little building which we scurrilously dub "dispensary" with its scanty equipment.

The LOCAL CHURCH is in a healthy condition and is growing steadily. In Nov. 57 were examined for church membership, of whom 22 were baptized and 22 received as catechumens. Mission work is carried on by the Christians at two neighboring points.

This year for the first time the Mokpo church observed Christmas. On that night the school house was illuminated as only the orientals know how and 800 people gathered to hear a program of song and other music and to see a real Christmas tree, provided for the children by a friend. Dr. Wilson, of Kwangju, who conducted the clinic for two weeks in the absence of Dr. Oh, was the life of the occasion. It is safe to say that a happier crowd never poured out of a building than on that night. The school children all had their holiday according to the Christian calendar, and the air was full of kites and glad shouts. Thus are the Koreans, on their own initiative, breaking with the heathen past, so full of poignant memories of slavery to sin and superstition, and entering into their Christian inheritance of joy and gladness. May the blessed words of the angels' song, "Peace on earth, goodwill to men," which closed the year, be re-echoed during the coming months in heathen hearts and ears until they too shall enter into the Savior's (illegible) kingdom of love!

J. F. Preston.

In 1909

Jan. 8, 1909
Mokpo, Korea

Dear Mother,

Just finished our Bible Convention here. 135 in attendance from the country, besides our local people. Great success.

We are having a fine open winter so far. The children have been free from colds. We will send you some pictures soon as our new man has a Kodak.

It has been some days since I sent a letter home—this is the first line this year. Still resolving to do better.

With love for all,
  Affectionately,
    Fairman

Jan. 17, 1909
Mokpo, Korea

Dear Father:

I have just returned from Church, and as there is a boat tomorrow, I am determined to get off a letter to you. After seeing the way in which I insisted on pecking away on the type-writer summer before last, you can believe that I have the letter-writing mind (as the Koreans express it), and I do write a great many, but so many are the duties that the letters I write are usually those that are instantly demanded by exigencies of the work.

Besides letter-writing, there is a lot of other secretarial work, such as keeping accounts, banking, making out orders, keeping files, etc., which take my mind off the work, and all of which perforce are left half done.

I have been thinking for some time that I will be obliged to have some help, if we can possibly arrange for it. Some weeks ago, I wrote N.B., asking how he would like to come out for three years and be my Secretary. I did not make him a direct proposition, because we are not in a position yet to do so, and I do not know, what his ideas are for his own future. If he has no definite aim, and thinks he would like to be with us, and it meets with yours and mother's approval, I have a notion to propose to him to come out for a period of not less than three years. Provided that Annie's affairs recover themselves (which they had not at last accounts), my idea would be to offer him his expenses both ways, board and necessary incidental expenses and ten dollars (gold) a month. While this would not allow him to lay up any money, it would be a rich experience for him, and he might see opportunities for making some money incidentally out here, if he was so inclined. I would have him do some language work each day. At the end of three years, or sooner perhaps, he might take a notion to go into educational work here (where men are badly needed). If not, we would expect to help him in his future plans when he returns home.

I would like to hear from you soon on the subject. If you all think you can spare him, he would be a great comfort and help to me, and I could do almost twice as much work perhaps. On the other hand, an experience like this would be an education in itself for him. Be thinking it over.

I enjoyed your letter of Oct. 22nd immensely. Wish you would write oftener. It would do you good and me more good. McCallie's father writes him every week as regularly as clock-work. I read what you wrote about Forsythe with a great deal of interest, and especially since he has been appointed to Mokpo. We have heard many strange reports about his religious views, especially to the effect that he has a leaning toward the holiness and faith-cure people. Wish you would write as your impressions of him. Hope the Committee is making no mistake in returning him to the field, but out here we have some doubts.

The last word we have from home is mother's letter of Dec. 8th. It was the best letter she ever wrote, it seemed to me. We were such concerned to learn of the attack of vertigo you had on the street. You know, what I would say if I were there—that you ought to take more exercise, and I would have you out doors more. Manage to keep Annie considerably pestered along this line, as she is not inclined to athletics.

My work is progressing as ever. Recently concluded our annual Bible Class here—the first session here since my first year on the field five years ago. One Hundred and Thirty delegates were present from the country churches, besides the local people, representing twenty six congregations; this, too, in spite of the fact that I turned over last fall six of my groups to Kwangju Station, two of which were among the largest churches in the Province. This class was unique in that it represented my field only, all of these groups having been developed under my ministry in Korea. I am hoping that Mr. McCallie and Mr. Knox will develop this year and take portions of this territory off my hands. The former has shown great zeal in following up work on the islands to which I introduced him last fall; and may turn out to be a good worker, in spite of serious limitations. Mr. Knox is getting the language very slowly, and thus far has attempted nothing. As I was originally counting on him mainly to take my place here, the prospect of getting back to Kwangju grows more and more remote.

We do not like Mokpo so well as a place of residence, and the future prospects for the work are not so large; but Annie and I wish only to be found in the path of duty. If considerations of a place of residence moved us largely, we would come to America, of course!

The position of missionaries in Korea is unique in the world's history. At present, politically we stand on the same platform with other foreigners, Japanese included; that is to say we are amenable only to our Consul, and this relation is expressed by the term "extra-territoriality." Should this condition pass, our Consul be withdrawn, and we should be placed directly under Japanese control, I fear our position would be very untenable, for the reason that we do not know the Japanese language. Every one of us ought to be in a position now to learn Japanese; but such is the stress of work laid on us that we have no time for it. Thus far I have been very favorably impressed with Japanese administration in Korea. Many reforms have been effected, and rights and property made more secure. Values are advancing rapidly, and the country being developed. If the Koreans will wake up, they ought to share in the new era of prosperity. I fear they will, many of them, drift on in the good old lazy ways of the old regime, borrow money from the Japanese in exchange for their land, and go to the wall. At the rate that things are going now, it seems that Japanese will own the country at no distant day. Certainly most Koreans that I know are in debt, and all are feeling the depression in business (illegible) has prevailed for the past year and still continues.

It is too bad you and mother can't enjoy your grandchildren. Positively they are the most attractive children I ever saw! Annie Shannon reminds me a great deal of Julia Tiller. She is a perfect blonde, with deep blue eyes and long lashes, and has her mother's gentle disposition and soft voice. Miriam reminds me of Miriam's (Annie's sister's) child Nettleton; so I take it that she resembles her grandmother Wiley and her Uncle Willie more than anybody else. She is extremely bright and quick. Never mind, when we come home two years hence you will enjoy them all the more for the novelty.

In the meantime, take care of yourselves, and who knows but that you might take a notion to come back with us!

We have had a delightful winter here—very little rain, no snow, and not much wind—quite a contrast to some winters we have seen out here. Usually, however, the Korean winter is dry and cold. I had hoped to send some pictures home, but Mr. Williams, who took them, has never sent them to me. I have recently made arrangements with Mr. Venable for the use of his camera, and hope to send some soon. I am as proud as a peacock of our new school building. It is named for Dr. Watkins, of Spartanburg, and is the prettiest building in Korea, with a minimum cost. Our new educational man, Mr. Venable, is very bright, and will do fine work, I think.

I expect to leave tomorrow. (Wednesday, the 20th) for the country, to be gone nearly two weeks. This is one of the hardships of this life.

Will try to write mother a note from Kwangju, as I go there first.

With love for you each one from Annie and myself, and kisses from the children,

  Affectionately your son,

    Fairman

P.S. This Letter was begun Tuesday night and finished Thursday, after many interruptions.

Jan. 17, 1909
Mokpo, Korea

My dear Mamma:

Fairman said that I was to celebrate my birthday by writing some letters, as he and Miss Martin were going to take charge of the housekeeping that day. Sang Yudi has been away to attend to his financial interests. His large interests at Kwangju call for about ten days or two weeks of his time every winter. You can imagine how inconvenient it is, as the boy does not know a great deal about cooking, and with boarders, we have to provide three regular meals a day. Namdoo suits me much better than S.Y. in many ways. He was with Mrs. Hopkins long enough to really prefer a clean and orderly house. S.Y. prefers to climb over a pile of empty tin cans rather than to move them and only cleans up for fear he will lose his job.

Fortunately, just before the cook left, we bought an excellent quarter of beef and I can roast beef a la Mrs. Poser and Namdoo cooks a steak very well. We have had beef and potatoes almost every day, but it was such good beef that nobody tired of it.

On my birthday Fairman selected the bill of fare and I had nothing to do with it except that I begged to be allowed to make the ice cream. But I must give you the history of the day. Most of the morning I spent in Fairman's study getting a right start on my household accounts. We have decided that it will simplify matters for me to have the personal account at the bank, in my name, as Fairman has to handle so much Mission money. I am to keep all the household accounts and attend to paying the grocery bills etc. I have always thought it would be better for me to do it as I am at home all the time. I celebrated my birthday by getting my books started right. After lunch we went downtown to the Post Office and bank. At the former place we received a package from Japan containing my birthday present from Fairman. I had no idea what he had ordered and you can imagine my delight when I opened the box and found a pale blue kimono with storks on it! He said he remembered how much I admired it when I was in Kobe. I tell him it is too pretty to wear, but he insists that nothing is pretty etc.!

When we came back we found Miss Martin and Namdoo in the kitchen at work. We had dinner at six and the only guests were the Misses who usually have supper in their own room. They both looked so sweet and pretty in their little white dresses. One remarkable thing about Annie Shannon is that she never disappoints on special occasions. She was sleepy and cross during the dressing, but when she was put up in the high chair she was beamingly happy. Miriam ate plenty of supper for a grown-up and was not so well the next day. She is particularly fond of "macilicki" as she calls macaroni. We had soup, roast goose, quince jelly (made from our own quince tree), numerous vegetables, apple salad, vanilla ice cream and fruit cake. The cake was the one Sister gave me last year and we used it as a centerpiece. Some of the icing was broken on the journey out but it was still very pretty. Tell her that it was delicious. Of course, my thoughts were full of the reception last year. I wore my blue dress, too. After dinner, the Knoxes came over and we had a jolly evening singing songs and chatting. About ten we went into the dining room and had ice cream and cake, candy, nuts, raisins. As we sat around the table we read such classic poetry as "I seen Papa coming steppin high" and "Miss Marioneaux". Mr. Knox has been in the dumps a good deal lately but I think that poetry pulled him out. Mrs. Knox has been sick so much and he is discouraged about her and about the language.

All the time I have been writing I have had charge of the children so you need not be surprised at any remarkable things you see here.

I think there will be a boat today and want to get a letter on it <u>sure</u>.

The McCutchens were due in Kobe Wednesday or Thursday and we asked them to cable us if they were coming this way. We have had no word yet, so I suppose they are not coming this way.

We are having a remarkable winter—very little wind and a great deal of sunshine.

The little package from the Knoxes came a few days ago. The things are <u>lovely</u>. Please tell them thank you for me, but I'll write them myself soon.

Did I tell you about the beautiful caps the Hutchisons sent? They sent me an exquisitely dainty blue belt and Mrs. Hutchison sent me an unusually pretty U.C. toast. The apron and centerpiece never came and neither did the package addressed to Miriam.

Miriam talks a great deal about "when Mamma comes"—says she is going to have her birthday when you come, and Christmas when you come.

I was disappointed not to get anything from you in the last mail. I am particularly anxious to hear news from that side of the world now. The last I had was your postcard of December 2. That came through very promptly.

It is so bright outside that I must take the children out. I have to see about dinner too, as the boy and amah have both gone to church.

With love to everybody in the family circle and the friends, too,

    Affectionately,

        Annie S. W. P.

Mr. Venable took these pictures and gave them to me on my birthday. The picture taken by Admiral Yi's monument was taken in November while Mr. Williams was here.

Jan. 19, 1909
Mokpo, Korea

My dear "B",

Someone from Bristol wrote of your having received my last letter, but I have never heard whether you received the money. Mr. Davis has not written me for a long time and I am still very much in the dark as regards my finances. While waiting to hear something definite, I have let the time for your second payment slip by. I am <u>distressed</u> about keeping you on the anxious bench so much. It is so hard to keep up with the times when we are so far away. I am enclosing a check for $175.00 which I hope you will send directly to Mr. O. D. Davis for payment. I ask this because of my ignorance of my bank account. Let me know as soon as you can about your expenses for this year, including the money you borrowed last summer with the interest. If you write immediately, I cannot possibly get a check to you before the very last of April or the first of May—Remember that!

I was trying to get through before the dinner bell sounded, but I could not. Now it is the 22nd. A year ago yesterday I left home for that long, long trip with those infants. I celebrated the anniversary by helping Fairman get off to Kwangju. It was a bitterly cold day and I dreaded to think of his riding between fifty and sixty miles. Our cook was on his way home from Kwangju and met Fairman twenty miles this side. He was making the trip all right and would make it into Kwangju in good time probably. I hate for Fairman to have to itinerate this time of year but he was kept at home by guests and other causes all during the lovely fall weather. He has gone to some committee meetings this time, but will go from there to one of his churches to hold a meeting. He'll be gone over two weeks. I never like his being away, <u>of course</u>.

We are counting very strongly on your accepting Fairman's proposition to come out and help him. He needs a secretary and assistant and we <u>all</u> need your good company. Fairman's time is so full of little things that he hardly has time to remember that he is a preacher! Don't you want to relieve that situation, get <u>lots</u> of valuable experience yourself, and keep us all in good spirits?

You would enjoy Miriam and Annie Shannon. When Annie Shannon comes in from her outings looking so round and rosy we call her "Dutchy". She should have been named Sutphen instead of Shannon. Fairman says though that she is more like Julia Tillar than anyone else in the connection.

Please pardon the blurred place on the other side. Miriam decided that she wanted to see it right away quick & made a grab with a <u>wet</u> hand. I rarely attempt to write in the daytime but thought I was safe this time as Amah had them out in the yard. One of M's favorite questions is "What is this day?" If I tell her Monday she says "What's tomorrow when Monday goes away?" I have to go through the whole week that way.

Lots of love for you,
  Affectionately,
    Annie

Jan. 29, 1909
P'Yung, Kangjin Co.

My Darling Mother,

I have preached twice today and examined fifteen people and it is getting late, but must have a little chat with you, as I may have an opportunity to send this note into Mokpo to be mailed.

Came down here from Kwangju on Tuesday, riding 55 miles in one day. My helper had begun the meeting on Sunday. We will continue through the following Sunday, when we go on to visit five other churches in this region. Am having a good time, about 75 people meeting for study. I consider this the most strategic point I have. There are about 30,000 people, at least, in a radius of three miles around here, and the town itself is said to be the largest in the Province. Have had a struggle to get a foot-hold, but believe now the church will grow fast. The congregation has secured a splendid piece of property, centrally located, with enough buildings already erected for use of church & school. They have not yet remodelled the building used for a church, and so we worship in the cold. Fortunately the weather is not severe. As I write, the drums of some devil-worshipers are pounding next door, reminding me how much this place needs the Gospel.

Have been away from home now just nine days, and see little prospect of getting back under ten days more—my longest absence from home since Annie came back from America. It nearly kills me to have to stay away from my wife and babies, but this is but another of the sacrifices demanded by this missionary career. Twice, however, I talked to Annie over the telephone from Kwangju, and rec'd a letter from her on my arrival here per the coolie who brought my food, so it is not as bad as if I had been away so long without communication, as used to be when we lived at Kwangju.

Annie told me that Mr. McCutchen passed through Mokpo last Sunday with his wife, and spent 6 hours with them. Said he had been with you all, and had brought lots of messages and a stack of presents. How disappointed I was not to be there and question him at first hand! Annie will tell me all about it, though. It was certainly good of you all to remember us. (In these hard times we did not dream that you would attempt anything of the kind).

Had a fine time at Kwangju. Enjoyed seeing some of the other brethren from the other stations, and working with them on the Ad Interim Com. Had hoped to write you a note from there, but was too rushed. We are making a desperate effort to carry on the plans we have laid, in spite of the reduction of nearly $12,000.00 in our Budget which the Com. at Nashville made. I wrote several letters to influential friends of the work at home, and an article for the papers which we hope will bear fruit. Unless something is done special for Korea within the next two years, in the way of reinforcements and equipment, we shall be utterly unable to rise to the situation, with our present numbers and resources. Somebody at home is asleep, (and I believe it is Nashville). If I could be spared from the field for a few months, would come home and try to shake things up.

Annie and I are still in the air about our future plans. When we calmly survey the Mokpo field, we do see how it will be possible for us to leave it soon. And when I think how all this work has been developed under my ministry, and how it is far from completed, I have little mind to leave it. On the other hand, it has always been our desire and plan to live at Kwangju. It is bound to be a greater field of usefulness ultimately, (and there is no question that it is the most attractive station in which to live in our Mission). I owe it to Annie and the children to go if it possible. If the Mokpo will call a native pastor this year (which they are now well able to do), we may see our way clear to move to Kwangju in the fall. In that event I would have to take frequent trips to Mokpo, to ever see things, but that would be easy, with a bicycle on the splendid road that now connects the two places, 53 miles, and almost completed.

Am scheduled to teach in the Kwangju Women's Bible Class for a week beginning Feb'y 12th. Have a meeting beginning at Soo Yung, to the South, on the 28th, lasting 8 days, and examinations everywhere from now on. From present indications, I will have the biggest year's work yet to report, in spite of the fact that I turned over to K'ju station last fall 6 of my groups—two of them among the largest in the Province.

Forgot to tell Father what a comfort those saddle bags are. They are traveling all over the country, and just suit me. You remember those house slippers you knit for me several years ago? They have lasted ever since, and are just what I need in this country, where one must take off one's shoes before entering a room.

Was interested to hear what you had to say of Forsythe. He is very enthusiastic, but very impractical. It amused me to hear that he was working on the whole Preston family to come out. Would that a plan would materialize! With two of the three girls as yet in school, however, and you and Floy and Father taking turns being "poorly", the possibility of such a pleasant eventuality of having you all on this side had not presented itself seriously to my mind. Want to hear something about that visit first, as more to the point.

It's more than time to stop now. Kiss everybody in the family circle for "Feddy", and consider this a family letter. Tell Aunt Jennie how much we enjoyed her good long letter.

With a heart full of love,

    Lovingly yours,

        Fairman

Feb. 1, 1909
Mokpo, Korea

My dear Mother, Father & Sisters,

The McCutchen's came down the gangway with as many packages as Santa Claus and I know that that old gentleman's pack never contained more attractive gifts than did those boxes. Mother is rather given to misrepresenting things and wrote so much about the "few little things" you were sending that I was not prepared for all the lovely things that came.

I do not know where to begin to thank you! The good, big scissors or small shears I hardly know which to call them are just the right size and come in the nick of time. Miriam's legs are entirely too long for her dresses so I have a lot of sewing before me. The exquisite little set from Mother is an inspiration to sew. I cannot quite make up my mind whether to use them at once or save them for Annual Meeting, when all the ladies have fancy work to do while the men talk.

The tie (?) from Floy brings up the same problem—whether to satisfy my vanity by wearing them right away or to save them until I can rouse the envy of all my sister missionaries. They are such dainty little "fixings" that they delight my heart. I have a light blue belt that will just match them too. I feel sure I will not look "escaped" when I bedeck myself so.

The picture from "2" is <u>beautiful</u>. There have already been several threats made by some young gentlemen about taking possession of it. They want to know what I want with such a pretty picture, that it would adorn their rooms so well, etc. But I do want it and I shall get it framed and up as soon as possible.

And Janef must have guessed my thoughts. Mrs. Bell has a bag something on this order and I have several times wished for one. It is much nicer to have one which is a constant reminder of my little sister than to make one myself too! Thank you every one very, very much for these presents.

The very best thanks you could have for the children's presents would be to see them enjoy them. Miriam stood by as I opened the box and seized every gift as it came out. I wish you could have heard Annie Shannon chuckle when we gave her the doll, and seen her flying around the table shaking her little dog. The see-saw has a great fascination for her and she never misses an opportunity of getting her hands on it. Miriam likes it very much too, and guards it from A.S. whenever she can. I had to go all through the book at once and tell her the name of every animal in them. I wish you could see Annie Shannon in her little bibs. She looks so cute toddling around. It seems such a pity that you have to miss seeing her baby days, when everyone declares her the cutest and prettiest baby ever seen. The little pins for her are exquisite. I sent the children over to Mrs. Knoxes one day to show their Christmas presents, for she is always so much interested in everything from America. Annie Shannon had on the cap Aunt Jennie sent had on one which the Hutchison's sent, and I longed for a picture to send you.

I am not speaking for Fairman for I think he will want to speak for himself when he gets back from the country. He has been away for over a week and may not get home until Saturday.

I hope that Father will decide to go to Decatur. It is such a lovely place to live and the girls could have so many fine advantages there. It will be so nice to have you there when Miriam and Annie Shannon go to Agnes Scott!

Miss Knox and Dr. Wilson are with us now, but I feel mean to be having such a good time when Fairman is off in the country. The presence of these guests will explain my letting a whole week go by without telling you of the pleasure your boxes brought us. Tonight, every body except me went out somewhere, and I have written to Mamma and you. I could write lots more, but I have a cold and I ought to go to bed.

With love for everyone of you,

   Affectionately,

      Annie

Feb. 27, 1909

Mokpo, Korea

My dear Mamma:

It must have been over two weeks since I wrote. I never <u>intend</u> to let it be more than a week, but we've had company and then we went to Kwangju for a week. We went up with Miss Bess (Knox), and Mr. Venable went too. It was a lovely day when we went up the river but there was a cold wind blowing the next morning and I did not enjoy my first drive from Yungpo to Kwangju. It seemed almost impossible to believe that it could be the same long tiresome trip it used to be in chairs. Amah went over in a rickshaw and Miss Bess and Mr. Venable rode horseback.

We stayed with the single ladies all the time as we were too comfortably settled in Miss Bess's rooms to care to leave. Of course, we went out frequently to meals. Fairman taught in the Class and I taught a few times in his place to let him off for a hunt with Dr. Wilson. They paid me in pheasants. I really needed no pay for I enjoyed the teaching more than the pheasants. How do you suppose I spent most of the time up there? You would find it difficult to guess! I was sewing! To speak more correctly I was cutting out and directing a sewing woman. Of course Margaret was general superintendent, but she <u>did not</u> do the actual work. We made a nice little coat for Miriam of my Glasgow tweed suit, lined it with my shepherd's plaid skirt and trimmed it with a sleeve of my velvet jacket. It is really a nice warm little coat. We also made two little dresses for her of my old red and white calico wrapper (the one Miss Straeffer and I made) and my red and white madras dress. Besides this, I cut out four dresses of Korean linen and left them for the woman to finish. She sews very well and charges only twenty sen a day. Down here I pay forty sen for a woman who knows very little about it. I also attached that skirt Miss Lewis hemstitched (you remember that she started on the second ¥25 dress) to the pretty yoke Bertha sent, so Annie Shannon got one new dress too. Amah did not like it because Miriam was getting all the clothes.

The children had a fine time up there. Miriam quite lost her head with joy at being with other children. The little school children here are very devoted to her and come to play with her sometimes, but that is not like having American children to play with.

I must tell you a conversation which she had with Eugene the day before we left. She was on the piazza and saw Eugene in the road "Come up here GeeGee, and kiss me good-bye. I'm going to Mokpo and I ain't coming back any more. Ain't you sorry, GeeGee?" They were sitting out on the wet steps and Miss Bess called them to come in—Miriam said "I can't come in cause I got to say something." When Miss Bess asked her what she was going to say, she said "Roll your hands" a motion song which Miss Bess had taught her. She was trying to teach Eugene "Stand up for Jesus" and told him "That means to be good." She is all excitement now over Rob Coit's coming and brings me the calendar every day to show her when he is coming. She wants me to tell her all about his coming and the shoes he has for her.

I have had so many good letters from you since I wrote, but I won't have time to look them up and answer now. Dr. Wilson expected to go home in April and I was planning for you to come back with him in July or August, but now Dr. Daniel has decided that he must go home immediately for an operation for hernia. That knocks Dr. Wilson out of his trip, but the Harrisons and Miss Tate will be coming out in the late summer so you can find traveling companions. Miss Kestler is in such bad health that Kunsan station has asked the Mission to send her home. If she goes, I will perhaps send the box of brass for Bessie Henderson and Marion by her. They have engaged passage on the Mongolia sailing from Kobe April fourth.

We hear that Dr. Forsythe was to sail on February 26! We won't set our hopes on him too much, however! If he comes married I don't know what we will do with him. We'll be forced to move back to Kwangju and Fairman will still have his work way off from home, for neither Mr. Knox nor Mr. McCallie is capable of taking charge.

Affectionately,

Annie

Amah is sick and I have charge of both children so had better not try to write any more. The pin balls and beads <u>arrived at last</u>!

<u>Please ask Mr. Orin to send us a statement.</u>

Special love to Sister and love to all the others and Eleanor and the Knoxes.

Mar. 20, 1909
Mokpo, Korea

Dear Mother and Father:

Mother's welcome letter of (illegible) came day before yesterday, giving us the first particulars of the move to Atlanta. We have never received a more buoyant, sprightly letter from Mother, and we believe that if the move has added ten years to Father's life, as she says, it has done as much or more for her. We are more than delighted with it all, not only because of our preference of Atlanta to Bristol, but because I believe that in just such work Father will be most successful and useful to the Church. It is good to think, too, that financial worries are relieved.

We have now, with us here Rob Coit and his wife, Mrs. Logan, and Dr. Forsythe, all of whom arrived from America on the 16th. Dr. Forsythe, who is to be located at Mokpo, came just in the nick of time, as Dr. Daniel, of Kunsan, goes home this month for an operation, and Dr. Oh, now here, must take his place at Kunsan. Mrs. Logan is the widow of the Ex-president of Central University, at Richmond, Kentucky. She has come out independently, and will perhaps locate at Kwangju, as Mr. Bell is one of her "boys." She is 52 yrs. old, but very sprightly, and I have no doubt will do a lot of good. She has considerable means of her own. We have been looking for Rob and his wife for many months, and are delighted to welcome them at last. They will live at Kwangju, and it is a keen disappointment that we cannot be with them now. We like Mrs. Coit very much: she is pretty sweet and accomplished.

These friends will visit us awhile before going to Kwangju. Of course, with such a house full (Mr. Venable and Miss Martin board with us, you know) Annie is kept extremely busy, besides having seven classes a week for women and children of the Church and School. She says she does not know when she will find time to write any more letters. Mr. and Mrs. Knox are now in Kwangju, having gone there for a rest and change. Mrs. Knox's health is in a wretched shape; and on this account they have not been able, even while here, to assume any of the responsibilities of the work, or even of entertaining. It is this circumstance that makes our own future movements so uncertain. Dr. Forsythe is looking well. He speaks enthusiastically of his visit to you all. We have a Medical Clinic here of fifty a day now, and I fear his temptation will be to overwork himself.

I sent off both my Elders last week to the Theological Seminary at Pyeng Yang. As they are my right hand men in the work, I will be compelled to stay at home more closely for the next three months to look after the local work. Annie, of course, is sorry for this! The work everywhere is growing steadily, in spite of the disturbed conditions incidental to the guerrilla warfare in progress between wandering bands of insurgents and the Japanese troops. It is a time of great testing of the native Church, and one is often called upon to testify as to the faith that is in him. The situation is not one which (illegible)

(illegible) for all the family.

Annie sends all kinds of love and the children kisses,

Devotedly your son,

Fairman

Apr. 2, 1909
Mokpo, Korea.

Dear Mother:

We have had no word from home since my last letter, so presume you must have been in the throes of moving, as it is an extraordinary event that prevents your writing. Last week, and a part o' this, I have been considerably under the weather with cold, but since Tuesday have been alright, and with some beautiful spring weather, and some tennis with the boys, have taken a new lease on life. We have enjoyed thoroughly our new people, who have been with us now nearly three weeks. They expect to leave for Kwangju the first of the week, Mrs. Coit having been laid up for a week past with cold. We just have the distressing news that Dr. Owen has pneumonia. As Mrs. Owen is expecting a little one at this time, the situation is doubly serious. I can't leave just now, so we sent Mr. Venable up to nurse, and hope he will pull around all right soon. Dr. Forsythe, who left for a visit to Chunju and Kunsan the day after his arrival, returned today, much to our relief, as we have been without a Doctor here for the past ten days. Dr. Oh, who has done splendid work since he came Nov. 1st, returned to Kunsan to take up Dr. Daniel's work. The latter passed through here on his way to America a few days ago. We sent a small parcel by him to Salisbury, as he is to pass through there, and in it ten brass bowls and a small table bell for you. The bowls are intended for shape finger bowls, and were made at Kwangju. Hope you will like the design. This is our Christmas present to you. I do not know anything that makes a better show on the table than these brass bowls. We have fruit nearly every morning, thanks to the good Japanese market. Apples, oranges, grape-fruit, etc. can be had freely and very cheap. Annie has had six people of late, besides our own family, and of course has been quite rushed. She is developing into a splendid housekeeper, and doesn't get frustrated. We long for a quiet home all to ourselves again, and must have it, for the sake of our children. The little dears are growing and developing rapidly, and afford us no end of diversion. Just what our future plans are, we have no idea, except that we may move to Kwangju before fall. Hope Mrs. Wiley will decide to come out by that time, with Miss Tate.

Time does fly out here. In the multitude of duties I seem to myself not to do anything very thoroly. However, nothing is stagnant, and I hope that someday I will be able to do things more according to my ideal.

The Knoxes are now in Kwangju, where Mrs. Knox is undergoing medical treatment. I fear she is too delicate to remain on the field, and that complicates the Mokpo problem. At present we are one only married couple here, and all the burden and responsibility of everything, including entertaining, falls upon us. We have two urgent invitations to come to China for a visit, but don't see how we can get off at this juncture.

We eagerly await full particulars of the new Atlanta home, and the outlook.

(illegible)

J. F. Fairman

Apr. 9, 1909
Mokpo, Korea

My dear "B",

Mr. Davis has just sent me a statement and I am delighted to see that I am not "broke" yet. I notice that the check I sent you for $175.00 is not in. Be sure and get it cashed and this one I am enclosing for $175.00 also, and pay off the notes in Bristol. You have no idea how it has troubled me to treat you this way, but I simply did not know a thing about my affairs. The Cotton Mill paid in July, but I did not know it so I could not do anything else for you. I <u>know</u> now that I have a safe balance so do not hesitate to cash both checks..

Aren't you delighted that Father has gone to Atlanta? I think it is fine for all of them. And isn't it exciting to have a new sister-in-law all of a sudden? I am longing to write to Rhea and Mecca and Mother and Father, but I've had so much company and such delightful company that I could not tear myself away from them to write.

I must get dressed & go out for a little exercise before supper. Fairman has Dr. Reynolds with him for a meeting in the church so I hardly think he'll be able to write very soon.

Give my love to Lucy & Prof. Archibald & the baby. Also to Jim Rhea. Lots for my little brother,

Annie

Apr. 28, 1909
Mokpo, Korea

Dear Father and Mother:

I know it has been an age since I sent a letter to you. Apr. 2nd is the last I have written down in my letter book. But that interval has been filled with so many distracting incidents as to quite interrupt any good intentions in the letter writing line.

You doubtless saw in the papers about Dr. Owen's death. He died at Kwangju very suddenly of pneumonia on Apr. 3rd. Was sick only six days, nobody but the attending Doctor, Wilson, realized that the end was so near. I did not get to his bedside; Mr. Bell was in the North, at Pyeng Yang, teaching in the Seminary, so that his death left the Station without a preacher. Dr. Owen was taken sick in the country, seventy miles to the South, and was brought home in a Korean sedan chair. Was three days on the way, and died two days after he got home. I conducted the funeral, in English and Korean. Mrs. Owen is standing the blow remarkably well. She is left with three little girls. We hope that she will decide to remain with us on the field, as she has the language remarkably well.

The Mission, at a called meeting in Kunsan, decided to move us as soon as possible back to Kwangju. The local church here will be encouraged to call a native pastor. The young missionaries in the Station here will now have to sink or swim, but I have promised to actively cooperate with them in the carrying out of the plans we have laid for the Station, in the matter of building etc.,

On account of the importance of getting in a garden, and on account of the importance of relieving Annie as soon as possible from the strain under which she has been laboring for so long, I will move to Kwangju within a month.

The news from Rhea was startling. We are greatly relieved and gratified to know what a fine girl has consented to become his wife. She is making a great and risky experiment to marry a man in order to reform him, but since she has seen fit to do so, we will pray and cooperate to the end that it may prove a glorious success. I wrote Rhea and Annie wrote Mecca. It is noble of Father to come to the rescue at this time, financially and otherwise. The end in view is certainly worth it all. We cannot say that he will not yet prove a comfort to you in your old age. Certainly he can make good if he will take a strong Christian stand at this time, and he is certainly to fail if he does not.

It is good to think of you, Father, in the active work again, and Atlanta is the place for you. You will be abundantly used, I know, in your new sphere of work. We pray for you every day, that you may have strength sufficient and that hosts of friends may be raised up for you in that place. Mr. Rowland wrote me that he had sent you a list of names. He is a fine man, and I want you all to know him better. I haven't a warmer friend in the world than he.

Annie wrote N. B., sending him a check, which makes in all $350.00 for the year, and telling him to let her know, if it does not cover his expenses. Our affairs are getting in better shape, gradually. When the Mission returns the money we put in on the School Building here, we will be easy once more.

I have written N. B., telling him that I do not think it advisable for him to come to Korea at this time. After mature deliberation, I do not think we can afford to offer him a fixed salary and pay his expenses, and this he ought to have at this stage of his career. I fear that a flying trip out here would only be that much time out of his life at a stage when he ought to be settling down, and making plans for a definite career, and that at the end of his stay he would not be in a satisfactory financial position. I have written him at some length, urging him to decide on what he would like to do, and if he turns his face toward the foreign field, we will cooperate actively in opening up something suitable for him, and assisting him in making suitable preparation.

If Jim's health is such that it is advisable that he give up his present position, I would be delighted if he could see his way clear to embrace the proposition which I have made him, i.e. to come out to us, and return two years hence via. Europe. We will guarantee all expenses, but no fixed salary. I think there is little doubt that we will return home on furlough two years from this time. Before Dr. Owen's death, we thought we would come after his turn, and that it would be three years from now.

I am sending you a picture of our Mokpo Academy, which is named for Dr. J. S. Watkins. We are very proud of it. I have received many compliments on its construction. It is undoubtedly the best building in the Mission with a moderate cost of construction.

I must close now. Will write to the girls at Bristol next, as they must be lonesome. I am starting out today for a country trip of ten days. Mr. Knox is expected to meet me.

With love from us all, and hoping to hear again soon,

    Affectionately,

        Fairman

May 14, 1909

Mokpo, Korea

(Date and place determined by content of this postal)

Dear Mother,

We are in the midst of moving. I returned a few days ago from the country and decided to get Annie moved and settled at once, before the hot weather and rainy season. Will go to K'ju next Wednesday. I will run out tomorrow and Sunday to a near-by church.

Glad to find a letter from you awaiting me. Have written Jim, urging him to come out here.

This leaves us all well. Annie is feeling the strain of so many boarders, and this influenced me in moving now.

   Hastily &aff'ly,

       F.

Love to one and all. Kisses from the babes.

May 23, 1909
Kwangju, Korea

Dear Mother:

I will take advantage of a little while at the end of this Sabbath Day to send you a line. The week just ended has been a strenuous one for us. On Monday morning we began to pack up our household effects. Tuesday afternoon we loaded them in Korean boats, and on Wednesday came up the river in a sampan with the goods, making the trip in one day, and coming overland to Kwangju on Thursday morning in Mr. Bell's buggy. Friday and Saturday we set up the things, and today were able to enjoy a peaceful Sabbath's rest. That rapid a move would have done credit to one in America even, would it not? We did not worry one bit, and everything got here in fine shape. I used all the Koreans I needed, confining myself to directing them, so was enabled to accomplish a great deal in a short time. Most of our servants had assisted in moving before, so they were a great help.

The Coits are in our house, but as they have very few things as yet, we just moved in and set up. We will occupy the same house for about two weeks until Dr. Wilson's house is completed, when the Coits will move in to that, as they wish to keep house. In the meantime, we are boarding with the single ladies. This arrangement suits Annie perfectly at this time, as she is tired and wishes a little surcease from housekeeping cares. I expect to be absent from home most of the time for the next month.

We found the place in good shape. It is a comfort to be back at Kwangju once more. All the missionaries and the schools and native Christians met us outside the town and gave us a cordial welcome. Today there was a great congregation—the largest I ever saw in Kwangju. Lately the church building has been doubled in size to accommodate the increasing attendance. At Mokpo we have divided the congregation, the women worshiping in the new school building, as the church is too small.

We had a delightful trip up here. Mr McCallie brought us up in his new boat, a present from his father. There was a favorable wind blowing, and we made the trip in nine hours—an unprecedented experience. We thought it might take twenty four hours at least. All our goods came along with us in the other boats, driven by the same wind. Mr. Venable and Miss Martin accompanied us, and the Knoxes met us at Yungpo and went back in the same boat, so we had quite a pleasant gathering at Yungpo, which is the head of navigation on the river. Mr. Curtis, the missionary working (illegible) among the Japanese in Korea, also came up with us. He is a fine man.

You should see your grandchildren now. They are developing fast. Miriam is very precocious, and we cannot realize that she is not six or seven years old. Annie Shannon is running around everywhere and talking some, mostly Korean. She is a beautiful child—Coit said today the prettiest he had ever seen. She reminds me very much of her mother, though a blond.

Mrs. Owen gave birth to a daughter ten days ago—her fourth daughter. She will name it Frances Carrington. It was a disappointment not to have a boy, I think, as she wished to name it for Dr. Owen. Mrs. Logan has been a great help to her.

We hated to leave the Mokpo people. Dr. Forsythe is working too hard, (illegible)

and it is hard to help him (illegible)

just before I left on, desperate surgical case (illegible), the woman died.

I had written Jim urging him to come out to me. Hope he can come and bring Mrs. Wiley.

No more now.

Dear love for all, from us all,

    Lovingly,

        Fairman

June 17, 1909

en route to Kwangju, Korea

My Darling Mother,

It has been two or three weeks since I sent you a letter. Thought I would find time to write while at Mokpo, but was delayed day and night with work, and the procession of Koreans coming to see me on business and pleasure was something like a small Presidential reception. Ought to have sent you some postals, but when I want them, they are never to be found, and I can't get into the postal habit anyhow, though it is pleasant to receive them. On my return from Soonchun, I received the birthday messages from Father and Two, and appreciated them greatly. I want you to get me some sort of little book with dates in it for all the year, and write in it the birthdays of all the family. I know the months, but forget the days and the years, and the book will help me to keep track of the flying years, and to realize that each of the children is not just exactly as they were when I left home. Annie makes a great deal of birthdays, and my mind naturally runs along with hers. I hope everybody will bear with me for awhile on the correspondence line. As long as I am doing the <u>work</u> of <u>two</u> or <u>three</u> men, and have <u>no secretary</u> (in English) it is extremely difficult to do much letter writing, save pure business—and there is a lot of that always waiting. Even when there is a little leisure, often one is so tired that it would be an infliction to send a letter home at that time. I hope, however, the Committee will do better by us and send some more men soon. If Jim comes, I will be able to do 50% more work. I would not wonder if he might not be urged to take the business management of the Mission if he should like it out here, and the climate suits him. I have perfect health and stand up well under the burdens. There is a certain novelty about work in a country like this which never entirely wears off, and, which in some measure compensates for the lack of diversion. It is hard to relax, however, and I feel sometimes like I would give anything just to get off somewhere out of the country where not a soul knew me and I couldn't see a Korean. One of the nerve-racking customs of the country is the formal salutation. This must be gone through with whenever one meets you and it must always be appropriate to the time of day. Now to salute separately and formally each brother in the church some five to ten times a day is in itself a nerve racking and time consuming performance, but a <u>sine qua non</u> of Korean etiquette. When I arrive, each one comes forward and gravely asks me if I have come in peace. In the morning each one comes and asks "Oh, spiritual shepherd, have you slept in peace?" Before breakfast, each one requests me to eat my honorable food, and after breakfast each inquires if I have eaten my worshipful morning's repast. Before and after dinner, the same, and before and after supper, ditto, with appropriate variations. Then at bed-time, each one begs you to sleep in peace. One finally gets so one can go through all this all day, preach two or three times, ride five or ten miles, hold some examinations and conferences, and yet not be entirely worn out at night! One common salutation when one greets you on arrival is "Tangi ossussimmaika?" "Have you travelled and come?" When a well-known friend greets me with this grave question, I sometimes jokingly reply, "On doot hayussamnaida", "I probably have arrived" or something similar. The average Korean Christian is a very adaptable somebody, sees a joke pretty quickly and enjoys it. One of the greatest joys that comes to the missionary is to watch the transformation of character under Gospel influences, and to see the distinctly Christian attitude evolved out of raw heathenism. One year of Christianity sincerely believed works marvellous transformation.

This letter is, I see, rather impersonal and very missionary sounding. As I rarely write that kind, perhaps it will have the spice of variety. I cast it in this form largely because I am writing Mamma Wiley one of my semi-annuals, in which I give some personal items, and ask her to pass it on to you. Am going to lie down now and catch more sleep. Fortunately I am the only first class passenger on the boat tonight, and have the little 6×8 cabin all to myself. I have been away from home two weeks already, and have spent but two days at home in 25 days, so you may imagine how anxious I am to get back. It is one of the greatest hardships of this life out here to be separated from loved ones— even wife and children. It is a wrench every time I leave home—indeed I have to kick myself as well as my like-minded balking Korean pony in order to get away at all, and respect the mental process as long as I am traveling away from Kwangju!

Hope the girls have joined you by now. My love to one and all. Glad to hear such good reports from Rhea. We are longing to see a picture of Mecca, and if you haven't sent it, hope you will send one soon. Am waiting to hear from Jim as to whether he can come. Hope Mrs. Wiley will come in August with Miss Tate, and Jim with them.

With all my love,
  Devotedly your son,
    Fairman

Remember me particularly to the Flinns.

June 23, 1909
Kwangju, Korea

My dear Mother,

This is my first letter to you since we moved back to our own house. I wonder if Fairman wrote you of the ease, comparative of course, with which we made our move. Our goods were loaded on boats at Mokpo Tuesday night and Thursday night they were unloaded from carts at Kwangju—sixty miles away. We came up on Mr. McCallie's sampan, and made a very comfortable trip. Mr. Venable and Miss Martin came up to Yungpo, and Mr. Curtis was with us too, so it was more of a picnic than a move.

Mr. and Mrs. Knox, who had been spending two months or more at Kwangju, met us at YungPo and we all had supper together on the boat. After this farewell feast we went to the Japanese hotel and the others set sail for Mokpo. The biggest tide of the month and a favorable wind explains the ease and rapidity of our move. I wish we could have had a picture of our "fleet"—"Admiral" McCallie's boat in the lead and the four boats of cargo strung along behind.

For the first two weeks we boarded with Misses Knox and Graham as the Coits were keeping house in our house. It was a relief not to have to plan meals, but sometimes it was very inconvenient to take the children out to meals. Cecile (Mrs. Coit) wanted me to board with her, but she had a green cook and was not well herself, so I refused.

It is fine to be settled in our minds, as to where we are to live, but our minds are about the only things settled. We have had paperers, plasterers, carpenters and painters at work ever since we came and many things are still in confusion. Our paper from Swan's is very much admired. Tell Floy that I think my two days spent in selecting it were not wasted.

Fairman says that he has not told you one of the reasons for our moving this time of the year instead of waiting until fall as we might have done. It was principally because I was not feeling equal to being a "landlady" any longer. As I have "expectations" for early in August you can imagine that running a hotel was not very agreeable. I have been very tired and nervous, and it is that fact more than the work I do which has kept me from writing. There is nothing serious the matter. The long strain at Mokpo was just a little more than I needed in a time like this. By being very lazy the rest of the summer, I hope to get thoroughly rested once more.

Fairman is just fussing around his desk now and longing for Jim. I hope he can come. I believe the simple life at Kwangju and the ocean voyages would do him more good than all the doctors and he could feel that he was doing something worth while at the time. Fairman is doing a splendid work and he could do so much more with Jim to help him. He has been at his desk every minute when not talking to Koreans on business.

We enjoy having Rob Coit and his wife in the same station. He is just Fairman's style and I think they will enjoy working together very much. They are living in Dr. Wilson's house now until Mr. Bell can build one for them. Dr. W's New York girl's health failed and she is not coming out.

You have no idea how much we enjoy your letters. It is easy to see from the tone of them that you have been helped by the move to Atlanta. It is good to think of Father doing a big work, being a leader, as he should be. Tell him that we are very proud of him. I hope you can soon find a suitable house so you will not have to be separated from the girls. Be sure to get one with a room for us! We expect to stay with you a long time next time, and it only about two years until our furlough.

It is a shame for you to be missing all the sweetness and charm of these two little girls. Miriam says so many bright things and Annie Shannon is so charming. I have some very good pictures of them, but Mr. Venable has my films and I have not been able to get any prints. They have been wading once lately and both are wild to go again. They went out one day to catch tadpoles and Miriam was much distressed because the boy threw her treasures away. She wanted to see them lose their tails and develop into frogs.

I am going to enclose a list of frames which I wish you or Floy would select for me. Most of our frames are made by the Japanese carpenter and finished in dull black, but it grows monotonous to have everything framed the same way. If you will select something pretty for me, I will be very, very grateful. If you will send the bill to Mr. O. D. Davis, he will pay for it. If Jim does not come, Mamma will bring the frames.

Another request I have to make. Miriam is taking a good deal of interest in her room and I want to make it attractive for her. She is very anxious to have some curtains with pink on them. I wonder if linen scrim with some stencilling in pink would not be very durable. What do you think? Would they be very expensive? It will take only two pairs for the room and they should be about two yards and a half long when finished. If you can get these curtains for me too, I will be very grateful. Miriam is "reading" my letter now saying "Bring some curtains for my pink room, with pink on them." Mr. Davis will pay that bill also.

Monday (June 28)—I could not finish my letter the other day. Now I am waiting for Fairman to come. He went out yesterday morning to preach and hold examinations at two of Dr. Owen's churches.

We are so proud of "B"—I am glad that he wants to be a doctor. He will make a good one, I am sure.

I wrote to Mecca before we left Mokpo. I am glad that you can have them with you.

Give my love to everyone of the family and to Aunt Jennie and Uncle Jim when you write. I would so much rather write letters than clean up trunks and boxes, but my conscience won't let me. If I ever get things straight once more I am going to write stacks of letters.

With much love,

Annie

July 15, 1909
Mokpo, Korea

My dear Father and Mother,

Am now at Mokpo en route to our Annual Meeting of the Mission. Arrived at 3 a.m. Sunday morning, preached Sunday and have been in a whirl of work ever since until today (Thursday). We had all expected to leave yesterday, but the boat has not yet arrived. It is now over 24 hours overdue and there is considerable anxiety as to the cause of the delay. We understand that Mr. and Mrs. Harrison are aboard. The weather has been fine since it left Fusan, so we suppose there has been a breakdown of machinery.

It was hard for me to come away and leave Annie and the children at this time. I am away from home so much that it seems doubly hard not to be able to take them this year to Annual Meeting, which affords them a needed period of recreation and change, and me a good time with them. We do not know just when to expect the new member of the family, but about Aug. 1st, we think. Dr. Wilson and Mrs. Owen are at Kwangju and Miss Cameron, a trained nurse down from Seoul, so I am not uneasy about being away from home now. Expect to be back in ten days. Annie has been well but pretty uncomfortable for the last few weeks. It was exceedingly fortunate that we moved up to Kwangju just when we did, as she was relieved of the burden of running a "boarding house", and has been able to spend a quiet time under very favorable conditions. I had the house fixed up nicely for her before I left, and everything is looking fine. The trees and small fruit are beginning to bear plenty of grapes and blackberries and peaches, some apples this year, also plums. We wish every day that you could see the children. They are pretty and smart as can be, and developing rapidly.

Annie Shannon speaks Korean altogether as yet, except one word "papa", a child out here who hears two languages constantly is always backward about speaking. We have missed our Kodak, but Annie has sent for one. We have some films taken several months ago, but they were lost, and lately found, so hope to send you some pictures soon.

I was surprised and gratified to learn that N. B. had decided to study medicine. None of you had mentioned it. I made him the proposition about coming out here on the understanding that he was undecided as to what to do. On mature reflection, however, I feel that he ought to decide and go on with his education and give up the idea of coming. Am glad that our judgments in the matter coincided and that he has fixed a goal for himself.

Have not heard anything yet from Jim. Hope he may see his way clear to come out. If he is contemplating giving up his present position and has nothing better in sight, the trip out here ought to be an attractive proposition. My work is heavier than at any time I have been on the field, and he would be a great comfort to me. The trip would also build up his health, as well afford him a liberal education. We do not know yet whether Mrs. Wiley will come, either, but we hope to hear favorable and definite news from both soon.

I have lately been at work on Annual Reports and statistics. My work shows a large increase over last year. Will mail you a copy of the report.

We are delighted to note in the papers the success of the mass-meeting for the Hospital in Atlanta. By the way, father told me when we got ready to open up work for lepers out here to let him know. We lately began the work in a small way at Kwangju, and are building a house that will care for about a dozen. Next year we expect to put up a regular Leper hospital, and Father can let me know whether he had any special funds in mind when he spoke to me. We can use about a thousand dollars now. As it is now, these poor lepers are turned loose to wander over the country until death sends them relief. Dr. Wilson is treating them very successfully. By the way, he is supported by the North Ave. Church, Atlanta!

Hope you will remember me especially to the Flinns and Dr. Hull. I remember so many Atlanta people with great pleasure, whose names I would like to call. I recall Dr. Holberby (?) well, and spoke in his church.

How are Rhea and Mecca? We have never yet had a letter from either of them. We had hoped to send something Oriental for a wedding present, but since we could not get away this summer, Annie has about decided to send the money to mother and let her select something over there. We are very proud of N. B. and think he did well to make his degree in the time he did. Glad you all went to his commencement. Davidson is all right, isn't it? Am thinking of adopting North Carolina as my state. In our Reports it is customary to set down one's home address. I have changed mine each time we have moved. It is now Atlanta, Ga., but I am tired of moving so much!

I owe all the girls letters, but hope they will not hold that against me. I want a group picture of them cabin (?) size as soon as I can get it. Guess Floy has decided to be a bachelor maid. If so, I wish she would take a kindergarten course and come out here and establish a school for the children of our station or Mission. It is certain that we will have one before long. We have now nine bright children at Kwangju. The salary will be good, for a three year contract. Tell "Two" that map of Korea she perspired over I had finished and it is doing fine service in our meetings.

The phonograph continues a perpetual joy in our home. Miriam will be big enough to play it before long, and that will suit her exactly. I want Jim to bring me out some new records if he comes, including some classical pieces. I have gotten some records since the original ones were brought out, but few can touch the ones we selected in Bristol, most of which are still in use.

Later (July 17)—The boat has not come yet, and is over two days overdue. We are anxiously awaiting some tidings. No home letters from home for some time—there ought to be a mail on this boat.

With a heart full of love for you both and each of the family,

Lovingly your son,

Fairman

Aug. 9, 1909
Kwangju, Korea

My darling Mother:

In spite of all my good intentions, it has been three weeks, I know, since I sent you a real letter, our Annual meeting intervening. While I was away, however, Annie sent you a letter she says, so that is better anyway. I have been back a week now, and have been religiously doing nothing but enjoy; my family, incidentally receiving the inevitable swarm of Koreans daily, and getting the place further fixed up. I have been away from home so much since our move to Kwangju, that we have not yet got things in shape. You see, out here there are so many things the Korean can't do about the house, that must perforce await my leisure.

One of the things that we have been amusing ourselves with is putting up a telephone line between our houses. The instruments arrived recently from America, and day before yesterday we installed the system. It works beautifully, and we have kept the line jingling ever since. As all the houses are now on one circuit, a general ring will bring everybody to the phone and a conference can be held, or a general notice given. No more bother now about notes! I am also re-installing my electric bell system, which was badly torn up in my absence, so that also this will be a great convenience. You have no idea what a home-like touch these things give the place. The Mission, at its last meeting, approved the idea of connecting all our Stations by the government telephone, and I have no doubt that this will be granted and we will be in direct connection before the end of the year.

I got back home last Monday morning, and found everybody well. The children are growing rapidly, and keep their mother fairly on the jump. I would give anything if you could see Annie Shannon now. She is the cutest thing in the way of a baby I ever saw. She is making a tremendous effort to talk these days, and has a strange mixture of Korean and English words. I hope we will be able to send some kodak pictures of her soon, as well as of Miriam. They play together nicely.

Annie is fairly well. We have had a very peculiar summer, very dry and hot. Reminds me a great deal of our home summers. In the section extending from here to Mokpo and also in other directions, not enough rain has fallen to enable the Koreans to plant their rice, and consequently there will be a local famine, we fear. In other directions, there has been enough rain, thus far, to make the rice crop, so the distress will not be general, fortunately. At present, money is very scarce in Korea, due partly to the rapid withdrawal of the old debased currency, with not enough new money to take its place, and partly to the demoralization of trade caused by the roaming bands of insurgents, and partly to the influence of the panic in America, which made itself felt to the ends of the earth. What I started out to say in the beginning of this paragraph, however, was that Annie has suffered a great deal, in her condition, with the heat, and she has been miserable with indigestion. We are fortunate to have with us Miss Cameron, a trained nurse of the Northern Presbyterian Mission, who is making herself generally useful about the house. I expect to stay at home constantly now, until Annie is up and strong again, and I can't feel much sorry that I will miss our Presbytery meeting the first part of Sept. However, Annie ought to get away from home at some time, and I am planning to take her and the children to Seoul in October to attend the Alexander-Chapman meetings which will be held Oct. 10~16th. This will be a precious privilege to us missionaries, to which we eagerly look forward.

We had a sizzling time at Annual Meeting. I was Sec'y, and worked hard on the Committees, and was glad to get through with it. At these annual meetings, we discuss and lay our plans for the coming year, so it is a most important time for us, all and woe betide him who does not plan in advance!

The most important decision affecting me was that to move Mr. and Mr. Harrison to Mokpo. Mr. Harrison, you will recall, married Linnie Davis, and last fall he was married to a Miss Edmonds, a trained nurse from Canada, who nursed Annie at the time of Miriam's birth—a most admirable woman. This move relieves me of the responsibility of the building operations at Mokpo, and of two whole counties that I had agreed to work until the Station could get on its feet, and it is a tremendous relief. I hope that Mr. Harrison will fit into the work nicely; certainly it relieves our minds to have a man there of so many years' experience. Mrs. Knox is an invalid, and Mr. Knox has in consequence been so handicapped in study that he has not yet the language. Mr. McCallie has the language better, but he has the island work and is absent from the Station most of the time. There were some other shifts. Mr. Venable was moved to Kunsan for a year, so that he would have more time to study, and Miss Cordell, the Chunju trained nurse, was transferred to Mokpo to help Dr. Forsythe, who is working himself to death. Dr. Birdman, who you recall, was transferred from Mokpo to Chunju last fall, has resigned from the Mission, at least for his sake we are announcing it that way, so this leaves Chunju without a Doctor. Dr. Daniel, you know, is now in America, so Kunsan, the neighboring Station, has no Doctor except Dr. Oh, the young Korean who was educated by Dr. Alexander in America. We are very thankful that we are so blessed in Dr. Wilson, who is one of the finest characters I have ever known. He reminds me so much of dear Uncle Bob. And, by the way, Rob Coit's wife, who was a Miss Woods of Meridian, Miss., reminds me all the time of Aunt Jennie Preston (illegible)

I had a letter recently from Jim, which was very vague and unsatisfactory. I can't make out from it whether he wants to come out or not. I note what you write about N. B. Am very glad now that I wrote to him as I did; for though at the time I had no intimation that he had decided to study medicine, yet the more I thought of it, the more I felt that a trip out here at this time would not be the best thing for his career. If Jim does not come out this fall, I think Annie would like to help N. B. along with his Medical education, as we are very proud of the way he has studied in the last two years. Now that I am relieved of Mokpo, I do not need help so acutely as I did, but still we are asking Jim to come out for the sake of his health, and because it would be a rare privilege to have him in our home. However, if this trip is to interfere in anyway with his career, we do not want him to undertake it. You all can talk it over with him. Mrs. Wiley writes as if she would not come out this fall.

We enjoyed a letter from "Two" recently. She writes so charmingly." She and Floy and Janef will have to be content with this family letter from me for awhile. Glad to hear such good reports from Rhea. He has our prayers and sympathy in his upward struggle. He has certainly every incentive now to lead a straight life. We are so pleased with the little picture of Mecca, and also of your self and Two. You are looking fine. We must try to send little kodaks frequently. I used to do a good deal of this kind of work, but since I came back to Korea have been on such a tear at Mokpo that almost all the little conventionalities of life have gone by the board.

I have recently had an improved brass finger bowl made here, which is so much better looking than the ones I sent you that I am laying in ten for you, to be sent in at first opportunity. I am also laying by, from time to time, some pieces of brass for you. The ancient brass has about disappeared, but the Koreans are constantly turning out new work that looks fine to us.

Our phonograph is a constant source of delight in the home. Cameron Johnson sent us out a lot of new records and blanks. When we come home, we will bring all the Korean records back with us, so that you will be treated to Korean music at first hand! If you have a chance, I want you to pick me out about dozen Gold Moulded Edison Records, and send them out by some outgoing missionary to Korea. We have little or no classical or Grand Opera records, and we want some, even if they do cost seventy-five cents.

I will write a letter direct to father soon. It has been a long time since we passed letters direct. "Puddin" is such a news-gatherer that, naturally, she is a good news distributor, too! I am going to turn over a new leaf on the letter writing business from now on, as witness this long letter, which makes up in some measure for my long silence.

With bushels of love all around, and kisses from your little grandchildren the sweetest you have, in all of which Annie joins,

    Affectionately,

           Fairman

Aug. 23, 1909

Monday

Kwangju, Korea

Dear Father and Mother:

We are all excitement today over the advent, last night, of a son into our home. He is a bouncing boy of 10 1/2 pounds, dark eyes and hair, a lusty voice, which he uses freely, and a Senator-like expression which closely resembles the pictures we have seen of President Taft. That we are all intensely pleased that it is a boy goes without saying. The Koreans are also greatly pleased, our family servants particularly so. Little Miriam has been praying for weeks for a little brother, and says "God is the best man; I am going to give Him some cake." It is all one to Annie Shannon whether it is a boy or a girl, but she has forgotten "Gitty" (as she calls the cat) in the all-absorbing theme of the "aggi" (baby). She does speak such a queer mixture of English and Korean.

Everything went perfectly normal, and today at 9 P.M. both mother and child are doing finely. The labor was only half an hour. I attended the Korean services, leaving the house at 7:30, Annie leaving at the same time to attend the English service next door at Mrs Owen's. When I returned at 9:20 the babe had arrived, in such short order that the Doctor barely arrived in time, having been summoned from his home by telephone. Dr. Wilson is a lovely man and a splendid Doctor. He reminds me constantly of Uncle Bob. We call him "Uncle B," a name given him by Miriam, because he reminded her of N.B.. Miss Cameron, a trained nurse of the Presbyterian Mission, North, is taking splendid care of Annie, so you see she is in good hands.

Annie insists that the baby shall be named for me. I consent on the ground that it's my grandfather's name, and I would like to see it handed on down. God grant that it may be handed down as untarnished as it was received! A good birth and a good name, I take it, constitute the best heritage that a child can receive. Certainly it is a proud moment for me. I cannot help, at this time, thinking constantly of little Rhea. He was just such a strong, lusty little chap as this baby, at first. He is none the less real to me because he has gone before, or because he was so short a time with us. I doubt not that, at the end of a few cycles, there will be little distinguishable difference in the development of a babe translated to heaven and one translated after years of growth here below.

(illegible)

Since coming back from Annual Meeting I have been staying strictly at home, and taking it easy, working in the garden, pottering around the house, reading some, and trying to do nothing most of the time. This sort of a vacation seems to suit me better than any I ever tried. The days are flying by very fast, and I will have to get down to business before very long. I forgot to say that one week of the time above referred to was spent in our Helpers' Class, which met here recently, dispersing last Wednesday. It was the most successful we have ever conducted. Delegates were present from all over the Province.

I note that Father's address is Bristol, Va. for the summer. Isn't it a shame that the whiskey people got back into power there? Wish father could have come up sooner and thrown the weight of his influence against them. However, the radical weakness of the temperance movement is the tolerance in the churches of those who drink and who do worse—put the bottle to their neighbor's lips. While you are in Bristol, Father, I hope you will urge upon all the Pastors the necessity of dealing, in the way of discipline, with all Church members who are deriving revenue from, or are engaged in the whiskey business, or who drink.

Let such men take their choice between church fellowship and doing the devil's business. If the churches are not unfaithful in the matter of discipline at this juncture, I venture that whiskey can be driven out in the near future. If they are derelict, the evil is permanently entrenched. In Korea, we will not tolerate in the Church a man who drinks or who engages in the liquor business, even beer. In this way we have not nearly so many members, but a much stronger church.

I noticed in the papers that the nurses at the Hospital had gone on strike. Hope this did not cause Father any great amount of worry. I do not understand just what relation he occupies to the Hospital, and whether he has anything to do with the management of the details of its workings. I suppose not, and that he is only financing it.

We hope to erect a small hospital here next year, to cost, with equipment, about $7,000.00. Our Dr. Wilson has been appointed by the Mission to examine the other medical plants in Korea and report at once on the most suitable style of building adapted to our work. It occurs to him that perhaps, when you move into your new building there will be a lot of Hospital equipment that you will be willing to dispose of cheaply, in order to have new equipment for your new Hospital. In that case, be sure to let me know, as it would perhaps pay to have it shipped by way of Savannah (water route) to New York, and thence via. Suez to Mokpo.

I took some snap-shots the other day of the children with Mr. Venable's camera. Hope they will turn out well. If they do, will send you some pictures.

Must close now. Hope this finds you all well and happy. Annie joins me in love for you all, and the children send hugs and kisses. Give my love to all the Bristol kin when you see them, and to all inquiring friends.

    Affectionately your son,

              Fairman

Sept. 6, 1909
Kwangju, Korea

My darling Mother:

I let last week slip by, before I knew it, without getting off a letter to you. I was at home all the time, too, but with the opening of the schools, of which I have the oversight, and the charge of the local work in Mr. Bell's absence, to say nothing of the care of the household now, I find the days pretty crowded.

Well, little John F. Jr., is thriving, and causing his voice to be heard in the land. He is a fine, large boy. Has been suffering a good deal with colic, but we hope when his mother gets up and about this will pass. Annie sat up in bed Friday, and on Sunday she was rolled out to the Dining Room for dinner, and has been rolled out for her meals since. She is looking fine, and will soon be strong again. As usual, she has plenty of "dinner" for the baby. I think the baby will look more like Miriam than Annie Shannon, though it is hard to say, now, just what he will be like. He will have to hustle, though, to equal his sisters in good looks. I have been enjoying my family immensely during the last month, an uninterrupted stay at home. Our enjoyment is constantly mingled with regrets that you home-folks cannot enjoy the dear children with us. The girls are both so bright and smart and pretty that, were it not for the fact that their vivacity keeps everybody in their neighborhood on the jump and constantly screwed up to a high nervous tension, it would be easy to become an idol worshiper. Needless to say that occasionally it becomes necessary to turn iconoclast!

Our schools here opened up very well, indeed. The Boys' School has enrolled sixty-five and the Girls' School forty-five already. We have no buildings yet, and are improvising the first buildings that were erected at Kwangju, and occupied at first by the Bells, Owens and ourselves. They are much too small for school buildings, but out here we do the best we can. We do not need a great deal of equipment in the way of buildings, but at present we haven't anything except a few residences. I think that the Laymen's Movement will make possible some substantial buildings by next year. The Girls' School has already been provided by a lady at Asheville—$5,000. We are educating several bright boys and girls in the schools. It is the next generation or two that will be the hope of this country, I think. The problem of education is such a great one that one is tempted to go into educational work exclusively. Then a little contact with the medical work (and I have had more to do with it than any other evangelist in our Mission) opens up such vistas of need and opportunity that one wishes he had studied medicine. And so on, all around, one constantly wishes that he could be several persons in order to do all the work that looms up all around undone. Men's souls come first, though, and whatever we do out here must all tell for the one great end of the salvation of the people.

We find that we will probably not be able to go to Seoul for the Alexander-Chapman meetings as we had hoped. As yet, we have not succeeded in finding a place of entertainment, and furthermore, the work is piling up so fast down here as to make it seem difficult to get off in October. Hope to hear some news of the Bristol. How is Carol and family, and Uncle Jim and Aunt Jennie and Aunt Ella and her children?

[handwriting]

My love for every one of you. Will write the girls soon. (illegible) (illegible) spend this summer (illegible) seems no longer (illegible) a day.

      Lovingly,

           Fairman

Sept. 20, 1909
Kwangju, Korea

My dear Mother,

There are so many things that I want to tell you about your grandson that I do not know where to begin. We don't know who he is like and can't decide what color his eyes are, though he keeps them wide open much of the time. I believe he will be like Miriam. He is thoroughly alive and no one can believe that he is only one month old. He holds his head up and looks around on the world with interest. All the Koreans are enthusiastic about him. Isn't it fortunate for Fairman's reputation that he has a son? A woman told me this morning that we had received a great blessing because we had a boy baby. I want them to know that I consider my girls blessings too!

I was so fortunate in my doctor and nurse. Both are of the highest order. We just asked Miss Cameron to stay with us until the baby was three weeks old, but she continued her attentions to us just about the same after her three weeks were out. Last Tuesday afternoon, she was called to Mrs. Coit. Tuesday night a fine little boy arrived down there. I did not go down until yesterday as Miss Cameron begged me to keep off my feet. Yesterday afternoon I went down with all my family to call on the new baby. Cecile predicts many "scraps" between these two boys and that John F. will always be the victor (because) he is so active and her baby is so sleepy.

Oct. 7.

This letter has been laid aside to mellow! My days are so full that I am too tired and stupid to collect my thoughts much less write them down.

We are entertaining a bride and groom now. Mr. Venable told us just before he went to Japan to meet his cousin Miss Jones that she would probably be a "connection by marriage" by the time we met her. He did not confide in many members of the Mission, so when he returned with a wife most people were amazed. They are spending part of their honeymoon with us and seem to be enjoying it! She is very bright and attractive and suits him exactly. We gave them a wedding dinner last Thursday night. Miss Bess Knox and I had lots of fun getting ready for it. The house looked very festive with white cosmos and asparagus.

We had our hopes set on having a wedding ceremony here this week or next and my head was full of plans for it, but the American Consul's representative is so slow about coming that the bride and groom—Dr. Wilson and Miss Knox—have decided to go on to Seoul and have the knot tied there. Probably Fairman will go along to perform the ceremony and attend the Chapman meetings. I was feeling so disappointed about his missing those meetings but he refused to go unless I would and I did not have the courage to attempt it. I don't believe I'll ever go anywhere again until we go to America.

We have a nice new buggy with a jump seat and had a lovely drive this afternoon—the bride and groom, Fairman and I and Miriam and Annie Shannon. The Bells went along in their buggy and Henry and Mr. Coit went on horseback so we had quite a procession for Kwangju.

Have you heard of Fairman's horse trade? He wanted to buy a colt for Miriam and the word got out in the neighborhood. There were numerous colts brought around for inspection. One day a man brought a nice little brown colt and offered him for five yen ($2.50). Fairman decided to buy and our cook came in and suggested that he buy the mare too, as the man would sell both for thirteen yen ($6.50). How is that for a trade? Fairman bought both but will probably let the cook have the horse.

I was so glad to get your letter this afternoon. I am so sorry that the plans for the Hospital could not be carried out now. I hope that you can live in Atlanta.

Oct. 10.

Before Annie had a chance to finish this letter, I left for Seoul on the mission she refers to, and she suggested that I take the letter and add a postscript. I left yesterday afternoon at 3 o'clock, and in company with Mr. & Mrs. Bell, Dr. Wilson and Miss Knox and Miss Graham, spent all night on the river launch. We were disappointed in catching a boat north, so decided to come on a boat via Masanpho (near Fusan) and thence by rail to Seoul. We left Mokpo at noon, and so far have had a smooth, pleasant voyage. My coming was quite unexpected, and the decision was made rather under pressure, as both the contracting parties seemed so anxious to have me with them, and they are such close personal friends that I could not well refuse. I had expected, as you know, to come up anyhow, and bring Annie, but the outbreak of cholera decided us definitely to give up the trip; and while there are now only a few cases, still we would not with the children, who are so much more liable to infection. It is very little pleasure for me to be going alone. I had a thousand times rather be at home with Annie and the children, especially as I must be away so much. We have three as attractive children as you ever saw, and so active that Annie is put to it to keep up with them. Since she came to Kwangju she has not been able to do much else but look after her household and entertain the crowds of sightseers that come almost daily. We are eagerly looking forward to our home-going. I think now there is little doubt that we will leave here in the early spring of 1911, coming via Europe (Suez Canal). This will be definitely arranged for by our next Annual Meeting in August next. This meeting, by-the-way, will be held at Kwangju.

We feel very much disturbed at the outcome of the Atlanta Hospital scheme. Hope that something else more attractive will present itself soon. Atlanta is an attractive place to live, but unless Father has something definite down there to do, I can't see that it would be an advantage to move. It would be a decided disadvantage to leave his Bristol property unless he sold advantageously.

Tell Floy I will write in a few days, enclosing a list of names to whom she may mail the Reports I directed sent her.

With dear love to you one and all,
    Lovingly,
        Fairman

Nov. 8, 1909
328 S. Church St. Salisbury, N.C.

My dear Mrs. Preston,

The box, by express, came last week but I have not seen it yet as it was delivered "up home" and I am still at Miriam's. I am told that it is quite large. If it is packed securely enough for the long trip had I not better just send it on as it is?

Annie advised me to send to Montgomery Ward & Co. and I wrote them about it—have letter from them today. I don't know when I will have my box ready. I became so discouraged after my box for Miss Tate, with the little silk bonnets and crocheted caps went astray that I felt as if I would not make any further attempts to send anything except by parcel post. I have sent several things that way and intend sending more.

The little caps were sent "out" from this Express Office on the 18th of Sept. and have not been heard from since—Isn't it provoking?

Montgomery Ward & Co. requires a list of contents of box and value of same sent them. So please forward this to me as soon as you can. Had I better take the box of Christmas things out of the box and send by parcel post? They would go quicker that way, I suppose. That will also require a list of contents and value "for customs purposes". I am going to try sending a dress that way.

I hope that I can get Dr. Daniel to get the Kodak that Annie wrote for & mentioned it in a letter to Mrs. D. but have heard nothing from them. Miss Kestler wrote me that the Daniels expected to go out on the first steamer after Jan'y 10.

I am writing so hurriedly that I fear it will hardly be legible. Miriam is having sick children and I can be of some assistance to her. I only write today that I may have your list as soon as possible so that their things can be started on their long journey.

This family has been greatly blessed with health for many months. Last week (illegible) had a case of ulcerated tonsils. This week Marion has sore throat and as there are some cases of diphtheria in town we cannot but feel anxious. He was taken with a chill yesterday afternoon and has high fever since. Our Dr. said he would be able to tell by this afternoon just what it is. His tonsils are much inflamed and I hope it is nothing worse than tonsillitis. Do you know that John Coit's little boy died with diphtheria a few weeks ago? He was here with the grandmother—had been ill all summer from teething.

I am using the lemon remedy for my rheumatism and am very much improved.

Marion returned to N.Y. last week.

I hear from our missionaries through the Coit's letters. Annie wrote me when her baby was two weeks old. I did not hear again for three weeks and supposed that she was wrestling with a colicy baby as Mrs. Rob Coit had written that John Fairman Jr. was having colic, but a letter from A received last week reports good times they were having with Mr. Venable and his bride, and the new buggy.

What is Floy doing with herself these days? Has she given up all idea of going to Korea? It is hard for me to reconcile myself to the idea of never seeing that "Land of Morning Calm" again. I am afraid it is not going to be so "calm" now. I saw that the Japs would take more strenuous measures with the Koreans since the assassination of Ito.

Kindest regards for Dr. Preston and much love for the girls, & N. B. if he will accept it.

   Affectionately,

     M. C. Wiley

Nov. 18, 1909
Kwangju, Korea

My darling Mother:

I feel conscience-stricken when I reflect what a time it has been since I sent you a letter—the last being one enclosed with Annie's, and mailed en route to Seoul on Oct. 9th. It does not seem long since I wrote, but I am astonished to see what a time has elapsed. Needless to say, I have been on a grand tear the whole time, away from home most of the time, and farther behind with my work than at any time in recent years.

As you know, we had given up the Seoul trip, on account of the cholera out-break; but at the earnest solicitation of Dr. Wilson, I suddenly consented to go and perform the ceremony. It was a hard trip, and I took cold and dragged around the whole time, missing many of the Chapman meetings, but managed to officiate at the wedding. The meetings did a world of good, stimulating the missionaries and reaching the whole city as far as it was possible to do in five days. Dr. Chapman was taken sick with threatened apoplexy and was compelled to cease speaking after two days, but he rallied enough to speak on the last (Thurs) night, and it was worth the whole trip. On our return, we stopped at Kunsan, where we had a conference of our Mission and decided on a great forward movement along evangelistic lines for the present year, co-operating with a similar one for all Korea in all the churches. "A million souls for Jesus this year" is the watch-word which is being rung out everywhere, and it is our purpose to enlist every Christian in the country in the movement. We are organizing them into bands of ten, each member covenanting: 1, To pray definitely for twelve individuals; 2, To carry a Testament always, read a chapter daily, and distribute it as able; and 3, To speak to at least one soul daily about Jesus. I got back a few days ago from a tour of ten days to the South-east, teaching ten churches and riding nearly three hundred miles. Had several helpers with me, and preached every day, generally twice daily. This is the territory in which we hope to open up a new station. At Soonchun when we arrived it was market day. Taking my helpers I went into the market and we divided up and preached to the hundreds there assembled, distributing tracts and selling Gospels (sold forty four in two hours). I never saw the fields so white unto the harvest, and it appalls me to think that Mr. Bell and I are the only ones at work in this vast field of nearly a million souls.

We have been appealing and imploring the Ex. Com. to do something, but we get only cold and discouraging replies, and we are all so disgusted that we have about decided to quit wasting our time, that ought to go into the work here, writing to the Com. We have not heard of a single evangelist that is coming to us this year, the only one promised having been sent elsewhere.

I used to fret and worry and chafe a great deal about the innocuous desuetude of Nashville, but I have decided to let the Lord run affairs at home, and I will try to do the best I can out here with what He allows us, and wait patiently for His leading. Somebody—not we missionaries, I hope—is going to bear a mighty heavy responsibility for not seizing present opportunities and for not being obedient to the Providential Leadings, and the blood of these souls will rest where it belongs. I am convinced that the Church will accomplish little without better leadership.

I am off to the country again tomorrow, and am leaving work piled up, unfinished. So it goes. I think I feel less capable of turning off work than formerly. It is harder to get down to business at my desk and study. Don't know whether it is growing years, triflingness, or the Eastern atmosphere. Perhaps a little of all.

I was disappointed that Jim decided not to come. He said that he had intended coming, but heard nothing from me. Jim wrote so uncertainly and indefinitely, that we did not know what to write him. I had taken up the notion, from the way he wrote, that he was engaged, and did not want to leave his girl, until a subsequent letter made it plain that he would come. I replied to that promptly, urging him to come. I have been very diffident about writing either Jim or N. B., as I feared that a trip out here might interfere with their plans for the future, and it is manifestly impossible for us to pay any thing like a salary. We will have to have a teacher some day for the children, but hope to combine with others in the Station.

We are looking forward now with eager expectancy to our furlough, which falls due in just a year and a half. Think of it! You will not know the interesting family on this side. Little John Fairman is growing rapidly, and is a fine looking boy. I believe Annie is fonder of him than she has been of any baby yet; but then she has had more to do with him. But the others are each the sweetest, too, each in a peculiar and individual way. I lament often that you are missing so much of your grandchildren at a most fascinating period. Annie is as busy as the Old Woman in the Shoe. What with three little children, the servants, and Koreans, to say nothing of a husband to take care of, she is leading the strenuous life. I wish Floy would take a notion to come on out here and help her and make her home with us. I believe she cares for society just little enough to enjoy these solitudes—which are solitudes only for the one who doesn't understand Korean!

I suppose you all saw the accounts of the assassination of Prince Ito. It was certainly a most dreadful and unfortunate incident. Such Koreans are the worst enemies of their country. Nothing but the Gospel of Christ can harmonize the two races and bring peace to this unhappy land.

This letter will reach you all before Christmas. I hope to write you all a special Xmas letter on my return. Annie and I must be getting our heads together on Christmas matters. One must look so far ahead out here!

I am sorry to hear that Rhea is so harassed about his debts. One consolation he has which his creditors have not, is that he has no home to sacrifice. I think he ought to resolve to pay back his debts, but I do not see that he should worry over what can't be helped—his creditors are the ones who ought to worry about it! I think Father is right in not borrowing money to pay such debts, and I would hope that his wife would not take any little property she might have and apply it that way. The main thing is to try to keep him from pursuing the course he has followed for the last ten years and contract more debts; for I believe that even if he had a clean slate to start on now, it would not be six months before he would have the same old trouble. You mention the stamp collection. I could wish that this souvenir of our boyhood could be kept; but if a substantial sum can be realized for it and the amount turned over to Rhea's wife to help fix up the home, I would be greatly pleased. As for Shea's creditors, I have no sympathy for them, for I think they were blameworthy, and big fools, for ever letting him have things on credit, and they deserve to lose all.

I must close now. You are all often in my thoughts. I hope that you will all make your lives tell for Christ, in active service for others. It is the only way to keep happy and healthy Christians. Wonder how Father liked the *World's Work* I sent him this year? Fear he did not care for it, as I have not heard him mention it. It is an independent periodical, and at times too earthly, but I am very fond of it.

I fully intended to send Uncle Jim something nice last Christmas, but in the rush of work it was not attended to. Hope to do better this year. Give him and Aunt Jennie my special love. Hope Aunt Ella is getting on nicely.

With love for you each and every one, and promising to try to do better in the future,

  Affectionately,

    Fairman

Dec. 2, 1909
Kwangju, Korea

My dear Mother,

Fairman is very much afraid that my last letter to you was lost as he mailed it on his way to Seoul, at the same time mailing one to me. I never received his and he is afraid both letters went astray. We probably lose a good many. We did not receive any letters from Rhea and Mecca, and one of Jim's letters must have gone astray.

Fairman came back Sunday afternoon from an eight days trip and left yesterday for two weeks. Of course his work was stacked up on his desk and I do not think he wrote a single personal letter. The men—foreign and native—come in streams to see him and we had Miss Martin here on a little visit at that time. He went off regretting that he could not get off a letter to you for Christmas.

We sent five bowls to you by parcel post. I hope that you will receive them in good shape and like them. They are Korean manufacture of course. Miriam sent Janef a little teapot, not nearly as pretty as we could have gotten at Mokpo. Miriam has a lot of dishes and amuses herself and Annie Shannon with them. I would like to have a little china closet made for her Christmas present, but am afraid I will have to wait until I go to Mokpo.

I ordered a fan for "2" from Kobe. I hope it will be all right, but of course I cannot select it myself. I have found Mr. Matsumoto very satisfactory, however. You would be amused at his notes.

For Father and Jim and "B" we called on Montgomery Ward—some slippers for Father like some Fairman has—a knife and tool kit for "B". Fairman is going to have one like that too. He ordered a pocketbook for Jim and a sweater for Uncle Jim. All these things were to be sent to Father's address. Please accept these little remembrances with very, very much love. I am ordering the *Garden Magazine* for Floy and we sent a Korean mat to Aunt Jennie. I think these mats make pretty covers for porch cushions.

Thank you so much for getting the curtains and frames for me. I hope you have already sent the bill to Mr. Davis and received the money from him.

The children are all well. Mrs. Owen was remarking on their healthy appearance today. We cannot decide who the boy looks like. He is a regular boy, no one could mistake him for a girl. He has a brown spot in one eye and I suppose both eyes intend to be brown some day. He is very cheerful and bright. I have ordered some pictures of the children to send to you. They were taken at Mokpo last spring and the girls have both grown a great deal since then.

I wish you had some of my servants. Your trouble is having too few, and my trouble is having too many. Don't tell it to those who think missionaries live in too great luxury, but we have two women, four men and two little boys who work outside school hours. It nearly runs me distracted having so many to direct. They are slow and get so little done.

We are having a "Workers Class" now for the women who wish to do preaching and teaching. I am teaching New Testament Geography and it takes a lot of time to prepare and teach the lesson. I sat up last night preparing for today and planning ahead and then the children kept me awake I am very sleepy tonight. You have probably discovered that fact already. My letters are so rare that I would like to make them extra good, but I cannot do it. Before spring I hope to catch up a little bit with my correspondence and maybe I can write with some peace of mind then. Now the thought of a whole drawer full of unanswered letters haunts me so that I cannot write a decent letter.

We had Thanksgiving dinner with the bride and groom—Dr. and Mrs. Wilson. She is a very fine housekeeper and loves to entertain. We expect to entertain the station at Christmas. If our grocery order does not come it will be difficult to get up a dinner. Dr. Wilson is expecting to go on a big hunt the fifteenth and begged Fairman to go too, but Fairman cannot get off that soon. The American Consul will probably be in the party and a doctor from the Northern Presbyterian Mission.

We are rejoicing in the arrival of Miss McQueen, another North Carolinian for Kwangju.

Fairman and I have intended sending Rhea and Mecca a check ever since they were married, but we have just neglected it. As I do not know their address, I enclose it to you. Will you please send it on to them with our love and best wishes.

Love for all around the family circle and Aunt Jennie and Uncle Jim too.

    Affectionately,

                  Annie

Dec. 6, 1909
328 S. Church St. Salisbury, N.C.

My dear Mrs. Preston,

There seems to be no end of trouble in getting things off to our missionaries. Twice Annie mentioned my sending packages to Montgomery Ward & Co. to be forwarded to them, so week before last Sam sent off the box by Express. I had never seen it. Hearing nothing from it, I was beginning to feel a little uneasy when the enclosed letter came this morning. I suppose you can easily give the value on the curtains and records. Can you not give an estimate on the contents of the Christmas box? It seems that something must be given.

The "package" referred to is a hammock that Annie had sent to me from the factory last summer. I have no way of ascertaining the value I have asked M. W. & Co. to place value on it—they deal in such things. You see they ask for an answer by return mail.

I have been suffering greatly the past week with the rheumatism in my breast. It has weakened me greatly. Today is my first day free from pain in a long while. Nettleton was released from his confinement today and the room is being thoroughly disinfected. Marion has a week longer of imprisonment. The little fellows have stood it well. Fortunately there are none of the dread after effects so far.

I don't know whether I have written you since Miriam's affliction—facial paralysis. A week ago last Saturday, her birthday, she came to breakfast with her face drawn on one side. It is very disfiguring and annoying. She cannot close her left eye. The doctor says it may last six weeks! However, Eleanor Watson is more comforting. She had an attack one summer and it lasted two or three weeks. M says she thinks hers has been "a house of Jobs". She is fortunate in not having more fever cases.

Annie commences now to write of my going to her "next year". She has no idea what a wreck I am. Over six months of rheumatism is enough to pull down a younger person than her mother.

I would like to fill the sheet but writing tires me and that brings on the pain in my breast. I imagine that my old enemy has a grip on my heart now.

Such lovely weather we have been having. Poor Miriam has been confined for so long. I do hope that the worst is over now. She sends her love and says that she will write sometime, when her eyes get stronger. Her little Robert is a darling. I have been cut off from him for something over two weeks, as I have been staying in the room with Nettleton. My good, faithful, helpful friend, Mrs. Colville, has been with us two weeks. Such a help and such a comfort.

I hope that you are all well. Will you have a family reunion at Christmas?

Love and best wishes for all, including Mrs. Newman. Sam thinks that I will <u>sometime</u> get the box with the little caps which I started on its way to Miss Tate in August!

Affectionately,

Miriam C. Wiley

Dec. 20, 1909
328 S. Church St. Salisbury, N.C.

My dear Mrs. Preston,

Yours was received on Saturday. As it had been so long since you heard from those children of ours, I am sending on my latest. I had a postal from A. last week saying that she had "been so busy enjoying the bride and groom" that week that she had no time for writing letters. The wedding referred to in the letter was that of Dr. Wilson and Miss Bess Knox. Before that the station had been doing its best for Mr. Venable and his bride.

Sadie Daniel writes me that they will not be going out in Jan'y, not before summer, so I am thwarted again about sending out the little caps and Annie's crepe de chine waist. The caps did, actually, come to hand at last.

In a little Korean paper—"The Korea Mission Field" which came to me this morning, I see the notices of the deaths of three of my missionary friends. Wasn't it dreadful about the death of Dr. David Stuart at Soochow?

We are all better here, but I continue very weak.

Best wishes for all,

    Affectionately,

        M. C. Wiley

So glad that you wrote to Montgomery Ward & Co.

Dec. 29, 1909
Kwangju, Korea

Dear Father and Mother:

I was disappointed in getting home that letter for Christmas that I purposed, and this month has slipped by, to my chagrin, with it still in the air. I will try not to let this family characteristic reassert itself so strongly again.

To go back, I finished up my fall campaign last week, with a week's Class at an important center ten miles distant. Previous to that, I had been on a big trip fifty miles to the South, where I held a week's Class and visited half a dozen churches. And Previous to that one, I had been on a ten days' trip in a neighboring county, visiting seven churches, and holding examinations. These latter churches were practically the only ones where I have held examinations this fall, all my work having been aimed at preaching and teaching, organizing, etc. The work is in a satisfactory condition, for the most part. On the last mentioned trip, I baptized one hundred and twenty one, and received a hundred and fifty catechumens. All these trips were practically continuous, so that I have been away from home almost constantly.

Just before Christmas, I went with Dr. Wilson on a two days' hunt, and enjoyed it immensely—even more than last year. We made it strictly a pheasant hunt this time, bagging in all forty five pheasants. (the two of us) and incidentally two geese, two ducks and a few pigeons. We pretty equally divided the shooting honors. Our dogs did beautifully, not only finding and setting the birds, but retrieving them after we shot. Needless to say, the whole Station is feasting on pheasant during the holidays. I think there is no more delicate meat to be had. Annie entertained the Station at Christmas dinner, and we had four large cock pheasants browned to a turn, but the breasts of three were more than sufficient for the company.

You can imagine how much I am enjoying the holidays—just being at home with my family. I will not take any more prolonged trips now until the middle of March, except ten days in the Mokpo General Bible Class in Feb. I also have a week's Class in the country the middle of Jan, and must take a trip to Chunju Jan 12th., on Committee business.

We had a quiet Christmas, as usual. It being our time to entertain, we had the Christmas tree for all the Station in our home, everybody in the Station, hanging their gifts to each other on it. The children all had a big time, of course. Last evening, the Bells and Wilsons came up, and we read "Mr. Opp" together. This is the extent of our festivities, so far.

We have thought of you all so often during these days. How you would enjoy the youngsters! They are more interesting than ever. Ours is an independent, energetic brood, and they keep their parents on the jump. In my constant absence from home, Annie has a double share of responsibility in training the children and running the house. Then, too, out here, there are so many things that one cannot get done, in the way of fixing up and keeping the place in repair, that I have my hands full when I do get a chance to be at home. Our boy is growing fast, and is a fine, lusty specimen. We are very proud of him. I hope to send you some kodak pictures of the children soon. Miriam just missed being a boy. She is so active and energetic that it is hard to think of her as a girl, and, too, she is a very precocious child. Of the things she received in her stocking, a tack hammer seems to hold pre-eminent place in her esteem!

We did not try to do much for the Koreans this Christmas. In the first place, everybody is financially "busted." Salaries have not been paid for two months, and we have had to carry heavy Mission expenses, as native helpers, school teachers, etc., for three months past in addition. With all the hue and cry at home, the Mission has as yet been able to take no advance step in Korea, and I don't believe ever will until we have real leadership at home. In the second place, we have no suitable building to meet in here for a Christmas entertainment, and I am opposed to using the Church, for this sort of business. We have to be so careful about foisting western customs and ideas upon the natives. I hope that by another year, we may have a school building here, as at Mokpo. If I had not borrowed the money, the Mokpo building would not have been erected until next year! As it is, we have gotten the use of it for two sessions, and saved the day for education there.

We have recently doubled the size of our church building at Kwangju, and the local work is looking up. Mr. Bell and I plan to hold a week's services beginning Sunday. We have a model station here, we think, both in location, personnel, co-operation, and harmony. With the recent arrival of Miss McQueen, a sweet young woman, a graduate of Red Springs, there are five North Carolinians in the Station!

Hope the little Christmas reminders that we sent came safely. We should so much prefer to send something from out here to all, but we have had so much trouble and annoyance with Customs, etc., that we have about given up in despair. With all our boasts, it seems that in some things we have less liberty in the U.S. than anywhere else. I fear that nothing short of a popular revolution will suffice to curb the immense and growing power of the powerful corporations that dictate living, legislation, and everything else in our country.

I want to write to every member of the family during my mid-winter breathing spell at home. I am in everybody's debt, and feel ashamed that I haven't written in so long a time. And the less one writes, the less capable one is of writing.

With love for every one of you, in which Annie joins, and kisses from the children,

>> Affectionately your son,
>> Fairman

Annie and Mrs Wilson had a Christmas tree for the school girls up here.

The Christmas sensation at Mokpo is the marriage of Mr. McCallie to Miss Cordell, the trained nurse transferred there from Chunju last Sept. She is a sweet, demure little woman, only about nine years older than Mac!

In 1910

Jan. 13, 1910
328 S. Church St. Salisbury, N.C.

My dear Mrs. Preston,

I know not what you must think of me for sending no word of thanks for your rememberances of me at Christmas. No Christmas or New Year's greeting. The year is young yet. May it hold richest blessings for you and your loved ones.

Christmas passed very quietly for us, except for the noise kept up by the children with their horns, drums, fire crackers etc. We were so glad that the little fellows had all been spared to us. A sad time it would have been had the fever taken some of them off.

After suffering very much with the pain in my breast the week before Christmas, I was better on Christmas day and have continued to improve until now. I have a heavy cold. The weather has been so severe that I have been closely housed for many weeks. I suppose that your Christmas box is on the Pacific now, and will be enjoyed as much or more on its arrival at Kwangju than it would have been sooner, when they would have so many other things, probably, to take their attention. I can imagine what a sensation it will create when it does arrive.

At last, I have sent the box, with little silk bonnets and crocheted caps, by parcel post. After I found that the Daniels were not going out before summer, I wrote Dr. Patterson. Dr. Daniel wrote me that Dr. P. would be going out this month, but I have had no word from him. Dr. D. writes me that Miss Kestler will be going out next month, probably.

Jan. 14. I was interrupted in my writing yesterday by visitors. This morning I have your letter, with Annie's enclosed. I have had only one letter from her since that—am getting anxious to hear about their Christmas. Mrs. Bell wrote me that the day was to be spent with "the Prestons". She wrote too that J. F. Jr. is a fine looking little fellow, "more like Annie than anybody". He has a reputation for good behavior too as his sister Annie Shannon has. Poor little Miriam seems to be the black sheep. Bless her heart! She is bright and smart as can be if she isn't angelic. Annie sent brass bowls to Miriam & Beulah, wooden bowls to Marion and a drawn work table cover to me. Some things sent to others have not come to hand yet. I am so anxious to know if a dress that I sent by parcel post arrived in good condition.

Have you read "Out Of Doors in the Holy Land" by Van Dyke? I am enjoying it very much. I sent a copy to Fairman and at Christmas received the book from a friend. There is a "Good Cheer Calendar" which you may have seen. I sent one to a friend in Raleigh and the next day received one from Annie's friends, the Hutchisons, in Charlotte. Since that another has been sent me. They are beautiful. What favorites have you and Floy among the novels of the day? I wanted to send a good one to Annie, ventured on sending "The Attic Guest" as the Knoxes had given Miriam a copy. I thought it must be all right. After reading it I did not care very much for it, tho' there are some beautiful things in it.

A visitor came just then, and now night is here. Did I tell you that Willie, Marion & Samuel are in N.Y. and "The Anchorage" rented? We miss Marion so much.

With thanks for your Christmas thought of me, best wishes of the season and much love for all.

    Miriam C. Wiley

Jan. 22, 1910
Kwangju, Korea

My dear Mother,

Every night this week I have been planning to write to you. Miriam always wants me to read her some stories before she goes to sleep and that cuts a slice off my precious letter writing time.

Fairman went out last Saturday and came back Monday morning. He left again Tuesday morning for Chunju to attend the Ad Interim Committee meeting. It is a seventy mile ride and the weather has been very bad and the roads are worse. I never saw the mud worse. I had a telegram this afternoon saying that they had arrived safely and were leaving for home. Rob Coit went with Fairman. I am so glad he did not need to go alone. They will stop at some church and preach tomorrow and then come on in home tomorrow afternoon.

We always enjoy your letters, the two from Decatur seem especially good. I am so glad that you and Floy had that nice trip and feel so much better. I think Decatur is an ideal place to visit. You can have all the quiet of the country or all the excitement of the city just as you choose.

That is a very interesting list you enclosed. We are all impatient to see the things.

We are expecting an order from Montgomery Ward soon and the box will probably come with it. All _five_ of us thank all of you for the interesting sounding gifts. We will have more to say on the subject later! Miriam talks about her shoes and stockings and all the other things so much now that she will find it difficult to express herself when her hopes are realized. Don't worry about the duty. They charge very little—nothing like the robbery of the U.S. customs.

Did Fairman write you about the Christmas celebration? We entertained all the station at dinner, and had a station tree, so we were kept rather busy. Miriam and Annie Shannon had lots of fun helping (?) with the tree beforehand. It was with difficulty that we got them off to bed, but we consoled ourselves with the thought that they could not arise quite so early next morning. They had such a good time that they wished every day was Christmas.

Annie Shannon is talking some but not nearly as much as Miriam did at her age. She is not such an old child as Miriam. She knows some of both languages. Sometimes she uses the English word to me & the Korean to her nurse, and sometimes it is a grand mixture.

(missing)

Jan. 24, 1910
Kwangju, Korea

Dear Mother:

I returned last night from a hard trip up to Chunju to attend meetings of the Ad Interim and Business Committees of the Mission, and am leaving tomorrow morning for another week, but must send you a few lines now. I remind myself, in my itinerant existence, of Finnegan's famous dispatch to the railway Superintendent: "Off again, on again, gone again." I have ridden two hundred miles horseback in the last week, and have been working hard, but feel fine. Preached yesterday morning in a large country church, and rode in after dinner forty miles, in seven hours—rather more than a Sabbath day's journey, but made necessary by the country class now in session, to which I am hastening. I will have conducted six of these classes, of a week each, in my field this winter. Coit accompanied me to Chunju, and I enjoyed his company greatly. He is proving the fine worker and willingness to "endure hardship" that I had guessed, ever since that memorable tramp with him through the North Carolina mountains.

Your two letters written from Atlanta were received. You and Floy had a good, long rest, and we were glad to know that you had improved so much. Too bad we can't have you with us, when we need you so much. And you are missing so much sweetness of the children. But as they grow sweeter each day, you will have a treat in store whenever you see them. Miriam is getting to be a big girl, and very precocious— much older than her years, as most children out here are. Annie Shannon speaks quite distinctly now in both Korean and English, seldom mixing the two languages, while John Fairman, Jr., is developing into the handsomest, brightest little fellow you could well imagine. John Fairman is what he is called, but the Koreans call him Yohan, that is "John," because it is familiar to them in the Scriptures, and that is our nickname for him. He is a great boy, and as lively and active as any of the brood. He now has a tooth, which accomplishment, though not so precocious as his grandfather Preston in that line, we think does pretty well for five months.

We note what you sent us for Christmas, and were pleased, but astonished, because we feared you had done too much. A remembrance from every one of the family for every one of us! Thank you one and all, and most of all for the loving thought which it all evidences. It makes me ashamed to think how good you are, all of you, to me when I am so remiss about writing. I think sometimes that, even though I am so rushed with work, that I presume too much on your love and indulgence, and I know that I should send home a short note, or postal card, oftener; but you know how hard it is to be contented to send that, when one is just aching to send a real letter. I wrote you, I think, all about our Christmas. Just after the holidays, we began a ten days' meeting here in the local church, and had a great awakening. The new church, which is not yet wholly finished, was crowded every evening, and there were about fifty professions. Better still, the church members became stirred up to a greater zeal than ever before in the way of daily prayer, Bible study and testimony, and we look for better things here. Our cook told us today that several of the heathen contemplated moving out of the village next our compound because they couldn't stand the repeated invitations to believe and come to Church! A special edition of Mark's Gospel has been printed, and thirty thousand copies have been received for use in our field here. The Christians of the local church subscribed for over five thousand copies, which they will use in their personal work. They buy them and give then away. It is expected that at least a million copies will be used in Korea this year.

The work in my field seems to be prospering. I have eight paid evangelistic helpers under my direction, and while I have not held examinations as yet in a fourth of my groups, have baptized more than all of last year. The next two months will be devoted almost altogether to Class work here and at Mokpo. While in Chunju, I roomed with Mr. Harrison, now at Mokpo. He told me that he had never been as busy in his life. I reminded him of the fact that the work I laid down there was now divided up among six people, and yet they all seem to be busy. This goes to show much responsibility I had on me there, and how utterly impossible it was to accomplish all that should have been done. The same is true of every other field in our Mission. And yet the Committee at home seems utterly apathetic to the call we are making for seven more evangelists at once. This is positively disheartening to us, and we can't understand it except on the grounds of criminal incompetency, especially when it is announced as a definite policy NOT to send out any more men until equipment is raised. For one, I believe that the men should come first, or along with equipment. There is time enough to get the buildings after we get the men, or while the are learning the language.

But I am running on too much about the work, and our special problems. I want you all to pray every day for the special evangelistic campaign now on throughout Korea for "a million souls this year." The devil is at work and especially in our own field, in particular ways to block the movement.

While I am writing you for all the family, I want to write individual letters to each member as soon as possible. Tell N. B. to write me soon. Am glad to hear that he has a good job, and know he will make good. Love for each and all of you, in which Annie joins. She is taking good care of me, and is the same sweet, lovely girl. You can't realize what an added burden of responsibility my constant absence from home throws upon her, but she stands up under it nobly and uncomplainingly.

I will write Father soon. There are many things I want to say.

Lovingly your son,

Fairman

May 5, 1910
Kwangju, Korea

My dear Mother,

This week I had planned a long letter to Aunt Jennie and one to "2", but I fear they will not be written. Fairman came in from a long trip just a week ago and has been swamped with callers, American, Japanese, Chinese and Korean. You know he has undertaken the building of the Boys' Academy here, and that means lots of extra work. Today he was to have left for Quelpart to hold a week's classes with the native preachers there, but he was overwhelmed and tired and so your old enemy neuralgia took possession of him. His head ached Tuesday but he kept going all day and had station meeting that night. Yesterday morning he got up and went to breakfast and had all kinds of work planned, but had to give up and go to bed. He persisted in reading Roosevelt's articles, however, and at night his head was much worse instead of better. Today he has kept flat all day and is some better. I know that he is sick indeed when he gives up. If he had not been worn out, he would never have had this attack. It has decided me—we had an invitation to Tsingtao, China, where two of Fairman's good friends live. It is a German port, a regular foreign city. There is a fine beach there, too, and lots of good music by the German military bands. Fairman wants to go but I hesitated on account of clothes. Now I am determined to go even if we do look "escaped missionaries". Most of my summer clothes got wet when we moved last summer and were completely ruined when I found them. It isn't a question of not having up-to-date clothes, it is a question of having none at all.

I am sure you will be glad to have these pictures. They are very good of the baby but none of them do Miriam and Annie Shannon justice.

I want you to notice Annie Shannon in her new sweater. She is so proud of it. I am glad that we got such jolly pictures of the baby for they are typical. I wish you could see him sitting up in his bath tub kicking the water. He spends most of the time outdoors and is quite bronzed. Fairman thinks him a very handsome little boy.

Annie Shannon is as pretty as ever and is funny. Her baby talk is so amusing. I hope she will not learn to speak correctly before you see her. When we go out to walk she says "me hands you hold its" and "Me pick it some flowers?" "Fadder wake up did it". One morning she asked for sugar "much sugar" and said her muffin was "whole lots hot".

Miriam has learned her letters and I hope to teach her to read, but my time is so broken up and interrupted by servants and children. Fairman has not time to direct the outside work even when he is here so I usually have to try to direct two men outside, two men and two women inside. Your troubles are caused by too little help and mine by too much help.

Fairman appreciated his birthday letter very much. It came in good time, just the day after we celebrated by having a station dinner. It really was very pretty. The centerpiece was quantities of violets in some of my cut glass on a gauze centerpiece painted with violets. The menu was celery soup, crackers, olives radishes, green pea patties, roasted venison, rice, potatoes, asparagus, banana salad, grape sherbet, coconut cake, candy, crystallized fruit, nuts raisins, coffee. The venison was delicious. Dr. Wilson had been on a deer hunt and gave it to us. The bananas were a great rarity here. The crystallized fruit was a gift from Mrs. Owen. She admires Fairman so much and says that it was providential that she was put next door to him for he takes such good care of her.

My cook is very good. His cakes are fine. I never need to make anything but once. Usually I just read him a recipe. He loves to have company, and show up. His bread is good and he cooks meats very well. He also makes fine ice cream. We would like to take one of our servants with us when we go on furlough, but I don't know whether we can or not.

Please send our congratulations to Rhea and Mecca. I am so glad all went well. I hope to send Mecca a note in a few days. Just now I am trying to read to Fairman whenever he cares to have it and that eats up my spare minutes.

With much love all around the family circle, including Aunt Jennie and Uncle Jim.

    Lovingly,

               Annie

May 8, 1910

Kwangju, Korea

Dear Father and Mother, Brothers and Sisters All

While Annie and the children are at English Sunday School, I will try to make the type-writer talk for me a little while. Am laid on the shelf today—an exceedingly rare experience—for have been confined to my room since Tuesday with something resembling an attack of grippe, and am feeling pretty puny. In spite of this, however, am determined to snatch the first opportunity that has come to me to write a home letter for the past three weeks.

To go back: returned home last Friday week from the long southern tour. Was absent thirteen days and rode nearly three hundred miles horseback. Had the usual routine of itinerary work, preaching, conferences, examining candidates, besides doing a good deal of market preaching as opportunity offered. In a number of districts visited, the people almost fought each other for a place in the market to gain their first glimpse of a white man. Here is where blue eyes and light hair prove better than a monkey show for drawing a crowd; for to this day I have only to go out and stand quietly for

little while, talking incidentally to a by-stander, in order to gather a good audience for street preaching. Coit went with me on this trip, and I enjoyed the good company immensely. Be in developing rapidly as a worker—leads in prayer and makes several good talks in Korean already. He is every inch a man. These country trips are great opportunities; not merely for preaching the Gospel directly to the people in remote districts, but principally for stimulating, directing and overseeing the groups of Christians now established in every county seat. In the region just visited, there are twenty of such groups or "churches", the nearest one thirty five miles distant and the farthermost eighty five miles, the population of the district being greater than that covered either by Mokpo or Kunsan Stations. One would naturally ask, Why is there not another Station down there, with enough workers to look after the field adequately? This is a question the Mission is asking the Committee at home—with no response.

Got back home in time for my birthday, which fell on Saturday. This was the first time since I had come to Korea that I had been at home on my birthday, so Annie celebrated by a beautiful dinner, with style enough for high "society" at home, and on which she received many compliments. During its course, my two daughters presented me with a beautiful box of Japanese barley candy, and blew out the candles for me—which incident will stand out in memory when all other details have faded. Annie has sent home a series of kodaks of the children which will give you some idea of how they look. They are neither stupid nor ugly, and I am taking it for granted, being a good Presbyterian, that they will turn out godly, and that is all any parent can ask. John Fairman, Jr. is about ready to crawl and to chew, too, for that matter, since he is armed with six formidable teeth. He is a good-natured little chap, wreathed in smiles all the time except three A.M., when he has been known to howl horribly.

Mother's letter—the birthday letter—reached me by noon of the following day and was the best feature of the occasion. It was certainly well timed. I recall father's card of the year before, written from Atlanta. I note from the "Diary" that Floy sent me that both her birthday and Jim's fall this month. Does F. still have a birthday every year, or has she begun to drop out some? If not, she is beginning to get pretty well-advanced. I note that most of the pretty girls that stood up with Annie when we were married are doing likewise and haven't got back on us for any wedding presents yet, to speak of. If "Sookey" doesn't soon step out, I see no way out of her having to cross the Pacific and helping us while we help the heathen: Better let "Two" take the first offer that comes along, as they are none too plentiful these days!

We were delighted to hear of the arrival of your fifth grandchild. Also rejoice at the good reports from Rhea and Mecca. What is the name?

Am still living in vain hopes of sending individual letters home, to you all, as am keenly conscious of the debt to one and all in the letter line. I read in the paper the other day that the African missionaries were writing their home letters after midnight, as the only time they had left to do it. Perhaps they sleep in the heat of the day! If not, they couldn't keep up the pace demanded of us in Korea.

Have the Boys' Academy building well under way. Have let it out for a turnkey job on the labor, to a responsible Chinese firm in Seoul, and hope that it will simplify matters greatly for me. I have been put in charge of all the institutional buildings here, but from present indications it seems that funds will not be in hand for any but the one, and I have refused to start until the funds arrive—in large part at least. Our School here will be of brick, as I found it impracticable to get stone. I make building quite an incident of my work, while subservient to my evangelistic activities, but Father knows something of how much energy and time it absorbs, plan as one may. In the East, all this is magnified manyfold. For example, all the lumber required will have to be sawed out by hand and carried in on the backs of men twenty five miles; and as the lumber is special, I must blaze an untrodden trail in both prices and method

Have already written on beyond my strength. Have had a persistent headache since Tuesday morning—probably cold. Hope to be alright in a few days. In the meantime, have had to cancel outstanding engagements temporarily.

With dear love for you all from us both and kisses from the children.

Lovingly,

Fairman

June 4, 1910
Kwangju, Korea

Dear Father:

I returned home last Monday from a two weeks' trip to the island of Chaeju (Quelpart) to South of Korea, and found your good letter of Apr. 28th. The other one from you was received just a day after I had mailed one to you (in February, I believe), and I do not recall whether I have sent a letter to you personally or not. Very likely not, as I have been away from home almost continuously since, and never catch up with the accumulated Mission work that piles up in my absence before I have to start out again. Hence letters go by the board, as well as most of my own personal affairs, except what Annie can shoulder. I am very much dissatisfied with this way of living—perforce doing a thousand and one things and doing nothing thoroly. It is just, neither to the worker nor to the work, and the state of affairs is due to the failure of the Ex. Com. to reinforce the Mission half way adequately. The Mission is getting in desperate straits, and has laid the situation before the Committee repeatedly for the past three years and a half. During that time, they have sent us two evangelists, neither of whom will be ready for work for another year, and we have lost by death two veterans. In addition to this, they have sent us one school man, instead of three, several single women, whose work is auxiliary, and one Doctor instead of two.

Naturally, we cannot carry the burden of the work out here and at home also. We can only look to the source of our strength and supply, praying the Lord of the Harvest that He would thrust out the laborers. Personally I rebel at the necessity of trying to do six men's work (which is the fact), because it means that most of what ought to be done is left undone, and nothing can be done thoroly; but I hope you at home will not worry, for I long ago resolved not to work beyond my strength, and I have no idea of laying myself a sacrifice upon the altar of anyone's blundering incapacity. Those responsible before God for the situation must bear the responsibility, not I; and if the responsibility before men can be fixed, it will be fixed someday, perhaps.

Here I am running on like this, and my time has run out and the hour for leaving home has come. Will be absent only five days this time, coming back and leaving again in two days. Will get Annie to add a postscript to this note.

Had a most interesting trip to Chaeju, which is the Home Mission field of our Korean Church, all the work manned and supported by the native church. Was greatly gratified at the progress which has been made since the work was opened up, a year and a half ago. There are already four groups of Christians and the opportunity is great. I got some interesting pictures, which I hope will turn out well. Will write up the trip for the papers if I can find the time.

Mr. Bell is now absent from the Station, and will be until the last of this month—making a total of, two months' absence teaching in our Seminary (Theol) at Pyeng Yang in the North. He has his family with him. I am trying to look after his work in his absence.

We have a cordial invitation to come to Tsingtau, China, for the month of July. I have two classmates (Princeton) located there. We have decided to go, if possible. As we are both good sailors, the trip will probably do us a world of good. We plan to take our cook and nurse with us.

I have a good long letter from Jim, of date April 23rd. Jim has been so kind about writing me in spite of my neglect. Hope to send him a letter very soon.

Tell the girls they will hear from me this summer anyhow, especially if I get out of the country. No matter where I go now in our Mission the Koreans manage to take up all one's time.

Hope this will find you all well. I am worried to know that mother's headaches are more frequent and violent again. I had a set-to with one last month, since which I can sympathize with her more than ever.

With love for one and all,

   Affectionately your son,

      Fairman

June 13, 1910
Kwangju, Korea

My dear Mother,

It is almost ten o'clock, but I am going to begin a letter to you anyhow. My days are very full, more than usual now as we are trying to get ready to go to China in a week or two. I have several women sewing and it keeps me busy to direct their work. All my clothes were ruined by mildew when we moved last summer. The boat was so heavily loaded that it dipped and one trunk got thoroughly wet at the bottom. The things which were ruined were not very valuable in themselves as I had worn them two summers already, but as they were my only summer clothes, it seemed quite a serious loss.

When we decided to go to China I knew that I must get something to clothe myself with, but I had no experience in sewing and not even any patterns. However I managed to have some Korean linen dresses made and Fairman admires them very much. I will enclose samples of the material. It makes me feel good to know that I can have something wearable made at home. Just as the women were finishing the last dress I got three packages from New York containing ready made dresses. Mamma was distressed to hear of my "clothesless" condition and had Marion send me something. I was not expecting them so I feel as if I had had a visit from my fairy godmother. The dresses fit, too. Pardon me for spending so much time on "the wherewithall I shall be clothed". It has been a burning question with me, but I was trying to let my faith extend to that too, and my faith has been rewarded. It is one of the hardest things for me to believe—practically—that God cares for all our temporal wants too. This summer I knew that Fairman needed a trip and he would not go without me, so I asked the Lord to help me get something to wear or to make me willing to go looking dowdy. And I cannot help being surprised that He answered me!

Fairman came home Thursday and went out Sunday. I believe he did not have a chance to send you a line. Mr. Curtis was here and Fairman gave him a good deal of time, calling on the Japanese, etc. The work among the Japanese is up hill, and Fairman likes to do what he can to help. Mr. Curtis is such a warm friend of ours that we rejoice to have him come.

Fairman had stacks of Mission work as usual—orders for the school building, plans for the building etc., but I managed to get in a few drives with him and one moon-light stroll. I told him I was thinking of pretending not to care for him anymore to see if he would not spend more time trying to win me, but he says I cannot fool him.

Before he left he told me to be sure to write to you and tell you that he is having a draft for $75.00 sent you. He has been wanting to send you something for a long time, but has been too rushed to plan it definitely. He expects to send you this amount every quarter, in June, September, December and March, so that you can have it for a little pocket money to use for a trip, clothes, about the house or as the Koreans say "according to your mind". His biggest regret in living so far away is that he cannot have you in our home often, and as we cannot do that, we want you to have a little reminder of our love and care for you. Don't think that it is any strain on us to send it. Several of the missionaries, who have only their salaries to depend on, have sent as much as that home. We expect to live comfortably and save something every year for the children's education. All the stocks my father left me are paying good dividends now, though the cotton mill does not pay quite as much as it did before the panic. My ambition now is to learn to be truly economical, not to <u>waste</u> a bit, and Fairman thinks that you and Floy can teach me much about economy in household affairs.

Fairman hopes that this will reach you in time to use for some kind of an outing this summer. Next summer we all hope to be together somewhere! Won't that be fine! Fairman would like a cottage at some Chatauqua (is that correct?) as we are so shut off here. Ask Jim about Winona. Are the cottages there very expensive?

Do take care of yourself. Your nerves will need to be in good trim to stand the three ring circus which we will bring. Dear little "Yohan" can crawl now and he pulls himself up on his feet. We have a fine baby yard for him. Miriam is overflowing with energy and Annie Shannon makes an attempt to keep up most of the time.

Fairman will be home Thursday. The best thing about the trip to China is that we will be together all the time! We are going to have a furnished cottage and keep house you know.

My love for everyone of you. Tell Aunt Jenny that I have some cushion covers for her, but those backwards people in the P.O. have no Parcel Post blanks so I'll have to send from Mokpo.

Affectionately,

Annie S. W. P.

June 26, 1910
on board S.S. "Anton"
en route Tairen

My darling Mother,

Our vacation has begun and I can think of no better way to begin it than to send you a letter. We are en route to Tsingtau, China, where we expect to spend three weeks or a month in a furnished cottage on the beach. We have two servants with us—the nurse and the cook—and expect to keep house in a simple style and turn ourselves loose for a good time. I tell Annie that I expect to run the house camp—style—à la my itinerating methods and make her rest thoroughly, for I take it that surcease from "what shall we eat" next meal is the truest rest for the house-wife. Don't know whether she can put up with the arrangement long, but am determined to have a fair trial, anyhow. Annie has not been outside Kwangju since we moved there over a year ago, and save for a short trip to Seoul last fall a year ago, has not been away from home since her return from the States. I am taking this trip, therefore, principally on her account, for it would be vacation enough for me just to stay at home for a month. I am absent so much of the time. But that is just the rub—Annie says I wouldn't stay at home in view of all the urgent calls, and even if I did, it would be only to be in the grind. One cannot stop work in Korea, no matter how good one's intentions. So we are taking a trip with mutual solicitude, which is as it should be, and we expect to get out of it all that we need. The principle thing for me will be the uninterrupted enjoyment of my wife and children. What this means one can appreciate only after having experienced a year of our strenuous life among the Koreans, "off again, on again, gone again"; too busy when away to think; too preoccupied, on return, with the thousand and one things that have piled up awaiting one's return; too keyed up to a high nervous tension to relax; too many irons of missionary endeavor in the fire to do anything well; in a word, so pulled and harried from morning to evening and from month to month as to have only a modicum of time or strength left to devote to one's own family or personal affairs. This is the second vacation we have had in Korea, and it means more than I can tell you. One of the pleasantest things that we look forward to is the reunion with Princeton friends. Our cottage is just next door to the Dodds— Dodd is one of my closest Princeton friends. Scott, another devoted friend, lives in the port of Tsingtao. We had a cordial invitation to visit both of them, but since none of the ladies have ever met, and further, since we are the possessors of three of the most strenuous youngsters that ever wore out shoes, we preferred the cottage plan that I have outlined. Our Korean servants travel 3rd class, at one-third what it costs us, and their help with the children and baggage adds 2/3rds to our enjoyment, to say nothing of the inexpressible comfort they will be to us while we are there. We are seriously thinking of bringing our house-boy with us on our return to the States on furlo next year. A friend, Mr. Curtis, who tried it, strongly advises it. What do you think? The boy is well-trained in all sorts of house work, including washing, and is also a good cook. He has become an earnest Christian since coming into our home. I took him on while Annie was in America. He is thoroly reliable. We left the house in his charge this time, turning over to him all the keys.

Left home day before yesterday (Friday). As I had returned from the country only three days before, we were hard put to it to get everything in shape to leave. As it was, we left with a short margin of time to catch the launch on the river, twenty miles away, and found the latter half of the road so bad that we missed the launch. Just close enough to see it pull out! It was too provoking, but hardened by two previous experiences of a similar nature, we philosophically sat down in a Japanese inn for twenty-four hours while the rain poured outside, and pretending that our vacation planned just such a day, proceeded to enjoy ourselves. This consists principally in resting—eating, sleeping and reading—for we were worn out with the exertions of the preceding day. Annie said that if she did not need a vacation before she began she certainly did need one after having exerted herself so preparing for it. She had some Korean women making the children some clothes and also had herself some nice-looking summer clothes made—the one-piece style, over which I am enthusiastic. It seems passing strange that woman is only now lighting upon something convenient and sensible in the way of a dress. Annie is developing considerable talent in the dress-making line and I am real proud of her for it.

My Cheju pictures turned out fine—twenty-four good out of twenty-seven shots. It would be hard to get a prettier than the enclosed snapshot of a part of the city wall, wouldn't it?

Annie tells me she wrote you not long ago and unfolded something that it has been in our minds to do for some time. Of course it is not all that we would like to do, but hope it will be a reminder of our love, and I trust that the regularity of the plan will count for something. It is a source of keen regret that I am not near enough to counsel and advise, and that it is not our privilege to have you loved ones visit us in our home. I think we must have some place we can call our own when we come home, though I cannot now think what we will do.

We are rejoicing over the success of Rowland's still campaign for Korea's equipment fund. Now if the Ex. Com. would only send us the men and women necessary to enable us to use the funds so raised! This is probably what will not be done. If it is not, we will know the reason why when I come home!

With dear love for you one and all,

Lovingly,

Fairman

P.S. Were much pleased to receive invitation to Seaton's High School Com. Ex. and to know how well he has done.

Personal Report of Rev. and Mrs. J. F. Preston
(June 30, 1909 ~ June 30, 1910.)

The past year is notable for us as marking a change of field. After five years of work in the Mokpo territory, we were transferred to Kwangju a year ago to take up the work laid down by our departed brother, Dr. C. C. Owen. The territory assigned to our care contains some 8,000 square miles in thirteen counties, with a population estimated at 365,000. From Kwangju eastward the farthest group is 70 miles, westward 30 miles and southward 100 miles, beyond which lies the Yellow Sea and scores of thickly populated islands. Though quite mountainous, the district is traversed south-eastward and south-westward by two main roads extra-good for Korea, and the whole distance east and west along the coast by a fine new, military road.

Early in the year an agreement was made with Mokpo to take over six groups in a remote county to the south-west (illegible), (illegible) adherents, 114 baptized members and 119 catechumens, together with several groups on out-lying islands.

A great deal of extra efforts and strength has gone into the work of exploring and studying the field and its conditions. It was most gratifying to note the evidences of faithful and efficient work done by my predecessor and the good condition of the work as a whole.

We give praise to the Lord of the Harvest for His continued blessing upon the work during the past year. The field is in a most encouraging condition: the leaders faithful, the churches united and harmonious and, almost without exception, steadily growing. The body of Christians is young and plastic. Of thirty-seven groups now reported, only twenty four have baptized members as yet, and of this number, seven enjoyed this distinction this year for the first time. During the year, 310 adults were baptized in 19 groups. This makes a total of 512 baptized members for the field, and the believers total 2,800, of whom 655 were received into the catechumen class this year.

The campaign inaugurated by my predecessor on behalf of the principal centers has been continued as a policy, and work has been started in two new magistracies, which leaves only two left to be be entered. Some close lying groups in two localities have been consolidated, two groups being reported instead of six, and further efforts along this lane are being made.

The whole field has been divided into four districts and each put under & paid helper who resides in that district. Each one of these is assisted by a chundo-in, or paid evangelistic worker, who receives his salary from the native churches. The total contributions for this work amounted to $29.00 during the past eight months, the total contributions for the year being (for all causes) $658.10. U.S. gold.

Sunday School work has received special attention. The chief difficulty has been in getting the lesson papers out to the country groups. This has been solved by the issuing of the papers in quarterly form and the sale of these through the regular colporteurs as regular literature. There are now 26 Sunday Schools with 825 scholars.

The national "Million Movement" campaign was launched during the fall months in every group. Efforts were made to enlist every member in definite prayer, Bible Study and personal work DAILY, with the aim of securing a convert a month each. Personal workers' bands and Pocket Testament Leagues were organized, and 7,500 Mark's Gospels have been bought and used by the members thus far. While all this has resulted in a marked quickening of the evangelistic activity of the churches and there is evidence that the movement is growing in power, the visible ingathering of converts as yet is so small as compared with the goal set as to indicate that it will take far more than a year's time for the idea to grip the Church. We expect to continue along these lines no matter how long it takes.

In addition to this special campaign, the usual evangelistic policy has been pursued—systematic visitation of the groups with examination of candidates, Station and District Bible Conferences and Leaders' Classes, market preaching and wide-spread dissemination of literature. (illegible) men and (illegible) women from this field attended the respective Station Bible Conferences. Eight District Bible Conferences, lasting about a week each, were held at important centers, participated in by the neighboring groups, with an attendance of from 60 to 150 each. Three of these were exclusively for women, conducted by our lady workers and their helpers and deserve special mention.

By far the most satisfactory development has been in our "New Station" territory. This embraces, exclusive of the islands, six counties with a total population of 205,000, to which will be added two more with 70,000. The nearest point from Kwangju southward is 35 miles and the farthest 100 miles. We have work at the magistracies (county seats) at the extremity of each peninsula southward, one of which is a port of call for steamers. Early in the fall an old and trusted helper, Elder Yoo, was located at Soon Chun and Helper Chi was retained at Pulkyo, 20 miles westward from the latter point. We now have in this territory 18 groups, with 134 baptized members, 528 catechumens and 1,300 believers, with 16 church buildings and contributions this year of $380.00. The significance of all this will appear when it is recalled that when Kwangju Station was opened up six years ago, we started with only eight groups and three church buildings, 29 baptized members and 79 catechumens, and a total of 390 believers, these mostly tenant farmers. On the other hand, the converts, in the Soonchun field possess better education and social standing than I have observed anywhere in the Province. The whole distance from east to west is now traversed by a splendid Japanese built road adapted either to buggy or bicycle.

In addition to the charge of the Local Boys' School, it has been our pleasure to participate with the other members of the Station in the local work—preaching, teaching, Bible Conferences, evangelistic campaigns, entertaining sight-seers, building, business meetings, and the thousand things that merge the days like spokes of a rapidly revolving wheel. That figure, indeed, would often aptly describe the condition of one's head and the whirl of things doing. No wonder social amenities go and private business is neglected. We are convinced that, amid the continued paucity of workers, a private secretary is a sine qua non of a continuance of the work.

We would record our profound gratitude to God for the uniform good health of all the family throughout the year and the consequent capacity and privilege of hard work. We are particularly grateful for the privilege of living at Kwangju, where a comfortable home, beautiful natural surroundings, and, above all, loving and sympathetic fellow workers, laboring together in a spirit of rare harmony and co-operation—all coming to ease the burdens and keep us at our highest efficiency.

Not the least of all our blessings is the son who came last August to disturb our slumbers and brighten our home, and who, we trust, will refuse the Presidency to preach the Gospel!

Submitted to Kwangju Station.

July 19, 1910
Tsingtau, China

Dear Father and Mother, and Brothers & Sisters all,

Since arriving here July 5th (in the evening) we have been having a glorious rest and vacation. We spent the first two days with my chum, Mr. C. E. Scott, and then came out to our cottage on the beach. It is roomy and completely furnished. Another chum, Mr. Dodd, has a cottage within a stone's throw. The boys have laid themselves out to give us a good time, and with such success that we have been on the jump the whole time. Sea-bathing, concerts on the beach, picnics, dinners, tennis and driving are the attractions. Our cottage is one of six forming a little missionary summer resort about two miles from town. We are delighted with everything, and think that we have struck the most attractive proposition that has come to us since our residence in the East. Certainly we have had perfect relaxation and a good taste of the civilization from which we have been cut off since last we left the States. The place is pronounced Chingtow, is a miniature Germany—clean, with wide streets and beautiful, substantial buildings—far and away the most attractive port in the East. The Germans seized it along with quite a strip of territory, upon the murder of two German Catholic priests in 1898 (I believe), and have spent millions of dollars in docks, fortifications, roadways, and improvements. Though "leased" for 99 years, she is plainly here to stay, and is prepared for any eventualities in China. Indeed, one cannot help wondering how China can escape being partitioned by the Powers settled in this manner at every sea-port, preparing bases and watching with hungry eyes for the quarry. The Chinese government is so weak and corrupt, and the condition of the country so unsettled, that the ultimate absorption of the whole country would seem to await only an understanding among the jealous and mutually suspicious powers. Japan is now joining hands with Russia, doubtless for an understanding as to how much each may grab without offending the other. Only the firm stand of the United States and Great Britain for the integrity of China and the "open door" will save this country from absorption, I believe. In the meantime, it is no business of ours how Germany came here, and we are profoundly thankful for such a beautiful, clean, safe resort, where one may forget awhile the dirt and squalor and smells of the East and breathe the air of civilization once more.

Annie and the children are having a great time. The former was needing a change badly, since she had been closed at home for two years! I am "keeping house" camp style, so as to give her the full benefit of her vacation. The two Korean servants are doing good work and are indispensable to our comfort at this time. Could I have gotten some sort of a Bible Study course at this time to help me along in the work, I would be better satisfied, but that is impracticable. Dr. White and party began such a course at Pei-ta-ho, on the coast far north of here, on July 2nd, and will continue this summer at two other summer resorts, Kuling and Moh-kan-san, but all these are remote from here. I have an urgent letter from Leighton Stuart to come by NanKing, but that is impracticable. Sorry I will not see the boys of the "Forward Movement" before I return.

Mother's letter of June 3rd was forwarded to me from Kwangju a few days ago. Delighted to know that all are well. Annie is writing "Two", and other letters will follow. We are feeling and acting deliciously lazy these days, and our vacation is galloping away. We leave here on the 26th, via Dalian. If we do not make close connection, may have a chance to see Port Arthur as we go through.

With all our love and kisses from the children,
  Lovingly,
     Fairman

July 29, 1910
SOUTH MANCHURIA RAILWAY
YAMATO HOTEL
Dairen, Manchuria

My darling Mother,

We are now en route to Korea, having made this place yesterday, after a delightful voyage on the same German steamer we went down on. And we return to Korea (this afternoon) on the same boat we came on. We have had a delightful sojourn here, everything at this hotel being first class at moderate charges. This is the only first class hotel accommodations it has been our privilege to enjoy since we left America.

Yesterday afternoon Annie and I left the children in care of the servants and ran down to Port Arthur 23 miles. Annie says she felt exactly like she was eloping!—so odd it seemed to be going anywhere without the children. The lack of baggage made it seem so to me. We had a very enjoyable time together going through the wonderful war museum and looking around the scenes of the bloodiest conflict in modern history. The whole face of the surrounding hills are torn up, mostly by earthworks and partly by shells. Shells of once stately buildings and gaping holes are present day evidences of the furious bombardment which destroyed the imprisoned Russian fleet and hastened the surrender of the place after the storming and capture of the famous "203 Meter Hill" by the Japanese. The contest for this sheer height waged furiously for ten days, it having been taken and re-taken many times during that time, until finally the Japanese gained it and held it. Within a week the Russian boats in the harbor three miles away were lying on their sides and the town and many important and supposed impregnable forts were riddled with shells. The whole struggle was titanic, and possibly more awful than anything in the annals of warfare, owing to the deadly character of the arms employed—rapid fire cannon, mines, and high explosives. The complete annihilation of an attacking force of Japanese was no uncommon occurrence. On the hill behind the railroad station has been erected a splendid monument to the brave soldiers who fell and nearby is another shaft under which lie to ashes of 20,000 Japanese soldiers killed in these battles. Just across the valley on another hill is a monument to the more than sixteen thousand Russians who fell. May the world never see the like of that war again. What a blessing the two nations have reached an understanding which sets at rest apprehensions that **the conflict would be renewed in the not distant future.**

We have all kept perfectly well and have had a fine vacation. We are enthusiastic about Tsingtau as a summer, and of course it was rendered doubly attractive for us by the attention and kindness of my friends. We are going back refreshed and ready, I trust, for harder and better work. It will be five weeks, when we return, since we left home, three weeks of this time being spent in Tsingtau. Have had only one letter from home in that time, so shall expect several awaiting us on our return.

By the way, we got some pictures of all the children while at Tsingtau, by a good photographer, and shall send as soon as rec'd.

Today I have been looking over the newspapers of the past two weeks. This hardly brings me up to date, as it is a month since I have read the news, not being able to read German. At that time, I predicted that Japan would annex Korea within six months. Events have moved so rapidly that it seems I might have said three months and come nearer the mark. I shall welcome the change if it will mean the clearing up of the misapprehension and suspicion with which the authorities have regarded our work of late. It is a positive relief to have escaped from that atmosphere for awhile. Of course, extra-territoriality will follow, and how we can afford to continue in ignorance of the Japanese language and customs much longer I cannot see. Nor can I see where we shall find the time to take on any more work than we now have. Under extra-territoriality the gov. has been worried and has had to take the initiative in learning English or Korean. This abolished, Japanese language will dominate, and we will have to do the worrying!

One thing about our vacation I could have wished different, viz. we had not enjoyed any special religious privileges. Haven't heard a sermon or Bible exposition or attended a service not led by myself. A place where one can go for both recreation and spiritual refreshment is a great desideratum in Korea. However, we have met many splendid workers with whom we have had many inspiring talks, and have got many a glimpse of Mission work at different angles. I have not seen anybody with whom I would care to exchange work, however.

Must now draw this letter to a close. The day is fair and I hope it presages a good voyage.

Dear love for you all, in which Annie joins. The children all send kisses to grandfather and grandmother. J. Fairman Jr. is developing rapidly. Is active and quick, like Miriam, and a very happy disposition.

Your loving son,

Fairman

July 30, 1910

on board Anton Maru off Chinampo, Korea

Dear "B",

It has been a long time since we swapped letters. Doubtless the trouble is on my side, and you have been waiting on me to write you. That's a long game, so don't try it again! If you can allow this as a letter, hurry up and answer it, and tell me all about yourself. We will call this a birthday letter, for next month is your birthday, and you will have passed the 23rd milestone. It seems hard to realize. I can carry you in memory only as I saw you last, three years ago, and yet I know that that time must have brought many changes. You have been up against in the world in business, and you have gained experiences that you could not get out of books. This is all right, and I am glad that you have had it. I have learned that there was no experience of my varied and checkered career as a young man that has not proven valuable and useful to me, though I thought some of them time wasted. I hope, however, that you are getting some definite goals shaped, some ideas of your own as to what you will strive to accomplish in the world. Of course, the first thing to think of is how to do best and most thoroly the things at hand; to put thought, brains into your work, so as to make yourself indispensable to your employer, if possible; to learn everything about the business and to do everything to deserve promotion. If the business appeals to you, stick to it with the idea of working to the top. If it doesn't appeal to you, while not relaxing present efforts to obtain recognition and promotion from employer, study yourself as to what you are fitted for, or rather endeavor to find out what is God's will for you in life, what He would do through you. For I take it that "a man's life is worthwhile, and his occupation, no matter what, becomes dignified only in so far as he relates it to God and strives to live it with God first and self last. One thing should be avoided, and that is a <u>purposeless</u> life. Aim at something, be working for a goal, crystalize your hopes and aspirations, and with God's blessing you will see your life shaping iself in that direction.

I am moved to make these remarks, or rather give these counsels, not that I know they have present application, but because when I heard from you last, you were in a very uncertain frame of mind and had no settled convictions. I hope that has passed. You must write me all about yourself. I want to help you, and you must put me in position to do so.

One thing about this present experience of yours which has come to me as distinctly providential. That is, you have been enabled to take your place in the home with undivided responsibility of son and brother in the absence of the rest of us who are "out in the wide world." Father and mother are getting old, and need a strong arm to lean upon; the girls need a brother's protecting care and attention. I do not know whether you have thought of this, but I have hoped and prayed that you would prove equal to the peculiarly delicate and difficult position and realize your privileges and responsibilities greater than any of the others of us boys ever had. One of the things that has been hardest for me to bear is being so far separated and so utterly out of touch with you all, a condition further aggravated by the overburdened life I lead, which leaves me not leisure enough to provide properly for my little family.

I want you to keep me in close touch with things—tell me how everything is going, ask my advice, and tell me how I might help each one. Next year I hope to be nearer, but you can write to me regularly in the meantime and let's plan to make the most of my stay in America.

We are just now returning from our vacation, and all are in fine health and spirits. I wrote a general family letter from Tsingtau, and a letter to mother from Dalney, and as you doubtless saw both, it is not necessary to say more here about our trip save that it has been the pleasantest vacation we have ever enjoyed in the East. As for the travel, I do so much that I do not care for it myself, but I thoroly enjoyed the glimpse of civilization we had and especially the society of my classmates in China.

You must remember me to the Bristol friends, of whom I think often Lucy Wilson, Miss Mary Bachman, the Lyon boys, Aaron Read, and my good friend Judge Hal Hogue, etc. Hope this will find all the kinsfolk well. I never hear Uncle Jim mentioned. How is he holding out? I sent him a sweater last Christmas, but never heard whether he rec'd it, or whether it fit. Annie is afraid that somehow "Seaton's" name got omitted from our list at that time, though we meant to send him something, too.

With love for you one and all, and with a double share in this for yourself.

Your loving brother,

J. Fairman Preston

Aug. 29, 1910
Kwangju, Korea

Dear Father and Mother:

Although we are in the midst of our annual meeting here, and I have no time for a letter, am sending this note to let you know that it is all well with us.

This is the second time that this gathering has convened at Kwangju. All of our men are present except Mr. Venable, but many of the ladies could not get here this year, for one reason or another. A married couple and four single ladies are present as new missionaries, just out. We are glad to see them. The couple and one single lady will be located here, another lady at Mokpo and one each at Kunsan and Chunju.

The total adult baptisms in our whole field the past year was 2,000—an increase of fifty per cent over last year.

We are glad to have with us Mr. F. A. Brown, who is on his way to China.

Glad to say that John Fairman, Jr. has entirely recovered from his attack of dysentery, and the other children, after some indisposition are now all right. Yesterday John Fairman was baptized by Mr. Coit. A few days ago he celebrated his first birthday, along with a guest, Miss Virginia Knox, who has passed the second mile-stone.

We are thinking of going to Seoul in time to attend the White Bible Conference, which meets beginning the 9th Sept. I have to go later anyhow, and we all need the spiritual refreshment.

No more now. We received a letter from mother yesterday and always rejoiced to hear from home and to know that all is well.

With dear love from us all and remembrances to all the kin and friends,

Affectionately,

J. Fairman

Sept. 26, 1910
On board "Chikugogawa" S.S. en route Mokpo

Dear Father:

My last letter was written, I believe, from Mokpo, en route to Seoul. We are now returning, after three weeks absence from Kwangju. First we attended the meeting of the General Council of missionaries, then the Bible Conference conducted by Dr. W. W. White of New York. I then left Annie and the children with some Seoul friends and went up to Presbytery, which met at Syen Chun, in the far northwest of Korea. This body, as you know, is composed of all the ordained Presbyterian foreign missionaries and native ordained ministers and elders, and is the only Presbyterian Court in the country. This is its fourth Annual session. Save for a few meetings two years ago, this is the first one I have been able to attend and I enjoyed it immensely. Although the native members already outnumber the foreigners two to one, there has been great unanimity. Though Dr. Gale moderated, the native members conducted the debates admirably and voted discreetly throughout. There were a number of memorable scenes. One was the ordination of 17 men to the Gospel ministry. Twenty-seven, who had completed the Seminary course, were examined by the examining committee <u>before Presbytery</u> (the native brethren would have it so), and all sustained, only those being ordained who had calls. The others were set apart as "licentiates", and will continue in the work as before. Out here, all Seminary students are active preachers and workers; only those who have calls from native churches, to be supported by native money, are ordained. Only those who are in active work can vote in the Presbytery.

Another memorable scene was that at the address of our missionary to Vladivostock (who is supported by the church at large). When he concluded, the statement was made that the funds in hand were only enough to keep him in the field for half the year. Immediately, those present raised Y500.00 ($250.00), an amount sufficient to keep the work going all the year. Another scene I can never forget was when plans for the "Million Movement" for the coming year were being introduced by the chairman of a special committee. After some discussion, in which some seemed not so enthusiastic as the chm. would like, a brother was called on to lead in prayer. In the first sentence he referred to the Cross and broke down weeping, and continued amid sobs. Immediately others began to weep and wail, until it sounded like a Methodist Camp meeting. I felt like we were in the wrong pew for awhile! Finally, a hymn was announced, at the conclusion of which the meeting had quieted down. Such a scene which vividly recalled for me similar ones in the North during the Revival of four years ago, remind us that the Korean is more emotional than other Easterners, and this element is bound to modify Presbyterianism as we know it in the US. However, just now the whole people are very tender, owing to the annexation of their country, and vent their pent-up feelings very easily.

You will be glad to know that Presbytery deposed from the ministry a man from our part of the field who had been ordained last year, and almost immediately bolted and tried to set up an independent church, leading off a number of groups in Mr. Tate's field (Chunju). As he was one of three ordained natives in our Mission, you may imagine that we have not a great deal of support yet from that direction, and must for years yet have a full force of foreign missionaries on the field (at least in this generation). The impression has got abroad in America that the work is almost done, and that even should a worker come now, it would not be for a life's work. On the contrary, we have been pleading, and are still, for men and women to come now, for a lifetime of arduous work in order to make possible the complete evangelization of Korea in our generation. We have been emphasizing the present because of the greatness of our present opportunity. Truth is, the work is getting more and more difficult, and unless we have a better response in workers, none of us will see Korea evangelized.

The Presbytery inaugurated a special evangelistic campaign for all Korea, with simultaneous meetings everywhere. The first campaign begins in Seoul next week, lasting a month. We look for a big year.

My friend, Mr. Scott, of Tsingtau, China, joined us in Seoul, and went with me to Presbytery. He is now accompanying us to Kwangju for a view on our work. We have numbers of Princeton men in Korea, five of them in our Mission.

Annie and the children have been quite well. It has been a joy to me to have them with me as I must be away from home so much under circumstances that preclude their presence.

We have had a good voyage down. All of us are good sailors, including the children. Mrs. Owen and four children and Mr. Scott have all been down.

Was glad to see in the paper that father had decided to raise some money for King College. This should give you an opportunity to exercise your talents, and promote the Lord's work.

I suppose some home letters are at Kwangju awaiting us. Am writing these lines "between the acts". Travelling with three children is no sinecure under the best of conditions!

Love for all, and messages for the kin and friends.

       Lovingly and hastily,

              Fairman

Nov. 12, 1910
203 W. Bank St.
Salisbury, N. Carolina

Dear Mrs. Preston,

Your postal was received this morning and I hasten to reply. I had not intended to let the week pass without writing to you as it has been sometime since your letter came, dated Oct. 18.

I supposed that you would be hearing from our children occasionally as I have. Annie's letters have been few and far between and Fairman's the rarest things. He wrote me as they were returning from China. Before that I had not a line from him for months. I do not blame him in the least, knowing the busy life he leads, but I supposed that he would keep his very own Mother posted as to their movements. It seems that it would be an easy matter for him to sit down to his typewriter and rattle off a few lines. I am sorry that I have not Annie's latest letters to send you—one received Oct 12 and one Nov. 3.

One needs possess their soul in patience.

A. writes that we need not expect them before May. I will send her letters as soon as Marion returns them. She has written me twice from Kwangju and once from Seoul since their return from China—had a fine time at Annual Meeting and again at Seoul. A. seems to have a good time wherever she is. I think her the happiest of my children. She was ever of a happy disposition. As a child she used to flit among the flowers in the old garden, reminding me of a butterfly or humming bird, as she could spend hours with her dolls, enjoying them. I hope that her little girls will be the blessing to her that she was to me. I sometimes feel very much forsaken in my old age, with all my infirmities, but am thankful that my children can be of use in the world, and I cling closer to the Friend who never forsakes.

As to the Christmas presents. I sent a check to Marion in N.Y. weeks ago, asking her to select and send out some things for them. I hope that she has done so. It may be that the strike of Express drivers has delayed their going. I know of no one going out. You could learn from Dr. Chester if there are any new ones appointed to go soon.

Marion writes that she and Willie will probably arrive at their "Anchorage" about the 18th. I do hope that the anchor will hold for some time. It has been long since I saw either of them. Sam and Beulah have had grippe and the children several varieties of colds. The weather is glorious. The sugar maples gorgeous in gold and crimson.

My old enemy gripped me in the side last week and I have been suffering considerably but am better today. I am knitting a good deal these days—can you suggest anything pretty for me to make on large needles, with Shetland wool?

Miriam would have some message if she knew of my writing. She and the boys are well. What has become of the friendship of Mary Murphy and Ida 2?

Love and best wishes for all your dear ones, never forgetting Mrs. Newman.

Affectionately,

M. C. Wiley

Nov. 12, 1910
Kwangju, Korea

Dear Father and Mother:

It must be a month since I sent a letter home. After my return from the trip to the Southeast, I plunged into the evangelistic campaign here for eight days. Our Leaders Class followed immediately, then a few days devoted to business in connection with the School and School building, with some assistance to my friend, Mr. Curtis, a missionary among the Japanese, and I find myself on the eve of a protracted meeting in a neighboring town. After that I purpose taking a long tour to the South, being absent from home about three weeks perhaps, getting back the first week in Dec. I had quite a successful trip to the Southeast, having the unique experience, in one church, of baptizing 126 people at one time. They could not all stand up together, so had four baptismal services in succession. We had a good meeting there of a week. Of course, these baptisms were not the result of that meeting, as we do not baptize a person for months after they make profession. In another Church I baptized twenty five.

Our new school building (given by my friend, Alexander of Kentucky) is nearing completion and is well spoken of by all for both looks and utility. It has taken a great deal of my time, but it is a great satisfaction to me to erect a building, especially as I am the architect also!

We gave a dinner last night, in honor of our guest, Mr. Curtis. The new Governor of the Province and five other leading officials were present, besides the men of the Station and Mrs. Bell. All pronounced the occasion a great success. The Governor speaks English fluently and is quite friendly and conversant with our customs. Our cook has gotten so that he can turn off a special meal without a flaw, and Annie is very much in the notion of taking him to America with us. I do not know whether or not there will be trouble about the passport.

Confidentially, it looks now as if we might return home before spring. Annie is informed that her mother's health is precarious and the physician may order her home. Annie's sister is very insistent that she come at once, but as she cannot go alone, and as the work here is in such a shape that I cannot leave now, I am insisting on an official letter from the doctor before taking up the matter with the mission. In the meantime, I am bending every effort to get the work in the field (especially the most distant part of it) in as good shape for leaving as possible.

Please let this matter be confidential for the present, as it would not do to have the matter get to Mrs. Wiley. If we leave earlier than intended, she will not know that it is on account of her health, but will understand that it is in connection with the campaign for men and money, on which the Mission has bean desirous of despatching me before the Seminaries close.

Am sorry to say that I have not written the Grahams. We hear that he has named the Kwangju Hospital for Ellen, and will stand back of it for all expenses, including the building. Dr. Wilson is very much gratified that he will get the building at once.

We received a nice letter from N. B. a few days ago, and were much pleased to hear from him. Also a card from the girls, written from Knoxville. Mother's letter also came, so we felt rich in good news from home.

The children are all well and growing fast. John Fairman, Jr. is toddling all around now and beginning to say a few words. He is 15 mos. old. We have some good pictures to send home.

Hope you are having a successful and enjoyable work in connection with King College, Father.

About the Winona Cottage: after further reflection, I think it would be best not to take a cottage at Winona. Mother's ideas on the subject are sound. Just what we will do when we get there will depend largely on the state of Mrs. Wiley's health, and we will probably not try to make any hard and fast plans before arrival. It is good of you to say that the Bristol home is waiting for us and large enough for us all. Hope you will still continue to think so after you see our three strenuous youngsters!

There are a hundred things I would like to write about, but it is late and must close for this time. Annie joins me in love for one and all. Hope you will have good health through the winter. Be careful in that treacherous climate. Don't worry about me—am all right physically and no signs of a break down. The China trip fixed me up.

  Lovingly your son,
    J. F. Preston

송상훈

미국남장로회 한국선교역사 연구자.
순천매산고등학교와 고려대학교 영어교육과를 졸업하고 공군기술고등학교(현, 공군항공과학고등학교)에서 훈육관과 교관으로 군 복무를 하였다. 전역 후 전주기전여고에서 영어 교사로 근무하던 중 전북대학교 영어영문학과에서 석사학위를 받고 박사과정을 수료하였다. 현재 전주신흥고등학교에서 영어 교사로 일하며 전주강림교회에서 장로로 섬기고 있다.
옮긴 책으로는 『사랑을 심는 사람들』(2000, 보이스사), 『기전여학교 교장 랭킨 선교사 편지』(2022, 보고사), 『윌리엄 불 선교사 부부 편지 I~II』(2023, 보고사)가 있고, 쓴 글로는 「전주신흥학교와 기전학교」(『전주 화산의 역사와 문화』, 2025, 전주문화원)가 있다.

내한선교사편지번역총서 22

존 페어맨 프레스톤 선교사 부부 편지 II
1906~1910

2025년 7월 23일 초판 1쇄 펴냄

지은이 존 페어맨 프레스톤 부부
옮긴이 송상훈
펴낸이 김흥국
펴낸곳 보고사

책임편집 김태희
표지디자인 김규범

등록 1990년 12월 13일 제6-0429호
주소 경기도 파주시 회동길 337-15
전화 031-955-9797(대표)
팩스 02-922-6990
메일 bogosabooks@naver.com
홈페이지 http://www.bogosabooks.co.kr

ISBN 979-11-6587-904-4
979-11-6587-265-6 94910 (세트)

ⓒ 송상훈, 2025

정가 36,000원

〈이 번역서는 2020년 대한민국 교육부와 한국연구재단의 지원을 받아 수행된 연구임. (NRF-2020S1A5C2A02092965)〉

사전 동의 없는 무단 전재 및 복제를 금합니다.
잘못 만들어진 책은 바꾸어 드립니다.